Janusz Korczak
Sämtliche Werke
Band 9

Janusz Korczak
Sämtliche Werke

Ediert von
Friedhelm Beiner
und
Erich Dauzenroth

Gütersloher Verlagshaus

Janusz Korczak
Sämtliche Werke

Band 9

THEORIE UND PRAXIS DER ERZIEHUNG
PÄDAGOGISCHE ESSAYS
1898-1942

Bearbeitet und kommentiert von
Friedhelm Beiner

Gütersloher Verlagshaus
2004

Aus dem Polnischen von Nora Koestler,
aus dem Jiddischen von Evita Wiecki, aus dem Hebräischen von Miriam Magall

Dieser Band der Edition
Janusz Korczak – Sämtliche Werke
beruht auf den Ergebnissen einer engen Zusammenarbeit mit dem
Redaktionskomitee der polnischen Werkausgabe
Janusz Korczak DZIEŁA:
Hanna Kirchner, Aleksander Lewin, Stefan Wołoszyn, Marta Ciesielska.

Die Edition wird von der Stiftung für deutsch-polnische Zusammenarbeit aus Mitteln der Bundesrepublik Deutschland finanziell unterstützt.

Edycja wspierana finansowo przez Fundację Współpracy Polsko-Niemieckiej ze środków Republiki Federalnej Niemiec.

Die Deutsche Bibliothek – CIP-Einheitsaufnahme

Korczak, Janusz:
Sämtliche Werke / Janusz Korczak. Ed. von Friedhelm Beiner
und Erich Dauzenroth. – Gütersloher Verl.-Haus
Einheitssacht.: Dziela <dt.>
NE: Beiner, Friedhelm [Hrsg.]; Korczak, Janusz: [Sammlung <dt.>]
Vw: Goldszmit, Henryk [Wirkl. Name] – Korczak, Janusz

Bd. 9. Theorie und Praxis der Erziehung. Pädagogische Essays 1898-1942 /
bearb. und kommentiert von F. Beiner .
[Aus dem Poln. von Nora Koestler ...]. – 2004
ISBN 3-579-02348-9

ISBN 3-579-02348-9

Texterfassung und Satz: Renate Möckershoff, Wuppertal
Druck und Bindung: Zakłady Graficzne w Poznaniu
Printed in Poland

www.gtvh.de

Inhalt

Band 9

Henryk Goldszmit/Janusz Korczak mit Teilnehmern eines Pädagogik-Kurses in Falenica bei Warschau (1939)

INHALT

1. Frühe Texte über Kinder und Erziehung (1898-1907)

4. Theorie und Praxis der Erziehung (1923-1939)

5. Zuneigung und Abneigung in Kindergruppen
Soziometrische Experimente (1933)

6. Aus dem Erziehungsalltag
Aus jiddischen und hebräischen Zeitschriften (1924-1940)

7. Die Burse und ich

Aus dem *Wochenblatt der Burse* (1924-1932?)

8. Stellungnahmen und Rezensionen (1898-1939)

1.

Frühe Texte über Kinder und Erziehung

(1898-1907)

Kinder

Wenn mir das Leben hart zugesetzt hat, wenn ich seinen Stachel schmerzlich spüre, wenn mich menschliche Bosheit oder ein Schicksalsschlag empfindlich treffen – suche ich die Nähe der Kinder auf. In ihrer Gegenwart verringert sich das Leiden, geht in Nachdenklichkeit über, der Gedanke findet Trost, das Herz beginnt, lebhafter zu schlagen – wie Balsam senken sich Träume über die ermattete Seele.

Ihre hellen oder dunklen Köpfchen, mit winzigen Sorgen beschäftigt, ihre lebhaften Bewegungen, ihr unbekümmertes Lachen, ihr heller Blick und ihre heitere Stirn ... Ohne Kinder wäre die Welt ein Grab, ein kaltes, dunkles Grab.

So spricht der Dichter.

»Kinder! Ich weiß, ihr seid Menschenkinder; dabei will mir scheinen, ihr seid Sonnenkinder. Seid glücklich!«

So spricht der Dichter.

* * *

Komisch sind die Dichter. Beginnen sie zu einem Thema den goldglänzenden Faden ihrer Träume zu spinnen, vergessen sie Welt und Leben und, auf eine Idealwelt starrend, sind sie imstande, die Krone aus Illusionen dem ersten besten Dummkopf oder Tunichtgut aufzusetzen, der ihnen in einer poetischen Nacht oder bei bengalischem Licht der untergehenden Sonne begegnet.

Wieviel Unsinn haben sie zum Thema Kinder verzapft. Das Kind auf dem Schoß der Mutter, das betende Kind, das kranke Kind, das Almosen schenkende Kind, das Kind am Grab seiner Eltern.

Was ist eigentlich ein Kind?

Es ist ein hochgradig selbstsüchtiges Wesen, grausam, boshaft, verlogen, habgierig, dumm, launisch, schwatzhaft, schmutzig, feige, verheuchelt, anmaßend und vor allem unbeholfen.

So spricht der Puritaner, der Moralist.

»Wartet nur ab, wenn es herangewachsen und stark genug ist für Missetaten – entschwunden ist dann alle Poesie.«

So spricht der Moralist.

* * *

Des Menschen Charakter besteht aus ererbten und erworbenen Anlagen. Die ersten vererben ihm die Eltern, die zweiten vermittelt ihm die Erziehung.

Unter Erziehung verstehen wir die äußeren Einflüsse; Eltern, Verwandte, Bekannte, die Dienerschaft, mit einem Wort – die Umgebung erzieht das Kind; das Leben und die Welt erziehen den Menschen.

»Ihr sprecht von Erziehung«, sagt der Laie, »seht, der da ist in der untersten Gesellschaftsschicht geboren; wer hat ihn erzogen?«

»Die Bücher, die er las; die Menschen, denen er begegnete; die Lebensumstände, in denen er sich befand.«

»Warum ist mein Sohn so faul, so boshaft, macht mir so viel Scherereien? Ich habe ihn doch gut erzogen.«

»Nein, Sie haben ihn schlecht erzogen. Lesen Sie drei, vier pädagogische Bücher, und Sie werden merken, welch schwere Fehler Sie bei der Erziehung Ihres Sohnes gemacht haben.«

Ich traf viele intelligente Leute, Leute, die kein pädagogisches Buch gelesen haben, obwohl sie ihre Kinder erziehen wollten. Doch ich traf niemanden, der, nachdem er die unerklärliche Abneigung gegen diese Art von Literatur überwunden hatte, nicht in Begeisterung für diese nach der Religion wichtigste Sache entflammt wäre, dieser mit Religion eng zusammenhängenden Sache einer rationalen Kindererziehung.

Ich kenne eine Mutter, die, nachdem sie die kleine Pädagogik von Wernic[1] dreimal gelesen hatte, mich bat, ihr ein »schwierigeres« Buch zu geben, denn die Pädagogik hat ihr eigenes ABC und ihre eigene Philosophie. Es gibt Bücher, die jeder verstehen kann, und es gibt wesentlich schwierigere Bücher, die einer gründlichen Vorbereitung bedürfen.

Mutter, Vater, Lehrerin, Lehrer, Jungfrau, Jüngling! Nehmt euch der Kindererziehung an, denn das ist eine heilige Sache.

Das Kind ist nach Meinung der Pädagogen weder gut noch schlecht, seine Seele ist ein fruchtbares Feld, das der Saat harrt. Säet gesunde Saatkörner aus!

Aufgabe der Erziehung ist:

1. Herzensbildung.
2. Geistesbildung.
3. Alles mit höflichen Formen verbinden.

Aufgabe der Erziehung ist:

1. Die positiven *angeborenen* Charaktereigenschaften des Kindes entwickeln.
2. Die negativen dämpfen.
3. Die erworbenen Eigenschaften ausbilden.

1. Wernic, Henryk (1829-1905), Pädagoge, Autor (von pädagogischen Ratgebern sowie Büchern für Kinder und Jugendliche). Möglicherweise ist hier eine der folgenden Schriften des Autors gemeint: *Przewodnik wychowania* (Handbuch der Erziehung), Warszawa 1868 (zahlreiche Neuauflagen); *Praktyczny przewodnik wychowania* (Das praktische Erziehungshandbuch), Warszawa 1891; *Myśli o wychowaniu i nauczaniu przez ...* (Gedanken über Erziehung und Lehren von ...), Warszawa 1895.

Ziel der Erziehung ist:
1. Aus dem Kind einen nützlichen, edelmütigen Menschen machen.
2. Einen Glücklichen.
Wie das zu bewerkstelligen ist, führe ich stufenweise aus: Indem ich das ABC der Erziehung nicht so sehr lehren als vielmehr zu diesem heiligen Unternehmen ermuntern möchte.[1]

Janusz

Aus: *Czytelnia dla Wszystkich* (Leihbibliothek für alle), Nr. 8 (25.8.1898), S. 2.

Liebe, Achtung, Vertrauen

Das Kind soll die Eltern lieben, achten und ihnen vertrauen.

Aber nennt nicht das einschmeichelnde Verhalten eines Kindes Liebe, wenn es etwas erbetteln will: Sei es Kuchen, einen Spaziergang oder eine neue Puppe.

Nennt nicht Achtung die Angst des Kindes bei eurer Schelte. Es steht reuig vor euch, Tränen in den Augen, den Kopf gesenkt, bereit, eure Hand zu küssen und um Verzeihung zu bitten, aber das ist noch keine Achtung.

Nennt nicht Aufrichtigkeit das Plappern des Kindes, das nach einem Spaziergang, ganz von seinen Eindrücken erfüllt, jedem erzählen möchte, was es erlebt, was es gemacht und mit wem es gespielt hat.

»Wird es auch in zehn Jahren so zärtlich, so fügsam und so ehrlich sein?« fragt ihr euch.

»In zehn Jahren« – lautet die magische Erziehungsformel.

In zehn, fünfzehn Jahren, wenn die trügerischen Reize des Kindesalters vorbei sind, wenn die Fehler des Kindes nicht mehr vom Charme kindlichen Übermuts verdrängt werden – was wird aus eurem Kind geworden sein? Und wenn ihr an ihm Herzenskälte, Egoismus, Hochmut und übertriebene Ansprüche wahrnehmen werdet, wird dann nicht von eurem getrübten Auge eine Träne das faltige Gesicht herunterrinnen, und werdet ihr euch nicht sagen: »Gott, unser Kind hat uns nie richtig geliebt, nie richtig geachtet, war nie ehrlich zu uns. Und wir waren einfach blind.«

1. Als ein erster Schritt kann der noch im Jahr 1898 in der Zeitschrift *Czytelnia dla Wszystkich* veröffentlichte und im folgenden abgedruckte Feuilletonzyklus gelten: *Liebe, Achtung, Vertrauen; Herz; Verstand; Wille; Vorstellungskraft; Freiheit; Strafen und Belohnungen; Kurzweil; Spielzeug und Bücher* sowie der zugehörige Text *Gesundheit* aus *Sämtliche Werke*, Bd. 8, S. 196ff.

Das ist ein schrecklicher und tragischer Augenblick, wenn die Eltern merken, daß sie keine Kinder haben, ja, nie welche gehabt haben.

Weißt du, wann du glauben darfst, daß das Kind dich wahrhaftig liebt?

Wenn du traurig, nachdenklich dasitzt, den Blick ins Leere richtest, und das Kind, das soeben noch fröhlich gespielt hat, sich von den anderen Kindern löst, dich lange ansieht und, deine Hand küssend, fragt: »Mutti, warum bist du so traurig?«

Wenn du dich unwohl fühlst und deine Tochter, die zum Geburtstag ihrer Freundin eingeladen ist, sagt: »Nein, Mama, ich geh' nicht hin, ich bleibe bei dir.«

Wenn dein Junge zu dir kommt und heimlich fragt: »Mama, hat Vater Sorgen? Er sieht so traurig und bedrückt aus.«

Aber erzähle niemandem davon, prahle nicht mit der Anhänglichkeit des Kindes, behalte das als einen unbezahlbaren Schatz für dich. Umarme es nicht, denn was sollten deine Küsse schon beweisen? Deine Liebe. Oh, sei unbesorgt, das Kind weiß auch so, daß du es liebst.

Wenn das Kind, um dir einen Gefallen zu tun, auf sein Vergnügen verzichtet, oder wenn es eine Verlockung ausschlägt, um dich nicht zu bekümmern – liebt es dich ... Du möchtest wissen, ob das Kind dich achtet? Das ist leicht, sehr leicht zu bemerken. Sein Blick sagt es dir. In seinen großen, weit geöffneten Augen, kannst du lesen, was es denkt: »Ich kenne so viele Damen und Herren, so viele Tanten und Onkel, aber mein Papa und meine Mama sind ganz was anderes.«

Du willst seine Achtung nicht verlieren? Das ist schon schwieriger. Du mußt dich seiner Achtung würdig erweisen. Ja. Oh, das Kind entdeckt irgendwann die schwachen Seiten deines Charakters, zuerst wird es sich dessen nur vage bewußt, später werden die Zweifel zunehmen, und mit zehn Jahren, manchmal früher, manchmal später, wird es sich sagen: »Na, vollkommen sind sie auch nicht.«

Und es beginnt, dich zu beurteilen, zu kritisieren und zu bewerten.

Wehe euch, Eltern, wenn das Kind zu dem Ergebnis kommt, daß ihr nicht so achtenswert seid, wie es das in seiner Einfalt geglaubt hat.

Und jetzt, wie soll man jetzt das Vertrauen des Kindes erwerben?

Man muß sich für die Probleme des Kindes interessieren. »Sieh mal, Mami, der Käfer auf der Blume. Sieh, Mami, was ich gezeichnet habe. Sieh, was der Hund für eine schwarze Nase, was das Pferd für einen langen Schwanz, und was die Puppe für ein schönes Kleid hat.«

Das ist die erste sehr wichtige Bedingung, das Vertrauen des Kindes zu erwerben. Sagst du einmal, ein zweites Mal: »Hör auf, mich zu langweilen, du nervst mich«, dann hört das Kind auf, dich zu langweilen, aber du wirst es – »in zehn Jahren« bereuen.

Zum anderen – gib die Geheimnisse des Kindes nie preis.

»Was für eine schöne Frau«, flüstert dir das Kind ins Ohr.

Du hältst es für den Beweis seiner Klugheit und wiederholst deiner Freundin laut lachend dieses Kompliment. Diese möchte das Kind küssen.

Sieh in die Seele des Kindes. Es schämt sich und nimmt es dir übel.

Ich kannte eine Mutter, die »insgeheim« das Tagebuch ihrer zehnjährigen Tochter herumzeigte.

Wozu? Weshalb?

Sicher, um damit zu prahlen, daß sie eine kluge Tochter hat. Um also ihre Eitelkeit zu befriedigen, verliert sie einen großen Schatz: Das Vertrauen ihres Kindes.

....

Wenn ihr Eltern Liebe, Achtung und Vertrauen eures Kindes genießt, so ist seine Seele und seine Zukunft in euren Händen.

Janusz

Aus: *Czytelnia dla Wszystkich* (Leihbibliothek für alle), Nr. 9 (1.9.1898), S. 2.

Herz

Das Kind ist von Natur aus selbstsüchtig: alles für sich, möglichst wenig für andere. Aber wenn es ständig von Liebe umgeben ist und ständig Beweise der Liebe erhält, gelangt es dahin, selbst zu geben.

Für die erhaltenen Wohltaten schenkt es seinen Eltern das erste entzückende Lächeln der feinen Lippen und später Dankbarkeit.

Erbitte vom Kind diese Dankbarkeit, denn damit entwickelst du in ihm die Hinneigung zu anderen; du lehrst es, Freude zu finden in der Freude anderer – du lehrst es, »Herz zu haben«[1].

Möchtest du dieses Herz veredeln, so versuche, das Kind zu überzeugen, daß es zum Bösen außerstande sei; denke daran, oft genügt es, dem Kind eine gute Eigenschaft zuzutrauen, und es wird sich bemühen, dieser gerecht zu werden. Sag dem Kind niemals »du bist herzlos«

1. Anspielung auf die letzten Worte der Ballade *Romantyczność* (Romantik; 1821) von Adam Mickiewicz (1798-1855): »Hab Herz und schau ins Herz«. Diese Anspielung befindet sich auch im letzten Absatz von Korczaks Beitrag *Poesie* in *Sämtliche Werke*, Bd. 6, S. 216ff.

oder »du hast ein böses Herz«. Wenn es wegen einer Boshaftigkeit strengen Tadel verdient, sage ihm lieber: »Du hast unbesonnen gehandelt, man könnte dir ein böses Herz unterstellen, aber ich weiß, du hast es so nicht gemeint«.

Ich kannte eine Mutter, die sich ständig über ihre achtjährige Tochter beklagte. Ich riet ihr, die kleinen Fehltritte zu übersehen und in der Gegenwart der Kleinen zu sagen, sie würde einen Wandel »zum Besseren« wahrnehmen. Das Mädchen legte binnen zweier Monate Trotz, Schlampigkeit und Faulheit ab und zeigte sich verständig – ordentlich und fleißig. Man muß dabei aber umsichtig vorgehen: Das Kind nicht mit Schmeicheleien füttern, seine Anstrengungen nicht kommentieren. Möge es gegen sich ankämpfen, an sich arbeiten und ... siegen.

Und wann soll man damit anfangen, dem Kind vom Elend zu erzählen und von den Pflichten, die man gegenüber den Ärmeren hat?

Erst dann, wenn es imstande ist, uns zu verstehen.

Möge es Eltern und Umgebung wahrhaft lieben, möge es Güte und Hilfsbereitschaft an den Tag legen, und wenn es dreizehn wird, ist es Zeit, es auf seine Pflichten aufmerksam zu machen.

Ich kannte einen Jungen, der vom Elend nicht viel gehört hatte: Ich wollte, daß er es kennenlernt. Wir lasen also die Novelle *Waisenschicksal* von Prus[1], und ich sah, wie er mit weit aufgerissenen Augen an meinen Lippen hing, wie ihm die Augenlider zitterten, und wie er sich schnell zwei Tränen aus seinen Augenwinkeln wischte, damit ich sie nicht bemerkte.

Am nächsten Tag gingen wir in eine Straße, die das Büro für außerordentliche Not[2] registriert hatte. Ich sagte ihm nicht, wo es hinging.

»Du wirst es bald sehen«, sagte ich ihm, als er mich nach dem Ausflugsziel fragte.

1. Prus, Bolesław: *Sieroca dola*. Erstveröffentlichung in *Kurier Warszawski* (Warschauer Kurier) 1876, Nachdruck in *Pisma* (Schriften), Bd. 1, Warszawa 1881.
2. Karitative Einrichtung der Barmherzigen Schwestern in der Tamka-Straße 35. Eigene Kontakte zu dieser Einrichtung erwähnt Bolesław Prus mehrfach. So heißt es z.B. in *Kurier Codzienny* (Familienzeitung) 1897, Nr. 155 (vom 6.6.): »Ich beschloß, mir persönlich diese besondere Armut unserer Stadt anzusehen, und nachdem ich von Schwester Matylda Adresse und Erklärungen bekommen hatte, machte ich einen interessanten Spaziergang.« Des weiteren beschreibt Prus elf Fälle selbst gesehener Armut. Zur unmittelbaren Anschauung vgl. auch Pestalozzi, Johann Heinrich: *Lienhard und Gertrud* (1781), insbesondere den folgenden Absatz: »Kommt mit in die Hütte des Armen und zu den Tränen der Waisen, da lernet ihr Gott kennen und gut sein und Menschen werden. Kommt! In dieser Stunde sind in euerm Dorf zehn neue Waisen geworden, sie sind euere Gespielen und an euerer Seite aufgewachsen, sie haben keinen näheren Nächsten als euch. Kommt!« Pestalozzi, Heinrich: *Lienhard und Gertrud. Ein Buch für das Volk*. Zürich 1945. Bd. 2, S. 293.

Über eine steile Stiege erklommen wir einen schwankenden Dachboden, traten durch eine enge Tür in eine Stube, nein, in ein Kabuff, darin hausten: eine neunzigjährige Greisin, ihre Tochter, eine blinde Witwe und sechs Kinder, von denen das älteste elf Jahre alt war.

So lernte der Kleine das Elend kennen.

Seine Hand zitterte in meiner Hand, als wir die Stiege hinuntergingen; sein Schweigen sagte mir, daß er empfunden hatte, woran mir lag: das Unglück des Nächsten.

Glaubt mir, möglichst wenig Worte, möglichst wenig Deklamationen und möglichst viele Bilder vom Elend. So entfaltet ihr im Herzen des Kindes wahre Liebe statt Verzärtelung. Euer Kind wird Herz haben.

* * *

Und gewöhnt von Anfang an, vom Säuglingsalter fast, die kleinen Kinderhände ans Beten, die kleinen Lippen an die Hinwendung zum Herrn. Möge das Kind wissen, daß es in Gott den Herrn und Freund hat, daß es Ihm Liebe, Achtung und Furcht, und den Menschen Gutes schuldet; und möge es seine Gebete mit guten Taten durchflechten.

Nie wird das Leben den Glauben dort herausreißen, wo er tief verwurzelt ist, nie erlischt der Eindruck der ersten Gebete um Gesundheit »für Mama, Papa und alle Menschen«.

Janusz

Aus: *Czytelnia dla Wszystkich* (Leihbibliothek für alle), Nr. 9 (1.9.1898), S. 2.

Verstand

Das Kind kann noch nicht sprechen, aber es gibt schon zu erkennen, daß es wahrnimmt, daß es beobachtet; schon streckt es die Händchen nach klappernden Schlüsseln aus, folgt mit den Blicken dem blitzenden Spiegel, begrüßt mit einem Lächeln die nahende Mutter oder das Kindermädchen.

Den ersten Worten: »Mama, Papa, nein« folgen »was ist das?«, »gib«. Das Kind verlangt nach dem Namen des Gegenstands und will seine Eigenschaften kennenlernen. Die Mama hilft ihm durch Worte wie »das ist bäh, das ist fein« zu erkennen, ob ein Gegenstand nützlich oder schädlich ist.

Langsam aber beginnt das Kind zu fragen: »Wozu? woher? warum?« Die Wahrnehmungen genügen ihm nicht, es macht sich daran, sie zu bewerten. Es ist die Phase, in der das Kind beginnt, damit vertraut zu werden, was, wie und warum etwas geschieht. Räsonieren wir nicht lange, wenn das Kind nach dem Warum einer elterlichen Weisung fragt, das könnte den hier angebrachten Gehorsam untergraben, aber antworten wir getrost auf Fragen nach der Beschaffenheit der physischen Welt.

»Warum regnet es?«

»Weil der Himmel bewölkt ist.«

Warum ist dies so und jenes so? Sooft wir dem Kind verständlich antworten können, tun wir es ohne Zögern; wenn aber die Antwort sein Verständnisvermögen überfordert, so sollten wir nicht versuchen, ihm die Erklärung mit Gewalt einzutrichtern, sondern sie für später aufheben.

Möge das Kind Hafer von Gerste, die Meise vom Stieglitz, den Ahorn von der Esche unterscheiden lernen, möge es den Sonnenuntergang, die Quelle, den Ameisenhaufen, die Schmiede, den Pferdestall, die Tenne anschauen, möge es beobachten, wie man Schüsseln aus Ton herstellt, wie man mäht und drischt; möge es lernen zu beobachten, zu überlegen, zu denken. Wir werden nicht jenes Kind geistig entwickelt nennen, das zehn kleine Fabeln auswendig lernt, um mit ihnen zu glänzen, oder deutsch spricht, sondern jenes, das sich einen unbekannten Ausdruck erklären läßt, das um die Erläuterung dieser oder jener Erscheinung bittet *und aufmerksam der Antwort lauscht.*

Wir nähern uns dem Schulalter. Hier wollen wir nur einen Ratschlag erteilen, der alles beinhaltet: Möge das Kind nie etwas auswendig lernen, ohne es gründlich verstanden zu haben. Diesen Grundsatz kennt jeder, und dennoch ...

»Wer nur deshalb auswendig lernt, um das, was er sich im Gedächtnis eingeprägt hat, beim Examen abzuliefern, speichert totes Kapital und gibt es wieder her, ohne daran verdient zu haben«, sagt – Brodziński[1]; er bereichert damit nicht seinen Verstand, der statt dessen allmählich abstumpft und sich gleichsam zu einem Kasten für Briefe und Zeitungen entwickelt.

1. Brodziński, Kazimierz (1791-1835), poln. Schriftsteller, Historiker, Literaturwissenschaftler, Publizist und Übersetzer, Vertreter der sentimentalen Richtung in der polnischen Dichtung. Professor an der Warschauer Universität seit 1822. Korczak zitiert hier aus *O powołaniu i obowiązkach młodzieży akademickiej* (Über die Berufung und Pflichten der akademischen Jugend). Vorgelesen auf der öffentlichen Sitzung der Königlichen Universität am 15. Juli 1826. In: *Pisma* (Schriften). Vollständige Ausgabe, von J. I. Kraszewski korrigiert und mit unveröffentlichten Manuskripten ergänzt. Band VIII, Poznań 1874, S. 55.
Korczak zitiert in *Schöne Künste* (*Sämtliche Werke*, Bd. 6, S. 215) ein Gedicht von Brodziński und würdigt sein Leben und Werk in einem Aufsatz, vgl. im vorliegenden Band S. 548ff.

Der Schüler, der seine Kenntnisse aus dem unsicheren Gedächtnis schöpft und nicht aus seinem Geist und seinem Herzen, dessen Stimme wird bei der erstbesten Frage oder Bemerkung des Lehrers schwanken!

Verstehen, alles verstehen!

Vom kleinen Tümpel oder Flüßchen, von Wäldern, Wiesen, Hügeln und Dörfern gehen wir zu Seen, Meeren, Steppen, Wüsten und Städten über; vom Mond, der in heller Sommernacht am Himmel leuchtet – zur Lage der Erde im Weltall, zu den Umdrehungen der Himmelskörper, und von diesen zum großen Rätsel des Seins, für das es nur eine Lösung gibt – Gott.

Möge das Kind die Welt kennenlernen, auf der es lebt, das Land, in dem es wohnt, die Menschen, mit denen es zusammenlebt; möge es allseitig das Leben kennenlernen und die Pflichten, welche dieses ihm auferlegt, möge es kraft seines Herzens lesen, und es wird ein Mensch sein.

Welt und Menschen möge es kennenlernen, nicht mittels der Buchlettern, sondern durch Bilder, nicht durch Abstraktion, sondern durch Berührung mit ihnen; dann wird es kein Papiermensch sein mit papierenen Gedanken und Gefühlen, sondern ein Mensch mit wirklichen Gedanken, Gefühlen und Taten.

Janusz

Aus: *Czytelnia dla Wszystkich* (Leihbibliothek für alle), Nr. 12 (22.9.1898), S. 3.

Wille

»Wehklagen und an der Welt verzweifeln zählt weniger, als einem Jungen die Nase zu putzen«[1] – so formuliert Prus das Verhältnis von Wort und Tat. Und wie viele gutmeinende Menschen haben wir, die viel denken, tief empfinden, viel reden, sogar manches in Angriff nehmen, aber nichts durchführen und nichts zu Ende bringen können. Das ist ein Gebrechen, schlimmer noch – Lethargie. Was die Muskeln für den Körper, das ist der Wille für die Seele. Ohne Muskeln wäre der Mensch ein regloses, starres Wesen, ohne den Willen vermag er nichts

1. Umkehrung eines Ausspruchs von Bolesław Prus: »Es schien ihm, daß der ständige Kummer um das ganze Land von größerer Bedeutung ist, als einem beschmutzten Kind die Nase zu putzen.« In: *Lalka. Powieść w trzech tomach* (Die Puppe. Ein Roman in drei Teilen), Bd. 1. Warszawa 1962, S. 234.

zu bewegen. Wenn ihn mitunter starke Impulse jäh in die Arena der Tat treiben, vermag er zum Helden zu werden, aber er ist außerstande, beharrlich nach einem Ziel zu streben, den Kampf gegen kleine Unbilden unerschrocken aufzunehmen, sich langsam den Weg zu bahnen, den ihm Herz und Verstand gewiesen haben, und eine beständige Arbeit durchzuhalten – denn er scheitert am erstbesten Hindernis, das ihn aufhält.

Starke, eiserne, elementare, imponierende Willenskraft ist eine angeborene Gabe, eine große Naturgabe, ein Geschenk des Schicksals für Auserwählte: Kein Produkt der Erziehung. Aber man muß die angelegte Willenskraft im Kinde ausbilden. Sie wird zwar keine Bewunderung erregen, keine Massen mitreißen, wie Napoleon sie mitzureißen vermochte, aber sie vermag bedeutende Absichten in die Tat umzusetzen. Leider richten die Mütter kaum ihr Augenmerk auf diesen so wichtigen Faktor der Erziehung.

Gewöhnen wir das Kind von klein auf an Selbständigkeit und Ausdauer. Die Kinder an der Leine halten, sie auf Schritt und Tritt gängeln – derlei führt zur Verweichlichung und ist unheilvoll für den Charakter eines künftigen Mitglieds der Gesellschaft.

»Renne nicht so schnell, knöpfe die Jacke zu, sei vorsichtig, geh nicht so nahe ran an den Ofen, gib die Zündhölzer her, verletze dich nicht mit dem Messer, streichle nicht einen fremden Hund.«

Mutter, überlege dir jedes »Nein« bevor du es aussprichst, denn jedes »Nein« hemmt den Willen deines Kindes.

Ferner: Helfen wir dem Kind tatkräftig in seinen Unternehmungen. Wenn es sich etwas vorgenommen hat, soll es das zu Ende führen, auch wenn es ihm schwerfällt. (Ich denke, jede Mutter wird die Bekundung des echten Willens vom Trotz unterscheiden können, einer peinlichen Schwäche, die es zu heilen gilt.)

Lehren wir die Kinder den Grundsatz: »Wenn ich etwas will, dann schaffe ich es.« »Nicht heute, nicht morgen, aber in einer oder in zwei Wochen – werde ich das erreichen, was ich mir vorgenommen habe.« Dein Kind möchte ein Buch kaufen, das ihm gefällt, also soll es seine kleinen Einkünfte zurücklegen, soll es auf Süßigkeiten und Ausflüge, sogar auf den Zirkusbesuch verzichten; es soll mitkriegen, daß das Ziel nicht so leicht zu erreichen ist wie angenommen.

»Die ganze geistige Erziehung sollte auf die Stärkung des Willens und des moralischen Wollens gerichtet sein« – sagt Dr. Kornig.[1] Recht hat er. Religiöse Grundsätze, ein vielseitiger Verstand und ein gutes Herz vermögen euren Sohn zwar nicht immer beizeiten zurückzuhalten,

1. Kornig, Th.: *Jak obchodzić się z nerwowymi? Przepisy i uwagi* (Wie soll man mit den Nervenkranken umgehen? Ratschläge und Bemerkungen). Nach dem deutschen Original bearb. von Dr. Aleksander Fabian. Warszawa 1893, S. 48.

wenn Einflüsterungen seiner Altersgenossen und Aufwallungen seines Blutes ihm nicht den Weg weisen, der zu Glück und Ruhm führt, sondern einen anderen, gefährlichen, abschüssigen. Und glaubt ja nicht, daß euer Sohn am Kreuzweg frei bleibt von Schwankungen; wenn aber sein Wille schwach ist? ... Und braucht nicht auch die Frau für ihre Arbeit bei der Erziehung künftiger Generationen, für ihr stilles Sich-Aufopfern – einen starken Willen?

Janusz

Aus: *Czytelnia dla Wszystkich* (Leihbibliothek für alle), Nr. 14 (6.10.1898), S. 1f.

Vorstellungskraft

Die These, es gelte die Phantasie der Kinder zu entwickeln, hat ihre Anhänger und ihre Gegner. Die einen wie die anderen haben recht. Einerseits ist die Vorstellungskraft der Hebel im geistigen Leben eines Menschen, andererseits kann es das Irrlicht sein, das ihn in den dunklen Sumpf führt; die Vorstellungskraft ist die Mutter zahlreicher Erfindungen, sie kann aber auch Verbrechen zeugen.

Vorstellungskraft kennt wie Verstand, Gefühl und Wille verschiedene Grade der Intensität und verschiedene Gattungen. Starke, blühende, schöpferische Phantasie entwirft uns lebhafte Bilder der Zukunft und der Pflichten, hilft uns bei der Arbeit, ergötzt uns in der Freizeit, macht das Leben abwechslungsreich und farbenfroh, auch wenn dieses grau ist. Aber eine lüsterne, zügellose, entfesselte Phantasie verschmutzt die Seele und läßt sie in wirren ausschweifenden Träumen versinken.

Die Träume eines jungen Mannes oder eines Mädchens können herrlich, aber auch häßlich sein.

Haltet also diese geistige Seite eurer Kinder in guter Obhut; und das ist nicht so schwer, wenn Verstand, Herz und Wille auf den richtigen Weg gebracht wurden.

Wir leben heute in einer Zeit, da die meisten Kinder eine gewisse Empfindsamkeit schon mit auf die Welt bringen. Nennen wir sie nicht Nervosität – lassen wir sie nicht in Nervosität umschlagen, denn die Empfindsamkeit an sich ist kein Fehler, im Gegenteil, sie hilft uns bei der schwierigen Aufgabe der Erziehung und erleichtert sie uns. Wie schön, die Röte der Rührung, die Träne des Mitgefühls auf dem Kindergesicht zu sehen; wir haben sie hervorgerufen, unsere Worte haben diesen lebhaften Eindruck ausgelöst. Wir sehen unseren Einfluß, wie wir auf dem Thermometer die Wärme- oder Kältegrade der Luft wahrnehmen können.

Die Vorstellungskraft hilft unseren Kindern, Geographie, Geschichte, ja sogar Arithmetik besser zu verstehen.

»Onkel«, sagt ein Kind mit ausgeprägter Phantasie, »die Lösung einer Aufgabe, das ist wie das Erstürmen einer Festung: Eine falsche Bewegung meiner Soldaten – der Zahlen, und es heißt Attacke, und das Resultat ist für die Katz.«

Man soll also die Vorstellungskraft zu schätzen wissen und sie bei Kindern anregen, nur in Ausnahmefällen dämpfen und bei Zügellosigkeit auf festen Boden bringen. Das Lesen phantastischer Abenteuererzählungen ist gut für Kinder mit mäßiger Vorstellungskraft, aber Volkssagen über Geister und Gespenster sind für sie eher schädlich.

»Die Geschichten meiner Ammen und Kindermädchen, das Angstmachen mit Geistern und Gespenstern«, erzählte mir ein erwachsener Mann, »das Anschauen der Zeichnungen in der illustrierten Ausgabe der Volksmärchen von Wójcicki[1] – all das hat meine Kindheit schwer belastet. Ich wurde ein nervöser, ängstlicher Träumer, dessen größtes Vergnügen es war, sich die Decke über den Kopf zu ziehen und von Geistern, Gespenstern und Totengerippen zu träumen.«

Hüten wir uns davor, Kindern Schrecken einzujagen!

Ich kannte einen Lehrer – ein alter Herr, der beim Lesen farbiger Naturbeschreibungen während des Unterrichts die Kinder mehrmals aufforderte – zu ihrem Nutzen – die Augen zu schließen und sich das vorzustellen, was eben gelesen wurde.

Es gibt noch eine Seite der Vorstellungskraft – die Gabe der Beobachtung. Der eine wird jahrelang in demselben Zimmer wohnen und nicht wissen, wie die Wände tapeziert sind oder wie die Decke beschaffen ist usw.; er wird hundertmal einer Person begegnen, ohne wahrzunehmen, welche Augenfarbe sie hat; ein anderer wird die Details eines Gegenstandes oder einer Person sofort erfassen. Wer Kraszewski[2] auf-

1. Wójcicki, Kazimierz Władysław (1807-1879), Volkskundler, Amateur-Historiker, Editor, Autor zahlreicher Skizzen und Erzählungen, u.a. *Klechdy. Starożytne podania i powieści ludowe zebrał i napisał* (Zaubermärchen. Altertümliche Sagen und Volkserzählungen gesammelt und geschrieben von) Kazimierz Władysław Wójcicki. 3. Auflage. Warszawa 1876 (Erstdruck 1837).
2. Die Romane von Józef Ignacy Kraszewski (1812-1887) waren in breiten Leserkreisen äußerst populär. Bolesław Prus führt Kraszewski (neben Mickiewicz, Sienkiewicz und Jeż) 1898 unter den meistgelesenen polnischen Autoren auf. (Prus bezieht sich auf die Leser, die Bücher der kostenlosen Lesesäle entliehen hatten.) Vgl. Prus, Bolesław: *Kroniki* (Chroniken). Bearb. von Zygmunt Szweykowski, Warszawa 1953-1970, Bd. I-XX; hier Bd. XV, S. 315f.
   Dem Buch *Die Geschichte von Janasz Korczak und der schönen Tochter des Schwertfegers* von Kraszewski entnahm Korczak sein erstes Pseudonym: Janasz Korczak. Durch ein Versehen des Setzers wurde daraus: Janusz Korczak. Vgl. dazu das *Nachwort für junge Leser* von Igor Newerly in *Sämtliche Werke*, Bd. 11, S. 433ff, insbes. S. 445f.

merksam liest, der wird begreifen, was Vorstellungskraft und die damit zusammenhängende Beobachtungsgabe bedeuten können.

Die Vorstellungskraft zu entwickeln, ich wiederhole es, das sollte man auf keinen Fall geringschätzen.

Janusz

Aus: *Czytelnia dla Wszystkich* (Leihbibliothek für alle), Nr. 15 (13.10.1898), S. 2.

Freiheit

»Das Kind sollte frei aufwachsen wie ein Baum. Man sollte dafür sorgen, daß der Boden gesund und nahrhaft ist, die Luft rein, daß viel Sonne und Wärme vorhanden sind. Wenn Eltern dem Kind das wegnehmen und verbieten, was sein Charakter und seine Natur verlangen, wenn sie unbesonnen alle jungen und gesunden Triebe wegschneiden, weil sie sich ein anderes Ideal vorgestellt haben, das ihr Kind verkörpern soll, so bekommen sie ein ängstliches, beschnittenes, verkrüppeltes Pflänzchen statt des erträumten Ideals. Denn man kann zwar auf bestimmte Seiten des Charakters und des Verstandes einwirken, aber man kann im Kind nicht Fähigkeiten entwickeln, die es nicht besitzt, weil sie nicht seinem Organismus innewohnen.«[1]

Diese Bemerkungen des Dr. Hauf sahen wir uns verpflichtet, vollständig zu zitieren, weil sie eine so genaue Charakteristik dessen darstellen, was von einem Erzieher gefordert wird, daß er sie auswendig lernen und täglich wiederholen sollte.

Das Kind sollte vor allem frei aufwachsen, bis wir seine Fähigkeiten, seine Charaktereigenschaften und Neigungen genau kennengelernt haben. Angenommen, wir wollen aus einer kräftigen jungen Eiche eine poetische Birke machen oder aus einer zarten Birke eine derbe Eiche. Wir beginnen zu schneiden, zu sägen, zu brechen und zu verbiegen, bis der Baum eingeht. Nein, einen so lächerlichen Fehler würden wir an einem Baum nie begehen, aber an einem Kind schon. Doch wir können aus einer zarten, poetischen Natur keinen mächtigen Charakter bilden und aus einem kräftigen keinen schwachen. Gestattet dem Kind eine freie Entwicklung und achtet nur darauf, daß der Boden gesund und

1. Nicht ganz wörtliche Wiedergabe eines Textabschnittes aus dem Buch von Dr. E. Hauf: *Dziecko i rodzina. Wskazówki kształcenia domowego dla matek* (Das Kind und die Familie. Hinweise zur häuslichen Erziehung für Mütter). Freie Übertragung aus dem Deutschen. Warszawa 1892, S. 116.

nahrhaft ist, daß die Säfte, mit denen es sich im Vaterhaus nährt, ihm moralische Gesundheit bringen, daß die Atmosphäre, die es einatmet, gesund und fern der Verderbtheit ist; sorgen wir dafür, daß es das Kind zu Hause hell und warm hat und glücklich ist. Möge es möglichst selten weinen, und Heiterkeit möge sein jugendliches Alter begleiten. Später im Leben wird es genügend Härten erfahren, dann möge es durch Rückblick auf seine Kindheit Trost empfangen. Aus den hellen Bildern der Kindheit entstand das herrliche Poem *Pan Tadeusz*[1].

Beschneiden wir nicht die gesunden Triebe seiner Natur, nur weil unser Kind von unserem Ideal abweicht. Wir ziehen es nicht für uns auf, sondern um seinetwillen.

Bestimmte Seiten des Charakters kann man mildern, darin wird uns selbst der größte Skeptiker zustimmen; und man kann das wecken, was in der Kindesseele keimt, das Saatkorn, seiner selbst unbewußt, in einem Winkel schlummernd. Achten wir also darauf, was uns der Charakter des Kindes bietet, lesen wir in seiner Seele wie in einem Buch, scheuen wir uns nicht, es verständig zu lieben, und gestatten wir seiner Seele, sich unter dem belebenden warmen Hauch unserer Liebe zu entfalten, in der reinen Atmosphäre unserer Familie. Suchen wir in den Kindern ihre Eigenschaften, entfalten wir sie, versuchen wir abzumildern, was Zufälliges angeweht kommt, aber verbiegen wir das Kind nicht, das könnte schlecht enden. Wir könnten die Liebe und das Vertrauen des Kindes verlieren – und dann wehe uns!

Ich verweise die Leser noch einmal auf Dr. Haufs Äußerungen. Sie sind nicht neu, aber so klar formuliert und so überzeugend.

Janusz

Aus: *Czytelnia dla Wszystkich* (Leihbibliothek für alle), Nr. 16 (20.10.1898), S. 3.

1. *Herr Taddäus* von Adam Mickiewicz (1798-1855), polnischer Nationaldichter. Vgl. dazu: Mickiewicz, Adam: *Dichtung und Prosa*. Ein Lesebuch von Karl Dedecius, Frankfurt 1994; es enthält auch ein Verzeichnis der ins Deutsche übertragenen Werke von Mickiewicz.

Strafen und Belohnungen[1]

»Seien wir nachsichtig! Versuchen wir möglichst durch Sanftmut zu erziehen; nehmen wir es nicht zu tragisch, lassen wir uns nicht vom Zorn übermannen, wenn die Lernleistungen des Kindes nicht unseren Vorstellungen entsprechen oder wenn es was Böses anstellt« – fordert Dr. Scholtz[2] zu Recht in seinem Werk über die Charakterschwächen des Kindes und ihre Heilung. – Andererseits gilt es, zu heftiges Lob und Überschwang zu meiden.

Seien wir nachsichtig!

Traurig, zugeben zu müssen, daß wir bei geringen Verfehlungen der Kinder hätten Nachsicht üben können, wären wir imstande gewesen, unseren Zorn zu beherrschen. Eine zerschlagene Blumenvase, ein vergossenes Glas Milch – brachten uns aus der Fassung. Fahren wir fort. Es kommt vor, daß wir schlechter Laune sind, dann führt die geringste Verfehlung, die wir sonst ohne weiteres übersehen hätten, zur Bestrafung des Kindes. Hat die Strafe in so einem Fall nicht etwas von Rache, von Quälerei und der Lust, an jemandem seinen Zorn auszulassen?

Bedenken wir, ein Kind hat ein tiefverwurzeltes Gefühl für Gerechtigkeit, es erfaßt jede unredliche Nuance der Bestrafung und urteilt über unsere Handlung. Strafen wir nur dann, wenn wir völlig ruhig sind.

Wie soll man ein Kind strafen?

Wenn das Kind uns wahrhaft liebt, wird die Demonstration einer zeitweiligen Kühle die wirksamste Strafe sein.

Hüten wir uns vor Moralpredigten, die selbst einen Erwachsenen zum Gähnen brächten. Seien wir sparsam mit dem Tadel, damit er seine Wirkung nicht verfehle. Achte jede Mutter darauf, ihr Kind nicht durch unverständiges, geschwätziges Moralisieren zu langweilen; überhaupt sollte in der Erziehung so wenig wie möglich moralisiert, statt dessen aber mit vielen guten Beispielen aus dem Leben oder aus Büchern angeregt werden.

Manchmal bewirkt ein Satz wie: »Du hast mich sehr gekränkt, Józiu«, mehr als eine halbstündige Gardinenpredigt.

Ferner darf die Bestrafung nicht das Feingefühl des Kindes verletzen. Achten wir auf seinen Stolz, der ein edles Gefühl ist, verletzen wir ihn

1. Vgl. den Artikel *Strafe und Belohnung in der Erziehung* von 1938, im vorliegenden Band S. 465ff.
2. Scholtz, Ferdinand: *Wady charakteru dziecięcego i ich leczenie* (Charakterschwächen des Kindes und ihre Heilung). Übersetzt von Jan Władysław Dawid. Warszawa 1892, S. 15.

nicht, spielen wir nicht damit, kränken wir das Kind nicht auf Schritt und Tritt durch Spitzen oder Vorwürfe, gleichviel, ob andere dabei sind oder nicht, hüten wir uns davor, es zu beleidigen.

Wir müssen auch über körperliche Bestrafungen reden. Bei guter Erziehung von klein auf ist eine solche Strafe unnütz. Traurig, wenn man auf das Kind nur durch physischen Schmerz einwirkt. Nein, die Züchtigung bessert nicht den Charakter, sondern verbirgt die Schwächen tiefer als ein Quacksalber, der Ausschläge unter die Haut zu drücken versucht. Das Kind, das unter ständiger Androhung körperlicher Strafe aufwächst, wartet nur darauf, den Fesseln zu entrinnen und sie zu kompensieren. Es gibt nicht wenige Fälle, wo Väter mit einer Peitsche tapfere Söhne erzogen, aber wer wagt es zu behaupten, die Peitsche hätte sie mutig gemacht. Was ich aber den Eltern nicht verzeihen kann, worauf ich nur mit Abscheu blicke – das ist das Schlagen des Kindes ins Gesicht.

Wir wiederholen, was wir schon einmal gesagt haben: Trauen wir den Kindern zu, besser sein zu können als sie sind, und sie werden sich bald bessern; trauen wir ihnen Eigenschaften zu, die sie noch nicht haben, und sie werden sie ausbilden, machen wir das Kind glauben, es sei gut und sei nicht in der Lage, schlecht zu handeln, und in den meisten Fällen werden unsere Erwartungen nicht enttäuscht werden. Das ewige Herausspicken von Fehlern bei Kindern hat auf manche Charaktere einen verhängnisvollen Einfluß. Einem fleißigen, aber wenig begabten Kind braucht man bloß zu sagen: »Du Faulpelz, du Esel, aus dir wird nie was«, und es verliert völlig die Lust an Büchern.

Was halten wir von Belohnungen? Das beste wäre, wir brauchten uns damit nicht zu beschäftigen. »Ihr, liebe Kinder, gebt uns, was ihr könnt, und wir geben euch, wozu wir imstande sind.« Aber das ist nicht immer möglich. Also müssen wir streng berechenbar vorgehen, und vor allem hüten wir uns davor, alle Worte und Taten des Kindes ausnahmslos zu rühmen: »Ach, ist das ein kluges Kind, ach, was es da zustande gebracht hat, wiederhole doch, was du gestern gesagt hast.«

Solches Lob vermittelt dem Kind einen übertriebenen Begriff von seinem Verstand und steigert seine Ansprüche, und das Leben will in der Regel mehr nehmen als geben, und aus den vielgepriesenen »Wunderkindern« wächst selten etwas Gutes. Wir wollen das Kind auch nicht »älter« machen als es ist, dazu hat es Zeit, ja, es sollte möglichst lange Kind bleiben.

Janusz

Aus: *Czytelnia dla Wszystkich* (Leihbibliothek für alle), Nr. 17 (27.10.1898), S. 2f.

Kurzweil

Das Kind soll sich nie langweilen, Langeweile ist ein schlechter Ratgeber; möge das Kind seine freien Augenblicke bei fröhlichen, heiteren, nicht lärmenden Vergnügungen zubringen. Müßiges Dahinträumen oder das Hin-und-Her von einer Ecke zur anderen, läßt in der jungen Seele einen Schimmelfilz entstehen, der charakterschädigend und für das aktive Leben verhängnisvoll ist. Wie oft sehen wir arme Kinder, die nicht wissen, was sie mit sich anfangen sollen, verschlafen, lustlos, launisch der Welt und anderen Leuten gegenüber. Sie langweilen sich.

Es gibt aber auch Kinder, die sich jederzeit und mit allem beschäftigen können. Alte Lumpen, Steine von unterwegs, Schachteln, ein bißchen Sand, Stöckchen, Garnrollen, Schnüre – alles dient ihnen zum Spiel, sie brauchen dazu nicht einmal Gesellschaft – sie genügen sich selbst. In solchen Fällen sollten wir uns nicht einmischen; unsere Bemerkungen, Ratschläge und Erklärungen stören bloß und können den Kindern den Spaß am Spiel verderben.

Wir sagten, Kinder vermißten gelegentlich beim Spiel nicht die Präsenz Gleichaltriger, das heißt aber nicht, daß sie sie nicht brauchen. Das dauernde Herumstehen bei Älteren kann bei ihnen zu einem Ernst führen, der bei Kindern unangebracht ist, es kann sie zu Eigenbrötlern machen, zu ungeselligen und damit unliebsamen Geschöpfen. Ja, die Kinder sollten, soweit möglich, mit anderen spielen, dann sind ihre Spiele abwechslungsreicher, fröhlicher, lebhafter. Aber Versammlungen mit eher feierlichem Charakter, verbunden mit Tanz, schmucken Kleidern und üppigen Speisen – sollten höchst selten stattfinden. Das gleiche gilt für Theater, Zirkus, Bildergalerien, Kirmes usw. Es tut weh, die fiebrigen und doch ermüdeten und abgespannten Gesichter mitanzusehen.

Die Kinder zum Spielen anleiten, ist vielleicht nicht so leicht, aber es ist eine dankbare und schöne Aufgabe. Die Fröhlichkeit, das Lächeln und die lebhaft leuchtenden Augen erblickend, werden wir selbst fröhlich und kindlich. Eine Mutter, die zwei-, dreimal mit den versammelten Nachbarskindern Spiele veranstaltete, wird das des öfteren tun.

Neben den allgemein bekannten Spielen wie Katz und Maus und Blinde Kuh gibt es noch viele andere, bei denen man singen kann. Sie sind von unseren Kindergärtnerinnen und Lehrerinnen – den Erzieherinnen – in mehreren Büchlein gesammelt worden.[1] Und hier sollte man den

1. Auf Publikationen, die Beschreibungen von Kinderspielen (meist nach den Ideen von Friedrich Fröbel; vgl. S. 37f, Anm. 1) enthalten, war in Warschau der Verlag für Spielzeug und pädagogische Spiele von A. J. Wiśniakowski spezialisiert.

Kindern die Wahl überlassen und ihnen nur dann helfen, wenn sie alle bekannten Spiele ausprobiert haben. Rasch zusammengestellte Lebende Bilder historischen oder allgemeinen Inhalts: Vier Jahreszeiten, Handwerke usw. können die Spiele abwechslungsreich machen; Gedichte, Gesang, schwindende Bilder[1] – es mangelt nicht an Einfällen, die einfach auszuführen sind.

Von Spielen gehen wir zum Erzählen über.

»Ein Erzieher taugt nicht viel, wenn er nicht erzählen kann« – sagt ein gewisser Pädagoge. Erzählungen sind einer der wesentlichen Faktoren in der Erziehung[2]. Beim Erzählen spielen wir auf der zarten Kinderseele und erwerben die Achtung und Sympathie des Kindes. Jemand, der viele Geschichten kennt, hat Einfluß auf Kinder und kann auf ihre Freundschaft sowie auf ein herzliches Verhältnis zu ihnen zählen.

»Noch ein Märchen«, bitten die Kinder, »nur noch eines, ein einziges.«

»Gut, also hört zu.«

Und es wird still. Ein übermütiges Kind wird ruhig, ein unaufmerksames konzentriert seine ganze Aufmerksamkeit, um kein Wort, keine Silbe zu versäumen. Ich weiß noch, welchen Eindruck meine Geschichten vom Trojanischen Pferd, von Baudouin, dem Priester, der von einem Reichen geohrfeigt wurde,[3] von den Kriegen Napoleons, vom Besuch Kazimierz Wielkis in einer Dorfschule, von dem in eine Fliege verzauberten Gucio[4] auf die Kinder gemacht haben. Man muß freilich farbig und lebhaft erzählen, die Stimme mal hebend, mal senkend.

Erzählen ist besser als Lesen, denn beim Lesen finden sich oft lange Satzgefüge, Fremdwörter, und das Erklären lenkt die Kinder von der Geschichte ab, langweilt oder verärgert sie. Am besten, man liest eine

1. Gemeint sind Dias.
2. Diesem Standpunkt trug Korczak bereits während seiner Arbeit in den kostenlosen Lesesälen und als Betreuer von Ferienkindern in Sommerkolonien Rechnung. Vgl. z.B. *Die Mojscheks, Joscheks und Sruleks* in *Sämtliche Werke*, Bd. 10, S. 97f und S. 143ff sowie *Die Józeks, Jasieks und Franeks* in ebd. S. 222ff. Im Dom Sierot (Haus der Waisen/Waisenheim)beteiligte er die Zöglinge an der Überarbeitung ausgewählter Textpassagen seiner Kinderbücher. Vgl. z.B. Kaspi, Mira: *Wir haben gesungen und waren fröhlich.* In: *Janusz Korczak in der Erinnerung von Zeitzeugen. Mitarbeiter, Kinder und Freunde berichten.* Hg. und bearb. von Friedhelm Beiner und Silvia Ungermann. Gütersloh 1999, S. 75.
3. Als ein Glücksspieler dem für seine Waisen Geld sammelnden Priester Gabriel Pierre Baudouin (1689-1768) eine Ohrfeige gab, soll dieser gesagt haben: »Das war für mich, mein Herr, und was ist für die Kinder?« – worauf der überwältigte Spieler sein ganzes Geld in die Sammelbüchse Baudouins gab. Vgl. dazu Korczaks Artikel *Über das Baudouin-Denkmal* in *Sämtliche Werke*, Bd. 6, S. 257ff.
4. Urbanowska, Zofia: *Gucio zaczarowany* (Der verzauberte Gucio). Warszawa 1884. Die phantastische Erzählung handelt von einem faulen Jungen, der sich, von einer Fee in eine Fliege verzaubert, ändert, als er das arbeitsame Leben der Insekten kennenlernt.

Geschichte zunächst für sich selbst und erzählt sie dann nach. Von Zeit zu Zeit kann man in Verbindung mit Naturwissenschaften und Erdkunde (eine Landkarte sollte stets zur Stelle sein) Reiseerzählungen einflechten. Aber sie sollten spannend sein, sonst gibt es enttäuschte Gesichter. Für einen Vortrag bereitet sich der Referent Wochen vor, also sollten wir ein paar Stunden daransetzen, um die Kinder zu fesseln.

Über Bücher und Spielzeug, die wir kaufen, ein andermal.

Janusz

Aus: *Czytelnia dla Wszystkich* (Leihbibliothek für alle), Nr. 18 (3.11.1898), S. 3.

Spielzeug und Bücher

Spielsachen und Bücher für Kinder sollten nicht zu teuer sein, sie sollten genau auf das Alter des Kindes abgestimmt sein und zum Ziel haben, den Verstand und das Herz des Kindes zu entwickeln. Kinder sollten auch nicht zu oft Geschenke erhalten.

Eltern, die ihrem Kind ein Spielzeug oder Buch kaufen, wollen ihm mit dem Geschenk vor allem Freude machen. Das ist völlig verständlich. Doch muß man darauf achten, daß diese Freude nicht vergänglich ist, man muß daran denken, daß sich das Kind auch in einer Woche oder einem Monat, in einem Jahr oder länger noch an der erhaltenen Gabe freuen soll. Wir irren uns, wenn wir glauben, daß ein Spielzeug für drei Rubel dem Kind mehr Freude macht als eines für fünfzig Kopeken. Vergleichen wir einen Ball mit einer komplizierten Spieluhr, vergleichen wir ein gewöhnliches Springseil mit einem teuren Service oder Zügel aus rotem Band mit einem perlmuttverzierten Säbel. Der Ball, das Springseil und die Zügel werden ein Kind immer erfreuen, aber die Spieluhr, das Service und der Säbel werden es rasch langweilen. Kinder haben den lebhaften Wunsch, alles zu besitzen, diesen muß man unterdrücken. Das gleiche trifft auf Bücher zu: das billigste kann die Aufmerksamkeit eines Kindes in Bann halten, während schöne Illustrationen mit schlechten Geschichten das Kind nicht einmal eine Stunde lang fesseln.

Ein zweiter Punkt: Wie oft hören wir in der Buchhandlung Mütter sagen: »Ach, dieses Büchlein ist zu kindisch. Meine Kleine ist schon so reif.«

Wenn eine Zehnjährige Romane liest, die für Jugendliche bestimmt sind, was soll sie dann lesen, wenn sie fünfzehn oder sechzehn Jahre alt ist?

Das gleiche gilt für Spiele. Ein Geschichtslotto ist ein nützliches Spiel für Jugendliche, die schon eine gewisse Vorstellung von Geschichte haben, für Kinder ist ein gewöhnliches Zahlenlotto ausreichend.

Die Pädagogen warnen vor dem Spiel um Geld und vor dem Kartenspiel.

Man darf den Geist eines Kindes sich nicht zu heftig entwickeln lassen.

»Hab es nicht eilig, mein Mädchen, mit dem Reifen deines jugendlichen Geistes, deiner kindlichen Gedanken, freu dich am Morgenrot, am Frühling deines Lebens; die Stunden deines Lebens sind Blumen, die auf einer Seidenschnur aufgereiht sind, verschwende ihre Blütenblätter nicht« – sagt der französische Dichter Victor Hugo in seinem schönen Gedicht »An ein junges Mädchen«.

Das Kind soll Kind sein; denn wie häufig beschließen über ihr Alter hinaus entwickelte Kinder ihr Leben elendiglich in Vergessenheit, Verbitterung und Trauer. Das Kind soll Kind sein, denn die Frische der kindlichen Gefühle, die Reinheit seiner Ideen machen es glücklich.

Man soll Kinder nicht mit Geschenken überschütten, denn Übersättigung wird die Folge eines solchen Vorgehens sein. Wie oft sieht man, vor allem in den Häusern reicher Bürger, ein Kind, das sich am neuen Buch nicht erfreut, das das neue Spielzeug nicht froh macht. Das ist ein trauriger Anblick, ein trauriger Beweis für den Mangel an Überlegung seitens der Eltern.

Kinder sollen sich ruhig selbst ihre Spielsachen abwechslungsreicher gestalten.

Ich kannte einen Jungen, der sich aus Bausteinen, die für den Bau von Häuschen gedacht waren, einen Schießstand und eine Armee, Eisenbahnen mit Brücken und Haltestellen, ja sogar mit Bahnwärterhäuschen gemacht hat. Ein Klötzchen, das auf einen länglichen Ziegelstein gelegt war, stellte eine Lokomotive dar, Schienen machte er aus dünnen Papierstreifen, und so spielte er mit seinen Bausteinchen etliche Jahre lang und gab sie dann an seinen jüngeren Bruder weiter. Woher kommt die Phantasie eines Kindes? Es soll sich selbst billiges Spielzeug ausdenken: aus Papier, Sand, Stoffstückchen, Schnur usw. Ich kenne ein Haus, in dem die Kinder – es sind ihrer drei – den ganzen Abend fröhlich verbringen, wenn die Mutter ihnen eine Semmel, ein bißchen Schokoladenpulver, ein Löffelchen Konfitüre, ein paar Rosinen und Mandeln gibt. Sie bereiten zu, richten an, schneiden – das ist ein gutes Spiel. Oder Kaufladen? Sand ist Mehl, Grütze, Zucker und kleine Steine sind je nach Wunsch Kuchen oder Perlen, und kleine Papierstückchen sind das Geld.

Die Phantasie des Kindes soll arbeiten, deshalb wollen wir ihm kein Theater mit Figuren, Kulissen und Vorhang geben. Sollen sie sich das aus einem Stuhl, Taschentüchern und Klötzchen selbst herrichten. Wir wollen ihnen keine Puppen geben, die Schlafaugen haben und »Mama« und »Papa« sagen oder gar gehen können. Die Mechanik geht kaputt, die Puppe zerbricht, und dann, oh weh, gibt es Tränen anstatt Freude. Ganz entschieden halte ich nicht die Kinder für die glücklichsten, die viele Bücher und Spielsachen haben.

Janusz

Aus: *Czytelnia dla Wszystkich* (Leihbibliothek für alle), Nr. 19 (10.11.1898), S. 3.

Die Älteste

In Familien mit mehreren Kindern betreut immer eines, gewöhnlich das älteste, die Geschwister und vertritt auf gewisse Weise die Mutter. Immer ist es ein Mädchen, das vernünftig, gut und ruhig ist. Sie gibt den jüngeren nach, nimmt im Spiel die untergeordneten Rollen an, oft nimmt sie gar nicht teil. »Du kannst nicht mit uns spielen, du bist zu groß für unsere Spiele«, sagen die Kinder.

»Hilf mir, Tee zu machen, schneid die Brötchen, paß auf, daß keines der Kinder hinfällt«, sagt die Mutter.

Und die »Älteste« gewöhnt sich allmählich an die Rolle des »Mütterchens«. Eigentlich würde sie sich oft lieber vergnügen, das ist in ihrem Alter ganz natürlich, aber auf der anderen Seite imponiert ihr auch die ehrenvolle Rolle der »Älteren«, der Respekt der Jüngeren schmeichelt ihr. Sie beruhigt, wenn eines der Kinder weint, sie bindet das Schürzchen um, sie versöhnt die Zerstrittenen, gibt Rat, wenn ein allgemeines Vergnügen veranstaltet werden soll. Und dabei ist das »Mütterchen« selbst oft erst sieben, acht oder neun Jahre alt.

Später hilft sie den Jüngeren beim Lernen, gibt acht, daß sie auch alle Hausaufgaben gemacht haben, achtet auf die Sauberkeit der Hefte und Bücher, oft muß sie die Sticheleien der Brüder und die zornigen Worte der Schwestern ertragen.

Sonderbar ist die Rolle dieses kindlichen »Mütterchens«. Sie rügt selbst den Ungehorsam oder die Streiche der Kinder und setzt sich dem Tadel der Eltern aus – wenn sie sich bei denen beschwert, nennen ihre Schützlinge sie »Kriecher« oder »Petze«. In dem Kind wächst ein Ernst heran, eine Nachdenklichkeit, eine Traurigkeit. Dieser erworbene Ernst wird ihrem Charakter eigen, in ihrem Denken entsteht die Überzeugung, daß sie sich immer den »Jüngeren« widmen muß, daß sie auf nichts im Leben einen Anspruch hat, daß es ihre Pflicht, ja ihre Bestimmung ist, eine Betreuerin der »Jüngeren« zu sein und nichts sonst.

Eine solche »Älteste« hat uns Lemaître in der Komödie gleichen Namens vorgestellt, diese Komödie wurde im Varietétheater gespielt.[1] Nicht genug damit, daß diese »Älteste« eine ernste, öde Kindheit hatte, später, als sie als erwachsenes Fräulein einen Mann liebte, opferte sie ihn ihrer Schwester und hütete anschließend ihre Kinder. In der Komödie findet Lia schließlich einen Mann, der sie zu schätzen weiß, im Leben ist es nicht immer so.

Geh einmal, Leser, in Gedanken alle Häuser durch, die du kennst, und in manchem wirst du eine solche »Älteste« finden, der seit frühen Jahren alle Freuden der Kindheit versagt wurden, weil sie schon »so groß, so vernünftig« war.

Es kommt auch vor, daß sich das älteste Kind in einer Familie der größten Sympathien erfreut, dann muß die jüngere Schwester ihre Kleider auftragen, darf nicht ins Theater gehen, weil sie »zu klein« ist, und nicht auf Bälle und Konzerte, und dann wächst im Herzen dieser Jüngsten die Auflehnung gegen den ungerechten Unterschied. Und die Brüder? Das sind doch Jungen, die werden noch Gelegenheit haben, sich auszutoben.

In der Liebe zu Kindern darf es keinen Unterschied geben, das versteht jeder, im Umgang mit ihnen darf der Unterschied nur auf die Veranlagung und das Alter des Kindes bezogen sein. Ja, und wir haben auch nichts dagegen, daß die älteste Tochter der Mutter in kleinen Haushaltsdingen zur Hand geht, daß die Jüngere die Kleider der Älteren aufträgt, die noch gut sind, aus denen diese aber herausgewachsen ist, und aus

1. Jules Lemaître (1853-1914), franz. Kritiker und Dramatiker: *Die Älteste. Komödie in 5 Akten*, zum ersten Mal auf der Bühne des Teatr Wielki (Großes Theater) am 5.2.1899 aufgeführt. Zum Inhalt des Stückes heißt es in einer Rezension: »Der Pfarrer Petterman hat sechs Töchter und sechs große väterliche Herzenssorgen. Ein Stein fällt ihm vom Herzen – fünf Töchter finden einen Mann, aber die älteste, Lia, hadert ständig mit dem Schicksal, verliert schon die Hoffnung auf das persönliche Glück. Sie ist damit beschäftigt, die jüngeren Schwestern zu erziehen, die undisziplinierten Mädchen zurechtzuweisen, die Kinder zu hüten und ihnen zum Glück zu verhelfen. Ihr eigenes Glück wird ihr ständig vor der Nase weggeschnappt. Eine der Schwestern schnappt ihr ihren Auserwählten, den jungen Pastor Mikils, die andere den alten reichen, eine gute Partie suchenden Müller weg. Die Eltern, die nur den Namen der zum Verkauf vorgesehenen »Ware« ändern, verspüren den Schmerz nicht, der das Herz der ältesten Tochter zerreißt, wenn ihre Freier die jüngeren heiraten. Die Übersetzung ist von Fräulein Barszczewska, die auch die Hauptrolle sehr gut gespielt hat. [...]« *Echo Muzyczne, Teatralne i Artystyczne* (Musik-, Theater-, und Kunstecho) 1899, Nr. 6.

ihren Büchern lernt, aber vergessen wir nicht, daß diese »Ältere« noch ein Kind ist und nicht ohne Schaden für sich selbst die schweren Pflichten eines »Mütterchens« auf sich nehmen kann, und daß die »Jüngere« manchmal auch ihr eigenes Kleid, ihr eigenes neues Buch haben will, und daß die Jungen auch ein Recht auf Vergnügen haben, das ihrem Alter angemessen ist. Vergessen wir nicht, daß die Kinder sich um so aufrichtiger lieben, je geringer die Unterschiede sind, die wir zwischen ihnen machen. Und die Geschwisterliebe – die ist auch wichtig.

Janusz

Aus: *Czytelnia dla Wszystkich* (Leihbibliothek für alle), Nr. 8 (23.2.1899), S. 1f.

Sommerspiele

Ich kannte einen gewissen Alten, den viele einen Sonderling nannten, doch ich hielt ihn für einen vernünftigen und edlen Menschen, der sich nicht genierte, seine oft originellen und tiefen Gedanken auszusprechen.

»Wissen Sie«, sagte er einmal zu mir, »wenn man mich fragen würde, was der Gesellschaft einen größeren Nutzen bringt, das Telefon oder ein Ball, dann würde ich ohne Zögern den Ball nennen.[1] Es stimmt,

1. Der größte Befürworter des Balls als Spielzeug war Friedrich Fröbel (1782-1852). Bei seinen sog. »Spielgaben« hatte der Ball den höchsten didaktischen Wert. Zu den Spielgaben gehören ferner Kugel, Walze, Würfel und verschiedene mehrgeteilte Würfel (Bausteine). Daneben betonte Fröbel die Bedeutung von kindlichen »Beschäftigungen«: Bauen, Spielen und Flechten mit Täfelchen, Stäbchen, Papierstreifen und -blättchen sowie Spiele mit Erbsen. Für die ganz Kleinen wurden 1844 die berühmten »Mutter- und Koselieder« vorgelegt, welche die Mutter-Kind-Beziehung bis heute stark prägen. In Polen wurde nach Fröbels Methode das 9. Kinderheim in der Piwna-Straße geführt (gegründet 1870) – dank der Initiative von Adam Wiślicki (1836-1910), Journalist, Redakteur von *Przegląd Tygodniowy* (Wochenrundschau). Wiślicki war ein großer Verbreiter der Fröbelschen Methode (u.a. in der Broschüre *Sztuka wychowawcza bawienia dzieci podług metody Friedricha Fröbela, twórcy ogrodków dziecinnych w Niemczech* [Die Kunst der Kindererziehung. Das Spiel der Kinder nach der Methode von Friedrich Fröbel, Begründer der Kindergärten in Deutschland]), Warszawa 1862, mit der Beilage: »Geschenk I«, einer Schachtel mit 6 Bällen und einer Beschreibung von 40 Ballspielen für Kinder und Jugendliche. Trotz zahlreicher Veröffentlichungen und vieler Befürworter der Fröbelschen Methode war sie in Polen

daß das Telefon den Menschen die gegenseitigen Beziehungen erleichtert, es beschleunigt die Verständigung, in Ausnahmefällen kann man sogar den Arzt oder die Feuerwehr bei einer drohenden Gefahr holen, aber ein Ball zaubert immer, nicht nur manchmal ein kostbares Lächeln auf das Gesicht eines Kindes, er erhellt seinen Blick, stärkt seine Muskeln, fördert seine Geschicklichkeit. Ja, was mir von den Kinderspielen am besten gefällt, ist das Graben in der Erde, Pflanzen und Gießen, »Fangen« und das Ballspiel.

So ähnlich betrachten auch die Amerikaner, die in allem praktisch sind, die Spiele. Die Gärtnerei hat in ihren Grundschulen und in den Kindergärten eine sehr große Bedeutung, der Ball hat nicht nur bei den Kindern, sondern auch bei den Erwachsenen Anerkennung gefunden, und Spiele, die mit Laufen verbunden sind, erfreuen sich großer Beliebtheit. Außerdem sind kleinere und größere Ausflüge bei ihnen genauso üblich wie bei uns ein Spaziergang in den Park oder ein paar Schritte aus der Stadt hinaus.

Aus vielen Beschreibungen ist der liebenswerte »Festtag des Baums«[1] bekannt. Jedes Kind pflanzt einmal im Jahr einen Baum, entweder im städtischen Park oder an der Straße zur Stadt oder an einer Allee, und gibt dem Bäumchen seinen Namen. Mit dieser Tätigkeit ist der Gedanke an die Arbeit für andere, für die Gesellschaft, an den Nutzen, den diese Tätigkeit bringt, eng verbunden. Das Kind denkt über Ziel und Ergebnis seiner Arbeit nach, es beginnt, ernsthaft zu überlegen; ein solches Kind wird nie leichtsinnig die Rinde beschädigen oder einen Zweig abbrechen. Die Liebe zur Welt der Pflanzen ist in der Erziehung wichtig. Bei uns sollte jedes Kind auf dem Land sein Beet haben, in der Stadt mindestens ein paar Blumentöpfe oder einen Kasten mit Erde zum Bepflanzen. Das Kind soll wissen, daß es an etwas denken soll, daß dieses

nicht so populär wie in den USA und den deutschsprachigen Ländern. Anfang 1898 gab es in Warschau 10 »Fröbelsche Schulen« mit insgesamt 344 Kindern und 55 Erzieherinnen.
Eine Absolventin der Fröbelkurse in Warschau (die Kurse bereiteten auf das Arbeiten nach der Fröbelschen Methode vor) war Stefania Wilczyńska, spätere Haupterzieherin im Dom Sierot.

1. (engl. arbor day) – amerikanischer Brauch; an einem bestimmten Tag pflanzte jedes Schulkind unter der Leitung der Lehrerin einen Baum. Die Kinder waren dann verpflichtet, den Baum bis zum Ende ihres Lebens zu pflegen. Das Spiel sollte den Kindern Liebe und Achtung für die Natur vermitteln. Der Brauch verbreitete sich schnell in ganz Europa, auch in Polen (erste Erwähnungen 1899 im *Dziennik dla wszystkich* [Tageblatt für alle] und in der *Gazeta Polska* [Polnische Zeitung]); 1902 feierte man im Gymnasium in Lublin ein »Baumfest«, dann auch in anderen Schulen des Königreichs Polen. Vgl. bei Korczak auch die »Feier zur Pflanzung eines Baumes« in *Die Schule des Lebens*. In: *Sämtliche Werke*, Bd. 7, S. 427.

»Etwas«, diese Pflanze, existiert, daß sie nur durch seine Pflege lebt. Jedes Kind sollte einen Ball haben und gerne damit spielen. Ein zu großer oder zu kleiner Ball wird nie ein wahrer Freund des Kindes sein, er sollte von mittlerer Größe sein, gut hüpfen und nicht leicht platzen, außerdem sollte er nicht zu leicht sein, damit das Kind fühlt, daß es etwas in der Hand hat. Deshalb sind wir auch von Ballon- oder Zelluloidbällen nicht begeistert, am besten sind die Gummibälle, mit denen schon unsere Großeltern gespielt haben. Mit Betrübnis muß man zugeben, daß wir auf diesem Gebiet mit den neuen Erfindungen kein Glück haben, alle neumodischen Spielzeuge haben große Nachteile. Man muß noch hinzufügen, daß alle Ballspiele gut sind.

Laufen können und mögen – ist die Hälfte des Erfolgs in der körperlichen Entwicklung des Kindes,[1] wir dürfen den natürlichen Trieb des Organismus, der sich erst entwickelt, nicht hemmen. Nur den Wettrennen können wir vorwerfen, daß sie einen zu großen Zwang ausüben und, im Übermaß betrieben, schaden können.

Ausflüge sind nicht nur etwas, das Kindern und Jugendlichen eine große Freude bereitet, sie tragen auch zur körperlichen und geistigen Entfaltung bei. Eines der ersten Projekte der Hygienegesellschaft[2] war die Veranstaltung von Ausflügen im ganzen Land für die Jugend, die unter der Führung von erfahrenen Leuten stattfanden. Wie viele Eindrücke sammeln die jungen Touristen, wenn sich ein Nachtlager in der Scheune eines Bauern mit einem gastfreundlichen Empfang bei einem Bürger, eine Fahrt auf einem Fuhrwerk mit einer Fahrt auf einem Floß

1. Die körperliche Entwicklung des Kindes und ihre Förderung durch Spiel und Bewegung thematisiert Korczak in vielen Texten, vgl. z.B. *Der Pessimismus der Kinder* (S. 104ff), *Kinder und Erziehung* (S. 69ff), *Zur Eröffnung des Dom Sierot* (S. 199ff), *Vorwort zu Jędrzej Śniadeckis Abhandlung ...* (S. 559ff).
2. Die Polnische Gesellschaft für Hygiene wurde 1898 unter dem Namen »Warschauer Hygienegesellschaft« auf Anregung einer mit der Zeitschrift *Zdrowie* (Gesundheit) zusammenarbeitenden Forschergruppe, vor allem auf Initiative von Józef Polak, dem späteren Gesellschaftsvorsitzenden, gegründet. Zu den Mitgliedern der Organisation zählten Ärzte, Pädagogen, Vertreter der Warschauer Intelligenz (u.a. Aleksander Głowacki [Bolesław Prus]) und die Priester Hipolit Skimbrowicz, Jan Siemiec, Włodzimierz Kirchner und andere. Korczak war seit 1902 ordentliches Mitglied. Die Gesellschaft entfaltete eine rege Öffentlichkeitsarbeit, indem sie verschiedene Ausstellungen und Vorträge organisierte, sich für Hygiene in den Städten und auf den Dörfern, für das Krankenhauswesen und Hygiene am Arbeitsplatz einsetzte. Sie förderte die Entwicklung der Ferienkolonien und der Körpererziehung in den Schulen. Die Gesellschaft führte auch Aktionen gegen Tuberkulose und Alkoholismus durch und richtete Badestellen für das Volk ein. Sie hatte Bezirksabteilungen in der Provinz. 1921 hatte sich die Hygienegesellschaft zu einer das ganze Land umfassenden Organisation entwikkelt, seitdem trug sie den Namen »Polnische Gesellschaft für Hygiene«; sie wurde 1957 reaktiviert.

oder das Besichtigen einer Fabrik mit dem Besuch eines Waldes oder Schlößchens abwechseln.

Was noch bleibt: Das Reiten, das von vielen Ärzten und Pädagogen nicht besonders gern gesehen wird, der Vogelfang, der jedem ein wenig oder sogar sehr unangenehm erscheint.

Zum Schluß muß ich erklären, warum ich von Kindern spreche und nicht von Jungen oder Mädchen, denn das habe ich mit Bedacht getan: Die Spiele der Kinder sollten bis zum zehnten Lebensjahr nicht beschränkt werden.

»Mädchen«, sagt Dr. Hauf, »sind weit öfter, weit leichter gesundheitlich geschwächt als Jungen. Der Grund dafür liegt nicht nur in dem schwächeren Organismus des Mädchens, sondern auch in der Vernachlässigung der körperlichen Seite der Erziehung, in der Unterentwicklung der Gesundheit und der Körperkräfte, insbesondere in den wichtigsten Jahren zwischen dem sechsten und dem fünfzehnten Lebensjahr. Während ein Junge frei läuft, springt, turnt, mit den Kameraden Ball spielt, sich manchmal sogar prügelt, ist dem Mädchen all dies, sei es aufgrund der unvernünftigen Erziehungsvorschriften – ›für ein Mädchen schickt sich das nicht‹ –, sei es infolge von elterlicher Unwissenheit oder Unachtsamkeit im Hinblick auf die Entwicklung der körperlichen Kräfte der Tochter, versagt.«[1]

Janusz

Aus: *Czytelnia dla Wszystkich* (Leihbibliothek für alle), Nr. 20 (18.5.1899), S. 2.

Niemand

Ich sah, wie sich seine Augen mit Tränen füllten, seine Lippen zitterten und die tiefe Röte der Scham und Erniedrigung sein Gesicht übergoß.

»Verzeihen Sie, mein Herr«, begann er leise, »ich wollte Ihnen schon lange sagen, daß diese zwanzig Kopeken, die Sie mir damals gegeben haben, daß ich die ...«

Vor Schluchzen konnte er nicht weitersprechen. Er stand da wie ein Missetäter vor mir, den Kopf gesenkt, die Hand krampfhaft um eine Münze geklammert.

1. Ungenaues Zitat aus E. Hauf: *Das Kind und die Familie* ..., a.a.O., S.240.

»Verzeihen Sie, ich habe damals gesagt, daß ich diese zwanzig Kopeken verloren habe«, fuhr er fort, »daß der Vater mich verprügeln würde ... Das war gelogen ... Ich habe damals das Geld nicht verloren ... und ich habe keinen Vater.«

Es war, als sei ihm eine gewaltige Last von seiner kindlichen Brust gefallen. Er seufzte tief und schaute mir in die Augen. »Ich habe Sie gesucht, habe Sie aber nicht finden können. Aber heute ... ich gebe Ihnen das Geld jetzt zurück, und bitte seien Sie mir nicht böse.«

Jetzt erst fiel mir alles wieder ein.

Es war zwei, drei Monate her, ich ging mit einem Bekannten über die Straße und bemerkte einen Knaben, der, wie mir schien, weinend auf den Stufen zu einem Laden saß.

»Warum weinst du, Junge?« fragte ich ihn.

»Ich habe Geld verloren, und mein Vater wird mich verprügeln.« Ich beruhigte ihn, gab ihm das verlorene Geld wieder, strich ihm über den blonden Schopf, und als er mich mit seinen aufleuchtenden Augen ansah, küßte ich ihn auf die Stirn, und wir gingen weiter.

»Denkst du, daß du dem Jungen einen Gefallen getan hast?« fragte mein Begleiter.

»Soweit es möglich war, ja.«

»Nein, du hast ihm Schaden zugefügt. Wenn du ihm nicht den verlorenen Betrag gegeben hättest, hätte er eins übergezogen bekommen und weiter nichts. Jetzt aber, wer weiß, hast du vielleicht den Keim eines schlechten und schädlichen Gedankens in seine Seele gelegt: daß er ohne Arbeit, nur für ein paar Tränen, Geld bekommen kann. Beim nächsten Mal wird er schon absichtlich weinen.«

Ich lachte auf.

»Mein Lieber«, erwiderte ich, »wenn wir über jede unserer Handlungen so nachdenken würden, kämen wir nie dazu, etwas zu tun.«

Mir fiel unser ganzes Gespräch wieder ein, und Kummer überkam mich: Also hatte dieses Kind damals gelogen: Die Tränen, die Freude, die Angst vor der Strafe, das alles hatte es erlogen. Ich nahm den Jungen an der Hand, zog ihn an mich, setzte ihn neben mich auf die Bank und sagte, während ich seine Hand in meiner hielt: »Sag mir, Kind, hast du schon oft so betrogen?«

»Dreimal.«

»Und ist es dir immer gelungen?«

»Ja.«

»Wer hat dich dazu überredet?«

»Die Kameraden in der Lehre.«

»Und hast du das Geld immer zurückgegeben?«

»Nein, nur Ihnen.«

»Warum nur mir?«

»Weil es mir so vorkam, daß Sie sehr gut sind, daß Sie mir die zwanzig Kopeken nicht deshalb gegeben haben, weil Sie viel Geld haben, sondern weil Sie wirklich Mitleid mit mir hatten. Und ... und Sie haben mir einen Kuß gegeben.«

»Gibt Dir denn sonst niemand einen Kuß?«

»Seit vier Jahren, seit meine Mutter gestorben ist, nicht mehr.«

»Und hat dir niemand gesagt, daß es böse ist zu betrügen, daß der Mensch ehrlich, arbeitsam und gut sein soll?«

»Ja, das hat der Pfarrer mal in der Predigt gesagt, aber das hat er allen gesagt, nicht nur mir.«

»Und außer dem Pfarrer hat das niemand gesagt, so wie ich es dir jetzt sage?«

Und aus dem Mund des Kindes kam das eine Wort, kurz wie ein Stöhnen, leise wie ein Seufzer: »Niemand.«

* * *

Ein kleines Mädchen von etwa zehn Jahren mit einem Blumenstrauß lief hinter mir her.

»Kaufen Sie Blumen, mein Herr, bitte.«

»Aber ich will nicht, ich brauche keine.«

»Kaufen Sie doch, ich hab' nichts gegessen, meine Mutter zu Hause ist krank, mein Vater liegt im Krankenhaus, ich habe Hunger, bitte!«

Und wieder frage ich ein Kind, das halb verdorben ist, aber den göttlichen Keim in der Seele noch nicht verloren hat: »Hör mal, Kleine, ist das denn die Wahrheit, was du da sagst?«

»Ja, ich sage die Wahrheit, Herr«, antwortete sie verwirrt.

»Gut, dann komm mit mir, wir gehen zu deiner Mutter, und ich gebe ihr eine Arznei.«

Sie will ihre Hand aus meiner ziehen und in der Menge verschwinden.

»Nein, Kind, lauf nicht weg!«

Nur fünf Minuten brauche ich, um mit ihr zu sprechen, um in ein Gesicht voll Traurigkeit, in Augen voller Tränen zu schauen. Und um die eine Frage zu stellen: »Hat dir denn niemand etwas über das Betteln und Lügen gesagt?«

»Niemand.«

* * *

Man kann sich kaum vorstellen, daß sich auf dieser ganzen weiten Welt niemand gefunden hatte, der diesem Kind mit einem herzlichen Wort und einem edlen Gedanken Wärme geben konnte.

Niemand! Niemand!

Wie viele solcher edlen Herzen verkrüppeln, wie viele reine Gedanken verderben, nur deshalb, weil niemand sie gesehen hat, weil niemand ihnen den Weg gewiesen hat.

Jeder Mensch begegnet in seinem Leben vielen solchen armen Geschöpfen. Soll er ihnen helfen, wenn nicht durch eine Tat, so doch mit Fürsorge, mit einem Lächeln und einem lieben Wort, damit sie einst sagen können, daß sich doch ein Mensch gefunden hat, der der Seele ein kleines Bröckchen Speise gegeben hat und nicht, daß sich kein solcher Mensch gefunden hat, daß sich niemand gefunden hat.

Janusz

Aus: *Czytelnia dla Wszystkich* (Leihbibliothek für alle), Nr. 24 (15.6.1899), S. 1f.

Für die Kinder [I][1]

Einmal wurde ich unfreiwillig Zeuge des folgenden Geständnisses:

»Mama«, sagte ein siebenjähriges Mädchen zu seiner Mutter, der Besitzerin eines Lebensmittelladens, »wenn du nur wüßtest, wo ich gewesen bin.«

»Nun, wo warst du denn?« fragte die Mutter fast unwillig während sie Grütze einpackte, die sie gerade verkauft hatte.

»Im Sächsischen Garten!«[2]

1. Die Ziffer I in eckigen Klammern ist vom Bearbeiter dem Titel hinzugefügt worden, um eine Unterscheidung dieses Artikels von einem zweiten mit gleichem Titel (S. 45) zu erleichtern.
2. Der Sächsische Garten (Ogród Saski) war anfänglich Teil eines großen Palastkomplexes im Barockstil, der sog. Sächsischen Achse, die in den Jahren 1713-1748 auf Anregung von König August dem Zweiten entstand; zum öffentlichen Stadtpark wurde er erst in der ersten Hälfte des 19. Jahrhunderts. Er war schön geschmückt, man bezeichnete ihn als Warschauer Sommer-Salon. Korczak wohnte als Kind in der Nähe (in der Miodowa-Straße) und besuchte den Sächsischen Garten oft, meistens in Begleitung seiner Bonne. In seinem *Tagebuch* notiert er: »Ich sprach viel mit den Menschen: mit gleichaltrigen und viel älteren, erwachsenen. Im Sächsischen Garten hatte ich recht bejahrte Gesprächspartner. Ich wurde ›bewundert‹: ein Philosoph. [...] Meine Mutter sagte: ›Dieser Junge hat keinen Ehrgeiz. Ihm ist es gleichgültig, was er ißt, wie er sich anzieht, ob er mit Kindern aus unseren Kreisen spielt oder mit Hausmeisterkindern. Er schämt sich auch nicht, mit Kleinen zu spielen.‹« *Tagebuch aus dem Warschauer Ghetto 1942*, Göttingen 1992, S. 101f. Auch später war der Sächsische Garten der Lieblings-

»Und was hast du da gemacht?«

»Da habe ich gespielt, aber wenn du nur wüßtest, Mama, ich habe mit richtigen Fräulein gespielt. Sie hatten so hübsche Kleidchen und gelbe Schuhe.«

Ich verstand, wen Mania als »richtige« Fräulein bezeichnete.

Dieses Bekenntnis des armen Mädchens hat einen nachhaltigen Eindruck auf mich gemacht. Sooft ich später durch den Garten ging, betrachtete ich die spielenden Kinder und wollte diese kleinen Manias erspähen, die hinterher voller Begeisterung von ihrem Spiel mit den »richtigen Fräulein« erzählen würden. Ich sah nicht viele, nicht deshalb, weil die Kinder keine bescheiden gekleideten Kameraden bei ihrem Spiel zugelassen hätten, sondern deshalb, weil diese Kinder entweder gar nicht in den Park gelassen wurden oder weil sie es gar nicht wagten, die »richtigen« Fräulein zu bitten, sie bei einem gemeinsamen Spiel zuzulassen.

Außer Kinderspielen im Park werden heute auch kostenlose Vergnügungen für die armen Kinder in der Gegend der Aleje Ujazdowskie veranstaltet. Die Liste ist jetzt voll, es sind noch etliche Kinder über die geplante Zahl hinaus angemeldet worden.

Wer weiß, daß parallel zu der glänzenden reichen Allee die armen Straßen an der Weichsel verlaufen; wer schon mal an einem Sonntag oder Werktag über die Straßen Solec, Rozbrat, Czerniakowska usw. gegangen ist, der weiß, wie gut dieser Ort gewählt ist. Wer aber auch

platz von Korczak.»In den Sommerferien traf ich ihn zufällig in Ogród Saski«, erinnerte sich Leon Rygier. »Er saß auf einer Bank und schaute einer Schar kleiner Kinder zu, die unter der Obhut ihrer Mütter oder Kinderfrauen, wie kleine Küken piepsend, in ihre Spiele vertieft waren. Ich setzte mich neben ihn und begann ein unbekümmertes Gespräch. [...] ›Weißt du, was ich hier mache?‹ fragte mich Korczak plötzlich. ›Ja was wohl? Wie ich genießt du das süße Nichtstun, das haben wir nach der Matura verdient.‹ ›Nein, es ist nicht ganz so ... Ich beginne hier mein Studium. Ich beobachte diesen Schwarm von Kindern und bemühe mich – Diagnosen zu stellen.‹« Rygier, Leon: *Janusz Korczak in jungen Jahren.* In: *Janusz Korczak in der Erinnerung von Zeitzeugen* ..., a.a.O., S. 404.

Auf den Mangel an Erholungs- und Spielmöglichkeiten für Kinder, besonders für die ärmsten, machte Korczak mehrfach aufmerksam, z.B. in *Grünanlagen* und in *Gärten und Grünanlagen.* In: *Sämtliche Werke*, Bd. 7, S. 143f. In *Lebensregeln* schrieb er: »Jetzt gibt es ja immer mehr Gärten und Parks. Früher gab es das nicht, am Eingangstor zu einem Garten stand ein Polizist und ließ die ärmlich gekleideten Kinder nicht ein. Früher waren die Gärten für die Wohlhabenden und die Reichen da und gar nicht mal so sehr für die Kinder. Es gab keine Sport- und Spielplätze, in den schmalen Alleen durfte man nicht Ball spielen. Wenn der Ball einmal auf den Rasen rollte, mußte man sich umschauen, ob der Wächter nicht guckte, und losflitzen. Wie unangenehm, wenn er von weitem mit dem Stock drohte.« In: *Sämtliche Werke*, Bd. 3, S. 299.

die Straßen der Altstadt[1] besucht hat, wer die Straßen Rybaki, Mostowa usw. auf der einen Seite, Wola auf der anderen und Nowy Praga auf der dritten Seite kennt, der glaubt, oder er träumt zumindest davon, daß auch an diesen drei Stellen Spielmöglichkeiten für die armen Kinder entstehen werden.

Wenn die Kinder spielen können, dann können sie sich auch beschäftigen, sollen diejenigen, die sich im Sommer in der Ferienkolonie erfreuen, während der übrigen zwei Drittel des Jahres beim fröhlichen und gesunden Spiel die Luft der Parks und Grünanlagen atmen.

Janusz

Aus: *Czytelnia dla Wszystkich* (Leihbibliothek für alle), Nr. 33 (17.8.1899), S. 2f.

Für die Kinder [II]

Wie kann man den Kindern die langen Herbstabende angenehmer gestalten? Was kann man tun, damit an kühlen und regnerischen Tagen die Traurigkeit in der Natur nicht von den kindlichen Seelen Besitz ergreift?

Vor allem muß man, wie schon mehrmals erwähnt, dafür sorgen, daß das Kind die Gesellschaft von Gleichaltrigen hat. Es ist eine irrige Annahme, daß ein Kind nur in der Stadt Gesellschaft findet. Auch auf dem Land können die Kinder einige Tage bei den Nachbarn zu Gast sein. Man muß sich auf einen Tag in der Woche einigen, und die Gastfamilie der kleinen Schar ist dann verpflichtet, für ihre Vergnügen zu sorgen. Sofern sich Kinder selbst vergnügen und ihre eigenen Spiele erfinden, darf man sich nicht einmischen. Sollen sie spielen, was sie mögen – »Auf Besuch«, »Herr und Dame«, »Eisenbahn«, »Einkaufen«, »Kochen«, »Auf der Kirmes«, »Ball«, Hauptsache, es geht lustig zu. Sobald man eine Ermüdung bemerkt, kann man ihnen einen Vorschlag machen oder sogar mit ihnen spielen: Heute wollen wir von den sogenannten »Fröbelschen Gaben«[2] sprechen, zu denen folgendes ge-

1. Die »armen Straßen an der Weichsel« und die armen »Straßen der Altstadt« werden in *Kinder der Straße* und *Kind des Salons* (*Sämtliche Werke*, Bd. 1) sowie in *Warschauer Elend* (*Sämtliche Werke*, Bd. 7) beschrieben. In der Literatur begegnet man diesem Elend in *Lalka* (Die Puppe) von Bolesław Prus und im Schlußteil von *Ozimina* (Wintersaat) von Wacław Berent.
2. Vgl. S. 37, Anm. 1.

hört: Arbeiten aus Erbsmehl und Stöckchen, aus denen die Kinder so gerne kleine Tischchen und Stühlchen usw. anfertigen. Das Erbsmehl muß man vor der Verwendung befeuchten. Feuchter, sauberer Sand auf einem großen Kiefernholztisch bereitet Kindern große Freude: Sie bauen Festungen, Straßen, Eisenbahnanlagen, über die Züge aus Streichholzschachteln fahren, die mit Erbsmehl als Kohle und Stöckchen als Holz beladen sind. Ausschneidearbeiten aus Papier – Schlitten, Figuren usw. sind auch ein guter Zeitvertreib, ebenso das Ausstechen, Umnähen und Umlegen oder das Weben mit Papierstreifen. Für Tonarbeiten – Modellieren von Früchten, Aschenbechern usw., ist eine gewisse Geschicklichkeit erforderlich. Wir bitten die Mütter, die ein neues Spiel für die Kinder erfinden oder ein noch unbekanntes Spiel kennen, das sich jemand ausgedacht hat, uns dieses zu beschreiben, und wir werden es gerne an dieser Stelle veröffentlichen. Wir sind keinesfalls Gegner von »Seifenblasen«, denn wir können uns noch gut daran erinnern, wie viele lustige Augenblicke wir selbst diesem fröhlichen Spiel verdanken, und wenn der Fußboden dabei etwas feucht wird oder das Kittelchen etwas schmutzig, dann ist das angesichts der Fröhlichkeit der Kinder eine Kleinigkeit.

Wir sehen auch immer gerne Ballspiele für Kinder, doch sollten die Fenster dann mit einem Netz geschützt werden, damit sie nicht zerbrochen werden können.

Das Zusammenkleben von Schachteln und Tüten aus Zeitungen und alten Heften ist für die arme Krämerin in der Kleinstadt ein doppelt nützliches Spiel. Überhaupt sind die Vergnügungen am angenehmsten, die jemandem einen Nutzen bringen. Die Jungen kann man dazu anregen, kleine Häuser oder Dächer zu bauen, die die Brosamen, die für die Spatzen hinausgeworfen werden, vor dem Schnee schützen. Ältere Mädchen können Kleider nähen. Zu den nützlichen Vergnügungen zählen wir auch das Laienspiel, aber ohne Prunk und unnötigen Applaus und Bewunderung. Die Kinder sollen wissen, daß sie Theater spielen, so wie man Ball spielt, und daß das nichts Außergewöhnliches ist. Diese lebenden Bilder und kleinen Konzerte sollen einen häuslichen, stillen Charakter haben und keinen feierlichen, theatralischen. Bei Konzerten will vielleicht eines der älteren Kinder zwischendurch etwas vorlesen. Man kann den Abend auch mit naturkundlichen Versuchen aus dem »Kleinen Physiker«[1] auflockern. Vielleicht gibt es einen Naturwissenschaftler in der Gegend, der dankbare Zuhörer finden würde.

1. *Mały fizyk*: Beschreibung von Versuchen zu Magnetismus, Licht, Wasser etc. für die Jugend. In: *Przegląd Tygodniowy* (Wochenrundschau) 1883.

Heute wollen wir es bei einer allgemeinen Skizze belassen und noch einmal betonen, daß diese Vergnügen weder zusätzliche Aufwendungen noch Kosten erfordern, daß sie einen freundschaftlichen, häuslichen, beschaulichen Charakter haben sollen, weil sie sonst mehr Schaden als Nutzen bringen, und von solchen Spielen lassen wir unsere Hände, weil wir unsere Kinder nicht verziehen wollen.

Es wäre auch schön, von Zeit zu Zeit Kinder armer Familien zum gemeinsamen Spiel einzuladen, Familien, die nicht in der Lage sind, ihren Kindern auch nur das kleinste Vergnügen zu ermöglichen.

Janusz

Aus: *Czytelnia dla Wszystkich* (Leihbibliothek für alle), Nr. 43 (26.10.1899), S. 2.

Die Entwicklung der Idee der Nächstenliebe im 19. Jahrhundert

Einführung

Christus sprach: »Liebe deinen Nächsten wie dich selbst«[1], und die barbarische Welt verurteilte ihn zum Kreuzestod.

Christus sprach: »Liebe deinen Nächsten wie dich selbst«, und nur zwölf verstanden den großen Inhalt dieser einfachen Worte. Und diese Worte gaben ihnen so viel Kraft, so viel Stärke, daß sie damit die Herzen Tausender bewegen konnten, bevor sie den Märtyrertod starben. Denn ihre Kraft war göttlich, weil sie die göttliche Wahrheit verkündeten.

Christus sprach: »Liebe deinen Nächsten wie dich selbst«, und ein Meer von Blut der Menschen ergoß sich auf die Erde. Und die mächtige Welt der in sich selbst Verliebten stürzte ein, und eine neue Welt entstand mit dem Wahlspruch: »Liebe deinen Nächsten«. Und die Lippen aller begannen zu wiederholen: »Wir lieben unseren Nächsten«, obwohl nicht die Herzen aller diese Liebe fühlten und nicht der Verstand aller den mächtigen Inhalt dieses Grundsatzes begriff.

1. Matthäus-Evangelium, Kap. 25, Vers 39. Jesus zitiert hier allerdings wörtlich ein Gebot der Torah, aus Levitikus 19, Vers 18. Daß Korczak sich hier nicht auf seine jüdischen Väter beruft, sondern auf Christus, wirft ein Licht auf den starken christlichen Einfluß in seiner Sozialisation.

Seit zwanzig Jahrhunderten nun lebt diese Idee von der Liebe zum Nächsten und gewinnt immer neue Anhänger. Und jedes Jahrhundert ebnet der Menschheit neue Wege für die Verwirklichung dieses göttlichen Grundsatzes, und jedes Jahrhundert rühmt sich mit den neuen Namen derer, die mit Wort und Tat die Idee der Liebe zum Nächsten verkünden. Jedes der zwanzig Jahrhunderte hat seine Vertreter, so auch das neunzehnte Jahrhundert, das als Vermächtnis des vorhergegangenen Jahrhunderts eine Feststellung übernommen hat: Dein Nächster, das sind auch die Armen, auch die Frauen, auch die Kinder, also liebe und achte auch: die Armen, die Frauen und die Kinder. Achtzehnhundert Jahre waren notwendig, bis dieser einfache Gedanke verstanden wurde.

Die Armen

Den Leibern all' verteil das Brot,
Den Seelen all' – Gedanken vom Himmel.[1]

»Brot und Gedanken vom Himmel« – für alle.

Unter Brot muß man alles verstehen, was für den Körper notwendig ist, nämlich: Licht, Luft, Obdach, Nahrung, Kleidung, ärztliche Fürsorge. Und die Gedanken vom Himmel – das sind Bildung, Wissenschaft, Künste.

Für alle: also für Reiche und Arme, für Gesunde und Kranke, für Alte und Kinder.

Deshalb entstanden Sommerkolonien für die Textilarbeiter und die Kinder, Heime für die Alten, Gelähmten, Taubstummen, Blinden und Findelkinder, wo es Licht, Luft und Nahrung gibt. Deshalb die Krankenhäuser, Heilanstalten, unentgeltliche ärztliche Hilfe, Renten. Deshalb Wasserleitungen, Kanalisation, der Kampf gegen die Epidemien: Pocken, Cholera, Scharlach – Hygiene.

Für die Seele: Krippen, Kindergärten, Nähstuben, Sonntagsschulen, Volksuniversitäten, kostenlose Lesesäle, beliebte Schauspiele, Bilderausstellungen, Vorträge.

1. »Ciałom wszystkim rozdać chleba, Duszom wszystkim – myśli z nieba.« Dieses Gedicht stellt auch das Motto des von Korczak geschätzten Buches *Kindliche Leiden* von Adam Goltz, Aleksander Moldenhawer, Stanisław Markiewicz u.a. dar. Vgl. *Sämtliche Werke*, Bd. 7, S. 74, und im vorliegenden Band S. 78f. Das Gedicht ist entnommen aus dem *Psalm der Liebe* von Zygmunt Krasiński. Der Psalm wurde zusammen mit dem *Psalm des Glaubens* und dem *Psalm der Hoffnung* unter dem Titel *Psalmen der Zukunft* (Psalmy przyrzłości) von Spirydion Prawdzicki 1845 in Paris herausgegeben.

Die Wissenschaft bemüht sich darum, daß ein Hemd so billig ist, daß es für alle erschwinglich wird, damit dieses »Brot« für alle da ist, die Kunst arbeitet, um diese »Gedanken vom Himmel« jedem zugänglich zu machen.

Heute sind sauberes Wasser, eine Elle Stoff, ein Buch und ein Bilderdruck für alle da ...

Nicht alles hat das 19. Jahrhundert geschafft, aber man kann der allmählichen Entwicklung der Liebe zum Nächsten in Vergangenheit wie Zukunft – keine Grenzen setzen.

Das sind die Taten: Was die Seele der Menschen angeht, wollen wir dem Dichter glauben, daß

Die Welt sich langsam füllt
Mit dem Gefolge lichter Gestalten,
Die dem fremden Leiden dienen,
Arbeiten für das Wohl der Brüder.[1]

Ich glaube innigst, daß sich der Dichter hier nicht irrt und wir inmitten der grauen Menge und der dunklen Individuen mehr und mehr dieser »lichten Gestalten« haben und haben werden.

Die Frauen

»Liebe deinen Nächsten wie dich selbst.« Liebe die Frau, die deine Nächste ist, bringe ihr deine volle Liebe entgegen, ohne einen Schatten von Verachtung wie: das ist ja nur eine Frau. Sie hat die gleichen Rechte wie du.

Die Frau hat die Bürgerrechte in Industrie und Handel, in Wissenschaft und Kunst erlangt. Sie hat aufgehört, eine Sklavin zu sein, sie wurde ... zu deinem Nächsten. Und die Frau hat angefangen, sich zu bilden, nicht so wie früher: nicht, um den Mann mit Geistesblitzen zu entzücken, sondern um mit ihm zusammen zu arbeiten, um das Gefühl vom Verstand leiten zu lassen – um für das Allgemeinwohl zu wirken.

Die Frau – als Ärztin, die Frau – als Dichterin ist heute keine Ausnahme mehr. Die Frau – als Gelehrte ist heute keine Seltenheit mehr. Und niemand leugnet, niemand wagt zu leugnen, daß sie ein Recht auf Arbeit hat, um »Brot und Gedanken vom Himmel« zu erwerben.

Vielleicht hat diese plötzliche Freiheit der Frau für eine gewisse Zeit die Fähigkeit genommen, sich zu orientieren, was sie mit ihren Rechten machen soll, welchen Nutzen sie aus ihrer Freiheit ziehen soll. Aber, sei es wie es sei, sie bildet sich ...

1. Leicht geändertes Zitat aus dem Gedicht *Oda* (Ode) von Adam Asnyk. In: *Pisma. Poezje* (Schriften. Gedichte), Bd. 1. Warszawa 1998, S. 208.

Wir zeichnen hier unsystematisch nur das Bild eines Jahrhunderts, zwangsläufig lassen wir frühere Epochen aus oder streifen sie nur flüchtig, führen hier weder die Namen noch die Geburts- und Todesdaten dieser Frauen und Männer auf, die durch ihr Wirken zum Fortschritt der Idee der Liebe zum Nächsten und der daraus erwachsenden Freiheit beigetragen haben.

Wir müssen hervorheben, daß unsere Zeit die eines Übergangs ist, daß sich noch keine Richtung klar herausgebildet hat, wir suchen nach Wegen, und unser Leitstern ist die durch das Leiden des Kreuzwegs geheiligte Idee der Liebe.

Ob die nun gebildete und uns geistig ebenbürtige Frau mit Verständnis für den Ernst der Aufgabe zu Haus und Kindern zurückkehrt – wird die Zukunft entscheiden.

Wir glauben aufrichtig daran, daß die Frau nach einer kurzfristigen Erstarrung versteht, was es heißt, Mutter zu sein, was die Mutter für die Menschheit bedeutet, und einsichtsvoll und mit starkem Geist ... an die Wiege des Kindes zurückkehrt.[1]

Die Kinder

Kinder werden nicht erst Menschen, sie sind es bereits,[2] ja sie sind Menschen und keine Puppen; man kann an ihren Verstand appellieren, sie antworten uns, sprechen wir zu ihren Herzen, fühlen sie uns.

Kinder sind Menschen, in ihren Seelen sind Keime aller Gedanken und Gefühle, die wir haben, angelegt. Deshalb muß man diese Keime entwickeln, ihr Wachstum einfühlsam lenken.

1. Zu dem Thema vgl. die Artikel *Die Frau als Mutter*, S. 53f im vorliegenden Band, und *Drei Generationen*. In: *Sämtliche Werke*, Bd. 7, S. 50f. Gegen die Emanzipationsbewegung, die von den polnischen Positivisten unterstützt wurde, meldeten sich laute Proteststimmen, vor allem aus dem klerikalen Milieu. Sie wiesen darauf hin, daß eine Frau hauptsächlich Ehefrau und Mutter sein sollte. Vgl. z.B. Pfarrer Kazimierz Niedziałkowski: *Nie tędy droga, moi panowie. Studium o emancypacji kobiet* (Hier geht es nicht lang, meine Herren. Beitrag zur Frauenemanzipation). 2. Aufl. Warszawa 1900.
2. Dieses anthropologische Manifest Korczaks wurde zur Grundlage seiner Pädagogik. Eine ähnliche Feststellung trifft er 1900 in der Artikelreihe *Kinder und Erziehung*, S. 69ff und 1921 im Vortrag *Der Frühling und das Kind*. In: *Sämtliche Werke*, Bd. 5, S. 25. Durch sein Hauptwerk *Wie liebt man ein Kind* (*Sämtliche Werke*, Bd. 4) zieht sich dieser Gedanke wie ein pädagogisches Gebot hindurch, das an die Eltern und alle Erzieher gerichtet ist.

Die Namen Pestalozzi, Fröbel und Spencer[1] strahlen in nicht minderem Licht als die Namen der größten Erfinder des 19. Jahrhunderts. Sie haben mehr entdeckt als die unbekannten Kräfte der Natur, sie haben eine unbekannte Hälfte der Menschheit entdeckt: die Kinder.

Sie sind nicht ohne Vorgänger aufgetreten, denn keine Idee wird sogleich und aus sich selbst geboren. Aber das, was andere vorhergesagt, vorgefühlt haben, das haben diese drei unseren staunenden Augen gezeigt.

Heute wundern wir uns nicht mehr über Wohltätigkeitsinstitutionen, denen Kinder angehören.

Schluß

Wir sind reich, unsere Reihen haben sich verdreifacht, wir stehen heute zusammen mit den Frauen und Kindern, um gemeinsam die Entwicklung der Idee anzustreben, die Christus vor zwanzig Jahrhunderten geäußert hat:

»Liebe deinen Nächsten.«

Janusz

Aus: *Czytelnia dla Wszystkich* (Leihbibliothek für alle), Nr. 52 (28.12.1899), S. 2.

Lache

Lache Kind, lach fröhlich und unbeschwert.
Lach mit dem Mund und mit den Augen ...
Dein Lachen ist für uns Hoffnung und Glauben
Liebe und alles ... Ich sag' ein Gebet.
Und wenn ich dein Lachen sehe – dann liebe ich und glaube.

1. Johann Heinrich Pestalozzi (1746-1827), bedeutendster deutschsprachiger Pädagoge mit großer internationaler Wirkung.
Friedrich Wilhelm Fröbel (1782-1852), Schüler von Pestalozzi. Er schuf die Grundlagen der Vorschulerziehungslehre, gründete erste Pflege-, Spiel- und Bildungsanstalten: »Kindergärten«. Die Hauptmittel der Erziehungsarbeit waren Bewegungsspiele, Singen und Handarbeiten, eine große Rolle spielte speziell entworfenes Spielzeug (vgl. S. 37f, Anm. 1).
Herbert Spencer (1820-1903), englischer Philosoph und Soziologe, Begründer der philosophischen Evolutionstheorie. In der Pädagogik sprach er sich für eine Schule aus, die die körperliche Entwicklung und die allseitige spontane Lebensaktivität der Kinder fördert.

Ich liebe und glaube – und hoffe zutiefst,
Daß für die Menschheit das Glück erdämmert,
Und daß der Faden der Liebe aus goldenen Blättern
Die Erde umgürte – damit Licht ersprießt,
Sie alle nährt und allen Kleidung gibt.

Lache Kind, lach fröhlich und unbeschwert,
Denn in deinem Lachen erklingen die Töne,
Die dem Himmel so nahe sind – von süßer Reue
Und von Erlösung. – Ich liebe und glaube:
Wenn ich dich anseh' und sag' ein Gebet.

Was den tiefsten Zukunftsglauben entfacht,
Die besten Gefühle im Menschen findet,
Und was ihre tiefsten Gedanken entzündet
Und uns innigst mit dem Leben verbindet,
Ist ein Kinderlachen, strahlend und klar.

Janusz

Aus: *Czytelnia dla Wszystkich* (Leihbibliothek für alle), Nr. 2 (11.1.1900), S. 1.

Das Leben

Das Kind. Das Kind lebt, läuft, schaut und horcht.

Das Leben hat das kleine Wesen erblickt und eilt mit seinen Gaben herbei.

In die Augen des Kindes legt das Leben Neugier und Fragen, in das kindliche Herz legt es Liebe zu den Eltern, das Denken bereichert es um den Wunsch nach Erkenntnis, in die Muskeln bringt es den Wunsch nach Bewegung und Handeln, die Stirn erleuchtet es durch einen Kuß mit der Helle des Frühlings, die Lippen schmückt es mit einem Lächeln, die Wangen färbt es mit Röte.

Und das Kind, seiner Kraft noch ungewiß, bricht auf zur Tat und zum Denken – voran ...

Da kommt die Jugend, eine Gesandte des Lebens.

Die Jugend entfacht ein Feuer in den Augen, in die Brust legt sie Begeisterung, in das Herz Glauben und Liebe, in die Gedanken Tatendrang und Streben; den Muskeln gibt sie Stärke und Sicherheit, nach ihrem Willen lassen sich Sehnsucht und Versonnenheit auf der Stirn nieder, erblüht die Röte auf dem Gesicht und öffnen sich die Lippen zu Rufen der Begeisterung oder stillen Seufzern.

Jugend, warum nimmt das Alter der Reife so bald deinen Platz ein?

Da kommt es schon heran, kühl, ruhig und düster.

Das Alter der Reife dämpft das Feuer der Augen, es streut Zweifel ins Herz, vergiftet das Denken mit Bitternis, zieht auf der Stirn, die bisher glatt war, die Furchen der Traurigkeit, es wischt den Hauch der Röte von den Lippen.

Traurig.

Da schreitet das Alter heran. Es verleiht den Augen Milde, dem Lächeln den Ausdruck von Güte, ergießt Frieden ins Herz. Und Ruhe, Stille, und einen grenzenlosen Glauben in die Vorsehung Gottes.

Ruhe ...

Das ist des Lebens kurze Geschichte.

...t

Aus: *Czytelnia dla Wszystkich* (Leihbibliothek für alle), Nr. 19 (10.5.1900), S. 1.

Die Frau als Mutter

Als die ersten freudigen Rufe zu Ehren der Selbständigkeit der Frau ertönten, als die Frauen schon aufgehört hatten, verbissen um ihre Rechte zu kämpfen und schon auf dem Feld der Arbeit stetig, wenn auch langsam vorwärts gingen – seitdem den Frauen der Weg in die Arbeit für die Gesellschaft offensteht, ist der kurzfristig überschattete Typ der Frau als Mutter – wieder im Glanz des unerschöpflichen Lobes hervorgetreten.

Heute sind es nur noch ganz junge und sehr unreife Köpfe der Backfische, die von der Vollkommenheit des Typs der arbeitenden Frau schwärmen können, und nur die ganz Verblendeten können behaupten, daß die Frau als Mutter einen engen Wirkungskreis hat.

Die Erziehung eines Kindes – das sind viele Jahre der ständigen Pflege, der ständigen Fürsorge, damit das Kind nicht im jungen Alter körperlich gebrechlich, im fortgeschrittenen Alter – moralisch verkrüppelt wird. Das heißt, die Natur der kindlichen Seele und des kindlichen Körpers zu erforschen, ständig zu lesen und sich zu bilden, um es den Kindern nicht nur mit dem Wissen gleichzutun, sondern ihnen oft auch damit imponieren zu können. Weiterhin muß man sich von frühestem

Alter an in die Veranlagung des Kindes einfühlen, um seinen Zorn, seine Trauer, seine Freude und seine Träume zu verstehen. Weiterhin muß man das Kind grenzenlos lieben, seine Gefühle aber immer im Zaum halten, weil eine Schwäche, die wir zeigen, dem Charakter des zukünftigen Menschen Schaden zufügen könnte. Außerdem muß man so viele Strahlen guter Gefühle wie möglich in seiner Umgebung hinterlassen.

Wenn aus mehreren Kindern ein paar tüchtige und edle Menschen heranwachsen, wenn sich in der nächsten Umgebung einer bestimmten Familie besonnene Gedanken und ehrenwerte Gefühle verbreiten, dann ist die Arbeit der Frau als Mutter nicht vergebens gewesen, ja sie trägt gewiß sogar mehr Frucht als die handwerkliche Arbeit der Beamtin oder der geistigen Arbeiterin.

Denn die Arbeit der Frau als Mutter ist kunstvoll, zart und schwer wie die Arbeit eines Bildhauers, der aus Elfenbein ein Meisterwerk der Kunst schnitzt. Hier braucht man nicht die harten Schläge des Hammers auf Stein, sondern zarte, vorsichtige Züge und Linien, die unter Anstrengung aller geistigen Kräfte ausgeführt werden.

Janusz

Aus: *Czytelnia dla Wszystkich* (Leihbibliothek für alle), Nr. 19 (10.5.1900), S. 2.

Die Berufung

Zur üblichen Versammlung, die einmal in der Woche bei der Familie Myslinski stattfand, kam eine zahlreiche Schar von Bekannten zusammen ...

Das Gespräch wurde immer lebhafter. Man sprach über Literatur, über Malerei, über das Theater, mit einem Wort, über alles und alle. Die einen schwatzten einfach so, andere beschäftigten sich mit einer bestimmten Angelegenheit, einige ereiferten sich sogar. Zwischen den männlichen Baßstimmen ließen sich die klangvollen Stimmen der Damen vernehmen.

Nur eine nahm am Gespräch keinen Anteil. Sie drückte sich in eine dunkle Ecke des Zimmers und – zierlich, schmal, in grauem Kleid, mit einem blassen, fast kindlichen Gesicht – alle angesprochenen Fragen schienen ihr völlig fremd zu sein. Sie hörte zwar aufmerksam zu, aber irgendwie gleichgültig, kühl.

»Wer ist das?«

»Die Lehrerin«, gab man mir zur Antwort.

Ich näherte mich ihr, und wir begannen ein Gespräch. In ihren Worten lag eine merkwürdige Schlichtheit. Auf die Fragen, die ich ihr stellte, antwortete sie kurz aber deutlich.

»Sind Sie schon lange Lehrerin?« fragte ich.

»Zwei Jahre, seit dem Tod meines Vaters«, erwiderte sie.

»Hilft Ihnen jemand bei der Arbeit?«

»Meine Mutter kümmert sich um den Haushalt: Sie nimmt Geld und bezahlt, wenn nötig.«

»Könnte ich Ihre Schule vielleicht einmal besuchen? Ich möchte einen Platz für die kleine Tochter von Bekannten finden.«

»Bitte sehr. Wollen Sie morgen vorbeikommen?«

»Ja.«

»Der Unterricht dauert mit Pausen von neun bis zwei.«

»Und so lange arbeiten Sie allein, ohne Hilfe?«

»Mein Beruf strengt mich überhaupt nicht an.«

»Aber Sie sind doch so jung, das ist doch eine schwere Arbeit.«

»Nein, mein Herr, die Arbeit einer Lehrerin ist überhaupt nicht schwer.«

»Außer Ihnen behaupten das aber alle.«

»Sie irren sich, weil sie die Arbeit einer Lehrerin gar nicht kennen. Das ist ein Beruf, der keine große Anstrengung verlangt und eine große moralische Befriedigung gibt ...«

Am nächsten Tag war ich um halb neun zur Stelle.

»Ach, Sie sind wirklich gekommen. Aber warum so früh?«

»Ich möchte einen Gesamteindruck von Ihrer Schule haben: Ich möchte sehen, wie die Kinder kommen, wie sie spielen, lernen und nach Hause gehen.«

»Das wird Sie vielleicht langweilen.«

Was mir vor allem auffiel, war der ungeheure Unterschied, der sich auf dem Gesicht und in der Haltung der jungen Lehrerin vollzogen hatte. Gestern hatte sie unter den Gästen den Eindruck eines furchtsamen und unsicheren Wesens gemacht, jetzt strahlte ihre Person Entschlossenheit und eine merkwürdig strahlende Freiheit aus.

Die Kinder kamen in Scharen. Sie begrüßten ihr »Fräulein« wie eine gute Freundin.

»Wissen Sie was, Fräulein, ich war gestern bei meiner Tante: Da hat ein Herr gesungen, und es waren zwei Mädchen da.«

»Ach, wenn Sie wüßten, Fräulein, wie meinem Bruder das Märchen gefallen hat, das Sie uns erzählt haben.«

»Fräulein, bei uns gibt es keine Eisbären, nicht wahr, die gibt es nur an den Polen, oder?«

Jeder hat etwas zu berichten oder zu fragen.

Röte steigt in das kleine Gesicht der Lehrerin, in ihren Augen glimmt ein sonderbares Feuer.

Das Gedränge und der Lärm nahmen immer mehr zu.

Dann schlug es neun. Aus einem Zimmer trat die Mutter meiner neuen Bekannten, setzte sich ans Klavier und spielte eine bekannte Melodie. Die Kinder knieten sich zusammen mit der Lehrerin hin und sangen das Gebet.

Vielleicht war es nur eine Einbildung, aber ich spürte, wie meine Beine sich bei der unsicheren, gebrochenen Kindermelodie auch beugten, ich selbst sang leise mit und weinte.

Steigt das Morgenrot herauf,
Neu beginnt der Schöpfungslauf,
Singt der ganze Erdenkreis
Herr zum Lobe Dir und Preis ...[1]

Nach dem Gebet fing der Unterricht an, der mit Erzählungen, Gesprächen, Spielen durchwirkt war.

Ich saß auf der Seite, hörte zu und hatte eine sonderbare Empfindung, als es zwölf schlug. Die Lehrerin holte sich zwei Semmeln mit Butter und verzehrte zusammen mit den Kindern das Frühstück. Mich bat die Mutter in die Privatwohnung.

Das Gelächter, Geplauder, Getobe drang bis hierher.

»Ermüdet Ihre Tochter nicht zu sehr bei der Arbeit?« fragte ich.

»Nein, mein Herr, sie hat eine Berufung zu dieser Tätigkeit«, antwortete sie schlicht. »Mein verstorbener Mann war genau so ein Lehrer wie sie.«

Nach dem Frühstück ging die Lehrerin mit den Kindern in den Garten. Hier nahmen die Spiele kein Ende mehr. Dann wurde gelaufen und Gymnastik getrieben.

Sie selbst machte auf mich den Eindruck eines Kindes, das sich selbst hervorragend im Kreis der Altersgenossen vergnügt. Und jetzt erst fiel mir wieder ein, daß die großen Erzieher deshalb große Lehrer waren, weil sie bei den Kindern Kinder waren. Und das eben ist die Berufung im Beruf des Lehrers.

Als ich mich von der jungen Erzieherin verabschiedete, drückte ich einen heißen Kuß auf ihre kleine Hand ... einen Kuß der Achtung, den sie mir nicht verwehrte. In diesem freien, verspielten Kind verbarg sich die ernste Majestät einer wahren Gesandten und Priesterin.

1. Anfang des in Polen sehr bekannten religiösen Morgenliedes *Pieśn poranna* (1792) von Franciszek Karpiński (1741-1825), das in Kirchen, Schulen und Sommerlagern gesungen wurde; vgl. dazu auch *Sämtliche Werke*, Bd. 10, S. 261 und S. 258.

Ach, wie gut wäre es, wenn sich alle Menschen auf solchen Arbeitsposten befänden, die ihrer wahren Berufung entspricht. Dann gäbe es keine unzufriedenen, verbitterten Menschen, man würde nicht arbeiten, »um es loszuwerden«, sondern, um immer weiterzugehen, mit aufrichtiger Liebe auf dem einmal gewählten Weg! ...

Janusz

Aus: *Czytelnia dla Wszystkich* (Leihbibliothek für alle), Nr. 33 (16.8.1900), S. 2.

Das Traumbild

Stille. Eine Nachtlampe brennt. – Stille. Zwei lange Reihen Betten ziehen sich an der Wand entlang. – Stille. Kinder schlafen in den Betten.

Hier schlafen Kinder, die ausgesetzt, verlassen, verwaist sind, Kinder des Lasters und des Leidens. Sie schlafen.

So viele Bettchen, wie hier in diesem großen Saal stehen, so viele Herzen, wie sie hier unter den Spitaldecken schlagen, so viele lasterhafte Väter und unglückliche Mütter gibt es.

Niedertracht, Unwissen, Elend – das sind eure Eltern.

Hört, ihr vereisten, versteinerten Herzen, wacht auf!

Hört, ihr erstarrten, toten Geister, wacht auf!

Stille.

Böse Traumgestalten streifen durch den Saal. Ungeheuer mit boshaft verzerrten Gesichtern kriechen herum. Schatten mit glasigen Augen huschen zitternd und furchtsam zwischen den Ungeheuern umher, weichen den Gespenstern aus und stöhnen. Aber dieses Stöhnen ist unhörbar, nur die Bewegung der Brust und der weißen Lippen verrät, daß die Schatten leiden.

Die Kinder fühlen, sehen, hören etwas im Schlaf, und ihre Herzen hämmern in der kleinen Brust, die Lider beben, und die Lippen wölben sich wie zum Schrei.

Ein schreckliches Schauspiel bietet sich zu nächtlicher Stunde in dem Heim für Findelkinder, ein schreckliches Schauspiel in dieser Stille.

Hört, ihr düsteren Traumbilder, ihr grimmigen, fort von hier.

Hört, ihr traurigen Schatten, ihr stöhnenden, fort von hier.

Warum stört ihr den Schlaf eurer Kinder? Fort!

Wo sind denn die Schutzengel, gibt es hier keine, wollen sie nicht zu Häuptern von Findelkindern – Waisen – stehen?

Stille.

Ein Hauch von inniger Helle, von lieblicher Wärme ist herangeweht. Die Traumbilder erschrecken, erblassen, ein Schrei des Entsetzens zerreißt ihnen die Brust und bleibt in ihren Kehlen stecken, entringt sich nicht ihrem Mund; die Traumbilder verbergen sich, ein schmerzhafter Krampf verdreht ihre Glieder, überzieht ihre boshaften und düsteren Gesichter mit kaltem Schweiß; die Traumbilder zerfließen und verschwinden.

Die Kinder regen sich in ihren Waisenhausbetten. Ihre Herzen schlagen lauter. Röte überzieht die blassen Wangen. Die Händchen heben sich, als wollten sie jemanden begrüßen. Ihre Lippen lächeln ein Freudenlächeln.

Die strahlende Erscheinung des Priesters Baudouin* wird im Saal sichtbar. In seinen Augen liegt so viel Traurigkeit und so viel Liebe; die Liebe schimmert wie ein Regenbogen in seinen Tränen, und die Trauer zittert in einem stillen Gebet.

Seine Wange trägt eine blutige Wunde*; das Blut ist frisch, die Wunde schmerzt; die Traurigkeit in seinen Augen ist grenzenlos, die Liebe unendlich.

Er geht, er schwebt leicht. Von Kind zu Kind geht, schwebt er, flüstert Gebete und drückt sie an sich, mit seinen Tränen segnet er die Köpfe der Ausgesetzten, Verlassenen – der Kinder von Laster und Leiden.

Er geht den ganzen Saal ab, kein Kind läßt er aus, dann bleibt er wachend stehen und steht so traurig, so traurig da.

Stille.

Die ersten Strahlen der aufgehenden Sonne dringen grüßend in den Saal. Noch einmal blickt der Priester Baudouin auf die Waisen und geht still hinaus, morgen wird er wiederkehren.

G.

Aus: *Czytelnia dla Wszystkich* (Leihbibliothek für alle), Nr. 40 (4.10.1900), S. 3f.

* Der Priester Baudouin wurde 1689 geboren und starb 1768. Er gründete das Kindlein-Jesu-Heim, um das er sich bis an sein Lebensende mit jugendlichem Eifer kümmerte (Anm. d. Aut.).

* Der edle Beschützer der Findelkinder wurde einmal von einem Reichen ins Gesicht geschlagen, als er um Spenden für seine Waisen bat (Anm. d. Aut.).

Das Darlehen

»Habe ich die Ehre, mit dem Herrn Lehrer Zdziesiński zu sprechen?«

»Jawohl.«

»Mein Name ist Dorecki. Ich habe eine Bitte.«

»Ich höre. Bitte setzen Sie sich.«

»Ich würde Sie gerne bitten, mir sechs Schüler vorzustellen, die von der Schule verwiesen werden sollen, weil ihr Schulgeld nicht bezahlt ist. Ich bin überzeugt, daß Sie diejenigen auswählen werden, die die Hilfe am meisten verdienen.«

»Ach, mein Herr, das sind viele. Waciński, ein Schüler der vierten Klasse, Sohn einer armen Witwe, hat fünf Geschwister. Woliński aus der zweiten Klasse, das Kind eines Krämers, der seinen Laden hinter dem Eisernen Tor hat. Rosiński, Albertowicz, Nowacki und noch viele, viele mehr.«

»Ich kann mich also auf Sie verlassen? Morgen melde ich mich wieder.«

Sie verabschiedeten sich voneinander. Der Lehrer dachte lange nach, welche Kinder er aus der Menge vorstellen sollte, die alle lernen wollten, aber denen ein grausames Schicksal den wohltätigen Einfluß des Wissens verwehrte. Schließlich erstellte er, nicht ohne innere Kämpfe, eine Liste von sechs Schülern, für die der unbekannte Gönner das Schulgeld aufbringen sollte.

Um die vereinbarte Zeit betrat Herr Dorecki die Wohnung des Lehrers. Ungeachtet der ärmlichen Kleidung und seiner müden Gestalt strahlte eine große Freude aus seinem Gesicht und leuchtete ein heller Glanz in seinen Augen.

Der Lehrer war weniger froh. Ihn quälte der Gedanke, daß er von all den armen Kindern diese sechs ausgewählt hatte und die anderen der Vorsehung überließ.

»Da bin, ich mein Herr«, sagte er lächelnd.

»Hier sind die Namen.«

»Jetzt darf ich Sie um Tinte, Feder und die Namen dieser Jungen bitten.«

Er nahm sechs Umschläge aus der Tasche, adressierte sie und steckte in jeden Umschlag einen beschriebenen Bogen und fünfundzwanzig Rubel.

»Vielleicht interessieren Sie sich für den Inhalt meiner Briefe«, sagte er zu dem Lehrer. »Bitte, lesen Sie.«

Der Lehrer las den Brief durch.

»Mein lieber Junge«, begann der Brief.

»Vor zweiundzwanzig Jahren verließ ich unter Tränen meine Schule. Mein Schulgeld war nicht bezahlt, deshalb wurde ich verwiesen. Unterwegs hielt mich ein alter Mann an und fragte lächelnd: ›Was ist denn mit dir, mein Junge, hast den Stock zu spüren bekommen?‹

›Nein.‹

›Warum weinst du denn?‹

›Ich wurde von der Schule verwiesen.‹

›Oh, das ist übel. Und warum?‹

›Mein Schulgeld ist nicht bezahlt.‹

Der Alte sah mich freundlich an und sagte: ›Nun, ein starker Mensch muß sich durch Trauer abhärten.‹

Ich verstand nicht, was er damit meinte und kehrte nach Hause zurück, um zusammen mit meiner Mutter und meinen Geschwistern Tränen zu vergießen.

Als meine Schwester eine Stunde später zum Laden ging, um Brot zu holen, sagte ihr der Hausmeister, ein alter Mann habe nach uns gefragt, und am nächsten Tag bekam ich vom Schulboten die Nachricht, ein Herr habe beim Direktor einen Brief für mich hinterlassen. Mit klopfendem Herzen öffnete ich den Umschlag, in dem zwanzig Rubel waren und diese Worte, die ich dir, mein Junge, hiermit wiederhole:

›Ich will Dir, mein Junge, das Geld zur Bezahlung des Schulgeldes unter einer für Dich sehr schweren Bedingung leihen: Ich verpflichte Dich dazu, vom Zeitpunkt Deiner Volljährigkeit an den zehnten Teil Deiner Einkünfte zu den gleichen Bedingungen zu verleihen, wie ich es jetzt mache. Überleg es Dir gut, bevor Du mein Darlehen annimmst, denn die Bedingung ist schwer. Wenn Du nicht damit einverstanden bist, gib das Geld einem Kameraden, der sie annimmt.‹

Möge Gott Dich in Deiner Arbeit segnen, mein Junge.

D.«

Herr Dorecki hatte alle Umschläge adressiert und stand auf.

»Um eines möchte ich Sie noch bitten: Halten Sie meinen Namen geheim.«

Der Lehrer wollte den ungewöhnlichen Gönner noch aufhalten, ihn noch etwas fragen, noch mit ihm reden, aber ein sonderbares Gefühl von Scheu hatte ihn ergriffen. Dieser Mensch, der sein ganzes Leben hindurch eine kleine Schuld, die er in seiner Kindheit auf sich genommen hatte, abbezahlte und bis an sein Lebensende abzahlen würde, weckte in ihm große Achtung.

Janusz

Aus: *Czytelnia dla Wszystkich* (Leihbibliothek für alle), Nr. 42 (18.10.1900), S. 1.

Das menschliche Leben

(Plauderei)

Wenn der Mensch noch jung ist, noch nicht die Zeit gehabt hat, Lebenserfahrung zu sammeln, wenn der heiße Eifer in der Brust noch nicht erloschen ist, wenn Liebe, Mitleid, Tatendrang seine junge Seele riesenhaft machen, neigt der Mensch gleichzeitig doch auch mehr denn je zu Beschuldigungen, Haß und ungerechtem Urteil. Man sollte meinen, daß diese Kraft des Gefühls, die dem jungen Menschen eigen ist, ihn sanft, gerecht, bedächtig im Haß und nachsichtig machen sollte, doch so ist es nicht. Nachsicht für Schuld und Sünden, das ist eine Eigenschaft der Alten. Warum?

Vielleicht entspringt diese Nachsicht der Alten einer Trübung ihrer geistigen Kräfte, vielleicht hat sie ihre Quelle auch in der Gleichgültigkeit gegenüber dem, was böse und was gut ist? Doch so ist es nicht, die Nachsicht für Schuld und Boshaftigkeit wird vom Leben selbst geformt. Was aber bewirkt es, wie lehrt das Leben die Nachsicht?

Ein alter Mensch kennt viele Leute von Kindheit an. Ja, er hat jemanden als Kind gesehen, hat dessen Eltern gekannt, hat seine ersten Erzieher gekannt, später ist das Kind dann zum Jugendlichen herangewachsen, und der Alte hat seine Gefährten gekannt, er hat seine Gedanken und seine Taten gekannt; dann hat sich der Jugendliche zu einem reifen Menschen gewandelt, und der Alte betrachtet diesen reifen Menschen und erinnert sich an seine Eltern, Erzieher, Freunde, er erinnert sich an ihn als Kind, als Jugendlichen und gelangt zu der Überzeugung, daß der Mensch so ist, wie er sein mußte, wie ihn die von den Eltern ererbten Charaktereigenschaften, die Umgebung, in der er die ersten Jahre seines Lebens verbracht hat und schließlich das Milieu seiner Erziehung gemacht haben. Wenn er unter bösen Menschen aufgewachsen ist, dem Rat böser Freunde gefolgt ist, wenn er niemanden gehabt hat, der ihn vor dem Bösen gewarnt und zum Guten angehalten hat, dann ist er zu einem elenden Menschen herangewachsen, zu einem nutzlosen, ja sogar schädlichen Individuum in der Gesellschaft. Und anstatt ihn zu beschuldigen, zu verspotten, zu hassen, hat der Alte Mitleid mit ihm. Er hat Erbarmen mit ihm, und aus diesen Gefühlen entspringt die Nachsicht.

Und so bildet das Leben im Menschen die Nachsicht aus.

Das Leben spricht:

Der Mensch hat bei seiner Geburt die Anlage zum Guten und zum Schlechten. Auch das Kind der edelmütigsten Eltern ist nicht ganz ohne den Keim des Bösen. Sowohl das Gute als auch das Böse sind Keime, nur kleine Samenkörner. Wenn die Kinder edler Eltern nur den Keim des Guten in sich trügen, dann sähen wir niemals böse Söhne, die von guten Eltern abstammen, doch das gibt es häufig. In der Seele eines Kindes kann es mehr Keime des Guten als des Bösen geben, es kann auch umgekehrt sein. Aber, ich wiederhole es, es gibt das eine wie das andere.

Von wem hängt es ab, in wessen Macht liegt es, ob die Keime des Bösen in der Seele eines Kindes vernichtet werden, so daß nur das Gute heranwächst?

Vor allem hängt es von den Eltern, von der Mutter ab. Die Mutter, die die ersten Jahre hindurch die ausschließliche Sorge für die kindliche Seele trägt, die Mutter, die unentwegt bei dem Kind ist, es betrachtet, die ersten Worte hört, die es lispelt, sie kann sich davon überzeugen, welche guten und schlechten Seiten das Kind besitzt: Kälte, mangelnde Empfindsamkeit, Störrigkeit, Neid usw. Dann ist es die Pflicht der Mutter, *mit gutem Beispiel* und sanftmütigem Vorgehen das zu stärken, was gut ist und das zu ersticken, was böse ist.

Wenn das Kind ein paar Jahre alt ist, wenn es sich Spielkameraden sucht und dann in die Schule geht, nimmt der Einfluß der Mutter ab. Die Welt und die Menschen beginnen nun, das Kind zu erziehen. Die Mutter muß sich die *Aufrichtigkeit* des Kindes erhalten, denn nur dann, wenn das Kind ihr seine Gedanken und Gefühle anvertraut, kann sie das Steuer in der Hand behalten, mit dem sie die Seele des Kindes lenken kann.

Und das Leben, die Welt, bekommen die Seele des Menschen immer mehr in ihre Gewalt. Jeder Mensch, jedes Gespräch, jedes Buch – das alles übt Einfluß auf die Seele des Kindes aus. Und diese Einflüsse können gut und schlecht sein. Die guten Einflüsse kämpfen mit den schlechten, die jungen Schößlinge, die aus dem Keim des Guten gewachsen sind, kämpfen mit den Strünken aus dem Keim des Bösen. Und das Ende dieses Kampfes entscheidet, ob der Mensch zu einem anständigen und nützlichen Individuum heranwächst oder zu einem bösen und schädlichen.

Die Seele des erwachsenen Menschen – ist wie ein Feld, das mit Getreide und Unkraut bedeckt ist, die aus den in der Erde verborgenen Samen gewachsen sind. Und die Einflüsse der Menschen und der Bücher, die man im Leben erfahren hat – sind wie Sonne, Regen, belebender Tau und zerstörender Hagel. Und die Freude – der Sonne, und die Traurigkeit – des Regens sind notwendig, um aus den Keimen nützliche Gewächse emporsprießen zu lassen, doch der schlechte Einfluß des Hagels kann das Getreide vernichten. Und um so üppiger wird das Unkraut sprießen.

Ist das Feld daran schuld, daß es nicht bestellt worden ist, ist das Feld daran schuld, daß der Hagel es vernichtet hat, daß der Regen es ertränkt oder die Sonne es versengt hat? Nein, wir können uns nur darüber betrüben, daß der Besitzer des Feldes sich schlecht darum gekümmert hat, daß die schlechten Einflüsse die guten vernichtet haben.

So spricht das Leben, und der Alte, der sieht, daß die Seele eines Menschen ein ausgewachsenes Unkraut ist, betrübt sich nur, hat Mitleid mit ihm. Das ist der Grund, weshalb der Jugendliche, dem das

Leben seine Wahrheit noch nicht offenbart hat, keine Nachsicht kennt, sondern spottet, höhnt und haßt.

Janusz

Aus: *Czytelnia dla Wszystkich* (Leihbibliothek für alle), Nr. 48 (29.11.1900), S. 1f.

Liedlein

(Bei der Arbeit)

Ob im Winter, ob im Sommer,
Ob die Frühlingssonne schimmert –
Ich werke ohne Rast und Ruhe
Für euch, Kinder,
Für euch, Kinder!

Ob der Schnee zur Erde rieselt,
Ob am Baum die Blüten glänzen –
Ich werke ohne Rast und Ruhe
Für euch, Kinder,
Für euch, Kinder!
Und mit meinem Hämmern, Lärmen
Steigt mein Gebet hinauf zum Himmel,
Das ich leise für euch singe
Für euch, Kinder,
Für euch, Kinder!

»Guter Gott, gib ihnen Glück,
Bewahr die Seelen vor dem Netz der Sünden« –
Das ist es, was ich betend singe
Für euch, Kinder,
Für euch, Kinder!

Soll dieses Liedlein und Gebet
In eurem Herzen Liebe entzünden –
Nur das ist es, was ich mir wünsche
Von euch, Kinder,
Von euch, Kinder!

Janusz

Aus: *Czytelnia dla Wszystkich* (Leihbibliothek für alle), Nr. 52 (2.12.1900), S. 1.

Genies

(Plauderei)

Dank Mickiewicz und Sienkiewicz hat die Welt die polnische Literatur kennengelernt, dank Chopin und Paderewski feiert die polnische Musik Triumphe weit über die Grenzen des Landes, ja selbst über die Grenzen Europas hinaus. Soll es uns mehr freuen, daß das Ausland dank ihnen mehr von uns weiß, sich für uns interessiert oder, daß wir von ihren Werken profitieren können, die unsere Großen über uns und für uns geschaffen haben? Das zweite ist sicher das Wichtigere, aber das erstere ist auch nicht ohne Bedeutung. Eine zweite Frage drängt sich auf: Mißt sich der Wert eines Volkes an der Zahl der genialen Menschen oder an der Zahl der tüchtigen, nützlichen Arbeiter? Auf diese Frage gibt es keine Antwort, aber sie wirft eine Reihe von Überlegungen auf.

Mit Genies haben sich die Gelehrten seit langem befaßt[1]: Die einen haben ihren Einfluß auf ihre Umgebung und die Geschichte untersucht,[2] andere haben den Einfluß der Umgebung auf die genialen Menschen untersucht,[3] wieder andere wollten erforschen, wie und unter welchen Bedingungen ein Genie entsteht[4]. Diese Forschungen haben sehr ungewisse Ergebnisse erbracht: Es stimmt, daß viele hervorragende Menschen aus hervorragenden Familien stammten – viele genial Schaffende und Gelehrte waren Kinder weniger genialer, aber sehr begabter Menschen. Die Kinder genialer Eltern aber gleichen nie ihren Eltern. Wir wissen nichts von den Kindern der großen Astronomen, Dichter, Musiker, Chemiker, Philosophen. Es gibt auch hier Ausnahmen, aber außergewöhnlich wenige.

1. Über Probleme genialer Menschen diskutierte man zu jener Zeit in den modernistischen Kreisen sehr rege; die Diskussion wurde u.a. durch das Buch von Cesare Lombroso: *Genio e follia* (Genie und Wahnsinn), 1864, ausgelöst; polnische Ausgabe Warszawa 1887.
2. Sicherlich geht es hier um die Anschauungen von Gelehrten und Denkern wie Thomas Carlyle (1795-1881), Friedrich Nietzsche (1844-1900), Ernest Renan (1823-1892) – und in Polen – Stanisław Przybyszewski (1868-1927), die den Kult der hervorragenden Persönlichkeiten verkündeten und zugleich ihre entscheidende Rolle in der Geschichte feststellten.
3. Die Rede ist sicherlich von der Theorie von Hippolyte Taine (1828-1893). »Rasse, Milieu und Moment« bestimmen nach seiner Theorie jedes soziale Phänomen und jede geistige Schöpfung.
4. Vgl. die Bücher von Lombroso, Théodule Ribot (1839-1916), Taine u.a.

Und aus diesen ungewissen Angaben hat sich die Annahme entwickelt, daß *sich jede Familie auf dem Wege der allmählichen Vervollkommnung auf dic Gcburt cincs Gcnics zubcwcgt*, daß damit sozusagen die Blüte der Bemühungen des ganzen Volkes erzielt ist. Es sammelt alles in sich, was in kleine Teilchen zersplittert war, was über Jahrhunderte in seinen Großvätern und Urgroßvätern geschlummert hat, es sammelt alle hervorragenden Eigenschaften einer ganzen Kette von Generationen in sich und legt Zeugnis davon ab, welche geistigen Kräfte sein ganzes Volk besitzt.

Je nach Zeit und Umständen ist er ein genialer Führer oder Rechtsgelehrter, je nach der *Qualität* seiner geistigen Eigenschaften ist er ein Gelehrter oder Dichter. Aber er wird, er muß groß sein.

Es gibt viele Hinweise, die eine solche Annahme zulassen, es gibt aber auch viele andere, die ihr widersprechen, eine streng wissenschaftliche Aussage ist es in keinem Fall. Dennoch kann sie für uns nicht vielleicht nützlich sein?

Ich glaube, daß jede Familie an der Entstehung eines genialen Menschen arbeitet, daß jedes Mitglied sein geistiges Teil zu dessen Entstehung beiträgt: Es ist ja schließlich ein moralisches Schatzkästlein, in das meine Vorvorväter die Ersparnisse ihrer Seele gelegt haben. Werde ich dieses Schatzkästlein ärmer oder reicher machen? Ein solches logisches Verständnis verbindet die Vergangenheit mit der Zukunft, sie läßt mich verstehen, daß ich einer in einer Kette bin, daß meine Existenz nichts ist, das heißt *sie ist*, aber es ist mir zugefallen, den geistigen Schatz der Familie vom Vater an den Sohn weiterzugeben. Darüber hinaus lehrt mich ein solches Verständnis, daß ich der Eigentümer eines Schatzes bin, den die Jahrhunderte zusammengetragen haben: Was trage ich selbst dazu bei? Ein ähnliches Verständnis lehrt mich auch, nicht nur meine Taten, sondern auch meine Gedanken zu erwägen, denn auch aus meinen Gedanken gelangt etwas in diesen Schatz.

Das ist noch nicht alles: Bei der Wahl einer Lebensgefährtin werde ich nicht nach einem gefälligen Gesichtchen oder einem vollen Geldbeutel suchen, sondern nach einem Wesen, dessen geistiger Schatz meinem gleich ist. Wenn wir nämlich eine Familie gründen, verbinden wir unser geistiges Guthaben, um jenes große Geschöpf hervorzubringen, in dem die Welt die Kraft unseres ganzen Volkes bewundern kann.

Schließlich werde ich meine Kinder so erziehen, daß ich ihnen ohne Furcht unsere Familienschmuckstücke anvertrauen kann. Ich werde meine Kinder erforschen, ob sie mehr als ich besitzen, und ich werde mich freuen, wenn ich zu der Überzeugung gelange, daß ihr geistiger Schatz reicher ist und sie ihn nicht verschwenden.

Nun, das heißt, daran zu glauben, daß jede Familie in jedem Stand besteht, um in der Geschichte der Entwicklung der Welt eine Rolle zu spielen, damit einer ihrer Nachfahren von ihrer jahrhundertelangen geistigen Arbeit Zeugnis ablegt. Wann dieser Nachfahre erscheint, wissen wir nicht, vielleicht verbirgt er sich schon in unserem Kind. Aber die Überzeugung, daß eine wenig oder gar nicht gebildete Familie länger als eine gebildete auf das Erscheinen dessen warten muß, der ihre Existenz mit Glanz überstrahlt, ist irrig. Wenn das so wäre, hätten wir nicht unter unseren Großen – Kinder von Handwerkern, von Bauern, die nicht lesen können. Hier findet ein innerer Prozeß der Sammlung der geistigen Kräfte statt, der von dem Grad der Bildung der Eltern unabhängig ist ...

Wollen wir die Eltern so ehren, wie man Menschen ehrt, die uns einen großen Schatz anvertrauen, einen Schatz, auf den Jahre der Arbeit verwandt worden sind, und leben wir wie die Hüter eines Schatzes, der ihrer Obhut anvertraut worden ist, erziehen wir die Kinder so, wie man die erzieht, denen man eine große, heilige Sache zur Aufbewahrung anvertraut.

G.

Aus: *Czytelnia dla Wszystkich* (Leihbibliothek für alle), Nr. 23 (6.6.1901), S. 1.

Verzeiht!

Morgen ist die Schulaufführung. Die junge Vorsteherin des Pensionats sitzt am Schreibtisch in ihrem Büro und schreibt: Sie bereitet die Ansprache vor, die sie morgen halten wird. Sie möchte den Schülerinnen der sechsten Klasse noch einmal sagen, was sie ihnen während ihrer ganzen Zeit im Pensionat, all diese Jahre, in denen sie zu ihnen gesprochen und mit ihnen gelebt hat, eingeprägt hat. Sie werden nun in die weite Welt hinausgehen, sie wird nicht einmal wissen, wie sie leben, was sie tun und denken, wieviel sie ihrer Arbeit verdanken.

Sie möchte gerne ihre Herzen so stark ansprechen, daß ihre Worte lange Zeit, vielleicht für immer, in ihren Herzen bleiben, sie möchte so schön zu ihnen sprechen, daß sich die Erinnerung an ihre Worte nicht verwischt und farbig bleibt, so daß selbst die am wenigsten empfindsamen Gemüter davon erbaut werden.

Also?

Sie schreibt und streicht aus, ordnet und ändert die Stellung der Sätze und einzelne Ausdrücke, feilt an den Wendungen und denkt über die Vergleiche und Definitionen nach.

Ja, man muß ihnen die Stellung des Menschen in der Gesellschaft, in der Familie zeigen, von der Familie zur Stellung der Mutter und Erzieherin übergehen, zeigen, welche Vorzüge die Frau als Menschen und Mutter zieren sollen, die Pflichten darlegen, auf die Sorgen und Enttäuschungen, die sie erwarten, hinweisen, Stärke des Geistes, Ausdauer und Kraft in der Trauer verlangen, daran erinnern, daß es ohne ständige Arbeit der Vervollkommnung, der Überprüfung der eigenen Gedanken und Taten unmöglich ist, seine menschliche Würde zu behalten, stark die Saite der Liebe zum Nächsten anklingen lassen, der Arbeit für andere, der Entsagung des eigenen Glücks zugunsten des Glücks anderer. Arbeit und Liebe, Fortschritt und Arbeit für den Fortschritt! Nicht einen Augenblick darf man ablassen, man darf nicht stolpern, keinen Schritt rückwärts oder zur Seite gehen.

Ja, das alles wird sie ihnen in durchdringender, feierlicher Stimme sagen. Sie wird gerührt sein, dann werden ihre Wangen sich mit Röte überziehen – und das wird sehr hübsch aussehen.

Es hat schon lange Mitternacht geschlagen, und sie schreibt immer noch.

Sie wird ihnen sagen, daß von ihnen der moralische Wert ihrer Familie abhängen wird, daß sie für ihre Familien und ihre Umgebung verantwortlich sein werden, daß sie wie die Sonne nicht nur das Nest der eigenen Familie wärmen, sondern überall Wärme und Licht ausstrahlen sollen.

Sie war fertig.

Sie nahm die angezündete Kerze und ging durch den Korridor zum Schlafsaal des Pensionats.

Die Mädchen schliefen. Sie träumten von ihrem zukünftigen Leben außerhalb des Schulgebäudes, ein geheimnisvolles Leben, von dem sie nur einen winzigen Teil kannten, und das so schön, so zauberhaft und unbekannt war.

»Arme Kinder!«, flüsterte sie, »wieviel Enttäuschung und Bitterkeit erwartet euch.«

Leise kehrte sie in ihr Zimmer zurück.

Also morgen.

Sie sah noch einmal ihre vorbereitete Ansprache durch, und jetzt kam sie ihr so merkwürdig unbeholfen und blaß vor. Sie wollte so viel sagen und hatte doch so wenig gesagt; sobald ihre Gedanken in Worte gekleidet waren, verloren sie ihre Kraft und ihren Zauber. Warum?

»Ich bin erschöpft«, sagte sie zu sich selbst.

Am nächsten Tag ging es im Pensionat laut zu. Wieder die jungen Gesichter, von einem Lächeln geschmückt, wieder Lachen und Wispern, Abschiede, Rufen, letzte Bekenntnisse, geflüsterte Gespräche, Hin und Her ...

Die Lehrerinnen und Lehrer kamen zusammen.

Die Aufführung begann. Die Preise wurden ausgeteilt, es wurde deklamiert, der Chor sang.

Die Vorsteherin saß traurig auf ihrem Vorstandssessel, sie dachte an die, von denen sie sich jetzt trennen mußte, zu denen sie ein letztes Mal sprechen würde.

Schließlich gingen die jüngeren Klassen hinaus, die Ältesten blieben gespannt und erwartungsvoll sitzen.

»Und jetzt will ich zu euch sprechen«, begann die Vorsteherin. »Bevor ich mich von euch trenne, möchte ich euch noch einmal sagen ...«

Sie seufzte, die Stimme brach ihr.

»Ihr geht in die Welt hinaus, werdet heiraten, eine Familie gründen ...«

Wieder brach sie ab. Nein, ich kann ihnen das nicht sagen, was ich ihnen sagen wollte. Ich will einen neuen Anfang versuchen.

»Verzeiht mir, daß meine Rede so bruchstückhaft ist, aber wenn ich daran denke, daß ich euch, die ich so lieb gewonnen habe und denen ich so sehr wünsche, die glücklichsten Menschen zu werden, vielleicht nie mehr wiedersehe ...«

Nein, das hatte sie nicht sagen wollen. Wieder brach sie ab. Tränen traten ihr in die Augen und rollten über ihre Wangen.

»Weinen Sie?« fragten sie beunruhigt.

»Kinder, ich weine, weil ich sehe, daß ich euch nicht das sagen kann, was ich euch sagen wollte, denn ich fürchte, daß ich meine Pflicht nicht erfüllt habe, ich fürchte um euch und empfinde einen tiefen Groll auf mich selbst. Vielleicht habe ich nicht das getan, was ich tun wollte. Verzeiht mir, wenn es so ist, verzeiht meinem Unvermögen, liebt und seid glücklich.«

Und die ganze niedergeschriebene Rede blieb im Schreibtisch.

Janusz

Aus: *Czytelnia dla Wszystkich* (Leihbibliothek für alle), Nr. 26, (27.5.1901), S. 2f.

Kinder und Erziehung

[I][1]

Sommer. Ein Park. Die Zeit nach dem Mittagessen.

Nicht nur 'zig Hunderte lachender Kindergesichter kann man hier zählen. Die Kinder rennen, spielen Fangen, bilden Gruppen und Kreise zum gemeinsamen Spiel, sie erfüllen den ganzen Park mit ihrem Lärm.

Manche betrachten sie mit einem Lächeln voll Wohlgefallen und Sympathie, andere mit der Grimasse von Verdruß und Ungeduld, und in den Augen vieler kann man eine tiefe und schmerzliche Versonnenheit beobachten ...

Acht Uhr morgens.

Schnee, Regen oder Sonnenschein ... Eine Straße. Die Kinder eilen zur Schule. Bis neun Uhr reißt der Strom der Schüler und Schülerinnen in den Uniformen der Gymnasien oder Privatschulen, in mehr oder weniger langen Kleidern und mit mehr oder weniger schweren Tornistern, nicht ab.

Die einen gehen gleichgültig an diesen Reihen der jüngsten Arbeiter vorbei, andere wenige schauen sich aufmerksam jedes Gesichtchen an, als wollten sie herauslesen, was sie für die Zukunft beitragen werden, welcher Vorrat an Kraft, Geist und Gefühl da noch verborgen ist ...

Sonntag.

Eine ärmliche Straße in der Stadt, im Dorf oder in einer Kleinstadt.

Man hat den Eindruck, daß es so viele Kinder gibt wie unebene Pflastersteine. – Der Wind spielt in den hellen und dunklen Haaren, die Sonne scheint in die schwarzen und blauen, lächelnden oder traurigen Augen. – Das kleine Volk lebt fieberhaft mit jeder Zelle des Organismus, mit jedem Pulsschlag wächst und gedeiht es, verschlingt mit der ganzen Seele, was es umgibt.

Manchmal bleibt ein Greis stehen, betrachtet die Kinder und die Sonne eine Zeitlang und geht dann wieder seines Weges.

Die Kinder sind die halbe Menschheit.

* * *

Auf dem Seziertisch liegt ein zwanzigjähriges Mädchen. Die Starre des Todes liegt auf ihrer blassen Stirn, Schmerz in ihrem verzerrten Mund, und das Gesicht hat einen nachdenklichen Ausdruck bewahrt. –

1. Den Beitrag *Kinder und Erziehung* veröffentlichte Korczak in sieben Folgen. Die Folgen II und IV wurden numeriert. Der Bearbeiter ergänzte die Numerierung auch an den übrigen Folgen, machte die Ergänzung aber durch eine eckige Klammer deutlich.

In dem jungen Kopf hatte sich ein schrecklicher Protest gegen die Lebensbedingungen erhoben, in dem jungen Herzen waren irrwitzige Gefühle aufgelodert: Unausgebildet und von nichts geleitet, konnte die junge Seele weder kämpfen noch sich unterwerfen. Das Mädchen nahm sich das Leben, ungeachtet des Verbots der Religion, trotz der Angst vor dem Tod, obwohl ihr ganzer Organismus in seinem Frühling nach dem Leben strebte.

Vor wenigen Jahren noch war sie ein Kind und lief mit ihren Altersgenossinnen im Park herum ...

* * *

Er hatte sich noch ein Glas eingeschüttet. Ein betäubender Nebel trübte ihm den Blick. – Er weiß, daß es für ihn jetzt auf dem Weg nach unten immer schneller geht, er weiß, daß er für immer entgleist ist, er hat seine Fähigkeiten vergeudet, seine Ideale verbrannt, sein Gewissen eingeschläfert. Ein fünfundzwanzigjähriger Gewohnheitstrinker.

Vor vielen Jahren ging auch er in der Menge der Kinder, die zur Schule eilten ...

* * *

Einem Schuldiggesprochenen wird das Urteil vorgelesen. Lange Monate im Gefängnis erwarten ihn. Die Gesellschaft hat ihr Kind ausgestoßen, sie hat es verflucht, es hinter die Mauern des Gefängnisses verbannt wie ein schädliches, feindseliges, räuberisches Tier. Er seinerseits haßt und verachtet diejenigen, von denen ihn die eisernen Gitter trennen.

Vor wenigen Jahren rannte er mit seinen Gefährten auf der Straße umher, er hatte seidige Haare, ein offenes Lächeln, einen unschuldigen Blick, er baute Häuser aus Sand und warf Steinchen ins Wasser ...

Diese Opfer klagen in dem Elend ihres Daseins die Eltern und die Gesellschaft bitter an – sie klagen die erst kaum verflossene Vergangenheit an.

* * *

Denn wenn man von Kindern und Erziehung spricht, wendet man sich nicht nur an Eltern und Erzieher, sondern an die ganze Gesellschaft, an alle, denen das Leben und die Zukunft der Jungen und Jüngsten nicht gleichgültig ist. Die durchdringende Stimme der Pädagogen muß in den Palästen, Höfen und Hütten ertönen, sie muß die Ohren eines jeden erreichen, um so oft wie möglich in Erinnerung zu rufen, *daß die Zukunft der Gesellschaft und das Glück der Kinder in unseren Händen ruhen*, um so oft wie möglich die Verantwortung in Erinnerung zu rufen, die wir für den moralischen Wert und das Glück derer tragen, die uns in der Arena des Lebens nachfolgen.

Der Glaube an die Macht der Erziehung ist nicht die Illusion eines Träumers, sondern das Ergebnis langjähriger Studien und Untersuchungen. Diesen tiefen Glauben hat auch die Lehre von der Vererbung nicht einen Augenblick ins Schwanken bringen können. Heute weiß man, daß der Charakter des Menschen aus zwei Grundmustern besteht: dem angeborenen und dem erworbenen. Aber die angeborenen Neigungen sind nicht einförmig: Der Mensch wird weder als Verbrecher noch als Engel geboren: Die Erziehung ist es, die aus ihm ein schmutziges oder ein strahlendes Wesen macht. Unter Erziehung verstehen wir nicht nur den Einfluß der Eltern, sondern auch den Einfluß von Umgebung, Menschen, Welt, Literatur, Leben. Die Familie kann dieser Erziehung nur die Richtung geben, und entweder drängt sie die Seele des Kindes gegen die Felsen, in Verderben und Untergang, oder sie trägt sie durch die Strudel des Lebens in den Hafen von Liebe, Hingabe, Glück.

Wenn die Familie das Steuer der Erziehung nicht in ihre eigenen Hände nehmen kann oder will, ist das Kind der Gnade des Schicksals ausgeliefert. Was ist stärker: das Schlechte oder das Gute, das Erhabene oder das Niedere? ...

* * *

Das Kind ist als Mensch anerkannt, als Wesen, auf das man Rücksicht nehmen muß, daß man nicht an der Leine führen darf, das aber mit Verstand und Überlegung und mit Anstrengungen von Geist, Gefühl und Willen geleitet werden muß. Der frühere Despotismus hat sich in der Erziehung überlebt, die frühere Angst der Kinder vor ihren Eltern ist im Laufe der Zeit verschwunden – aber was soll an ihre Stelle treten?

Liebe, Achtung und Vertrauen – das ist die Antwort der Vernunft.

Gar nichts! – erwidern Unwissen, Leichtsinn und Faulheit.

Und Verwirrung und Nachlässigkeit zogen in die Familienbeziehungen ein. Die Eltern sind zu Kameraden oder Dienern der Kinder geworden. Die Macht wurde abgelegt, aus der Führung zog man sich zurück, die Kinder wurden den Händen Fremder übergeben.

Wir geben den Kindern also Bonnes[1], Fröbelfräulein[2], Lehrer, Lehrerinnen und Kunsterzieher, wir bringen ihnen Sprachen bei, Geschichte, Algebra, Musik, Malerei, Gesang, Tanz, wir bilden sie oder, besser gesagt, wir bezahlen für die Bildung ihres Geistes ...

Und das Herz?

Lehren wir die Kinder, wie und für wen man leben muß, geben wir der Jugend ein Ziel im Leben, helfen wir ihr in den Zeiten des Um-

1. bonne (franz.): Kindermädchen, Hausgehilfin.
2. Kindergärtnerinnen. In Polen wurden sie nach dem »Vater des Kindergartens«, Friedrich Wilhelm August Fröbel, benannt.

bruchs, in denen sie beginnen, ihre eigene Weltanschauung auszubilden, in denen sie anfangen, sich umzusehen und zu suchen, zu träumen und zu streben, ja, wissen wir überhaupt, welche Ideale ihnen vorschweben? Verbinden uns mit den Kindern und der Jugend diese vertraulichen Gespräche im stillen Du-zu-Du, wenn sie uns ihre Sorgen und Kümmernisse anvertrauen, nach der Lösung Tausender Rätsel fragen, die ihnen das Leben und die eigene Beobachtung aufgeben, und trösten, erklären, stärken wir?

Nein, die Seele eines Kindes geben wir von den Windeln an in fremde Hände: den Geist – der Schule, das Herz – der Welt, der Umgebung – den Büchern.

Was tun wir für den Körper des Kindes? Denken wir an gesunde Spaziergänge (nicht die in Schichten aus Watte und Baumwolle), an Gymnastik, an Schwimmen, Rudern, an die Beachtung früher Ruhe und frühen Aufstehens? Kennen wir die erzieherische Hygiene? *Nein, den Körper des Kindes übergeben wir der Natur*, aber nicht der Natur, die die Luft von den Wiesen und Feldern herüberträgt, sondern einer verkümmerten Natur, der stickigen Schulstube, dem dunklen Kinderzimmer und dem mit Gästen überfüllten Salon.

Es gibt Wahrheiten, die brauchen keine Baumwollwattierung, weil sie niemanden anklagen und erschrecken. Das traurige Bild unserer häuslichen Erziehung darf keinen in hoffnungslose Traurigkeit und Unlust stürzen. Die Sache ist zu wichtig, um lange im Verborgenen zu bleiben: Bald wird sie sich laut und rücksichtslos melden, auf die Tagesordnung treten, sich einen Ausweg graben, sie wird das Bürgerrecht erlangen. Und dann wird sie alle hinreißen, denn außer ihrer Wichtigkeit hat sie noch die Anmut des silberhellen Lachens eines Kindes, den mystischen Reiz der Prophetie, den poetischen Zauber der Wiedergeburt der Natur im Frühling.

Aus: *Wędrowiec* (Der Wanderer), Nr. 1 (6.1.1900), S. 18f.

[II]

Stasio, Halinka und Antoś. – Ein Priester, Pädagoge und Arzt. Saures und Süßes, Aufrichtigkeit und Unaufrichtigkeit. – Winterabende

Stasio ist ein liebes Kind. Lebhaft, fröhlich, ehrlich, kameradschaftlich, gastfreundlich und höflich, er schließt sich leicht an jeden an, für jeden hat er ein liebes Wort, ein Lächeln, einen Kuß. Er ist nicht schüchtern und fühlt sich unter Kindern und Erwachsenen gleichermaßen wohl: Kinder sind ihm lieber, weil er dort der Anführer sein kann, er kann mit seinen Einfällen und seinem Witz glänzen.

Stasio hat es gern, wenn man ihn lobt, er wird traurig, wenn man auf ihn zornig ist. Schnell bereit zu schwören, um Verzeihung zu bitten; er versichert Besserung und glaubt dabei innig an die Aufrichtigkeit seiner Schwüre – und wenn man ihm verziehen hat, vergißt er seine Sorgen schnell und treibt wieder seinen Unfug.

Stasio liebt seine Eltern von Herzen, er liebt alle, selbst gegenüber dem Lehrer empfindet er nach der Stunde keine Abneigung. Ach, diese Unterrichtsstunden, diese Unterrichtsstunden – die Grammatik, die Vokabeln und Aufgaben! ... Er liest gerne, aber lieber noch hört er zu, wenn man ihm Geschichten von früher erzählt, von Kriegen und Sagen, von fernen Ländern, von der Sonne, den Sternen, den Tieren ... Und wie oft bricht er über einem Buch in Tränen aus!

Stasio sammelt heute Briefmarken, morgen legt er eine Stein- und Schmetterlingssammlung an, übermorgen – wird er zum Sammler alter Stahlfedern oder Knöpfe. Er setzt seine Umgebung in Erstaunen: Manchmal ist er unbegabt, unfähig zu begreifen, launisch, manchmal begeistert er durch Treffsicherheit seines Urteils, durch seine Überlegung, sein Erinnerungsvermögen und seine Güte. Alles hängt von den Umständen ab. – Manchmal wird eine kleine Unannehmlichkeit mit Tränen begossen, manchmal vergießt er keine einzige Träne bei einem großen Schmerz, manchmal erschrickt er durch seinen Mangel an Herz, manchmal ist er bereit, sich für das Unrecht, das einem Schwächeren zugefügt worden ist, zu schlagen, auch wenn er zum Lohn dabei selbst manche Beule davontragen wird.

Er hat eine offene und reiche Natur. Stasio verfügt über kindlichen Stolz, Mitgefühl für die Armen und Schwachen, er hat ein starkes Gerechtigkeitsgefühl; ihm mangelt es an festem Willen, ihm mangelt es an Standhaftigkeit, und deshalb sind seine schönsten Regungen und seine reinsten Vorsätze – oft verschwendet.

Die meisten Kinder, die wir haben, sind so wie Stasio.

* * *

Halinka hat ernste Augen. Selten leuchten Freude, Begeisterung, kindliches Lachen darin auf, öfter zittert in ihnen eine melancholische Versonnenheit, eine schmerzliche Traurigkeit, eine gewisse Angst. Manchmal haftet ihr tiefer, vertrauensvoller und doch durchdringender Blick auf deinem Gesicht, manchmal liest du darin ein unkindliches, inspiriertes Denken. Und jede Rührung spielt in ihren Pupillen wie ein Sonnenstrahl, der sich in den Wassern des Meeres spiegelt ...

Halinka kann Gedichte nicht »Zum Vortrag« aufsagen, sie kann Gäste nicht anlächeln. Wenn sie sich zum ersten Mal einem Fremden nähert, schaut sie ihn mißtrauisch und furchtsam an. Wehe dem, der mit einem Geschenk von ihr Herzlichkeit erkaufen oder ihr Vertrauen schnell erringen möchte. Dem verschließt sie ihre kleine Seele für immer. Wehe der Lehrerin, die das Mädchen nicht mag, zu ihr ist sie böse, störrisch, verbohrt. Manchmal fühlt sie selbst, daß sie einer ungeliebten Person großes Unrecht zugefügt hat, aber sie wird sie um keinen Preis der Welt um Verzeihung bitten, sondern bis spät in die Nacht hinein weinen und ihr erhitztes Gesichtchen in die Kissen pressen.

Halinka behält jedes Unrecht lange in Erinnerung – schnell erfaßt sie eine Täuschung im Verhalten Älterer, viel fühlt sie, viel denkt sie, doch sie hütet die Geheimnisse ihrer Seele eifersüchtig.

Allgemein nennt man Halinka ein unangenehmes, sonderbares, störrisches, oft böses Kind ... Doch man muß ihr Vertrauen erwerben, um sogleich den ganzen Reichtum ihrer lebhaften Phantasie und den gewaltigen Schatz an Gedanken und Gefühlen zu erblicken, die sich in ihr verbergen. Halinka kann nur einen Menschen lieben, der ihr imponiert, und ihre Gedanken nur der geliebten Person anvertrauen, die ihre Seele auch nicht im allergeringsten verletzt hat. Sonst ist sie zwar fügsam, wird aber der Person aus dem Weg gehen, die ihr imponiert.

Sie hat eine empfindsame, furchtsame, schöne, reiche, vielschichtige Natur. Eine Fülle von Gefühlen und Phantasie, ein Mangel an Willen und Gleichgewicht.

Kinder wie Halinka gibt es immer mehr.

* * *

Antoś hat einen starken Willen. »Ich will, also muß ich«, ist sein Grundsatz. Antoś ist sehr zielstrebig. Er will ein Gedicht lernen, damit er danach spielen kann, also kann nichts und niemand ihn vom Lernen ablenken; er will ein Buch besitzen, das er in der Auslage der Buchhandlung gesehen hat, und er muß es früher oder später besitzen. Er vergißt nichts, was er sich einmal vorgenommen hat.

Antoś besitzt eine wundersame Willenskraft, die es ihm erlaubt, zu kämpfen und zu streben, wir wollen uns bemühen, sie nicht zu brechen. Falls es uns nicht gelingt, langsam und verständnisvoll seinen Charakter zu verändern, sollten wir ihm nicht den Kampf ansagen, denn dann wecken wir in dem Kind Widerwillen gegen den Nächsten, Verbitterung, Rachsucht, eine verborgene Wut.

Wir haben wenige Kinder wie Antoś; um so mehr sollten wir sie achten.

* * *

Ich würde lieber nicht von dem unangenehmen Typ des egoistischen Kindes sprechen, des gefühllosen Kindes, dessen Seele wie taubstumm ist. Dieses Kind küßt nur dann, wenn es gebeten wird, es entschuldigt sich nur dann, wenn es Angst hat, es weint, wenn sein Wunsch nicht erfüllt wird. Außerhalb seiner Person sieht es nichts und will nichts anderes sehen.

Ich habe die Seele solcher Kinder als taubstummenähnlich beschrieben, weil ich sie für moralisch behindert halte.

Glücklicherweise, dieser Typ gehört bei uns zur Ausnahme.

* * *

Die Erkundung der angeborene Eigenschaften eines Kindes ist eine sehr schwierige Angelegenheit, doch ist sie die oberste Bedingung einer guten Erziehung. Was geschieht mit der empfindsamen Halinka, wenn wir sie zu den Reihen der gefühllosen Kinder zählen, was machen wir mit Antoś, wenn wir seinen Willen brechen wollen, weil wir denken, er ist so schwach wie Stasios Wille?

Oft reicht es nicht, alleine zu erkunden, man muß andere um Rat fragen, manchmal einen Priester, manchmal einen fähigen Pädagogen, manchmal einen Arzt, aber manchmal reicht es nicht einmal, wenn man alle drei fragt, und man irrt sich doch und erliegt einem Schein ...

Wenn man den Pädagogen nach dem Charakter eines Kindes fragt, stellt er es an wie der Arzt, der einen Kranken untersucht: Forschend betrachtet er die Umgebung des Kindes, erwägt die Bedingungen, in denen das Kind aufwächst, will die Atmosphäre des Elternhauses kennenlernen.

Der Boden, auf dem der Charakter des Kindes sich entfaltet hat, und die Luft, in der er sich entwickelt hat, sind das Wichtigste. Wenn es im Haus Spannungen und Unfrieden gibt, ein Leben über die Verhältnisse, Unaufrichtigkeit, wenn die Laune dort für Gäste anders ist als für die Familie, der Ton für die Vermögenden anders ist als der für die Untergebenen – dann leidet das Kind, und seine Seele wird verdorben.

Große Seelen, die die Welt in Erstaunen versetzen, wachsen nicht da heran, wo eine Atmosphäre von falscher Gelehrtheit, von Scheinwerten herrscht, wo Kleidung, schöne Bezüge der Möbel eine wichtige Rolle spielen, wo Bälle, Theater, grüne Tischchen[1] und Ausverkäufe in Seidenhandlungen die Luft, die die Kinder einatmen, versäuern, sondern dort –, wo aufrichtiger Glaube, aufrichtige Gefühle, Liebe, Vertrauen, Herzlichkeit herrschen, wo die Eltern für das Zuhause leben und im Zuhause ihr Glück suchen. In einer solchen Familie wuchs Mickiewicz[2] heran, in einer solchen Familie kann sich ein Kind glücklich fühlen.

1. Glücksspieltische, die mit grünem Stoff bezogen waren.
2. Adam Mickiewicz (1798-1855), polnischer Nationaldichter; besonders berühmt durch seine *Dziady* (Totenfeier; Ahnenfeier) und *Pan Tadeusz* (Herr Thaddäus). Vgl. dazu Mickiewicz, Adam: *Dichtung und Prosa.* Ein Lesebuch von Karl Dedecius, Frankfurt 1994; es enthält auch ein Verzeichnis der ins Deutsche übertragenen Werke von Mickiewicz.

Und das Kind braucht den Glanz des Glücks und die Wärme der Liebe. Gewährt ihm eine helle Kindheit, und gebt ihm einen Vorrat an Lachen für das ganze lange und dornige Leben.

Die Kinder sollen lachen, sie sollen fröhlich sein.

* * *

Da haben wir die langen Winterabende. Wie kann man sie den Kindern und der Jugend angenehm gestalten?

Wir kennen Amateurtheater, Lebende Bilder, improvisierte Konzerte, Gesellschaftsspiele, Lesungen, Plaudereien, gemeinsames Lesen, ein wenig Tanz.

Wir besitzen eine kleine Bibliothek mit Laienspielstücken für die Jugend. Man muß etwas Geeignetes aussuchen, eine fröhliche Gruppe versammeln, und schon ist das Vergnügen bereit.

Oder die Lebenden Bilder allgemeinen Inhalts, wie die vier Jahreszeiten, oder mit historischem oder geographischem Inhalt. Jedes Kind wählt sich eine bestimmte Ortschaft und paßt seine Kleidung diesem Ort an. Das Mädchen, das eine Norwegerin darstellt, hat ein weißes Kleid an, das mit Moosen besteckt ist, am Gürtel hängen hölzerne Brettchen und Steine, an das Oberteil des Kleides sind Bilder von Fischen geheftet. So verbinden die Amerikaner die Wissenschaft mit dem Vergnügen, wie es in der *Pädagogischen Rundschau*[1] heißt.

Nehmen wir einen naturkundlichen Vortrag oder eine Lesung großer Werke. Wieviel Lachen, wieviel Fröhlichkeit wird es da geben! Und die Eindrücke dieser Vergnügungen werden das ganze Leben über in Erinnerung bleiben und von den Kindern an die Enkel überliefert werden.

Die einzige Bedingung dieser Vergnügungen soll ihre Natürlichkeit, ihre Unprätensiösität sein.[2] Mit dem Augenblick, in dem wir der jungen Vortragenden einen Blumenstrauß überreichen und den fünfzehnjährigen Darbieter mit Lob überhäufen, in dem wir für die lebenden Bilder ein neues Kleid kaufen, wird das Ziel der Vergnügung zunichte gemacht. Nur Fröhlichkeit und Aufrichtigkeit sollen diese Spiele zieren.

1. In *Przegląd Pedagogiczny* 1899, Nr. 22, in der Rubrik *Lose Blätter*, wurde eine anonyme Notiz mit dem Titel *Dramatisierung des Unterrichts* veröffentlicht: »In dem gegenwärtigen amerikanischen Schulwesen erkennt man überall die Bemühung, Schüler für jedes Detail des Unterrichts zu interessieren: Die Anschaulichkeit nimmt dort immense Ausmaße an, wobei ihr letzter Ausdruck die Dramatisierung des Unterrichts ist, d.h. Darstellung ganzer Szenen, an denen Schüler selbst teilnehmen.«
2. Schon 1899 hatte Korczak für eine Laienspielarbeit »ohne Prunk und unnötigen Applaus und Bewunderung« geworben. Vgl. *Für die Kinder* [II], S. 45ff.

Und beim Spiel auch eine gute Tat: Lassen wir einige arme Kinder in den Kreis der Zuschauer ein, und nähen wir bei den Lesungen und Erzählungen Kleider für die Armen.

Diese Vergnügungen sollen regelmäßig stattfinden, an festgesetzten Tagen. Wenn diese Spiele irgendwo durchgeführt werden, bitten wir um ihre Beschreibung.

Aus: *Wędrowiec* (Der Wanderer), Nr. 2 (13.1.1900), S. 25f.

[III]

Kindliche Leiden. – Was tun? – Ein Buch aus dem Jahre 1882. Die Gesellschaft der Kinderfreunde. – Neue Leiden, neue Bedürfnisse. – Sursum corda

Die Menschen wären wunderbar, wenn sie mehr in Bildern denken könnten als in toten Worten. Dann würden sie anders fühlen und anders handeln, sie würden das Elend anders verstehen und anders Mitgefühl empfinden ...

Die Ausdrücke: ein hungriges Kind, ein Kind, das vor Kälte zittert, ein Waisenkind – kann man kühl aussprechen, aber Augenzeuge des großen Leidens von Kindern kann man nur unter Tränen sein. Die Worte: »Mama, gibt mir Brot, Mama, mir ist kalt« – kann man ohne ein Zittern in der Stimme lesen, doch zu hören, wie sie über die blau angelaufenen Lippen eines kleinen Kindes kommen – das ist schrecklich, es ist schlimmer als schrecklich.

Etwas in deinem Wesen ist erschüttert, du willst etwas unternehmen, die Stimme des einen Kindes klingt in deinem Herzen mit der Stimme von Tausenden wider, du begreifst, daß jeder, der auch nur einmal im Leben diese Klage vernimmt und dieses Bild des Elends sieht, sich mit seinem ganzen Sein, seinem ganzen Willen und seiner ganzen Kraft der Ernährung armer Kinder hingeben würde. Und du fühlst deine Ohnmacht, denn du weißt, daß die Klagen hungriger Kinder leise sind und daß die Wände der kleinen Kammern sie verschlucken.

Und wenn man Menschen mit den eigenen Worten dazu aufrufen will? Wenn deine Worte leblos, farblos und taub sind, und das Echo deiner Worte schwach ist. Sie geben dir eine Handvoll Silber – das ist wenig, es ist nur die leblose Bezahlung für deine leblosen Worte – hier sind Herzen, wahre Herzen vonnöten.

Mit dem Herzen handelte der heilige Vincent de Paul[1], mit dem Herzen

1. Vincent de Paul (1581-1660), franz. kath. Theologe, Begründer der neuzeitlichen Karitas.

handelte auch der Priester Baudouin[1] – Wohltäter der Waisen, der Rechtlosen. Sie schöpften Begeisterung aus den Bildern des Lebens, nicht aus Worten, sie schöpften ihre Inspiration aus den Klagen der Kinder.

* * *

Wo kann man Einblick in diese Leiden der Kinder nehmen?

In der Stube der Arbeiterin, die schwere Lasten trägt, obwohl sie bald Mutter wird; am Bett der armen Häuslerin, die ohne ärztliche Hilfe gebiert; im feuchten Souterrain, wo die Kinder den ganzen Tag ohne Aufsicht zurückgelassen werden, da die Mutter in die Stadt zu ihrem Broterwerb gehen muß; auf den Straßen, wo die Menschen betteln oder ihre Zeit mit wüsten Spielen zubringen; in den Werkstätten, wo die Menschen Hunger, Kälte und Mißachtung erdulden; bei Zukkerbäckern und im Zirkus, in Fabriken und auf Lehrstellen; auf der Mansarde, wo der schwache Organismus eines Kindes mit den Keimen einer schrecklichen Krankheit kämpft; da, wo die Mutter sich ihres Kindes entledigen will oder muß; da, wo der Tod der Eltern die Kinder allein auf der Welt zurückgelassen hat; und schließlich in den Familien, wo der Vater im Gefängnis sitzt, und die Mutter ihren Kummer im Wodka ersäuft.

Wo kann man Einblick in diese Leiden der Kinder nehmen? – Überall.

* * *

Also heißt es schauen und leiden und wissen, daß man da nichts machen kann? Da ist es schon besser, gar nicht hinzusehen, nichts zu wissen.

Vor uns liegt ein Buch, das uns mit Beispielen lehrt, daß man viel Hilfe leisten kann, daß man gegen großes Unglück kämpfen kann, aber nur mit großer Barmherzigkeit.

Der Titel dieses Buches lautet *Kindliche Leiden*. Die Herausgeber: Menschen, die Kinder lieben. Das Jahr, in dem dieses Buch herausgekommen ist: 1882. Die Autoren sind: Adam Goltz, Aleksander Moldenhawer, Dr. Stanisław Markiewicz, Eryk Jachowicz, Jan Jeleński, Dr. Wiktor Kosmowski, Roman Wierzchlejski.[2]

1. Gabriel Pierre Baudouin (1689-1768), französischer Priester, Missionar. Seit 1717 in Warschau, gründete 1732 ein »Findlingsheim«, das später zum Vorbild für das »Kindlein-Jesu-Spital« am Warschauer Warecki-Platz sowie für verschiedene pädagogische Einrichtungen wurde. Korczak weist häufig auf den kinderfreundlichen Bettelpriester hin. Vgl. *Sämtliche Werke*, Bd. 6, S. 259f und Bd. 7, S. 62ff sowie im vorliegenden Band S. 32 und 58.
2. Auf das Buch *Kindliche Leiden* geht Korczak ein Jahr später noch einmal ein (*Sämtliche Werke*, Bd. 7, S. 74). Weil es eine ausführliche Bestandsaufnahme der damaligen Situation der Kinderfürsorge darstellt, drucken wir das Inhaltsverzeichnis hier ab:

Dieses Buch berichtet uns in der Einleitung, daß eine Delegation aus sieben Personen den Plan zur Gründung der Gesellschaft der Kinderfreunde gefaßt hat.

Weiterhin lernen wir in einem allgemeinen Überblick zur Frage der Fürsorge für Kinder das Ziel dieses Werkes kennen: »Die Augen der Öffentlichkeit für die zahlreichen Mängel öffnen, die sich bei der Frage der Fürsorge für Kinder in unserem Land offenbaren, und einem weiten Kreis einzelner Personen den Weg zur Barmherzigkeit auf diesem Feld der Betätigung und Hingabe zu zeigen.«

* * *

Im zweiten Teil ist die Rede von ausländischen Vereinigungen und Institutionen, die Kinder betreuen. Es ist gleichzeitig eine kurze Geschichte der Entstehung und Entwicklung dieser lichten Häfen der Barmherzigkeit, wo die Namen der stillen Teilhaber mit dem gleichmäßigen Licht von Fixsternen leuchten.

»Vorwort
I. Allgemeine Ansicht zur Frage der Kinderfürsorge, von Adam Goltz
II. Ausländische Vereine und Institutionen, die sich um die Kinder kümmern, von Aleksander Moldenhawer
1. Häuser für Findelkinder; 2. Vereinigungen mütterlicher Barmherzigkeit; 3. Kinderkrippen; 4. Kindergärten und Tagesschulen; 5. Fürsorge für Handwerkslehrlinge; 6. Institutionen für Kinder, die in den Fabriken arbeiten; 7. Institutionen, die sich um arme Waisen kümmern, auch um Kinder aus völlig verarmten und auffälligen Familien.
III. Der gegenwärtige Stand der Kinderfürsorge in Warschau und Umgebung
1. Das Entbindungsinstitut, von Dr. Stanisław Markiewicz; 2. Das Findelhaus, von demselben; 3. Ammenbüros und bezahlte Pflegemütter, von demselben; 4. Kinder- und Waisenheime der Warschauer Wohltätigkeitsgesellschaft, von Eryk Jachowicz; 5. Waisenheim beim Institut des heil. Kazimierz in Warschau, von Adam Goltz; 7. Waisenheim der Warschauer Kirchengemeinde des evangelisch-reformierten Glaubens, von demselben; 8. Einrichtungen für Kinder jüdischen Glaubens, von demselben; 9. Kinder, die in Werkstätten und Fabriken arbeiten, von Jan Jeleński; 10. Heilanstalten für Kinder, von Dr. Wiktor Kosmowski; 11. Sommerkolonien, von Dr. Stanisław Markiewicz; 12. Institut für moralische Besserung der Kinder, von Roman Wierzchlejski; 13. Gesellschaft der Agrarsiedlungen und Handwerksheime samt ihrer Einrichtungen, von Aleksander Moldenhawer; 14. Kinder in Gefängnissen, von demselben.
IV.
1. Gesetzesentwurf der Gesellschaft der Kinderfreunde; 2. Erläuterungen zu diesem Projekt.«

Das von Korczak besprochene Buch war eines der Anzeichen dafür, daß das Interesse für die Belange der Kinder- und Jugendfürsorge im Königreich Polen wuchs. Im Autorenkreis waren unterschiedliche Gesellschaftsmilieus, Berufe und politische Einstellungen vertreten: Schriftsteller, Juristen, ehrenamtliche Fürsorger und Ärzte.

Die ersten Erscheinungsformen von Kinderfürsorge waren Heime für Findelkinder. Kaiser Konstantin[1] verfügte im Jahre 315, also vor eineinhalb Jahrtausend, daß die öffentliche Kasse Mittel für die Erziehung von Kindern zur Verfügung stellen sollte, deren Eltern aus Gründen der Armut ihre Kinder nicht erziehen konnten. Den Gedanken an Heime für Findelkinder greift der Hl. Vincent de Paul im Jahre 1637 wieder auf.

1788 entsteht in Paris die Gesellschaft der Mütterlichen Fürsorge. Die Fürsorgerinnen, die die einzelnen Arrondissements von Paris unter sich aufgeteilt haben, besuchen arme Frauen, die vor der Entbindung stehen, leisten ihnen Hilfe und kümmern sich zwei Jahre lang um die neugeborenen Kinder. Im Jahre 1882 war diese Vereinigung bereits in 78 Städten in Frankreich vertreten.

1844 entsteht in Paris die erste Krippe für Kinder armer Eltern, die außerhalb ihres Zuhauses arbeiten. Ein Säugling, der in die Krippe gebracht wird, kann bis zum Abend dort bleiben. In England waren diese Krippen mit Heimen verbunden, und die Kinder wurden der Betreuung der Mädchen in den Heimen übergeben.

Der erste Hort für Kinder entstand 1767 im Elsaß. Aus dem Hort geht das Kind in die Grundschule, in die Handwerks- und in die Fachschule.

Die Gesellschaft für die Unterbringung von jungen Lehrlingswaisen entstand in Paris im Jahre 1822. Die fünf Jahre später dort gegründete Gesellschaft der Freunde des Kindes hat es sich auch zum Ziel gesetzt, die Kinder vom Streunen und Betteln fernzuhalten.

Der Frauen- und Männerverein Vincent de Paul gründet Schulen für die Jungen und Mädchen, die in Fabriken arbeiten.

Den siebten Teil des Referates nehmen die Institutionen ein, die sich mit armen Waisen und Kindern von Familien befassen, die die Allerärmsten sind und außerhalb der Gesellschaft stehen.

* * *

Ein nicht weniger kräftiger Beweis dafür, daß es sich lohnt, das Leiden der Kinder anzusehen, ist vielleicht ein Auszug aus den Schlußfolgerungen des Kapitels über die ausländischen Institutionen, die sich der Kinderfürsorge widmen.

Herr Moldenhawer sagt dazu folgendes: »Eine solche Barmherzigkeit stellt für alle gleichermaßen ein dankbares Betätigungsfeld dar. Die Reichen, Großen und Mächtigen dieser Welt können sich darauf ebenso nützlich machen wie die Armen und Kleinen ... Neben den Vereinigungen, zu denen die Personen der höchsten Gesellschaftsschichten gehören, gibt es

1. Konstantin der Große (um 280-377), römischer Kaiser seit 306; großer Reformer des politischen, gesellschaftlichen und ökonomischen Lebens; im Jahre 313 erließ er die sog. Mailänder Verordnung, in der das Christentum anerkannt wird; er erbaute Konstantinopel.

auch Einrichtungen, die ihr Bestehen einzig und allein der Energie und der persönlichen Hingabe armer, unvermögender, mittelloser Individuen verdanken. Hier ein bescheidenes Pfarrerchen, ein armseliger Kaplan, dort ein Textilarbeiter, an anderer Stelle eine Dienstbotin, eine Barmherzige Schwester, manchmal sogar ein kleines Mädchen, die in ihrem Kreis einen solchen Verein gründen, zu dem ihre Kameradinnen, Kolleginnen, Schwestern gehören, sie gründen ein Haus, öffnen eine Stube ...

Die Barmherzigkeit verlangt oft keine großen Opfer, keine großen Beiträge; wahre Hingabe, unerschöpfliche Energie, Beständigkeit und Erhabenheit der Absicht, persönliche Arbeit und gänzliche Hingabe an das Ziel schaffen wahre Wunder. *Ausgewählte* und geisterfüllte Individuen schaffen hier mit ihrem persönlichen Einsatz zuweilen hundertmal mehr als versammelte Kräfte, und sie wirken weitaus nützlicher; die Ameisenemsigkeit einzelner ist fruchtbarer als die schwerfällige und schneckenlahme Aktivität großer Massen.«

Also muß man das Unglück der Kinder erkennen, die Kinder lieben, und an Arbeit wird es nicht fehlen, solange nur der Wille da ist.

* * *

Der dritte Teil des Buches zeichnet ein Bild des Zustands der Kinderfürsorge in Warschau und Umgebung. In vierzehn Artikeln werden die folgenden Einrichtungen beschrieben. Die Entbindungsanstalt, das Findelheim, die Büros für Ammen und bezahlte Nährmütter, die Heime und Waiseneinrichtungen des Warschauer Wohltätigkeitsvereins, das Waisenhaus des Instituts des Hl. Kazimierz, die Heime der Evangelisch-Augsburgischen Gemeinde, das Obdach für Waisen Evangelisch-Reformierter Konfession, die Heime für Kinder Mosaischen Glaubens. Weiterhin macht man uns mit dem Los der Kinder bekannt, die in Werkstätten und Fabriken arbeiten, mit Heilanstalten für Kinder, mit Sommerkolonien, mit der Moralischen Besserungsanstalt für Kinder, mit der Gesellschaft für Landsiedlungen und Handwerkerheime und mit dem Schicksal der Kinder in Gefängnissen.

Im Laufe von siebzehn Jahren hat sich viel geändert. Die Sommerkolonien, in die 1882 vierundfünfzig schwächliche Kinder verschickt wurden,[1] gehören heute zu den angenehmsten und bei der Gesellschaft

1. 1882 fuhren erstmals polnische Kinder in fünf Ortschaften, in denen »freundlicherweise von unseren Landsleuten Räume zur Verfügung gestellt wurden«. Markiewicz, Stanisław: *Kolonie letnie* (Sommerkolonien). In: *Encyklopedia wychowawcza* (Enzyklopädie der Erziehung), Bd. VI. Warszawa 1904, S. 210. Vor allem der bekannte Arzt, Hygieniker und Sozialreformer Stanisław Markiewicz (1839-1911) arbeitete für diese Idee der Kinderbetreuung. Er veröffentlichte zahlreiche Arbeiten auf dem Gebiet der Sozialmedizin, gehörte der Warschauer Ärztegesellschaft, der Hygienegesellschaft sowie der Gesellschaft für

beliebtesten Einrichtungen. Sie bieten jährlich dreitausend Kindern einen mehrwöchigen Aufenthalt auf dem Land. Hier muß man auch die Nähstube hinzuzählen, das Heim des Priesters Siemiec[1], das Legat für ein Institut für Kinderhygiene[2] und ein Legat in Höhe von 200 000 für einen Kinderpark[3], schließlich noch einige Krippen, die es gibt. Das sind auf jeden Fall ernstzunehmende Anfänge, fest verankerte Posten im Bereich der Kinderfürsorge.

Was diesen Einrichtungen fehlt, ist die Einheit, die Zusammenarbeit. Die einen stehen unter der Aufsicht der Wohltätigkeitsgesellschaft[4], andere existieren unabhängig, weitere möchte die Hygienegesellschaft[5]

Kinderfürsorge an und kanalisierte die Aktivitäten für eine Ferienkoloniebewegung. Korczak war seit 1900 Mitglied der Gesellschaft für Sommerkolonien. Zur Entwicklung und Bedeutung der Sommerkolonien vgl. *Sämtliche Werke*, Bd. 10, S. 306ff.

1. Priester Jan Siemiec (1846-1919) war Mitglied der Warschauer Hygienegesellschaft und Organisator von Erziehungsanstalten für arme Jugendliche; er war Professor des Warschauer Priesterseminars.
2. Es handelt sich um das sog. Lenval Institut, gestiftet von Leon Loewenstein (1836-1900), nobilitiert als Baron de Lenval, einer der Hauptteilhaber der Gesellschaft für Schwerindustrie: Lilpop, Rau, Loewenstein; Familie Loewenstein war in wohltätiger Arbeit in Warschau engagiert. Das Projekt für das Lenval Institut erreichte den Rat der Warschauer Hygienegesellschaft im Juli 1898, und seitdem begannen die Planungen des Instituts für Kinderhygiene in der Litewska-Straße 19 (näheres siehe: Demel, Maciej: *Pädagogische Aspekte der Warschauer Hygienebewegung von 1864-1914*. Wrocław 1964, S. 109-120).
3. Nach den Aufzeichnungen von Wilhelm Ellis Rau (1825-1899), einem Deutschen aus dem Rheinland, Hauptteilhaber der Gesellschaft Lilpop, Rau, Loewenstein, entstanden im Jahre 1899 in Warschau Spielparks für Kinder und Jugendliche, die von der Warschauer Hygienegesellschaft ins Leben gerufen wurden, u.a. nach dem Beispiel des Henryk-Jordan-Parks in Krakau (1888). Auf methodischer Ebene beruhte die Arbeit in den Parks auf dem Vorbild des schwedischen Systems der physischen Erziehung; einige der Rau-Parks, z.B. Agrykola, wurden zu Sport popularisierenden Zentren. (Näheres über die Rau-Parks in: M. Demel, a.a.O., S. 101-109.)
4. Die *Warschauer Wohltätigkeitsgesellschaft* (Warszawskie Towarzystwo Dobroczynności: *WTD*), gegründet 1814 (aufgelöst 1950, neugegründet 1987), war die größte soziale Organisation im Königreich Polen. Sie kümmerte sich um Alte, Waisen und Kinder der Notleidenden; sie organisierte Krippen, Kindergärten, Nähstuben für Mädchen, Billigküchen, Volksbäder und unterhielt ein weitverzweigtes Netz kostenloser öffentlicher Bibliotheken, wo freiwillige Helfer die autodidaktischen Aktivitäten der Leser unterstützten. Alle diese Anstalten standen untereinander, aber auch mit dem dichten Netz privater Volks- und Oberschulen in enger Verbindung. Ab 1902 war Korczak in der Wohltätigkeitsgesellschaft tätig.
5. Die *Hygienegesellschaft* hatte folgende Abteilungen: Hygiene der Städte, Krankenhäuser und Kurorte, Volks- und Industriehygiene, Alkoholgenußbekämpfung, Tuberkulosebekämpfung und Erziehungshygiene einschließlich Sommerkoloniefragen. Zu weiteren Einzelheiten vgl. S. 39, Anm. 2.

aufnehmen. Sie hat Vergnügungen für Kinder organisiert, doch wurden diese nicht in den Statuten erfaßt. Das Fehlen einer Gesellschaft der Kinderfreunde, die der Hygienegesellschaft zur gegenseitigen Ergänzung und Unterstützung hätte zur Seite stehen können, machte sich immer empfindlicher bemerkbar.

Heute ist die Gesellschaft der Kinderfreunde von den Behörden anerkannt, und wenn dieser Artikel in die Hände der Leser gelangt, werden die Tageszeitungen sicher schon den Inhalt ihrer Satzung bringen und sich in ihrem Umkreis umsehen können.

* * *

Wir haben eine Frage berührt, die sich nicht in einem Artikel allein erschöpfen läßt. Es lag uns nur daran, darauf hinzuweisen, daß eine Tendenz in dieser Richtung entstanden ist, daß die Leiden der Kinder immer breitere Kreise der Gesellschaft rühren, daß die Kinder immer mehr Herzen erobern.

Das sollte uns freuen, von Herzen und aufrichtig freuen.

Aus: *Wędrowiec* (Der Wanderer), Nr. 3 (20.1.1900), S. 45f.

IV

Kinder im Zirkus und auf Photographien. – Vorstellungen für die Jugend

Früher sah man im Pferdezirkus dumme Augusts, manchmal einen starken Mann, einen Turner, einen Zauberer oder einen Löwen- und Tigerbändiger – und damit war das wohl weniger wählerische Publikum zufrieden. Heute ist die Pantomime an die erste Stelle getreten, und in diesen Pantomimen sieht man nun immer häufiger – Kinder auftreten.

Früher, als sich der Zirkusdirektor unter Applaus in der Arena zeigte, sprach sein triumphierendes Gesicht: Schaut, was für Kunststückchen ich Tieren beibringen kann.

Als im letzten Jahr zweihundert Kinder das *Aschenputtel* spielten, las ich im Lächeln von Herrn Ciniselli[1] die Worte: Seht ihr, was ich in einem Monat aus euren ungehobelten Kleinen gemacht habe, die ich aus Mansarden und Kellerwohnungen zusammengeklaubt habe?

1. Allessandro Ciniselli, Mitglied einer Familie italienischer Zirkuskünstler, Besitzer des sog. Winterzirkus, der sich in einem speziell erbauten Gebäude in der Ordynacka-Straße befand (heute nicht mehr vorhanden). Die Ciniselli-Familie gründete Zirkusse in verschiedenen Städten des russischen Reiches (u.a. in Petersburg und Moskau).

In der Tat, die Dressur enttäuschte nicht. Die Kinder erwiesen sich als ebenso gefügiges Material zu »Kunststückchen« wie Pferde, Hunde, Katzen, Elefanten, Löwen usw.

Ich bin unparteiisch, ich will dem Direktor zwei Dressurbegabungen zugestehen: Die Kinder, die er ständig als hübsche Dekoration seiner Gruppen und Apotheosen[1] benutzt, folgen seinem Blick, reagieren auf jeden Wink. Als einer der fünfjährigen Statisten es einmal wagte, den Mund zu einem Gähnen zu öffnen, brachte ihn der flüchtige Blick des Dompteurs sogleich zur Besinnung.

Ich bin unparteiisch, aber im Gegenzug erlaube ich mir, von Herrn Ciniselli eine offene Antwort auf meine Fragen zu erbitten:

Ist die Atmosphäre in den Zirkuskulissen der Erziehung ebenso förderlich wie der Dressur? Fördert der Kontakt der Kinder mit dem Flittergold von Zirkus und kleinen Theatern nicht die ungesunden Wünsche nach Unerschwinglichem in den armen Elternhäusern? Ist schließlich der ganze Zirkus für uns mehr wert als die Zukunft auch nur eines einzigen Kindes, das dem Zirkus dient?

Die Zirkusdirektoren könnten auf Kinder, die im Ballett sind, veweisen? Ja, dort gibt es Kinder, und man muß sich große Sorgen um sie machen. Allerdings garantiert ihnen das Ballett eine Existenz für die Zukunft, die zwar kläglich und traurig sein wird, aber immerhin werden die Kinder im Ballett bleiben – während die Engelchen, Schneeköniginnen u.ä. – Zirkusdekorationen – Erinnerungen und Wünsche bezüglich Perücken, Schminke und Flitter in Werkstätten und Arbeitsstellen ... sowie in Familien, die mit dem Zirkus nichts zu tun haben, tragen werden.

* * *

Nicht mit einem Wort will ich es wagen, die Eltern unserer minderjährigen Zirkus- und Balletthelden zu beschuldigen. Unwissenheit – und mehr noch die Not zwingen sie dazu, die Zukunft des Kindes aufs Spiel zu setzen für eine Handvoll von Dreißig- oder Fünfzigkopekenstücken.

Aber womit kann man die Tatsache erklären, daß einige Eltern, die gebildet und vermögend sind, ihre Kinder in Gestalt nackter Amorfiguren photographieren lassen, warum erlauben sie, daß ein dreijähriges Mädchen in Can-Can-Pose mit aufgeknöpfter Bluse und bloßen, weit über die Knie entblößten Beinen zur öffentlichen Betrachtung ausgestellt wird?

Ich würde diese Frage nicht berühren, die vielleicht keine so entscheidende Bedeutung hat, wenn nicht die Angewohnheit, mehr oder weniger nackte Kinder zu photographieren, immer weiter um sich griffe.

1. (griech.-lat.): Vergöttlichung, Verherrlichung; im Theater: wirkungsvolles Schlußbild.

Heute hält es jeder Photograph für Ehrensache, mindestens ein nacktes kleines Mädchen auszustellen. Das gereicht den Herren Photographen nicht zur Ehre. Erstens ist das auch heute schon sehr gewöhnlich, und zweitens – sehe ich nicht ein, warum ein nacktes Kind hübscher sein soll als ein angezogenes, also auch die Ästhetik feiert hier keine Triumphe.

Weiterhin gestatte ich mir die Frage, ob die Belustigung an oder, wenn einem das besser gefällt, das Sich-Brüsten mit kindlicher Unschuld eine richtige und vernünftige Sache ist? Kann die Photographie eines Kindes nur dann ein teures Andenken sein, wenn wir mehr von seinem nackten Körper ausstellen? Wird es dem zukünftigen Teenager angenehm sein, wenn er im Familienalbum eine derartige Photographie von sich entdeckt?

Die ohnehin zweifelhafte Ehre der »Ausstellung« bringt – darüber hinaus – dem Kind moralischen Schaden und weckt Eitelkeit, sie gibt einen falschen Begriff vom Wert eines hübschen Gesichtchens.

* * *

Warum finden dramatische Vorstellungen nur ausnahmsweise für die Jugend statt? Ich nehme an, daß Schwierigkeiten ihre Fortsetzung unterbunden haben. Na ja. Es gab einen Gedanken, es gab einen Ansatz zu etwas ... und nichts mehr. Warum?

Daß es unmöglich ist, Operetten für Kinder und Jugendliche aufzuführen, geb' ich gerne zu. Es muß so bleiben, wie es ist: Sollen die Mütter weiterhin ihre Töchter den melodiösen Liedern zuliebe dorthin bringen. – Vielleicht erleben wir den tröstlichen Tag, an dem ganze Familien zu unserem chantant[1] kommen, das angeblich auch die Sommerresidenzen veranstalten.

Im Ausland wurde das ins Leben gerufen, und jedes Übel findet bei uns rasch Anklang.

* * *

Man kann in einem Artikel nicht immer den gleichen ruhigen Ton beibehalten. Mir nichts dir nichts beißt plötzlich die Satire zu, wenn man die wundesten Stellen im gesellschaftlichen Organismus berührt. Und diese schmerzlichsten Seiten des Lebens warten schon lange auf eine gesonderte Bearbeitung in speziellen Zeitschriften, die der Hygiene gewidmet sind. Hier ist nicht der Ort dafür.

Wenn man vieles aus der Nähe sieht, nimmt man es nicht übel, wenn jemand, der alle Nachteile der gegenwärtigen Erziehung an sich selbst verspürt, sich plötzlich an den Kopf greift und ruft: »Laßt uns rücksichtslose Egoisten sein, aber in der Tat, in der Tat.«

1. (franz.): Konzertcafé; vielleicht ironisch für Oper.

Wir haben empfindsame Kinder, auf ihren Seelen können wir die Melodien der schönsten Gefühle und Regungen spielen, und wir sehen, daß aus einem Großteil dieser Kinder verweichlichte, lustlose, faule, verbitterte Jugendliche werden, die nur zu kurzfristiger Begeisterung fähig sind und zum Schlechten neigen.

Welch Wunder, daß sie dem Schlechten erliegen, wenn die stickige Luft von Zirkuspantomimen mit Kinderbeteiligung, von absonderlichen Photographen, Dichtungen, Bilderausstellungen, von sehnsüchtigen Tönen des Walzers und der Operettencouplets geschwängert ist? Und Kinder entwickeln sich schnell, und schnell haben sie die ungesunden Muster in sich aufgesogen. So ist bei uns der Typ des Jünglings zwischen vierzehn und fünfzehn Jahren fast verschwunden, und immer seltener sieht man den Typ des Backfischs zwischen vierzehn und achtzehn Jahren. Zum Beweis will ich heranziehen, daß wir in unserer reichen Kinderliteratur kaum ein paar Bücher haben, die für dieses Alter bestimmt sind.

Und immer öfter möchte man mit Victor Hugo[1] sagen:

»Kind, da du nicht weißt, wie schön deine Kindheit ist, verlange nicht nach der Trauer unseres Alters, in dem die Seele abwechselnd Gefangener und Rebell ist, und das Lächeln oft trauriger ist als deine Tränen ...

So sollen deine Gedanken nicht zu schnell heranreifen. Freue dich des Morgens deines Lebens, deines Frühlings. Die Stunden deiner Kindheit sind ein Blumenkranz – laß ihn nicht vor der Zeit seine Blätter verlieren ...«

Aus: *Wędrowiec* (Der Wanderer), Nr. 4 (27.1.1900), S. 65f.

[V]

Das Gebäude des Wissens und die Sorgen der Schulzeit. –
Entstehung und Entwicklung der Schulen. Alte Ideale und neue Tendenzen. –
Wir wissen nicht alles

Die Alten – denen das Leben alles genommen hat,
Die Becher vom Mund zertrümmert hat,
Und denen die Erinnerung früherer Kraft den Geist schmeichelt –
Sie preisen die Schulzeit in gutem Glauben.

1. Hugo, Victor (1802-1885), französischer Schriftsteller der Romantik, u.a. Autor folgender Romane: *Notre-Dame de Paris* (1831, poln. Ausgabe 1846) und *Les miserables* (1862, poln. Ausgabe 1862).

Doch sie hat ihre schrecklichen Bitternisse:
Es ist schwer, die Grundfesten eines Gebäudes zu setzen –
Wird der Geist des Jungen es erblicken können,
Wenn das Antlitz entdeckter Wahrheiten erglänzt?

Inmitten steter Mühen und Sorgen
Die Harmonie der Linie, die Zahlenkolonnen,
Dieses Gebäude, so herrlich und stolz –
Dem Jungen ist es nur durch Mühen und Plagen vertraut.*

Seit vielen Jahrhunderten arbeitete die Menschheit an dem Tempel des Wissens. Ziegel auf Ziegel, Stockwerk auf Stockwerk, so ist dieses Gebäude immer herrlicher und immer stolzer herangewachsen und wurde immer schwerer zu erfassen. Tausende Existenzen trugen zu seinem Wachstum bei, eine Anstrengung von Tausenden kraftvoller Geister. Und die Menschheit läßt in ihrer Arbeit daran nicht nach. Jedes Jahr bringt neue Errungenschaften, jede neue Generation bringt neue Bauleute des Geistes hervor und häuft neues Material an, mit dem die zukünftigen Generationen arbeiten können.

Und das Kind muß im Laufe der Schulzeit dieses Gebäude im eigenen Geist nachbauen, es muß sein Abbild in sich aufnehmen, es muß es sich aneignen, es erfassen und mit dem eigenen Geist erfüllen.

Es fängt bei dem Fundament an, und der unvorbereitete Geist hat dabei so viele Schwierigkeiten zu überwinden, so schmerzlich kommt das Denken zur Welt, entfaltet sich die Sehnsucht nach Licht und Bewunderung angesichts des Wissens. Das Kind ahnt nicht, wie schrecklich der menschliche Geist sich zermartert, wie sehr sich das Denken des schwachen Menschen geplagt hat, bevor er ins Antlitz auch nur einer strahlenden Wahrheit blicken konnte.

Das Kind weiß nur, daß ein dorniger Weg zu dem Forum führt, auf dem sich dieser hoch aufragende Tempel des Wissens erhebt.

* * *

Unerbittlich strenge Anforderungen machen diejenigen geltend, die das Kind in diese ihm unbekannte, fremde, durch Geschichte und Milieu aufgezwungene Welt des Wissens einführen. Sie verlangen Aufmerksamkeit, Konzentration und systematisches Arbeiten.

Wie fremd ist dies dem kindlichen Gemüt, für das lebhafte Beobachtung und schmetterlingshafte Beweglichkeit Recht, Grundsatz und Notwendigkeit sind. Dort verlangt man Arbeit an einem Buch, hier

* Adam M-ski. (Anm. d. Aut.); Pseudonym der Poetin und Übersetzerin Zofia Trzeszczkowska, geb. Mańkowska (1847-1911). Das zitierte Gedicht ist ein Ausschnitt aus dem Poem *Jeden z wielu* (Einer von vielen). Kraków 1890, S. 12.

zieht es das Kind zu Natur und Leben; sie befehlen ihm, zu überlegen, nachzudenken, wenn es schauen und fragen möchte; sie nageln sein Denken an einem Gegenstand fest, wenn es mehrere betasten möchte.

Kann man nicht die Eigenschaften der kindlichen Neigungen ausnutzen, verlaufen nicht Belehrung und Entwicklung des Kindes nur in Ausnahmefällen nach dem Grundsatz »alles in Einklang mit der Natur lernen«; kann man nicht die Bitterkeit der Schulzeit beseitigen, kann man nicht das Kind dem Leben zurückgeben, ihm gestatten zu fragen und seinen Geist langsam so zu entwickeln, daß es selbst das wissen will, was den Kern des Wissens darstellt?

Das kann man tun, und man müßte es tun.

Warum also ist es bis heute nicht getan worden?

Weil es schwierig ist, die Zukunft aus der Vergangenheit aufzubauen, denn jeder Fortschritt geht langsam voran, und ein Gedanke muß sich hundertmal wiederholen, bis er als Tat erblüht.

Doch um den gegenwärtigen Stand der Schulbildung zu verstehen, muß man sich seiner Entstehung und Entwicklung zuwenden.

* * *

Die programmatische Entstehung des Schulwesens finden wir in der Zeit der Renaissance.

Zwei Richtungen kämpften im 16. Jahrhundert um den Einfluß auf das Schulprogramm. Einerseits lenkte die Entdeckung Amerikas die Gedanken auf die Erforschung des Erdenrunds, auf die Beschäftigung mit der materiellen Welt. Auf der anderen Seite drängte die Wiederentdeckung der antiken Literaturen Griechenlands und Roms die Gelehrten zur Erforschung der Vergangenheit.

Wenn sich diese beiden Richtungen verbrüdert hätten und eine gemeinsame Ganzheit gebildet hätten, wären die Welt der Materie und die Welt des Geistes die Nahrung für den jungen Geist. Was aber, da diejenigen gesiegt haben, die ausschließlich im Banne der schönen literarischen Form, des ausgefeilten Ausdrucks standen.

Die Stilisten haben gesiegt. Die Aufgabe der Schulen wurde es, Latein und Griechisch beizubringen, und das inkompetente Unterrichten, das die Natur des Kinds nicht berücksichtigte, führte dazu, daß die Jugend, weggestoßen von Natur und Leben, ihre schönsten Jahre über Grammatik und Wörterbuch vergeudete.

Ein trauriges Beispiel eines hervorragenden Vertreters dieser Richtung ist der an Einfluß mächtige Johannes Sturm[1]. Sein Ideal war es,

1. Johannes Sturm (1507-1589) leitete ab 1537 ein Gymnasium in Straßburg, dessen Schulordnung und Lehrplan zum Muster für die protestantisch-humanistische Reform der höheren Bildung wurden.

die Sprache von Cicero[1] und Ovid[2] wieder zum Leben zu erwecken, und vierzehn Jahre Schulzeit der Jugendlichen verwendete er zur Vervollkommnung der schönen Rede.

* * *

Fünf Fehler wirft Quick[3] dem Ideal der Renaissance vor: daß dieses Ideal den Gelehrten höher bewerten ließ als den Menschen der Tat; daß es der Literatur einen größeren unmittelbaren Einfluß auf das tägliche Leben beimaß, als sie faktisch besitzt; daß die bildende Rolle allein den Büchern zugeschrieben und dadurch das Schauen und die Beobachtung vernachlässigt wurden; daß nicht der Geist, nicht der Inhalt der Klassiker den Stilisten der Renaissance imponierte, sondern die Form; daß der Pädagoge jener Epoche die Seele des Kindes mißachtete, indem er sie für ein unbeschriebenes Blatt[4] hielt, das nur dann einen Wert hat, wenn es mit der Kenntnis der antiken Sprachen verziert wird.

Die Epoche der Renaissance brachte jedoch auch viele nützliche Gedanken in die Pädagogik ein. Montaigne[5], ein Zeitgenosse Sturms, hat sich durch seine Ansichten zur Lehre und zum Unterricht sehr verdient gemacht. »Wir lernen«, sagte er, »durch die Erkenntnis dessen, was sich heute tut, und nicht durch Vergangenheit oder Zukunft. ... Wir bemühen uns nur um die Auffüllung unseres Gedächtnisses, Verstand und Gewissen lassen wir leer.« Noch im 16. Jahrhundert sagte Ratichius[6]: »Jede Sprachenlehre muß mit der Lehre der Muttersprache beginnen«, und »zuerst muß man die Sache selbst geben, danach ihre Beschreibung« (ne modus rei ante rem).

1. Marcus Tullius Cicero (106-43 v. Chr.), bedeutender römischer Redner und Politiker, betonte den Primat des Sprachlichen in der Bildung.
2. Publius Ovidius Naso (43 v. Chr. bis 17 oder 18 n. Chr.) gilt als letzter römischer Elegiendichter.
3. Robert Herbert Quick (1831-1891), englischer Pädagoge, Dozent für Geschichte der Erziehung an der Universität Cambridge. Die Fehler, die Korczak erwähnt, bespricht Quick in *Reformer der Erziehung – Grundlagen moderner Erziehung* im ersten Kapitel unter dem Titel *Folgen der Renaissance-Epoche*. Übersetzung ins Polnische von Jan Władysław Dawid; Beilage zu *Przegląd Pedagogiczny*, Warszawa 1896.
4. Eine auf John Locke (1632-1704) zurückgehende Vorstellung, die das Kleinkind für eine tabula rasa hielt, für »ein unbeschriebenes Blatt oder Wachs, das man pressen und formen kann, wie man will«: *Some Thougths Concerning Education* (1693).
5. Michel Eyquem Montaigne (1533-1592) sprach sich gegen jede schulmeisterliche Buchgelehrsamkeit aus und vertrat ein auf Lebenskunst und -weisheit gerichtetes Erziehungsideal.
6. Wolfgang Ratke, lat. Ratichius (1571-1635), bedeutender didaktischer Reformer, betonte die Vorgängigkeit der Sache vor der Sprache und der Muttersprache vor den Fremdsprachen.

Voll Bewunderung betrachten wir die Schulen der Jesuiten[1]. Sie haben uns gelehrt, wie man die Jugend zu Fächern ermutigen kann, die ihnen schwer zugänglich sind, zu schweren und trockenen Fächern. Man muß in der Jugend unentwegt den Eifer zum Lernen entfachen und wachhalten. Sie haben die Herzen der Schüler für sich gewonnen, und Eifer für ihre Lehre.

* * *

Der Fortschritt im Bereich der Erziehung und Bildung des Kindes und der Jugend machte sich immer lebhafter bemerkbar, Komeński, Locke, Rousseau, Basedow, Pestalozzi und Froebel[2] – sie alle haben immer großartigere Entdeckungen in der kindlichen Geisteswelt gemacht. Die Naturwissenschaften kommen den Pädagogen zu Hilfe, sie bringen ihnen neue Schätze an Beobachtungen, Erfahrungen und Forschungsergebnissen. Die Pädagogik wird zu einer Naturwissenschaft.

Die Allgemeinheit öffnet die Augen für das, was sie bisher gleichgültig und stumpf betrachtet hat, die Staaten zählen die Frage der Schulbildung zu den Bereichen oberster Wichtigkeit. Der Austausch von

1. Der von Ignatius von Loyola (1491-1556) gegründete Jesuiten-Orden erklärt in seiner Ordensregel neben der Ausbreitung des Glaubens durch Predigt, Exerzitien und karitatives Wirken auch die christliche Unterweisung der Jugend als Ziel des Ordens. Durch eine zentrale, für alle Einrichtungen verpflichtende Ordnung der Bildungsarbeit, die von Lehrern und Schülern großes Engagement verlangt, waren die Jesuiten-Schulen über Jahrhunderte von großem pädgogischem Einfluß.
2. Jan Amos Komeński, lat. Comenius (1592-1670), gilt als erster großer Theoretiker einer umfassenden Pädagogik. Comenius entwickelt in seiner *Didactica magna* (1657) ein System, nach dem es möglich werden soll, alle alles gründlich zu lehren.
Jean-Jacques Rousseau (1712-1778), bedeutender franz. Sozialphilosoph, Schriftsteller und Erziehungstheoretiker. In seinem Erziehungsroman *Émile oder Über die Erziehung* verkündet Rousseau das Programm einer »natürlichen« Erziehung. Mit dem ersten Satz des *Emile*: »Alles ist gut, wie es aus den Händen des Schöpfers der Dinge hervorgeht; alles entartet unter den Händen des Menschen«, rückt Rousseau die natürliche Entwicklung des Kindes als Entfaltung einer prinzipiell guten Menschennatur in das Blickfeld. Er entdeckt das Kind als Kind, dessen Wesen sich dann am besten ausprägen soll, wenn sich die Erziehung darauf beschränkt, die natürliche Entwicklung zu sichern und schädliche gesellschaftliche Einflüsse vom Kind fernzuhalten.
Johann Bernhard Basedow (1724-1790), Hauptvertreter der Pädagogik der deutschen Aufklärung, beeinflußte nachhaltig die Schulpädagogik und Didaktik. Er praktizierte und lehrte einen lockeren Erziehungsstil mit ausgeklügelten Erziehungsmitteln.
Johann Heinrich Pestalozzi (1746-1827), bekannter Schweizer Pädagoge mit weltweitem Einfluß auf die Erneuerung der Erziehung.
Friedrich Wilhelm August Fröbel (1782-1852) gilt als »Vater« des Kindergartens. Den ersten »Kindergarten« nach Fröbel'schem Vorbild in Polen gründete der Redakteur Adam Wiślicki 1870; 1899 gab es hier 14 »Kindergärten«.

Gedanken wird immer lebhafter, Kontroversen bringen Licht in viele dunkle Einzelheiten, alte Vorurteile fallen.

Unter dem Einfluß der neuen Strömungen zerbricht schließlich das festgefügte Programm der alten Schulen. Das Jahr 1709 bringt die erste Realschule[1]. Ihr folgen eine ganze Reihe von Reformen. Auf 250 Druckseiten hat Professor Okolski[2] nur einen knappen Überblick über die Schulreformen in Deutschland, Schweden und Frankreich unterbringen können.

Immer lauter werden die Vorwürfe gegen den Klassizismus: Man beginnt, ihn zu verteufeln, man vergißt seine großen Verdienste und erinnert sich nur an das erlittene Unrecht.

Die Naturwissenschaften, jung, frisch, voll Kraft und Leben, verdrängen den Einfluß des Klassizismus, verdrängen ihn vom ersten Platz und drohen ihm mit Vernichtung.

Und die Unlust gegenüber den antiken Sprachen wird in der Gesellschaft immer größer.

* * *

So extrem die Begeisterung in der Epoche der Renaissance für die antiken Sprachen war, so extrem ist jetzt der Enthusiasmus für die Naturwissenschaften.

Der Kult der Materie untergräbt die ideelle Einstellung der Jugend. Werden in dreihundert Jahren nicht wieder Stimmen strenger Richter laut werden?

Aus der Alchimie und der Astrologie sind Chemie und Astronomie entstanden; könnte sich uns nicht aus den bislang unerforschten Kräften des noch dunklen Hypnotismus und Spiritismus eine unbekannte Welt des Geistes eröffnen?

Hat der Anatom, der ein Gehirn in der Hand hält, das Recht zu behaupten, daß er den Geist des Verstorbenen in seiner Hand hält?

Du bist ein Scharlatan, gelehrter Anatom, wenn du behauptest, daß du alles weißt, daß du alles erkannt hast. Die Zukunft wird dein Richter sein.

Aus: *Wędrowiec* (Der Wanderer), Nr. 10 (10.3.1900), S. 185.

1. Christoph Semler (1669-1740) errichtete 1709 in Halle eine »Mathematische und Mechanische Realschule«, Julius Hecker (1707-1768) schuf 1749 in Berlin eine auf gesellschaftliche Bedürfnisse des Merkantilismus abgestimmte »Ökonomisch-mathematische Realschule«.
2. Antoni Okolski (1838-1897), Jurist, Professor für Staatsrecht an der Haupthandelsschule, später an der Warschauer Universität; u.a. Autor einer Arbeit mit dem Titel *Das Problem der Gymnasialreform in Deutschland, Schweden und Frankreich, sowie der klassischen Ausbildung angesichts der Bedürfnisse moderner Gesellschaften.* Warszawa 1891.

[Antwort Korczaks auf kritische Bemerkungen von E. S. zu Kapitel V]

In Nummer 14 von *Das Universum* hat Herr E. S. meinen Artikel, der unter dem Titel *Kinder und Erziehung* in der Ausgabe Nr. 10 des *Wanderers* erschienen ist, einer strengen Kritik unterzogen.[1]

1. Herr E. S.[2] behauptet, ich habe darüber geklagt, daß die Naturwissenschaften dem Klassizismus den ersten Platz streitig machen, ja ich hätte sie sogar *verwünscht*. Daß dem nicht so ist, beweist wohl der folgende Satz, der demselben Artikel entnommen ist: »Die Naturwissenschaften

1. Der Rezensionstext lautet: »Der Wanderer hat in seiner Nummer 10 einen Artikel von Herrn Janusz Korczak abgedruckt, der den Titel trägt *Kinder und Erziehung*, und in dem wir Dinge fanden, die für das ausgehende 19. Jahrhundert erstaunlich sind. Da klagt der Autor, die ›Naturwissenschaften, jung, frisch, voll Kraft und Leben, verdrängen den Einfluß des Klassizismus, verdrängen ihn vom ersten Platz und drohen ihm mit Vernichtung.‹ Ja, das ist ein Grund zur Klage, denn ›wie extrem ist jetzt der Enthusiasmus für die Naturwissenschaften‹ ...
Und wenn sich der Leser, der sich dieser Dinge nicht bewußt ist, über eine so ungewöhnliche Meinung wundern sollte, dann wird er aus Herrn Janusz Korczaks Mund die Wahrheit erfahren: Eine Verwünschung der Naturwissenschaften, ›weil dieser Kult der Materie die ideale Einstelllung der Jugend untergräbt‹. (Das ist ganz wörtlich!) Es bleibt nur der eine Trost, daß ›in dreihundert Jahren (!) die Stimmen strenger Richter laut werden‹ ... Warum in dreihundert Jahren, das erklärt Herr Janusz Korczak mit keinem Wort, und das ist schade, denn eine so unmotivierte Behauptung, die so weit in die Zukunft reicht, weckt in der Regel nicht allzu großes Vertrauen ...
Aber damit sind wir noch nicht am Ende, denn im weiteren Verlauf lesen wir: ›Aus der Alchimie und der Astrologie sind Chemie und Astronomie entstanden; erscheint uns in den bislang unerforschten Kräften des noch dunklen Hypnotismus und Spiritismus nicht eine unbekannte Welt des Geistes? Hat der Anatom, der ein Gehirn in der Hand hält, das Recht zu behaupten, daß er die Seele des Toten in seiner Hand hält? Du bist ein Scharlatan, gelehrter Anatom, wenn du behauptest, daß du alles weißt, daß du alles erkannt hast. Die Zukunft wird dein Richter sein.‹
In der Tat weiß man nicht, ob man die ›unerforschten‹ und ›dunklen‹ Kräfte des Geistes von Herrn Janusz Korczak bewundern soll, aus denen doch anscheinend niemals eine neue Welt entsteht, die uns zum Glück gereicht, oder vielleicht den Obskurantismus und die Schamlosigkeit einer Zeitschrift, die sogar gewisse Prätentionen als Popularisierer in den Naturwissenschaften hat. Und man fühlt sich versucht zu rufen: ›Ach, Armer, du bist ein Scharlatan!‹, doch nicht eine ferne ›Zukunft wird dein Richter sein‹, sondern eher die gestrenge Gegenwart. Denn auch die Gegenwart ist imstande, ein richtiges Urteil zu fällen.« (*Wszechświat* [Das Universum], Nr. 14 [8.4.1900], S. 222)
2. Vermutlich Edward Stumpf (1873-1901), Botaniker; Autor einiger Fachbücher, u.a. *Aus der Geschichte der Kiefer* (1899), *Aus welchen Teilen sich Pflanzen zusammensetzen* (1900), *Bilder des Kaukasus* (1900) und populärwissenschaftlicher Artikel, die überwiegend in den Spalten der Zeitschrift *Wszechświat* erschienen.

kommen der Pädagogik zu Hilfe, sie bringen ihnen (den Pädagogen) neue Schätze an Beobachtungen, Erfahrungen und Forschungsergebnissen.« Indem ich also die Verdienste der Naturwissenschaften gegenüber der Pädagogik anerkenne, kann ich sie ja nicht gut verwünschen.

2. Daß ich kein Verehrer der klassischen Richtung bin, läßt sich aus dem ganzen Artikel ersehen, doch es sei nur der folgende Satz genannt. »Das inkompetente Unterrichten, das die Natur des Kindes nicht berücksichtigte, führte dazu, daß die Jugend, weggestoßen von Natur und Leben, ihre schönsten Jahre über Grammatik und Wörterbuch vergeudete.« Indem ich sage, daß die Abneigung gegen die antiken Sprachen in der Gesellschaft immer mehr zunimmt, habe ich nur gewagt, drauf hinzuweisen, daß der Klassizismus auch große Verdienste hat. Aber er ist infolge der Gründe, die ich in meinem Artikel erklärt habe, zu einer Plage der Schulen geworden, und dazu habe ich nach Quick *(Reformer der Erziehung)* fünf Vorwürfe gegen die Ideale der Renaissance zitiert.

3. Um mich gegen die ganze Serie von Vorwürfen zu wehren, die den letzten Teil des Artikels betreffen, muß ich mich auf den Titel beziehen: *Kinder und Erziehung.* Ich achte die Naturwissenschaften, und um so mehr schmerzt es mich, wenn ich sehe, auf welche Art und Weise sie in der Schule den Kindern beigebracht werden. Die Kinder, die anstelle von Mikroskop und lebenden Exemplaren nur die Buchstaben der Lehrbücher und elende Zeichnungen haben, verlieren die Lust daran und – stumpfen ab. Die Jugend wird außerdem mit den Naturwissenschaften so bekannt gemacht, daß man in ihnen den Kult der Materie heranzüchtet, der ihre geistigen Empfindungen untergräbt. Denn nur wenige können ohne prägenden Schaden Aussagen hören wie: Physische Prozesse und chemische Reaktionen stellen das Wesen des Lebens dar, humanitäre Gefühle sind die Folge dieser oder jener Veränderung in der Materie usw. Der Naturwissenschaftler wird langsam an die äußersten Grenzen des Wissens geführt, er verhält sich kritisch gegenüber Hypothesen, hat Zeit, sich an sie zu gewöhnen, sich mit ihnen anzufreunden; die Jugend aber lernt sogleich viele Zweige der Naturwissenschaften kennen, sie lernt sie oberflächlich kennen und fühlt einen Stolz auf sie. Daher rühren die grundfalschen Überzeugungen und Schlußfolgerungen. Das Buch von Herrn Nusbaum[1] unter dem Titel *Über die Rätsel der Biologie und der Naturphilosophie* hat meiner Meinung nach eine große erzieherische Bedeutung. Ich bin sicher, daß mancher schon zugegeben hat, daß die biologischen Forschungen über die Abstammung des Menschen die Würde der menschlichen Rasse

1. Józef Nusbaum-Hilarowicz (1859-1917): *Z zagadnień biologii i filozofii przyrody.* Lwów 1899. Nusbaum war ein bekannter Evolutionszoologe; Autor von wissenschaftlichen Werken und Schullehrbüchern.

nicht erniedrigen, wenn er den im folgenden zitierten Satz von Huxley[1] gelesen hat: »Ist die Mutterliebe denn deshalb erniedrigt, weil ein Huhn sie auch erweist, verliert das Gefühl der Anhänglichkeit an Wert, weil der Hund es auch besitzt?« Proteste dieser Art können der ungesunden Strömung entgegenwirken, die sich ohne die Schuld des Wissens unserer Naturwissenschaftler verbreitet, und diese Strömung außer acht lassen, das darf man nicht. – Es wird schlimm sein, wenn zukünftige Ärzte nur den Körper eines Menschen heilen wollen und im sozialen und privaten Leben selbst auf eine »humanitäre Wandlung der Materie« warten.

4. Ich habe kein Verbrechen begangen, als ich die Frage stellte: »Könnte sich uns nicht aus den bislang unerforschten Kräften des noch dunklen Hypnotismus und Spiritismus in dreihundert Jahren eine unbekannte Welt des Geistes eröffnen?« In dem Werk von Thomas unter dem Titel *Vorschläge zur Erziehung*[2] treffen wir auf einige Beispiele zur günstigen Anwendung der Hypnose auf die Heilung und den Charakter von Kindern. Die Hypnose wird heute schon von Ärzten angewendet und es gibt sogar einen wissenschaftlichen Begriff dafür: Psychotherapie. Die Medizin erkennt also schon heute diese unerforschte Welt des Geistes an.

5. *Dreihundert* Jahre sind seit der Zeit vergangen, da die Welt vom Klassizismus erschüttert wurde. Heute pfeifen wir darauf.

»Werden in *dreihundert* Jahren nicht wieder Stimmen strenger Richter laut?«, habe ich gefragt. Herr E. S. hat diese Frage in einen »Daß«-Satz verwandelt, und die unschuldige Wendung wurde zu einer dunklen Prophezeiung.

Janusz Korczak

Aus der Rubrik: »Leserbriefe« in *Wszechświat* (Das Universum), Nr. 1, (6.5.1900), S. 285f.

[VI]

Wissen um des Wissens willen. Was hat uns das Wissen gegeben? – Neue Losung. – Leben, Schule, Familie. – Das Unterrichten der Pädagogik

Das Wissen gibt euch alles[3] – das Wissen ersetzt euch persönliches Glück, es verschlingt eure Regungen, vereinigt alle eure Kräfte in einem

1. Thomas Henry Huxley (1825-1895), britischer Zoologe, Anatom und Physiologe. Schrieb u.a.: *Zeugnisse für die Stellung des Menschen in der Natur* (1863).
2. Thomas, H.: *Sugestia w wychowaniu.* Warszawa 1897.
3. Mit dieser Formel faßt Korczak das Programm zusammen, das in der Bacon'schen Losung »Wissen ist Macht« enthalten ist, und nimmt dazu kritisch-zweifelnd Stellung: »Vielleicht sollte man den *Menschen, nicht* den *Büchern* sein Leben opfern?«

Brennpunkt, es gibt euch ein Ziel im Leben, eine unabhängige Stellung, physische und moralische Gesundheit, Einfluß, Achtung, Zufriedenheit! Schaut, wie glücklich der Botaniker ist, der sein ganzes Leben am Mikroskop gesessen hat, der Mathematiker – der Lenker langer Reihen von Zahlen und Zeichen; der Historiker, der sich so in vergangene Jahrhunderte vergraben hat, daß, wenn sein Geist auch nur kurz von den geliebten Helden der Vergangenheit abgelenkt wird, er sich nach diesen sehnt wie nach Brüdern – Altersgenossen.

Wir haben an die Zaubermacht des Wissens geglaubt. Wir haben das Buch unseren einzigen Freund genannt, die Wissenschaft die einzige Geliebte, die Forschung – den einzigen Genuß, die Suche nach der Wahrheit das einzige Ziel des Lebens.

Unachtsam wie wir waren, haben wir nie die führenden Geister der Welt der Wissenschaft gefragt, ob sie niemals beim Anblick eines fremden Glücks mit Bitterkeit gedacht haben: »Wir haben unser Leben vergeudet«, ob sie niemals beim Anblick menschlichen Elends oder Unwissens in ihren Überzeugungen wankend geworden sind.

Aber vielleicht sollte man den *Menschen*, *nicht* den *Büchern* sein Leben opfern?

Wir haben bedenkenlos an die Kraft des Wissens geglaubt und sind voll Eifer zu ihm geeilt. Wir wollten nicht unten stehen, wir haben nach oben gestrebt, höher und höher.

Heute stehen wir auf halbem Wege, müde, krank und traurig, und die anfangs stille Klage ertönt immer lauter: »Wir können nicht mehr, es geht über unsere Kraft.«

Und das sind die Ausdauerndsten von uns.

* * *

Was hat uns das Wissen für die vergeudete Gesundheit, für die unwiederbringlich verlorene Jugend gegeben?

Sie hat uns keine hervorragenden materiellen Gewinne verschafft, wir sind jämmerlich bezahlte Angestellte der Reichen. Geschickte Nichtswisser haben die Früchte unserer Arbeit geerntet, sie haben uns die Führung der Massen entrissen, nur sie haben heute das Vermögen, im großen Rahmen zu handeln. Sie ziehen Nutzen aus unseren Verbesserungen, Entdeckungen und Erfindungen, und wir müssen uns mit jeder Idee, mit jedem Arbeitsvorhaben an sie um Unterstützung wenden, immer in der Furcht, ob sie auch gewogen die Frucht unserer vieljährigen Mühen und Anstrengungen betrachten werden.

Hat uns das Wissen persönliches Glück gebracht?

Eine gewisse Zeit lang waren wir von dem Glück betäubt, das jede Arbeit, jedes Streben, jedes Ziel, jeder Gedanke, jede Idee geben. Heute ist uns traurig und unwohl zumute. Wir haben verstanden, daß die

Losung »Wissen um des Wissens willen«, »Wissenschaft um der Wissenschaft willen« – vielleicht begeistern kann, aber das ganze Leben kann sie nur einzelne Personen erfüllen, nie der Allgemeinheit. Die Wissenschaft muß ihre Fanatiker haben, aber die Allgemeinheit muß sich von dem Grundsatz lenken lassen: Das Wissen steht im Dienste des Menschen; unsere Arbeit, unsere Kräfte – sind für unsere Nächsten.

Und heute sehen wir eine neue Strömung unter den Anführern der Gesellschaft. Der Grundsatz: Wir brauchen Wissenschaftler, aber vor allem brauchen wir Menschen der Tat – ertönt immer lauter und hallt wider. Führer braucht man nicht viele, aber an Soldaten braucht man Tausende.

* * *

Diese neue Strömung, die den Arbeiter vom Schreibtisch und von den Büchern holt und ihn den Menschen zurückgibt, hat eine Umkehr in den Grundsätzen der Erziehung[1] hervorgerufen.

Für die soziale Arbeit sind vor allem Gesundheit, starker Wille, ein stark entwickelter Altruismus, ein tiefes Pflichtgefühl, eine Kenntnis des Lebens und der Menschen und dann erst Wissen erforderlich. Vor allem muß man das Kind lehren zu schauen, zu verstehen und zu lieben, danach erst lehre man es lesen; man muß dem Jugendlichen beibringen, handeln zu können und zu wollen und nicht nur zu wissen und Kenntnisse zu haben. Man muß sie zu Menschen erziehen, nicht zu Gelehrten. Hat sich die häusliche Erziehung diese neue Richtung menschlichen Denkens zu eigen gemacht?

In neun von zehn Fällen – kein bißchen.

Wir stärken nicht die Gesundheit im Kind, weil wir nicht die Grundsätze der kindlichen Physiologie, Hygiene und Diätetik kennen. Die Stadtkinder essen zu oft und zu wahllos ungeeignete Nahrung, sie schlafen zu komfortabel, sie haben zu wenig Bewegung, sie kennen überhaupt keine körperliche Arbeit, ihre Vergnügungen sind dem kindlichen Organismus wenig zuträglich. Den starken Willen unterdrücken wir bewußt mit zahlreichen Verboten, Einschränkungen und verweichlichenden gymnastischen Übungen. Altruismus, dieses Streben für andere, das Entsagen eigener Bequemlichkeiten, Vergnügen und Annehmlichkeiten anderen zuliebe, läßt sich nur selten erkennen. Statt dessen entwickeln wir im Kind Egoismus durch Entgegenkommen auf Schritt und Tritt und impfen schon von den jüngsten Jahren an mit unangebrachter Begeisterung für Verstand und Talent den Keim falschen Ehrgeizes ein.

1. Die reformpädagogischen Ansätze in vielen Ländern heben die Bedeutung von Aktivität, Selbständigkeit, Handlung, Projekt, Arbeit ... im Erziehungsprozeß hervor. Korczak selbst entwirft eine entsprechende Erziehungs-Utopie in seiner *Schule des Lebens*; in *Sämtliche Werke*, Bd. 7.

Aber dafür stopfen wir den Kindern Wissen, oder vielmehr die zusammenhanglosen Fetzen von Wissen, in den Kopf wie Lumpen in den Kessel der Papiermühle, so viele Fremdsprachen wie möglich, so viele Buchinhalte, Fakten, Einzelheiten, ja sogar Talente wie möglich.

Wahres Wissen begeistert, entflammt, bewegt, dieses Wissen aber ruiniert, es baut nichts auf. Müde Kinder schlucken es in großen Portionen und ... verdauen es nicht.

»Ein hervorragender Forscher«, sagt Brodziński, »kann sagen, daß er nichts hervorragend weiß, aber in allem etwas Hervorragendes wahrnimmt und darin Gott.«[1]

Unser Wissen aber, zu Sand zermahlen und bis zur Lächerlichkeit popularisiert, wird von der Aufschrift auf einer Wachsfigur illustriert, wie sie eine der in Warschau grassierenden Jahrmarktbuden ziert: »Der Affe, der ursprüngliche Mensch.«

In der Tat, nicht grundlos haben die Magier diejenigen geköpft, die ohne Vorbereitung in den Tempel des Wissens einzudringen wagten.

* * *

Wie haben sich die Schulen zu dieser neuen Strömung verhalten, die es wagte, sich neben das Wissen zu stellen – den Charakter des Menschen und seine Begabung in Einklang zu bringen mit der Pflichterfüllung gegenüber sich selbst, der Familie und der Gesellschaft? Es erübrigt sich die Frage, ob die Schule das Vermögen und die Pflicht hat, den Charakter der Zöglinge auszubilden, ob die Schule eine *erzieherisch-wissenschaftliche* Einrichtung ist oder nur eine Institution des Wissens.

Schule und Leben, allein schon der bloße Umgang miteinander, erzeugen viele Charaktereigenschaften. »Freundschaft«, sagt Czacki[2], »sich selbst vergessen zugunsten der Allgemeinheit, hat selten ihre Altäre in der häuslichen Stille, solche sind nicht bekannt, jedoch findet man sie in Gruppen Gleichaltriger wie in der Allgemeinen Schule.« Weiter hat der Vorlesungsplan, die Art der Wissensvermittlung, einen starken Einfluß auf die geistige Entwicklung und auf den Charakter der Schüler. Heute, da diese Angelegenheit ein für alle Male geklärt ist – kommt jeder Streit darüber zu spät.

1. Das Zitat stammt aus der Vorlesung *Über die Berufung und Pflichten der akademischen Jugend*, vgl. S. 22, Anm. 1.
2. Tadeusz Czacki (1765-1813), Jurist und Historiker, Wirtschafts- und Bildungsreformer, Schulvisitator; Begründer des berühmten Krzemieniecki Lyzeums (1805). Das Zitat stammt aus Czackis Rede, die er 1806 zum Schuljahresende gehalten hatte. Vgl.: Chmielowski, Piotr: *Tadeusz Czacki. Jego życie i działolność wychowawcza. Zarys biograficzny* (Sein Leben und seine erzieherische Tätigkeit. Eine biographische Skizze). Petersburg 1898, S. 63.

Die Schule *müßte* erziehen, aber *kann* sie das leisten, wo es doch hauptsächlich um Disziplin und die Vorbereitung der Kinder auf eine zukünftige Facharbeit geht?

Ich muß hier die Worte von Florian Łagowski[1] aus seiner Arbeit über die »moralische Erziehung in der Schule« zitieren.

Der erfahrene Pädagoge schreibt: »Ich muß die Aufmerksamkeit der Eltern, und zwar der Eltern, die ihre Kinder in solchen Schulen ausbilden lassen, wo über die moralische Seite des Charakters nicht gewacht wird, darauf lenken, daß sie es nicht beim Wirken der Schule bewenden lassen können, sondern aufmerksam selbst über die häusliche Erziehung wachen oder die Kinder Personen anvertrauen sollen, die eine der Aufgabe angemessene Verantwortung übernehmen können.«

* * *

Wenn wir sagen, daß der Unterricht, der in den mittleren schulischen Einrichtungen erteilt wird, nicht das Ziel, aber das Mittel zur charakterlichen Weiterbildung ist, wenn wir wollen, daß die Schule nicht nur den Verstand, nicht nur und ausschließlich das Gedächtnis oder das Vorstellungsvermögen ausbildet – dann könnte man uns entgegenhalten, daß die Schule vor allem die Pflicht hat, dem Schüler eine Stellung im Leben zu ermöglichen, ihm die Möglichkeit zu geben, in Zukunft seinen Lebensunterhalt zu verdienen. Wenn wir wollen, daß in den Schulen für Mädchen die Betonung auf Ausbildung eines edlen Charakters gelegt wird – dann findet keinerlei Streit statt.

»Man muß die Schulen für Mädchen verbessern«, sagt Simon[2], der herausragende französische Publizist, »damit sie den Männern ein gutes

1. 1834-1909, Pädagoge, Publizist, zwischen 1886-1890 Redakteur der *Pädagogischen Rundschau*. Das Zitat stammt aus seiner Arbeit *Wychowanie moralne w szkole* (Moralische Erziehung in der Schule). Warszawa 1884, S. 38. Łagowski akzentuiert darin die Rolle der häuslichen Erziehung und verleiht damit den damaligen Ansichten und Stimmungen Ausdruck, die sich gegen die Russifizierungsaktivitäten der Besatzungsmacht richteten.
2. Jules Simon (1814-1896), franz. Philosoph und Politiker, Bildungsreformer. Das Zitat ist ungenau; in polnischer Übersetzung des Buchs von Simon lautet dieser Abschnitt wie folgt: »Man sollte die Mädchenschulen verbessern, ihre Anzahl vergrößern, um Gerechtigkeit zu üben, um Ehemännern ein Heim, eine Partnerin zu geben, Schutz vor einer Existenz, die nur Ausschweifungen und Kneipen gewidmet ist, um Kindern Mütter zu geben, um der physisch heruntergekommenen Generation Gesundheit und Kraft wiederzugeben, um den Lebenssaft der durch Zweifel zerfressenen Gesellschaft wiederzubeleben, einer Gesellschaft, die nicht weiß, was sie mit ihrer Herzensregung anfangen soll.« Simon, J.: *Rzecz o szkole* (In Sachen Schule). Kraków 1866, S. 105.

Heim geben können, damit sie verständige und edle Gefährtinnen sind, eine Abwehr gegen das ausschweifende Leben darstellen, damit *die Kinder Mütter und Erzieherinnen* haben, um einer im körperlichen Verfall befindlichen Generation Gesundheit und Kraft wiederzugeben, um die Lebenssäfte der von Zweifeln geplagten Gesellschaft zu erneuern, einer Gesellschaft, die nicht weiß, was sie mit den Regungen des eigenen Herzens tun soll.«

Wenn von einer Verbesserung der Schulen für die Mädchen die Rede ist, dann muß der erste Schritt die Einführung des Fachs Pädagogik in den Lehrplan unserer Pensionate sein. Wir kennen die Kandidaten für diese Lehrstühle[1], heute sind wir noch nicht befugt, sie zu nennen. Kehren wir zu dieser Frage vor dem neuen Schuljahr zurück.

Aus: *Wędrowiec* (Der Wanderer), Nr. 30 (28.7.1900), S. 585.

[VII]

Das neue Schuljahr. – Schwierigkeiten mit den Eltern. Hilfreiche Bücher. – Noch eine Belastung. – Die Nachhilfe. – Globen. – Fröbelkurse

Das neue Schuljahr – das ist eine dem Anschein nach ganz unwichtige Episode in unserem sozialen Leben, aber das ist nur der Schein. Während Karneval, Rennen oder die Zeit der »Gärtchen«[2] nur einzelne und gewiß nicht sehr zahlreiche Sphären betrifft, ist vom neuen Schuljahr die Gesellschaft in ihrem überwiegenden Teil zutiefst betroffen.

Die kleine Tochter von Frau Adamowa soll in diesem Jahr in den Kindergarten gehen, das Söhnchen von Frau Władysławowa kommt in die Schule, Andzia fängt mit Musikstunden an, Wacek kommt aufs Gymnasium, Maniusia hat eine Versetzungsprüfung nach den Ferien, Wiktor geht nach Abschluß des Provinzgymnasiums nach Warschau zum Universitätsstudium, Fräulein Broncia hat ihr Diplom bekommen und sucht eine Beschäftigung für die Zeit bis zur Heirat, von der noch niemand weiß, wann sie sein wird.

1. Korczak könnte vor allem Jan Władysław Dawid im Sinne gehabt haben, einer der damals bekanntesten polnischen Pädagogen und Psychologen, Befürworter »der experimentellen Psychologie und Pädagogik« und ihrer Bedeutung für Lehrer. Dawid hielt um die Jahrhundertwende u.a. Vorlesungen in illegalen wissenschaftlichen Kursen, genannt Fliegende Universität, sie wurden u.a. für Frauen organisiert.
2. Sommerzeit der kleinen Gärten mit Gastronomiebetrieb, Bierstube, kleinem Theater, Chanson, Musik usw.

Die Józefowa will ihre Witka in den Hort geben, Herr Marcin bringt seinen Jungen in der Handwerksschule unter, Frau Walentowa bittet den Ladenbesitzer, ihren Sohn doch in die Sonntagshandelsschule zu geben, denn »der Kleine läuft doch nur mit Sendungen herum und hat dabei sogar schon vergessen, was er einmal gekonnt hat.« Und Herr Piotr träumt von einem Gymnasiumsplatz für seinen Oleś, aber wer soll das Schulgeld bezahlen? ...

Der Geist der Eltern wacht aus dem Schlaf auf und arbeitet, arbeitet fieberhaft. In dieser kurzen Zeitspanne fühlen die Eltern die Last ihrer Pflichten und die Macht ihrer Verantwortung.

Später, wenn dann die Kinder in ihren neuen Uniformen und mit neuen Büchern in neuen Tornistern zur Schule marschieren, wenn der »routinierte« Lehrer oder die »routinierte« Lehrerin, die vom »Kautionsbüro« empfohlen worden sind, ihre Pflichten übernehmen – dann versinkt das Denken der Eltern wieder im Schlaf, der nur von Zeit zu Zeit von einer schlechten Note oder dem zerrissenen Ellbogen in der neuen Uniform unterbrochen wird.

Das ist traurig, aber im großen und ganzen zutreffend.

* * *

Ich möchte die kurzfristige Wachheit des elterlichen Denkens ausnutzen und auf viele Dinge hinweisen, nur, in einem so beiläufigen Artikel ist lediglich Raum für eine kurze Skizzierung.

Vor allem muß ich darauf hinweisen, daß wir über zahlreiche Lehrbücher verfügen, die jede Phase der Kindheit detailliert behandeln, sie sind eine große Arbeitserleichterung.

Es gibt Lehrbücher, die der Vorschulphase gewidmet sind; und zwar viele. Wir finden dort die Beschreibung von Spielzeug, Spielen, Vergnügungen; wir finden Noten und Texte für Singspiele für Kinder; wir finden Muster für Spielzeuge aus Erbsen, Stöckchen, Ton und Papier; Muster für Zeichnungen, Muster, nach denen man Häuschen und Mosaike aus Plättchen und Würfeln legen kann; wir finden Muster zum Ausschneiden, Flechten, Ausstechen, Aufkleben und Sticken. Wir finden dort Themen für Geschichten, Unterhaltungen, Plaudereien.

In Warschau gibt es eine Leihstelle für Zubehör zum Fröbelunterricht[1]. Wir haben indessen kein Pädagogikmuseum, wohin die Eltern mit den

1. Es geht um die sog. »Spielgaben« in der Methodik des Fröbel-Spiels, vgl. S. 43, Anm. 1. In Warschau wurde die Ausleihe für Schulhilfen von 1883 bis 1894 vom Frauenkreis für Volksbildung geleitet, später vom Frauenkreis der Krone und Litauens (vgl. Sempołowska, Stefania: *Pisma pedagogiczne i oświatowe* [Pädagogische und Bildungsschriften]). Warszawa 1960, S. 548-554).

Kindern gehen könnten, um naturkundliche Ausstellungsstücke, Muster von hergestellten Artikeln und Maschinenmodelle zu betrachten, wo sie sich über die Erstellung eines kleinen häuslichen Museums informieren könnten, das bei der Entwicklung der Kinder im Vorschulalter hervorragende Dienste würde leisten können.

* * *

Weniger glücklich ist die Phase der Vorbereitung auf die Schule. Es existiert dafür nur ein hilfreiches Werk unter dem Titel *Die Unterweisung zu Hause*, verfaßt von Aniela Szyc.[1] Dieses kleine Werk ist von außergewöhnlichem Wert für den Erziehenden, denn es ist volkstümlich geschrieben, die Ratschläge und Hinweise darin haben praktische Bedeutung und können direkt vom Buch auf das Leben übertragen werden. Meiner Meinung nach läßt sich dieses Buch am besten mit einem Kochbuch vergleichen, wo die Rezepte zum Kuchenbacken oder Marmeladekochen direkt in die Tat umzusetzen sind.

Aniela Szyc umreißt Ziel und Umfang der Unterweisung zu Hause, sie erklärt die Beziehung der Eltern zu den Erziehern, belehrt, in welchem Alter eine Unterweisung zu beginnen hat, legt ein Aufgabenprogramm vor, sie bespricht sogar ein System, wie man im häuslichen Bereich Noten verteilen kann. Darüber hinaus zeichnet sie ein Bild der Stellung des Lehrers gegenüber der Individualität des Kindes, sie betrachtet die Unterweisung mehrerer Kinder, gibt Hinweise zur Erteilung von Unterrichtsstunden, erläutert Fehler von Schülern, die Schädlichkeit von Unterrichtslücken und von Lehrerwechseln, und schließlich erteilt sie Ratschläge zum Unterricht einzelner Fächer, und zwar: Religion, polnische Sprache, Russisch, Fremdsprachen, Kalligraphie, Zeichnen, Sachkunde, Arithmetik, Geographie, Geschichte und Naturkunde.

1. Aniela Szyc (1869-1921), Pädagogin und Psychologin, Schülerin und Mitarbeiterin von Jan Władysław Dawid, Mitbegründerin der Polnischen Gesellschaft für Kinderforschung (1907), Autorin zahlreicher Arbeiten auf dem Gebiet der Psychologie des Kindes und der Methodik des Anfangsunterrichtes. Viele Jahre war sie als Privatlehrerin tätig, ihre Erfahrungen stellte sie in der Monographie *Die Unterweisung zu Hause. Hinweise für Erzieher*, Warszawa 1896, vor. Es war nicht – wie Korczak schreibt – das einzige »kleine Hilfswerk«. Es gab mehrere pädagogisch-methodische Arbeiten zum Thema Erziehung und Hausunterricht, z.B. die zahlreichen und populären Aufsätze, Lehrbücher und Ratgeber von Henryk Wernic, z.B. *Handbuch der Erziehung* (1868), *Das praktische Erziehungshandbuch* (1891), *Erstes, Zweites und Drittes Lesebuch* (1890, 1893, 1893 und einige spätere Auflagen).

Es ist nur schade, daß hier nicht von Gymnastik die Rede ist, daß die Autorin nicht wenigstens ein paar Seiten der körperlichen Erziehung widmet. Der Titel schützt die Autorin nicht vor diesem einen Vorwurf, den ich ihr mache.

* * *

Beim Übergang zur Schulphase muß ich noch einmal wiederholen, was man in der letzten Zeit immer wieder gesagt hat und sagt: Man soll die Kinder nicht mit Arbeit überlasten. Sprachen, Musik – das sind schöne und nützliche Dinge, aber die Gymnastik ist nicht minder nützlich; alle zusätzlichen Fächer bilden den Geist des Kindes aus, aber auch der Körper hat seine unverbrüchlichen und unbestreitbaren Rechte, und eine Mißachtung dieser Rechte führt zum Zusammenbruch des kindlichen Organismus. Zwei Stunden in der Woche, die der Gymnastik gewidmet werden, haben mehr Einfluß auf eine Reduzierung der unzureichenden Noten im Heft des Schülers oder der Schülerin als dieselben zwei Stunden, die beim Nachhilfelehrer oder der Nachhilfelehrerin verschwendet werden; ein Spaziergang nach dem Mittagessen bringt den Kleinen mehr Nutzen als das Klimpern von Etüden und Passagen in b-Moll und mit Kreuzchen.

In seiner *Diätetik der Kinder* stellt Prof. Edward Madeyski[1] die Frage: »Warum kommen wir nicht auf die Idee, den kindlichen Körper physisch zu belasten, um einen stärkeren Menschen daraus zu machen? Nein, ganz im Gegenteil, wir empören uns bei dem Anblick, der sich nicht selten in der Stadt bietet, wenn ein vielleicht achtjähriger armer Junge, der etwa bei einem Tischlermeister in die Lehre geht, schwere Werkstattstücke hinter dem Gesellen herschleppt und ganz verschwitzt immer wieder Pause machen muß und unter dem Gewicht fast zusammenbricht. Warum? Wir haben es hier mit einem kleinen Körper zu tun, und hinter dieser unangemessenen Belastung sehen wir gleich den Zusammenbruch der Kräfte, oder wir haben uns mit eigenen Augen davon überzeugt, daß ein Kind nicht in der Lage ist, diese Last zu tragen, selbst wenn es dies wollte. Aber was sich im Hirn des Kindes tut, wenn wir es mit zu früher oder zu schwerer Lehre belasten, das können wir nicht sehen.«

* * *

1. Edward Marceli Madeyski (1832-1906), Arzt, Sporttheoretiker und -lehrer, Pionier der Heilgymnastik, Autor zahlreicher Arbeiten, u.a. des ersten polnischen Lehrbuchs für Schulgymnastik: *Gymnastik in den Volksschulen. Eine Instruktion für Lehrer.* Lwów 1879. Das von Korczak angeführte Zitat stammt aus E. Madeyskis Arbeit mit dem Titel *Kinderdiätetik in Anlehnung an Hinweise aus der Natur. Handbuch zur gesunden Kinderpflege von der Geburt bis zur Pubertät.* Verbesserte und um den aktuellen wissenschaftlichen Stand der Medizin erweiterte zweite Auflage. Lwów 1893, S. 144.

Was die Nachhilfe angeht, ist bei uns nur eine Art der häuslichen Hilfe bekannt, und das ist die tägliche Hilfe. Warum passen sich die Eltern nicht den Fähigkeiten des Kindes an? Die häusliche Hilfe ist in den meisten Fällen notwendig, aber ist es nicht ausreichend, wenn eine solche Hilfe ein-, zwei-, drei- oder viermal in der Woche erteilt wird – ist es nicht völlig genügend, wenn der Nachhilfelehrer nicht die Pflicht hat, mit dem Schüler die Hausaufgaben zu machen, sondern ihm nur zu helfen, die schlecht verstandenen Dinge zu verstehen, ihn in die Lösung von Aufgaben oder das Schreiben eines Diktates einzuführen? Meiner Meinung nach ist für einen mittelmäßig begabten Schüler die Hilfe eines Nachhilfelehrers dreimal in der Woche völlig ausreichend.

Dann hören auch die Vorwürfe auf, daß die häusliche Hilfe den Schüler träge macht, im Schüler die Überzeugung entstehen läßt, daß er nichts selbständig zu machen braucht. So bleiben drei Stunden in der Woche, die man der Gymnastik widmen kann.

Die Eltern sollten probeweise diese Art häuslicher Hilfe beginnen, und ich bin überzeugt, weil ich es aus Erfahrung[1] weiß, daß die Ergebnisse zufriedenstellend sein werden. Eine Ausnahme bilden die verwöhnten und trägen Kinder, aber auch diesen bringt die tägliche Hilfe keinen großen Nutzen.

* * *

Mit dem Kauf der Schulbücher ist die Frage des Globus eng verknüpft.

Als Hilfsinstrument beim Geographieunterricht ist der Globus bei uns so gut wie unbekannt. Landkarten werden nur dann gekauft, wenn es der Lehrer ausdrücklich verlangt.

Doch nur dank dem Globus können sich die Kinder mit der kugelförmigen Gestalt der Erde vertraut machen. Nur mit Hilfe des Globus kann man einem Kind erklären, warum das Kreisen der Erde um ihre eigene Achse den Wechsel von Tag und Nacht herbeiführt, warum der Tag nicht immer und überall zwölf Stunden dauert, welche Bedeutung die Neigung der Erdachse zur Ebene des Weltalls hat; nur mit dem Globus in der Hand können wir das Kind mit dem geographischen Netz vertraut machen, mit der Wechselbeziehung der Meere und Ozeane. Bei unserem rückständigen deduktiven Geographieunterricht und angesichts der ersten Anfänge der Lehre der Kosmographie in den meisten Schulbüchern, die bei uns benutzt werden, ist der Globus unerläßlich, unbedingt notwendig und unvermeidlich.

* * *

1. Korczak hatte viel Erfahrung als Nachhilfe-Lehrer. In seinem Bericht über die erste von ihm mitbetreute Sommerkolonie (1904) heißt es: »Ich hatte zehn Jahre Arbeit als Korrepetitor hinter mir.« In: *Sämtliche Werke*, Bd. 4, S. 219.

Und noch ein paar Worte an die Adresse der Fräulein, die nach Abschluß des Pensionats etwas mehr tun möchten als Weisen und Reigen auf dem Klavier zu spielen, als modische Romane und Gedichte nicht weniger modischer Autoren zu lesen.

Zu ihrer Kenntnis und der ihrer Eltern will ich hinzufügen, daß es in Warschau Fröbelkurse und Zuschneidekurse gibt. Ein Kind beschäftigen zu können, ein Kleid oder eine Bluse nähen zu können – das sind Fähigkeiten, die niemandem schaden und sehr viel Nutzen bringen können.

Aus: *Wędrowiec* (Der Wanderer), Nr. 35 (1.9.1900), S. 685.

Erstmalige Verwendung des Pseudonyms »Janusz Korczak«

Der Pessimismus der Kinder

Mein Manfred[1] ist sechzehn Jahre alt und schreibt Gedichte. Der Inhalt dieser Gedichte ist sein »gebrochenes Herz«, sein »erschütterter

1. Anspielung auf den Byron'schen Manfred, Held des in Versen geschriebenen philosophischen Dramas *Manfred* (1817; poln. Ausgabe 1835) von George Gordon Noel Lord Byron (1788-1824); englischer Poet, Hauptvertreter der Romantik in der europäischen Literatur. Byrons Held ist der vereinsamte, mit der Welt zerstrittene Rebell, der oft unter der Maske des Egoismus und Nihilismus gegen die moralische und gesellschaftliche Einengung der Rechte und Freiheit des Menschen protestiert. Byrons Manfred, der wegen eines geheimnisvollen Verbrechens von Gewissensbissen geplagt wird, hält sich im Herzen der Alpen auf, weit von den Menschen entfernt. Die »Weltgeister« können ihm alles geben, außer das sehnlichst erwartete Vergessen. Den Dämonen, die nach seiner Seele trachten, verweigert er die Rechte an seiner Person.
Diese pessimistische, die Welt ablehnende Haltung, die Byrons Helden oft charakterisiert, wurde in der Epoche des Jungen Polen (auch Modernismus oder Dekadenz genannt) erneut zum Gegenstand. Sie wurde u.a. in der populären Literatur der Jahrhundertwende zum Ausdruck gebracht, z.B. in Leo Belmonts (eigentl. Leopold Blumental, 1865-1941) Roman *Im nervösen Zeitalter. Meine Beichte*, der in *Tygodniku Romansów i Powieści* (Wochenblatt der Romane und Erzählungen) 1888 publiziert wurde (Buchausgaben 1890, 1900), vgl. S. 539, Anm. 1. In den Jahren 1894-1897 erschien in Krakau ein zweibändiges Werk des bekannten polnischen Geschichtsphilosophen Marian Zdziechowski (1861-1938) mit dem Titel *Byron i jego wiek* (Byron und sein Jahrhundert), welches u.a. den Byronismus, seine Haltungen und seine Epoche aktualisierte. Korczak knüpft an diese dekadente Haltung an.

Glaube«, sein »zerrissener Geist«, die »Niedertracht des menschlichen Egoismus«, die »Gedankenlosigkeit der Masse« usw. Nicht ein einziger heller Strahl.

Der Junge hat viel gelesen. Er hat sich durch ganze Stapel von Romanen und Dichtungen gearbeitet, natürlich vornehmlich von unseren jungen und jüngsten Autoren. Umsonst würde man dort all diese suchen, die seiner Meinung nach »nur historische Bedeutung haben und veraltet sind«. Außer den Romanen und Gedichten unserer klagenden und trauernden »Jungen«[1] hat der Jüngling eine Fülle von Werken gelesen, die seiner Meinung nach wissenschaftlich sind, und zwar *Das nervöse Zeitalter, Geheimnisvolle Welt, Wunder des Spiritismus, Wandlungen im Universum, Physiologie des Genusses, An den Pforten des Wahnsinns, Die Frau als Verbrecherin* und viele dergleichen, und er hat eifrig alles vermieden, was »nicht spannend war«.

Mein Manfred ist still, verschlossen, aber wer nicht gleich bei seinen ersten Äußerungen lacht, der kann sehr interessante Dinge erfahren.

»Die Menschen sind gemein, das Leben elend, die Arbeit fruchtlos, Wissen trügerisch. Oh ja, er hat alles erkannt, er hat eine ausgebildete Meinung, feste Grundsätze, verarbeitete Überzeugungen, die tief überdacht worden sind. Das alles hat er aus Büchern und Schriften, die er jeden Sonntag im Lesesaal durchkämmt.«

»Euer Władek ist ernstlich krank«, sage ich zu den Eltern.

»Das kann nicht sein. Was fehlt ihm denn?« fragen sie beunruhigt.

»Seine Weltsicht – das ist krankhaft.«

»Ach, du redest von seinen Gedichten«, sagen sie mit einem tiefen Seufzer der Erleichterung. – Ach, das macht doch heute jeder von ihnen durch, das wächst sich aus, er wird schon klüger werden. Er ist ein guter Schüler – das ist der Grund.«

»Aber er leidet moralisch.«

»Das kommt ihm nur so vor. Siehst du, er liest zu viel; das sagen wir ihm immer wieder.«

* * *

Aber Władek leidet wirklich. Er fühlt sich unverstanden, vereinsamt, über seiner Umgebung stehend. Er hat gewisse unbewußte Ziele, Wünsche, die sich noch nicht klar herausgebildet haben, er empfindet Ärger und Verdruß über die Welt und die Menschen. Immer tiefer versenkt er sich in seinen kränklichen Zustand, denkt über sich selbst nach, über seine Gedanken und seine Gefühle, er flüchtet sich in seine Vergangenheit, in seine Zukunft, Enttäuschungen, Verbitterungen, Betrübnisse.

1. Gemeint sind Autoren der Epoche »Junges Polen«. Vgl. dazu *Sämtliche Werke*, Bd. 1, S. 437f.

Er lebt im ungesunden Milieu der Stadt, in körperlicher Trägheit und in hitziger, ruheloser, gedanklicher Arbeit, und so tritt er in eine sehr gefährliche Lebensphase ein, in der Nüchternheit und Energie unbedingt notwendig sind. Hier wird eine Verirrung mit Inhalt und Qualität des ganzen zukünftigen Lebens bestraft.

Władek leidet wahrhaftig, und in dieses unbegründete Leiden fließt so viel Kraft und verdirbt so den Charakter des zukünftigen Menschen. Vor allem bildet sich in ihm eine hohe Meinung von sich selbst, das behindert ihn bei der Erarbeitung eines Lebensziels, es gewöhnt an die oberflächliche Behandlung der Erscheinungen des Lebens und weckt Widerwillen gegenüber langsamer, systematischer und mühsamer Arbeit.

Er wird berühmt und groß werden, aber unglücklich sein. Seine Worte werden bis zu den Wolken aufsteigen, aber die gedankenlose Menge wird ihn nicht verstehen. Woher kommt dieser Ruhm, warum ist »das Volk« nicht in der Lage, ihn zu verstehen?

Wie viele Jugendliche geben die Schule auf, wenn ein Gedicht in einer Zeitschrift erscheint, wie viele werden von der Schule gewiesen.

* * *

Ich nehme meinen Manfred an die Hand und führe ihn unter Menschen, ins Leben.

Wir besuchen die Werkstatt eines armen Tischlers, eine Kinderkrippe, wir besuchen eine Familie, die von dem Informationsbüro für außergewöhnliche Notfälle[1] genannt worden ist, wir gehen durch mehrere Krankenhaussäle, wir wohnen neuen Versuchen in der Werkstatt eines bekannten Chemikers bei. Arbeit, Erbarmen, Not, Leiden, Wissenschaft ziehen an unseren Augen vorbei.

Ich betrachte das Gesicht des Jungen. Die unterschiedlichsten Gefühle bewegen sich in jugendlicher Kraft in seiner Seele. Ungeklärte Rätsel entstehen in seiner Seele, sie wecken Fragen, die auf eine Antwort warten. Er hat sich davon überzeugt, daß er weder Arbeit noch Leiden, weder die Menschen noch das Leben kennt. Bisher bestand seine geistige Tiefe – aus Papier und Tinte. Jetzt habe ich beschlossen, hier im stillen Zimmer in der Dämmerung mit ihm zu sprechen:

»Die Menschen, Władek, sind weder böse noch gedankenlos, sie sind vielmehr unglücklich. Die einen leiden wegen ihrer Untätigkeit, die anderen, weil sie zuviel Arbeit haben. Glücklich ist nur der, der sich ein klares Ziel[2] im Leben gesetzt hat. Das Ziel ist nicht – Ruhm; das Ziel

1. Eine karitative Einrichtung, welche von den Barmherzigen Schwestern in der Tamka-Straße 35 geleitet wurde.
2. Korczak spricht sich für die Ziele aus, die von den Warschauer Positivisten verkündet wurden: »Arbeit für andere: für die Familie, die Gesellschaft«; »nützlich sein«.

kann nur Arbeit sein, Arbeit, die nicht für dich, sondern für andere ist, für die Familie und für die Gesellschaft. Die Pflicht des Menschen ist es, nützlich zu sein, Gutes zu tun, sei es als Arzt, als Rechtsanwalt, als Lehrer oder Techniker. Jeder geht in seinem Leben mit Menschen um, er kann ihnen Unrecht zufügen oder Gutes tun, er kann sie zu schlechteren oder besseren Menschen machen, er kann Böses und Tränen säen oder Gutes und Lachen. Das Universum, die Menschheit – das sind in deinem Mund leere Laute, du spielst mit ihnen wie ein Kind ohne sie überhaupt zu verstehen. Die Menschheit – das sind Millionen Wesen, vom wilden Bewohner Australiens bis hin zum Gelehrten in seinem Arbeitszimmer. Wer hat das Recht von der Menschheit zu reden? Weißt du, was Wissen ist?«

Der Junge weinte. Ich schwieg, denn ich begriff, daß in seiner Seele ein wichtiger Prozeß stattfand. Ich fühlte, daß die Menschheit in ihm einen nützlichen, hingebungsbereiten Menschen gewinnen würde, einen Freund.

* * *

Es gibt immer mehr solcher »papierenen« Manfreds unter den Jungen und Mädchen. Doch es ist eine Jugend mit offenem Geist und Herz. Jedes verschwendete Individuum – ist ein ernster Verlust. Und es sind empfindsame Kinder, es ist nicht schwer, sie von ihrer Papierempore auf festen Grund zu geleiten. Man muß ihnen nur ein Stück Leben zeigen, lange Ansprachen und das Verstecken von Büchern hilft da nichts. Man muß sich mit ihnen geistig verbrüdern, sonst entfernen sie sich weit von uns, und hinter der französischen Grammatik steht dann für immer das »populäre Buch«.

Viele Bedingungen kommen zusammen, um einen solchen Typ des Jugendlichen zu schaffen. Eine große Schuld liegt in der Vernachlässigung der körperlichen Erziehung. Spaziergänge und Spiel in der frischen Luft. Gymnastik, kaltes Wasser, harte Betten, genügend Schlaf und Speisen, die nicht reizen – das ist das erste. Und das zweite – ist eine gesunde Lektüre. Die Lektüre von unseren Tetmajers[1] – ist Gift für die Jugend. Wir brauchen Asnyks[2].

1. Anspielung auf pessimistische und egozentrische Stimmungen in der Poesie von Kazimierz Przerwa Tetmajer (1865-1940), die in allen Gesellschaftsschichten sehr viel gelesen wurde. Im zweiten Gedicht aus dem Zyklus *Gedanken* (1894) schreibt Tetmajer u.a.: »Melancholie, Sehnsucht, Traurigkeit, Überdruß, dies sind die Inhalte meiner Seele«. Der im Text von Korczak zitierte Dreizeiler stammt aus *Präludien* (XI). Vgl. S. 118, Anm. 1.
2. Der Dichter Adam Asnyk (1838-1897) gehörte in Polen zu den beliebtesten und von Korczak besonders geschätzten Poeten. Das folgende Zitat entstammt dem Gedicht *Echo kołyski* (Das Echo der Wiege), vgl. El...y (Adam Asnyk): *Pisma. I. Poezje* (Schriften. I. Poesie), mit einem Vorwort von Stanisław Krzemiński. Warszawa 1898, S 66.

Trotz aller bitteren Proben
Sei du immer gut
Urteile über andere mit Liebe
Und schau voll Hoffnung auf das Grab.
Verliere nicht den kindlichen Glauben,
Laß es dir um dein Geopfertes nicht leid tun.
Trotz aller bitteren Proben.

So heißt es bei Asnyk!

Wenn ich heute sterben sollte, wie elend
Erschienen mir alle Schmerzen
Meiner eigenen Seele und die der ganzen *Welt*.

So steht es bei Tetmajer.

* * *

Graue Dämmerung, Stille die nur vom Klang der Tropfen auf der Scheibe unterbrochen wird, wie sehr eignet sich so etwas zu Gesprächen mit älteren Kindern über die Welt, über Menschen und ihre Ziele im Leben. Wie sehr eignen sich die langen Herbstabende zum gemeinsamen Lesen, zum Gedankenaustausch zwischen Eltern und Kindern, zum Knüpfen eines starken geistigen Bandes, das auch die brutalsten Schläge des Lebens nicht zerreißen können, zum Schüren der Funken, die auch der schärfste Wind des Lebens nicht zum Verlöschen bringen wird.

Hier sollen sich die Ideale der Jugend ausbilden, hier sollen die Pläne für künftiges Tun geschmiedet werden.

Aber an einem schönen Sonntag soll man gemeinsam mit der Jugend in eine unbekannte Ecke des Lebens Einblick nehmen. Man kann zum Beispiel die Familien besuchen, die das Informationsbüro für außergewöhnliche Notfälle empfiehlt. Die Tageszeitungen drucken die Namen der Allerärmsten. Bei ihnen lernen eure Kinder Mitgefühl zu empfinden und zu denken – nicht auf papierene Weise, und ihre Regungen werden auch kein Strohfeuer sein.

Janusz Korczak

Aus: *Wędrowiec* (Der Wanderer), Nr. 43 (27.10.1900), S. 845f.

Asnyk und Tetmajer

Komm, helles Morgenrot, gieß deines Lichtes Flut
Über der Erde aus, die giert nach Leben;
Dring bis zum Grund, mit goldner Strahlenglut
Den Seelen neuen, reinen Glanz zu geben;

Zerreiß der düstern Zukunft Spinnenweben,
Dem Zweifler schenke Hoffnung als das höchste Gut,
Daß unser Sein auf immer neuer Neugeburt beruht,
Dies zeig den Augen, die nach Schönheit streben.

Komm, helles Morgenrot. *Die Welt*, berührt von einem Ahnen,
In Häusern, wo Verderbtheit herrscht und der Genuß,
In Höhlen, wo die Not und das Verbrechen mischen ihre Bahnen,

Schaut aus nach dir in Sorge oder Überdruß,
Denn du wirst an ein Leben sie gemahnen,
Das, neu und würdiger und besser, kommen muß.[1]

In der von Not gequälten Seele also, in der Seele – die das Verbrechen versteinert hat, in der Seele, die von einer ausschweifenden Orgie trunken ist – in der Seele eines jeden Menschen erklingt die sehnsuchtsvolle Stimme, die – »in ein neues und würdigeres und besseres Leben« ruft. Die verweinten Augen der Unglücklichen in den Verliesen, die vom Rausch glänzenden Augen der Übersättigten in den Gemächern – alle lechzen gleichermaßen nach »Neugeburt und Schönheit«. Die ganze Menschheit dürstet nach einem neuen Leben.

»Komm, helles Morgenrot«, betet der Dichter. Asnyk glaubt zutiefst daran, daß der helle Morgen früher oder später »des Lichtes Flut« über die Erde ergießen wird, mit »goldner Strahlenglut« »bis zum Grunde« reichen und den erstaunten Augen »immer neue Neugeburt« zeigen wird. Der Dichter glaubt an die Ankunft des Zeitalters der Neugeburt, denn er glaubt an das Streben der menschlichen Seele zum Guten.

Voran und immer höher erhebt sich die Menschheit in ihrem ewigen Zug: »Durch Schmerzen und Leiden, durch einen dunklen Abgrund, durch den zweifachen Tod, durch eine Reihe von Existenzen, die elend fallen, so fliegen die drängenden Scharen ohne Ende.« Immer neue Nachfolger der geistigen Arbeiter entstehen, und vom Drang des Lebens

1. Eines der Sonette von Adam Asnyk (vgl. *Pisma*, Bd. I, a.a.O., S. 198), das Korczak vollständig (und ohne Veränderungen) zitiert.

getrieben, streben sie immer eiliger »voran und höher in die gestirnten Weiten! ...[1] Die Welt bevölkert sich allmählich mit einer Gefolgschaft reiner, edler Gestalten, denn die Brüder arbeiten um fremdem Leiden zu dienen, für das Glück der anderen ...«[2]

Im Kampf des Guten gegen das Böse, des Hellen gegen das Dunkle – siegen das Gute und Helle langsam aber stetig.

Warum aber blüht das Glück den Menschen nicht sogleich, warum ist die Gefolgschaft der reinen Gestalten noch so wenig zahlreich, warum wird das Böse so selten nur in den Abgrund von Erniedrigung und Strafe gestoßen? Seit Jahrhunderten singen die Dichter vom hellen Morgenrot, das doch immer noch nicht sichtbar ist. Vielleicht ist dieser Glaube eine trügerische Illusion, ein Traum, nach dem der Augenblick des Erwachens eintreten muß.

Auf diese und ähnliche Fragen antwortet der Dichter mit dem Wort einer Gottheit *(Thamyris*[3]*)*:

Ihr Sterblichen ermeßt den Lauf der Welt allein
Am Maß eurer kurzen Tage, und in diesem einen Augenblick
Wollt ihr gleich alle schon im Blühen sehen,
Dessen Saat die Götter gerade erst ausgestreut.
Und wenn euch ihre Gnade den geheimen Gedanken enthüllt,
Dann wollt ihr jedes Ziel, zu dem man streben soll,
Sogleich in eure Hände nehmen, und erfolglos
Klagt ihr vergeblich den Himmel an.

1. Zitat aus Sonett XXII aus dem Sommerzyklus *Über den Tiefen* (*Pisma*, Bd. I, S. 262).
2. Zitat aus *Ode* (*Pisma*, Bd. I, S. 208, im Original: »um fremdem Los zu dienen«).
3. Einer der mythischen Musiker, ihm werden verschiedene Gedichte und unterschiedliche Innovationen in der Musik zugeschrieben; Thamyris war außerordentlich schön und zeichnete sich sowohl in der Gesangskunst wie auch im Spiel auf der Lyra aus; manchmal machte man ihn zu Homers Meister; nach Homers Erzählungen hatte Thamyris in der Kunst des Musizierens mit den Musen zu wetteifern versucht, wurde jedoch besiegt, woraufhin die gereizten Göttinnen ihm das Augenlicht und die musikalischen Fähigkeiten entzogen. Die Zitate stammen aus Asnyks Poem *Der erblindete Thamyris* (*Pisma*, Bd. II, S. 127-134). So »verhöhnt die Menge [...] den alten Mann« bei Asnyk:

   Hier ist Thamyris, der die Gesetze der Götter
   Öffentlich bekannt machte und schwor, das goldene Zeitalter wieder einzuführen;
   Er – ist es, der falsche Vorhersagen in die Welt setzte,
   Und sich als der Musen Liebhaber und der Götter Bote bezeichnete,
   Er, der König und Weissager, bis der rachsüchtige Himmel
   Ihn zum Bettler und blinden Verbannten machte!

Man darf den Himmel nicht vergeblich anklagen, man darf die Hände nicht in Unwillen sinken lassen, denn diese »Verfluchten, deren Grabesmorgen in den Schlaf wiegt, in Tränen und Nichtigkeit«, und jener, der »sich freiwillig in den Staub legt, also als Selbstmörder seine trübe Brust befleckt – der ist es wert, daß ihn der Rächer der verletzten Gesetze zertritt, und selbst sein Andenken wird ein Greuel sein.«[1] Man muß leben, arbeiten, »mit einem Gorgonengesicht den Verbrechen in die Augen leuchten, bis jedes Verbrechen als Felsen vor die Füße rollt«.[2]

Auch der Dichter hat eine Zeit durchlebt, in der seine Brust schmerzlich aufstöhnte, sein Herz vom Schmerz zerrissen, an sein Recht gemahnte. »Schweige still, mein Herz«[3], ruft Asnyk da.

Schweige still, mein Herz – bewein
Nicht mehr voll Kummer die Verluste,
Sondern grüße die aufgehende Welt
Und *ihren* rosigen Morgen.

Segne die neuen Tage des Lebens,
Das, was aufgeht und wächst,
Die frischen Hoffnungen, die frischen Träume,
Die frische Jugend und den Frühling.

Grüße der Generationen zukünftiges Geschlecht,
Ihre Gedanken, Wünsche, Ziele.
Die Blüte neuer Gefühle, neuer Tugenden,
Die aus unserer Asche gewachsen sind ...

....

Flieg empor über den Rand deines Weges,
Mit Segen für die Welt,
Denn das webt in das Band der Fehler, Kämpfe und Tränen
Edle Regungen ein.

1. Zitat aus Asnyks Poem *Schlaf der Gräber* (*Pisma*, Bd. II, S. 16).
2. Ungenaues Zitat aus Asnyks Gedicht *Apostroph* (*Pisma*, Bd. II, S. 42). Gorgonen – drei mythische Schwestern, Töchter der Meeresgottheit Forkos: Steno, Euryale und – die älteste – Meduse; dargestellt mit Flügeln, Wildschweinzähnen und Schlangen anstelle von Haaren; ihr Blick verwandelte alles in Stein.
3. Titel eines Asnyk-Gedichtes, aus dem auch die im Text angeführten Strophen stammen (*Pisma*, Bd. III, S. 162-163).

Mit seiner begeisterten Seele fliegt Asnyk »über den Rand seines Weges hinaus«, er erweitert »den Kreis seiner Existenz, indem er in seinen Vätern, Brüdern, und Söhnen lebt« (*Die Antwort der Vergangenheit*)[1]; der Dichter vergißt sich selbst, er zählt nicht die eigenen Enttäuschungen und Tränen, verliert sein Wesen, das im Vergleich mit der ganzen Welt so klein ist – und glaubt an den hellen Morgen, und dieser Glaube lebt aus der Überzeugung, daß der menschliche Geist, sei es im todesähnlichen Schlaf, sei es in der Niedertracht oder in der Schmerzenspein, nie aufhört zu wünschen, das »würdigere Leben« zu erwarten, und der Tag wird kommen, daß der Strom des Lebens ihn ergreift und empordrängt »in die gestirnten Weiten«. Und immer zahlreicher ist die Schar der Kämpfer für die Wahrheit und das Gute.

Woher nahm der Dichter diese Sonnenhelle seines Geistes, woher nahm er die Kraft, sich selbst mit einem immerwährenden Gedanken aufrechtzuerhalten, der segenspendend für das Geschlecht kommender Generationen ist? Wer hat ihm diesen unerschöpflichen Vorrat an Glauben, Liebe und Hingabe gegeben? Vielleicht ist Asnyk in einer lichten Zeit geboren? Nein.

> Wir sind Kinder eines Zeitalters ohne Liebe,
> Eines Zeitalters ohne Träume, Illusionen und Begeisterung,
> Gleichgültig gegenüber dem Anblick der Schönheit
> Und welkend vor Langeweile und Übersättigung ...[2]

Wer also hat dem Dichter diese Strahlen »von Licht und Farben gebracht ... , die sein Herz erwärmten und sein Denken mit Sonne erfüllten?« – *Das Echo der Wiege*[3].

Das Echo der Wiege, das Echo des mütterlichen Liedes, das Echo großer, edler, glühender Worte. – Das Echo der mütterlichen Worte folgte ihm auf Schritt und Tritt und spielte, spielte, spielte ...

> Ich erinnere mich bis heute daran,
> Wie sie Trauer und Zorn heilte
> Indem sie ein leises Lied summte,
> Das mit einer Welle süßer Klänge
> Ein neues Lächeln brachte,
> Und jedes Wort des Liedes
> Weiß ich bis heute noch ...

1. Titel und Zeilen eines Asnyk-Gedichtes (*Pisma*, Bd. I, S. 42).
2. Der Vierzeiler stammt aus Asnyks Poem *Das Publikum und die Dichter* (*Pisma*, Bd. I, S. 11).
3. Titel eines Asnyk-Gedichtes, aus dem auch die im Text folgenden Strophen stammen (*Pisma*, Bd. I, S. 63-67). Vgl. auch S. 108.

Die Mutter sagte dem Dichter weder Freude voraus, noch Glück, noch Fröhlichkeit – sie prophezeite ihm ein trauriges Leben, ein sehr trauriges Leben, Schmerzen, Zweifel, viele Enttäuschungen, doch sie setzte auch hinzu:

Für diese Düsternis des Lebens,
Die schreckliche Nacht der Verzweiflung,
Behalt die Kraft des Geistes
Und des Kindes hellen Blick.
Soll die Erinnerung an die Wiege
Wie Umarmungen der Mutter sein
In dieser Düsternis des Lebens.

Trotz aller bitteren Proben
Sei du immer gut,
Urteile über andere mit Liebe
Und schau voll Hoffnung auf das Grab.
Verliere nicht den kindlichen Glauben,
Laß es dir um dein Geopfertes nicht leid tun
Trotz aller bitteren Proben.

Der Dichter erhielt sich »die Kraft des Geistes und den hellen Blick des Kindes«. Das Echo des mütterlichen Liedes folgte dem Dichter, und der Schmerz verewigt es. Und Asnyk glaubte »an die sonnenhelle Schönheit des Geistes und an die Liebe, die ewig ist«.

Aber vielleicht irrt sich der Dichter? Darf ein Dichter nur »einen kindlichen Glauben« haben? Ist sein Geist nie zerbrochen, hat er nie Augenblicke schrecklicher Zweifel durchlebt, hat er sich nie in diese Abgründe vertieft, wo die ewige Nacht herrscht und die von keinem Stern erhellt wird?

Auf solche Fragen antwortet Asnyk:

Auch wenn du vor Durst sterben solltest, sag nicht,
Daß alle sprudelnden Quellen versiegt sind:
Du hast eine Wüste von Illusionen aus Sand gejagt,
Und bist an dem Bach auf grüner Wiese vorbeigegangen.

Sag nicht! – auch wenn du vor Sehnsucht sterben solltest,
Daß es auf der Welt keine reine Liebe mehr gibt,
Du hast gewiß auf deinem Weg ihren goldenen Glanz verachtet,
Um hinter Irrlichtern herzujagen.

Sag nicht, daß alles, was du im Leben nicht
Gefunden hast, ein trügerischer Traum ist,
Die Quelle reiner Freuden wird anderen rauschen,
Und die Herzen anderer mit ihrer Süße tränken.[1]

Es gab Zeiten, in denen kam es dem Dichter vor, als seien »alle sprudelnden Quellen versiegt«, als »gäbe es keine reine Liebe auf dieser Welt«, doch dann stellte er sich die Frage: Vielleicht sehen andere das, was ich nicht sehe, und er litt und schwieg ...

Auch Asnyk versenkte seinen Blick »in die dunklen Tiefen der lockenden Abgründe«, auch er irrte auf Abwegen, stieg hinab in bodenlose Abgründe, schlug seine Brust blutig »auf seinen mühsamen Wanderungen«, und auch er lenkte seinen Schritt dahin, wo »Nacht, Gefahr und Zweifel wohnen«. Doch er, der Vorreiter, stark an Geist, konnte mutig in die Hölle des Zweifels schreiten, ohne Angst, daß ihn die »höllischen Götter« verführen. Doch – er wendet sich an die Dichter:

Wenn ihr die Mengen führen sollt,
Deren Gedanken bisher in der Tiefe weilten,
Sucht keinen Stolz für euch darin,
Daß ihr durch die Wildnis schreiten könnt;

Führt sie nicht auf abgründige Wege,
Wo zuweilen sogar die Mannhaften wanken,
Und wo dieses müde und kranke Volk
Ein für alle Male von der Hoffnung Abschied nimmt;

Deutet nicht auf diese bodenlose Leere,
Über der der Fuß in der Luft schwebt:
Die Reisenden ertragen diesen Anblick nicht,
Und straflos kann man nicht durch solche Gefilde ziehen.

Doch, wie es die guten Führer tun,
Zeigt ihnen festen Boden unter den Füßen,
Und Halt für die bangen Augen,
Damit auf dem Wege keiner umkommt.[2]

1. Gedicht aus dem *Liederalbum*, welches Asnyk »Frau Maria Tarnowska-Branicka als Grünzweig aus dem Kowieński-Tal« gewidmet hatte (*Pisma*, Bd. III, S. 199).
2. Strophen aus Asnyks Gedicht *Den Führern* (*Pisma*, Bd. II, S. 57); in der vierten Strophe leicht geändert.

»Es gibt Wahrheiten, die der Weise niemandem sagt«[1] – an diese Wahrheit erinnerte sich Asnyk – der Vorreiter und Erzieher. Lebhaft blieb ihm die Warnung im Ohr, die Roza Weneda[2] – den Harfenspielern gab:

Bringt mit euren Händen die schluchzenden Lauten zum Schweigen,
wehrt dem, daß dieses Lied unter die Menschen kommt ...
Wenn ihr dem nicht wehrt – seid ihr verdammt.

* * *

»Dieses Lied« – es ist in dunklen Abgründen geboren, ohne einen leitenden Stern.

Das hundertstrahlige Lied Asnyks ist verstummt,[3] und die Harfe, die noch vom »Echo der Wiege« bebt, ist in die Hände der »Jungen« übergegangen.[4]

Morgen? ... Ich glaube nicht, daß es besser wird,
Und ich beneide die Kinder nicht um diesen Glauben ...
Wozu sich täuschen? Die Erfahrung der Jahrhunderte
Ist düster, traurig, kalt,
Allen Hoffnungen ist auf die Stirn geschrieben:
Tod und Nichts! ... Das hat die Hoffnung getötet ...

....

Doch voran, voran! Macht euch Illusionen ihr Ikaren,
Daß ihr zur Sonne fliegen könnt,
Mit der Menschheit in den eroberten Himmel einziehen,
Und dann – seht wie vergeblich die Opfer waren,
Die Übermacht des Bösen dauert ewig an,
Zweifelt, verzweifelt und vergeht mit einem Fluch,
Denn der Lauf der Menschheit ist nichts anderes
Als die ewig währende Metamorphose des Bösen ...[5]

1. Aus *Sätze und Aphorismen* von Adam Mickiewicz – *Stufen der Wahrheit* (1836):
Es gibt Wahrheiten, die der Weise allen Menschen sagt,
Es gibt solche, die er seinem Volk zuflüstert;
Es gibt jene, die er Freunden zu Hause anvertraut;
Und es gibt auch solche, die er niemandem enthüllen kann.
2. Roza Weneda ist die »unglückliche Volkswahrsagerin« aus Juliusz Słowackis Tragödie *Lilla Weneda* (1840); der Text ist leicht geändert.
3. Adam Asnyk verstarb im Jahre 1879.
4. Gemeint ist: In die Hände der Dichter des »Jungen Polen«. In der Zeitschrift *Głos* (Die Stimme) aus dem Jahre 1902 veröffentlichte Stanisław Brzozowski einen Artikel mit dem Titel *Ihr Jungen*, der eine lebhafte Diskussion auslöste (vgl. *Głos* 1903, Nr. 5).
5. Ausschnitte aus Tetmajers Gedicht *Das Credo.* (Tetmajer, Kazimierz Przerwa: *Poezje II* [Poesie II]. Neue Ausgabe. Warszawa 1898, S. 9-11.)

Es ist eine Illusion, daran zu glauben, daß »ein helles Morgen« in den Seelen und dem Leben der Menschen erglänzt, wenn »die Übermacht des Bösen *ewig währt*«. Es ist eine Illusion, daß die Menschheit »voran und empor« schreitet, wenn »der Lauf der Menschheit nichts anderes ist als die *ewig währende Metamorphose des Bösen*«. Und der Glaube des Dichters, der abwechselnd ohnmächtig ist und aufglänzt, ist nur »ein sonderbarer, mystischer, irrer Wunsch, diesen abscheulichen Klumpen Erde zu schütteln, die ganze Welt, so wie sie ist, in die Arme zu nehmen, sie aus den Grundmauern zu heben, und sie auf irgendwelchen neuen Rädern zu bewegen, denn diejenigen, auf denen sie sich jetzt wälzt, schwimmen in Tränen und waten im Blut«. Aber auch diese »neuen Räder« werden schlecht sein: Es wird neue Krankheiten, neue Arzneien und Heilmittel, neue Kämpfe, Unbill, Leiden geben. Eine brutale Kraft regiert die Welt. Der Haß ist der Hebel der Welt. Das Königreich der Liebe kann man finden, wenn der Haß »das Tier im Menschen töten kann«. Das ist das »Credo« von Tetmajer.

Neben dem »Tierischen« sieht Tetmajer in der menschlichen Seele nicht das, was »in Kummer und Übersättigung« nach einem würdigerem Leben ruft. Er sieht nicht »diese lichten Gestalten, mit denen die Welt erfüllt ist«. Er sieht nur Bosheit und Niedertracht. Warum?

Hier sind drei seiner Gründe:

Meine Seele, die mehr in ihrem Innern schafft,
Als sie von außen nimmt – sie sinkt immer tiefer
In bodenlose Tiefen, immer weitere Sümpfe
Sieht sie vor sich, dumpf und ohne Sonnenaufgang.[1]

Dieses Bekenntnis erklärt uns, warum er viel Gutes nicht hat wahrnehmen können, wenn er mehr »in seinem Inneren« schafft als das Gute schaffend aus der gewissenhaften Betrachtung des Lebens und der Seelen verschiedenster Menschen zu schöpfen. – Aber die Dichter, die in den Höhen schweben, können in der Regel wenig Einblick in das nehmen, was ihnen aus der Höhe klein erscheint. Ein anderes Bekenntnis erklärt uns das noch besser, denn hier sagt der Dichter, der die Melancholie »die Seele seiner Seele«[2] nennt, folgendes:

Und alle Taten der Welt muß ich
Durch deinen Schleier sehen, bis ich die Augen erschöpft
Mit ihren Lidern bedecke und den erschöpften Kopf
In deinen schweigenden, nebligen Schoß lege …

1. Eine Strophe aus Tetmajers Gedicht *Meine Seele, die mehr in ihrem Innern schafft …* (*Poezje I.* Zweite Auflage 1900, S. 83).
2. So bezeichnet Tetmajer die Melancholie in seinem Gedicht *Oh Melancholie …*, aus dem auch die im Text folgende Strophe stammt (*Poezje IV.* 1900, S. 150).

Also muß dieser Ort, den sich seine Seele »von außen nimmt«, durch den Schleier der Melancholie dringen. – Aber auch dann müßte sich doch wenigstens ein Strahl von jener Güte der Sonne in die Seele des Dichters stehlen können, die Asnyks Harfe mit ihren Strahlen beleuchtete. Es ist doch unmöglich, daß der Dichter nichts Helles wahrgenommen hat. Und Tetmajer gibt zu, daß er Brüderlichkeit und Liebe und Hingabe und Glauben sieht, aber daß ihm die Ironie diese Erhabenheit der Seelen – widerwärtig macht.

So spricht die *Ironie*[1] zu dem Dichter:

Jeden Gedanken in dir, jeden Wunsch töte ab,
Jede Regung in dir, jede Tat zerbrich,
Ich bin dein Fluch und deine Lebensniederlage ...

....

Liebe, Brüderlichkeit, Hingabe, Glauben,
Edle Mannhaftigkeit und reines Opfer:
Alles, was die Seele an Erhabenem nennt,
Ich drücke ihm für dich mein Schreckenssiegel auf,
Und das, was als Schönheit erscheinen sollte,
Wird häßlich und ein Greuel.

Nicht ein einziger Lichtstrahl kann von außen in die Seele des Dichters dringen, die in den dichten Schleier der Melancholie gehüllt ist, den die Ironie in ihren giftigen, beißenden Dünsten fängt. Es bleibt nur die eine Hoffnung, daß diese giftigen Dünste der Ironie und der Nebel der Melancholie nicht das Ergebnis der Seele selbst sind, daß sie sie nur übernommen hat. Denn die Seele kann aus sich selbst heraus einen solchen Vorrat an Licht, Wärme und Kraft schaffen, daß sie durch ihr eigenes Licht leuchtet und mit der Zeit den Nebel und die Dünste vertreibt ...

Drei Schwestern waren da, drei Schwestern wie Psyche,
Zart, hell, schüchtern und still:
Glaube, Hoffnung und Liebe sind ihre Namen –
Zwei von ihnen sind gestorben, und über ihnen die dritte,
Die Liebe, in stummem Schmerz, mit ringenden Händen,
Wie zur Säule erstarrt.[2]

1. Titel eines Gedichts von Tetmajer. Es folgen Strophen aus diesem Gedicht (*Poezje IV.* S. 11-13; die vorletzte Zeile lautet im Original: »und das, was dir als Schönheit erschien«).
2. Letzte Strophe eines Sonetts aus *Der Todesengel* (*Poezje III.* Zweite Auflage 1900, S. 209).

Zwei große Herde von Licht und Wärme sind also erloschen, einer ist geblieben – die Liebe. Und verzweifelt ringt dieses Feuer der Liebe mit der Dunkelheit, die die Seele des Dichters umgibt, mit der vergiftenden Atmosphäre von Ironie und Unglauben. Und diese Dunkelheit ist groß.

Die Seele des Dichters – das ist ein weiter Raum, reich an »Nebelschleiern, Talkesseln und Gipfeln«, da ist ein »Königssee«, eine »große Wüstenei«, ein »Zauberwald«, der »mystische Fluß«. Jedoch der Herd der Liebe, der von keinem Strahl von außen genährt wird, kann dieses Dunkel nicht zerstreuen.

Und so sehen wir in Tetmajers Dichtung eine ganze Welt im Licht der Blitze eines Kultes für die Kunst und einen Scheiterhaufen für die Opferdarbringung – für die Liebe. Außerdem sehen wir nur, daß alles schlecht und zersetzend ist, was entstellt, kriecht und zerfällt in Dunkel und Stickigkeit, und ... wir sehen das Blut eines großen Schmerzes. Doch Tetmajer beschreibt jede Felsspalte, jeden Winkel dieser dunkelsten Seele einzeln, er führt den Leser dahin, »wo selbst die Mannhaften wanken«.

In Asnyks Seele brannten die drei großen Feuer Glaube, Liebe, Hoffnung mit der ganzen Fülle ihres Lichtes, und von außen drangen die Strahlen in starkem Strom in seine Seele, und dennoch fürchtete er sich, jene in die dunkelsten Gänge seiner Seele zu führen, – »deren Gedanken bisher niedrig waren«. Tetmajer kennt eine solche Angst nicht, er achtet nicht darauf, »daß auf dem Wege keiner umkommt«. Und je nach dem, ob er uns seinem Feuer der Liebe für die Menschen näherbringt oder uns davon entfernt, je nach dem, ob dieses Feuer mit einer stärkeren Flamme brennt (was selten der Fall ist) oder bleich durch die giftigen Dünste schimmert – treffen wir in seinem Werk auf die unterschiedlichsten Gedanken und Ansichten. Von den erhabenen Aufwallungen gehen wir zu den zynischsten Gefühlen über, von tiefem Schmerz zu einer sträflichen Gleichgültigkeit gegenüber Gut und Böse, von Adlerflügen zum Kriechen am Boden, von hochtönenden Bekenntnissen zu gedankenlosen Ansichten, von maßlosem Hochmut zu kindlicher Ratlosigkeit.

Der Leitfaden in diesem Labyrinth der Widersprüchlichkeiten sind seine *Präludien*[1]. Sie lassen sich auf folgende Weise zusammenfassen:

1. Den Titel *Präludien* trägt Tetmajers Zyklus von vierzig reflexiven lyrischen Gedichten, die zum ersten Mal zusammen im Band *Poezje II*, Kraków 1894, erschienen sind und Ferdynand Hoesick gewidmet wurden. Ferdynand Wilhelm Hoesick (1835-1900) war Buchhändler und Herausgeber in Warschau; seit 1868 leitete er einen bekannten und populären Verlag; in den Jahren 1900-1913 wurde die Firma von seinem Sohn Ferdynand Hoesick (1867-1914), Biograph und Publizist, geleitet; er ist u.a. Autor von *Das Leben des Juliusz Słowacki* (Band 1-3, 1896-1897) und *Die Liebe im Leben von Zygmunt Krasiński* (Band 1-2, 1899); Hoesicks Firma existierte bis Juni 1940.

Das Leben hat aus der Seele des Dichters den Glauben an »gute Götter in einer gewaltigen das Leben beherbergenden Kirche ...«, verjagt. Wenn er auf die Not der Menschen, der Pflanzen und Tiere schaut, herrscht »Schmerz, Angst und Ratlosigkeit«. Das Leben flößt tropfenweise Gift in seine Adern ein. Ihn und die ganze Welt beherrscht allein die Unbedingtheit. – Er ist allein in seinem vereinsamten Schmerz. Die Seele irrt in der Grenzenlosigkeit, erhebt sich in die Unendlichkeit, um ihr eigenes, elendes Dasein zu vergessen.

Wenn wir unseren Blick in uns selbst vertiefen, dann gelangen wir zu der Überzeugung, daß uns eigentlich »nichts etwas angeht, und alles und jedes ist nichts wert, wir fühlen nichts als Ermattung, nichts als Ironie, Verachtung und Abscheu.« – Ist es angesichts dessen denn wert zu leben? Vielleicht sollte man besser sterben? Ja, ja, sterben, um nichts zu sehen und nichts zu denken. »Und ich möchte nur, wenn die Zeit dafür kommt, direkt ins Angesicht des Todes schauen, Mut haben, verfluchen, vergessen.« Er sah auch die reinen Quellen, aber es war zu spät: »Bevor ich die reine, frische Quelle erreichen konnte, hatte ich in den faulenden, übelriechenden Abgrund geblickt.« Der Abscheu vor dem Leben vergiftet und erstickt ihn, und »ich habe kein Erbarmen und keine Liebe mehr im Herzen, ich verachte und hasse mit meiner ganzen Seele.« Der Dichter hat nur ein Verlangen. »Ich habe nur das eine Verlangen nach Lust.« Was für eine Lust ist das? »Auf deine volle Brust werfe ich meinen Mund, die Formen deiner vollen Hüften liebkose ich gierig. Verbrenn mich, in deiner Umarmung! Allein die Lust hat wirklich noch einen Zauber für mich. Und mich reizt nichts mehr, und wenn ich mich in die Reihen der Kämpfenden stelle, dann nur deshalb, damit ich der hungrigen Hydra meinen Stolz wie Aas vorwerfen kann, zur Beute.« Nein, das ist nicht die Wahrheit, er will nur seinen Schmerz betäuben, mit Hohn will er ihn bedecken. Er hat »das ganze Elend der menschlichen Existenz« begriffen und hat die »ganze Niedertracht der Hoffnung« überstanden. Er will von den Menschen flüchten, er verlangt danach, aber er kann es nicht, »das Herz zieht zu den Menschen hin« – und wieder wird er fortgestoßen. Traurig! So früh mußte er »die Urne seiner Wünsche« in den Staub schleudern. Sein Herz vergeht vor Schmerz. Und dann erscheint ein irrwitziges Verlangen, ein unbesiegbares Bedürfnis nach Drängen, Brechen, Schlagen, nach »Fluch und Vernichtung«. – Und wieder Erschöpfung, Ruhe, Halbschlaf. Ein Aufbegehren von Eifer, und wieder Enttäuschung ... Wo sind diese Kinderjahre, verbunden mit dem Rauschen der Tatrawälder? Die Jugend ist vergangen, der Tod nähert sich, und bevor er kommt, soll ein Mädchen ihre Lippen geben. Da kommt sie ... nein, sie ist vorbeigegangen und verschwunden. Oh, schmutzige Welt. Aber vielleicht gibt es »eine andere Welt, eine reinere und schönere Welt, und nur mir bleiben die Tore dazu verschlossen?« – Nein, nein, es gibt sie nicht ... Nicht ein Herz, das sich nach ihm sehnen würde, das im Schlaf von ihm träumen würde. Also, verende, Herz. »Schlaf, ohne aufzuwachen für den Schmerz, der zu tot ist, für die Klage, die zu stolz ist.«

So viele Zaudereien und Widersprüchlichkeiten wie hier sind, finden sich in allen Gedichten Tetmajers. Mal liebt er, mal haßt er, dann ist ihm wieder alles gleichgültig. Mal begehrt er nichts, dann begehrt er den Körper einer Frau, dann wieder begehrt er nur die reine Liebe. Und über dem allen steigt ein krankhafter Nebel auf, Dünste des Mystizismus, die Ausgeburten einer kranken Seele. Dieser Glaube an die Unbedingtheit, dieses Begehren von Nirwana[1], diese konvulsivischen Ausbrüche – die den Leser in einen ausweglosen Zirkel der Gedanken und der Gefühle ziehen; eine so schwindelnde Lyrik, so narkotisch, so offen bis zum Zynismus, und so krankhaft – die hat die polnische Literatur vor Tetmajer nie gehabt.

Tetmajer schafft immer weiter, und mir scheint, daß in seinem letzten Band[2] die Saiten seiner Harfe etwas reiner klingen. Ich hoffe, ich irre mich nicht.

* * *

Welchen Einfluß hat Asnyks Dichtung ausgeübt, was hat uns Tetmajers poetisches Wirken gebracht?

»Der Schriftsteller«, sagt Matlakowski*, »teilt sein Bewußtsein in Stücke ein, in seine bereits fertigen Gedanken. Allmählich, Tropfen für Tropfen, suggeriert er, stößt er an, kitzelt er das Gehirn des Lesers vom Unwillen fort; später trägt er ihm etwas vor, dann überlegt er mit ihm, beobachtet, dann bringt er ihm Beweise, überzeugt ihn, und auf diese Weise läßt er seine Sichtweise in ihn einfließen, er impft ihm seine Überzeugungen ein, stellt ihm sein Bewußtsein dar, seine Sicht. Nur der selbständige Leser, der kritisch ist und in Geist und Handeln gewandt und tüchtig, in der Beobachtung, im Schlußfolgern und Urteilen geschult, läßt sich nicht fangen wie ein Fisch ins Netz. Er achtet und bewundert die künstlerische Arbeit, bestaunt die ausgefeilte Ausarbeitung, die unübertroffene Subtilität, Treffsicherheit und Zuverlässigkeit der Beobachtungen, die tiefe Kenntnis der Seele und ihrer Angelegenheiten,

1. (sanskr.): »Erlöschen, Verwehen«; einer der grundlegenden Begriffe in der Religion und Philosophie des Buddhismus; Zustand, in dem das individuelle Dasein, alle Bedürfnisse und Triebe, einer völligen, seligen Ruhe weichen. Nirwana war einer der wesentlichen Begriffe in Tetmajers populärer Lyrik. Verbreitet wurde die Nirwana-Vorstellung auch über die Philosophie Arthur Schopenhauers (1788-1860).
2. Im Jahre 1900 wurde Tetmajers *Poezje IV.* herausgegeben.

* Władysław Matlakowski. Einführung zur Übersetzung von *Hamlet.* [Anm. d. Aut.]

aber er hütet sich, ohne Begründung die Grundsätze und Gedanken der dargestellten Helden zu übernehmen; gewiß widerspricht seine eigene Lebenserfahrung und seine Philosophie den vermittelten Ansichten.«

Ich habe diesen Abschnitt nicht deshalb ausgewählt, weil er etwas Neues und Unbekanntes zum Ausdruck bringt, sondern weil er treffend die Stellung des Schriftstellers definiert und besonders die des Dichters und seiner Zöglinge im genauen Sinne des Wortes.

Danach sind Asnyk und Tetmajer Erzieher. Ihre Schüler sind die Leser all ihrer Werke oder einzelner Verse.

Und wer aber sind diese Leser?

Sie teilen sich in zwei Gruppen ein: diejenigen, die ein selbständiges Urteil haben und diejenigen, die dazu neigen, ihnen aufgedrängte Gedanken zu übernehmen. Also: Gelehrte, sozial Tätige, »weiße Neger« der Brotarbeit, Künstler, Frauen, die »goldene« und die echte Jugend mit heißem Herzen und lebhafter Phantasie.

Für den Gelehrten kann Asnyks Dichtung eine Erholung nach der Arbeit sein, sie kann Genuß für den erschöpften Geist sein. Tetmajers Dichtung ist nicht für Gelehrte, wenn er* sagt: »Die Erkenntnis verwandelt Blut in Staub und Abschaum, Gift spritzt sie in jedes Atom der Seele«, wenn er ruft: »Fort mit dir, Erkenntnis, fort mit dir, Wissen« oder etwas anderes in dieser Art, dann können diese Worte im Gelehrten nur Widerwillen wecken. Und er wird erwidern, die Künstler seien »zu wenig gelehrt, um zu wissen, wie hoch der Zuverlässigkeitsgrad einer aufgestellten Behauptung ist, zu wenig hellsichtig, um ihre schwachen Seiten zu ahnen, daß sich die Künstler mit der Blindheit eines Nachtfalters, der in die Lampe fliegt, kritiklos von den letzten Ergebnissen blenden lassen, daß sie ohne Vorbehalte die Theorie des groben Materialismus übernehmen, daß sie dem Pessimismus verfallen. Ihn muß es betrüben, daß sie es wagen, im Namen einer Wissenschaft, die sie nicht kennen, »sich an die Menge zu wenden, um ihre Entscheidungen und ihr Urteil auf den Plätzen und an den Straßenecken herausschreien.« Ihn muß es schließlich belustigen, daß »die Künstler mit ihrer kindischen Unzufriedenheit und Unerfülltheit ihre Bitterkeit gegen die Wissenschaft gelenkt haben, weil sie nicht ihre Erwartungen, nicht ihre Aspirationen erfüllt habe.« Und ohne Schaden für sein geistiges Ich kehrt der Gelehrte zum Mikroskop, zur Retorte oder zum Fernrohr zurück.

Der sozial Tätige schöpft aus Asnyks Dichtung neue Kraft für die Arbeit, er wärmt seine bekümmerte Seele an ihren Strahlen, seinen Glauben bekräftigt der Dichter mit starken Worten, er kräftigt die Hoffnung und vertieft die Liebe. Tetmajers Dichtung ist nicht für sozial

* Matlakowski, s.o. [Anm. d. Aut.].

Tätige. Wenn er ruft: »Seelenlose, dunkle, gedankenlose Menschheit« oder »Fälschung, Haß, Niedrigkeit, Niedertracht, Dummheit – das sind die Klippen« usw. oder »Ich habe Abscheu vor allem Handeln, ich scheue zurück vor jeglichem Eifer«, dann muß der sozial Tätige diese Seiten betrübt zuklappen, auf denen sich in klangvollen Worten so seltsam klanglose Gedanken drängen; er begreift, daß der Dichter an einem schweren Daltonismus[1] erkrankt ist, daß er nicht verstehen will oder kann, daß die Menschen nur sehr unglücklich und gebrechlich sind und daß außerdem die Welt in dieses »Band der Fehler, Kämpfe und Tränen das edle Streben webt«. Und dieses Nirwana oder, was noch schlimmer ist, dieser ausschweifende Wahn müssen in ihm Abscheu erwecken. Er versteht, daß die Worte des Dichters nicht sein »Credo« sind, aber die schwierigen und schädlichen Sätze sind da, sie existieren. Und ohne Schaden für seine Seele kehrt der sozial Tätige zu seiner Arbeit zurück – zu den Menschen. Und der »weiße Neger«, der Vater einer Familie, sucht Begeisterung, Anregung und Hilfe in der Dichtung. Asnyk kann auch ihm Freund und Betreuer sein. Tetmajer wird er entweder gar nicht verstehen oder er kommt ihm unglaubwürdig vor. Er beginnt, in Gedanken das Gewebe seines vergangenen Lebens zu zerreißen, er betrachtet jeden Faden einzeln und wird sich davon überzeugen, daß es fast genauso viele helle Fäden gibt wie dunkle, und sie fügen sich zu einem Ganzen zusammen, das nicht schwarz ist, sondern höchstens grau. Es kommt ihm nicht glaubhaft vor, daß das Leben ein »Gespenst« sein soll, das »Blut trinkt und Gift saugt«.

Die Künstler und literarischen Feinschmecker suchen Phantasie und Form in der Dichtung, und der Sinn beschäftigt sie nur insofern, daß er als ein sehr blasser Schatten, ein Splitter der »nackten« Seele[2] erscheint. Und sie werden entweder beide Dichter gleichermaßen schätzen oder den einen oder anderen vorziehen. – Die Frauen in ihren mystischen Boudoirs berauschen sich an Tetmajer und finden viel »Neues« in ihm. – Die »goldene« Jugend natürlich begeistert sich für Tetmajer, zieht sogar Zitate aus seinen Werken heran, um eine Rechtfertigung für ihre sträfliche Faulheit, ihre Gedankenlosigkeit und ihren Mißbrauch vorzubringen – ihnen verdankt Tetmajer seine Zuordnung, die so viel wiederholt wird, daß er nun nicht als Dichter hoffnungsloser Traurigkeit und Liebe gilt, sondern als Dichter der Ausschweifung und Abartigkeit; diese Verehrer Tetmajers sind seine eigentlichen Feinde.

1. Nach dem Physiker John Dalton (1766-1844). Rot-Grün-Fehlsichtigkeit; angeborene Farbenblindheit.
2. Anspielung auf den jungpolnischen Kult der »nackten Seele«; grundlegender Begriff in den Auffassungen von Stanisław Przybyszewski (1868-1927), der sich auf die geheimnisvolle Sphäre des Unterbewußten bezieht; vgl. z.B. ders.: *De profundis* (1895), *Confiteor* (1899), *Na drogach Duszy* (Auf den Pfaden der Seele; 1900).

Und schließlich die Jugend. Ein Zittern überläuft uns bei dem Gedanken, daß diese schön eingebundenen Bändchen, die so gezielt als Namenstagsgeschenk hergestellt zu sein scheinen – in die Hände eines Jungen oder Mädchen gelangen können – und gelangen. Täuschen wir uns nicht, versuchen wir es nicht mit kalter Sophisterei zu übertünchen. Ja, Tetmajer schreibt nicht für Pensionatsmädchen und Gymnasiasten, das weiß ich, aber einzelne Gedichte aus seinen Büchern oder ganze Bände geraten in die Hände der Jugendlichen. Und die jungen Dichter, sind sie nicht selbst Jünglinge? – Ich weiß, daß es schon vor Tetmajer eine ungesunde Strömung gegeben hat, aber Tetmajer hat sie vertieft, erweitert, sie gekonnt gekräftigt. Ich weiß, daß ich meinen Gegnern (wenn sie sich gegen mich aussprechen wollen) eine Waffe gegen mich in die Hand gebe, aber das kann mich nicht davon zurückhalten, meine Meinung auszusprechen: Der Schaden, den uns Tetmajer zugefügt hat, ist sehr groß und nicht zu verzeihen. Allen, die aus seinen Gedichten ihre Weltanschauung schöpfen werden, die von seinen Tönen betäubt, traurig fragen: »Ist das Leben wirklich so schrecklich, die Menschen so niederträchtig, die Welt so schmutzig und die Zukunft so hoffnungslos?« – all diesen hat Tetmajer einen nicht wieder gut zu machenden Schaden zugefügt, er hat sie angesteckt und vielleicht viele getötet. Deshalb ist es nicht verwunderlich, daß es »kein einziges Lager gibt, in dem man nicht früher oder später sein Mißfallen über den Autor ausgedrückt hat oder ihn sogar mit dem Anathema[1] belegt hat, wie Tetmajer selbst feststellt. Jeder, der den Einfluß der Muse Tetmajers beobachtet oder sogar in sich selbst festgestellt und sich wie durch ein Wunder diesem Einfluß entzogen hat, muß ihm gegenüber einen großen und begründeten Zorn empfinden. Und es ist nicht verwunderlich, daß er trotzdem noch »lebt«, denn er hat Bewunderer unter jenen, die mit ihm Ausflüge in »bodenlose Abgründe« machen wollen und können, und die sich nicht nach denen umsehen, die dieser rücksichtslose Führer »in den Untergang bringt«, und dieser Handvoll Bewunderer folgt eine ganze Schafherde, hypnotisiert und trunken. Die Prophezeiung von Roza Weneda geht in Erfüllung[2]: Einen Dichter, der möchte, daß seine Dichtung »Schild und Brot ist«, nennen sie dann einen Schädling, wenn er nicht »mit seinen Händen die schluchzende Laute zum Schweigen bringen« will oder kann, weil er vergessen hat, daß man nicht dorthin die Scharen führen darf, »wo zuweilen sogar die Mannhaften wanken«, wo der Dichter selbst seinen »Weg verliert«.

Janusz Korczak

Aus: *Wędrowiec* (Der Wanderer), Nr. 31-33 (3.8.-17.8.1901), S. 606, 638f, 649, 652.

1. (gr.-lat.): Verfluchung, Kirchenbann.
2. Vgl. S. 115.

Das Wort und das Leben

Wenn man täglich das Entstehen neuer Wohltätigkeitsinstitutionen betrachtet, wenn man ständig neuen Namen auf der Liste der großzügigen Spender begegnet, wenn bedeutende Hinterlassenschaften zu wohltätigen Zwecken eine immer häufigere Erscheinung sind, die Zahl der Mitglieder der Gesellschaften zur Hilfe der Armen ständig wächst, die Spenden, die bei dieser oder jener Gelegenheit aufgebracht werden, immer reichlicher in den Redaktionen von Zeitschriften und bei den Verwaltungen der einzelnen Institutionen eingehen – wenn man das alles sieht, muß man es schließlich für verbürgt halten, daß die Spendenbereitschaft der Allgemeinheit mit jedem Tag größer wird, daß die altruistischen Gefühle immer weitere Kreise ziehen, daß sich eine starke und mitreißende Tendenz dieser Richtung entwickelt hat.

Wenn wir aber tiefer in diese Strömung Einblick nehmen, wenn man sich das Leben dieser oder jener Institution näher ansieht, wenn man auf die Frage Antwort geben will, ob die Resultate den Anstrengungen entsprechen, welchen Nutzen die Spenden bringen, ob sie nicht größeren Nutzen bringen könnten und unter welchen Bedingungen das eintreten könnte, dann kommt man zu der Überzeugung, daß viel von dem besten Willen verschwendet wird, man trifft im Handeln auf viele große Hindernisse, die an einer mangelnden Opferbereitschaft nicht im Bereich des Geldes, sondern der Tat liegen, die nicht in einem Mangel an Gold, sondern einem Mangel an Menschen begründet sind, der durch den allgemeinen Unwillen begründet ist, vom eigenen Leben zu opfern anstelle vom Vermögen.

Doch das ist nicht nur bei uns der Fall, sondern auf der ganzen Welt so; die Überzeugung, daß von dem Rubel, der in die Kasse gelegt wird, kaum eine Kopeke ihr Ziel erreicht, also in die Hände der wirklich Bedürftigen gerät, das ist ins populäre Sprichwortgut eingegangen. Paris wirft Jahr für Jahr Millionen in den Schmutz, es füttert Hunderte von Faulenzern und Halsabschneidern, während Hunderte von wirklich Armen an Hunger und Ermattung zugrunde gehen.*

Es gibt zwei Gründe für diese Erscheinung: Erstens sind die bezahlten Angestellten der Wohltätigkeitseinrichtungen nicht immer ehrlich, und ganz selten nur sind sie sich des Ernstes der Verpflichtung bewußt, die auf ihnen lastet; das Gefühl dieser Wahrheit, daß jeder Groschen,

* *Paris qui mendie* par Paulian [Anm. d. Aut.].
Ein von der Französischen Akademie ausgezeichnetes Werk. Paulian, Louis: *Paris qui mendie. Mal et remede* (Paris, das bettelt. Das Übel und dessen Vorbeugung; 1893). L. Paulian war Sekretär und Redakteur des Abgeordnetenhauses und Mitglied des Oberrats der Gefängnisse.

der in ihre Hände fällt, heilig ist (und heilig nenne ich das hier keineswegs im schönrednerischen und metaphorischen Sinne); zweitens gibt es in den trüben Wassern der Stadt Hunderte von Familien, die sich darauf spezialisieren, die Hüter der Truhen mit den öffentlichen Geldern zu betrügen und es darin zu einer wahren Meisterschaft gebracht haben – hervorragend spielen sie den Kranken, borgen sich Kinder, räumen ihre Einrichtungsgegenstände aus der Wohnung, bevor die barmherzige Schwester zu ihnen zu Besuch kommt, usw.

Ich würde diese Frage nicht in einer pädagogischen Zeitschrift ansprechen, wenn ich nicht davon überzeugt wäre, daß die Art und Weise, wie Kindern altruistische Gefühle vermittelt werden, den gegenwärtigen Stand der Dinge noch begünstigt ...

Woher soll ein Kind und später ein Jugendlicher das Gefühl der Liebe gegenüber den unglücklichen Nächsten hernehmen?

Aus Gebeten und Büchern, fast niemals aus der unmittelbaren Beobachtung des Lebens. Und die Religion selbst und die Bücher lehren nur, Mitgefühl zu haben und zu lieben, in keinem Fall aber, diese Not genau zu kennen und die Aufwallungen des Herzen geschickt zu lenken.

Das Gebet lehrt nicht, daß oft Unbildung mit der Not verbunden ist und Unbildung oft mit Untergang, es lehrt nicht die Psychologie des Notleidenden, es impft nicht die Überzeugung ein, daß die edle Not stolz ist und sich verbirgt, an Hunger stirbt und die Hand nicht ausstreckt. Weder die Geschichtchen, mit denen wir unsere Kinder von den jüngsten Jahren an füttern, noch die Romane für Erwachsene stellen eine Bekanntschaft mit der Seele des »Pöbels« her, sie lehren nicht, dafür zu arbeiten, die Wahrheit von der Lüge zu unterscheiden: Das lehrt nur die unmittelbare Erfahrung. Das Wort kann hier ganz entschieden nicht das Bild des Lebens selbst ersetzen.

Der Jugendliche, in dessen Vorstellung jeder Bettler der ärmste ist und am meisten Hilfe braucht, wird in seinem Leben mit einem Herzen in die Welt gehen, das gegenüber jeder Klage und jeder Bitte offen ist, und gleich zu Anfang wird er eine Enttäuschung erleben.

Hier sind Beispiele aus dem Leben:

Einem Schüler der fünften Klasse nähert sich auf der Straße ein arm gekleideter Mann und sagt: »Bitte, mein Herr, ich schäme mich wirklich, aber was soll ich tun – Sie sind jung, vielleicht verstehen Sie mich ...«

Mit Hilfe seiner Vorstellungskraft hat der Junge sogleich eine ganze Tragödie gezeichnet.

»Was ... was möchten Sie?«

»Ich habe meine Frau und sechs Kinder in Włocławek zurückgelassen, ich bin allein hierhergekommen, weil ich dachte, in Warschau werde ich schneller Arbeit finden. Ich bin Gärtner. Aber ... schon zwei Tage lang habe ich nichts mehr zu beißen; ich habe kein Geld für die Reise, die letzten drei Kopeken habe ich für einen Brief an meine Frau ausgegeben, ich habe keine Antwort bekommen, ich weiß nicht, was das zu bedeuten hat ...«

Die Bitte bleibt nicht ohne Echo. Der Junge errötet und gibt ihm seine Kupferpfennige, dabei zittert er innerlich vor Furcht, der Mann könne darüber beleidigt sein.

Der Gärtner ist nicht nur nicht beleidigt, er erzählt ihm sogar einige Wochen später dieselbe Geschichte Wort für Wort noch einmal.

Ein zweites Beispiel:

Im Sächsischen Garten setzt sich ein Mann fortgeschrittenen Alters auf die Bank zu einem Studenten, der sich von seien Prüfungen ausruht, und erzählt ihm die Geschichte seines Lebens, die voll der romantischsten Abenteuer ist: Einst war er ein Grundbesitzer, jetzt hat er keinerlei Eigentum mehr, er möge das verstehen, er kann nichts bekommen ...

»Heute bin ich an der Ecke Marszałkowska- und Złota-Straße vor Erschöpfung ohnmächtig geworden«, sagt er zum Schluß. »Man hat mich in eine Apotheke getragen und mir Tropfen gegeben. Ja, die Haut hat sich schon von meinen Lippen und der Zunge geschält, aber es hat mich etwas gestärkt. Drei Tage lang habe ich keinen Bissen im Mund gehabt ...«

Im nächsten Jahr erzählt derselbe Bettler genau dieselbe Geschichte. Nicht einmal den Ort des Sturzes und den Namen des Apothekers ändert er.

»Sie haben mir im letzten Jahr dasselbe erzählt«, beschließt der Junge nach einem inneren Kampf zu bemerken.

»Was meinen Sie denn, darf man nicht zweimal an der selben Stelle ohnmächtig werden?« fragt der Bettler zynisch und geht davon.

Wie wimmelte es von solchen Episoden in den Anfängen der philanthropischen Praxis!

Also bleibt nichts anderes übrig, als jedes Jahr in der Redaktion für eine glückliche Beförderung ein paar Rubel zusammenzulegen, später legt man »anstelle eines Kranzes«, »anstelle von Neujahrsgrüßen« etwas zusammen, später tanzt man auf »Wohltätigkeitsbällen«, geht auf »wohltätige« Vergnügungen und Konzerte, und schließlich, nach einem recht langen Leben, vermacht man eine mehr oder weniger große Summe. Im besten Falle ist man von Zeit zu Zeit auf den Versammlungen dieser oder jener Gesellschaft, nimmt an der Austeilung der »Gaben« im Heim, in der Nähstube oder dem Hort teil, und damit hat es sich.

So muß es sein und so ist es.

Die Erziehung darf die Not nicht idealisieren, sie darf sie dem Kind nicht als etwas zeigen, das zwar des Mitgefühls bedarf, aber etwas grenzenlos Fernes und Fremdes ist. Das Kind muß die Not von nahem sehen.

Hier sind einige praktische Ratschläge:

Die Rubel, die wir zur Linderung der Not bestimmt haben, soll ein Junge oder ein Mädchen zu einer Familie bringen, die von dem Informationsbüro für außergewöhnliche Notfälle[1] empfohlen worden ist. Die Adressen findet man in der Tagespresse abgedruckt. Man sollte eine Familie wählen, die so weit wie möglich von der Innenstadt entfernt lebt. Das Kind wird nicht nur diese eine Familie kennenlernen, sondern auch die ganze ihm fremde Umgebung, es wird lernen, mit diesen Menschen zu sprechen, zu erfragen, was ihnen fehlt. Am Anfang wird es etwas holperig gehen, später wird das Fragen schon leichtfallen: Was der Mann war oder ist, wieviel er täglich verdient, wie viele Kinder da sind, wo sie zur Schule gehen, ob die Familie eine Unterstützung erhält, woher und in welcher Form usw. Ein kleiner Vermerk: Den Weg dorthin sollte man zu Fuß zurücklegen und nicht mit der Droschke: Das Kind soll sich unterwegs das wechselnde Panorama anschauen und – ich bitte um Verzeihung für meine persönliche Beurteilung – ich habe eine starke Abneigung vor der Wohltätigkeit »auf Gummirädern«.

Weiterhin: Wenn ein Kind einen Hort besucht, soll es lernen, mit den Kindern dort zu sprechen.

Es soll wenigstens einmal einen Krankenhaussaal besuchen. Die Gelegenheit dazu wird sich ergeben, wenn das Dienstmädchen erkrankt oder die Näherin oder die Hausmeisterin oder ihr Kind. Es sollte eine Flasche Rotwein mitbringen, eine Orange und vielleicht alte Zeitungen zum Lesen.

Das Kind sollte zugegen sein, wenn die Schar der armen Kinder in die Sommerkolonie fährt. Es soll die Werkstatt eines Handwerkers besuchen und nach dem Zweck und der Bedeutung des Handwerksgerätes fragen. Es soll einmal im Winter ganz früh aufstehen, zum Beispiel um sechs Uhr, um zu sehen, wie die Menschen, vor Kälte zitternd, zur Arbeit eilen.

Wenn die Wohltätigkeit nicht aus Buch- und Papiergefühlen strömte, die man in der Kindheit empfängt, dann gäbe es vielleicht mehr Opferbereitschaft zur Tat, und es wären nicht überall Klagen darüber zu hören, daß es an Menschen für diese Arbeit mangelt. Vielleicht meldeten sich dann unbezahlte Aufseherinnen und Aufseher für die Kinder, die in die Sommerkolonie geschickt werden; vielleicht gäbe es mehr Betreuer, die dem Leben in den Horten und Heimen wirklich hingegeben sind; vielleicht nähme die Jugend die Pflicht auf sich, beispielsweise beim Austeilen in den Küchen auf Rädern Dienst zu tun. Oft sind die Mittel da, der gute Wille, aber es fehlt an Menschen.

Doch aus den Kindern, die unmittelbar mit der Not bekannt gemacht worden sind, werden Menschen ...

Janusz Korczak

Aus: *Przegląd Pedagogiczny* (Pädagogische Rundschau), Nr. 2 (6.1.1901), S. 18.

1. Vgl. S. 106, Anm. 1.

Das Stadium der Reife

Weiße Wolken ziehen über den Himmel. Die Wolken bilden Eispaläste, Greisenhäupter mit langen weißen Bärten, sonderbare geflügelte Tiere.

Janek betrachtet den Himmel, die Wolken und die sonderbaren Bilder, die die Wolken formen, und plötzlich stellt er eine Frage: »Mama, Anielka ist doch ein schöner Name, nicht wahr?«

»Ja, er ist schön«, sagt die Mutter unwillig. »Warum?«

»Nur so«, sagt Janek mit lustloser Stimme.

Wenn seine Mama anders wäre – er weiß selbst nicht wie, aber anders – dann würde er, Janek, ihr viele Dinge erzählen, er würde ihr seine Gedanken anvertrauen, seine sonderbaren Ahnungen, seine großen Geheimnisse, und er würde seine Mutter nach vielem fragen. Aber so ...

Janek betrachtet die Wolken und wünscht sich, er könnte sich bei jemandem aussprechen, sogar ausweinen, denn ihm ist so traurig und wehmütig zumute. Und er fühlt sich einsam und verlassen.

Der Nachhilfelehrer betritt das Zimmer oder seine Mutter befiehlt ihm: »Jetzt lerne!« Die Träumerei flattert davon wie ein aufgescheuchter Vogel, und der Junge setzt sich an seine Bücher.

In Janeks Seele erwacht ein trauriges, verschwommenes Lied. Dieses Lied wird immer deutlicher tönen, und aus Janek, dem Kind, wird sich Janek, der Junge, schälen. Janek kommt in die Zeit der Reife. In diesem Bild wollte ich die Sehnsucht und Wehmut verkörpern, die plötzlich in der Seele des Kindes erwacht ist, dieses Suchen nach einem Führer und Freund, dieses Streben hinauf zum Himmel und dieses seiner selbst unbewußte Drängen der Gedanken zu Anielka. Der Junge mag niemals eine Anielka gesehen haben, es kann der Name der Heldin eines Romans oder einer Geschichte sein, vielleicht war es ein Name, den er nur einmal auf der Straße gehört hat, aber heute hat er ihm Aufmerksamkeit geschenkt und flicht diesen Namen gedankenlos in seine Träume ein. Eine gewisse Unruhe, Erwartung, Sehnsucht, Schwärmerei – haben sich in die Seele des Kindes eingeschlichen und etwas in ihr ändert sich, entsteht, fügt, färbt, bildet und verschönt. Was es ist, weiß Janek nicht, und seine Umgebung erklärt es ihm nicht, und das Kind fühlt sich traurig und allein.

Es würde gerne fragen, aber es weiß selbst nicht, was. Es möchte sich anvertrauen, aber es weiß selbst nicht mit was. Es ahnt, daß sich jemand an seiner Seite befinden muß, der die Fragen ahnt, das Anvertraute errät und ihm erklärt, was er nicht verstehen kann. Ob diese gesuchte Person Mutter, Vater, Lehrer, ein Schulfreund oder »Anielka« sein soll, das weiß Janek nicht. Sein Blick irrt herum, seine Seele sucht eine Stütze. Der Blick irrt umher und erblickt Erscheinungen und Menschen in einem anderen, nicht kindlichen Licht. Jetzt schaut Janek die Wolken und die Pflanzen aufmerksamer an, und seine Gedanken wenden sich der Natur zu, er schaut die Menschen an und sieht wesentlich mehr, als er früher gesehen hat. Er beobachtet die Gestalt der Witwe gegenüber, die bis spät in die Nacht hinein näht, die Gestalt des alten Bettlers, des hustenden Tagelöhners, des Bankiers, der in seiner Kutsche eine Zigarre raucht, die Gestalt Anielkas. Die Seele sucht einen Leitfaden für die Gedanken und Gefühle, sie sucht einen Faden in dem Chaos der neuen Beobachtungen, Bilder, Erscheinungen, sie sucht einen Zusammenhang, einen Anfang und ein Ende. Und aus seinem tiefsten Herzen steigt die Frage: »Warum? Weshalb?«

Ihm sind oberflächliche Antworten, wie man sie Kindern gibt, nicht mehr genug: Er möchte tiefer in das Wesen des Lebens eindringen, aber er schafft es nicht, seine Fragen zu formulieren, und meistens ist niemand da, dem er sie stellen könnte.

»Wenn Mama anders wäre« – das ist der erste Drang einer Kritik, die aus der Beobachtung entstanden ist: Es ist das Votum der Vertrauenslosigkeit, das Zerreißen eines Fadens und einer geistigen Einheit. Janek beginnt, die Antworten auf seine Fragen außerhalb des Hauses zu suchen, er sucht und findet sie nicht, er vertieft sich in sich selbst und träumt.

In seinen Träumen verwebt er das Gesehene mit dem Geahnten, beobachtet Erscheinungen und phantasierte Gebilde; mit seinen Träumen füllt er aus, was er nicht versteht.

Meistens sucht er die Lösung der Rätsel nicht in seiner Seele, sondern bei den Kameraden, die ihm entweder durch ihr Alter oder eine größere Kenntnis des Lebens imponieren. Manchmal, bedeutend seltener (bei Mädchen kommt es häufiger vor), findet er eine verwandte Seele, und dann beginnen sie, zusammen die komplizierten Fragen von Religion, Leben, Tod und menschlichem Dasein, der Stellung der Frau, von Gut und Böse zu entwirren.

Fast immer stürzt er sich dann auf Bücher, die ihm so viel Interessantes zu sagen haben, die Zweifel so genau erklären.

Die Zeit der Reifung ist nicht nur eine Zeit der geschlechtlichen Reifung, sondern auch eine Zeit, in der eine Welt sich bildet, in der man sich ein Ziel für das eigene Leben aussucht. Das unbewußte und verschwommene Streben und Lieben wird später gleichzeitig mit aller Kraft hervorbrechen. Bei einer richtigen Entwicklung finden keine sinnlichen Visionen statt, das Streben zum anderen Geschlecht drückt sich in einer unbestimmten Sehnsucht aus, in der Suche nach einer idealen Freundschaft, nach dem Ideal selber. Wir wissen bereits, daß sich Mädchen in der Zeit der Reifung in Lehrerinnen, in ältere Kameradinnen und Tanten verlieben, die sie selten sehen.

Wesentlich später erwachen die Sinne und mit ihnen entstehen Reizbarkeit und Scheu; Unruhe erscheint anstelle der Sehnsucht, Schrecken anstelle der Träumerei, und ein fieberhafter Wunsch, sich an jemandem, der stark und erfahren ist, festzuhalten, das jetzt unbezähmbare Bedürfnis, einen Vertrauten und Ratgeber zu finden.

Und das Kind, das zum Jugendlichen wird, findet ihn oft nicht bei den Eltern, sondern vertraut in dieser schwersten, wichtigsten und gefährdetsten Zeit des Lebens die Führung seiner Person fremden, oft nicht dazu berufenen Händen an und irrt, zögert, kämpft und kommt oft zu Fall. Und eine Stütze ist nirgends: Sich selbst, den Büchern, den älteren Kameraden, der Stadt mit ihrer Unterwelt und der Schule mit ihrer stickigen Luft, ihrer Grammatik und dem täglichen stundenlangen untätigen Sitzen überlassen, muß er fast immer auf Irrwege geraten.

Wem soll man die Schuld geben? Vielleicht gibt uns Jeż in seinem Buch *Die Geschichte vom Ur... Ur... Urenkel* eine Antwort auf eine ähnliche Frage. Hier der Schrei des Roman-Helden, als er vom Tod seines Vaters erfährt: »Mein Vater! Bruder ...! Freund ...! Lehrer ...!«

Und kurz darauf: »Ach, könnte ich doch deiner würdig sein!«[1]

Auf einen solchen Aufschrei sollte jeder Vater hinarbeiten. Seine Pflicht ist es nämlich, dem Sohn ein Ziel des Lebens zu weisen und den Ort, auf dem er stehen soll.

Und wenn kein Vater da ist, wenn der Vater diese Stellung der Ehre und Verantwortung nicht übernehmen kann und will, dann fällt diese Pflicht auf die Mutter, und dann weiter im Kreis: auf den Arzt, den Priester, den Lehrer, das Buch.

Ein großes Übel liegt sowohl darin, daß die Eltern oft nicht verstehen, wie wichtig die Zeit der Reifung für ihre Kinder ist, als auch darin, daß sie von den Pädagogen nur wenig bearbeitet wurde, und sich die Ärzte nur mit der körperlichen Seite befassen. Und schließlich auch darin, daß wir nur wenige Dichter-Erzieher, Dichter-Lehrer und Pädagogen-Ärzte haben. Die Zeit der Reifung der Jugend ist zu wichtig und zu mißachtet, und die Folgen davon sind zu traurig.

Sie entscheidet über das ganze Leben des Menschen, über seinen moralischen Wert, seine Gesundheit, Menge und Wert seines Handelns im Leben, sie verwebt sich mit seinem zukünftigen Familienleben, spinnt einen ungebrochenen Faden bis in die Existenz seiner Söhne und Enkel. Und sie ist für den Forscher und Psychologen so interessant wie die Erscheinungsformen einer blühenden Knospe für den Botaniker und

1. Jeż, Teodor Tomasz: *Historia o pra- pra- pra... wnuku i o pra- pra- pra... dziadku* (Die Geschichte vom Ur- Ur- Ur... Enkel und vom Ur- Ur- Ur... Großvater). Teil 1, Bd. 2, Vilnius 1863, S. 206. T. T. Jeż (1824-1915), Romancier, Publizist und politischer Reformer.

wie für den Zoologen die Verwandlung einer Raupe zum Schmetterling – was sage ich, sie ist noch viel interessanter, denn diese Wandlung in der geistigen Sphäre findet nicht nach Lehrbuch und Atlas statt, sondern in tausend Verwandlungen, Brechungen, Biegungen, Spiegelungen und Tönungen.

Die Zeit der Reifung muß von der Medizin, die sich mit ihrer physischen und materiellen Seite befaßt, mit ganzer Kraft auf die Pädagogik übergehen, deren Aufgabe die Bearbeitung der geistigen Seite ist.

Nur aus der Verbindung der Arbeit von Pädagogen und Ärzten kann man zu umfassenden Forschungen, gesicherten Grundsätzen und Gesetzen für diese Umbruchphase des menschlichen Lebens gelangen, für ihre Lenkung in einen normalen Verlauf, die Bewahrung vor Verirrungen, deren Prognose und Elimination, für die Erkennung dieser Verirrungen und ihrer Heilung.

Ich will noch darauf hinweisen, daß Mütter an der Zeit der Reifung der Mädchen zwar einen gewissen Anteil nehmen, daß sie aber ihre Aufmerksamkeit nur den physiologischen Erscheinungen zuwenden und sehr selten die Erscheinungen anrühren, die das Erwachen der Seele begleiten. Denn dazu muß man nicht nur sein Kind lieben, sondern – ich spreche hier mit Jeżs Worten – dazu ist es notwendig, daß »in der Brust der Mutter das Herz einer Bürgerin schlägt«.[1]

J. Korczak

Aus: *Przegląd Pedagogiczny* (Pädagogische Rundschau), Nr. 6 (16.3.1901), S. 78-80.

Lebensläufe

Drei lange Jahre hindurch kämpften zwei Mächte gegeneinander[2]: Auf der einen Seite der römische Staat, reich an einer starken Flotte, einem mutigen Heer und hervorragenden Führern, auf der anderen Seite – ein siebzigjähriger Greis[3]. Drei lange Jahre hindurch kämpften zwei Mächte gegeneinander: Eisen gegen Genie, Gewalt gegen den

1. Jeż, Teodor Tomasz: *Historia* ..., a.a.O., Teil 2, Bd. 2, S. 24.
2. Es geht um den sog. Zweiten Punischen Krieg (218-202 v. Chr.) zwischen Rom und Karthago.
3. Archimedes aus Syrakus (287-212 v. Chr.), einer der genialsten Mathematiker und Physiker der Welt.

unzerstörbaren Geist des Greises, zerstörerische Gewalt gegen schöpferische Arbeit. Die Römer besaßen Schiffe, er verbrannte sie mit Hilfe von Glas wie Garben aus trockenem Heu. Die Römer hüllten ihre Schiffe in Eisen, und wehrhaft und abgesichert entsandten sie sie mutig vor die Tore der Stadt; der Greis baute Katapulte[1], Balliste[2] und Skorpione[3], die auf die unterschiedlichen Entfernungen eingestellt waren, und versenkte die Schiffe mit Hilfe losgebrochener Felsbrocken. Einige Schiffe gelangten direkt vor die Stadt: trügerische Hoffnung! Die »Eisenhand« hebt sie aus dem Wasser, wirft sie in die Luft und zertrümmert sie am Felsen.

Und erneut tobt ein Kampf zwischen einem mächtigen Staat und einem genialen Greis, ein Krieg, der immer erbitterter und wütender wird. Und nach drei Jahren des Kampfes wird die Stadt nicht mit Gewalt, sondern mit List eingenommen. Syrakus[4] ist erobert. Die römischen Soldaten laufen durch die Stadt, um zu plündern, zu morden ... Nur einen hatte der strenge Marcellus[5] ihnen verboten zu töten – den Greis, ihren Feind Archimedes.

Archimedes sitzt in seiner Werkstatt auf der Erde, er hört nicht den Lärm, er sieht nicht die Eindringlinge – er zeichnet einen neuen genialen Plan in den Sand: Räder und Rädchen.

»Was machst du denn da?« fragt ein römischer Soldat – doch er bekommt keine Antwort. Er wiederholt seine Frage – der Alte schweigt.

Nur einem Bewohner hatte der Führer verboten, etwas anzutun – sollte das hier dieser kindische Alte sein, der sich damit beschäftigt, in den Sand zu zeichnen?

Archimedes bemerkt schließlich, daß ein Fremder seinen Kreisen droht, deshalb ruft er: »Störe meine Kreise nicht!«[6] Da tötet der Soldat Archimedes.

Marcellus, der Feind, ließ ihm ein Denkmal errichten ...

Im Licht der antiken Schriftsteller ist Archimedes der herrlichste Typ des Gelehrten; ihn zeichnen Konzentration, Bescheidenheit, verbunden mit einem Glauben an seine Kraft, Beharrlichkeit und eine übermenschliche Kraft des schöpferischen Geistes aus.

1. Kriegs-, Wurf-, Schleudermaschine im Altertum, die dazu verwendet wurde, Wurfgeschosse (in Form von Pfeilen oder Lanzen) auf weite Entfernungen abzuwerfen.
2. Belagerungsmaschine, die zum Abwurf schwerer Steine diente.
3. Hier: Name einer Kriegsmaschine, die zum Schleudern von Geschossen diente.
4. Reichste und größte Stadt Siziliens. Bei der Eroberung der Stadt im Jahre 212 kam Archimedes ums Leben.
5. Marcus Claudius Marcellus (3. Jh. v. Chr.), einer der hervorragendsten Römer aus der Zeit der Republik. Nach dreijähriger Belagerung während des Zweiten Punischen Krieges eroberte er im Jahre 212 Syrakus und stellte den Frieden auf Sizilien wieder her.
6. lat.: noli turbare circulos meos; Archimedes berühmter Ausruf.

Vielleicht habe ich eine nicht allzu glückliche Gestalt gewählt, die historisch nicht ganz so bekannt ist. Aber diesmal ist es von geringerer Wichtigkeit, ob Archimedes die Stadt acht Monate oder drei Jahre verteidigt hat, ob er die Schiffe mit den gewölbten Gläsern verbrennen konnte oder nicht: Hier geht es um die großartige Gestalt an sich, die unsere Vorstellungskraft so anspricht, daß sie uns jahrelang in Erinnerung bleibt und immer wieder Begeisterung auslöst.

Daran schließt sich eine endlose Reihe von geistigen Helden an, und jede besitzt ihre eigenen, individuellen charakteristischen Eigenarten, die in Beziehung zur Epoche und zum jeweiligen Charakter stehen, und alle sind sich doch so ähnlich. Alle haben ihren Blick leidenschaftlich und besessen auf einen überirdischen Punkt geheftet, die Gedanken konzentriert, sind mit ihrem ganzen Ich auf einen zentralen Punkt gerichtet, von dem die Strahlen ihrer Gedanken ausgehen, doch unter einem sicheren und fest umrissenen Winkel. Archimedes Worte »noli circulos meos turbare!« klangen durch die Jahrhunderte wider, hallten in den Taten und Worten aller großen geistig Tätigen nach, achtzehnhundert Jahre später stöhnten sie in Galileos »und sie bewegt sich doch!«[1] wieder auf und klingen heute noch nach und werden es in Zukunft tun.

Diesen geistigen Arbeiten teilt die Geschichte mit ihren Schullehrbüchern die kleinste Ecke zu. In die Fußstapfen der Lehrbücher treten die Romanschriftsteller und in deren Stapfen treten die Autoren der Romane für die Jugend. Und so geschieht es, daß ein großer Kriegsführer einer bestimmten Epoche mit seinem Schatten die Gelehrten seiner Zeit verbirgt, daß das Geburtsdatum eines Königs, der seine Länder verliert, wichtig ist, das eines großen Erfinders aber, der das ganze menschliche Denken um ein Jahrhundert weiter vorangebracht hat, können Tausende von Menschen, die sogar höhere Bildungsanstalten durchlaufen haben, nicht einmal annähernd nennen. Fragen wir einmal die Ärzte, ob sie die Lebensläufe der Gelehrten kennen, deren Namen sie unentwegt in den Bezeichnungen der Anatomie, der Histologie, der Chemie im Munde führen. Sie kennen sie nicht. Stellen wir den Rechtsanwälten und Technikern dieselbe Frage. Dasselbe.

Ich war einst so naiv, daß ich mich mit folgender Bitte an einen großen Schriftsteller wandte: »Meister, schreiben Sie doch bitte einen historischen Roman, dessen Held Pestalozzi ist. Der Roman kann ein großes Kunstwerk sein, und seine Bedeutung wird riesig sein.« Das war ein unbedachter Schritt, ja sogar ein unvernünftiger Schritt: Ich

1. Berühmte Worte über die Bewegung der Erde von Galileo Galilei (1564-1644), italienischer Physiker und Astronom.

wußte, daß eine mehr oder weniger höfliche Absage erfolgen mußte. Ich war darauf vorbereitet, aber dennoch war ich der Meinung, daß ein so mächtiges Thema, ein so gewaltiges Ziel die Vorstellungskraft eines Dichters und Beobachters der Gesellschaft bewegen würde. Ich hatte nur nicht damit gerechnet, daß einer solchen Arbeit mehrjährige Studien vorausgehen müßten.

Heute würden sie es nicht einmal wagen, den Autoren von Werken für die Jugend ein undankbares Thema vorzuschlagen. Ich habe so viele Wünsche aufgegeben, daß ich hinsichtlich der Lebensläufe kaum meine Stimme erheben will.

In unserer Literatur für die Jugend besitzen wir einige Bände mit Lebensläufen großer Menschen,[1] in der Volksliteratur sind es auch einige. Sie sind mehr oder weniger gut gelungen. Wir wollen die Lebensläufe beiseite lassen, die in den sogenannten Volksbüchern enthalten sind, denn bis auf ein paar kleinere Werke sind das keine Bücher, die den Kindern von ihren Eltern gekauft werden. Wir verfügen dafür über einige Ausgaben für die Jugend; doch das sind zusammenhängende Sammlungen von ein paar oder einem guten Dutzend Lebensläufen[2] und daher teurer, als es sich die meisten leisten können. Unabhängig davon muß festgestellt werden, daß sie sich wesentlich geringerer Beliebtheit erfreuen als etwa Romane und Märchen.

Und dennoch: Die Phantasie der Kinder und Jugendlichen mit Heldengestalten zu bevölkern, die nicht mit dem Schwert, sondern mit Erfindungen und Entdeckungen gekämpft haben, die dem Denken der Menschen neue Wege gebahnt haben, von denen etliche in Werkstätten und Laboratorien umgekommen sind, die ihr Feld des Kampfes und des Ruhmes waren, kurz, die Vorstellungswelt der Jugend nicht nur mit Napoleons, sondern auch mit Gestalten wie Tyrtaios[3], Archimedes und

1. Als Beispiel kann hier der populäre Zyklus von Teresa Jadwiga, *Bilder aus dem Leben berühmter Polen und Polinnen* (1899), erwähnt werden. Die Autorin, Teresa Jadwiga Papi (1844-1906), die auch unter ihrem Mädchennamen Teresa Gałęzowska und unter dem Pseudonym Teresa Jadwiga schrieb, publizierte eine Vielzahl Erzählungen und Erzählzyklen für Jugendliche.
2. So zählte zum Beispiel die »Jugendbibliothek«, die bei Gebethner und Wolff in Warschau herausgegeben wurde, zu Anfang des Jahres 1901 bereits fünfzehn Bände.
3. Tyrtaios, einer der ältesten griechischen Elegiker (7. Jh. v. Chr.); Autor kraftvoller Kriegselegien; in späteren Epochen waren sie Anregung für patriotische Dichtung, vor allem in der Epoche der Romantik, auch in Polen. In *Fröhliche Pädagogik* (1939), die aus »Radioplaudereien des Alten Doktors« besteht, zitiert Korczak in der Plauderei *Tyrtaios* ein bekanntes Poem von Władysław Anczyc (1823-1883) aus dem Jahr 1862 und schreibt: »Auf dieses Gedicht von Anczyc bin ich vor einem halben Jahrhundert gestoßen; es hat mich durch die unterschiedlichsten Phasen und auf den unterschiedlichsten Pfaden meines Lebens begleitet«. In: *Sämtliche Werke*, Bd. 4, S. 481ff.

Lavoisier[1] zu bevölkern – ist von großer Wichtigkeit.[2] Es lohnt sich, Bewunderung für Arbeit und Konzentration zu wecken, für die Gedanken, die in geistige Höhen steigen und von der Idee der ganzen Menschheit in Anspruch genommen sind, das geistige Bild dessen zu zeigen, das groß und erhaben ist, den Wunsch zum Nacheifern zu wecken, Wege zu weisen, über die das Genie zu den Gipfeln des schöpferischen Gedankens emporsteigt, zu erfahren, daß dieser in jeder Umgebung, in jeder Epoche aufblühen kann – in der großartigsten, in der dem Genie am günstigsten und am ungünstigsten gestimmten Zeit, diese Kraft wiederaufleben zu lassen, mit der das Genie alles abschüttelt, was ihm klein und niedrig im Wege steht, den jungen Leser davon zu überzeugen, daß sich der große und allein durch sich selbst starke Gedanke mutig dem Kampf mit einer überwältigenden Macht gestellt und sogar dann gesiegt hat, wenn sein Schöpfer auf dem Scheiterhaufen der Vorurteile verbrannt ist. Ein Lebenslauf wird kein Genie hervorbringen, doch er wird lehren zu bewundern, er wird lehren, sich in den Drang des unabhängigen Denkens einzufühlen, das trotzdem eng mit den Menschen, ihrem Glück und Unglück verbunden ist.

Alle Fragebogen und Bekenntnisse der großen Schöpfer selbst und schließlich die Theorie der Suggestion in der Erziehung überzeugen uns davon, daß sich Kinder sehr gerne in ihrer Phantasie an Helden binden, daß der Einfluß der kindlichen Träume nicht immer vergänglich ist, daß Lebensläufe stärker wirken als die Romane über Helden.

Räumen wir also den Biographien in der Jugendliteratur den ihnen gebührenden Platz ein, bemühen wir uns um ein preiswertes Angebot für nur wenige Kopeken. Tragen wir Sorge, daß die Biographien interessant und farbig geschrieben werden, so, daß sie eine möglichst starke Suggestivwirkung erzielen.

J. Korcazk

Aus: *Przegląd Pedagogiczny* (Pädagogische Rundschau), Nr. 9 (1.5.1902), S. 97f.

1. Antoine Laurent de Lavoisier (1743-1794), berühmter französischer Chemiker; erklärte u.a. die Atmungs- und Verdauungsprozesse.
2. Über die erzieherische Bedeutung von Lebensläufen großer Denker schrieb Korczak auch in einer »Plauderei« des Jahres 1898; vgl. *Sämtliche Werke*, Bd. 6, S. 225. In seinem Vorwort zu Śniadeckis Abhandlung über die physische Erziehung würdigt er dessen Lebenslauf (im vorliegenden Band, S. 559ff).

Wohltätiger Schund

»In den engen, stickigen, schmutzigen und dunklen Räumen unserer Kinderbewahranstalten degenerieren die Kinder des städtischen Proletariats physisch. Es unterliegt keinem Zweifel, daß die Heime auf den physischen Zustand derjenigen degenerierend wirken, die nur das eine wertvolle Gut besitzen: die Gesundheit.«

Hätte Dr. Gawroński[1] gesagt: »Die Kinderbewahranstalten wirken gewissermaßen ... vermutlich ... irgendwie ... im gewissen Grade«, ebenso, wie man Dinge darstellt, die nicht unmittelbar unser eigenes Wohl, das unserer Frau, unserer Tochter oder unseres Sohnes betreffen – würden wir nicht die Röte der Erregung in den Gesichtern der zahlreich versammelten Mitglieder der Volkssektion[2] wahrgenommen haben. Der Redner betonte zweimal deutlich: »Sie degenerieren« – mit anderen Worten, er benutzte eine kategorische Formulierung, die im Kreis von »seriös denkenden, gut erzogenen Menschen« den fatalen Beigeschmack von *Übertreibung* und *Extremismus* trägt. Und er tat gut daran: Er hat Röte hervorgerufen, die immerhin beweist, daß auch eine die Allgemeinheit betreffende Angelegenheit, ins richtige Licht gerückt, eine gewisse, wenn auch unerhebliche und flüchtige Wallung des Blutkreislaufs bewirken kann.

»Wir können keine Paläste bauen«, sagte Dr. G., »aber nach Auffassung der Hygiene-Gesellschaft muß man einen Teil der Kinder aus den überfüllten Bewahranstalten entfernen.«

Da krampfte sich manchem Anwesenden das Herz zusammen: Wie kann man den armen Kleinen die Wohltat der stinkenden Unterkünfte und der Betreuung durch überlastete, ermüdete und überforderte Aufsichtspersonen verwehren?

Wir erfuhren auch, daß die Herren Hausbesitzer ihre Wohnungen nicht für Bewahranstalten vermieten wollen, sondern nur unvermietbare Lokalitäten zur Nutzung gnädig zur Verfügung stellen – und dies unter der bescheidenen Bedingung, daß die Kinder unter keinen Umständen den Hof benutzen. Eine Stätte für Kinder ohne Hofbenutzung.

Im Verlauf der Diskussion erfuhren wir ferner, daß auf die Frage: »Qualität oder Quantität« zu antworten sei – man staune – *Quantität.*

1. Julian Gawroński, Arzt im Kinderkrankenhaus in der Aleksandria-Straße, Mitglied der Warschauer Gesellschaft für Hygiene. Der Titel des Referats, von dem nachfolgend die Rede ist, lautet: *Die Aufgaben der Kinderbewahranstalten im Hinblick auf die gegenwärtigen Anforderungen der Hygiene*; vorgelesen in der Sitzung der Volkshygieneabteilung am 1. (oder 2.) 3.1904.
2. Steht für »Sektion Volkshygiene« der Hygienegesellschaft.

Denn »in Ermangelung guter Brunnen darf man die vergifteten nicht sperren, in Ermangelung trockener Wohnungen, die feuchten nicht versiegeln.« Dieser Vergleich hält auch der sanftesten Kritik nicht stand. Also müßte man alle Anwärter in Krankenhäuser, Kinderstätten und Schulen aufnehmen – in einen Saal für zehn Kranke durchaus vierzig hineinpferchen, weil sie es doch zu Hause auch nicht besser haben? Nein, Herr Vorsitzender[1], Brunnen hin, Brunnen her, aber den bescheidenen Opfergroschen dafür ausgeben, um demoralisierenden wohltätigen Schund zu propagieren, das ohnehin träge Gewissen restlos einlullen und alljährlich alberne, widerliche Dankes-Pantomimen für die Wohltäter vorzuführen? – dies wäre wirklich der Mühe nicht wert ...[2]

Es gibt in Warschau ein paar mustergültige Kinderbewahranstalten, aber nehmt zur Kenntnis, daß in den übrigen nur ein Minimum gesundheitszuträglicher Bedingungen vorhanden ist; also protestiert nicht gegen berechtigte Forderungen ... Schund gibt es auch so genug: Er wächst von selbst – man muß ihn nicht hegen und pflegen! ...

Auf Initiative des Vorsitzenden soll in Częstochowa ein Hygiene-Museum für die Bevölkerung eröffnet werden.[3] Seit Sonntag werden populärwissenschaftliche Vorträge über Hygiene – für die arme Bevölkerung gehalten.

g.

Aus: *Głos* (Die Stimme), unter der Rubrik: *Am Rednerpult*, Nr. 11 (12.3.1904), S. 163f.

1. Vorsitzender der Warschauer Gesellschaft für Hygiene war damals (ab 1898) Dr. Józef Polak. Vgl. S. 144, Anm. 2.
2. Gegen die alljährlichen Vorführungen der Kinder zu Ehren ihrer Wohltäter sprach sich Korczak in seinem Beitrag *Über dreieinhalb Kubikmeter* aus (vgl. S. 114f). Ähnliche Einstellungen hatten auch führende Kräfte der Warschauer Gesellschaft für Hygiene. Vgl. z.B. Dr. Julian Ślaski (*Die Warschauer Kinderbewahranstalten*. In: *Zdrowie* [Gesundheit] 1903, Heft 10): »Die diesjährigen Vorführungen halten wir für eine überholte und unter manchen Gesichtspunkten sogar schädliche und unerwünschte Sache, und zwar vor allem deswegen, weil wir aus den Kindern Schaufensterpuppen, Spielzeug machen. Wir lehren sie, wie Hunde auf zwei Pfoten zu bitten, nach der Aufseherin gewisse abgedroschene Sätze und Reime zu wiederholen, die von den Kindern gedankenlos rezitiert werden, während sie auf die Hände bzw. auf die Spenden der inspizierenden Damen und Herren schauen.«
3. Die Idee von Dr. Józef Polak, in Tschenstochau – als Ziel der Volkspilgerschaften – das Museum für Volkshygiene zu eröffnen, wurde von der Tschenstochauer Abteilung der Gesellschaft verwirklicht, die (1904) drei Ausstellungsräume im Lokal in der Wieluńska-Straße 28 (nicht weit von dem Nonnenkloster) eröffnete. In den folgenden Jahren (1909) wurde das Museum um die im Jasna-Góra-Park errichteten Pavillons erweitert.

Kinderbewahranstalten auf dem Lande

Dr. Polak[1] äußerte sich vor der Sektion Volkshygiene zu Fragen der ländlichen Kinderbewahranstalten. Bedeutend klarer werden die diesbezüglichen Vorschriften in Ludwik Górskis Broschüre *Kinderbewahranstalten auf dem Lande* dargelegt. (Preis 20 Kopeken – zugunsten der Hygiene-Gesellschaft – 1899.) Schade, daß das auf der Sitzung unerwähnt blieb.

Ich zitiere daher aus der Broschüre des Herrn Górski[2]:

»Für die Schaffung von Kinderbewahranstalten in den ländlichen Gutshöfen ist eine behördliche Genehmigung vonnöten, da derartige Bewahranstalten zu den wohltätigen Einrichtungen der Gemeinde gehören. Die Verordnung aus dem Jahre 1870 besagt am Schluß des Artikels 68: ›Beschlüsse der Gemeindeversammlung, die Aufsicht über Vermögen und Kapital betreffend, das zum Unterhalt von wohltätigen Einrichtungen, die von der Aufsicht der Kirche unter die Aufsicht der Gemeinde überwechseln, bestimmt sind, sowie Beschlüsse zur Schließung oder Umstrukturierung dieser Einrichtungen, können erst wirksam werden, wenn der Gouverneur der Gouvernementsregierung sie bestätigt hat.‹ Im Artikel 69 wird noch hinzugefügt, daß ›nach Übernahme des Grund- und Kapitalvermögens, das für die kirchlichen Kinderkrippen bestimmt war, die aber mangels ausreichender Geldmittel noch nicht hatten eröffnet werden können, die Gemeindeversammlungen befugt sind, selber Mittel und Wege zu finden, um die Inbetriebnahme solcher wohltätigen Einrichtungen zu ermöglichen, vorausgesetzt, sie legen die entsprechenden Beschlüsse dem Gouverneur zur Bestätigung vor.‹ Da die ländlichen Kinderbewahranstalten zu den wohltätigen Einrichtungen gehören, ist demzufolge für die Schaffung neuer Einrichtungen, wie besagter Anstalten, die Bestätigung des Gouverneurs erforderlich. ›Personen, die also eine Bewahranstalt einrichten wollen [...], müssen zunächst eine Befürwortung von der Gemeinde erwirken

1. Józef Polak (1857-1928), Arzt und Hygieniker, verdienter Organisator der polnischen Hygienebewegung; von 1885 bis 1900 Herausgeber und Redakteur der Zeitschrift *Zdrowie*, seit 1889 Direktor des Instituts für Pockenschutzimpfungen in Warschau, von 1890 bis 1900 städtischer Sanitätsarzt, 1898 Mitbegründer und Vorsitzender der Warschauer Gesellschaft für Hygiene, Organisator von Hygieneausstellungen, Verfasser zahlreicher Publikationen aus dem Hygienebereich, vor allem aus dem Bereich der Sozial- und Kommunalhygiene.
2. Ludwik Górski, Mitglied der Warschauer Gesellschaft für Hygiene, engagierte sich in der Abteilung für Volkshygiene. Korczak zitiert im folgenden Text S. 18f der o.g. Broschüre (Warszawa 1898).

und diese dann dem Gouverneur vorlegen. Wenn man jedoch beim Erwirken einer solchen Befürwortung zwecks Einrichtung einer Kindertagesstätte auf den Gutshöfen mit unvorhergesehenen Schwierigkeiten konfrontiert wird, könnte man eine Petition direkt an den Gouverneur richten und um Einrichtung einer Kinderbewahranstalt ersuchen, mit der Zusicherung, man werde gemäß Artikel 69 der Verordnung *Über die Einrichtung wohltätiger Anstalten* aus dem Jahre 1870 diese der unmittelbaren Aufsicht des Gemeindevorsitzenden unterstellen.«

Von einer Aufsichtsperson wird keine besondere wissenschaftliche Vorbildung erwartet. Die Kosten für das Einrichten einer bescheidenen Kinderbewahranstalt betragen – 50 Rubel, die Unterhaltskosten – jährlich – 250 Rubel.

g.

Aus: *Głos* (Die Stimme), unter der Rubrik: *Am Rednerpult*, Nr. 11 (12.3.1904), S. 164.

Vivisektion der Kinder

Es hat schon immer geheißen: »Fruchtwechsel sollte in der Erziehung ein ebenso fundamentaler Grundsatz sein wie in der Landwirtschaft, da es unmöglich ist, eine bestimmte Pflanze mit immer gleichem Erfolg auf immer demselben Acker zu züchten oder immer dieselben Leistungen bei ein und derselben Art zu erwarten.«

Und ferner: »Der Erziehende darf den Sohn niemals dazu zwingen, den gleichen Beruf wie sein Vater zu ergreifen – zumindest nicht dann, wenn dieser Beruf, wie der Beruf eines Künstlers, eines Staatsmannes, eines Gelehrten oder ganz einfach eines ›karrierebewußten‹ oder ›herausragenden‹ Menschen – einen großen nervlichen Einsatz erfordert. [...] Man sollte sich damit abfinden, daß unsere Söhne entweder etwas ganz anderes werden als wir oder überhaupt nicht existieren werden ...«

»Der beste Grundsatz jeglicher moralischer Hygiene wäre, wenn man das Individuum dazu bringen könnte [...], das Leben nicht als einen Gegenstand der Ausbeutung zu betrachten, sondern als kostbares Gut, das man bewahren, stärken und vermehren sollte.« (M. Guyau: *Erziehung und Vererbung*[1])

1. Vgl. *Sämtliche Werke*, Bd. 7, S. 97, Anm. 4.

Ich möchte nicht wissen, was die Tanten und »die Leute« dazu sagen würden, wenn ein Ingenieur, ein Rechtsanwalt oder überhaupt ein »vielbeschäftigter Mensch« beschließen würde, seinen Sohn im Sinne des Fruchtwechsels in der Erziehung in eine Gärtnerlehre zu geben – dem guten Rat folgend.

Seid unbesorgt: In jeder Schule, in jeder Klasse gibt es Schüler, an die nach Ansicht der Ärzte »eigentlich keine hohen Schul- und Bildungsansprüche gestellt werden dürften; aber – die gnädige Frau hat schon Recht – in der heutigen Zeit ist eine gewisse Bildung unumgänglich.«

Wer jedoch auch nur einmal mit einem Kind, das nicht unbedingt minder begabt, manchmal sogar sehr begabt, aber bereits mit dem fatalen Merkmal der Unausgeglichenheit und Nervosität behaftet ist, in Berührung kam – dem erscheint Dr. Kopczyńskis[1] Auffassung von der *Vivisektion*[2] dieser Kinder an den Schulen durchaus zutreffend und keineswegs übertrieben. Die Frage nach einer mustergültigen Förderschule[3] mit vereinfachtem Lehrprogramm für eben diese Kinder – stellt sich so unerwartet, spontan und drängend, daß schon dies allein die Sektion (Erziehungshygiene der Hygiene-Gesellschaft) davon überzeugen müßte, wie hochaktuell sie ist und welch starker Beachtung sie bedarf ...

Überdies hat auf dieser Sitzung einer der Ärzte seine Anstalt detailliert beschrieben.

g.

Aus: *Głos* (Die Stimme), unter der Rubrik: *Am Rednerpult*, Nr. 12 (19.3.1904), S. 179f.

1. Stanisław Kopczyński (1873-1933), Neurologe, »Vater der modernen polnischen Schulhygiene«; Mitglied der Warschauer Gesellschaft für Hygiene, tätig in der Erziehungsabteilung und am Lenval-Institut; Mitarbeiter der Zeitschrift *Zdrowie*; Mitglied des Vorstands des Polnischen Schulvereins; Verfasser von Arbeiten auf dem Gebiet der Neurologie und Schulhygiene.
2. (lat.): vivus – lebend; sectio – Abschnitt; Eingriff am lebenden Organismus zu Forschungszwecken.
3. Über die Notwendigkeit solcher Schulen sprach Dr. Julian Gawroński in der Sitzung der Abteilung für Erziehungshygiene der Warschauer Gesellschaft für Hygiene am 9.3.1904 in seinem Vortrag *Die Pflege der geistes- und nervengestörten Kinder* (vgl. *Bericht der Warschauer Gesellschaft für Hygiene für das Jahr 1904*. Warszawa 1905).

Über dreieinhalb Kubikmeter

»Ich besuchte eine Kinderbewahranstalt. Wie in einem Gewächshaus, wo Blume an Blume wächst und gedeiht, so wachsen und gedeihen auch in diesem ärmlichen Stübchen Kind an Kind wie Blumen Gottes unter der Obhut des guten himmlischen Gärtners bei Arbeit und Gebet. [...] Die Kinder lernen hier stopfen, nähen, beten und Gott lieben, bewahrt vor den bösen Einflüssen des Verderbens, denen sie, ohne Aufsicht, auf der Straße ausgesetzt wären und somit frühzeitig für alle Ewigkeit verloren wären. [...] Als ich diese Kinder mit ihren hellen, blauen Augen, *still* und bescheiden, lächelnden Mundes ihre Handarbeit verrichten sah, dachte ich in meinem Herzen: ›Oh Herr, wie groß ist Deine Güte!‹« usw.

Ein so rührendes Bild entwarf der Jesuitenpriester Karol Antoniewicz[1] vor fünfzehn Jahren.

Fünfzehn Jahre – das ist eine lange Zeit.

Heute ist es für niemanden mehr ein Geheimnis, daß ein »Blümchen Gottes« mit himmelblauen Augen – auch eine Lunge hat und diese Lunge mindestens dreieinhalb Kubikmeter Luft im Unterweisungsraum zum Atmen braucht.

Ich glaube, es würde auch ein Kubikmeter noch zulässig sein, wenn es zu einer Verhandlung käme – denn die Herren Ärzte lassen ja mit sich reden – aber der Wohltätigkeitsverein[2] scheint ja mit dem gegenwärtigen Stand der Dinge vollkommen zufrieden zu sein ...

Vor ein paar Jahren habe auch ich mich mal in eine solche Bewahranstalt verirrt. Die Erzieherin befahl den Kindern, ihre Kenntnisse vorzuführen, worauf eines von ihnen ein ellenlanges scheußliches Gedicht zu Ehren irgendeines Wohltäters hersagte, der wohl gerade irgendein Jubiläum oder etwas in der Art gefeiert hatte oder feiern sollte.

»Nehmt hin, hochedler Herr, dies Blumenangebinde mit
aufrichtigstem Dank, den ich für Euch empfinde.«

1. Antoniewicz, Karol (1807-1852), Jesuit, katholischer Schriftsteller, engagierte sich im Bildungsbereich, nahm am sog. Novemberaufstand teil, verbreitete in Dörfern illegale patriotische Schriften. Autor zahlreicher Broschüren und Bücher, die an das Volk gerichtet waren. Die von Korczak zitierten Stellen stammen aus seinem Buch *Kinderbewahranstalten*. Piekary 1849, S. 10f.
2. Gemeint ist die Warschauer Wohltätigkeitsgesellschaft; vgl. S. 82, Anm. 4. Sie führte ab 1839 eine Kinderbewahranstalt, ab 1842 ein Waisenheim für Mädchen und ein weiteres für Jungen. Anfang des 20. Jhs. standen in Warschau Dutzende von Kinderbewahranstalten unter ihrer Leitung.

Ich erinnere mich, wie sich der verängstigte Knirps bei »aufrichtigstem« verhaspelte und Mühe hatte, »Gebinde« und »empfinde« des Reimes wegen in die richtige Reihe zu kriegen. Und weil, versteht sich, kein Gebinde zur Hand war, ballte er das Händchen zur Faust und legte den gedachten Blumenstrauß auf meine Knie, danach demonstrierte er den unbezwingbaren Wunsch, dem vermeintlichen Wohltäter die Hand zu küssen.

»Wie lange haben Sie gebraucht, dem Kind das einzupauken?« fragte ich.

»Oh, etwa drei Monate«, entgegnete sie mit sichtlichem Stolz.

»Ist das Gedicht nicht ein wenig zu lang?«

Sie sah mich mißtrauisch an – ohne zu bekennen: »Was soll ich machen? Man verlangt das von mir. Jeder hat schließlich das Recht, für seine Wohltaten Dank zu erwarten.«

Ich trug mich nicht ins Goldene Buch ein, dafür befragte ich häufiger die Eltern, die ihre Kinder in diese Bewahranstalt schickten.

»Dreieinhalb Kubikmeter ... Ba, ba ... ba ...«

g.

Aus: *Głos* (Die Stimme), unter der Rubrik: *Am Rednerpult*, Nr. 20 (14.5.1904), S. 306.

Sommerkolonien

Man kann nicht in drei Sätzen die Entstehungs- und Entwicklungsgeschichte, den inneren Aufbau und die Bedeutung einer Institution darstellen. So etwas erfordert sorgfältige Auswahl des Materials und gewissenhafte Vorbereitung, also einen großen Arbeitsaufwand. Andernfalls wäre das Ziel verfehlt. Der Zuhörer verliert das Interesse, langweilt sich und kann zu dem vorgetragenen Gegenstand keine richtige Beziehung herstellen. Schade also, daß die Sektion Erziehung der Hygiene-Gesellschaft so hastig und oberflächlich das Thema Gesellschaft für Sommerkolonien[1] abgehandelt hat.

1. Es handelt sich um den am 11.5. gehaltenen Vortrag von Dr. Julian Gawroński in der Abteilung für Erziehungshygiene der Warschauer Gesellschaft für Hygiene: *Über die Sommerkolonien.* (Vgl. *Bericht der Warschauer Gesellschaft für Hygiene für das Jahr 1904.* Warszawa 1905.)

Informationen wie: »Die Italiener haben Berge, deswegen machen die Sommerkolonien dort einen besseren Eindruck«, oder: »In Holland haben sich 70 Kinder in Sommerkolonien erstaunlich gut erholt«, oder: »In Madrid erhalten die Kinder Wein, was mit den ganz anderen Lebensbedingungen dort zu erklären ist«, oder: »In Amerika haben die Sommerkolonien einen sagenhaften Aufschwung genommen«, sind nichtssagend und sind nicht dazu angetan – irgend jemandem irgendwelche Anregungen zu geben.

Statt dessen wäre doch höchst interessant zu erfahren, daß in den USA die Kinder in den Sommerkolonien selbst kochen und sich mit Gemüseanbau selbst ihren Landaufenthalt finanzieren; daß Dänemark es fertigbringt, die Kinder zwar in kleinen Gruppen zu verschicken, sie aber einzeln bei Bauern unterzubringen und dabei trotzdem – auf die stattliche Zahl von 1400 Kinder pro Saison kommt; warum das reiche Paris Anmeldegebühren erhebt; wie die Sommerkolonien für »stillende Mütter« aussehen, die während ihres Aufenthaltes auf dem Lande für sich und das Kind nicht nur Kräfte sammeln, sondern auch lernen, wie man mit Säuglingen umgeht.

Immerhin erfuhren wir, daß solche Sommerkolonien bereits auf allen Erdteilen existieren, sogar in Australien – selbst in Städten, in denen es keine Philharmonien oder Pferderennbahnen gibt – ja, sogar in Japan. (Amerika ist Europa weit voraus.) Des weiteren erfuhren wir, daß ernsthafte wissenschaftliche Untersuchungen angestellt werden, nicht nur während des Aufenthalts der Kinder auf dem Lande, sondern das ganze Jahr über. Schließlich nahmen wir zur Kenntnis, daß vielerorts im Ausland junge Damen aus der sogenannten besseren Gesellschaft die Rolle von – *Aufseherinnen* übernahmen. (Vermutlich sog. Emanzipierte, denn würden Eltern der besseren Gesellschaft – ihren höheren Töchtern eine solche Tätigkeit gestatten?)

g.

Aus: *Głos* (Die Stimme), unter der Rubrik: *Am Rednerpult*, Nr. 21 (21.5.1904), S. 326.

Streiflichter[1]

Sächsischer Garten[2] bei Einbruch der Dämmerung.

»Bitte, mein Herr, mein Vater ist gestorben, die Mutter hat kein Geld; ich habe heute noch nichts gegessen.« »Ist dein Vater schon lange tot?« »Schon seit einem Jahr.« »War er lange krank?« »Sehr lange.« »Und wo hat er gelegen, als er krank war?« »Erst zu Hause. Und dann im ›Kindlein Jesus‹[3].« »Hat das Begräbnis viel gekostet?« »Das weiß ich nicht; für das Begräbnis haben die Männer gesammelt, die mit Papa zusammengearbeitet haben.«

»Sag mir jetzt, mein Junge, was macht dein Bruder?« »Der verkauft auch Zeitungen.« »Und der andere Bruder?« »Der andere Bruder bin ich.« »Wie alt bist du?« »Acht.«

»Gut; und nun sag mir noch, was machen deine Schwestern?« »Sie sind noch klein: Die eine ist sieben und die andere fünf.« »Und warum verkaufst du keine Kuriere?« »Ich verkaufe ja welche, bloß ist es schon spät.« »Und warum verkauft die siebenjährige Schwester keine Zeitungen?« »Weil sie ein Mädchen ist.«

»Hast du deinen Vater im Krankenhaus besucht?« »Ich war sogar zweimal dort.« »Warum nur zweimal?« »Weil er dann gleich gestorben ist. An Schwindsucht.« »Woher weißt du, daß es Schwindsucht war?« »Weil Mutter es gesagt hat.« »Und woher weiß eine Mutter das?« »Das weiß ich nicht, mein Herr.«

»Und was macht deine Mutter?« »Sie wäscht.« »In der Wäscherei oder in Haushalten?« »Nein, nur wenn sie gebraucht wird.« »Ist sie schon lange Waschfrau?« »Nein, sie hat ja in der Fabrik gearbeitet.« »In welcher Fabrik?« »In der Zigarettenfabrik.« »Und warum arbeitet sie dort nicht mehr?« »Weil es jetzt keine Arbeit dort mehr gibt, und weil man sie entlassen hat, und eine andere Frau hat man auch entlassen.«

»Wie bist du hier in den Park hereingekommen?« »Ich habe darum gebeten.« »Und mußtest du einen Zehner bezahlen?« »Nein, das nicht.« »Und hat man dich trotzdem reingelassen?« »Ich habe gesagt, daß ich keinen Schaden anrichten werde.« »Und richtest du keinen an?« »Ich breche keine Zweige ab.«

1. Weitere »Streiflichter« (Migawki) befinden sich in *Sämtliche Werke*, Bd. 7 und 8. Alle »Streiflichter« stellen eine dokumentarische Anklage gegen vermeidbares soziales Elend dar. Es sind Berichte über kindliche Betteleien im Warschauer Rotlichtmilieu, über Ansteckungsherde für Tripper, Kosten von Rettungsdiensten, »Engelmacherinnen«, vermeidbare Pockentote, Kinderbettelei im Sächsischen Garten, über Arbeits- und Wohnungslose, die auf der Straße aus Schwäche zusammenbrechen.
2. Vgl. S. 43, Anm. 2.
3. Gemeint ist das bekannte Warschauer »Kindlein-Jesu-Spital«, vgl. *Sämtliche Werke*, Bd. 1, S. 15.

»Hast du heute viel verdient?« »Ach, so viel.« »Das ist ja allerhand. Zähl mal nach, wieviel das ist. Kannst du zählen?« »Hier sind sechsundvierzig Groszy, und meinem Bruder habe ich noch achtzehn gegeben.« »Und was hat dein Bruder mit dem Geld gemacht?« »Nichts, er hat's der Mutter gegeben.« »Und was macht die Mutter damit?« »Sie kauft davon, was nötig ist, und den Rest hebt sie auf.« »Und wofür?« »Für den Winter, denn im Winter verkauft man weniger Kuriere.« »Hat die Mutter schon viel beisammen?« »Das weiß ich nicht.«

»Wo wohnt denn deine Mutter?« »Wir wohnen alle in der Okopowa-Straße.« »Findest du allein nach Haus?« »Ich geh' nachher auf die Marszałkowska-Straße.« »Und was machst du dort?« »Dort steht mein Bruder!« »Warum ist dein Bruder nicht hier bei dir?« »Auf der Marszałkowska verdient er mehr.« »Und warum bist du nicht dort auf der Straße?« »Ich habe ja keine Nummer.« »Und was geschieht, wenn du keine Nummer hast?« »Dann darf ich nicht.« »Was macht man dann mir dir?« »Dann schafft man mich aufs Polizeirevier.« »Warst du schon mal dort?« »Noch nicht.« »Hast du Angst vor dem Revier?« »Dort wird man ja nicht geschlagen.« »Woher weißt du denn das?« »Die Jungs haben's gesagt.« »Und woher wissen die Jungs das?« »Die waren schon dort.«

»Und nimmt man dir hier das Geld nicht weg?« »Ich geb's nicht her.« »Aber du bist noch so klein.« »Wenn einer unbedingt was haben will, geb' ich ihm sechs Groszy.« »Und wenn er dir alles wegnimmt?« »Alles nimmt er nicht.«

»Und warum ist dein Vater nicht sofort ins Krankenhaus gekommen, als er krank wurde?« »Weil Vater Angst hatte, daß sie dort alles aufschneiden.« »Die Kranken werden aufgeschnitten?« »Nein, wenn jemand schon tot ist.« »Und haben sie deinen Vater aufgeschnitten?« »Das weiß ich nicht.«

Und warum hast du gesagt, daß du heute noch nichts gegessen hast?« »Weil alle Jungen das sagen.« »Aber ich kenne einen Jungen, der das nicht sagt.« »Ja, dann bettelt er nicht.« »Und was hast du heute schon gegessen?« »Ich habe Tee getrunken und Brot gegessen.« »Mit Würstchen?« »Nein, ein Würstchen kostet ja sechs Groszy.« »Und womit hast du dein Brot gegessen?« »Na, mit Tee.«

»Und wart ihr reich, als dein Vater noch lebte?« »Ja, sehr reich. Da hatten wir so ein Zimmer und einen Spiegel und einen Hund.« »Einen großen Hund?« »Nein, so einen kleinen.« »Und wo ist der Hund jetzt?« »Er ist krepiert.« »Und der Spiegel?« »Den hat Mutter verkauft.« »War der Hund lange krank?« »Er war überhaupt nicht krank.« »Und warum ist er krepiert?« »Das weiß ich nicht. Als ihm ein Junge mit einem Stein die Pfote zerschlagen hat, da ist er bloß auf drei Beinen gehumpelt, und dabei war es ein hübsches Hündchen.«

g.

Aus: *Głos* (Die Stimme), unter der Rubrik: *Am Rednerpult*, Nr. 42 (15.10.1904), S. 651.

Das Glück der Kinder

Herrn Doktor Łazowski[1]

Oh, wie himmelblau ist die Kindheit – wie hell, friedlich, rein, wie heiter, munter und vertrauensvoll – wie herzig, unvergeßlich, engelsgleich – einmalig.

Der kleine Mensch mit den feuchten, neugierigen, lebhaften, vertrauensvollen Augen – mit dem runden, rotwangigen, freundlichen Gesicht – dem kleinen, wendigen, anmutigen Körper, der keine Müdigkeit kennt – oh, welch liebliche Gestalt, die, wenn sie dahineilt, einer Schwalbe mit flatternden Flügeln gleicht, nur leicht die braune Erde berührend – und wenn sie in den Sonnenfluten badet – selbst zu einer kleinen Sonne wird. Und wenn sein glockenreines Lachen ertönt, glaubt man, daß weiße Maiglöckchen statt Duft Geläut verbreiten – und den Frühling einläuten, die Morgenröte eines schönen, farbenfrohen Lebens. – Oh, wie glücklich bist du, Kind.

Am lasurblauen Himmel deines Glaubens gibt es keinen Schatten, in deiner wasserklaren Fröhlichkeit keine Sünde; ein Tag deiner Kindheit gleicht dem anderen wie Perlen, sorgfältig ausgewählt in Farbe und Größe und an einem Seidenfaden gleichmäßig aneinandergereiht.

Gebt mir Blumen, sehr viel Blumen, mit vielen weichen Blütenblättern, unschuldsvoll, weiß und blau – Jasmin, Flieder, Stiefmütterchen und Vergißmeinnicht – und ich werde sie den kleinen Menschen schenken, die so glücklich sind – glücklich wie Sterne, die in einer Julinacht munter am Himmel flimmern und aus Übermut die versonnenen Fluten des Gebirgssees stören, der es ihnen ohne Groll nachsieht ...

* * *

Es streicht sich die seidenen Löckchen von der hellen Stirn und begrüßt mit einem Lächeln den Kuß der Morgensonne. – Guten Tag, Mama, guten Tag, Papa, und guten Tag, Schwesterchen, guten Morgen, goldene Sonne. – Es reißt sich aus dem warmen Bettchen, denn schon wartet wohlschmeckende Milch und ein schönes Buch mit vielen schönen Bildern von Tieren, Vögeln und hübschen Kinderchen.

Tut das Fingerchen weh? – Armes Kleinchen; Mama gibt ein Küßchen drauf; schon tut es nicht mehr weh – nicht wahr? Nichts mehr zu sehen. – Nun lauf und spiel, tob dich aus, du meine Augenweide – meines Herzens Freude – mein Trost – und meine Hoffnung.

1. Tadeusz J. Łazowski, Sexualwissenschaftler, veröffentlichte zusammen mit Konrad Siwicki (gestützt auf Umfrageforschungen) die Pionierarbeit *Das Sexualleben der Warschauer Studenten.* In: *Zdrowie* (Gesundheit) 1905, Nr. 1-3.

Und wenn du abends die müden Äuglein schließt und schläfst, wird der Schutzengel mit weißen Flügeln an deinem Bettchen stehen und dir zu den Klängen eines Wiegenliedes schneeweiße zauberhafte Träume bescheren.

Oh, wie himmlisch schön ist die Kindheit – wie glücklich bist du, kleines Menschlein mit den feuchtglänzenden, neugierigen, lebhaften, vertrauensvollen Augen.

* * *

Und selbst dann, wenn kein Büchlein da ist, in dem so viele hübsche Tier- und Kinderbildchen sind, wenn es kein sauberes Bettchen gibt und keine warme Steppdecke und nicht einmal gute Milch mit Zwieback – bleibt immer noch die goldene Sonne und das runde Gesichtchen; und wenn allen Teufeln zum Trotz nicht mal Sonne und Pausbacken vorhanden sind – bleiben nur noch der liebe Gott, der alle Kinder lieb hat, und der Schutzengel, der es behütet; und die kann sich jeder leisten.

Oh, wie idyllisch können wir von armen Waisenkindern zwitschern, wie poetisch selbst zum Thema Kinder fabulieren, die von Stiefmüttern und von betrunkenen Vätern mißhandelt werden – wie lieblich besingen wir den Tod eines Kindes in einer Kellerwohnung[1]: So schön stirbt es – träumend von frischer Luft auf dem Lande.

Wie kritiklos und voller Inbrunst, herzbewegend und tränenreich – tun wir in ignoranter Weise jenem angeblichen Glück ausnahmslos aller Kinder Gewalt an: den zweijährigen, fünfjährigen oder zwölfjährigen – Proletarier- wie Bankierskindern.

* * *

Woher kommt jenes böswillige, infame Vorurteil über das Glück der Kindheit?

Weil es in gewisser Weise für uns bequemer ist, anzunehmen, all den hilflosen, grenzenlos und hoffnungslos von ihren zufälligen Eltern, Befehlshabern und Herren, von deren gegenseitigen Beziehungen, deren Charakter, deren Launen und sogar – von deren Rheumaschmerzen im rechten Knie abhängigen – kleinen Untergebenen gehe es gut, und sie seien fröhlich.

Wenn wir auch noch glauben könnten, daß die Schneiderin glücklich ist, die lange Nächte hindurch an unserem Ballkleid näht, oder der vor dem Theater frierende Bettler, die Amme, die ihr eigenes Kind weg-

1. Anspielung auf das Poem von Maria Konopnicka: *W piwnicznej izbie* (In der Kellerkammer). Warszawa 1888. (Auf dem Titelblatt die Information: Eine Veröffentlichung zugunsten der Sommerkolonien für arme und schwächliche Kinder.)

geben muß, um unseres zu stillen, daß der Bergmann unter Tage, der Kohle haut für unsere Kachelöfen und für die gefräßigen Fabrikmaschinen, der Arbeiter beim Zigarrenwickeln und die zu einem elenden Tod verurteilte Prostituierte, die zwischen der Złota-Straße und der Chmielna-Straße ihren Standort hat, und die vielen, vielen anderen alle, glücklich sind, könnten wir zwar nicht offener und schamloser das alles tun, was wir tun, aber doch noch etwas bedenkenloser – ohne dieses gewisse Etwas, das uns, wenn auch selten, aber manchmal doch, höhnisch ins Gesicht spuckt.

Weil wir glauben, daß Kinder glücklich sind, können wir sie skrupelloser mißhandeln.

Vielleicht verspüren wir angesichts des farblosen, schmutzigen, feuchten, glanzlos geführten Lebens das Bedürfnis, uns wenigstens ein bißchen Licht vorzugaukeln?

Lobpreisen wir getrost die Naivität unserer kindlichen Weltanschauung, denn wir konnten oder durften uns nichts Schöneres für das Mannesalter schaffen. Wir sehnen uns nach dem Kitschbild eines Schutzengels, denn jetzt haben wir sonst nichts weiter. Wir haben alles verloren, nichts gewonnen.

Unsere Knochen werden steifer, die Gelenke knotiger, sie haben alle Wendigkeit eingebüßt. Märchen, Schokolade, das bunte Siegel und die Drehorgeln verloren ihren Zauber. Unsere Geschmacks-, Gehör- und Gesichtssinne sind stumpf und schwach geworden. Es gibt nichts, was uns durch Glauben – oder Träumen hinsichtlich einer besseren Zukunft in den Schlaf lullen könnte.

Die Hoffnungslosigkeit schnürt unser Leben immer brutaler ein, die Stickluft wird immer bedrückender.

Operetten, Romane, Champagner und die Krywult-Ausstellung[1], Walzer und Hummermayonnaise, die Reise mit der Zahnradbahn auf den Pilatus[2], ein sündiges Verhältnis, Philantropie und Likör, populärwissenschaftliche Vorträge und das »Aleksandryna«[3] liefern nicht, liefern leider nicht diesen Eindruck wie einst ein Pfefferkuchenherz, wie gleitende Boote über dem Teich im Łazienki-Park oder die moralisierende Geschichte vom Waisenkind, das die Frau Mutter gnädig erlaubte aufzunehmen und das, als der Herr Vater sein Gut verlor, alle dankbar durch seiner Hände Arbeit ernährte.

1. Warschauer Kunstgalerie, vgl. *Sämtliche Werke*, Bd. 6, S. 280f.
2. Auf den Pilatus (Kalkmassiv am Vierwaldstättersee in der Schweiz) gelangt man bis zu einer Höhe von 2070 m mit einer Zahnradbahn.
3. Populäres Café mit Musik und Liedern, das (ab 1900) in der Mokotowska-Straße 73 betrieben wurde.

Der heutige Tag – das sorgenbeladene Nichts, der morgige – das bedrohliche Nichts plus Falten, Hämorrhoiden, demütigende Einsamkeit; Abgestumpftheit gegenüber dem einzigen, was noch den Puls des Herzens beschleunigen könnte: der sexuellen Erregung.

Also klammern wir uns verzweifelt und hoffnungslos an die Vergangenheit: Wir waren, aber ja, wir waren ganz sicher auch einmal glücklich. Es war einmal, es ist vorbei, und es war um so schöner, je unwiederbringlicher es ist. Was hilft's: Nur als Kind kann man glücklich sein.

* * *

Man hat ihm sein kleines Hühnchen geschlachtet – das fröhliche muntere Hühnchen, dem es immer Körner vorgestreut hat, man hat es geschlachtet – um Brühe daraus zu kochen. – Und das Kind weint.

Warum lacht ihr, warum schaut ihr amüsiert auf die Tränen des Kindes? – Beneidet das Kind lieber um die Tränen, die ihr nicht mehr vergießen könnt, nicht einmal über euch selbst. In euren Tränen beim Tod des Mannes, des Vaters oder der Ehefrau haben noch Gedanken Platz an das verlorene Hab und Gut, an das Zählen der Trauerkutschen, der Kränze. Das Kind aber weint nur, weil das Hühnchen, die Puppe oder der Kanarienvogel – nicht mehr da sind ...

Küßt das Kind, denn es ist schön in seiner Trauer ...

Wir denken sehr naiv, wenn wir meinen, die Kinder seien deshalb glücklich, weil sie den Bildern auf den Schokoladenschachteln gleichen, weil die Poeten und Gedichtereimer sie so beschreiben, daß wir ihnen am liebsten die linnene Frische ihrer Gefühle rauben möchten; aber da wir das nicht können, machen wir uns eben über sie lustig.

Janusz Korczak

Aus: *Przegląd Społeczny* (Soziale Rundschau), Nr. 1 (17.3.1906), S. 3-5.

Über die Erziehung der Kinder

(Vortrag, gehalten auf der dritten »Mütterversammlung« im Saal der Philharmonie in Warschau.[1])

»In einem Staat, der mehr als 17 000 000 Einwohner zählt, haben nur 44 407 Menschen mehr als 1000 Taler Einkommen«, eine solche Entdeckung machte Lassalle 1851 für Preußen. »Diese lächerlich kleine Handvoll Menschen also«, sagt er, »füllt alle Theater, Konzerte, Restaurants, Bälle, Veranstaltungen, Versammlungen und verbreitet ringsum den Eindruck von etwas Zahlreichem, Allgemeinem. Diese kleine Handvoll denkt nur an sich, redet nur über sich und stellt sich vor, sie sei – die ganze Welt ... Dieses verschwindende Häufchen von Menschen schwirrt umher, hält große Reden, schreibt und disputiert, denkt über die eigenen Angelegenheiten nach und ist tief davon überzeugt, daß sie – das Ganze sind ... Aber dort, unter ihnen, in der Tiefe, in stummer, unendlicher Qual, plagt sich das zahllose Gewimmel der Enterbten, 17 Millionen Menschen, die alles hervorbringen, was unser Leben verschönt, was die notwendigen Bedingungen unserer Moralität schafft, die notwendigen Lebensbedingungen ... Wir, die Besitzenden, heben uns von den finsteren Untiefen ab, wie einzelne, verstreute Pfähle, die nur dafür aufgestellt zu sein scheinen, um darauf hinzuweisen, wie finster diese Schluchten sind, wie tief der Abgrund unter uns ist ...«[2]

Dort gab es damals im ganzen Staat nur 44 407 Menschen, die mehr als 1000 Taler jährliches Einkommen hatten – hier in diesem einen kleinen Warschau haben wir heute 64 000 Menschen, die in Souterrains und Dachkammern wohnen, 16 000 Einwohner in Stuben ganz ohne Fenster, ohne Licht.

1. Eine von vier Vortragsveranstaltungen (Jan.-Febr. 1907) zu Fragen der Gleichberechtigung der Frau und der Erziehung, an der bekannte Persönlichkeiten teilnahmen und die großes öffentliches Interesse hervorriefen. Der *Kurier Polski* z.B. berichtete: »Schon wieder war der Philharmoniesaal bis zum Rand gefüllt, und die Bühne war so voll, daß sogar Zuhörer und einige Berichterstatter auf dem Boden sitzen mußten.«
2. Etwas ungenaue Wiedergabe von F. Lassalle: *Indirekte Steuern und die Lage der Arbeiterklasse. Verteidigung vor dem Königlichen Fiskusgericht in Berlin* ... In: *Ausgewählte Schriften.* Erste Serie. Paris 1889, S. 32f, 52.
Ferdinand Lassalle (1825-1864), Gründer der sozialdemokratischen Bewegung in Deutschland. Korczak schätzte Lassalle sehr: »Lassalle schmeichelt den Massen nicht, sondern erklärt ihnen mit unvoreingenommener logischer Beweisführung, daß ihr Schicksal mit der Idee der Freiheit und des Fortschritts eng verbunden ist.« *Sämtliche Werke*, Bd. 8, S. 187.

In diesem schönen Saal hat man auf der letzten Versammlung über die Koedukation gesprochen. Eine Sache, die schon lange in äußerst fortschrittlichem Geist entschieden wurde. In eben diesem Moment, da wir hier beraten, scheinbar so zahlreich, weil wir in einem einzigen kleinen Saal versammelt sind – legen viele Tausende von Müttern – Buben und Mädchen in ein gemeinsames Bett zum Schlafen. – Während wir hier über Methoden nachdenken, wie man Hunderten unserer Kinder möglichst schonend nur die notwendigsten Funktionen des Organismus aus den sogenannten heiklen Bereichen erklären könnte, wissen Tausende von Kindern der Stadt nicht, wie die Kartoffel in der Erde wächst, dagegen wissen sie genau, womit sich das Mädchen an der nächsten Ecke beschäftigt. Wir rufen nach Selbständigkeit für die Kinder, aber sind sie nicht längst selbständig? Der Polizeibeamte nur eines Arbeiterviertels in Manchester[1] notierte im Verlauf von zehn Monaten 69 tödliche Verbrühungen bei Kindern, 56mal den Tod durch Ertrinken, 23mal durch Stürze und 77mal durch andere unglückliche Unfälle. Verbringen Sie gefälligst einmal ein kurzes Stündchen am Bett einer solch verbrühten, sechsjährigen Hausfrau,[2] die, wenn sie zur Besinnung kommt, erzählt, daß sie die Milch für das Brüderchen in der Wiege warm machen wollte; nachher schreit sie schon jammernd wie ein Kind, sie fürchte sich vor dem Feuer, das Feuer sei ihr in den Bauch gekrochen, man solle ihr Wasser geben; und erlangt sie nach einem höllischen Anfall von Erbrechen wieder das Bewußtsein, erklärt sie, daß das Brüderchen in der Wiege nach kalter Milch hätte Durchfall bekommen können und, daß sie – leben will! Vielleicht möchten wir über die Belastungen in der Schule sprechen; zu viele Hausaufgaben, man quält den Verstand der Kinder? Da hat ein Oberst der französischen Armee unter den Rekruten eine Umfrage gemacht, und es hat sich gezeigt, daß 42 Prozent der Söhne Frankreichs nach Abschluß der Grundschule nicht wissen, wer Jeanne d'Arc war. Wenn wir auch in hundert kunstvollen Oden die Reinheit und Enthaltsamkeit preisen

1. Alle England betreffenden Daten gewann Korczak aus Friedrich Engels Arbeit *Die Lage der arbeitenden Klasse in England* (1845), sicherlich aus einer der Auflagen aus dem 19. Jh. in deutscher Sprache. Vgl. auch *Die Schule des Lebens*, in: *Sämtliche Werke*, Bd. 7, S. 324.
2. »Es geschah im Spital. Man brachte ein Mädchen, das sich beim Kochen des Breis für ihr jüngeres Brüderchen lebensgefährliche verbrannt hatte. Ich beruhigte die kleine Patientin, sagte, daß es vorbeigehen, daß es besser werden würde. Und sie antwortete darauf: ›Nein, mein Herr, das wird nicht vorbeigehen, ich werde sterben ... Sagen sie nur der Mama und dem Papa nicht, daß ich mich verbrannt habe, als ich Brei für mein Brüderchen gekocht habe ...‹« – noch nach zwanzig Jahren erinnerte sich Korczak lebhaft an diese Bilder aus seiner frühen ärztlichen Praxis. In: *Über eine neue Idee bei der Erziehung der Jugend*, im vorliegenden Band S. 592.

würden, werden wir doch im Schmutz leben, weil die heutigen sozialen Bedingungen die in verspäteten Ehen geborenen Kinder schlecht erziehen – zu kranken, unglücklichen, gesellschaftlich gefährlichen Halbmenschen. Während uns in den historischen Romanen für die Jugend zu Recht das Blut und die Räubereien unangenehm berühren, berauschen sich die Kinder aller Klassen unmittelbar daran – im Leben selbst, aus den Spalten der Zeitungen. Umsonst übrigens verbieten wir unseren Kindern, auf dem Hof mit dem Sohn des Hausmeisters oder der Tochter der Wäscherin zu spielen, umsonst werden wir sie nur in die Parks führen, wo am Eingang die unerbittlichen Hüter der städtischen Anlagen und der jungfräulichen Gedanken und Gefühle unserer Engelchen stehen. Die moralische Ansteckung, die Bakterien geistiger Verwirrung werden, mit dem leichtesten Lüftchen aufgewirbelt, in einem winzigen Wölkchen flüchtigen Staubes in unsere ersten Stockwerke eindringen, die Vernachlässigung der Kinder aus den Souterrains wird sich an den Kindern unserer Salons rächen. Das Problem der physischen Kinderarbeit ist auch eine der brennenden Fragen der neuen Reformpädagogik. Und diese Frage haben ebenfalls die Familien jener siebzehn Millionen im Sinne des Fortschritts gelöst. Es gibt kein Unternehmen, keine Werkstatt, keine Fabrikmaschine, wo man nicht die kleinen Hände der jungen Arbeiter finden würde. Schon 1833 hat die zentrale Fabrikkommission in England berichtet, daß in den Fabriken Kinder selten ab dem fünften Lebensjahr zu arbeiten beginnen – häufiger ab dem sechsten, sehr oft ab dem siebten und am häufigsten ab dem achten, der Arbeitstag aber dauert 14-16 Stunden täglich. Der Bericht der Kommission erzählt, wie die Aufseher die Kinder, die sogenannten internen Schüler, mit Riemenschlägen geweckt, die Nackten von ihren Liegestätten getrieben haben, damit sie sich anziehen, wenn sie bereits an den Maschinen sind; wie sie bei der Arbeit eingeschlafen sind und man sie mit Stöcken wieder zu sich gebracht hat, wie diejenigen, die bei den Eltern wohnten, nicht nach Hause zurückgehen wollten, sich auf den Trockenböden auf die Erde warfen, um dort die Nacht zu verbringen; die aber, die nach Hause gingen, wollten nicht zu Abend essen und schliefen beim Abendgebet auf den Knien ein. Wie viele drohende Protestschreie ertönten, als ein Gesetz von 1834 die Arbeit für Kinder unter neun Jahren verboten und ihren Arbeitstag auf acht Stunden begrenzt hat. Und die Handelsfreiheit, und der nationale Reichtum. – Und wieviel Mißbrauch, rechtliche Winkelzüge, Fälschungen und Korruption! Denn die Industrie kennt kein Alter, das man nicht ausnützen könnte. So arbeiteten bei der Spitzenfabrikation, wo jedes beliebige Wesen, wenn es nur lebendig ist, ausreicht, um die eingefädelte Nadel aus dem Gewebe zu ziehen, Kinder bis zum siebten Lebensjahr, also fünf- und vierjährige; der Kommissar Granger traf bei der Überprüfung einer Fabrik einmal – ein zweijähriges Kind bei der Arbeit an. (Die Autorität von Engels befreit mich hier vom Vorwurf, das sei unwahrscheinlich.) Und so begrenzt das Gesetz immer mehr den bereits zu weitgehenden Radikalismus der Herren Fabrikanten. Die im Jahr 1890 auf Initiative von Kaiser Wilhelm II. einberufene internationale Konferenz setzte das Mindestalter der Kinder auf zwölf Jahre fest, für Südeuropa auf – zehn; Holland, Schweden und Belgien lassen Mädchen unter vierzehn Jahren nicht zur Fabrikarbeit zu, Norwegen und die Schweiz erachten das vierzehnte Lebensjahr für beide Geschlechter als Mindestalter. Der Arbeitstag soll für Minderjährige zwischen acht und zehn Stunden betragen. Gesetze, die Kinderarbeit einschränken, sind die Frucht jahrzehntelanger Kämpfe; die Beteiligung von Kindern drückt die Löhne, was die Unzufriedenheit der Arbeiter erweckt und ebenso auch die Wachsamkeit der Gesetzgeber; oft kommt hier die Rivalität zweier Industriegebiete ins Spiel. So verlangt zum Beispiel in Rußland der Petersburger Bezirk, mit ausgezeichneten Maschinen und somit geringerem Bedarf an Arbeitskräften, seit 1850 ab und zu die Aufhebung der Kinderarbeit, die Einschränkung der Frauenarbeit, der Nachtarbeit usw. Der Moskauer Bezirk, schlechter versorgt, stellt sich dem energisch entgegen, weil er nur durch fortwährende Arbeit und niederen Lohn mit der leistungsfähigeren Maschine des feindlichen nördlichen Gebiets konkurrieren kann. Zugeständnisse in Sachen Hygiene wurden schließlich Gegenstand eines Handels der sich gegenseitig bekämpfenden politischen Parteien ... Das ist aber trotzdem kaum der Beginn der Arbeit. Hunderttausende von Kindern sterben langsam, von Tag zu Tag und von Stunde zu Stunde, in den Schuster- und Schneiderwerkstätten, bei der Herstellung von Schachteln, künstlichen Blumen, Knöpfen, Regenschirmen – in Läden und Lädchen, in Bäckereien, in den Privatwohnungen der Eltern. Die Fabrik – das ist eine von Dutzenden anderer Werkstätten der Kinderarbeit.

Jene Millionen – das sind die Altersgenossen von einigen Hunderten eurer Kinder. Mütter, ihr denkt vor allem an das Glück der eigenen; vielleicht durchfährt euch für einen kurzen Augenblick das Entsetzen beim Gedanken an jene, aber vor allem sind euch eure Kinder teuer.

Also wisset, daß weder die Koedukation, noch die Gymnastik, noch die sexuelle Aufklärung – nichts von all dem das Übel der Einflüsse des modernen Lebens ausgleicht, wenn ihr dies nicht von jüngsten Jahren an dauernd und konsequent in ihr Bewußtsein bringt, daß es ihre Aufgabe, ihr einziges Ziel, der Inhalt ihres ganzen Lebens ist, für die Rechte jener zu kämpfen.

In dem Augenblick, da ihr auf die Frage eines vierjährigen Kindes danach, warum ihr eine geräumige Wohnung besitzt, die Kinder des Hausmeisters aber – ein feuchtes Loch, antwortet, das sei Gottes Wille, fällt ihr über euch selbst und gegen euch selbst ein trauriges Urteil. Wenn es im Lauf der Jahre Einblick gewinnt – versteht es, daß ihr gelogen habt und wendet sich mit Widerwillen wie ein Fremder von euch ab; oder es wird im Kreis seiner Kameraden Falerno[1] trinken, während ringsum Schmerz herrscht; oder es wird gedankenlos und sklavisch in einer trüben Berufsarbeit ein lebloses graues Dasein fristen – und es wird den Moment verfluchen, da es geboren wurde, ohne Hoffnung ... die Sonne zu sehen! ...

Der einzige Sinn, die einzige Daseinsberechtigung – eurer Hunderte von Kindern – besteht darin, für jene Hunderttausende zu arbeiten – zusammen mit ihnen für ihre Rechte zu kämpfen!

Janusz Korczak

Aus: *Świt* (Morgenrot), Nr. 9 (25.2.1907), S. 7-9.

1. Italienische Weinsorte aus der Nähe von Neapel.

Warszawa, d. 25 Grudnia (6 Stycznia) 1899/900 r.

WĘDROWIEC

Pismo Tygodniowe Ilustrowane.

№ 1. Rok XXXV

Warunki prenumeraty: w Warszawie (rocznie rs. 7, — z przesyłką pocztową rs. 8
Dodatek muzyczny (24 zeszyty nut) rs. 3.

Redakcya „Wędrowca": Nowy-Świat 47, w domu własnym. Telefonu 564. — Administracya „Wędrowca"
w Księgarni T. Paprockiego i S-ki, Nowy-Swiat 41.
FILIA WE LWOWIE: PLAC MARYACKI L. 4.

F. Kowalski. — Sieroty.

Titelseite der Zeitschrift »Wędrowiec« (Der Wanderer) 1900

Adam Asnyk (1838-1897)
Kazimierz Przerwa Tetmajer (1865-1940)

2.

Schule und Erziehung

(1904-1934)

Ohne Strafbank[1]

Eine Schule ohne Strafbank und ohne Zensuren!

Warum ohne Strafbank?

Weil »die Schüler zu der Einsicht gelangen sollten, daß sie wie Kranke, die dem Arzt ihre Leiden offenbaren, auch ihre Schuld dem Erzieher gestehen sollten. Und Arzt und Erzieher wünschen gleichermaßen ihr Wohl und sind bestrebt, das körperliche und seelische Gebrechen zu heilen.«

Warum ohne Zensuren?

Weil »die Schüler nicht für die Zensuren, nicht für ein Examen oder Diplom lernen sollten, sondern aus dem Bedürfnis heraus, sich geistig zu vervollkommnen.«

Eine Schule, wo man nur während des Unterrichts lernt – ohne Erteilung von Hausaufgaben!

Denn »Kinder sollten zur Schule gehen, um dort zu arbeiten und unter der Leitung der Lehrer zu lernen, und sie sollten nicht für das benotet werden, was sie zu Hause unter fremder, mitunter inkompetenter Hilfe erarbeitet haben.«

Eine Schule, in der Schreibunterricht in der ersten Klasse nur zwanzig Minuten dauert, »weil es für Erstklässler zu anstrengend ist, eine Stunde lang Schönschrift zu üben« – mit anderen Worten: Wo das Leistungsvermögen eines Schulanfängers berücksichtigt wird.

Und schließlich eine Schule, in der die Stimme des Arztes Gehör findet ...

Und, oh Wunder, das ist keine Schule, die man für die Zukunft plant, sondern eine, die bereits seit zwei Jahren besteht und den Namen »Siebenklassige Warschauer Handelsschule« trägt, und ein Bericht über diese Schule liegt in Form eines Buches von 350 Seiten vor mir.[2]

»Die Warschauer Handelsschule«, vermeldet der Bericht, »hatte kompetente und interessierte Personen zur Besichtigung eingeladen und

1. Im Polnischen »Bez kozy« (Ohne Ziege; Schülerjargon).
2. Es handelt sich um die Handelsschule der Handelsvereinigung Warschaus in der Prosta-Straße, gegr. 1900 auf Initiative von Stanisław Rotwand. Eine vortrefflich ausgestattete Schule, die hervorragende Lehrer beschäftigte. Der Schuldirektor, der Russe Jerzy Cwietkowski, war allgemein beliebt; er begünstigte Polen. Die Schule und ihre Methoden erweckten allgemeines Interesse und Bewunderung, sie wurden in der Fachpresse diskutiert. Das erwähnte Buch heißt: *Die siebenklassige Handelsschule in Warschau. Bericht für die Jahre 1900-1901.* [Bearb.] J. Cwietkowski und F. Niklewski. Warszawa 1903 (polnische und russische Fassung). Angeführte Zitate auf den Seiten 121, 152, 164, 183f.

sie mit der Schulordnung, der Unterrichtsmethodik und den Anschauungsmaterialien und Arbeitsräumen vertraut gemacht. Der Direktor (Jerzy Cwietkowski) gestattete den Besuchern, die sich ernsthaft für die Schule interessierten, mit Einverständnis der Lehrer während des Unterrichts in den Klassen zu hospitieren ...«

Wenn die Handelsvereinigung der Stadt Warschau nicht nur den Schülern dieser Schule, sondern auch unserer Pädagogik einen Dienst erweisen will, sollte sie einmal der *Sonntags*-Handelsschule[1] einen Besuch abstatten – ach! wie gut das wäre ... Denn dort ist es anders – in dieser Sonntagsschule, die nur von Jungen und Handlungsgehilfen besucht wird ...

g.

Aus: *Głos* (Die Stimme), unter der Rubrik: *Am Rednerpult*, Nr. 16 (16.4.1904), S. 244.

Die Schule der Gegenwart

Alle Postulate, Resolutionen und Meinungen, die entweder einzeln oder im Kollektiv – von Professoren höherer Lehranstalten, von Lehrern der Mittel- oder Grundschulen und schließlich von der Jugend selbst – in letzter Zeit zum Thema Schule geäußert worden sind, stimmen in einem Punkt überein: Schulreformen stehen im engen Zusammenhang mit allgemeinen Reformen des Staatswesens.

Das ist völlig verständlich: Die Schule ist eine Institution, die von der Gesamtheit der eng miteinander verflochtenen Angelegenheiten abhängt – deren Querverbindungen einen unmittelbaren Einfluß auf sie haben; das Schulwesen spiegelt sie getreu wider und ist ihnen sklavisch untertan.

Es gibt keine und kann auch keine Bedingungen des allgemeinen Lebens geben, die keine grundlegende Bedeutung hätten – für das Schulwesen ...

1. Schulen dieses Typs gab es in Warschau ab 1854. Der Unterricht fand an Sonn- und Feiertagen statt; für alle, die einen Abschluß anstrebten, war ein vierjähriger Kurs obligatorisch. Es wurden Religion, polnische, russische und deutsche Sprache, Arithmetik und Handelsrechnungsführung, Buchhaltung, Wechselrecht und Handelsgeographie unterrichtet.

»Die Aufgabe der Schule ist es zu bilden, die der Familie – zu erziehen« – das ist eine der banalsten Phrasen, die die demagogischen Verfechter einer von Zeit und Raum unabhängigen Schule, einer Schule der reinen Wissensvermittlung, ohne die geringste politische Färbung, verkünden; mit anderen Worten – einer Schule auf dem Mond.

Ein zugegebenermaßen sehr bequemer Standpunkt, aber schamlos heuchlerisch. Es wäre höchste Zeit, einzusehen, daß Herz und Gehirn nicht zwei voneinander unabhängige Schachteln, Säcke oder Vorratskammern sind, von denen eins das Depot für erworbene Kenntnisse und das andere – eine Orangerie eingepfropfter charakterlicher Tugenden ist. Die Schule bildet und erzieht gleichermaßen – sie erzieht in einer von oben vorgegebenen Richtung, je nach dem allgemeinen Trend allgemein verpflichtender Interessen der einzelnen Staaten, die sich der Schulen als eines der mächtigsten Werkzeuge bei der Durchsetzung dieser oder jener politischen Pläne bedienen.

Der Staat wünscht sich solche Untergebenen oder Bürger – und der Gesetzgeber legt die Vorschriften fest; die Vorschriften weisen in eine genau angegebene Richtung. Es findet sich immer die nötige Anzahl von Beamten, die von dem Geist der entsprechenden Gebote und Verbote durchdrungen sind; in dem gleichen Geist werden die Schulbücher verfaßt und die Gesetze für Schulen erlassen. Schließlich verordnet man strenge Kontrollen, lockert oder verstärkt sie, je nach wirklicher oder nur vermeintlicher Notwendigkeit – und so hält das an, bis eine Kursänderung neue Gesetze, neue Lehrbücher und neue Beamte hervorbringt.

Je nachdem über wie viele materielle Mittel der Staat für die Ziele des Schulwesens verfügt, wird obligatorische Bildung beschlossen. Damit gelangt er schneller und konsequenter zum angestrebten Ziel und garantiert sich den umfassenden Einfluß auf die Bildungseinrichtungen und eine gewissenhafte Pflichterfüllung durch gut bezahlte Funktionäre; oder er winkt mit Sonderrechten und Privilegien – und lockt und ködert damit amoralische Eltern und gewinnt ihre Zusammenarbeit in seinem Sinne.

Es ist wohl für niemanden mehr ein Geheimnis, daß die gegenwärtige Schule eine durch und durch nationalistisch-kapitalistische Institution ist, daß ihre erste und vornehmste Verpflichtung darin besteht, klerikale Zentristen und chauvinistische Patrioten zu erziehen.

So werden in den englischen Schulen fähige, gewitzte und rührige Plantagenbesitzer, Kolonialherren und Fabrikanten erzogen, deren Aufgabe es ist, immer wieder neue Territorien auszubeuten, neue Märkte zu erobern und immer weitere Stämme und Völker zum Wohle der englischen Staatsmacht zu unterdrücken. Und jene durch und durch unmoralischen Ziele erreicht die Regierung dank der mustergültigen englischen Schulen mit vollem Erfolg. Und so soll auch die deutsche Schule Ehrerbietung wecken für die Winkelzüge der deutschen konstitutionellen Monarchie und in ihren Schülern den Glauben in die Macht der preußischen Kanonen und der preußischen Zivilisation stärken. Und so wünscht auch die galizische Schule (was nicht immer von Erfolg gekrönt ist), Lakaien und Karrieristen für Wien zu züchten, worin sie kein bißchen vom allgemeinen Trend abweicht, in den Volksschulen fromme, das heißt gehorsame Schafe heranzubilden und in mittleren und höheren Schulen – gefügige Bekleider von Ruheposten, bestechliche Beamte und mehr oder weniger ehrliche Staatsdiener.

Ein charakteristisches Merkmal all dieser Regierungen ist, daß sie mehr für die Armeen ausgeben als für die Schulen, mehr für eisernen Schrott – als für die künftigen Bürger und Menschen. Die Schulen der Gegenwart stöhnen hinsichtlich ihres Budgets und ihrer Ziele unter dem Joch des Militarismus, überall, in der ganzen zivilisierten Welt; der einzige Unterschied besteht nur – in der Intensität.

Je nach Umfang der materiellen und moralischen Mittel garantiert man sich die konsequente Durchsetzung jener mit Schulbildung nichts gemein habenden Nebenziele. Wo die Tätigkeit der Schule durchschaubar ist und die Möglichkeit besteht, sie zu kritisieren, dort wird auch in den Reihen der schulischen Miliz eine gewisse Disziplin herrschen; es existiert dann zwar eine lex dura[1], aber der Willkür sind dadurch Grenzen gesetzt, es gibt keine offenkundige Gesetzlosigkeit, man kann dort nichts auf eigene Faust unternehmen und auch nicht weitergehen als es der Paragraph vorschreibt. Das hat als gute Seite, daß zusätzlicher und gelegentlicher Mißbrauch einschränkt wird, aber auch die schlechte Seite, daß es zwar keine Verbitterung hervorruft, aber Passivität, die alle Fortschrittsbestrebungen hemmt.

Das Problem des Schulwesens hat eine riesige Literatur geschaffen; man hat peinlichst genau alle ihre zahlreichen wunden Stellen untersucht. Die Fragen des Programms, der klassischen oder realen Ausrichtung, dieser oder jener religiösen Unterrichtsfächer, die Fragen der Überlastung – und zig andere – alle bereits hundertmal erörtert, stehen heute, wie vor Jahren, auf der Tagesordnung – sind ungelöst, ärgerlich und schmerzhaft, besonders weil sie die Hilflosesten, Schutzbedürftigsten unter uns betreffen – die Kinder und Jugendlichen; und überall wartet heute, wie auch vor Jahren, die englische, französische, deutsche, polnische oder russische Jugend – bei Überbelastung und Schädigung der Gesundheit und des Charakters, dem nivellierenden Einfluß

1. (lat.): strenges Gesetz/Recht; aus der Sentenz: dura lex sed lex (hartes Recht, aber Recht).

der Schule ausgesetzt – während ihrer schönsten, zauberhaftesten Jahre in sinnloser Apathie – auf ein Stück Papier.

In den Schulen des »zivilisierten« Europa warten Kinder Jahr um Jahr auf ein Papier, das ihre loyale Reife (oder Unreife) bescheinigt und das ihnen im Erfolgsfall Privilegien sichert.

Man kann heute nur noch mit Ironie von einem – zivilisierten Europa – sprechen. Sie, die europäische Zivilisation, wartet ruhig und genüßlich auf die Reserve aus Fleisch und Blut, auf das Gemetzel von Zehntausenden von Menschen. Dann nutzt das zivilisierte England mit seinen hervorragenden Schulen das Durcheinander aus und streicht Geld und wertvolle Territorien ein. Das zivilisierte Deutschland macht gute Geschäfte mit betrügerischen Handelsverträgen. Jeder schaut sich um, was bei einer Feuersbrunst zu rauben ist, wenn Menschen sterben – Tausende von Menschen. Und hat dieses England mit seinen mustergültigen, alt-ehrwürdigen Schulen nicht kürzlich einen der schändlichsten Gewaltakte[1] in der Geschichte verübt, der mit nichts, mit gar nichts zu rechtfertigen ist – während in der Hauptstadt dieses mächtigen Staates die eigenen Untergebenen in Kellerwohnungen Hunger leiden? ...

Ist es nicht angesichts all dessen ein bewußtes und arglistiges Verschließen der Augen vor der Realität, wenn man sagt: Es sei Aufgabe der Schule zu lehren, und nicht zu erziehen, zu lehren, was es für Vulkane in Afrika gibt, wie die Vorgebirge in Amerika heißen, aber nicht – daß zum Beispiel Kinder in feuchten Kellerwohnungen außen von Läusen und innen von Tuberkeln zerfressen werden? Wird nicht überall unter »Allgemeinbildung« das Einbimsen einer Unmenge von Zahlen und Fakten verstanden, die man wenige Tage, Wochen, bestenfalls Monate nach dem Examen – wieder vergißt, und wäre es nicht besser, den Schülern alle zum Himmel schreienden Unzulänglichkeiten, Gebrechen und Verbrechen des gegenwärtigen Lebens bewußt vor Augen zu führen und das Verlangen zu entwickeln, dagegen anzukämpfen? Allgemeinbildung – sollte im höchsten, bewußtesten, emsigen – Streben nach Wahrheit und Gerechtigkeit gipfeln – doch eine solche Allgemeinbildung kann keine kapitalistische Schule vermitteln, da es ihre Aufgabe ist, um jeden Preis den für die privilegierten Schichten höchst angenehmen status quo aufrechtzuerhalten.

Über die schulische Belastung hat das gebildete Europa schon ganze Bibliotheken vollgeschrieben: Und dieses so komplizierte Problem könnte sich leicht und rasch lösen lassen, wenn wir bereit wären anzuerkennen,

1. Anspielung auf den sog. Burenkrieg (1899-1902), nach dem England die südafrikanische Republik Transvaal, eines der an Bodenschätzen reichsten Länder der Welt, zur britischen Kronkolonie erklärte.

daß Aufgabe der Mittelschulen nicht die *Lehre, sondern die Entwicklung* der Kinder[1] ist, daß die Schule ihnen die Köpfe nicht mit unnützem Ballast vollstopfen, sondern sie für das Leben vorbereiten muß, in das sie als *gereifte* Menschen eintreten sollen. Es ist doch ein Kuriosum, daß die Schule Reifediplome für das Umgehen mit Logarithmen und Erklären der Erscheinung der Mondfinsternis vergibt. Reif für das Leben ist doch nur einer, der weiß, warum er lebt, in welchem Verhältnis er sich zu seinen Mitmenschen und zur Menschheitsgeschichte sehen muß – und der in diesem Sinne denkt und handelt.

Die Schule sollte eine Schmiede der heiligsten Grundsätze sein; durch die Schule sollte all das vermittelt werden, was das Leben bereithält, durch sie sollten die Schüler lernen, lautstark für die Menschenrechte einzutreten, mutig und rücksichtslos anzuprangern, was verderbt ist. Und das kann keine reparierte, zusammengeklitterte und bloß frisch übertünchte Schule vollbringen, sondern eine grundlegend andere, eine, die mit beiden Beinen auf der Erde steht – nicht auf dem Mond – wie die Schulen, die wir überall vor uns haben.

h.g.

Aus: *Głos* (Die Stimme), unter der Rubrik: *Wissenschaftliche Rundschau*, Nr. 19 (13.5.1905), S. 283f.

Allgemeine Grundbildung

Wie sehr imponiert uns Naiven und Unaufgeklärten doch die stolze – obligatorische allgemeine Grundbildung des kulturvollen Westens[2].

Bei uns, wo Schulen ein Ergebnis launischer Eingebung wohltätiger Bankiers oder Philanthropen oder der um das Wohl der künftigen Generation besorgter gesellschaftlich engagierter Fabrikanten sind, wo sich die Schultore nur auf ein Empfehlungsschreiben der Frau Doktor

1. Eine Schule mit dieser Zielvorstellung beschreibt Korczak in *Die Schule des Lebens*; in: *Sämtliche Werke*, Bd. 7, S. 311ff.
2. In Rußland (und genauso im russischen Teilungsgebiet, anders als in Galizien und im preußischen Teilungsgebiet) war der Grundunterricht nicht obligatorisch. Obwohl das Königreich Polen durch die russischen Behörden übermäßig besteuert war, betrugen die Ausgaben für Bildung lediglich 69 Kopeken pro Einwohner, in Rußland im Durchschnitt 1 Rubel 60 Kopeken; die Analphabetenquote betrug im Königreich Polen bis zu 62% in der erwachsenen Bevölkerung.

hin oder durch ein Schmiergeld[1] öffnen – ist der Gipfel aller Träume ein ebenso stolzes Schulnetz wie im Westen, durch das alle Eltern ihre Kinder schicken müßten, andernfalls die Schule dem Polizeirevier Mitteilung machen, und das Revier eine »Sztraf«[2] verhängen, und der »Stójkowy«[3] in die Wohnung der Arbeiterfamilie eine »Powiastka«[4] bringen würde, und der Arbeiter, der sein Kind dergestalt vernachlässigt – bekäme eine Strafe von 3 Rubeln aufgebrummt.

Obligatorische allgemeine Grundbildung! ...

In Berlin[5] trug sich folgendes zu:

1. »Wir haben sehr wenige Schulen in Warschau; der Zugang zu ihnen ist schwer, für die weniger vermögenden Menschen ist er beinahe unmöglich [...]. Die Anzahl der Bewerber übersteigt um ein Vielfaches (in den niedrigsten Klassen nicht selten um ein 10faches) die Anzahl der verfügbaren Plätze, man muß also besondere Privilegien haben, um in eine Schule aufgenommen zu werden. In diesem Fall – wie immer in den Kontakten mit den russischen Behörden – sind die persönlichen Beziehungen der Eltern und insbesondere die Schmiergelder entscheidend. Neben der Eintragungsgebühr, die in den Gymnasien jährlich 60 Rubel (150 Kronen) beträgt, entsteht eine private Taxe, die heimlich, oft über Vermittler, dem Direktor überreicht wird, die von 50 bis 150 Rubel beträgt. [...] Es ist natürlich ein Mißbrauch, der aber in Übereinstimmung steht mit der Einstellung der Regierung zur Bildung und somit zur Gewohnheitsregel wird. Die russische Regierung befürchtet [...] die Demokratisierung des Wissens und baut um die Schule herum Schranken auf, damit sie nur für privilegierte Gesellschaftsschichten zugänglich ist. Vor einigen Jahren wurden Sondervorschriften erlassen, nach denen die Kinder, die keinen ausreichenden Unterhalt haben, von der Schule ferngehalten werden: Es wurde verboten, Jugendliche aus bestimmten Milieus in die Schulen aufzunehmen, und zwar die Kinder von Schankwirten, Lakaien, Fuhrleuten, Unterhändlern etc. Diese Vorschriften sind überflüssig angesichts der Gewohnheit der Schmiergelder, die den nicht vermögenden Schichten den Zugang zu den Schulen unmöglich macht.« *Warszawa wspólczesna* (Zeitgenössisches Warschau), S. 49f.
2. von dt.: Strafe.
3. Polizist im Grad des Wachmanns, eine im russischen Teilungsgebiet übliche Bezeichnung.
4. russ.: powiestka – amtliches Schreiben, insbesondere eine Ladung vor Gericht.
5. Korczak hielt sich von September 1907 bis Juni 1908 in Berlin auf. In der an die Zeitschrift *Krytyka Lekarska* (Ärztliche Kritik) übersandten Korrespondenz vermerkt er: »Tag für Tag beobachte ich, wie Tausende Kinder armer Eltern zum schulgeldfreien Unterricht pilgern, und eine Zeitung erzählt mir die Geschichte eines Vaters, der ständig Strafe zahlen muß, weil sein Sohn nicht regelmäßig am Unterricht teilnimmt. Der Staat entzieht Kinder vom sechsten bis zum vierzehnten Lebensjahr zwangsweise ihren Eltern. Das ist ein erster Schritt zur Sozialisierung der Erziehung. Kleingedruckten Zeitungsannoncen entnehme ich, daß der Einzelhandel und die kleineren Industriebetriebe aus Angst vor Bankrott billige Arbeitskräfte unter der schulpflichtigen Jugend suchen ...« *Sämtliche Werke*, Bd. 8, S. 43.

Der Vater mußte um sechs Uhr morgens in die Fabrik, die Mutter in die Werkstatt. Der Junge, ein kleiner Tunichtgut, trieb sich, statt zur Schule zu gehen, mit seinen Kumpels auf der Straße herum. Der Junge schwänzte einmal, dann noch ein zweites Mal, ein drittes und viertes Mal. Darauf erfolgten Mitteilungen an die Behörden (bei uns hieße das – Rapport) – und schon wurde der Vater zu drei Mark Strafe verdonnert. – Der Vater zahlte die drei Mark, verprügelte den Sohn, aber das half nichts. Die zweite und die dritte Strafzahlung waren fällig. – Da ging der Vater zur Schule und sagte: »Ich muß um sechs Uhr früh zur Fabrik, meine Alte um sieben in die Werkstatt ... Warum muß ich Strafe zahlen? ... Meine einzige Schuld ist, daß ich mein Brot verdienen gehen muß.«

»Ziehen Sie ihm den Hosenboden stramm!« sagte der Direktor

»Hab' ich schon – es hat nicht geholfen.«

»Dann kann ich Ihnen nicht helfen«, sagte der Direktor.

Da ging der Vater zum Polizeirevier: »Stecken Sie meinen Jungen ins Gefängnis«, bat er.

»Wenn er geklaut hat, lochen wir ihn ein; Schulbummelei ist ein zu geringes Vergehen.«

Und der Vater war ratlos; vielleicht hat er zu Gott gefleht, daß dieser seinen Sohn zu einem Spitzbuben macht, dann bekäme dieser seine obligatorische Unterweisung ganz umsonst; denn so – wird ihm die Schule zu teuer ...

Ich frage mich allerdings, warum hat der Junge einen so heftigen Widerwillen gegen die Schule, daß ihn nicht einmal die Peitsche des Vaters (und wenn es um drei Mark geht, kann der Deutsche zuschlagen) zur Räson bringen kann? ...

Es gab in Berlin auch einen Schularzt, der untersucht hat, wieviel Stunden die Schüler der Regierungsschulen nachts schlafen.

Seine Untersuchungsergebnisse hat er aufgeschrieben, er tat das sehr sorgfältig, streng wissenschaftlich. Wenn er das nicht getan hätte, wäre er womöglich entlassen worden.

Alle deutschen Gelehrten schreiben sehr wissenschaftlich. Wenn ein deutscher Gelehrter darüber schreibt, warum in armen Familien die Kindersterblichkeit größer ist als in reichen, erwähnt er zunächst die Unwissenheit der armen Mütter, die es nicht verstehen, die Kinder zu nähren, dann den Mangel an Mutterliebe, danach die Trunksucht des Vaters, erst dann fügt er hinzu, daß sicher auch die gesellschaftlichen Zustände, irgendwie, in gewissem Maße und bis zu einem gewissen Grade, Einfluß haben könnten. Über den Mangel an hygienischem Grundwissen unter den Müttern des Proletariats singt er wie ein Tenor, doch wenn er etwas zu den gesellschaftlichen Umständen sagen will, druckst er herum, stammelt, schluckt und räuspert sich, als säße ihm ein Kloß im Halse. – Denn ein deutscher Gelehrter wird niemals Professor, wenn er nicht wissenschaftlich schreibt, auch kein Staatsrat (bei ihnen heißt das Geheimrat), und somit würde er auch keine Professoren-Pension erhalten. – Vielleicht heißt der Staatsrat dort Geheimrat, weil er versteht, Angebrachtes zu verheimlichen ...

So ist jener Schularzt zu dem Ergebnis gekommen, daß die Kinder in der Frühe von fünf bis acht Uhr dumme Zeitungen oder Semmeln austragen müssen, dann zur Schule gehen, damit die Väter keine Strafe zu zahlen haben, aber natürlich in der Schule während des Unterrichts einschlafen. Am Nachmittag müssen die Kinder wieder irgendwo arbeiten, entweder in einer Werkstatt (illegal) oder in einem Laden oder zu Hause. Einer der Jungen mußte seinen Vater um vier Uhr früh aus der Tanzbude (wir würden das delikat – öffentliches Haus – nennen) holen und nach Hause führen, danach dumme Zeitungen austragen und anschließend zur Schule gehen. – Öffentliche Häuser gibt es gar nicht, weil die Polizei sie verboten hat. So kulturvoll ist diese Stadt, und so sehr achtet sie auf die Reinheit der Sitten.

Aber warum schlafen die Kinder in der Schule während des Unterrichts? Es ist doch bekannt, daß die Jugend trotz gewisser Entbehrungen einiges aushält; selbst wenn den Jugendlichen die Augen zufallen, sind sie doch imstande, drei Nächte hindurch interessanten Dingen zu lauschen.

Vielleicht ist der Unterricht in der Schule langweilig? ...

Allgemeine Grundbildung!

Wißt ihr, wie viele Lehrer man dafür benötigte? In Preußen hat man errechnet: zwölfmal mehr als Unteroffiziere und sechzigmal mehr als Feldwebel. Und sie sind schwerer aufzutreiben als Feldwebel. Denn ein Feldwebel erhält seinen guten Sold und Vergünstigungen: Wenn er ausgedient hat, kann er Polizist werden oder Beamter – alle Wege stehen ihm offen; aber einem Lehrer? Ein Feldwebel wird nicht zur Rechenschaft gezogen, wenn er einem Soldaten vier Zähne ausschlägt, während ein Lehrer bloß für zwei dumme Milchzähne, die ohnehin ausfallen würden, in vier fortschrittlichen Berliner Zeitungen derart heruntergemacht wurde – daß die Behörden den Fall untersuchten und herausfanden, daß ein Zahn schon wackelte, wackelte, wackelte – und von selbst ausfiel. Und der zweite hatte den Verlust des Nachbarn nicht verkraftet und war ohne zu wackeln auch von selbst ... ausgefallen.

Mit den Zähnen ist das eben so: Sie wackeln, wackeln, wackeln – bis sie ausfallen. Die Gelehrten wissen das, aber die ungelehrten Journalisten schreiben drauflos, bloß um ihre Rubel zu verdienen ...

Die gute allgemeine Grundbildung – die so gute!

Sechs Jahre hindurch bringen sie den Kindern Buchstaben, Gehorsam und Ehrfurcht vor der Macht bei, und Liebe zur evangelischen oder katholischen Kirche oder zur jüdischen Synagoge, Liebe zum preußischen Strafgesetzbuch (pardon: Vaterland).

»Jeder achte seine Religion!« sagt der Lehrer – sagt das deutsche Recht.

Oh je, ist das ein kluges Recht. Die, die es geschrieben haben, wußten, daß der Unterschied zwischen einem Tempel und einer Kirche darin besteht, daß man dort Péjese[1] trägt und hier nicht, dort ein Verheirateter auf der Kanzel steht und hier ein Junggeselle – daß beide das gleiche predigen: »Liebe die kirchliche Macht und alle weltliche Obrigkeit, laß dich von klügeren als du es bist, führen, und hör nicht auf Verführer und Gesetzesverletzer. – Dafür gibt man dir Krankenhäuser, deiner Frau zahlt die ›Kasse‹ 2 Mark pro Tag, nach deinem Tod bekommt deine Familie hundert Mark, und alle Sünden werden dir erlassen.«

Bei uns heißt es – religiöse Toleranz, nach der wir uns sehnen, und bei ihnen: Schankkonzession zur Veräußerung der Ehre unter der gnädigen Schirmherrschaft nicht unbedingt geschlechtlich normal veranlagter Liberaler.

Denn es ist ein liberaler Staat, der auch eine Verfassung hat und allgemeine Grundbildung verordnet und religiöse Toleranz, in dem es keine Freudenhäuser gibt, und wo den Schülern die Milchzähne von allein ausfallen ...

In einer Handwerkerwohnung einer Berliner Straße leben drei Kinder: Erna, Walter und Frieda.

Erna ist sechs Jahre alt und geht erst seit einem Monat zur Schule. Eine Woche lang hat sie, wie es ihrem Alter entspricht, nicht gewußt, warum und wohin, und was überhaupt dort mit ihr geschieht. In der zweiten Woche ging sie schon mit Schulranzen und wußte auch schon, wann Sonntag war – denn das war ein guter Tag, weil sie dann erst nach dem Mittagessen zur Kirche ging, wo die Barmherzige Schwester ihr beibrachte, daß man die Eltern lieben und den Schutzmann achten soll. In der dritten Woche erwachte in der Seele der kleinen sechsjährigen Erna der Geist des Widerspruchs. Sie wollte am Morgen nicht aufstehen. Und wie zum Trotz wurde es bitterkalt, und in Berlin hat man keine Doppelfenster wie in Rußland, und Kohle ist teuer, was man in einer konstitutionellen Monarchie gar nicht für möglich gehalten hätte. Erna war also vom Geist des Widerstands ergriffen, denn sie hatte noch nicht genug vormittägliche Stunden in der Schule zugebracht, sondern nur die nachmittäglichen in der Kirche. Aber zum Glück hat Gott neben Schule und Kirche auch noch die Mutter auf den Plan gerufen, um den Geist des Widerstands auf der dem Herzen gegenüberliegenden Seite herauszuklopfen, solange die geistlichen Medikamente noch keine

1. (jidd.): Schläfenlocken.

Wirkung zeigen. Und die Mutter schaffte es, den Geist der Rebellion aus der sechsjährigen Erna mit dem Teppichklopfer herauszuklopfen, so daß sie in der vierten Woche bereits ohne Weinen aufsteht, die Schiefertafel, den Schwamm, das Trockentuch und den Griffel einpackt und zum Schuldienst geht, dem staatlich verordneten, kostenlosen, obligatorischen, zu dem alle Untertanen ohne Ansehen der Religion, der Nationalität und des Geschlechts im Alter von sechs bis vierzehn Jahren verpflichtet sind zu gehen ...

Dafür sind Frieda und Walter längst gefügig, gehorsam, unterwürfig, achten das Alter und die Leistungen und auch die mit Tinte geschriebenen Buchstaben des Gesetzes.

Frieda weiß, daß sie nach Abschluß ihrer Schulzeit mittels einer kleinen Anzeige in der *Morgenpost* eine Anstellung finden wird, entweder in einem Geschäft oder in einem Warenlager. Und Walter wird anschließend die neue Schule besuchen, wo man ihm für ein lächerlich geringes Schulgeld Buchhaltung beibringen wird, falls er Handlungsgehilfe werden will, oder technisches Zeichnen, falls er sich für die Schlosserlehre entscheidet. Danach geht er zum Militär.

»Was willst du werden?« frage ich Walter.

»Maurer«, antwortet er ohne Zögern.

»Und Arzt möchtest du nicht werden?«

»Ha, ha, ha«, lacht er gutmütig.

(Der »Fremde« stellt immer so spaßige Fragen.)

Falls Walter immer eifrig ins Buch schauen wird, kann er Maurer werden, falls nicht, wird er nur Straßenfeger.

Dazu muß man wissen, daß es in Berlin keine Hausmeister gibt, fürs Straßenfegen werden die Jungen von der Stadt angestellt. Die Stadt hat große Ausgaben, um die Museen zu unterhalten, damit die Touristen aus Warschau etwas zu sehen bekommen, also fegen die halbwüchsigen Jungen die Straßen. Jeder von ihnen kann lesen und ist für ein Trinkgeld zu jeder Nebenarbeit bereit.

Das also sind, verflixt noch mal, die Ergebnisse der hochgepriesenen obligatorischen allgemeinen Grundbildung. – Und dazu kommen Reglementierung, und Ordnungsstrafen, und Zucht, und ganz von allein herausfallende Milchzähne ...

Worüber wollte ich noch? ... Ach ja ...

Irgendein Jüngelchen (seinen Namen habe ich vergessen) hat sich ebenfalls vorgenommen, etwas zu lehren. Und was? – Politische Ökonomie.

Eigentlich eine unergiebige Wissenschaft – wie zum Beispiel auch Paläontologie und Chiromantie –, sie kann niemandem Brot geben, sie ist nur gut für die, die keine Frau und Kinder ernähren müssen.

Und wen wollte er unterrichten?

Die Arbeiter.

Also Leuten den Kopf mit Unsinn verdrehen, die ohnehin Sorgen genug haben.

Versteht sich, daß die Polizei keine Genehmigung erteilte. Ohne Unterrichtserlaubnis kann nicht unterrichtet werden.

Da wollte dieser Schlauberger – die Berliner Polizei betrügen: Er gab bekannt, daß er eine Versammlung einberufen werde – eine Konferenz. – Und das tat er dann auch, und als er vor den Versammelten das Wort »Ökono...« aussprechen wollte, löste ein illegal anwesender Wachposten die Versammlung unberechtigt auf.

Das Jüngelchen reichte Klage ein. Die Preußen sind ein verfassungstreuer Staat und haben seine Klage auf dem Behördenweg beantwortet. Sicher mit Stempel und Siegel.

J. Korczak

Aus: *Społeczeństwo* (Gesellschaft), Nr. 5 (23.11.1907), S. 64f.

Akademie der Geduld

Vor einiger Zeit fand eine Ausstellung statt, in der Arbeiten von Kindern aus der Schule für Entwicklungsbehinderte an der Oboźna-Straße gezeigt wurden.[1]

Vor hundert Jahren nannte es Wichmann[2] eine Barbarei, daß den Säuglingen das Zahnfleisch aufgeschnitten wurde, um das Zahnen zu erleichtern. Er wurde ausgelacht. – Wie konnte man eine so offensichtliche Tatsache leugnen wie die schwere Krankheit des Zahnens.

Vor mehr oder weniger hundert Jahren befaßte sich Guggenbühl[3] mit dem Unterricht für entwicklungsbehinderte Kinder. Der Bildungs-

1. Sonderschule in der Warschauer Oboźna-Straße 2. Laut Informationen der *Neuen Gazette* vom 1909, Nr. 26, 2.5., Abendausgabe, lautete ihr offizieller Name: Erziehungs- und Bildungsinstitut für wenig begabte Kinder. Über seine »Aufgaben, Mittel und Resultate« informierte u.a. Eugenia Lubliner in dem Artikel *Eine Schule für behinderte Kinder*, der im Organ der Warschauer Hygienegesellschaft »Gesundheit« 1910, Nr. 8 veröffentlicht wurde.
2. Gemeint ist wohl Johann Ernst Wichmann (1740-1802), deutscher Arzt.
3. Johann Jacob Guggenbühl (1816-1863). Schweizer Arzt. Er gründete 1849 eine heilpädagogische Einrichtung zur Unterrichtung geistig Behinderter in Abendberg bei Interlaken.

minister strengte ihm gegenüber eine gerichtliche Untersuchung an, die medizinische Vereinigung nannte ihn einen Scharlatan. Wie kann man einen Idioten unterrichten?

In der Lehre, wie in der Kunst, wie im täglichen Leben erlaubt es nur der Zufall manchmal einer neuen Idee zu wachsen, zu grünen, zu erblühen und Früchte zu tragen. Das sind Fälle, die man nicht rechtzeitig erkannt hatte, als man den neuen Gedanken noch hätte mit der Wurzel ausreißen müssen. Die Allgemeinheit muß schnüffeln, anknabbern, Nase, Auge, Ohr daran gewöhnen, mit dem Kopf nicken, und diese Arbeit dauert lange Jahre.

Heute gibt es im Ausland schon etliche Einrichtungen für zurückgebliebene Kinder, Schulen für geistig behinderte Kinder, es gibt eine riesige Literatur zu dem Thema und zahlreiche Reihen von Arbeitern, die aus dieser Quelle hunderttausende Dollars, Franken, Mark schöpfen; und wo sind die Orden, wo die Ränge und wissenschaftlichen Abschlüsse?

Bei uns ist es noch still. Materiell arm, kulturell bestohlen und betrogen, machen wir zur Zeit eine Phase des Beschnupperns durch.

Ungläubig, ja sogar furchtsam schritt das Publikum über die Schwelle der Schule für entwicklungsbehinderte Kinder an der Oboźna-Straße in Warschau.

»Sie werden uns anspucken, sie werden uns beißen, im besten Fall werden sie uns die hellen Blusen und die dunklen Gehröcke beflecken.«

Doch mit einem Gefühl der Erleichterung stellte das Publikum fest, daß es sich hier um eine gewöhnliche Schule handelt, die nur an Hilfsmitteln reicher ist, daß es eine gewöhnliche Ausstellung von Schülerarbeiten ist, die nur an effektvollen Ausstellungsstücken ärmer ist.

Vasen, Nestchen, Aschenbecher aus Ton, Mappen, Körbchen aus Papier und Strohgeflecht, Handtuchaufhänger und schließlich Versuche zu Schreibübungen.

Die Kinder sind feiertäglich angezogen, höflich und zufrieden:

»Unsere Ausstellung!«

Wieviel mühevolle Arbeit ist hineingesteckt worden, wieviel Kraft ist aufgebracht worden, um in verhältnismäßig kurzer Zeit aus anormalen Kindern, die auf verschiedenen Stufen geistiger Behinderung stehen, eine Gruppe von Schülern und Schülerinnen mit kameradschaftlichem Gemeinschaftsgefühl zu machen, die systematisch einen schulischen Unterrichtskursus durchlaufen – das konnten die Gäste der Ausstellung nicht verstehen.

Dem Beispiel des Auslands folgend, haben wir Sanatorien für Kinder geschaffen, deren Fortbestand gesichert zu sein scheint. Das ist zweifelsohne ein großes Plus in unserer sozialen Wirtschaft.

Dennoch, wie es im Aufruf des Schulgeldkreises 153[1] heißt, »Die Eltern können ihre körperlich schwachen Sprößlinge in ausländische Heilanstalten schicken, aber die geistig behinderten Kinder müssen in einer polnischen Schule unterrichtet werden, in polnischer Sprache, im Heimatland.« Hinzu kommt, daß der größte Teil der Schüler aus unvermögenden Kreisen ist.

Als ich in dem Heim für schwächliche Säuglinge den Leiter fragte, ob es sich lohne, so viel Mühe aufzuwenden, um nur so wenig Nutzen zu erzielen, sagte er: »Indem wir uns um musterhafte Bedingungen für sie bemühen, schaffen wir etwas, wovon alle Säuglinge Nutzen haben.«

Das gleiche kann man von der Schule an der Obożna-Straße sagen. »Die Lehrmethoden, die in der Arbeit mit diesen Kindern und für sie erarbeitet worden sind, sind ein Modell für normale Kinder.«[2]

Eine Lehrerin, die hier für eine gewisse Zeit hospitiert hat, wird einen klaren Unterricht, viel Geduld und Nachsicht und im Herzen eine sanfte Dankbarkeit und eine demütige Freude an dem freudigen Drang eines geistig normalen Kindes haben. Die Schule für geistig behinderte Kinder ist für das Personal – eine Akademie der Geduld.

J. Korczak

Aus: *Świat* (Die Welt), Nr. 31 (31.7.1909), S. 14.

Favoriten

Ein allgemeiner Grundsatz lautet:

Ein guter Erzieher darf keine Favoriten haben, alle Zöglinge müssen ihm gleich nah und lieb sein. Wenn das nicht so ist, muß er sich sehr bemühen, seine Gefühle zu verbergen und niemanden auszuzeichnen, denn damit schadet er nicht nur der Allgemeinheit, sondern stimmt auch die Allgemeinheit den Favoriten gegenüber feindselig ein.

1. Ein Verein, welcher Spenden für das Schulgeld von Kindern armer Familien sammelte. In der Zeitschrift *Neue Bahnen* wurde in Heft 2/1909 die Gründung des Kreises 153 an der Schule in der Obożna-Straße bekanntgegeben.
2. Man denke an die Lehrmittel der Montessori-Pädagogik, die aus Maria Montessoris Beschäftigung mit Lehrmitteln für behinderte Kinder entstanden sind.

Eben weil dieser Grundsatz so allgemein ist, muß man mit Ausnahmen rechnen. Ich will nicht bezweifeln, daß ein gewisser Teil der selbständig und kritisch denkenden Erzieher in der Lage ist, diese Ausnahmen zu berücksichtigen, die Allgemeinheit der nicht zum besten Begabten jedoch beugt sich auf die unangemessenste Weise unter dieses despotische Gebot, ganz unnötig und vielleicht zum Schaden der ganzen Sache legt man sich einen Zwang auf.

Kinder sind gute Beobachter, und es ist nicht leicht zu verbergen, daß, sei es wie es sei, Tadzio oder Zosia doch meine Lieblinge sind, daß ich doch um eine Geste, einen freundlichen Blick, einen Akzent mehr ihnen gewogener bin. Dann ist meine ganze Mühe umsonst, und außerdem entsteht eine Atmosphäre von Unoffenheit, Verheimlichung und Heuchelei.

Wenn es mir gelingt, die Wachsamkeit von Tadzio, Zosia und ihren Altersgenossen zu täuschen – dann wird das nicht immer von Nutzen sein, ganz im Gegenteil – es kann bei den beiden die Überzeugung wecken, daß ich ihren höheren Wert nicht anerkenne, sie nicht achte oder schätze – und wenn ich ihre Verdienste nicht würdige, vielleicht sind sie es nicht wert? Daher der Triumph der Durchschnittlichkeit, der Mangel an Vorbildern, denen man folgen kann, ein Faktor weniger, der zu edlem Nacheifern beitragen könnte.

Ich rühre an eine empfindliche Frage, ich will die Deutlichkeit des leitenden Gedankens nicht verschleiern durch eine weniger kompromittierende oder weniger unangenehme Bezeichnung wie im Titel. Ich sage ganz offen:

Ein Erzieher muß Favoriten haben! Ein Erzieher hat weder die Fähigkeit noch die Notwendigkeit, diese Tatsache vor den Favoriten und ihren Kameraden zu verbergen. Der Erzieher hat nicht nur das Recht, sondern sogar die Pflicht, die Zöglinge auszuzeichnen, die ihm lieb sind.

Ich gebe zu, daß es Überzeugungen oder sogar Wahrheiten gibt, die man nicht zu sehr verbreiten sollte, weil sie ein weites Feld zum Mißbrauch bieten, sie können undeutlich verstanden werden, und die Empfehlungen, die man aus ihnen schließt, können irrtümlich angewendet werden. Doch wo soll man davon sprechen, wenn nicht in einer Fachzeitschrift?

Dem alten, diskreditierten Ausdruck muß ein neuer Inhalt entgegengehalten werden, ein neues Motto, so daß es dann vielleicht nicht mehr verachtet wird.

Der Favorit – das ist der Petzer, der Schmeichler, der Heuchler, der in bezug auf den Erzieher und die Menge der Gleichaltrigen – feindlich gesonnene – derjenige, der immer Recht hat, derjenige, der alles darf – der Favorit alten Zuschnitts und reaktionärer Ausrichtung ist ein offensichtliches Übel, aber nicht das einzige Übel, und es tritt nicht isoliert auf. Ein schlechter Lehrer muß sich für die Durchführung seiner kraß verstandenen Ziele auf die tätige Mitarbeit und Kooperation böser Mitarbeiter stützen. Je weiter er geistig von der Menge entfernt steht, desto wachsamer muß er die Strömungen erforschen, die unversehens in der von ihm gelenkten Masse am Werk sind, also braucht er einen Zuträger, einen Denunzianten. Ein schlechter Lehrer kann nur mit ganz äußerlichen, mechanischen Mitteln die Ordnung aufrechterhalten und die Disziplin wahren, ohne die jede Arbeit unmöglich ist, er muß, mit anderen Worten, in der an der Leine geführten Menge der gleichaltrigen Gehilfen haben. Die Autorität des Favoriten muß der sich auflehnenden Masse zum Trotz künstlich gepflegt werden, daher die speziellen Privilegien für ihn und das scheinbar unbegrenzte Vertrauen. Die Favoriten des ungeliebten Lehrers, der kein Vertrauen und keine Achtung verdient, müssen nicht geachtet und geliebt sein.

Aber hat ein guter Lehrer die Gewißheit, daß er alles wissen und verstehen wird, daß er im entsprechenden Moment die Menge in die gewünschte Richtung drängen wird, daß er sozusagen die Verbreiter seiner Meinung unter der Masse der Kinder nicht braucht, solche Kinder, die außerhalb seines Wissens und seiner Möglichkeit der Kontrolle und Führung im Sinne seiner Grundsätze handeln? Mit anderen Worten, braucht er nicht Mitarbeiter, Mittler, die sowohl ihm als auch den Kindern näher sind, jene mutigeren, die Initiative besitzen und, was noch wichtiger ist – das allgemeine Gehör – Gesandte eines Parlaments, dessen Leiter er in gewissem Sinne ist? Hat ein Meister nicht das Recht, Lieblingsschüler zu haben, denen er mehr Aufmerksamkeit widmet, weil sie wertvoller sind, weil man mehr von ihnen erwartet, weil sie die Idee, die er liebt, verbreiten und entwickeln werden?

Ich stütze mich auf Erfahrungen aus einigen Saisons, in denen ich Betreuer in Sommerkolonien war.[1]

Vom ersten Tag an zeichnen sich unter den Kindern eindeutig zwei Lager ab: das eine repräsentiert die negative Richtung, diese Kinder organisieren sich schneller und machen sich rascher bemerkbar, das andere Lager – die positive Richtung; und Kinder, die entweder furchtsam oder unentschlossen an einem Scheideweg stehen, muß man aufsuchen, mit besonderer Fürsorge umgeben, sie muß man organisieren, betreuen, stärken und in die richtige Richtung führen.

Janusz Korczak

Aus: *Nowe Tory* (Neue Bahnen), Heft 8 (8.10.1910), S. 189-191.

1. Henryk Goldszmit/Janusz Korczak war 1904, 1907 und 1908 Betreuer bei Kinderferienaufenthalten auf dem Lande. Vgl. *Sämtliche Werke*, Bd. 10.

Der Herr war heute schlecht gelaunt

Bestimmte Erziehungsthemen werden gerne und von vielen diskutiert, andere dagegen – werden peinlichst gemieden. Es ist angenehmer zu hören, wie es sein sollte, als zu offenbaren, wie es wirklich ist, besonders dann, wenn man aus Mangel an leicht anwendbaren Rezepten gezwungen ist, nicht sonderlich rühmlich zu handeln.

Es gibt keine Schule, kein Internat, keine Gruppe von Kindern, wo wir aus Kindermund nicht mehr oder minder häufig hören: »Der Herr war heute schlecht gelaunt.«

Er war schlecht gelaunt, also erlaubte er bestimmte Dinge nicht; er war schlecht gelaunt, also rügte er; er war schlecht gelaunt, also bestrafte er oder drohte Strafe an; er war schlecht gelaunt, also schlug er; er war schlecht gelaunt, also war er ungerecht und erregt, also setzte er einem oder auch allen so oder so ganz besonders zu.

Ein normalerweise heiterer, nachsichtiger, gutmütiger Mensch ist heute besonders düster, ungeduldig, jähzornig und streng.

Wieso?

Weil er unpäßlich oder unausgeschlafen ist, finanzielle Sorgen hat, Probleme in der Familie, Verdruß mit dem Dienstherrn, weil er eine Fehde mit einem Amt führt.

Und nicht nur ein gefühlsarmer, mißgünstiger Erzieher, sondern auch ein guter, ein Freund des Kindes und seines Lächelns kann, sagen wir es offen, trotz größten Bemühens nicht immer seine schlechte Laune kaschieren oder unterdrücken.

Die schlechte Laune eines Erziehers wirkt sich nachteilig aus, schadet und erschwert eine aufrichtige Verständigung bezüglich der Zukunft. Der größte Teil der Kinder verzeiht, aber nur wenige streichen das aus ihrem Gedächtnis. Diejenigen, die nicht verzeihen wollen oder können, gewinnen ein gewichtiges Argument, das sie befähigt, in der Gruppe permanent einen Zustand des Mißtrauens, des Unwillens oder der Feindschaft dem Erzieher gegenüber aufrechtzuerhalten.

Vielleicht gibt uns die Zukunft ein unschädliches Mittel für die Einhaltung der guten Laune über eine beliebige Zeitspanne hinweg. Die zusätzliche Zigarette, die man für die Schulstunde raucht, ist Ausdruck des Verlangens nach einem solchen, heute noch nicht bekannten Mittel. Baldrian oder Brom[1] – ihr Wert ist zweifelhaft, ihre Wirkung trügerisch und nur für kurze Zeit. Dem lebendigen Menschen bleibt mit

1. Baldrian und Brom waren lange Zeit populäre Beruhigungsmittel.

seinen Stimmungswechseln, dem Schwankungen unterliegenden Selbstgefühl, nur der Kampf mit sich selbst und die eigene Erfindungskraft.

Wir sollten uns besinnen und den Mut aufbringen zu bekennen, daß es schlecht steht; betrügen wir weder die Kinder noch uns selbst.

»Der Herr war schlecht gelaunt« – wahrlich: Der Herr war schlecht gelaunt.

Die schlechte Laune des Erziehers kann sich in vielen kleineren Ausbrüchen bemerkbar machen oder aber auch in einem einzigen Gewaltausbruch. Häufiges Donnern eines Gewittertages oder ein plötzlicher Blitz in die scheinbare Stille. Im ersteren Falle kriegt jeder, der da in die Quere kommt, ein bißchen ab, im zweiten Falle – ist ein einzelner oder eine bestimmte Gruppe von Kindern das Ziel, oder auch alle erhalten einen strengen Verweis. Im ersten Fall bemerkt ein nicht so sensibler Erzieher es nicht einmal, oder er gesteht sich selbst nicht ein, daß er anders als sonst war, und er schreibt die ganze Schuld den Kindern zu; nach einem großen Krach versucht er, sich herauszureden: »Man hätte zwar etwas milder agieren können, aber schließlich ist ja nichts Schlimmes passiert. Es war schon lange fällig, bestimmten Dingen Nachdruck zu verleihen, manches ins Gedächtnis zu rufen, die Zügel straffer anzuziehen, diesen oder jenen zur Ordnung zu rufen, das eine oder andere ins richtige Gleis zu bringen. Da hatte sich einiges aufgestaut – jetzt wird wieder für eine Weile Ruhe sein.«

Die schlechte Laune also als etwas, was nicht geschadet hat, sondern im Gegenteil, hilfreich war, Dinge erleichtert hat.

Hier rühren wir an den heikelsten Aspekt des Problems. Wir müssen nämlich den Kindern unaufhörlich vieles nachsehen, weil unsere Ansprüche an sie unerfüllbar sind. Wir wollen, daß die Kinder sich alle gleich verhalten und unsere Gebote und Verbote ständig befolgen, das aber ist unmöglich. Kinder machen Unfug, Kinder tanzen aus der Reihe, Kinder kämpfen widerborstig gegen uns an, zwingen uns zu Zugeständnissen, jedes Kind erkämpft auf seine Art und in bestimmten Situationen Sonderrechte für sich; und da wir nicht ständig, und damit wirkungslos, nörgeln wollen und nicht unaufhörlich strafen können, tolerieren wir den bestehenden Zustand so lange, bis – »das Faß überläuft«.

Leider hilft ein großes Donnerwetter – die Kinder werden eingeschüchtert; sie leben mit der Erinnerung des gestrigen Donnerwetters und in banger Erwartung des morgigen. Um so eifriger betreiben sie, ich würde sagen, meteorologische Studien, in denen sie es fast zur Meisterschaft bringen. So mancher Erzieher würde sich in der Einschätzung seiner Laune eher irren als sie.

»Der Herr ist schlecht gelaunt, wir müssen also auf der Hut sein.«

Also:

1. Ein Unschuldiger hat etwas abbekommen, weil er nicht vorsichtig genug, nicht vorausschauend genug, nicht wachsam genug war.

2. Er hat etwas abbekommen, weil er sich nicht einmal im Augenblick der Gefahr beherrschen konnte.

3. Er hat etwas abbekommen, obwohl er auswich, obwohl er sich Mühe gab, und obwohl er gerade dieses Mal völlig unschuldig war.

Die Wut der Kinder, ihre Entrüstung, das wühlende Gefühl der Hilflosigkeit angesichts des ihnen angetanen Unrechts.

Die preußische Schule hat sich dazu verleiten lassen, diese unbestritten schwierige Aufgabe zu lösen, sie gab dem Lehrer Richtlinien und verfügte: »Schlage ohne Zorn, schlage wie eine Maschine.«

Und es geschah etwas Furchtbares, denn nun hieß es: »Schlagen ist erlaubt. Schlagen ist nötig.«

Also schlug der Lehrer, wenn er guter Laune war; er schlug für alles, immer und jeden; auch wenn er schlecht gelaunt war, verdrosch er seine Schüler. Er schlug alle Kinder, verdrosch die Abweichler, die sich den Vorschriften nicht beugten, weil sie es nicht konnten.

Diese Richtlinien kreierten die Illusion, die Aufgabe sei gelöst. Auf diese Weise wurde die Willkür legalisiert und der Lehrer zur Trägheit verleitet. Er sah nicht mehr die Notwendigkeit des schöpferischen Ringens mit den eigenen Schwächen und den Schwächen des Kindes. Die Richtlinien lieferten das wehrlose Kind unwiderruflich den wechselnden Launen des Lehrers aus, sie haben das Schulwesen des Volkes entsittlicht.

Ich bin der Meinung, man sollte keine Patentrezepte verabreichen. Man sollte besser die Erziehungspraktiker fragen, wie sie zurechtkommen. Wir wissen, wie es sein sollte, wir müssen wissen, wie es ist.

»Der Herr war heute schlecht gelaunt« – ist eine der schwerwiegendsten Anklagen, die jeder von uns von seiten der Kinder zu hören bekommt.

Janusz Korczak

Aus: *Głos Nauczycielski* (Lehrerstimme), Nr. 6 (Februar 1919), S. 347f.

Quellen der Nachsicht

Es ist nicht meine Schuld, Kinder, daß die Schulstube eng ist, das Gebäude ein x-beliebiges, die Bank unbequem, die Wand ohne Schmuck; daß es im Buch nicht die schönsten Bilder, die spannendsten Märchen gibt. – Es ist nicht meine Schuld, Kinder, daß eins ums andere hungrig zur Schule kam und ihm die Sorge die Stirn beugte und das Unrecht im Herzen vorzeitig den bösen Funken rachsüchtiger Vergeltung entzündete.

Es ist nicht meine Schuld, Kinder, daß ich selbst eben der bin, der ich bin, nicht – der ich sein sollte, nicht einer, der viel gibt, nicht einer, den man liebgewinnen kann – ein Freund, ein Vertrauter, euer Meister und Vorbild.

Ich bin der arme Lehrer einer armen polnischen Schule und ihrer armen Kinder.

Ihr seid zusammengepfercht, aber auch ich mit euch; wenn es euch kalt ist, ist's auch mir kalt; wenn es für euch stickig ist – ist's auch mir so. – Wir verbringen Stunde um Stunde miteinander und keine davon kehrt wieder, es sei denn in der Erinnerung.

Wenn ich Zwang ausübe, so bin ich selbst gezwungen, wenn ich befehle, so gehorche ich selbst einem Befehl, wenn ich etwas verbiete, so nicht – um euch zu drangsalieren. – Weshalb sollte ich euch absichtlich betrüben – bringt das Leben denn ohnehin viel an Freude? ...

Auch ich war einmal zehn Jahre alt. Das kommt euch komisch vor – nicht wahr? – Unter euch gibt es keinen, dem ich nicht ähnlich gewesen wäre, es gibt keine Handlung, derentwegen ich murre, nörgle, donnere, fluche, die ich nicht selbst mindestens einmal ausgeführt hätte.

Du hast dich gezankt – ich auch – und wie oft; du hast dich geprügelt – und wer prügelt sich nicht; du hast deine Aufgaben nicht gemacht, auch das kam vor; du warst starrköpfig – hast nicht gehorcht – wer kann schon immer gehorchen; du sagst vor – wie sollte man dem Kameraden nicht helfen; du bist zappelig, machst Krach, störst – ich sage: »Still – beruhige dich – hör auf« – und so hat man mir auch gesagt.

Anders geht es nicht, ihr wißt es selbst. Wir kommen hier nicht zusammen, um Allotria zu treiben, sondern – um zu arbeiten.

Es könnte auch leichter sein, und lauter, und fröhlicher, aber ob ich es nicht kann oder nicht weiß, oder sogar nicht will, so muß es doch eine Ursache dieses Widerwillens geben, ich kenne sie nur nicht.

Ich möchte wollen, ich möchte können, ich möchte der fröhliche Leiter einer heiteren Kinderschar sein, voller Freude in einer reichen, schönen polnischen Schule ...

Verflixter Bengel, du wärst dort der erste, der Steine wirft, auf Bäume steigt, im Wasser taucht, ein Sieger im Wettlauf und im Kampf. Was wird dir die Zukunft bringen, Triumphe oder Niederlagen? Findet deine Tatkraft eine Werkstatt, in der sie eine dauerhafte Tat fürs Leben schmiedet – was für Felder wirst du pflügen, in welche Unternehmungen wirst du den anarchischen Gedanken einbringen? Was gibst du der Familie, den Nachkommen, dem Vaterland, in welches Gespinst der gemeinsamen Anstrengung wirst du den Faden der eigenen Energie einflechten?

Und du, Tölpel, der du mit schläfriger Stimme fügsam und ängstlich die Sätze deiner Antwort langsam abspulst? Obwohl du zu etwas imstande bist, weckst du Mißtrauen; wie soll man dir trauen, wenn du dir selbst nicht glaubst? Ich kenne dich wenig, wie alle von euch, die nicht mit einem Streich zur falschen Zeit die Ruhe stören.

Wem werdet ihr von größtem Wert sein – welchem Schicksal – welchem Mißgeschick wachst ihr entgegen, kleine graue menschliche Küken?

Und ihr wachst nicht wahrnehmbar, fleißig von Tag zu Tag – um einen Millimeter, ein Gramm, doch beständig – und nichts ist in der Lage, euer Wachstum aufzuhalten. Wachst, ihr Nachkommen der erwachsenen Generation, ihr Erben ihres Reichtums und ihres Elends, ihres Gelächters und ihrer Tränen ...

Aus drei Quellen schöpfe ich die Nachsicht, aus drei Brunnen die Toleranz für das Kind:

Ich kenne die unzulänglichen Bedingungen und die eigenen Mängel.

Ich rufe mir die Erinnerungen einer nicht immer engelsgleichen Kindheit ins Gedächtnis zurück.

Durch einen dichten Nebel strecke ich die Hand nach der Zukunft aus und frage mich: »Wieviel Bitternisse wirst du trinken müssen, so wie ich sie trinke, mein ahnungsloser, unbesonnener, unerfahrener jüngerer Bruder – du, Kind?«

J. Korczak

Aus: *Głos Nauczycielski* (Lehrerstimme), Nr. 8 (April 1919), S. 347f.

Es gibt die Schule

Die Fehler und Mängel der heutigen Schule sind so zahlreich und bedeutend, die Notwendigkeit ihrer raschen Beseitigung so offensichtlich, die Gefahr eines schlechten Schulwesens so bedrohlich, daß, wenn wir darüber reden – wir beinahe eine unerhört wichtige und die einzig entscheidende Tatsache bagatellisieren, daß es nämlich, sei es wie es wolle, die Schule – *gibt.* Wir werden dem Kind die Schule nicht mehr wegnehmen, wir ziehen das Recht auf das Buch nicht zurück, und die rücksichtslose Forderung, daß jeder lesen und schreiben lernt – werden wir nicht streichen. Das Kind hat eine Schar von Beamten zur Verfügung bekommen, die eine Daseinsberechtigung und ihr Brot dafür erhalten, daß sie ausschließlich dieser minderjährigen, heranwachsenden, unproduktiven Bevölkerung – den Kindern, dienen. Ein bestimmter Prozentsatz der Lehrerschaft vernachlässigt seine Pflichten, als Lehrer hält man sich für einen Wohltäter der Familie, und was man tut, soll den Charakter eines Dienstes im Rahmen irgendeines – guten Willens, eines herablassenden Wohlwollens gegenüber dem Kind darstellen; man anerkennt die Tatsache nicht, daß, wie der Arzt heilt, der Richter richtet und der Buchhalter die Bücher führt – so der Lehrer eben lehrt, weil das seine Pflicht ist und nicht eine Gunst des gnädigen Herrn; dieser und jener mißbraucht seine Macht – aber all das ändert nichts am Wesen des Problems. Es gibt im Verhältnis zu den Krankenhauspatienten gewissenlose Ärzte, es gibt auf dem Land und bei der Arbeiterschaft Beamte, welche das »Lumpenpack« verachten, und es gibt auch Lehrer, die mit den Knirpsen keine Umstände machen. Aber das wird bei uns schnell aufhören, wenn es anderswo aufhört. Das Kind soll von seinen Beamten solide, taktvoll und bis ins Kleinste bedient werden.

Der alte Großvater hat dem Enkel von früheren Zeiten erzählt, der dumme Kajtuś hat einen Stock oder eine Flöte geschnitzt, der Gärtner hat etwas Interessantes in der Erde oder auf dem Baum gezeigt, wenn sie gerade gut aufgelegt waren. Heute umfaßt das Schulprogramm Geschichte, Handarbeit, Naturkunde. Jetzt kann man die Programme erweitern, verkürzen, nach Belieben ändern, zum Besseren, vielleicht – zum Schlechteren, aber die Schule gibt es, und sie hat irgendein System.

Durch die Schule sind die Kinder in den öffentlichen Kreislauf einbezogen worden. Die Uhr ruft sie aus dem Bett, führt sie auf die Straße, versammelt sie in ausschließlich ihnen vorbehaltenen Gebäuden – und nicht in irgendwelchen beliebigen, sondern in geräumigen, hygienischen, ästhetischen. Hier sollten sie Antworten auf *ihre* Fragen bekommen. Hier *bildet* man sie und achtet auf ihre Gesundheit und ihre Entwicklung. Hier lernt man sie kennen, qualifiziert sie, sortiert sie, klassifiziert sie und denkt sich für jeden die zukünftige Arbeitsstelle aus.

Die Schule ruft mit vernehmlicher Stimme nach Reformen, aber es gibt sie schon – die Schule – ganz gewiß – und das ist das Wichtigste.

Ein Programm – das ist wichtig. Diese vier – sechs Schulstunden kann man besser nutzen. Da und dort ein bißchen schnuppern, Kolonnen fremder Wörter im Gedächtnis anhäufen, Regeln, Formeln, Namen und Daten, das Examen ablegen – und alles vergessen, das ist keine Grundbildung, das ist ein Wissen, das nicht viel taugt, oder man kann es im Leben nicht anwenden. Selbstbildung und einseitige Begabung als etwas, was wir gerade beginnen zu tolerieren, aber womit wir noch nicht zusammenarbeiten. Lesen, Kunst, Sport – als Zusatz, aber nicht als Fundament des Schulwesens. Miserable Ergebnisse. Es gibt keine tiefgehenden Neigungen, keine lebhaften Interessen. Aber überschätzen wir nicht den Einfluß der Schule? Man kann die Astronomie vortragen wie die Ethik, die Mathematik, man kann das Gefühl für Schönheit heranbilden, Latein zur Philosophie machen. Aber für alle? Vielleicht ist das durchschnittliche moderne Gehirn ziemlich gewöhnlich? Die Menschen sind kaum für die Zeitungen erwachsen genug. Gedrucktes Geschwätz – viel – und jeden Tag neu. Welche wesentlichen Werte tragen die Schüler unserer außerordentlichen, vorbildlichen Schulen ins Leben hinein? Und das können wir erst jetzt prüfen, wo es viele Schulen gibt, wo alle Kinder diese schlechteren oder besseren Schulen besuchen.

Die Erziehung zum Bürger (unabhängig vom Lehrprogramm), also Kameradschaftsgerichte, Kooperative, Selbsthilfegruppen, Selbstverwaltung – das versucht man erst, das muß noch reifen. Diese Anfänge behandelt man wie eine Vorbereitung zum »zukünftigen« Leben, aber man wird mit der Tatsache vertraut, daß die Kinder das Bedürfnis nach einer eigenen Kindergesellschaft haben. Sie haben ihre eigenen Räuber, Unverschämten, Aggressoren, Boshaften, Taktlosen, Ordinären, Unaufrichtigen, Aufdringlichen, Banditen, und diejenigen, die ihre Spiele und Arbeiten kaputtmachen – und sie können sich selbst nicht helfen. Der Lehrer hat keine Zeit, Einblick in diese »Kleinigkeiten« zu nehmen; er ist beschwert mit dem Ballast des Programms, nicht hinreichend ausgestattet, er ist besorgt und ist sich nicht genügend der Verpflichtungen bewußt, seine junge Gesellschaft ernsthaft zu behandeln, so ernst wie der Arzt – ein Kinderspital nimmt.

Zum zweiten Mal ziehe ich die Medizin zum Vergleich heran. Wer sich die Mühe macht, die Anfänge der Kinderheilkunde zu erforschen, der stellt fest, daß vor hundert Jahren das Verhältnis der Medizin gegenüber den Kinderkrankheiten ebenso nachlässig war.

Noch etwas: Die Schule unterrichtet nicht nur die Kinder zwangsweise, sondern erzieht ebenso die Eltern unfreiwillig. Die Schule lehrt die arme Bevölkerung, daß man nicht nur leichtsinnig Kinder in die

Welt setzen kann, sondern – auch für sie sorgen muß. Und die Wohlhabenden zwingt sie zu einer reellen Einschätzung des Wertes ihres Kindes. Verwöhnt, fixiert auf den Katechismus des Egoismus und der großen Gelüste, tritt jener »mein Sohn« oder »meine Tochter« ein – und sie werden »einer unter vielen«. Du bist zur Welt gekommen – gut, aber was bist du wert, was erreichst du durch Arbeit, und was bringst du? Das Kind, Mama, Papa maulen, aber sie bewältigen es nicht.

Nur auf dem Hintergrund dieser riesigen Verdienste kann man die Schule kritisieren und – möglichst vorsichtig – reformieren. Eine Institution, die alle Bürger umfaßt, kann nicht in Sprüngen ins Ungewisse zielen. Jeden Schritt muß man umsichtig bemessen; es geht um eine außergewöhnlich wichtige Sache.

Aus: *Rocznik Pedagogiczny* (Pädagogisches Jahrbuch) 1923, Teil 1 (für 1921), S. 149-151.

A B C[1]

In den öden Wochen der Abgeschiedenheit während des vergangenen Krieges – als die Realität schmutzige, wenn auch schon nicht mehr blutige Bilder bot – eilte der Gedanke in die Zukunft und suchte in Plänen Rettung vor dem, was doch möglichst nicht geschehen sollte – nur um dem langen Tag – der Leere – zu entfliehen. Durch die zwei Linien der Schützengräben erscholl der laute Ruf nach einer grundlegenden Reform des Lebens. Wenn das hier zu Ende geht, muß etwas Neues, anderes kommen. Was? Man muß es herausfinden. Man muß andere Menschen vorbereiten. Wie? Ba, rat mal. Nun? Na so: das Kind. Das mißachtete, vergessene, schlecht behandelte, in den blutigen Sumpf der Landstreicherei, der Requisition, der Vertreibung, des Diebstahls, des Raubs, der Brandstiftung, des Mordes – des Verbrechens – des Unrechts getretene Kind.

Wenn wir, die Erwachsenen, uns nicht verständigen können, wenn der sich über Jahre hinschleppende schändliche Kampf, dieser gemeine,

1. Dieser Aufsatz erschien in der »Schulnummer« des *Kurier Polski* im August 1915. Er enthielt verschiedene Beiträge zur Situation des Schulwesens in Polen und stand im Zusammenhang mit der im Herbst stattfindenden Debatte über die Schulreform im Parlament (Sejm).

unsinnige, dumme, gefährliche, aber zermürbende Streit – feststellen soll, auf welcher Seite das Recht liegt, also probiert man's – denn was kann es noch Schlimmeres geben? –, dann soll das Kind sich mit dem Kind verständigen. Was braucht man, und wie baut man ein Zusammenleben dieses Teils der Menschheit auf – dieser kommenden Hauswirte der Welt?

So wurde die Idee von einer Kinderpresse geboren, von einer Tageszeitung für Kinder, der ABC-Zeitung.[1]

Das Alphabet des Lebens. Kurze, einfachste Sätze und Formulierungen.

Das Kind – ist neugierig, hat einen durchdringenden Blick, ein von keinen nebensächlichen Rücksichten getrübtes Urteil, es befaßt sich uneigennützig und heftig mit jeder Angelegenheit, es hat viel freie Zeit, das Gefühl, daß es noch lange da sein wird, also ist es sehr daran interessiert. Wir – sei es wie es wolle – na, das zieht sich noch etwa zwei Jahrzehnte hin, die vor uns liegen – es lohnt beinahe nicht. Das ist hinderlich.

Die Schulkinder sind geistige Arbeiter. Sie lösen Aufgaben, enträtseln die Geschichte, prüfen die Ergebnisse der Entdeckungen, werden in das Geheimnis des kapriziösen Aufbaus der menschlichen Sprache eingeweiht – umfassen mit ihren Gedanken und ihrer Ergriffenheit Länder, Völker – Welten.

Also mögen sie es aussprechen. Aus naiven Legenden und Meinungen ist die Gegenwart entstanden.

Die Kinder, eine vielköpfige gesellschaftliche Klasse, haben eine ganze Reihe beruflicher Probleme und eigener Belange, haben Schwierigkeiten im Leben, haben Bedürfnisse, Wünsche, Zweifel.

Sollen sie fragen, mögen sie es aussprechen.

1. Korczak maß der Kinderpresse schon immer große Bedeutung bei. Bereits in den Sommerkolonien (1907/08) redigierte er eine Kinderzeitung. Im Dom Sierot erschien von Anfang an eine Zeitung mit dem Titel *Wochenblatt des Dom Sierot*, wo Korczak kleinere Artikel für Kinder veröffentlichte. Publizistik für Kinder schrieb er über viele Jahre hinweg (vgl. *Sämtliche Werke*, Bd. 13). 1921 publizierte er einen methodischen Leitfaden für Lehrer und Schüler mit dem Titel *Über die Schulzeitung*, in dem er die Überzeugung äußert, daß Kinder und Jugendliche selbst »Mitarbeiter« (Redakteure und Autoren) solcher Zeitschriften sein sollten. In den zwanziger Jahren erschien das *Wochenblatt der Burse*, für das Korczak einleitende Artikel schrieb. Im Jahre 1926 gelang es ihm – mit Zustimmung der Redaktion der Tageszeitung *Unsere Rundschau* – eine »Zeitung für Kinder und Jugendliche« unter dem Titel *Kleine Rundschau* ins Leben zu rufen, eine Wochenbeilage zu *Unsere Rundschau*. Korczak war Redakteur (ab 1930 Igor Newerly), Kinder und Jugendliche waren Mitredakteure und Autoren (vgl. *Sämtliche Werke*, Bd. 14).

Sie verständigen sich, besprechen etwas, diskutieren – auf dem Weg zu und von der Schule und während der Pausen: Über meine und deine Schule, unsere und euere Klasse, den Lehrer, seine Fehler und Vorzüge, die eigenen Niederlagen und Triumphe, Pläne und Träume. Vergleiche, Klagen, Seufzer. Sie – die Erwachsenen, und wir – die Kinder.

Also sollen sie es laut sagen.

Von der Straße, aus der Zeitung, von Plakaten an der Litfaßsäule, aus dem Theater, der Straßenbahn, dem Laden, dem Park – Welle um Welle – schlägt ihnen das Leben entgegen – anders verstanden, nur teilweise, zur Hälfte, aber übermächtig empfunden.

Ganz ungewöhnlich, dieses minderjährige Volk,[1] verstreut und verstrickt in unsere (ba!) natürliche, zivilisierte Erwachsenengesellschaft. Das ganz Ungewöhnliche hat Schwierigkeiten. Eine Analogie? Vielleicht die ersten Neger oder Japaner an den europäischen Universitäten?

»Sagt es uns. Informiert uns.«

Denn wovor soll man Angst haben? Ist es besser, wenn es im Affekt hinwirft: »Gräßliche Bude, alter Idiot, er ist ungerecht – krittelt herum – und kann selber nichts.« Oder ist es besser, wenn es gemeinsam geschieht, gründlich, ruhig und inoffiziell?

Die Zeitung ABC. Da sind unsere Sorgen, und was uns beunruhigt, das Unrecht und die Verlassenheit.

Einen Mangel an Material befürchte ich nicht. Die zahlreiche und rührige Jugend findet tausend kleine Dinge, die man auf die Tagesordnung setzen kann. Es fehlt nicht an Kritikern, Träumern, Phantasten, Reformern. Wir entdecken viele von ihnen [v] – in den vielen – erbärmlichen – Schulzeitungen.

Was passiert bei den anderen, was geschieht weit weg. Wonach soll man streben, was vermeiden. Korrespondenzen, Briefe an die Redaktion.

Eine Spalte: Kritik eines neuen Buches, Bericht aus dem Theater, dem Zirkus, dem Kino. Eine Novelle.

Verschiedenes. Aus der Welt. Wer erfaßt sie begieriger, vertrauensvoller und uneigennütziger?

Aktuelle Nachrichten. Wie man in der Presse für Erwachsene schamlos lügt. Ob es tatsächlich nur Diebstahl und Selbstmord gibt? Das Böse ist reißerisch, lästig, aufdringlich – es drängt sich selbst in die Spalten der Tageszeitung. Ob es nicht wichtiger ist, daß ein Fischer einen ertrinkenden Jungen gerettet hat, als daß jemandem Hosen und

1. Für die Rechte dieses »minderjährigen Volkes, des Volkes der Kinder, der Nation der Kleinen, der Klasse der Fronenden«, setzt sich Korczak besonders in seinem Manifest *Das Recht des Kindes auf Achtung* (1928) ein (vgl. *Sämtliche Werke*, Bd. 4).

zwei Paar Schuhe gestohlen wurden? Für wen sollte man die verstreuten Körner des Guten sammeln, wenn nicht für die Kinder? Denn für uns lohnt es sich nicht – dafür ist es schade um die Zeit.

Humor, Rätsel, Turniere, Wettbewerbe. Ein Kind lacht so gern, liebt Rätselraten und Wettkämpfe.

Und der hochwohlgeborene Sport. Dieses Wunder – der wichtige, ritterliche, heldenhafte, ehrliche, makellose Kampf, ohne Blut und Haß.

Alles vom Kind für das Kind, und was interessant und schön ist – aus dem Leben der Erwachsenen.

Wo man so vielfältig und heftig lebt, denkt, fühlt, wünscht, strebt und leidet, da fehlt es nicht an Material.

Wie viele unnötigen, ehrgeizigen und dummen Schmierblättchen haben Papier, ein Telefon und den Schreibtisch eines Redakteurs. Und sogar – sogar Anzeigen. Sollte denn nur für Kinder ein Setzer und die Druckerschwärze zu teuer sein?

Ich weiß. Es finden sich Vorbehalte, Zweifel. Das heißt, daß – jetzt noch nicht, nicht gleich, erst nach Jahren.

Ich weiß. Als der erste Zug mit Reisenden sich in Bewegung setzte – schrieb man in den Zeitungen und sprach man im Parlament davon, das müsse man verbieten. Weil die Bahn Brände entfacht, die Landwirtschaft schockt (Pferde – Schafe – das Heu), die erschreckten Kühe werden aufhören, Milch zu geben, die Hennen werden keine Eier mehr legen.

Ich weiß. Die Zeitung wird eben den Kindern den Kopf verdrehen.

Ich habe in der Konditorei gehört:

»Sie haben die Trambahn, die Elektrizität, die Bahn, Unterseeboote. Fliegen wollten sie, mein Herr; ich sage Ihnen ehrlich, Herr Rat: In fünf Jahren werden sie – gleich in – Zwangsjacken auf die Welt kommen ...«

Eine Tageszeitung für die Bengel. Lächerlich ...

J. Korczak

Aus: *Kurier Polski* (Polnischer Kurier), Schulnummer. Beilage zu Nr. 26 (26.8.1925), S. 12f.

Über die Landschule[1]

Zu viel Groll und Verbitterung hatte sich rund um die Schule in ihrer heutigen Gestalt angesammelt, um nicht ein rasches Ende vorauszusehen. Geblendet durch die Entwicklung des Allgemeinschulwesens und betroffen über seine hohen Kosten – wenden wir der Mittelschule wenig Aufmerksamkeit zu; scheinbar ist sie weniger wichtig, weil sie nur für eine kleinere Zahl da ist. Ihre Tore weiter zu öffnen, wurde zum Schlagwort der demokratischen Politiker. Zu leise dagegen spricht man über das Niederreißen der stickigen Mauern der engen heutigen Schule. Nebenbei bemerkt, warten wir ab, was das Kino und der Rundfunk sagen werden. Die Technik, ihre Fortschritte, werden über das Aussehen der Welt und über die Struktur des Lebens entscheiden. Was wir sein werden, das wird auch die Schule sein, die heute im Umbruch ist.

Eins ist sicher: Das Kind braucht ein weites Terrain, um seine Energie zu entladen, und eine Werkstatt für seine Initiative. Die Schule in der Stadt ist am Ersticken. Der Hof und der Rekreationsraum genügen nicht mehr. Auch nicht die Handarbeitsstunde im Klassenzimmer, nicht die Gymnastik im Korridor, nicht das Singen in einem stickigen Saal und das Zeichnen ohne Horizont.

Ist es nicht an der Zeit, mit unserem – sei es wie es wolle – ja doch irgendwo existierendem Kapital – über die Landschule zu reden? Das Ausland hat solche Schulen, jemand gründet und führt sie, und das Unternehmen zahlt sich offensichtlich aus. Es ist nicht meine Sache, auszurechnen, welche Prozente das einbringt. Wir schicken unsere Kinder dorthin, oftmals schweren Herzens: Wir zahlen hohe Gebühren; wir haben keine Kontrolle, keinen Einfluß auf sie. Fremd, weit entfernt, kostspielig und nicht immer sicher genug. Und wenn man es so

1. Korczaks Appell für eine Landschule deckt sich mit Zielen der damaligen polnischen Reformbewegung, der sog. *Neuen Erziehung*; diese Bewegung hat seit der Jahrhundertwende in vielen Ländern Modelle von Erziehungs- und Bildungseinrichtungen auf dem Lande entworfen und realisiert. Als frühe Beispiele dafür könnten deutsche sog. Landerziehungsheime gedient haben. Ihr Begründer war Hermann Lietz (1868-1919) – sein erstes »Landerziehungsheim« entstand im Jahre 1898 in Ilsenburg im Harz. Beispiele aus anderen Ländern sind: die englische New School in Abbotsholme (1889) von Cecil Reddie (1858-1932) oder die französische Ecole des Roches in Verneuil sur Avre (1903; von Edmond Demolins [1852-1907]). E. Demolins' Arbeit mit dem Titel *L'Education nouvelle* (1899) wurde bereits 1900 von Jan Władysław Dawid ins Polnische übersetzt. 1908 publizierte Józef Lewicki ein Buch, in dem er diese neuen Schulen und Erziehungseinrichtungen vorstellt: *Neue Schulen in England, Frankreich, Deutschland und der Schweiz.* Lwów 1908.
Bereits in den Jahren 1907-1908 schmiedete Korczak Pläne, solche Einrichtungen zu organisieren: vgl. seine »phantastische Erzählung« *Die Schule des Lebens.*

versuchen würde? Muß es denn tatsächlich immer nur eine Trikotagenfabrik sein?

Ich weiß: Die Denkgewohnheit redet einem ein, daß man Geschäfte mit Aktien, Lieferungen, Häusern macht; und für die Hygiene, die Bildung, die Kranken und die Kinder legt man noch etwas drauf, zahlt Beiträge, kauft Billette und flucht was das Zeug hält. Woanders ist es anders: Du findest dein Auskommen, indem du Gewinnanteilscheine abtrennst für Arthritis und Gallensteine, sogar für die Malerei, sogar für Kinder. Warum können sich übrigens Pensionen und Sanatorien bezahlt machen, nicht aber – die Schule, ein großes Pensionat, ohne viele Bedienstete und Luxusdiäten, dafür mit einem Lehrer und einem Erzieher?

Um eine solche Schule bitten die Eltern flehentlich. Und gerade hier ist Vorsicht angesagt. Auf sie werden die Eltern schwer erziehbarer und geistig zurückgebliebener Kinder einstürmen. Diese darf man aber nicht aufnehmen. Dagegen gibt es zwei zahlenmäßig starke und erwünschte Gruppen von Schülern: Kinder, die physisch schwach sind, zart, aber gesund und gescheit, und Kinder, die lebhaft und aktiv sind, tüchtig, begabt, fröhlich; diese wollen und können weder ihr Blut noch ihre Nerven den Verhältnissen in der Stadtschule anpassen. Es ist ein Jammer zu denken, wie diese Kinder – die besten – verkrüppelt, ausgelöscht, erstickt werden – wie sie welken, sich quälen und degenerieren.

Wieder und wieder ruft ein strenger Erzieher die Eltern in die Schule, wieder ein Streich, wieder ein Schaden am abgenutzten Gerät im Salon oder Boudoir. Wieder hat er Besserung gelobt, aber das ist hoffnungslos. Was tun?

Die Eltern mit wortreichen Klagen, das Kind mit einem stummen, schmerzlichen Blick, flehen um Hilfe.

»Was tun?«

Tabletten, Tropfen, Pastillen, Brom, Chloroform – um das wilde Leben in ihm zu betäuben, damit es aufhört, zu wollen und zu handeln. Und es kommt vor: Daß es gelingt, das Kind so zu unterdrücken und zur Verzweiflung zu bringen, daß es tatsächlich mit einem unerhörten Aufwand an Kräften und zum großen Schaden für sich selbst – resigniert. Öfter ist es so, daß es, voller Wut auf die Schule und die Eltern – im Gefühl seiner Rechte und seiner Berechtigung – sich allem und allen aus Bosheit, zum Trotz, störrisch und feindlich entgegenstellt. Welch dankbare Patienten, welch wunderbare und rasche Erfolge in einer freien Schule auf dem Land, wo man sozusagen keine unmöglichen Sachen von ihm fordert, wo man ihn nicht zähmt und hemmt, sondern seine Kräfte und seine Erfindungsgabe herausfordert. Dort war er der letzte, hier der Erste, dort war er kaum toleriert, hier ist er bevorzugt, dem Leben und der Welt angenehm.

Die Zeitungen schmettern es heraus, jeder weiß davon, daß wir einen außergewöhnlichen Augenblick erleben. Man muß die schlechten Denkgewohnheiten ablegen. Man muß sich anpassen. Man muß Verständnis zeigen.

Ob unser Kapital versteht, daß es sich hier lohnt, sehr lohnt – freilich darf es nicht bei einem Vermerk bleiben, sondern man muß sich interessieren und gründliche Informationen einholen. Und man überzeugt sich – und die Sache kommt in Bewegung.

Meine Aufgabe – ein kurzer Appell in dieser Schulnummer.

Janusz Korczak

Aus: *Szkoła i Życie* (Schule und Leben), Beilage zu *Nasz Przegląd* (Unsere Rundschau), Nr. 232 (22.8.1926), S. 4.

Internat und Schule

Ein Grundsatz, von dem man nur im äußersten Fall abgehen darf, ist: Alle Kinder des Waisenhauses gehen in die öffentlichen Schulen. Das Internat hat weder Zeit noch Kräfte und Mittel – um mit der Schule in Konkurrenz zu treten. Die Schule, die nur eine Aufgabe zu erfüllen hat, macht das besser. Ein neues Umfeld für die Kinder, neue Menschen (der Lehrer und der gleichaltrige Kamerad), andere Bedingungen, Möglichkeiten, Anforderungen, andere Hilfe, andere Vergnügungen und eine andere Kontrolle. Wichtige Stunden der Entspannung.

Durch die Schule wird die Arbeit des Internats komplizierter, seine Zöglinge können für die Schule unbequem sein, – also müssen Streitereien vermieden werden, man muß sich verständigen, wenn es manchmal unterschiedliche Forderungen gibt, muß man sie ausgleichen; das geht, wenn von beiden Seiten guter Wille vorhanden ist.

Im Budget muß neben den Positionen für Ernährung, Heizung, Kleidung eine Summe ausgewiesen werden für Lehrbücher, Hilfsmittel, sogar für Ausflüge und Beiträge. Sparsamkeit benachteiligt Kinder, die in der Schule aber Schüler sein sollten, nicht Waisen.

Eine Bemerkung: Wenn in der Familie die Kinder gemeinsame Lehrbücher benutzen können, sollte man das hier möglichst vermeiden. Die Zeit für die Hausaufgaben ist begrenzt, die Kontrolle schwierig, die Auseinandersetzungen häufig. Jedes Kind sollte eigene Bücher und Hilfsmittel haben; es weiß dann, wofür es verantwortlich ist.

Unterrichtsmittel werden täglich zu einer festgesetzten Stunde ausgegeben (ein Lädchen?); man muß notieren, was und wann jemand etwas bekommen hat. Die Schule ist eine Werkstatt, man muß dem Lehrling Wissen über sein Arbeitsgerät (Federhalter, Stahlfeder, Bleistift, Lineal) und das Material (Heft, Karton) vermitteln.

Aufgepaßt: Das Kind hat nicht nur das Recht, etwas zu benützen, sondern auch, es kaputt zu machen und zu verlieren; ein ehrlicher und menschlicher Meister weiß und toleriert, daß ein Lehrling Material verdirbt, weil er erst Erfahrung sammeln muß; nur der Mangel an Kontrolle und Unordnung wirken sich pädagogisch schlecht aus.

Die Schule verlangt vom Internat, daß es auf Kleidung und Schuhwerk aller Kinder achtet, nicht nur bei den auserwählten und privilegierten.

Die Stunden für Hausaufgaben. – Jedes Kind hat einen Platz, ein warmes und gelüftetes Zimmer und ausreichende Beleuchtung. Man muß aufmerksam darüber wachen, daß ein übermäßig quecksilbriges, reizbares und böswilliges Kind nicht die ruhigen und sorgfältig arbeitenden stört. Einem Internatskind fällt es schwerer, fleißig zu sein und gut zu lernen; unter den Waisen gibt es doch mehr schwächere, erblich belastete Kinder. Man muß das aufmerksam betrachten, aber man darf die Kinder, die ungenügende Fortschritte machen, nicht geringschätzig behandeln und ihnen die Schule verwehren; es sollte nicht der Ehrgeiz des Internats sein, der Schule eine Handvoll vorbildlicher Schüler zu liefern, sondern dafür zu sorgen, daß alle dem Gesetz entsprechend bis zum 14. Lebensjahr unterrichtet werden; ein Analphabet stellt der Anstalt ein schlechtes Zeugnis aus, auch wenn sie Schüler in der Mittelschule hat; den Unbegabten muß man helfen.

Wie soll man die zahlreichen schulischen Schlappen der Kinderschar kontrollieren? Sie selbst tun kund, wer sich verspätet hat, wer etwas vergessen hat, wen man getadelt hat. – Das wird notiert und vorgelesen. Solche Notizen betreffen mehr oder minder einen von 10 Zöglingen. Wenn Zeit dafür ist, ist es besser, auch das Lob und die Siege zu notieren. Das Internat weiß, was in der Schule passiert – und auf dem Schulweg.

Die stille Stunde ist beendet; wer keine Schulaufgaben hatte – hat gelesen, gezeichnet, geschrieben – man hat ihm ein Buch oder ein Blatt gegeben. – Jetzt haben die jüngeren Klassen Erholungszeit; wer nicht fertig geworden ist, bleibt noch (nicht zur Strafe). Es kommt vor, daß der Erzieher seiner eigenen Ruhe zuliebe – die Kinder zu lange im Schulraum festhält; das darf man nicht tun. Es kommt auch vor, daß er sie ins Bett jagt, ehe sie fertig geworden sind; auch das ist falsch.

Die Organisation des Unterrichts in einer geschlossenen Anstalt verstehe ich so: Loyal gegenüber dem verpflichtenden Gesetz behandeln wir das Alter von 7 bis 14 Jahren als Schulalter für alle; wir begutachten die Bemühungen, wir verfolgen die Resultate: Wer will und kann, hat das Recht, höher zu greifen. Es kommt vor, daß ein anfangs Verschlafener plötzlich aufwacht und aufholt; manchmal hemmt ihn das mangelnde Vertrauen in die eigenen Kräfte. Nicht nur Kontrolle, sondern auch Hilfe.

Die Schule stellt Forderungen, manchmal mault sie; wir wissen es besser, wir bitten um Nachsicht. Der Zwang zu intellektueller Arbeit bereitet nicht allen die gleichen Schwierigkeiten; was soll's, wenn er kein geistiger Arbeiter ist? – Auch die Schule ist gelegentlich barsch und rücksichtslos; ja – gegenseitige Kontrolle. – Kontrolle, damit es dem Kind besser geht, möglichst gut.

J. Korczak

Aus: *Wychowawca* (Erzieher), Nr. 1 (Jan.-Febr. 1931), S. 1f.

Das Kind und die Religion

(Vortrag von Janusz Korczak)

Ich sehe eine Klasse.

Eine Klasse mit 40 oder 50 Schülern. Kleine oder Ältere, in der dritten oder vierten Unterrichtsstunde, am Vortag irgendeines Festes oder nach einem Fest, im Frühling oder im Herbst. Ich sehe einen Lehrer, einmal in schlechterer, einmal in besserer Verfassung. Einen Lehrer, der im vierten oder fünften Jahr denselben Stoff wiederholt. Ich sehe die gelangweilte Klasse und den gelangweilten Lehrer, dessen Vorträge sich nach dem Schulprogramm richten müssen. Eine Stunde, die 60 Minuten dauert, vergeht langsam. Und in diesen Stunden, in einer solchen Klasse, wird ein Fach unterrichtet, das die Kinder mitreißen soll, das ihnen ewige Wahrheiten vermitteln soll. Das ist keine leichte Aufgabe. In jeder Arbeit gibt es gewöhnliche, trübsinnige, ermüdende und erhebende, schöne Stunden.

Ich hatte einst die Gelegenheit, über 3 Jahre hin den Vorträgen eines Lehrers über die jährlichen jüdischen Feste zuzuhören. Im ersten Jahr – Eifer, ungeheures Interesse, im zweiten Jahr – schon farbloser, im dritten Jahr – nur mehr Pflichterfüllung.

So ist der Weg beträchtlicher Anstrengungen des Lehrers. Die Anstrengung ist eine Freude. Derjenige, der sich anstrengt, berechnet seine Kräfte und seine Energie nicht im voraus. Nach und nach erlahmt die Energie und die Arbeit wird bereits zur Mühsal.

Das ist der Verlauf jeder Arbeit.

Die ersten Augenblicke, in denen der Lehrer mit der Klasse zusammentrifft, sind nicht die glücklichsten.

In den jüngeren Klassen stören ihn die Freudenausbrüche der Kinder. In den höheren Klassen – die organisierte, solidarische Unruhe. Hier sind die Rollen sogar verteilt. Und da möchte ein junger Lehrer die ganze Klasse mitreißen, er möchte die Klasse permanent fesseln. Was tun, um das zu erreichen? – Das ist undurchführbar.

Ein Religionslehrer. Die Autorität eines Religionslehrers ist nicht besonders groß. Die Zeiten sind vorbei, da der Religionslehrer jemanden darstellte, der mit dem Nimbus einer Sendung umgeben war.

* * *

Gehen die Kinder gern zur Schule? – Ja. Gern, weil ihnen das einen Tagesrhythmus verschafft, tägliche Spaziergänge, fröhliche Pausen, manchmal eine interessante Unterrichtsstunde, das Zusammensein mit Gleichaltrigen. Ein Kind, das von der Schule ausgeschlossen ist, weiß nicht, wie es den Tag verbringen soll, es fühlt sich vereinsamt.

Wer weiß, ob die Fächer, die in der Schule unterrichtet werden, die Kinder nicht abstoßen.

Ein angenehmer Moment ist es für einen Lehrer, wenn er beim Läuten der Glocke hört: »Uj, bitte Herr Lehrer, erzählen Sie weiter.« – Der Lehrer läßt sich leicht vom Ehrgeiz hinreißen und bringt den Unterricht trotz der Glocke zu Ende. Sollte er das tun? – Eben nicht. Die Glocke läutet, also breche ich ab. »Morgen erzähle ich euch das Ende.« Denn meistens (mit großen Ausnahmen) ist es so, daß die Bitten, den Unterricht zu Ende zu führen, nur eine Extravaganz einiger närrischer Käuze sind, und wenn der Lehrer ihren Bitten nachkommt, verschwindet das wahre Interesse und der Affekt erstirbt.

Gibt es eine Erinnerung an gute Unterrichtsstunden? – Unbedingt ja. Muß man immer guten Unterricht erteilen? – Nein!

Irgendwo geistert der Ausspruch umher, daß, wenn ein Kind täglich 5-6 Stunden intellektuell arbeiten würde, es im Irrenhaus landen müßte. Man muß nur von Zeit zu Zeit eine gute Unterrichtsstunde geben, die Kinder mit einem schönen Vortrag füttern.

* * *

Man darf das selbständige Denken des Kindes nicht überschätzen. Für das Kind ist es wichtig, ob es Gott gibt oder nicht, ebenso wie die Frage, ob der Lehrer Kazimierz den Großen gesehen hat oder ob Löwen sehr stark sind usw.

Ein Kind hat sehr früh seine Augenblicke des Erstaunens. Die erste Arbeit ist, die eigenen Hände zu erkunden, indem man die nahen Personen erforscht. Es sucht das – was es nicht sieht, worüber man ihm aber erzählt hat. Von diesen Erzählungen ist es abhängig. Was soll ihm also der Lehrer geben? Soll er auf alle Fragen mit hundertprozentiger Sicherheit antworten? – Nein. Nur: »Ich weiß es nicht sicher«, »Ich kann das nicht«, »Etwas habe ich darüber gelesen, ich kann es aber nicht sicher sagen«. Sich in keinen Disput einlassen. Ihnen nur eine Ahnung davon vermitteln, daß der Mensch winzig ist, das Weltall groß. Der Religionsunterricht stößt am schnellsten diejenigen ab, die vom Lehrer erfahren wollen, was sie tun sollen, damit Gott ihnen hilft. Der Wert des Interesses dieser Kinder ist unbedeutend und von kurzer Dauer.

Anders ist es bei der Jugend. Hier existiert die Suche nach einer neuen Wahrheit – nach dem, was eine bessere Zukunft verheißt. Das kann eine Hilfe für den Lehrer sein. Den Faden einer Freundschaft mit der Klasse zu knüpfen – ist eine Pflicht des Lehrers. Sein Verhältnis zur Klasse ist das einer zufälligen, angenehmen Begegnung mit Menschen.

Als Lehrer sind wir an bestimmte Pflichten gebunden. So können wir auch nicht immer auf alle von den Kindern gestellten Fragen – antworten. Aber Wahrheit verpflichtet. Also gebe ich auf einige Fragen Antwort, auf einige heißt es: »Ich weiß nicht«, auf andere: »Ich habe nicht das Recht«.

Die Frage der Wunder. Das Kind sieht viele dieser Wunder: Das Telephon, die Straßenbahn, der Blitzableiter, das Grammophon usw. – Die Wunder des Alten Testaments interessieren es nicht in größerem Maße.

* * *

Vielleicht vernachlässigt die heutige Schule die Zukunft zu sehr. Die Schule der Zukunft wird mehr auf das eingestellt sein, was kommt und nicht auf das, was war. Nicht der Sohn und die Tochter, sondern der Enkel und die Enkelin.

Gestern – haben wir gelitten, heute – spüren wir noch das Echo der Leiden, morgen – schreiten wir auf Vollkommenheit und Brüderlichkeit zu.

Aus: *Dziecko* (Das Kind), Nr. 3 (März 1932), S. 5-8.

Über Erziehungsprobleme in Institutionen

(Zweites Studienjahr, 2 Stunden wöchentlich)[1]

Der Lehrer bestimmt das Thema und gibt das Tempo der regen Gedankenarbeit an; der Schüler widersetzt sich, er kann es nicht immer. Je zahlenmäßig stärker die Klasse ist, um so größer ist der Anteil derer, die nicht nachkommen, abschweifen, den anderen den Rang ablaufen, sich widersetzen, entweder passiv (er paßt nicht auf) oder aktiv (er stört). Ein naiver Traum vom gleichen Niveau nicht nur der geistigen Entwicklung und der Kenntnisse, sondern der Interessen – überdies in jedem Augenblick der Schulstunde!

Der Lehrer, dem man die Führungsrolle anvertraut hat, stellt mit Bedauern oder Ärger fest, daß es seine Aufgabe ist – zu kämpfen. Dieses sein berufliches Verhältnis zum Kind als seinem Widersacher verfestigt sich und macht die guten Absichten zunichte. Je schlechter die Bedingungen sind (enges Klassenzimmer, unbequeme Bänke, Mangel an schulischen Hilfsmitteln), um so hoffnungsloser wird der Kampf, oder er wird verbissen. Das Ergebnis: Unlust, Verbitterung – die Suche nach Kunstgriffen, die den falschen Schein wahren könnten. Jetzt gibt es nur mehr Verfehlungen, Übertretungen, Exzesse, Frechheit, Narretei, Boshaftigkeit – Anschuldigung eines Kindes innerhalb der ganzen Schar.

Auf der Suche nach einem Titel oder einem leitenden Gedanken meines Vortragszyklus – würde ich Halt machen bei »Berufliche Hygiene in der Arbeit des Lehrers« – wie er seine Kehle und sein Denken schützen sollte, um seinen Gleichmut, die Ausgeglichenheit, das gute Allgemeinbefinden in eintönigen, ungewohnten, schwierigen Tagen zu bewahren.

Ehe man von der Selbstverwaltung in der Schule spricht, d.h. von der Kontrolle des Schülers über das Verhalten und die Arbeit des Lehrers, muß man einen Haufen Mißverständnisse ausräumen, Geheimnistuerei, Unaufrichtigkeit, Zank des Lehrers mit der Klasse; man muß sich diese Vergiftung bewußt machen, sie untersuchen und kennenlernen, ehe man nach Sicherheitsmaßnahmen greift.

In der ersten Vorlesungsstunde, nach einer kurzen Einführung, wurden an die Hörer Zettel ausgeteilt, damit sie Themen notieren könnten, die sie besprechen wollten.

Sowohl im vergangenen als auch im laufenden Jahr sprach sich die Mehrheit für das Thema: Selbstverwaltung und Kollegialgericht aus.

Andere Themen: Kinder, die schwer zu leiten sind, schwierige Situationen des Lehrers (!), Lügen, Diebstahl, sexuelle Ausschreitungen,

1. Über eine Lehrveranstaltungsreihe Korczaks am Staatlichen Lehrerinstitut.

Öffentlichkeit in der Erziehung, Disziplin und Autorität, Strafen und Belohnungen, die Rechte des Kindes, Hygiene, moralische und ästhetische Erziehung, Erblichkeit.

Von den zwei Stunden war die erste als Vorlesung dem von der Mehrheit der Hörer gewählten Thema gewidmet, die zweite – der Diskussion über Probleme, die in der ersten Stunde angesprochen wurden, und Bemerkungen zu Fragen, die in Einzelstimmen verstreut gestellt wurden.

Die Vorlesungen der ersten Stunde hatten einen lückenlosen Zusammenhang, in der zweiten Stunde – betraf der Erfahrungsaustausch die oben aufgeführten aktuellen Probleme der Arbeit.

In stillschweigendem Einvernehmen wurden theoretische Thesen und Postulate, wie man was tun müsse, außer Acht gelassen; in den Vordergrund der Vorträge – schoben sich Fakten und Erlebnisse, was ist, was oft geschieht, was Störungen verursacht und tägliche Schwierigkeiten bereitet.

Der Versuch einer *klinischen* Behandlung des Materials mußte enttäuschen, insofern als Fragmente und Episoden rasch, also kurz und nachlässig behandelt wurden und – keinerlei Vertiefung erlaubten.

Eine klinische Vorlesung in der Medizin – das sind zwei volle Stunden, der Untersuchung gewidmet und der Besprechung und den Ergebnissen in einem einzigen Fall, am Bett eines einzigen Kranken.

Ich nehme das Buch eines Universitätsprofessors über Erziehung; mehr als dreihundert Seiten.[1] Im Vorwort verspricht der Autor, es mit Beispielen aus seiner über dreißigjährigen Praxis zu illustrieren. Es sind kaum ein paar, alle sehr wertvoll; ihre Ergebnisse sollten mit Beispielen auf anderen Gebieten, anderer Beobachter mit anderen Ansichten konfrontiert werden. Diese wenigen Beispiele, leichthin eingestreut, ertränkt in einer Flut von riskanten Annahmen, Verallgemeinerungen, historischen Reminiszenzen, frommen Wünschen und Gemeinplätzen – lassen sich nur mühsam herausfischen und entschlüpfen der Aufmerksamkeit des Lesers.

»Es gibt keine Krankheiten, es gibt nur Kranke« – das ist der leitende Gedanke in der Pathologie und einer ins Einzelne gehenden Therapie. Das fehlt der Pädagogik, daher die Willkürlichkeit, Undeutlichkeit und Unaufrichtigkeit – und das rächt sich in der pädagogischen Praxis und in der Vorbereitung des Lehrers auf die praktische Arbeit.

Trotz der mächtigen Entwicklung und der Erfolge der Laboratorien nimmt die Klinik in der Medizin bis jetzt die führende Stellung ein. Es besteht die Befürchtung, es könnte in der Pädagogik weiterhin gerade umgekehrt gehen.

1. Die Rede ist von der Monographie des Antoni Danysz: *O wychowaniu* (Über die Erziehung). Zweite Auflage. Lwów-Warszawa 1925. Atlas-Bibliothek, 337 S.

Wenn uns die Schulen Schüler schicken würden, die lügen und stehlen, die undiszipliniert, unmoralisch und faul sind – mit einer Anamnese, der Krankengeschichte und einer Analyse – mit der Untersuchung von Blut, Lunge, Gedächtnis, Urin, Aufmerksamkeit, Augen, Ohren und Intelligenz – dann würden die farblosen Vorlesungen Farbe annehmen.

Ich habe den Eindruck gewonnen, daß unsere Stunden nicht leblos waren, aber blutleer.

Ich wage nicht, dies als einen »Antrag für die Zukunft« zu stellen, ich verleihe nur der Sehnsucht Ausdruck – nach einer Verbrüderung[1] der zu den Wolken ragenden pädagogischen Studien, wo alles, was ist, sein kann und sein sollte, beispiellos vermischt ist, mit dem normalen Alltag.

Das Problem der Strafen – vielleicht sogar die pädagogische Chirurgie. Ein Aufeinandertreffen nicht von Ansichten, sondern von kasuistischen Vorkommnissen.

Soviel zur zweiten Stunde ...

Der Zyklus einiger Vorträge über die Selbstverwaltung und das Kameradschaftsgericht hatte nicht Propaganda zum Ziel, sondern die Warnung vor der leichtsinnigen und verlogenen Einführung eines leider modischen Grundsatzes.

Solange das Kind nicht die ihm zustehende Achtung erringt, solange wir es nicht als Experten auf dem Gebiet nur ihm allein bekannter Seelenzustände und der daraus entstehenden Schwierigkeiten anerkennen, solange eine so große Diskrepanz zwischen dem, was wir verlangen und dem, was es geben kann, besteht, solange Schein und Falschheit, Zwang und Druck nicht durch Toleranz für die selbständige Entwicklung ersetzt und dadurch mit der Welt seiner wesentlichen Interessen in Einklang gebracht wird – solange wird die Selbstverwaltung in der Schule nur den Appetit des Lehrers wecken und vortäuschen, daß es gelingt, mit den Kindern zu kokettieren, sie zu betrügen, ihnen Ordnung, Fleiß, Aufmerksamkeit, Ruhe und Zuverlässigkeit abzuschmeicheln.

Die Selbstverwaltung erfordert verstärkte Wachsamkeit, größere Anstrengung und mehr Zeit, sie vertieft und belebt, aber kompliziert und erschwert für lange Zeit die Arbeit. Sie ersetzt den Lehrer nicht, und sie ersetzt und mechanisiert die Arbeit nicht.

Ich meine, daß diese Warnung besonders angebracht ist, um nicht die Unbesonnenen, die aber guten Willens sind, zu verbittern und ein

1. Vgl. den Aufsatz *Die Kaste der Autoritäten*, S. 264ff im vorliegenden Band.

richtiges Prinzip nicht zu kompromittieren. Denn es besteht die Gefahr, daß für die schlechten Bedingungen und die Mißerfolge das Kind verantwortlich gemacht und so der Unwille und die Mißachtung ihm gegenüber vertieft werden.

Es gibt zigtausend Fälle, die beim Kameradschaftsgericht registriert sind, viele Bände voll mit Berichten, Beschlüssen des Selbstverwaltungsrates, Zeitungen, Diagrammen und Statistiken, die in Archiven des »Dom Sierot« und »Nasz Dom« liegen – ein Material, das in einem Dutzend Vorlesungen zu demonstrieren ich mich nicht verleiten ließ.

Zum Schluß fühle ich mich verpflichtet, den Dank dafür auszusprechen, daß das Staatliche Lehrerinstitut erlaubt hat, diesen schwierigen, nicht so sehr gelungenen als viel mehr wichtigen und nicht hoffnungslosen Versuch zu machen.

Dr. Janusz Korczak

Aus: *Pamiętnik Państwowego Instytutu Nauczycielkiego* (Denkschrift des Staatlichen Lehrerinstituts) 1934, S. 67-69.

3.

Das Waisenhaus als Erziehungsklinik

Zum Warschauer Erziehungsmodell

(1913-1942)

Janusz Korczak, Maryna Falska, ErzieherInnen und Kinder des Nasz Dom (Unser Haus) in Pruszków 1923

Zur Eröffnung des Dom Sierot (Haus der Waisen)

Wem unser Programm zu erhaben erscheint,
der soll daran denken, daß man stark aufsteigen und
hoch emporfliegen muß, – um dann langsam sinkend,
dennoch viel Weg zurückzulegen.

Wem unser Programm vielleicht zu phantastisch erscheint,
der soll daran denken, daß ein eiserner Motor
allein nicht genügt, um in der Höhe zu schweben,
sondern auch – Flügel nötig sind.

I.

Am 29. Dezember 1907 wurde auf der Hauptversammlung der »Brüderlichen Hilfe« der Beschluß gefaßt, die Abteilung der Waisenhilfe unserer Gesellschaft zu übertragen.

Als eigenständige Institution besteht Hilfe für Waisen also seit fünf Jahren.

Das Jahr 1908, – das erste Jahr der Tätigkeit.

Das Heim befindet sich in einem gemieteten Lokal in Grodzisk und gewährt vierzig Kindern Schutz.

Im April desselben Jahres beschließt der Vorstand, unter keinen Umständen noch mehr Kinder ins Heim aufzunehmen. Aber schon im Mai bricht er seinen Beschluß und nimmt wieder zwei Waisen auf. Das Leben wirft alle Beschlüsse um, die mit seinen unbeugsamen Anforderungen nicht übereinstimmen.

Die Waisenfürsorge ist eine absolute Notwendigkeit.

Das Heim befindet sich wieder in Warschau, an der Franciszkańska-Straße 2.

Die größeren Räumlichkeiten können zehn neue Waisen aufnehmen, es werden 24 aufgenommen.

Man eröffnet zwei Filialen, die ersten zwei Nester, wo unter der Obhut armer Familien vierzehn Kinder untergebracht werden.

Die Gesellschaft ist so arm, daß sie auf der Sitzung vom 21.10. überlegt, ein Telephon anzuschließen oder vielleicht doch noch ein Kind – eine Waise, in ihre Obhut aufzunehmen.

Ein kleines Detail.

Der Sommer des Jahres 1909 nähert sich.

Wenn man doch nur einige von den schwächsten Kindern aufs Land schicken könnte.

»Sechs Kinder können wir für den Sommer zu uns nehmen.« Ein willkommenes Versprechen, ein schönes Opfer.

Ein Jahr später beherbergt dieselbe Familie nicht sechs, sondern 120 Kinder.

Ohne ein eigenes Haus ist die weitere Entwicklung der Institution unmöglich.

Dabei ist eine weitere Entwicklung notwendig, weil ständig neue Bitten eingehen.

Also ein reifes Bedürfnis.

Schon der erste Monat Januar des Jahres 1910 bringt eine Spende von 10 000 Rubel für den Bau von Dom Sierot ein.

14.1. – Erste Spende; 19.1. – zweite Spende; 26.1. – dritte Spende.

9.2. – vierte und fünfte Spende, 16.2. – sechste Spende usw.

25.4.1911 – Sondersitzung in der Angelegenheit des Grundstückskaufs an der Krochmalna-Straße 92.

26.5.1911 – Tag der Bauplangenehmigung von Dom Sierot.

14.6.1911 – Grundsteinlegung.

7.10.1912 – die Kinder verbringen ihren ersten Tag im neuen Gebäude.

II.

a) Wir kennen das Kind, wenn es krank ist, wenn es sich im Zustand gestörten Gleichgewichts befindet, wir müssen es in seiner stabilen Entwicklung kennenlernen. Wir kennen erhebliche Störungen, aber wir kennen nicht die geringen Abweichungen. Wir kennen das Kind nur zu einem Bruchteil, nur einen Abschnitt seines Lebens, wir müssen aber die verschiedenen Typen und individuellen Unterschiede kennenlernen, über die erste, die zweite Kindheit und Reifezeit, anhand vieler Profile physischer und geistiger Entwicklung.

Jedes der Natur entlockte Geheimnis – ist eine kostbare Errungenschaft nicht nur für eine Handvoll Kinder, sondern für alle, nicht nur für einen bestimmten Moment, sondern für Jahrhunderte.

b) Wenn wir die sich vor unseren Augen vollziehende Entwicklung der Sache des Kindes aufmerksam beobachten, stellen wir eine verstärkte Bewegung in Richtung der Emanzipation des Kindes fest.

Arbeitsschulen in der Schweiz, in Frankreich, Belgien; Selbstverwaltung in den Besserungsanstalten für Minderjährige in Amerika und England; Pfadfinder, Kinderklubs in Schweden, das alles sind nicht nur Versuche und Forschungen von besonderer Tragweite, sondern – Zeichen der Zeit.

»Dom Sierot«, als Haus der Arbeit und Schule des Lebens, kann die Bedeutung des Kindes als Mitarbeiter untersuchen, um den Umfang dieser Arbeit zu ermessen und ihre Grenzen aufzuzeigen.

c) Die Böswilligen behaupten, die Internatsreform sei nur eine Reform der Mauern und nicht des Geistes. Und der Geist des Internats sei böse.

Als vor hundert Jahren die ersten Kinderspitäler gegründet wurden, waren die Resultate so traurig, daß man sie schließen und darauf ganz verzichten wollte. Man verdoppelte die Wachsamkeit, spürte das Wesen des Bösen auf, reformierte sie, so daß sie immer noch da sind und Nutzen bringen.

Man muß aufspüren, was den Lebensraum im Internat vergiftet, wieso ein Kind in der Familie sich besser, froher entwickelt. Es ist nicht nur ein Problem von wissenschaftlicher, sondern auch von immenser gesellschaftlicher Bedeutung. Denn immer mehr Kinder werden in Internaten erzogen.

Kann ein so festgesetztes Tätigkeitsprogramm den Zöglingen von Dom Sierot Nutzen bringen?

Ohne Zweifel.

Alles läuft darauf hinaus, das Kind kennenzulernen, um zu wissen. Zu wissen, was es zum normalen Aufwachsen braucht, was ihm fehlt, wenn es in seiner (physischen, intellektuellen, moralischen) Entwicklung gestört wurde, um dann die Mängel, nach Möglichkeit rechtzeitig beheben zu können.

Die Leitung eines Internats für Waisen gehört zu einer der schwierigsten erzieherischen Aufgaben, weil sie die komplette Betreuung einer größeren Kinderzahl mit fragwürdigem Erbe und fragwürdiger äußerer Beeinflussung umfaßt, und es nicht zuläßt, daß man irgendwelchen Problemen ausweicht, auch wenn sie noch so kompliziert sind und hohe Verantwortlichkeit erfordern.

In unseren Verhältnissen steigern sich diese Schwierigkeiten beträchtlich, und zwar aus folgenden Gründen: gesetzesbedingte Beschränkungen der Juden; niedriges wirtschaftliches und kulturelles Niveau des Landes; niedriger Lebensstandard jüdischer Massen; das Fehlen von Hilfsinstitutionen in Form von Sanatorien, Behinderten- und Besserungsanstalten. Hinzufügen läßt sich noch die komplizierte Angelegenheit der Umgangssprache und der Lehre sowie die Instabilität der materiellen Absicherung der Wohlfahrtsinstitutionen.

Man sollte jedoch mutig und guten Glaubens an die Arbeit herangehen und nicht die Augen vor Schwierigkeiten oder gar Gefahren schließen, denn schließlich soll die Arbeit Früchte tragen.

III.

Das Gebäudeprojekt ist aufgrund eines limitierten Wettbewerbs entstanden, der für mehrere Warschauer Baufirmen ausgeschrieben wurde. Dieses Projekt wurde durch spätere Veränderungen verbessert und stellt sich im folgendem so dar, wie es die an diese Beschreibung angefügten Zeichnungen verdeutlichen.

Zum Gebäude gehört ein Teil des Grundbesitzes an der Krochmalna-Straße 92. Da im vorderen Teil des Platzes ein altes Gebäude stand, welches noch zur Nutzung geeignet war, wurde für das neue Gebäude das Hofgrundstück vorgesehen.

Das eigentliche »Dom Sierot« schneidet also den Platz quer durch. Der Hinterhof ist für die Gartenbeete der Kinder bestimmt, der Vorderhof – für Spiele und andere Bedürfnisse.

Das Gebäude ist so gelegen, daß sich die ganze Frontlinie nach Süden richtet. Hier befinden sich auch alle Räume, in denen die Kinder den größten Teil des Tages verbringen.

Das Gebäude hat vier Stockwerke. Im hohen Souterrain, das vor eventueller Feuchtigkeit speziell isoliert wurde, befinden sich die Wirtschaftsräume: Küche mit Vorratskammern, Waschküche, Kesselraum für die Zentralheizung, des weiteren – Garderobe, Speiseraum sowie Bade- und Duschräume.

Im Erdgeschoß – ein großer mehrstöckiger Unterhaltungsraum (ungefähr 180 qm Fläche) mit Galerie, berechnet für 100 Waisen und 200 hinzukommende Kinder, ein Dienstraum und 3 Klassenräume.

Im ersten Stock befindet sich die Nähstube, noch ein Klassenzimmer-Museum sowie zwei kleine Einzimmerwohnungen mit Küche – welche für sog. Nester bestimmt sind; diese Räumlichkeiten sollen (für einen bestimmten Zeitraum) von zwei Familien aus der Stadt bewohnt werden, die unter der Aufsicht des Leiters des »Hauses« den Umgang mit Waisen lernen sollen, welche aus dem »Haus« kommend, künftig bei ihnen untergebracht werden. Neben diesen Familienräumen gibt es einen allgemeinen Baderaum. Ebenfalls auf dieser Etage befindet sich ein Isolierzimmer für Kinder, die an einer ansteckenden Krankheit erkrankt sind.

In der zweiten Etage befinden sich zwei Schlafräume – einer für Jungen, der andere für Mädchen (insgesamt 106 Betten), mit Licht auf beiden Seiten, luftig. Neben den Schlafräumen gibt es – Waschräume, Toiletten sowie ein zentral gelegenes Zimmer für den Wachhabenden. Daneben noch ein Zimmer für die Hauswirtschafterin.

Auf der Dachgeschoßebene, die speziell für das Trocknen von großen Mengen Wäsche geeignet ist, verfügt das Gebäude über ein Zimmer für den Leiter des »Hauses«, über eine Mangel sowie über Schränke, in denen Wäsche, Kleidung, Decken usw. aufbewahrt werden.

Auf jeder Etage gibt es außerdem Toiletten, die, genauso wie die Waschräume, Küche, Waschküche sowie Baderäume – bis zu einer Höhe von 1,80 m entweder mit Terrakotta oder Fliesen ausgekleidet sind; alle Böden sind mit Terrakotta ausgelegt.

Im Rest des Gebäudes gibt es – Eichenbrettböden und Mosaiktreppen. Das Gebäude wird zentral mit einem Niederdruckwassersystem beheizt. Das Gebäudedach ist mit holländischen Dachziegeln bedeckt, Steindecken liegen auf Stahlbalken.

Veröffentlicht von der *Towarzystwo »Pomoc dla Sierot« w Warszawie* (Gesellschaft »Hilfe für Waisen« in Warschau) unter dem Titel *Ku otwarciu Domu Sierot* (Zur Eröffnung des Dom Sierot). Warszawa, Drukarnia »Gazety Handlowej« (Druckerei der Handelszeitung), Szpitalna 10. 1913.

Das Nasz Dom[1]

(Erziehungsheim der Abteilung Kinderbetreuung bei der Zentralen Kommission der Gewerkschaften)

Ein uninteressantes Thema – eine Sache, die nicht aktuell ist – schlimmer noch: nicht populär. – Das weckt Mißtrauen. – Ruft eine nachsichtige Geste hervor – ein ironisches Lächeln. – Kinderbetreuung – wir kennen diese Betreuung!

1. Das Erziehungshaus »Nasz Dom« (Unser Haus) ist – wie Korczak schreibt – ein »Internat für Waisenkinder – das erste für Arbeiterkinder« – und wurde am 15. November 1919 in Pruszków bei Warschau in der Cedrowa-Straße 12 eröffnet. Im August 1919 war bei der Zentralen Kommission der Gewerkschaften die Abteilung Kinderfürsorge (für Arbeiterkinder) und in ihr die Sektion für Erziehungshäuser gegründet worden. An deren Tätigkeiten hatte sich Korczak neben anderen bekannten Vertretern der Arbeiterbewegung sowie Ärzten und Pädagogen beteiligt. Leiterin von Nasz Dom wurde Maria (auch Maryna) Rogowska-Falska (vgl. S. 209, Anm. 1). »Als im Jahre 1921«, schreibt Barbara Puszkin (*Nasz Dom* in: *Lehrerstimme* 1990, Nr. 47), »die finanzielle Krise und die sozialen Unruhen den Gewerkschaften die systematische finanzielle Unterstützung von Nasz Dom unmöglich machte, änderte man die Organisationsgrundlagen der Anstalt, indem man die ›Gesellschaft Nasz Dom‹ gründete [...]. Es kamen Menschen, die in Kontakt zu Aleksandra Piłsudska standen« (Ehefrau

Fürsorge für das Kind. – Die Philanthropie ist versumpft, eine reißerische Reklame hat sie einem verleidet. – Genug davon! – Macht, was ihr wollt, aber – streut uns keinen Sand in die Augen. – Macht, was ihr wollt: Denn schließlich ist das Kind – weder ein Wähler noch ein politischer Gegner: Man muß weder seine Gunst erwerben, noch Angst vor ihm haben, noch mit ihm rechnen. Es gibt aktuelle Probleme, wichtige, sie bedürfen einer raschen Entscheidung, erfordern schnelles Handeln. Das Balg kann warten. Übrigens gibt es ja Kinderfrauen, Barmherzige Schwestern und Wohltäterinnen. Vorläufig – genügen Betreuer.

Richtig. – Wenn man die Sache nicht zu schätzen weiß, wenn man die Geheimnisse nicht kennt, wenn man kein Programm hat – ist es besser, keine großen Worte zu machen, man schweigt besser. Du ergreifst das Wort, redest Blödsinn, machst den Anfang, brichst den Hals. Tatsächlich, der Arbeiter ist vielleicht zu abgearbeitet, zu besorgt, nicht sicher des heutigen Tags, er hat weder Zeit noch denkt er an morgen.

Das Kind ist das Morgen. Es wird ein Arbeiter sein, ein Bürger, ein Arbeitgeber, aber man muß warten. Geduldig warten. Aufmerksam warten. Von Stunde zu Stunde zuschauen, denken und überdenken. Schauen, denken und wieder warten. Vorsichtig, sehr vorsichtig handeln, und das nur in bestimmten Momenten – in den entsprechenden – mit kleinen Bewegungen, einem Flüstern, einem Lächeln, einem leichten Runzeln der Brauen. Weder der Hammer, noch die Säge, noch die Sense lehren die Methode des Handelns; lautes Geschrei, starke Parolen – verstören. Man muß sich das Gewicht, die Schwere des Problems bewußt machen – ihren Wert, ihren Preis – um nicht leichtsinnig an die Arbeit zu gehen ...

In Pruszków, in der Cedrowa-Straße, im Haus von Pawłowski entstand Nasz Dom (Unser Haus) – ein Internat für Waisenkinder – das erste für Arbeiterkinder. Ein Grüppchen – nur ein halbes Hundert. Bald wird in Ochota ein zweites Haus für die Kleinen eröffnet – wieder nur für ein Grüppchen.

des Marschalls Piłsudski). 1927 wurde Nasz Dom von Pruszków in den Warschauer Stadtteil Bielany in ein eigenes Gebäude verlegt, wo es bis heute existiert. 1928 publizierte Maria Falska eine »Informationsskizze« mit dem Titel *Die Erziehungsanstalt »Nasz Dom«* (mit einer Einführung von Korczak, s. S. 209ff), in der sie über die Erfahrungen und Organisation der Erziehungsarbeit in dieser Einrichtung berichtet.

Korczaks im folgenden abgedruckter Artikel *Das Nasz Dom* ist vermutlich »die Nachlese« seines Vortrags zum Thema »Das Kind – unser Morgen«, der in der Zeitschrift *Robotnik* (25.12.1919) für den 27. Dezember, im Rahmen einer von »Nasz Dom« organisierten »Vortragsreihe, die sich dem Kind widmet«, angezeigt wurde.

Wir wissen: Es gibt Tausende, Zehntausende Waisen. Wir wissen es. Aber es geht nicht darum, sie aufzunehmen und zu füttern; denn jeder kann den Vor- und Nachnamen in ein Buch eintragen und dem Kind eine Suppe reichen.

Die wichtigere Aufgabe: Achtsamkeit, aber man hat schon – das Fundament zu einem großen Gebäude gelegt. Wie soll man ein Arbeiterkind erziehen, damit es Verständnis und Glauben gewinnt und gemäß seinem Verständnis und Glauben handeln kann? – Das ist noch keine Arbeit, sondern nur die Aufzählung der Schwierigkeiten: nicht in der Theorie, sondern im Handeln. Wir kennen dieses Kind noch nicht: Was für Werte besitzt es, womit ist es belastet? Wir wissen bereits: Es ist physisch schwach, aber nicht degeneriert, es hat die belastenden Vorurteile der Straße, aber es ist fähig zur Entwicklung, es lächelt heiter, dem Unglück zum Trotz, ist neugierig auf die Welt und das Leben, voller Vertrauen in die eigenen Kräfte und jedem lichtvollen Gedanken zugeneigt. Ein gutes Material. Das ist das Wichtigste ...

Erst seit einem Monat sind fünfzig Kinder in Nasz Dom.

Wir haben im Gedächtnis festgehalten, wer mitmacht, wer schadet, wer geholfen hat, wer Schwierigkeiten bereitet hat. Und die Schwierigkeiten türmen sich mit jedem Tag auf. Heute ist nicht die Zeit, darüber zu reden.

Die Arbeit ist begonnen – der erste Schritt ist getan. Die Arbeit kann zerschlagen werden – durch einen Zufall, den bösen Willen eines versteckten Angreifers oder – durch Gleichgültigkeit derer, die verpflichtet sind zu verstehen: daß jeder Tag des Aufenthalts dieses Kindergrüppchens in Nasz Dom ein Baustein ist an dem Gebäude, in dem der Arbeiter bald – die Verantwortung für die Seele seines Kindes in die eigenen Hände nimmt und sie in die Zukunft führt.

Janusz Korczak

Ich füge für Nasz Dom bei: 500 mk.

Aus: *Robotnik* (Der Arbeiter), Nr. 410 (30.12.1919), S. 3.

[Zur gesellschaftlichen und pädagogischen Bedeutung von »Nasz Dom« (und »Dom Sierot«)]

Im Protokoll der Mitgieder- und Wahlversamlung der Gesellschaft »Nasz Dom« vom 21. Oktober 1923 heißt es:

»Nasz Dom« ist keine Philanthropie, es ist auch keine gesellschaftliche Verpflichtung gegenüber armen Waisen, es ist weder eine Zufluchtsstätte noch eine Burse, es ist eine Erziehungsanstalt. Erziehung – das ist die Losung von »Nasz Dom«.

Die Erziehungsfrage begann, sich dem pädagogischen und gesellschaftlichen Denken unserer Zeit beharrlich aufzudrängen. Man hat angefangen zu begreifen, daß die Erziehung gleichermaßen für das Wohl einer Gruppe wie auch für das Wohl des einzelnen Sorge tragen muß. Sie muß gleichzeitig sowohl gesellschaftlich als auch individuell sein. Soziale Gewohnheiten und moralische Kräfte müssen parallel ausgebildet werden. Man hat begriffen, daß Erziehung – keine Kunst, sondern eine Wissenschaft ist, und der Erzieher – kein Zauberkünstler, sondern ein Fachmann. Es zeigte sich die Notwendigkeit, eine Methodik für die Gruppenerziehung auszuarbeiten. Diese Frage ruft gegenwärtig das Interesse von Pädagogen und Gesellschaftsaktivisten auf der ganzen Welt hervor. Überall werden Versuche gemacht, sich auf diesem Feld entweder theoretisch oder praktisch zu betätigen.

»Dom Sierot« und »Nasz Dom« wirken an eben dieser Arbeit mit, an der Ausarbeitung einer Methodik für die Gruppenerziehung. Hier sind Theorie und Praxis zu einer Einheit verschmolzen. Es ist ein einzigartiger Versuch in Polen.

Darin steckt die gesellschaftliche und pädagogische Bedeutung von »Nasz Dom«.

Die Erziehungsarbeit in »Nasz Dom« ist eine Arbeit, die sich ihrer Wege und Ziele bewußt ist, sie bewegte sich in ihrer vierjährigen Existenz Schritt für Schritt nach vorne. Das, was in »Nasz Dom« erarbeitet wurde, hat heute schon einen großen Wert.

Die ganze Arbeit wurde in einer Vielzahl von Dokumenten schriftlich festgehalten.[1]

Weder die Zeit noch der Charakter der Versammlung erlauben es, über Organisationsformen des internen Lebens, über eine Reihe gesellschaftlicher und moralischer Aufgaben, die erprobt worden sind, zu sprechen.

1. Korczak schreibt nach siebenjährigem Bestehen des Internats in der Einführung zu Falskas »Informationsskizze« zum Nasz Dom: »›Nasz Dom‹ besitzt: 195 Hefte mit Zeitungen und Berichten; 41 Hefte mit Protokollen aus den Sitzungen des Selbstverwaltungsrates; 27 500 Gerichtsaussagen (Streitfälle und Übertretungen der Kinder); 14 100 Dankesbezeugungen (erwiesene Dienste, Hilfen, gegenseitige Zuneigung); über hundert Hefte mit Beschreibungen, Erzählungen und Erinnerungen von Kindern; einige hundert Diagramme.« (Im vorliegenden Band, S. 210)

Halten wir nur fest, daß die gesellschaftliche Erziehung auf Selbstverwaltung beruht und darauf, Disziplin im Hinblick auf freiwillig übernommene Verpflichtungen zu entwickeln und die individuelle Erziehung auf Selbstkontrolle und dem inneren, natürlichen Bedürfnis nach Selbstvervollkommnung.

Wir erlauben uns, unsere obigen Erläuterungen mit den Worten von Doktor J. Korczak zu ergänzen, mit denen er vor zwei Jahren die grundsätzlichen Postulate und pädagogischen Tendenzen von »Nasz Dom« formuliert hat.

»Die gegenwärtige Erziehung ist von dem Grundsatz durchdrungen, daß der Erzieher gegenüber der Gesellschaft für die Kinder verantwortlich ist. Wir möchten die Erziehung auf Grundsätzen aufbauen, wo der Erzieher vor den Kindern für die Gesellschaft verantwortlich ist.

Das Ziel der gegenwärtigen Erziehung ist es, die Kinder auf das Leben vorzubereiten, wenn sie dann nach Jahren zu Menschen werden; wir möchten die Allgemeinheit davon überzeugen, daß die Kinder schon Menschen sind, und daß man sie wie lebendige und bereits menschliche Wesen behandeln muß.

Wir wollen eine Kindergesellschaft auf den Prinzipien der Gerechtigkeit, der Brüderlichkeit, der gleichen Rechte und Pflichten aufbauen.

Da wir vorläufig keine besseren Muster haben als diejenigen, welche die Gesellschaft der Erwachsenen für sich erarbeitet hat, werden wir sie nachahmen und sie dabei auf die Bedürfnisse und Besonderheiten der Kindergesellschaft zuschneiden.

Disziplin möchten wir durch Ordnung ersetzen, Zwang durch die freiwillige Anpassung des Individuums an die gemeinschaftlichen Lebensnormen, die seelenlose Moral möchten wir in ein freudiges Streben nach Vervollkommnung und Selbstbeherrschung verwandeln.

Wir stellen die Selbstachtung auf die gleiche Stufe wie das Wohlwollen für den Nächsten, besser – den Mitbürger.

Wir müssen die Ansicht verwerfen, daß das Kind sich gefälligst von den Brosamen ernähren soll, die ihm von gefühlvollen, nachsichtigen oder ihm zärtlich gesinnten Herzen, seien es mütterliche oder philanthropische, dargereicht werden.

Wir werden eine internationale Organisation der Kinder und Jugendlichen anstreben, wir werden die Wahl eines gemeinsamen Feiertags anregen, einer gemeinsamen Fahne, eines gemeinsamen Liedes und gemeinsamer Arbeit und Sprache, wir werden Gleichberechtigung für sie fordern.

Wir wollen das Kind nicht kneten und ummodeln, sondern wir wollen es verstehen und uns mit ihm verständigen, Hilfe leisten bei der

Aufrichtung seiner geknechteten, bettlerhaft gewordenen Seele, bei der Beseitigung des Schmutzes, welcher von der Erwachsenengesellschaft ausgehend auch die Kinder durchdrungen hat und sie beherrscht. Man hat die Kinder demoralisiert, indem man sie mit Ideen und Idealen fütterte, auf deren Realisierung sie Jahrzehnte warten sollen.

Wir beginnen unsere Arbeit mit den Internaten, weil man in ihnen die Kinder leichter von äußeren Einflüssen fernhalten kann. Wir wollen sie ihr eigenes Leben gestalten und die Kräfte, die moralische Widerstandskraft und die Entwicklungstendenzen erproben lassen.

Hier ist es leichter, sie vor Ungerechtigkeit und Geringschätzung zu schützen und vor den gierigen Anschlägen der räuberischen, egoistischen gegenwärtigen Gesellschaft der Erwachsenen auf ihr freies Denken, ihr Gefühl und ihren Willen. Auf sie gestützt und sie unterstützend werden wir für sie Forderungen erheben.

Wir beginnen unsere Arbeit mit den Internaten, denn während wir den Geist der Erwachsenen und Alten kennen, erwarten wir eine Antwort darauf, welches die Werte und Bedürfnisse des heranwachsenden, reifenden menschlichen Geistes sind. An die erste Stelle setzen wir das Kennenlernen. Wir müssen vorsichtig und behutsam handeln, uns wachsam in Zusammenarbeit mit den Kindern bilden und erziehen.«[1]
[...]

Vorstand der Gesellschaft »Nasz Dom« in Pruszków
Dr. I. Lewińska/H. Chmielewska

Auszug aus dem Protokoll der Mitglieder- und Wahlversammlung vom 21. Okt. 1923. In: *Towarzystwo »Nasz Dom«* (Gesellschaft »Unser Haus«). Warszawa 1923. (Privatsammlung von Janusz Durko, abgedruckt in *Myśl pedagogiczna Janusza Korczaka. Nowe Źródła* [Pädagogische Ideen Janusz Korczaks. Neue Quellen.] Hg. von Maria Falkowska. Warszawa 1983.)

1. Wesentliche Passagen dieser Grundsatzerklärung Korczaks werden auch von M. Falska in ihrem *Umriß der Organisation der Erziehungsarbeit des Nasz Dom* zitiert; vgl. *Sämtliche Werke*, Bd. 13, S. 547.

Einführung[1]

Der Erwachsene wird einmal ein Greis sein. Das Kind kennt die grauen Wahrheiten dessen, der auf das Grab lauscht, nicht. Leichtsinnigerweise erahnt es sie nicht, also versteht es sie nicht. Geben wir ihm das Recht, sein Leben nach den eigenen Mustern und Bedürfnissen für das Heute zu gestalten. Es wird nicht sein, sondern es ist.

Das Kind – – ist schon ein Einwohner, ein Bürger, und bereits ein Mensch. Es wird es nicht erst sein, es ist es schon. Ein Kind hat schon eine lange Vergangenheit. Erinnerungen und Andenken. Die Kinderjahre – das ist ein reales Leben, nicht eine Vorschau. Freude und Schmerz sind wahrhaftig, nicht ein Hirngespinst. Jeder reale Moment seines ernsthaften Lebens, das es nicht zum Spaß oder zur Probe führt – kehrt nicht wieder, ist in sich selbst wertvoll, ein Ganzes, – und geht gestaltend – in die Tiefe. Keine Moral auf Zuwachs, keine Phrasen von zukünftigen Aufgaben und Pflichten, lediglich von heutigen. Ein nahes Gebiet, kleine Ackerstreifen, bei denen es Erfahrungen sammelt, seine Kräfte versucht, Siege feiert, Niederlagen erfährt, die Anstrengungen erneuert, einen Plan faßt, – übt, sich abhärtet und sich kontrolliert.

Das Kind schaut sich um, freut sich, wundert sich, ist beunruhigt. Die Welt ist schön, voll freudiger Überraschungen und stolzer Siege. Aber nicht nur sonnig und warm, heiter und farbenfroh. Sondern auch hart, streng, heimtückisch, grausam.

In den Tiefen der kindlichen Seele tönt einmal das drohende Echo der Särge, das widerwillige Brummen des fernen Morgen, rachegelüstige

1. Einführung Korczaks zu *Die Erziehungsanstalt »Nasz Dom«. Eine Informationsskizze*; bearb. von Maria Falska, geb. Rogowska (1877-1944). Die Autorin wurde in Podlachien, in einer (land-)adeligen Familie geboren. Früh trat sie in die Reihen der Polnischen Sozialistischen Partei (PPS) und nach der Parteispaltung in die Reihen des linken Flügels der PPS ein. Wegen ihrer Tätigkeit in legalen und halblegalen Bildungseinrichtungen im Arbeitermilieu in Łódź, später in Warschau, wurde sie mehrmals verhaftet, einmal wurde sie ins Innere Rußlands, nach Vologodzk verbannt. Später arbeitet sie in Bibliotheken der Lesegesellschaft der Stadt Warschau, in einer von der II. Abteilung der Gesellschaft für Polnische Kultur geleiteten Schule sowie in einer Schule für Kindergärtnerinnen in Włochy. Nach der Revolution 1905 ließ sie sich in London standesamtlich mit Leon Falski (1867-1912), einem hervorragenden Sozialisten und Arzt, trauen. Beide wurden zeitweilig in Wołożno in Litauen seßhaft. Während des I. Weltkrieges arbeitete M. Rogowska-Falska in Kiew. Nach ihrer Rückkehr übte sie die Funktion einer Aufsichtsbeamtin von Erziehungsanstalten des damaligen Ministeriums für Bildung und Religionsbekenntnis in Warschau aus. Seit 1919 leitete sie zusammen mit Korczak die Erziehungsanstalt Nasz Dom, die 1928 in den Warschauer Stadtteil Bielany verlegt wurde. Sie starb am 7.9.1944, als die Okkupationstruppen den Befehl zur Evakuierung des Nasz Dom erteilten.

Stimmen, – und dann wieder der merkwürdige Chor der Eindrücke, Erschütterungen, Bestrebungen, Wünsche, Sehnsüchte, Träume, Erscheinungen – Befürchtungen. Wundersame Geheimnisse rundum und im eigenen selbst. Ein Spiel von Licht und Schatten.

Das Kind vertraut. Es möchte an eine starke, ausgeglichene, gereifte Wahrheit und an das Gute glauben. Man muß es sanft darauf vorbereiten, daß das Ideal – ein Traum ist, Schwäche und Unvollkommenheit aber – die Realität. Daß auch wir Kinder sind. Nicht – überlisten und täuschen.

Möge es, wenn das »Mannesalter, das Alter der Niederlagen«[1] kommt, – die vergangenen Jahre mit einer klaren Träne wehmütiger Erinnerung heiligen.

Wir suchen neue Methoden der Erziehung. Die Auseinandersetzung zwischen den Generationen der alten und neuen Grundsätze wird um so schärfer, je heftiger die einen verharren wollen, Altes bewahren, zu spät kommen, die anderen – leichtsinnig stürmen und vorauseilen wollen.

Die Kämpfe können aufreizend und fruchtlos sein oder schöpferisch, abhängig davon, ob sich die bekämpfenden Seiten mit einer ausreichenden Anzahl von Beweisen bewaffnen, die ihre Behauptungen stützen oder nicht.

Wer Fakten zusammenträgt und Dokumente sammelt, der gewinnt das Material zu einer objektiven Diskussion, die nicht gefühlsbetonten Regungen unterliegt.

Die kleinen Phänomene nicht geringschätzen, sie erforschen.

»Nasz Dom« besitzt:

195 Hefte mit Zeitungen und Berichten;

41 Hefte mit Protokollen aus den Sitzungen des Selbstverwaltungsrates;

27 500 Gerichtsaussagen (Streitfälle und Übertretungen der Kinder);

14 100 Dankesbezeugungen (erwiesene Dienste, Hilfe, gegenseitige Zuneigung);

über hundert Hefte mit Beschreibungen, Erzählungen und Erinnerungen von Kindern;

einige hundert Diagramme.

1. Aus dem Gedicht *Tränen flossen* von Adam Mickiewicz (aus der Sammlung *Sätze und Anmerkungen*, 1839/1840):

»Es flossen meine reinen, starken Tränen,
Auf meine idyllische, himmliche Kindheit,
Auf meine erhabene und leichtsinnige Jugend,
Auf mein Mannesalter, das Alter der Niederlagen;
Es flossen meine reinen, starken Tränen.«

Die Zahlen, die Berichte und die Stenogramme geben ein Bild nicht von Ansichten, sondern von Tatsachen, die sich im Verlauf von sieben Jahren des Bestehens des Internats ereignet haben. Nichts ist unbewiesen. Sieben Jahre[1] – ein kleiner Zeitabschnitt, 50 Kinder – eine kleine Zahl. Schlußfolgerungen, ja sogar eine Beleuchtung der Beiträge, sind wohl zu früh. Das gesammelte Material wartet ruhig auf eine Kontrolle und auf Untersuchungen. Wir möchten die Sammlung vergrößern, ganz unabhängig davon, wann das Auge des Experten – bewaffnet mit der Methode wissenschaftlicher Forschung – sie betrachtet. Es ist dies psychologisches, soziologisches, ethnographisches und linguistisches Material.

Wer Geige spielen will, muß geduldig die Muskeln, die Sehnen, die Handgelenke trainieren. Es genügt nicht, die Noten zu kennen. Wie oft greift die harte Pratze des Erziehers naiv nach der Ehre, auf dem flüchtigen Geist des Kindes zu spielen.

(–) J. Korczak

Januar 1927

Aus: *Zakład Wychowawczy »Nasz Dom«. Szkic informacyjny* (Die Erziehungsanstalt »Nasz Dom«. Eine Informationsskizze), bearb. von Maria Rogowska-Falska. *Towarzystwo »Nasz Dom«* (Gesellschaft »Unser Haus«), Warszawa 1928, S. 3-7.

25 Jahre

Warschau – Krochmalna-Straße 92: Das Dom Sierot und die Burse. – Gocławek bei Wawer: Internat, Farm und Sommerkolonie.[2] Das sind die Etappen der Arbeit des Vereins und seiner Werkstätten.

Wenn wir den Jubiläums-Jahresbericht durchsehen, kommen wir in Verlegenheit. Hat die Presse ihre Pflicht erfüllt, hat sie nicht im Verlauf der Jahre etwas zu selten und zu leise von dieser Institution berichtet?

1. Nasz Dom ist Ende 1919 entstanden. Die *Informationsskizze* von M. Falska über das Haus wurde 1928 publiziert, die vorliegende Einführung zu ihr schrieb Korczak im Januar 1927.
2. Es werden die zentralen Erziehungseinrichtungen aufgezählt, die die Gesellschaft »Hilfe für Waisen« ins Leben gerufen und betreut hat: Dom Sierot hatte seine Tätigkeit im Oktober 1912 begonnen; die Burse im Dom Sierot entstand 1923; Internat, Sommerkolonie und Farm in Gocławek, in der Gemeinde Wawer bei Warschau, begannen ihre Tätigkeiten 1921. Die Sommerkolonie wurde auf Wunsch des Grundstückstifters »Różyczka« genannt. Zusätzliche Grundstücke (für die Landwirtschaft) wurden gepachtet.

Hat in der Bilanz der Informationen über die soziale Arbeit, das kulturelle Leben der Hauptstadt und den Ertrag der Forschungsarbeit zum Kind – die »Waisenhilfe« den Platz eingenommen, den wir ihr schuldig sind, den sie verdient? Haben wir in hinreichendem Maß das umfangreiche Material der Erfahrungen, die aufmerksam gesammelt und kritisch kontrolliert worden sind, ausgewertet? – Hätten wir nicht mehr daraus entnehmen können, um das Wesen und den Zustand der Betreuung von Waisenkindern kennenzulernen, hätte man nicht zu ihrem Besten eine lebhaftere Propaganda entfalten müssen?

Eine Rechtfertigung finden wir darin, daß das letzte Vierteljahrhundert so reich an aufreibenden, stürmischen Ereignissen war, daß keine Zeit und Aufmerksamkeit blieb, sich mit dem zu beschäftigen, was leise und für die Zukunft berechnet war. Im übrigen liegt es in der Natur der hastigen journalistischen Arbeit, daß man sich aufdringlich in Erinnerung rufen muß und mehrmals geschickt günstige Umstände nützen muß, um sich durch das Dickicht von Notizen, Informationen und Aufrufen durchzuschlagen. Wer weiß, wie unerläßlich die Wiederholung ist, damit die Leute etwas erfahren und im Gedächtnis behalten?

Und leider besteht die Befürchtung, daß in der Flut der Sorgen und laufenden Belastungen die Existenz der Gesellschaft »Hilfe für Waisen« gefährdet ist, so, wie schon ihr Wachstum gehemmt wurde. Seit Jahren gibt es keine Schenkungen mehr, die Menge und die Höhe der einmaligen Spenden sind geringer, die Mitgliederzahl des Vereins ist kleiner geworden. So fließen auch die ehemals zahlreichen Spenden in Naturalien spärlicher – die Subventionen sind geringer – die Bilanz schrumpft. Kaum ein paar gestiftete Betten und ein Vermächtnis für einen freien Platz von den Herren Samuel und Gustaw Hassenbein.

Einem Uneingeweihten fällt es schwer, sich klar zu machen, welch spürbare Sparmaßnahmen die Verwaltung vorhat, durchzuführen. Wenn nämlich für die Verpflegung von 107 Kindern des Dom Sierot 35 000 Złoty ausgegeben wurden, so erwartet der Plan des Budgets aus den Mitgliedsbeiträgen nur noch 40 000. – Wenn die Verpflegung von 50 Kindern der »Różyczka« die Summe von 20 000 erreicht – verschlingt dies den Erlös aus Veranstaltungen und Spenden.

Woher sollen der Brennstoff, die Kleidung, das Licht, der Unterricht und die Unterhaltung kommen? Die Position: Wasser – beträgt 30 000 Złoty; das ist so viel, wie der Ertrag aus der Milch auf der Farm in Gocławek betragen hat.

In der Einführung zum Bericht aus dem Jahr 1928 lesen wir:

»Warum ist es so schwierig? Ist es nur schwierig oder noch schlimmer, und ist man noch mehr alleingelassen? Soll man vertrauen, soll man um die Zukunft bangen? Verringert oder vergrößert sich die Verantwortung für das Schicksal dieser 160 Waisen, die ihr unserer Obhut anvertraut habt! Wir leben in einem Umbruch: gestern und heute. Von Jahr zu Jahr müssen Veränderungen stattfinden.

Es handelt sich nicht mehr um Philanthropie, sondern um soziale Betreuung, es geht nicht mehr um Privatinitiative, die so launenhaft und unzureichend ist, nicht mehr um einen ›Tropfen‹, sondern um ein ganzes ›Meer‹.

Wir bemühen uns: Die Summe der Unterstützungsgelder steigt, aber die Zahl der Beiträge und Spenden wird kleiner. Dieser Prozeß der ›Rationalisierung‹ der Hilfe und Betreuung muß stufenweise vor sich gehen, ohne Erschütterungen: Damit nicht, ehe das Morgen entsteht (um es in Besitz zu nehmen), aus dem Gestern Trümmer zurückbleiben.

Wir appellieren an die Almosenspender für unsere Sache, an die Treue ihrer bisherigen Freunde, an neue Scharen von Leuten guten Willens.

›Wir leben in einem Umbruch.‹

Die Bilanz dieses Jahres schloß mit einem Minus von 21 000 Złoty ab.«

Im Eingangswort zum Bericht für das Jahr 1929 lesen wir:

»Wir haben die Zahl von 200 Kindern und Jugendlichen überschritten – das ist nicht die Grenzlinie unserer Pläne, sondern die Grenze, an der wir heute Halt machen müssen. Die einzige Sorge ist – dies zu halten, zu bewahren, sich nicht zurückzuziehen, nicht zu reduzieren.

Wir glauben fest, daß es gelingt. Die Berichte der Kassierer machen Mut: Beiträge fließen. Es zahlen diejenigen, vielleicht sogar gerade diejenigen, denen es schwerfällt, die selbst Mangel leiden.

Die Losung: Opferbereitschaft zum Besten der vom Schicksal spürbarer Benachteiligten. Es gibt wenig einmalige Spenden – das ist eine große Lücke im Budget. Das Budget für das kommende Jahr beträgt 250 0000 Zł – von dieser Summe sind 35 000 – Subsidien, den Rest müssen Beiträge, Spenden, Veranstaltungen usw. ergeben.

Drei Złoty pro Tag – und Kind. Ohne jemandem Schaden zuzufügen, kann man nicht mehr sparen, und man darf niemandem Schaden zufügen ...

Das Defizit dieses Jahres beträgt 10 000 Złoty.«

Im Jahr 1930 war es schlechter:

»Die wirtschaftliche Krise war spürbar für den Verein. Der Zufluß von Beiträgen verminderte sich um 4 000 Złoty. – Veranstaltungen brachten um 6 700 Zł weniger ein. Der Warschauer Magistrat zahlte um 10 000 weniger.

Das die verarmte Gesellschaft den Verein weiter halten will, beweist die Tatsache, daß die Spenden in Naturalien um 3 500 Zł anstiegen.«

Im Vorwort zum Jubiläumsbericht schreibt der Präses des Vereins, Maurycy Mayzel:

»Das Leben außerhalb der Mauern des Dom Sierot nimmt seinen Lauf, aber innerhalb der Mauern wird Schritt für Schritt die gesellschaftliche Verpflichtung erfüllt, man erzieht arme Waisenkinder ohne Rücksicht darauf, ob uns das Freude oder Enttäuschung bringt. Die kleinen Bewohner des Hauses haben gewechselt; aber das Haus steht wie ein Fels, geschaffen durch die Kraft menschlichen Mitgefühls und bürgerlicher Einsicht. Das Haus, wo das verlassene, durch das Schicksal benachteiligte und ausgehungerte Kind – Zuflucht, Erholung und die entsprechende pädagogische Richtung findet.«

»Wir beklagen uns nicht«, schreibt Janusz Korczak, »es gab ein herzliches Echo der Gesellschaft und wohlwollende Unterstützung der Behörden.«

Der Horizont hat sich verdüstert. Wieder muß man sich um den nächsten Tag sorgen.

Es geht nicht nur um den Ausbau: Es fehlen die Mittel, den Besitzstand zu wahren.

Wir haben keine Reserven.

Wir beschweren uns nicht.

Aber den Bericht über ein Vierteljahrhundert Arbeit beenden wir mit der von Unruhe erfüllten Frage:

»Überstehen wir diesen Schlag? – Möge es der letzte sein.«

»Von Euch hängt es ab, treue Bundesgenossen der gemeinsamen Sache: des Waisenkindes.

Wir glauben nicht, daß die Existenz unserer eigenen Institution bedroht sein kann.«

Es ist schwierig, in der Kürze das ganze im Bericht gesammelte Material zu umreißen.

Wir empfehlen es der Aufmerksamkeit der Allgemeinheit und legen das Datum der Versammlung der Mitglieder und geladenen Gäste auf den 26. 11., 12 Uhr im Dom Sierot, Krochmalna Nr. 92, fest.

Janusz Korczak

Aus: *Nasz Przegląd* (Unsere Rundschau), Nr. 324 (19.11.1933), S. 11.

25 Jahre Tätigkeit der Gesellschaft »Hilfe für Waisen«

Einführende Worte

Ein Blick zurück.

Ein Vierteljahrhundert.

Die Lücke ist gefüllt mit täglichen Bemühungen um den Erhalt der Institution, um die Befestigung ihrer guten Tradition.

Ein kurzes Stück Geschichte, ein langer Zeitabschnitt im Leben einer Generation.

Wenige blieben übrig von denen, die sich an die Arbeit gemacht haben.

Im Anbeginn. Die letzten standrechtlichen Urteile der zerschmetterten Revolution.

Geringfügige Erleichterungen. Aber der Gedanke an soziale ARBEIT ist erwacht und die HOFFNUNG. »Brüderliche Hilfe.« Brüderlichkeit im Bemühen, Erleichterung zu schaffen – im Unglück zu helfen. Auf Hilfe wartet der obdachlose Greis, der Krämer, der Handwerker, der Kranke, die Wöchnerin, das Waisenkind.

Zuviel auf einmal.

Die Abteilung »Hilfe für Waisen« hat der Verein »Brüderliche Hilfe« – uns übertragen.

Das Jahr 1907.

Ein halbes Hundert Kinder. Im Heim an der Dzika, dann in Grodzisk, dann in der Franciszkańska, in Łapigrosz; endlich im Jahr 1912, nach Jahren der Irrfahrt – im eigenen Haus: Krochmalna 92.

Und hier sind wir schon zwanzig Jahre.

Also eine gleichmäßige, ruhige Arbeit?

Nein. Die blutige Linie des Weltkriegs kommt uns in die Quere. Okkupation. Hunger. Erschütterungen. Der Beginn der Staatlichkeit Polens.

Alles ringsum ändert sich. Kein Jahr gleicht dem andern. Vom Osten, der dem Westen am nächsten ist, werden wir zum Westen, der am weitesten in den Osten reicht.

Eine Etappe.

Die Illusionen verdichteten sich zur Erfahrung.

Nehmen wir den Bleistift. Machen wir eine Rechnung auf. Gab es keine Nachlässigkeiten?

Welche Fortschritte hat die Sache des Kindes gemacht? Und nicht nur bei uns.

Um wieviel sind wir verspätet?

Vier Generationen von Zöglingen. Unterschiedliche Schicksale der verschiedenen Menschen, die über die ganze Welt verstreut sind: Die Vereinigten Staaten, Kanada, Argentinien, Mexiko, Mandschurei, Frankreich, Belgien, Spanien, Palästina.

Briefe, Photographien. Schon sind es ihre Familien, ihre Kinder.

Eine typische Zerstreuung.

Der unvergeßliche Inhalt der Briefe.

Den Verschiedenen geht es unterschiedlich. Sowohl denen im Land als auch denen in der Ferne, die doch nahe sind. Wie es im Leben so ist.

Sehnsucht. »Unser Weißes Haus.« Erinnerungen an die Kinderjahre.

Hämisch sagte man: »Ein Palast.« Nein. So viel Licht und Annehmlichkeiten wie erforderlich waren, damit es nicht nur eine Unterkunft war, sondern – eine Erziehungsanstalt für das Kind.

Man hat gesagt: »Eine Paradies-Oase.« Nein, so viel heitere Ausstrahlung wie notwendig war, um die gebeugten Schultern wieder aufzurichten. Man kennt die niederdrückenden Gefühle eines Waisenunglücks nicht gut genug.

Man sagte mißtrauisch: »Sie werden die Glasur und das Steingut zerschlagen, die Stühle zerbrechen, die Bettdecken und Matratzen zerreißen.«

Das ist nicht wahr: Die Schwellen und die Treppen sind abgetreten, aber von den Generationen, die darübergegangen sind. Vier große Wellen. Sie haben nichts zerstört. Man hat aufgehört, sich zu wundern.

Es kam nicht teurer, sondern eher billig zu stehen, daß das Haus und das Leben darin solide und zuversichtlich aufgebaut wurden.

Man hat gefragt: Eine Ideologie? Ja. Die einzig sichere – Freiheit in der Wahl der Quellen der Erkenntnis, Hören auf den eigenen Gedanken, auf das sich bildende Urteil. Verständigung bei der Suche nach dem richtigen Platz.

Eine Mitwirkung der Familie des Kindes.

Und das war damals neu.

Verwandte? »Unordnung, Schmutz, schlechte Einflüsse.« Nein. Sogar bei der Auflösung der Familie – erträumt sie eine lichtere Zukunft für ihr Kind. Geben ohne eine Gegenforderung. Zur rechten Zeit sich diskret zurückziehen, streng verantwortlich für die Stunden, die sie hier mit uns verbracht haben.

Gesundheit bieten. Das einzige Kapital derer, die ohne Erbe, mit eigener Kraft, ins Leben gehen.

Wenn immer es nur möglich war – die Sommerkolonie: Gocławek.

Anfangs ein Sommerlager, bald ein Winterlager. Bis zu einem neuen Internat auf dem Land.

Und von da an nicht mehr hundert, sondern hundertsechzig Kinder.

Zwei Arbeitsstätten. Für junge Zöglinge.

Sie sollen mit lebendigem Blick schauen, wie es sein muß und wie man's machen kann. Mögen sie ihre Kräfte erproben. Mögen sie die gute Nachricht von der Anerkennung der Rechte des Kindes verbreiten.

So entsteht die Burse für Erzieher.

Nur drei Zimmer. Eng, leider, ärmlich. Doch sie harren aus.

Schon sind drei in Palästina unter Kindern, andere im Land, in Waisenhäusern, in Kindergärten.

Es gab einen Moment. Da träumte man vom
Bau eines eigenen Gebäudes der Burse.[1]

Man muß warten.

Fünfundzwanzig Jahre – das ist ein winziger Zeitabschnitt.

Wir beklagen uns nicht.

Es gab ein herzliches Echo in der Gesellschaft. Und eine wohlwollende Hilfe der Behörden.

Der Horizont hat sich verfinstert. Von neuem gibt es die Sorge um den nächsten Tag. Nicht nur um den Ausbau; es fehlt an Mitteln, den Besitzstand zu halten.

Wir haben keine Reserven.

Wir beschweren uns nicht.

Aber den Bericht über ein Vierteljahrhundert Arbeit beenden wir mit der besorgten Frage:

»Werden wir diese Erschütterung, möge es die letzte sein, überstehen?«

Das hängt von Euch ab, treue Verfechter der gemeinsamen Sache: des Waisenkindes. Wir glauben nicht, daß die Existenz der Institution bedroht sein könnte.

Dr. Henryk Goldszmit [Janusz Korczak]

Aus: *XXV lat działalności Towarzystwa »Pomoc dla Sierot«. 1908-1933* (25 Jahre Tätigkeit der Gesellschaft »Hilfe für Waisen«. 1908-1933), Warszawa 1933, S. 9-11.

1. Im Jahr 1926 übertrug Gustaw Hassenbein der Gesellschaft »Hilfe für Waisen« notariell ein Grundstück an der Pawia-Straße in Warschau im Wert von 10 000 Dollar (9 000 Złoty), auf dem eine große Burse für Jugendliche entstehen sollte. In einem Interview mit Maurycy Mayzel (anläßlich des 25jährigen Jubiläums der »Hilfe für Waisen«) erklärte dieser bezüglich des Baus eines Bursegebäudes: »Vorläufig können wir aufgrund der Krise nicht mal davon träumen.« *Nasz Przegląd* 1933, Nr. 338.

[Äußerungen Korczaks auf der Jubiläumshauptversammlung der Gesellschaft »Hilfe für Waisen«]

[...] Gestern abend habe ich versucht, ein Konzept des Vortrags zu entwerfen. Ich legte mir die Frage vor: Warum so spät? Ein schwieriges Thema, ungewöhnliche Bedingungen. Ich wartete darauf, was wohl das Wichtigste sein könnte, was in wenigen Worten eine Synthese einer langen Reihe von Jahren geben könnte. Erinnerungen – ein Wald von Ereignissen und Gedanken ... Und nicht die Bäume sind darin das Wichtigste – manchmal ein kleiner Strauch, manchmal ein Grashalm. Daraus floß Wissen und Verständnis.

Einundzwanzig Jahre – hundert Kinder, fünfundzwanzig Jahre Bestehen des Vereins – hundertfünfzig Kinder. Das zusammen schafft ein Jahrtausend des Zusammenlebens. Würde man für jedes Jahr eines jeden Kindes eine Minute vorsehen, müßte man drei Tage und Nächte ohne Unterbrechung sprechen.

Also – so nicht. Keine Erinnerungen.

Vielleicht sollte man auf die wichtigen Fragen, von denen wir wissen, daß sie die Anwesenden beunruhigen, antworten, die Fragen, auf die wir verpflichtet wären zu antworten: Was tun mit den undisziplinierten Kindern? Was tut ihr mit den schwachen Kindern? Wie regelt ihr ihr gegenseitiges Verhältnis, damit sie sich nicht gegenseitig behindern? Was für Früchte trägt eure Arbeit? Wie ist die Propaganda dieses sogenannten Systems, ob es wohl tatsächlich gute Ergebnisse bringt?

Auch das nicht. Von jedem dieser Probleme muß man zu lange sprechen. Und so habe ich bis zum heutigen Tag gewartet. Und es fielen mir ein paar Momente ein, wohl wichtige Momente.

Also, hier auf dem Hof ist eine Pforte, die zum Nachbarhaus führt. Damals, als das Haus gebaut wurde, in Zeiten der traurigen Teilung Polens, gerade zu der Zeit also, als der Bau geplant und errichtet wurde, hat man ein Pogrom erwartet. Es gab Nachrichten, die sich übrigens später bewahrheiteten, daß sich irgendein Trupp russischer Arbeiter, die am Bau der Brücke an der Weichsel arbeiteten, zusammengerottet hat und in einem bestimmten Moment losschlagen sollte. Die Lichter im Judenviertel verlöschten. Es gab sogar Nachrichten, man habe bei Händlern alte, abgetragene Gebetsmäntel gekauft. Und so sollte die Pforte als Fluchtweg für die Kinder dienen, wenn ihnen Gefahr drohen sollte. Das alte Schloß ist verrostet, der Schlüssel ist verlorengegangen, aber man hat die Pforte selbst nicht abgetragen.

Eine andere Erinnerung, nicht im Zusammenhang mit dem Dom Sierot. Vor einer Woche habe ich in einer der Zeitungen eine Bemerkung gelesen. Irgendwo in einem Dorf an der Grenze brannte eine

Bauernhütte, und ein Offizier einer dort stationierten Abteilung rannte im letzten Moment in die brennende Hütte. Er rettete drei Kinder. Die Decke brach zusammen. Seine verkohlten sterblichen Überreste trugen die Bauern auf ihren Schultern zehn Kilometer weit auf den Friedhof. Damals fragte ich mich: Was, welcher Augenblick gab den Ausschlag dafür, daß ein Mensch, dessen Aufgabe es ist zu töten, das eigene Leben für drei fremde Kinder einsetzt?

Und ein dritter Augenblick fiel mir ein. Vor einigen Jahren erzählte der Kassierer unseres Vereins dieses Ereignis. Irgendein verlegener Kaufmann, der ein Billett für irgendeine Veranstaltung bezahlte, sagte: »Aha, für die Fahrt der Kinder in die Sommerkolonien. Ich werde leider nicht aufs Land fahren können.«

Ich frage wieder: Warum hat dieser sorgenvolle Mensch es nicht abgelehnt; warum gibt auch er wieder für Fremde und Unbekannte etwas, für eine Sache, die er sich selbst nicht leisten kann.

Und schließlich der vierte Moment. Als während eines nicht weit zurückliegenden Gasangriffs einer der Jungen (ein Witzbold) sich die Brille mit Papier beklebte und sich so über diesen Tag und diese Vorfälle lustig machte, die er nicht verstehen konnte, kam mir in den Sinn: Was für eine Tragödie das moderne Leben doch ist, und welche Schande es für diese Generation ist, die ihren Kindern eine Welt ohne Ordnung hinterläßt.

So oft wissen wir nichts, noch seltener können wir etwas tun. Mir scheint, erst dann werden der Stacheldraht und das Giftgas verschwinden, wenn nicht mehr nur eine neue Sorge um das Kind, sondern eine Religion des Kindes entsteht, wenn die mystische Bedeutung der Wiedergeburt der Generationen der Grundstock dieser Empfindungen wird, die so zum Allgemeingut werden. Man muß Kenntnis haben, man muß vertrauen, man muß sogar träumen. Dann werden Waisenhäuser und die ganze Fürsorge um dieses Unrecht der Heimatlosigkeit, mit dem wir nicht fertig werden, unnötig sein, und dann werden auch die Kinder verschwinden, die so etwas wie Rächer für die mißhandelte Generation der Väter sind, diese Kinder, die an unser Gewissen appellieren.

[...] Bitte sehr, meine Herrschaften, in bestimmten Momenten der vorhergehenden Reden habe ich nicht protestiert wegen des amtlichen Charakters dieser Versammlung.

Nein, so ist es nicht. Nicht ein Mensch und nicht zwei und nicht drei Menschen schaffen die Kontinuität der Arbeit, die Möglichkeit der Arbeit, die Bedingungen der Arbeit. Die Menschen guten Willens sind Legion, alle, die nicht vortragen wollen, nicht vortragen können, deren stille Arbeit die Resultate hervorbringen, die fälschlich irgendeinem Menschen oder einem Gremium zugeschrieben werden.

Nein! Es existiert diese Atmosphäre des Wohlwollens, die Atmosphäre des Mitgefühls mit dem Unglück, die die Arbeit ermöglicht und die ein großer Kreis von Menschen geschaffen hat, deren Namen Sie im Bericht sehen und von denen jeder einen Baustein gelegt hat, eine Spur seines Anteils in diesem oder jenem Zeitraum, um das aufzubauen, was entstanden ist.

Ihnen gilt der Dank für diese namenlose gemeinsame Arbeit.

Aus: Berichte von der feierlichen Begehung des 25. Jahrestages der Gesellschaft »Hilfe für Waisen« vom 26. Nov. 1933. Stenogramm, S. 12f. Warszawa. 18. Biblioteka Narodowa.

Die Schicksale ehemaliger Zöglinge des Dom Sierot von 1912 bis 1932

(Seit der Eröffnung des Dom Sierot)

Man kann es nicht in Zahlen fassen und nicht in das Karo von Rubriken sperren. Derjenige, der es erlebt hat, versteht das. Ein hartes Leben, und grausam für die Schwachen. Es lehrt das Lachen eines Kindes schätzen, den fröhlichen Schrei, die heiteren Jahre, die aufrichten – eine Handvoll Erinnerungen, zu denen man mit einem Seufzer der Sehnsucht zurückkehrt.

455 – die große Familie der ehemaligen Zöglinge. 36 von ihnen waren kürzer als ein Jahr da: sie kamen und gingen – vergessen. Weitere 38 – von ihnen wissen wir nichts, vielleicht haben sie uns vergessen, vielleicht schämen sie sich, daß sie es nicht geschafft haben, vielleicht war ihnen das Schicksal hold, also wollen sie sich nicht mehr erinnern.

19 sind gestorben. Das Reglement lautet, daß wir nur gesunde Kinder aufnehmen. Keine offene Tuberkulose, keine ansteckende Krankheit, keine Epilepsie. Wir hatten 2 Epileptiker. Das Reglement lautet: Nur normale Kinder. Aber in den letzten Jahren waren 7 in der Sonderschule für geistig Zurückgebliebene. Wie viele Nervöse, mit Sprachfehlern, Schwerhörige, wie viele Schwächliche. Also auch Geistesgestörte: 4.

Die Verwaisung belastet in unterschiedlichem Grad.

Die weiteren Schicksale?

Die älteste Generation – das sind diejenigen, die dreißig Jahre alt sind und mehr. Die Sorge läßt früh ergrauen. Und die Jüngsten: Einer ist noch in der Schule, einer in der Lehre, ein anderer sucht noch. (Im vergangenen Jahr verzeichnete der »Kreis ehemaliger Zöglinge« mehr als 20 Arbeitslose.[1])

Es emigrierten: 26 nach Amerika, 6 nach Belgien, 5 nach Frankreich, nach England und Palästina je 4. Sogar nach Indien. Insgesamt ein halbes Hundert. Eine reiche Sammlung von Briefen und Photographien. Sogar Dollars – der Versuch einer Abzahlung. Besänftigende, traurige, nervenaufreibende Briefe. Die Schreiber sind in den Hafen eingelaufen oder schlagen sich mit dem Schicksal herum.

Jungen haben geheiratet: 27. Mädchen: 31.

Der Beruf – wie verdienen sie ihr Geld?

Es gibt eine umfangreiche Literatur. Es gibt schon Versuche, daß Berufsschulen gleichzeitig für mehrere verschiedene Berufe ausbilden, denn die Maschine zwingt zu Veränderungen, die Mode gibt und nimmt das Brot. Das Handwerk entscheidet nicht über die Zukunft.

Also, wir bringen eine ungenaue Aufstellung.

Weißnäherinnen: 3. Büroangestellte: 8. Verkäuferinnen (in Läden): 15. Kindergärtnerinnen: 5. Friseusen: 3. Korsettnäherinnen: 5. Hauswirtschafterinnen: 3. Stickerinnen: 5. Hausangestellte (für die Kinder und als Haushaltshilfe): 24. Schneiderinnen: 27. Modistinnen: 3. Lehrerinnen: 2. Krankenpflegerinnen: 8. Dienstmädchen: 5. Strickerinnen: 4. In Schulen: 4. Erzieherinnen in sozialen Einrichtungen: 4.

Büroangestellte: 12. Drucker: 4. Verkäufer: 11. Elektrotechniker: 3. Friseure: 9. Kuriere: 10. Schneider: 11. Lithographen: 4. Gärtner: 5. Bäcker: 4. Kistenmacher: 3. Schlosser: 9. Straßenverkäufer: 8. Schreiner: 4. Schuster: 3. Chauffeure: 4. Zahntechniker: 4. Träger: 5. Stricker: 5. In Schulen: 6.

1. Der »Kreis ehemaliger Zöglinge« entstand Anfang der dreißiger Jahre. Stella Eliasbergowa erinnert, daß auf einem der Treffen ein ehemaliger Zögling immer wieder hartnäckig wiederholte: »Wozu hat man uns gemessen, gewogen usw., wenn man uns nachher ohne Hilfe läßt, zum Kampf ums Dasein verurteilt?« In einer Antwort darauf sagte Korczak u.a.: »Ein glücklicher Mensch verhält sich anderen gegenüber wohlwollend, er lächelt den Leuten zu und hilft gerne. Wem es aber schlecht geht, der sucht die Ursache dafür nicht bei sich und auch nicht in den allgemeinen Verhältnissen – er sucht die Schuld in seiner nächsten Umgebung. Wenn er Eltern hat, dann grollt er diesen; wenn er die Schule beendet hat – den Lehrern, ist er elternlos – seinen Erziehern. Er versteht nicht, daß in einer Zeit der Arbeitslosigkeit sogar die qualifizierten Arbeiter keine Arbeit finden und sich auf andere Beschäftigungen verlegen müssen, mit der Not kämpfen, leiden ... Ja, und was soll dann ein 16-18jähriger Bursche sagen, dessen Arbeit im Augenblick nicht gebraucht wird?« (*Janusz Korczak in der Erinnerung von Zeitzeugen*, a.a.O., S. 438f.)

Die übrigen haben verschiedene Berufe: ein Hutmacher, ein Droschkenkutscher, ein Photograph, ein Maler, ein Musiker, ein Optiker, ein Sattler, ein Metzger, ein Tapezierer, ein Bautechniker. Kammacherei, Galanterie, Maniküre, Tanzlehrer. Entscheidend sind die Familie, der Arbeitsmarkt, der Zufall.

Ein Augenblick des Zögerns: schließlich auf 455 – kommen 2 Bettler, 2 Prostituierte, 3 wegen Diebstahls Verurteilte. Wer es erlebt hat, versteht es.

Die scheinbar heiterste Rubrik. Vier Eheschließungen[1], sie haben sich als Kinder ineinander verliebt und als Erwachsene geheiratet. Hier in Kürze die Geschichte eines dieser vier Ehepaare:

Die Familie nahm sie weit mit sich fort, er blieb. Er arbeitete. Erst Laufbursche, dann Kassierer. Ein Jahr ums andere vergeht ... Er hat nicht gestohlen, er nahm so viel, wie er unbedingt für die Reise brauchte. Er gab seine Auslandsadresse an: Er wird es zurückzahlen. Steckbrief und Gefängnis. Man will sie nicht an einen Kriminellen verheiraten. Wieder Jahr und Jahre. Als Bergmann in einer Kohlengrube rehabilitiert er sich. Er zahlt das Geld zurück. Schließlich wird ihm verziehen.

Das harte Leben der Benachteiligten.

Als Beispiel und zur Orientierung fügen wir noch Angaben aus dem letzten Jahr bei.

Im Jahr 1932 arbeiteten in den Kolonien der TOZ[2], in der Gemeinde und im Magistrat zwanzig Personen, ehemalige Zöglinge und Bursisten, als Erziehungs- und Verwaltungspersonal (Ciechocinek, Leszno, Przetycz, Młodzieszyn, Zielonka, Falenica, »Różyczka«).

Gegenwärtig arbeiten in Internaten in Polen und Palästina 27 ehemalige Zöglinge und Bursisten (Krochmalna-Straße 92, »Różyczka«, Twarda-Straße 7, Ogrodowa-Straße 27, Świętojerska-Straße 22, Spital an der Śliska-Straße, Brześć, Grodno, Kraków, Palästina).

Aus: *XXV lat działalności Tomarzystwa »Pomoc dla Sierot«. 1908-1933* (25 Jahre Tätigkeit der Gesellschaft »Hilfe für Waisen«. 1908-1933), Warszawa 1933, S. 49f.

1. Von jeweils zwei Zöglingen aus dem Dom Sierot.
2. Towarzystwo Ochrony Zdrowia ludności żydowskiej w Polsce – Gesellschaft für Gesundheitsschutz der jüdischen Bevölkerung in Polen (Abteilung in Warschau seit 12.3.1915). Sie betreute u.a. Kinder aus Religions- und Volksschulen, organisierte Kolonien für Erholung und Gesundheit, Halbkolonien, errichtete Spielplätze.

Ein schöner Film

Samstagmorgen. Auf dem Spielfeld des Dom Sierot hundert Kinder – kleine, mittlere und Jugendliche: Mädchen und Jungen – so viele verschiedene, aber sie spielen – zusammen in vielen Gruppen, *gutmütig* geben sie nach, helfen einander freundlich, tauschen ein *freundschaftliches* Wort aus, erweisen sich gegenseitig einen Dienst, ermahnen sich, *lachen zusammen.* (Im Klassenzimmer vermittelt das Kameradschaftsgericht in Sachen kleiner Streitigkeiten aus der vergangenen Woche.)

Die freudige Vision eines hoffentlich nicht allzu fernen Lebens. *Ein Augenblick wohlgemuten Glaubens an die Zukunft ...*

*

Leider. (Experimentell festgestellt.)

Wenn man aus einer fröhlichen Gruppe eines herausruft – und die Frage hinwirft:

»Was hört man bei euch zu Hause? Was macht die Gesundheit? Die Schwester, das Brüderchen? Wie ist es mit der Arbeit – dem Verdienst – der Wohnung?«

Das Kind verstummt, läßt den Kopf hängen, macht ein ernstes Gesicht, verzieht schmerzlich den Mund, die Brauen ziehen sich finster zusammen und in den Augen Tränen.

Man darf weder sie noch sich selbst fragen.

Denn die Traurigkeit überfällt einen mit ihrem ganzen Schwergewicht. Unmittelbar nebeneinander festliche Freude – und trübsinniger, alltäglicher – Schmerz.

Drei Sorgen:

1. Wie soll man diesen Kindern eine Arbeit, einen Verdienst sichern – für zwei Jahre, ein Jahr – den Älteren für einige Monate?
2. Wie und womit soll man ihren Familien, ihren Geschwistern helfen?
3. Wie soll man die Einrichtung vor dem Ruin retten, die mühsam errichtet worden ist, die am Ende ist, nur scheinbar erhalten bleibt?

Der Bericht begründet unsere Sorge und unsere Ängste.

Janusz Korczak

Aus: *Sprawozdanie Towarzystwa »Pomoc dla Sierot«* (Bericht der Gesellschaft »Hilfe für Waisen«) für 1.4.1933 bis 31.3.1934. Warszawa 1934, S. 3.

Ein sonderbarer Anruf

Geschichte in zwei Akten.

Erster Akt. Ein elegant möbliertes Kabinett: Ein Schreibtisch, Bücherschränke, Sessel, Bilder an den Wänden, viele Nippsachen, ein Geldschrank.

Personen: Er und ein Kassierer.

Erste Szene und folgende.

»Ich zahle nicht. Ich habe schon gesagt, daß ich nicht zahle. Streichen Sie mich bitte aus, bitte laufen Sie mir nicht das Haus ein. Ihr habt keine Mittel, also – dann macht zu. Ich bezahle Steuern. Ja. Steuern, Spenden, Beiträge, die Lotterie, Bälle. Das ist eine Räuberei.«

Pause.

»Sollen doch die Mieter ihre Miete bezahlen. Sollen die Schuldner ihre Wechsel einlösen. Sollen sie Prozente zahlen. Daß sich doch einmal dieses gesamte ...«

Es klopft. Gespräch in der Tür mit der Ehefrau:

»Nein, geh allein. Ich hab' keine Lust. Sie werden nicht beleidigt sein. Sag, ich sei beschäftigt, ein wichtiger Kunde. Nun, kommst du nicht drauf, wer? Ein Kassierer. Ist doch egal: für die Alten, die Witwen, die Weisen, die Wöchnerinnen, die Studenten, die Deutschen, die Kaufleute, die Handwerker – was ist da für ein Unterschied? Amüsier dich schön. Vielleicht komm' ich vorbei. Ich rufe an ...«

Ein wichtiger Kunde!

Allerdings.

Vor einer Stunde. War einer da. Und genau so – nach kurzem Überlegen ... »Nein!«

»Ich will nicht. Ich weiß, daß jetzt alle, ich weiß, man kann nicht anders. Und ich habe nicht einmal Angst. Und ich bin auch nicht empört – ich bin zu alt. Ja: Für die Empörung und für solche Geschäfte bin ich schon zu alt. Allerdings: Ich vertraue Ihnen, ich weiß, daß es da kein Risiko gibt. Einverstanden: Vielleicht werde ich es bedauern. Aber nein! Ich werde auch nicht überlegen. Eben, ohne Überlegung – lehne ich das verlockende Angebot ab.«

Auf dem Schreibtisch liegt ein Blatt Papier; darauf Zeichnungen, während er zugehört hat, und die Zahlen, während er gerechnet hat.

Er lächelt. Jetzt erwägt er es bereits objektiv und gesteht, daß das Projekt einwandfrei ausgearbeitet ist. Alles ist darin vorbedacht. Alles und alle. Es fehlte ihnen nur dieser eine.

»Und sie haben sich an mich gewandt. Na ja: Ich würde mich eignen. Sie wissen, daß man mir etwas anvertrauen kann und daß ich vertrauenswürdig bin. Eine richtige Wahl. Alles haben sie vorausgesehen.«

Telefon.

»Ja. Er war da – auch. Ich habe abgesagt. Ja, unwiderruflich. Wenn Sie meinen, daß unser Gespräch ... Gerne, ich bin zu Diensten ... Aber zählen Sie bitte nicht auf mich.«

Er lächelt auch den Kassierer an:

»Na, auf was warten Sie? Ich habe es bereits gesagt. Ich zahle nicht. Verstehen Sie?«

Der aufdringliche Mensch hört nicht zu und hört tatsächlich nichts. Er schaut eine Zeitung an. Diebstähle, Morde, Selbstmorde, Schacher. Das muß doch irgendwann aufhören.

Der Kassierer steht da. Er hat das Lächeln wahrgenommen, also verliert er die Hoffnung nicht – vielleicht gelingt es doch, ihn zu überzeugen, dieses flüchtige Lächeln eines zuverlässigen Mitglieds zu diskontieren; er hat so unerwartet, plötzlich, ohne deutlichen Anlaß ...

»Ich zahle nicht. Streichen Sie mich bitte.«

Er hat geläutet.

»Mantel und Hut!«

Zweiter Akt. Die Kanzlei des Dom Sierot. Krochmalna 92. Telefon 624-01.

»Man hätte sagen müssen ...«

»Denken Sie, ich habe das nicht gesagt? Zehnmal im Kreis immer dasselbe. Und nichts. Er hat mir überhaupt nicht geantwortet. Es ist besser, wenn ein Zahler schreit. Am schlimmsten ist es, wenn er ruhig ist und sagt: Nein! Er hat Mantel und Hut genommen und ist gegangen.«

»Hat er nicht gesagt, daß er ein andermal?«

»Nein.«

Das ist traurig. Wenn man ein Mitglied verliert, na, da kann man nichts machen, man muß sich bemühen, ein anderes zu gewinnen. Aber wenn man einen Freund verliert, dann fehlt nicht sein Beitrag, sondern auch der Glaube, daß man kann, daß man muß, daß es überhaupt einen Sinn dieser Arbeit gibt.

»Sie müssen in einer Woche noch einmal hingehen.«

»Und Sie denken, meine Liebe, das tue ich nicht? In einer Woche und in zwei Wochen. Sie kennen mich nicht?«

Telefon ...

Ein sonderbarer, unverständlicher Anruf:

»Herr Szymon[1], für Sie. Sie sollen mit der Quittung kommen. Und Sie sollen ein paar Beitrittserklärungen mitbringen. Man sollte es nicht glauben. Erstaunlich. Gestern wollte er nicht, und heute will er.«

1. Szymon Halpern, langjähriger Kassierer der Gesellschaft »Hilfe für Waisen«.

»Sie sagen: Man sollte es nicht glauben. Wenn Sie dreißig Jahre Kassierer gewesen wären wie ich, dann würden Sie sich nicht wundern und würden es glauben. Ich habe es sogar erwartet ...«

»Na, na.«

»Sie sagen: ›Na, na.‹ Aber als er rausging und ich hinter ihm, und wie er so ging (er setzte sich nicht in ein Taxi, sondern ging zu Fuß), und ich hinter ihm, da, wissen Sie, an der Ecke, wo die Apotheke ist, stand ein zerlumpter, kleiner Bub – und er blieb stehen und hat ihm etwas gegeben und hat mit ihm gesprochen. Und er nickte mit dem Kopf und hat irgendwas überlegt. Und dann erst nahm er ein Taxi und ich die Trambahn, weil mir die Beine ... Sie wissen schon ...«

»Was also?«

»Nichts. Es gibt Menschen, die können, aber nicht wollen. Aber wenn einer versteht, wenn er es einmal versteht – da kann er nachher nicht mehr anders. Nur, daß die Reichen ihre unterschiedlichen Launen haben. Fräulein Nacia[1], geben Sie mir bitte fünf Beitrittserklärungen.«

Liebe, treue Freunde – Jubilare. Was soll ich sagen? Ihr wißt doch, worum es geht.

Wenn wir uns in fünfundzwanzig Jahren wieder hier oder woanders versammeln, wird das unsere Goldene Hochzeit sein, und die Silberne für diejenigen, die ihr uns noch gewinnt.

Liebe Leser! Wer gezahlt hat und aufgehört hat, oder wer noch nicht gezahlt hat – die Telefonnummer ist angegeben – wir warten.

Janusz Korczak

Aus: *Sprawozdanie Towarzystwa »Pomoc dla Sierot«* (Bericht der Gesellschaft »Hilfe für Waisen«) für 1.4.1934 bis 31.3.1935. Warszawa 1935, S. 2-3, 6-7.

1. Natalia (Nacia) Pozówna, sie gehörte zu den ersten Zöglingen im Dom Sierot (vgl. J. Korczak: *Brief an die Familie von Nacia*. In: *Sämtliche Werke*, Bd. 13, S. 352f). Nacia leitete die Kanzlei der Gesellschaft »Hilfe für Waisen« und die des Dom Sierot. Korczak schätzte ihren Beitrag bei der Arbeit im Dom Sierot hoch ein (vgl. den Brief an den Redakteur der *Jüdischen Zeitung*, im vorliegenden Bd., S. 234). N. Pozówna kam 1942 zusammen mit den Kindern und dem übrigen Personal ums Leben.

Über die Rettung von Kindern

Sowohl im Leben des einzelnen wie auch der Nationen gibt es leichtere und die allerschwersten Zeitabschnitte: Letztere erfordern nicht allgemeine Maßnahmen und durchschnittliche Bemühungen, sondern eine Entscheidung, eine Wahl, eine fehlerfreie und entschiedene Antwort, wohin und wie – und nicht morgen, sondern heute, jetzt, gleich, sofort. Ohne faule Vertagung, ohne Nachlässigkeit.

In Flammen zeigte sich der Herr dem Propheten, in einer dichten Wolke, auf dem Gipfel eines Berges diktierte er: Ich bin dein Gott, ehre Vater und Mutter, du sollst nicht töten, und nicht stehlen, noch falsches Zeugnis reden.

Wiederholt sich die Geschichte? Es genügt nicht, darüber zu lesen, man muß in sich Ägypten, Rom, Spanien erleben,[1] die Wanderung durch Wälder (es gab keine Wege), durch Flüsse (es gab keine Brücken), vorbei an Burgen, Klöstern und Städten, die durch Mauern und Wälle vor den Räubern, Marodeuren und dem Aufstand verzweifelten Elends geschützt waren. Eine Irrfahrt, getrieben von Sturm und Schnee, gejagt von Hunger und Seuche.

Der Film ist noch kein Geschichtslehrer.

Wer unter seinen Lidern nicht die Bilder des vergangenen Krieges[2] hat, der hört nicht die Stimmen, die aus dem fernen China[3] die ihm unverständlichen Namen der Chmelnizkis[4] rufen; er irrt naiv zwischen den ausgeraubten Marktständen und dem zerbrochenen Glas umher. Er wird das Wesen der Ghettobänke[5] nicht verstehen. Man muß zurückgreifen.

Wer nicht ein alter Erzieher ist, der weiß nicht, daß sich erst nach zehn oder zwanzig Jahren das finstere Echo des gestrigen Tages zu Wort meldet.

Wo weilen heute diejenigen, die Granaten in die Schützengräben geworfen haben, die zur Attacke stürmten, um das Eisen in die lebendige

1. Anspielung auf die historischen Wanderungen der Juden und auf die in der Diaspora entstandenen jüdischen Gemeinden.
2. Vgl. Korczaks Bericht *Aus dem Krieg* (1918), in: *Sämtliche Werke*, Bd. 15.
3. China erlebte in den zwanziger und dreißiger Jahren viele revolutionäre Unruhen und mußte sich nach außen gegen die aggressiven Interessen der Japaner wehren.
4. Der Kosakenaufstand ab 1648 unter der Führung des Hetmans Sinowi Bogdan Michailowitsch Chmelnizki (1595-1657) wurde von Henryk Sienkiewicz im Roman *Mit Feuer und Schwert* popularisiert.
5. Extrem konservative und antisemitische Gruppen forderten Aufnahmebeschränkungen für jüdische Studenten sowie getrennte Bänke in den Hörsälen (Ghettobänke).

Brust zu stoßen und mit dem Kolben des Karabiners den Schädel einzuschlagen? Wo sind die Kinder, die nach einem Löffel Suppe aus dem Feldkessel wimmerten, weil die Mama gestorben und der Vater irgendwo dort beim Heer oder in Gefangenschaft war?

Ein Psychologe würde in den Erinnerungsschichten eines heute erwachsenen Aggressors oder Kriminellen vieles aufdecken; doch er untersucht nicht die Hysterie und die Degeneration politischer Bewegungen und Antagonismen[1] – den Widerwillen gegen alles und vielleicht den Ekel vor sich selbst.

In großen Depots warten geduldig Gelbkreuzgeschosse[2], in den Laboratorien erarbeiten Gelehrte den Plan eines bakteriologischen Krieges.

Es ist ein Wunder, daß sich so viel Gutes bewahrt hat, Sanftmut, Mitgefühl, gegenseitiges Vertrauen (das gibt es, das gibt es, das gibt es!). Und sogar Heiterkeit, sogar ein Lächeln.

Wie viele Werke der Hilfe, der Betreuung, der Dienstbarkeit, der Aufopferung werden in keiner Statistik registriert.

Sie hat selbst drei eigene Kinder und nimmt zwei Waisen auf, denn was soll man mit ihnen machen?

Sie haben ein an Masern erkranktes Kind zu sich genommen, weil sie ein wärmeres Zimmer haben: Aber die eigenen könnten sich anstekken? Ja, sie könnten: Jedes Kind wird früher oder später krank: lieber jetzt, wo die Wände nicht naß sind; wer weiß, was in einem Jahr, einem Monat, sein wird?

Ein kleines Wurstgeschäft am Ende der Stadt gibt jeden Freitag den Bettlern zwei Złoty in Groszy, eine Greisin bewirten sie mit Tee: Das Telefon ist abgestellt, weil es nicht bezahlt ist.

Die Zeitungen schreiben von Findelkindern: Wie viele Mütter aber flicken und stopfen bis tief in die Nacht dieses armselige Hemdchen, weil morgen der Gesundheitspfleger die Schule besucht, also soll sich das Kind doch nicht schämen müssen.

Diese Momente der Güte gehen in die Millionen und Abermillionen.

Ich sollte über den Verein »Hilfe für Waisen« schreiben: Daß er verdienstvoll ist und bedroht, daß die Zuwendungen sich verringert haben, die Beihilfe nicht aufrechterhalten wurde, daß wir die Bilanz mit einem bedeutenden Defizit abgeschlossen haben.

Also die Adresse: Krochmalna 92, Telefon Nr. 624-01, das Scheckkonto soundso (15-66 PKO).

Ich sollte noch einmal wiederholen, daß, wenn sich die Zuwendungen nicht erhöhen, die Arbeit des Vereins zwangsläufig reduziert werden muß.

1. Als Korczak dies schrieb (1937), wurde das Zusammenleben der verschiedenen ethnischen Gruppen in Polen immer schwieriger. Er selbst erwog eine Auswanderung nach Palästina.
2. Kampfgas, von den Deutschen im 1. Weltkrieg eingesetzt.

»Gewinnt uns Mitglieder und neue Freunde.«

So wird in Aufrufen geschrieben und in Versammlungen der Einkommenskommission, der Betreuungskommission und des Kreises der Jugendlichen gesagt. Wir müssen uns um unseren eigenen Arbeitsbereich kümmern. Das ist verständlich.

Aber es geht nicht allein darum, das die eine Stimme angehört wurde und eine andere überhört, daß diese Veranstaltung oder diese eine Institution ein geneigtes Echo fanden.

Es geht um ein viel bedeutsameres Problem: Brechen wir mit der Vergangenheit, die eine Quelle wichtiger und klarer Entdeckungen, Empfindungen und Inspirationen sein kann?

Warten wir passiv, in Bequemlichkeit und sterilen Zerstreuungen auf das, was von außen kommt und stärker und schmerzlicher zum Schlag ausholen wird?

Machen wir den wichtigen Versuch einer eigenen inneren Umgestaltung und vor allem der unserer Kinder? Was vermitteln, wie panzern, welchen Weg zeigen?

Die einfachste Schlußfolgerung: Heute das nehmen, was erreichbar ist, weil man nicht weiß, was das Morgen bringt; Nachsicht üben und verwöhnen, weil die Jugend schwierige Anforderungen erwartet.

Es gibt eine andere Wahl: Die düstere Realität nicht verbergen, sich abhärten, nicht nur im Gedanken an sich und für sich, sondern auch für die anderen. Ein Beispiel geben durch die eigene aufopfernde Hilfe für allgemeine Zwecke.

Es gibt ein schönes polnisches Wort: wychowywać (erziehen), chować (bewahren). Nicht das deutsche Wort: *erziehen* – ziehen, schleppen, herausziehen. Chować, das ist schützen, beschirmen, vor Hunger, Mißhandlung und Leiden in Sicherheit bringen. Der Gefahr von Überfällen und Teilungen ausgesetzt, hat Polen die Kinder bewahrt, um sie von Generation zu Generation neuen Zeiten, einem neuen Lebensinhalt zu übereignen. Dieser Prozeß dauert fort.

Wenn ich jeden Morgen die Väter und Mütter sehe, wie sie ihre Kinder in die Schule bringen, oft tragen sie die viel zu schweren Taschen mit den Büchern, dann denke ich: Sie bewahren sie – sie erziehen (chowają-wychowują).

Die Kinder werden die Mühsal des Lebens nicht ertragen, wenn sie nicht sehen werden, daß neben ihnen starke, unermüdliche, treue Eltern einhergehen.

Du lerne und arbeite für die Schule, ich gebe ein Beispiel, wie man darum kämpfen kann, heiter und vertrauensvoll den Ertrag der Mühsal in der hohen Schule des Lebens zu sammeln.

Eine Waise ist ein Kind, dessen Eltern gestorben sind, eine Waise ist aber auch das Kind, dem noch kein geistiger Vater und Betreuer geboren wurde.

Vielleicht nur scheinbar ist das banale Ende kränkend: Der bescheidene Kassierer, der sich mit einer Quittung, einem Antrag, einer Eintrittskarte meldet – das ist derjenige, der prüft: Wieviel wißt ihr, könnt ihr, wieviel Anstrengung wollt ihr leisten?

Das ist nicht nur ein Beitrag zugunsten einer fremden Sache oder eines fremden Unglücks – so war es vielleicht früher; jetzt ist das die Rettung auch für das eigene Kind. Es soll zusehen, um zu verstehen, daß die Teilung in »ich gebe und ich nehme« künstlich ist.

Als Motto für eine symbolische Eintrittskarte zu – einem »Ball ohne Ball«* – bringen wir den folgenden Abschnitt aus dem *Midrasch Kohelet*[1]:

»Drei Namen besitzt der Mensch; einen hat er von den Eltern, den zweiten von der Welt, den dritten geben ihm seine Werke.« Ein guter Name – das ist ein Kapital, das weder eine Abwertung erfährt noch Grenzen kennt.

Janusz Korczak

Aus: *Nasz Przegląd* (Unsere Rundschau), Nr. 362 (22.12.1937), S. 10.

Tatsachenbilanz

Wie jedes Jahr verließen die älteren Zöglinge nach Schulabschluß das Dom Sierot und neue wurden aufgenommen. Wie in jedem Jahr gibt es unter ihnen hilfsbereite, solche, die nicht stören, aber auch solche, die sich selbst und anderen lästig sind. Um ins Gleichgewicht zu gelangen, beanspruchen sie viel Zeit, Fürsorge und Verständnis. Sie sind gesund, schwach, kränklich, fröhlich, düster, arbeitsam und träge, mit dem Lebensrhythmus und dem Zusammenleben schon vertraut oder widersetzlich. Sorge, Mühe, aber auch Freude füllen den Tag eines Erziehers restlos aus.

* Die Einkommenskommission der Gesellschaft »Hilfe für Waisen« (Janusz Korczak, Krochmalna-Straße 92, Tel. 32101, Kontonummer 1504 bei der Polnischen Sparkasse) hat beschlossen, beim anstehenden Karneval keine Tanzveranstaltung zu organisieren. Statt dessen wird um Spenden und Beitrittserklärungen gebeten.

1. Die Auslegung des Predigers Salomo (Kohelet); ein Buch der hebräischen Bibel, des sog. Alten Testaments.

Eine ausgeglichene Bilanz.

Wie in jedem Jahr bemühen sich der Vorstand und die Kommissionen, Ausgaben und Einnahmen aufeinander abzustimmen, die Zahl der wohlwollend gesinnten Mäzene zu vergrößern, mit einer gelungenen Veranstaltung die Defizite zu decken – für die Zusammenarbeit neue, junge Kräfte zu gewinnen (ein wichtiger Punkt der Besprechungen), Arbeitsplätze für die entlassenen Zöglinge zu beschaffen und Hilfe für Notfälle zu leisten. – Und dieses Jahr ohne Defizit.

Aber wenn wir von dem, was war, absehen, allgemeine Probleme ansprechen und zukunftsbezogene Fragen stellen wollen, wenn man nicht mit Phrasen und Ausreden kommen möchte, sondern gründlich den Tatsachen zu Leibe rückt und Lösungen sieht, tauchen Befürchtungen auf. Mancher Bereich der erzieherischen Arbeit reagiert empfindlich auf Verschlossenheit und Unaufrichtigkeit, und es fällt schwer, solche Bereiche im richtigen Augenblick in sichere Hände zu legen. Schnell wird zerstört, aber nur langsam wieder aufgebaut.

Man sagt: Wir haben eine Krise der Moral. Andere nennen dies Inflation und Entwertung des Menschen. Vielleicht ist es das nicht, sondern nur eine vorübergehende, drohende Brise. Nur eine drohende, denn Grundstein der Waisenfürsorge und der Erziehung ist der Glaube an den Wert und die Würde des Menschen und der Menschheit.

Janusz Korczak

Aus: *Sprawozdanie Towarzystwa »Pomoc dla Sierot«* (Bericht der Gesellschaft »Hilfe für Waisen«) für 1.4.1936 bis 31.3.1937. Warszawa 1937, S. 4.

Reflexionen

»Ist es gut, ein Kind zu sein?«

»Vielleicht, aber nicht unbedingt. Ich weiß nicht. Ich habe es vergessen. – Ich weiß aber, daß es schlimmer ist, ein armes, verwaistes Judenkind zu sein.«

So ist es. Jeder kann das ohne Vorbehalt bestätigen.

Aber gibt es noch Schlimmeres? Warum nicht? Vielleicht.

Es ist schlimm, alt zu sein, aber noch schlimmer, ein alter Jude zu sein.

Gibt es noch Schlimmeres?

Oi – oi. Und wenn der alte Jude kein Geld hat?

»Und wenn er kein Geld hat und außerdem noch unbeholfen ist?«

Ist das schon das Schlimmste?

Nein. Erst wenn der alte, unbeholfene Jude noch dazu einen Haufen Kinder auf dem Buckel hat, das Herz ihm weh tut und nicht nur das Herz, auch die Beine und der Rücken, und er merkt, wie kraftlos er schon ist.

Und wenn es kein Jude ist, nur eine Jüdin? Dazu fast hundert Jahre alt, dann ist es noch viel schlimmer.

Gibt es noch Schlimmeres?

»Warum nicht? – Denn wenn dieser Jude oder jene Jüdin einen Haufen eigene Sorgen haben, und wenn dieser Jude oder jene Jüdin Mitglied der Gesellschaft *Hilfe für Waisen* sind und sehen, daß die Zahl der Mitglieder, die Spenden und die Opfergelder immer geringer werden – was dann?«

Sie kann nicht einmal böse sein, kann nicht schreien. Und dabei weiß jeder, daß es einem sehr hilft, wenn man sich austoben und wütend werden kann.

Was soll man machen, wenn die Leute kein Geld haben? Ist das das Schlimmste? Nein – es gibt noch Schlimmeres. – Was? –Wenn ein junger, gesunder, in voller Kraft stehender Jude oder eine Jüdin Geld haben und spenden könnten, – aber nicht wollen – das ist schlimmer als das Schlimmste, das ist wirklich ein großes Unglück. Was sollte man tun? – Ich frage, wie soll man dieses Allerschlimmste verkraften?

Gibt es denn keine Hoffnung, keine Möglichkeit, keine Arznei, keine Hilfe?

Doch – aber welche?

Dieser Jude und jene Jüdin glauben an Wunder und glauben an Gott. – Also sind sie ein wenig verrückt – und begegnen noch braven Juden, sie treffen noch gute jüdische Herzen an, und es gelingt ihnen – nicht gerade im Übermaß, aber immerhin – wenn sie anklopfen, kleine Spenden, längerfristige finanzielle Verpflichtungen oder Sachspenden aufzutreiben. Es gibt sogar Hilfsbereite (ich habe dafür Zeugen), die die Telefonnummer 624-01 anrufen und zu kassieren bitten. Auch solche Leute und solche exzentrischen Ereignisse gibt es.

Na und? – Wenn es so ist, was soll man da tun? Ein bißchen philosophieren und ein bißchen scherzen.

»Nur ein bißchen stöhnen?«

»Es gibt noch genug Mutterwitz auf dieser Welt. Sollen sie stöhnen, weinen – und zahlen.«

Jetzt weiß schon jeder, wozu diese ganze Aufmachung ist.

Der Winter kommt, die Kasse – leer – das wünsche ich nicht einmal meinem ärgsten Feind.

»Warum sollte nicht eben jetzt ein Wunder geschehen? Warum sollte das Schlimmste, wobei es doch nichts Schlimmeres gibt, geschehen –

daß manche – (wie ich schon sagte) nichts spenden, obgleich sie etwas haben und geben könnten und auch sollten?«

Und deshalb gibt es heute keinen Verrückten mehr, der Umschau hält, herumhorcht, liest und trotzdem unerschütterlich glaubt und hofft?

Das wär' ja noch schöner. Unser Verein besteht schon 30 Jahre. Wir bemühen uns um unsere Mitglieder – nehmen Spenden an, quittieren Opfergelder, verschenken Amulette, Talismane, Maskottchen, die langes Leben, Gesundheit, Glück und Erfolg bringen. – Ich lüge nicht.

»Bitte vertraue mir. – Du sagst, es gibt keine Wunder? – Es gibt sie. Heutzutage ist es gut, ein wenig verrückt zu sein.«

Janusz Korczak

Aus: *Sprawozdanie Towarzystwa »Pomoc dla Sierot«* (Bericht der Gesellschaft »Hilfe für Waisen«) für 1.4.1937 bis 31.3.1938. Warszawa 1938. Wiederabdruck in *Nasz Przegląd* (Unsere Rundschau), Nr. 1 (1.1.1939), S. 9.

Notiz auf einem Zettel ohne Datum

Nacht. Halbdunkles Licht der blauen Lampe. Sie schlafen. Stille. Nacht. – Der Atem von fünfzig Kindern.

Er hat Zahnschmerzen. Lange hat er mit dem Schluchzen gekämpft. Es tut sehr weh. Er ist acht Jahre alt. Dann weint er laut.

Er könnte andere wecken ... »Leise, – gleich ...«

»... es ist schon besser; aber bitte, gehen Sie nicht fort.«

Er hält meine Hand. Er redet schnell. Flüstert.

»... dann die Mama. Dann war ich bei der Oma, aber sie ist auch gestorben. Dann war ich bei der Tante. Sie jagte mich aus dem Haus. Es war kalt. Der Onkel hat mich aufgenommen. Er ist arm. Ich war sehr hungrig. Er hat Kinder. Alle Kinder wurden krank. Ich auch. Der Hauswirt befahl, in der Kammer zu schlafen, aus Furcht vor Anstekkung. – Die Zähne tun immer in der Nacht weh. – Dann hat mich eine Dame aufgenommen, aber nur für kurze Zeit. – Sie ging mit mir auf einen Platz und hat mich dort stehenlassen. Es war dunkel. Ich war noch klein. Ein Junge stieß mich herum. Dann hat mich der Polizist wohingebracht. Dort waren Polen. Ich war dort. – Dann haben sie mich zurückgeschickt. Die Tante hat geschrien. – Hier fühle ich mich wohl. Die Tante hat mir nicht erlaubt, Ihnen zu erzählen, wo ich war. Ich bleibe hier, nicht wahr? – Sie sind mir doch nicht mehr böse, daß ich den Ball auf den Rasen geworfen habe?«

»Die Jungens haben dir nicht gesagt, daß es verboten ist?«

Er antwortet nicht. Er ist eingeschlafen.

Komisch. – Vielleicht war es das Licht? Oder schien es mir nur so? – Es war ein kurzer Moment, aber ich habe ihn gesehen. Ja.

Ein heller Rand – ein Glorienschein – eine Aureole – um sein gequältes Köpfchen. – Es ist mir erst das zweite Mal passiert.

Janusz Korczak

Nur ungern veröffentliche ich diese Notiz. – In keiner Weise wird sie derjenige verstehen, der das in der nächtlichen Stille in einem großen Schlafraum eines Waisenhauses nicht selbst, der es nicht selbst miterlebt hat ...

Aus: *Sprawozdanie Towarzystwa »Pomoc dla Sierot«* (Bericht der Gesellschaft »Hilfe für Waisen«) für 1.4.1937-31.3.1938. Warszawa 1938, S. 4.

Sehr geehrter Herr Redakteur!

Ich bedanke mich für die wohlwollende Beurteilung der Arbeit des Dom Sierot.[1] Aber:

»Platon ist gut, die Wahrheit ist besser.«

Das Dom Sierot war nicht, ist nicht und wird nicht das Waisenhaus Korczaks sein. Zu gering, zu schwach, zu arm und zu dumm ist er, um beinahe zweihundert Kinder auszuwählen, zu kleiden, zu versammeln – zu ernähren, zu wärmen – zu betreuen und ins Leben hinauszuführen ... Diese riesige Arbeit vollbrachte die gemeinsame Anstrengung von vielen hundert Leuten guten Willens mit einem aufgeklärten Verständnis für die Sache des Kindes ... des Waisenkindes. Unter ihnen sind viele glänzende Namen und viele Namenlose ... – ihre Arbeit, ihre Hilfe, ihr Rat und ihre Erfahrung haben materiell und geistig die Werte dieser Arbeitsstätte und dieses ertragreichen Unternehmens aufgebaut.

1. Guta Ejzencwajg hatte 1941 in Nr. 127 der *Gazeta Żydowska* (Jüdische Zeitung), der einzigen öffentlichen jüdischen Schrift in polnischer Sprache im okkupierten Generalgouvernement, einen ausführlichen Bericht über das Dom Sierot unter dem Titel *Janusz Korczaks Anstalt für Waisen – das Werk eines großen Kinderfreundes* veröffentlicht.

Wilczyńska, Pozówna, Korczak (wenn Namen genannt werden müssen) – das sind Beamte und Verwalter eines bedeutenden Vermögens.

Hinsichtlich der Bedürfnisse des persönlichen Lebens gesichert – bemühen sie sich korrekt und zweckentsprechend – mit ihrem Wissen und ihren Kräften und Fähigkeiten, die Bedingungen der Absprachen mit dem Vorstand des Vereins »Hilfe für Waisen«, und über den Vorstand die mit der Gesellschaft, zu erfüllen. Zum Soll und Haben der Institution tragen die Werte und Mängel des ganzen jüdischen Viertels und aller seiner Mitglieder bei. Es ist das Verdienst der Kinder, ihrer Familien, der ehemaligen und derzeitigen Erzieher und derer, die dem Herzen und dem Gedächtnis am nächsten und am fernsten sind, daß das Dom Sierot Wohlwollen und Vertrauen genoß, einen guten Namen hat und so die Möglichkeit einer weiteren Existenz.

Ich würde mir die Zeit, die Bemerkung und das Papier für die Richtigstellung einer wenig wichtigen Ungenauigkeit sparen, wenn das Mißverständnis nicht von allgemeiner Bedeutung wäre: Die irrtümliche Gleichsetzung von Umfang, Technik, Leistungsfähigkeit und Erfolg einer Arbeit mit der Person eines Beamten, dem die Ausführung übertragen wurde.

J. Korczak

P.S. Auf einem Friedhof in Paris gibt es ein schönes Grabmal mit der Aufschrift: »Ich bin gestorben. Allen Dahingegangenen zum Angedenken.« – Durch die Bemühung unseres Patronats findet bald ein Gottesdienst für die Seelen der verstorbenen Freunde und Erzieher des Dom Sierot statt.

* * *

Wir laden ein zu schönen, heiteren Märchen (Puppenspiele) – die Herr *Dr. Janusz Korczak* erzählen wird.

Samstag, den 10. Januar, um 12 Uhr mittags im Haus des *Dom Sierot* an der Śliska-Straße 9.

Eintrittspreis für Kinder und Erwachsene – 2 Zł.

Aus: *Gazeta Żydowska* (Jüdische Zeitung), (unter der Überschrift: *Ein Brief von Janusz Korczak*), 3. Jg., Nr. 3 (7. Januar 1942), S. 2.

Dr. Isaak Eliasberg, Janusz Korczak, Stefania Wilczyńska und Kinder des Dom Sierot (Haus der Waisen) 1923

4.

Theorie und Praxis der Erziehung

(1923-1939)

Theorie und Praxis

Dank der Theorie weiß ich, dank der Praxis fühle ich. Die Theorie bereichert den Intellekt, die Praxis verleiht dem Gefühl Farbe, trainiert den Willen. Ich weiß – bedeutet nicht: Ich handle im Sinne dessen, was ich weiß. Fremde Anschauungen anderer Menschen müssen sich im eigenen, lebendigen Ich den Weg bahnen. Nicht ohne Auswahl entwickle ich meine Gedanken aus den theoretischen Grundlagen. Ich verwerfe – vergesse – weiche aus – lüge mich heraus – mißachte. Im Ergebnis habe ich eine eigene, bewußte oder unbewußte Theorie, die das Handeln steuert. Es ist schon viel, wenn irgend etwas, ein Stückchen der Theorie, seine Existenz, seine Daseinsberechtigung in mir bewahrt; bis zu einem gewissen Grad hat sie Einfluß genommen, hat gewissermaßen gewirkt. Ich nehme oftmals von der Theorie Abstand, selten von mir selbst.

Die Praxis – das ist meine Vergangenheit, mein Leben, die Summe subjektiver Erlebnisse, die Erinnerung an erfahrene Fehlschläge, Enttäuschungen, Niederlagen, Siege und Triumphe, negative und positive Empfindungen. Die Praxis kontrolliert mißtrauisch, zensiert, bemüht sich, die Theorie bei einer Lüge zu ertappen, bei einem Fehler. Er vielleicht, vielleicht dort, vielleicht unter seinen Arbeitsbedingungen, doch ich, in der eigenen Arbeit, in meiner Werkstatt ... Es ist immer anders. Routine oder Erfahrung?

Routine wird von einem gleichgültigen Willen entwickelt, indem er Methoden und Methödchen sucht, um die Arbeit zu erleichtern, zu vereinfachen, zu mechanisieren, um zur Zeit- und Energieeinsparung den für sich bequemsten Weg zu finden. Die Routine gestattet es, sich gefühlsmäßig von der Arbeit zu entfernen, ein Zögern auszuschalten, ein Gleichgewicht herzustellen – du erfüllst eine Funktion, du versiehst dein Amt effektiv. Für die Routine beginnt das Leben da, wo die Dienstzeit der Berufsarbeit endet. Schon ist mir's leicht, ich habe kein Bedürfnis, mir den Kopf zu zerbrechen, zu suchen, überhaupt zu schauen, ich weiß ganz entschieden, unwiderruflich. Ich komme zurecht. So weit, um es mir bequem zu machen. Was neu ist, unvermittelt, unerwartet – ist störend und ärgerlich. Ich möchte, daß es genau so ist, wie ich es schon weiß. Meine Ansicht mit dem Gesetz der Theorie stützen, meine Ansicht nie negieren, nie in Zweifel ziehen und mich nicht verwirren lassen. Einmal habe ich in lustlosem Bemühen den Entwurf der Theorie in eine Anschauung, einen Plan, ein Programm umgestaltet. Irgendwie habe ich das zusammengebastelt, achtlos. Du sagst: Das ist schlimm? Da kann man nichts machen – so ist es geworden, ich werde nicht von vorne beginnen. Das Ideal der Routine – das ist Unerschütterlichkeit, die eigene Autorität, gestützt auf eine Autorität von *ad hoc* gewählten, gesiebten Thesen. Ich und andere (eine Reihe von Zitaten, Namen, Titeln).

Erfahrung?

Ich beginne mit dem, was andere wissen, baue nach meinen Fähigkeiten auf. Ich möchte handeln – redlich und gründlich – nicht gemäß äußerer Anweisung, unter der Drohung fremder Kontrolle, sondern aus eigenem, ungezwungenem, gutem Willen unter der achtsamen Aufsicht des Gewissens. Nicht zu meiner Bequemlichkeit, sondern um mich zu bereichern. Mißtrauisch sowohl in Hinsicht auf eine fremde als auch auf die eigene Ansicht. Ich weiß nicht, ich suche, ich stelle Fragen. In der Ermüdung härte ich mich ab und reife. Die Arbeit ist der wertvollste Teil meines persönlichsten Lebensinhaltes. Nicht das, was leicht ist, sondern was am vielseitigsten wirksam ist. Indem ich es vertiefe, wird es kompliziert. Ich verstehe, daß Erfahrung sammeln – leiden heißt. Er hat viel erfahren – er hat viel gelitten. Einen Mißerfolg bewerte ich nicht nach der Summe enttäuschter Ambitionen, sondern – nach der Summe der gewonnenen Dokumente. Jeder Mißerfolg ist auf seine Weise ein neuer Ansporn für die Gedankenarbeit. Jede für heute gültige Wahrheit ist nur eine Etappe. Ich ahne durchaus nicht, welche die letzte sein wird; es ist gut, wenn ich das Bewußtsein der ersten Etappe der Arbeit habe. Was sagt sie aus, wie ist diese – erste Etappe der erzieherischen Arbeit?

Ich schätze die Fakten ohne Illusion ein und denke – es sei am wichtigsten, daß der Erzieher in der Lage sein sollte:

Jedem in jedem Fall völlig zu verzeihen.

Alles verstehen – heißt alles entschuldigen.

Der Erzieher, gezwungen zu murren, zu nörgeln, zu schreien, zu schimpfen, zu drohen, zu strafen – muß in sich und für sich jede Übertretung, Verfehlung und Schuld des Kindes nachsichtig beurteilen. Es hat sich aus Unwissenheit schuldig gemacht; weil es nicht überlegt hat; weil es der Versuchung erlegen ist, der Überredung; weil es einen Versuch machen wollte; weil es nicht anders konnte.

Selbst dort, wo böser Wille im Spiel ist, tragen diejenigen Verantwortung, die den bösen Willen geweckt haben. Ein milder, nachsichtiger Erzieher muß oft geduldig eine gemeinschaftliche Attacke rachsüchtigen Zorns der Gruppe, der auf die brutale Despotie seines Vorgängers zurückgeht, abwarten. Das provokative »Zum Trotz« ist eine Probe, ein Examen, ein Prüfstein. Abwarten – Ausdauer haben – das heißt den Sieg davon tragen.

Der ist kein Erzieher, der sich entrüstet und schmollt und der dem Kind grollt, weil es das ist, was es ist, als was es geboren wurde oder wie die Erfahrungen es erzogen haben.

Trauer – nicht Zorn.

Trauer, daß es auf krummem Weg die einsame Bahn seiner Bestimmung zieht. Eine stumpfsinnige Tretmühle oder scharfe Ketten. Es ist um so ärmer, als es sich erst auf den Weg macht.

Jedes Gefängnis- oder Todesurteil, das er in der Zeitung liest, ist für den Erzieher ein schmerzliches memento.

Trauer – nicht Ärger, Mitgefühl – nicht Rachsucht.

Schämst du dich nicht, daß du dich *tatsächlich* ärgerst? Schau, wie klein es ist, wie winzig, schwach, ungeschickt. Nicht, was aus ihm wird, sondern, was es heute ist. Am Anbeginn ein paar freudige Schreie, himmelblaues Lächeln. Es weiß, es ahnt das Gewicht seiner Benachteiligung. Möge es sie doch vergessen, möge es sich erholen. Wie eine starke moralische Triebkraft in seinem dreckigen Leben wird die Erinnerung an diesen, manchmal nur einzigen Menschen sein, der ihm wohlgesonnen war, in dem es sich nicht getäuscht hat. Er hat es kennengelernt, er hat's gewußt, und trotzdem blieb er wohlwollend. Er – der Erzieher.

Man muß glauben, daß ein Kind nicht schmutzig sein kann, sondern nur beschmutzt. Ein kriminelles Kind bleibt ein Kind. Das darf man auch nicht einen Augenblick vergessen. Es hat noch nicht resigniert, es weiß selbst noch nicht warum, es wundert sich, manchmal entdeckt es bestürzt, daß es anders ist, schlechter – anders als alle. Warum? Es hört auf, gegen sich anzukämpfen, wenn es resigniert oder, was schlimmer ist, wenn es erkennt, daß die Menschen – die Allgemeinheit – seine schweren inneren Kämpfe nicht wert sind. Wenn es sagen wird: »Ich bin genau so, vielleicht besser, als die anderen.«

Wie ehrlich und würdevoll ist die Arbeit eines Dompteurs. Der Furie wilder Instinkte setzt der Mensch unerschütterlich einen konsequenten Willen entgegen. Er beherrscht durch den Geist. Der Erzieher muß mit angehaltenem Atem neue Wege der Dressur erforschen – mit Sanftmut – nicht mit dem Stock und dem Revolver. Und das ist doch nur ein Tiger oder ein Löwe.

Es ist erstaunlich, wie ein Brutal-Erzieher sogar gutartige Kinder rabiat machen kann.

Ich verlange vom Kind nicht, ein besseres Kind zu werden, ich dressiere sein Verhalten. Das Leben ist eine Arena – es gibt mehr oder weniger gelungene Momente. Es bewertet nicht sich selber, sondern die Taten.

Einem Erzieher, der nicht die Disziplin der klinischen Arbeit im Spital durchlaufen hat – fehlen viele Brennpunkte im Denken und Fühlen. Meine Aufgabe als Arzt ist es, Linderung zu bringen, wenn ich nicht helfen kann, den Verlauf der Krankheit aufzuhalten, wenn ich sie nicht heilen kann, die Symptome zu bekämpfen, alle – einige, wenn es nicht anders geht – ein paar. Das ist das erste. Aber noch nicht das Ende. Ich frage mich nicht, wie der Patient die Gesundheit, die ich ihm sichere, einsetzt, zum Schaden oder zum Nutzen. Darin will ich einseitig sein – soll er doch so blöd sein. Der Arzt, der einen zum Tod Verurteilten behandelt, ist nicht lächerlich. Er erfüllt seine Pflicht. Für den ganzen Rest ist er nicht verantwortlich.

Der Erzieher ist nicht verpflichtet, die Verantwortung für eine ferne Zukunft auf sich zu nehmen, aber er ist voll verantwortlich für den heutigen Tag. Ich weiß, daß diese Ansicht ein Mißverständnis hervorruft. Man denkt gerade umgekehrt, meiner Überzeugung nach falsch, wenn auch ehrlich. Aber ehrlich? Vielleicht verlogen. Es ist bequemer, die Verantwortung hinauszuschieben, sie in ein nebelhaftes Morgen zu übertragen, als schon heute über jede Stunde Rechenschaft abzulegen. Der Erzieher ist indirekt auch für die Zukunft verantwortlich, vor der Gesellschaft, aber unmittelbar ist er in erster Linie für die Gegenwart vor seinem Zögling verantwortlich.

Es ist bequem, den heutigen Tag des Kindes im Namen erhabener Parolen für morgen zu mißachten. Die Moral stärken – das ist zugleich, das Gute hegen. Das Gute hegen, das es gibt, das es trotz der Laster, der Fehler, der angeborenen bösen Instinkte – gibt. Und das Vertrauen, der Glaube an den Menschen – ist das nicht jenes Gut, das man bewahren, entwickeln kann, als Gegengewicht zum Bösen, das man manchmal nicht ausschalten, sondern nur mit Mühe in der Entwicklung bremsen kann?

Um wieviel verständnisvoller, milder ist das Leben als mancher Erzieher. Das ist doch eigentlich eine große Schande.

Und dann, wenn der Mensch nach Jahren der Arbeit, in gedanklicher Anstrengung und mit schweren Erfahrungen endlich zu diesen Wahrheiten vordringt, entdeckt er mit Verwunderung, daß eigentlich nichts Neues darin vorhanden ist, daß all das die Theorie schon lange verkündet, daß er es längst gelesen, gehört, gewußt hat, daß er es jetzt darüber hinaus – dank der Praxis – eben so auch fühlt.

Wer zwischen Theorie und Praxis eine Diskrepanz sieht, der ist gefühlsmäßig nicht auf das Niveau der modernen Theorie gelangt, der muß nicht noch mehr aus Büchern und Buchstaben lernen, sondern aus dem Leben, dem fehlt es nicht an Rezepten, sondern an der mit großer Mühe zu erringenden moralischen Kraft, die Wahrheit zu empfinden, sich mit der Wahrheit der Theorie zu verbrüdern.[1]

Dr Janusz Korczak

Aus: *Szkoła Specjalna* (Sonderschule), Bd. 1, Nr. 2 (Jan./März 1925), S. 69-72.

1. Auf einen anderen problematischen Aspekt des Zusammenhangs zwischen Theorie und Praxis weist der Autor in *Die Kaste der Autoritäten* hin: »Die Autoritäten mögen sich herablassen, über praktische Aufgaben zu reflektieren. [...] Hüten wir uns, solange noch Zeit ist, damit sich bei uns nicht nach dem Muster des Westens eine privilegierte und von den praktischen Aufgaben losgelöste Kaste der Autoritäten herausbildet – ihre Gelehrsamkeit um der Gelehrsamkeit willen.« S. 265f im vorliegenden Band.

Boshafte Kinder im Vorschulalter

Mit Kindern von drei bis fünf Jahren kam ich zum ersten Mal vor zwei Jahren in einer Sommerkolonie zusammen.[1] Ihre Gruppe war Teil einer Ferienkolonie, zu der auch Schulkinder gehörten. Da das Problem der Familieninternate[2] mich lebhaft interessierte, beschloß ich, das Verhältnis der Älteren zu den Kleinen zu untersuchen bzw. ihre Hilfe zu erringen und deren Wert zu kontrollieren. In armen Familien kümmern sich ja die Älteren um die Kleinen. Im Waisenhaus, das ich leite, bin ich bestrebt, die Hilfe der Jugendlichen zum Wohl der Kinder zu nutzen.[3]

1. Es handelt sich um die Sommerkolonie »Różyczka«, die 1921 in Gocławek entstand, im Dorf Czaplowizna, in der Gemeinde Wawer bei Warschau, auf einem Landgut, welches der Gesellschaft »Hilfe für Waisen« von Maksymilian Cohn gespendet wurde. Różyczka war eine Kolonie für Kinder des Dom Sierot, diente aber auch Kindern aus anderen Erziehungseinrichtungen, z.B. erziehungsschwierigen Vorschulkindern aus Warschauer Heimen, als Erholungsort für 4wöchige Landaufenthalte.
2. Solche Internate plante Korczak bereits vor der Entstehung des Dom Sierot. In seinen Ausführungen *Zur Eröffnung des Dom Sierot* (vgl. S. 199) spricht er über das Heim an der Franziszkańska-Straße, welches bereits vor Dom Sierot bestand, und führt aus: »Man eröffnet zwei Filialen, die ersten zwei Nester, wo unter der Obhut armer Familien vierzehn Kinder untergebracht werden.« (In Zweizimmerwohnungen unter der Fürsorge der Gesellschaft »Hilfe für Waisen«.) Diese Nester wurden zum Prototyp von Pflegefamilien. – Solche Nester hatte man auch für das Dom Sierot vorgeschlagen. In den weiteren Ausführungen *Zur Eröffnung des Dom Sierot* spricht Korczak wie folgt darüber: »Im ersten Stock befindet sich die Nähstube, noch ein Klassenzimmer-Museum sowie zwei kleine Einzimmerwohnungen mit Küche – welche für sog. Nester bestimmt sind; diese Räumlichkeiten sollten (für eine bestimmte Zeit) von zwei Familien aus der Stadt bewohnt werden, die unter der Aufsicht des Leiters des ›Hauses‹ den Umgang mit Waisen lernen sollen, welche aus dem ›Haus‹ kommend, künftig bei ihnen untergebracht werden.« (S. 202) Die Gesellschaft »Hilfe für Waisen« schuf ähnliche »Erziehungsnester« auch außerhalb des Dom Sierot. Vgl. *Tagebuch der Gesellschaft »Hilfe für Waisen« in Warschau für das Jahr 1915*. Warszawa 1916.
3. Im Dom Sierot gab es die sog. Betreuer, deren Rolle der Artikel III des Waisenhausreglements wie folgt beschreibt: »Der Neueintretende erhält einen Betreuer aus der Schar der Zöglinge. Die Betreuung dauert drei Monate. [...] Der Betreuer notiert in einem Heft die wichtigsten Vorkommnisse aus dem Leben des Neulings. Zum Abschluß schreibt er die Fehler und Vorzüge, die er bei dem neuen Kind wahrgenommen hat, nieder. Konflikte zwischen dem Neuling und seinem Betreuer schlichtet das Kameradschaftsgericht.« In: *Sämtliche Werke*, Bd. 13, S. 543.

Doch meine Beobachtungen gingen in eine ganz andere Richtung. Sofort drängten sich meiner Aufmerksamkeit Momente des Zusammenlebens der Kleinen auf. Zuerst begutachtete ich die negativen und positiven Individuen unter der Perspektive ihrer Zukunft. Dieser Junge oder jenes Mädchen wird – in etwa fünf Jahren – diesem oder jenem von den meinen ähnlich sein. Dieser Stille, Hilflose, in sich Gekehrte. Dieser Muntere, Aktive, Selbständige. Dieser Friedfertige, jener kleine Räuber. Kleine Wölfe und Lämmer. Edle Schößlinge und Unkraut. Findelkinder und Verlassene. Ein bedeutender Prozentsatz Unterentwickelter, körperlich Schwacher oder geistig Zurückgebliebener. Der Interessenbereich der meisten ist ungewöhnlich ärmlich: Klagen, gegenseitiger Streit, aufdringliche Forderungen. »Er hat mir etwas weggenommen – er hat sich naßgemacht – er hat was zerrissen – er hat Dreck gemacht.« Und: »Gib mir – gib mir – ich will das«; erst nach einer gewissen Zeit – bei einer gewissen Anzahl – wird die Aufmerksamkeit auf eine Blume, einen Schmetterling, einen Wurm gelenkt. In der Gruppe der Passiven zeichneten sich deutlich die bösen Geister der Herde ab. Wohin sie sich wandten – Tränen, Geschrei.

(Ich erinnere mich aus den Kinderjahren an einen Affenkäfig im Zoo. In diesem Käfig hielt man gemeinsam kleine Äffchen und Igel. Wenn die Äffchen sich auf dem Stroh zum Schlummern hinlegten, schlich ein Igel herbei und stach sie. Entsetzt schreiend sprangen sie auf.)

Nicht mehr als drei, vier unter vierzig. Aber wohin sie auch ihre Schritte lenkten, boshaft verdarben sie die heitere Stimmung, dieses stille Dasein der Kleinen, die mit Sand, einem Stöckchen, einem Blättchen spielten, mit irgend etwas, wenn die Augenblicke sanft dahinfließen, wenn man kaum hört, wie still, wie heiter es ist – nichts – sie wachsen nur. (Wer länger unter Kindern gearbeitet hat, muß die nahe Verwandtschaft des Pflanzen- und Menschenlebens gespürt haben.) Eine Boshaftigkeit, die keine logische Begründung findet. Nicht Mangel an Interesse, sondern der eindeutige Trieb zu stören, Schwierigkeiten zu machen. Sie bauen etwas – da bringt er es mit geschickter, hinterlistiger Bewegung zum Einsturz, schlägt und nimmt weg, wirft ihnen Sand in die Augen. Er schaut und grinst. Er sieht sich um, ob der Erzieher nicht herschaut – kneift sie, schlägt sie – geschickt, unversehens – und geht weg, sucht ein neues Opfer. Im Wald – auf einer großen Lichtung. Es trippelt ungeschickt oder setzt sich hin und wählt aus. Und schon – folgt er nach.

Ich habe keine Notizen gemacht – es war keine Zeit. Ein paar Bilder entnehme ich dem Gedächtnis. Da sitzt ein stiller Eigenbrötler, fern von den anderen. Etwa dreißig volle Schritte weitab – schon hinter der erlaubten Linie im Wald. Er hält einen Tannenzapfen – legt ihn von einer Hand in die andere – lächelt – schaut ihn an. Er fährt mit dem

Finger über dessen rauhe Schuppen. Konzentration, Erstaunen, Untersuchung. Der Missetäter – hat ihn erspäht. Er kommt schräg von hinten, stolpert unterwegs über eine Wurzel – es hat weh getan – er humpelt. Aber er geht entschlossen heran – entreißt dem anderen den Tannenzapfen – schlägt ihm zweimal ins Gesicht – wirft den Tannenzapfen weg, versteckt sich hinter einem Busch. Stille Tränen des Betroffenen.[1]

Ein Grüppchen von vier, fünf. Ein kleiner Kreis. Sie sitzen – singen. Nach einer Weile ein Schrei – Verwirrung. Er hat sie gezwickt – mit dem Fuß getreten – geschlagen. Die Aufsichtsperson kommt zu Hilfe. Der Angreifer steht da, die Brauen gefurcht – den Kopf gesenkt. Passiv erwartet er die Strafe. Oder er ist voll Auflehnung, bereit, den Angriff abzuwehren, sich zu verteidigen. Herumgebalge, Geschrei, Krach.

So etwas geschieht an einem sonnigen Sommertag im weiten Gelände, wo hundert interessante Dinge die Aufmerksamkeit fesseln. Alles ruft auf zur Eintracht, zu wohlwollender Einigung und leichtem Aus-dem-Wege-gehen. Ich frage mich jetzt, was im Zimmer, im Winter geschehen muß. Ich frage mich, mit welcher Summe von Leiden, mit welcher Nervenreaktion eine Schar Erwachsener antworten würde, die gezwungen wäre, mit einem aggressiven, brutalen Individuum und seinen banditenhaften Taten zusammenzuleben. Hier ist es für mich gleichgültig, inwieweit die eindeutig frevelhaften Taten der kleinen Schädlinge das Ergebnis angeborener Frevelhaftigkeit und inwieweit sie das Ergebnis erworbener Boshaftigkeit sind. Wie man das heilt, wie lange die Heilung dauern wird – das ist eine Frage ganz anderer Art. Eines ist klar: Man muß diese Kinder absondern, isolieren.[2] Sie vergiften die Atmosphäre, stecken an. Dieser psychische Scharlach erfordert spezielle Pflege, andersartige Bedingungen, eine wachsame und fachgemäße Untersuchung. Diese Kinder – darf man nicht mit der Schar der Gesunden vermischen. Man darf es nicht, denn sonst läuft man Gefahr, daß alle

1. Vgl. auch die Schilderungen in *Wir und die Kinder*, im vorliegenden Band S. 427f.
2. Korczak vertritt an vielen Stellen seines Werkes (vgl. z.B. S. 272 im vorliegenden Band) die Position, daß sehr schwierige Kinder zu isolieren sind, und zwar aus drei Gründen: Zum einen können die übrigen Kinder Schaden erleiden, zum anderen brauchen solche Kinder oft so etwas wie eine »Heilanstalt« als angemessene Therapie, und drittens sind die »normalen« Erzieher in der Regel überfordert und greifen vielleicht zu unangemessenen »Erziehungs«-Methoden. Noch in seinem letzten Tagebuch erinnert sich Korczak an den hier beschriebenen Missetäter, er heißt Musiek. Aus dem Tagebuch erfahren wir auch, daß Korczak das Problem der Behandlung von sehr schwierigen Kindern mit der Leiterin des »Staatlichen Instituts für Sonderpädagogik«, Maria Grzegorzewska (1888-1967), diskutiert hat. Vgl. *Tagebuch aus dem Warschauer Ghetto 1942*, a.a.O., S. 30f.

Kinder des Vorschulinternats geistig verkrüppelt, moralisch angefault ins Leben gehen. Ich muß hinzufügen, daß unter diesen Besessenen sexuell Abartige sind. Klagen über schädliche Amouren von Minderjährigen erreichten mich mehrfach von seiten aufmerksamer Kindergärtnerinnen. Aus der Nähe beobachtete ich einige Kindergartenzöglinge in meinem Internat. Es brauchte lange Monate, ja – in einem Fall – Jahre, damit die Wunden der frühesten Kindheit heilten. Ich kann den Wert der Erziehungsmethode von Montessori[1] nicht beurteilen. Aber ihr unsterbliches Verdienst wird es bleiben, daß sie die Probleme der Kinder dieses Alters zur Sprache gebracht hat, für die die Pflege durch Kindermädchen – ganz gleich welcher Art – als ausreichend erschien.

Es wäre lächerlich, Straf- oder Besserungsanstalten für fünfjährige Frevler zu verlangen. Aber auch für die frevelhafte Jugend fordern wir Heilanstalten. In größerem Maße sind sie für die Jüngsten vonnöten. Denn diese Gruppe ist völlig hilflos, denn sie kann sich nicht selber schützen, denn das Fürsorgepersonal kann, versteht und weiß sie nicht zu lenken, sondern nimmt einzig und allein zu der Methode Zuflucht, ihnen einen Klaps zu versetzen und sie in eine dunkle Zelle zu sperren.

Dr Janusz Korczak

Aus: *Szkoła Specjalna* (Sonderschule) 1924/25, Bd. 1, Nr. 4 (Juli/August 1925), S. 241-243.

1. Maria Montessori (1870-1952) betont die Notwendigkeit einer »normalen« Entwicklung des Klein- und Vorschulkindes. Ihr zentraler Begriff der »Normalisation« beruht auf ihrer These, daß jedes Kind einen eigenen Bauplan und kosmisch-göttliche Triebkräfte für eine gesunde (»normale«) Entwicklung in sich trägt, die aber durch Vernachlässigung, Unverständnis, falsche Eingriffe ... der kindlichen Umwelt gestört werden können, so daß es zu Deviationen (Abweichungen von der Normalisation) kommen kann. Ins Polnische übersetzt wurde 1913 das 1909 in Italien erschienene Werk Montessoris: *Kinderhäuser. Die Methode wissenschaftlicher Pädagogik bei ihrer Anwendung in der Erziehung jüngster Kinder.*

Die Erziehung des Erziehers durch das Kind

Illusorisch und naiv ist die Ansicht eines jungen Erziehers, er selbst, erwachsen, stabil, unwandelbar, unterliege nicht dem Einfluß des Milieus, der Umgebung, der Kinder, wenn er sie beaufsichtigt, kontrolliert, belehrt, ihnen etwas beibringt und sie von etwas abbringt, wenn er sie formt. Wer die Verantwortung für Kinder auf sich nimmt und keine kritische Einstellung gegenüber sich selbst hat, gerät in eine Gefahr, auf die ich aufmerksam machen möchte, um so intensiver, als die berufliche Psychohygiene der Allgemeinheit wenig bekannt ist. Bei seinen Bemühungen um das Verstehen des Menschen – des Kindes und der Kindergesellschaft, wird der Erzieher in wichtige und wertvolle Erkenntnisse eingeweiht; wenn er nicht wachsam genug ist und die Selbsterziehung bagatellisiert – scheitert er. Durch das Kind sammle ich Erfahrungen, es hat Einfluß auf meine Anschauungen und auf die Welt meiner Gefühle; vom Kind bekomme ich Anweisungen an mich selbst, ich stelle Anforderungen, ich beschuldige mich, bin nachsichtig oder vergebe. Das Kind lehrt und erzieht. Für den Erzieher ist das Kind das Buch der Natur; indem er es liest, reift er. Man darf das Kind nicht geringschätzen. Es weiß mehr über sich selbst als ich über das Kind. Es befaßt sich mit sich selber in allen Stunden des Wachseins. Ich kann es nur erraten. Deshalb irre ich mich, wenn ich seinen Marktwert und seine Mängel einschätze. Es ist faul, unartig, kapriziös, es lügt, stiehlt – das ist wenig. Wie ist seine Meinung über sich selbst, sein Verhalten gegenüber der Gruppe und dem Erzieher; was für Erfahrungen hat es gemacht, zu welchem Kraftaufwand und zu welchen Zugeständnissen ist es fähig? Wie lange kann es etwas aushalten? Man darf die Gruppe nicht gering einschätzen. Unter Dutzenden gibt es besonders kluge, mit Beobachtungsgabe ausgestattete, kritische, wachsame, einseitig erfahrene, ironische, bösartige und rachsüchtige Kinder. Bei ihrem Streben nach Verständigung bespricht und diskutiert die Gruppe, ergänzt und tauscht Beobachtungen aus und durchschaut den Erzieher – durch und durch. Sie versucht ihn zum Werkzeug ihres eigenen Willens zu machen. Sie nützt alle seine Fehler, seine Unentschlossenheit, Schwächen und Laster aus. Sie läßt sich weder umwerben noch betrügen. Sie setzt ihn einer strengen Untersuchung, einer gewissenhaften Prüfung aus und bewertet ihn gerecht. Entweder vertraut sie ihm oder vertagt ihr Urteil, verschließt sich ihm, verschwört sich gegen ihn, umlauert ihn oder sagt ihm offen den Kampf an. Es steht schlecht um ihn. Er wird von da an nur »Trotz«, »schlechten Einfluß« einzelner Kinder, Anschläge auf seine »Autorität« und Aktionen boshafter Vergeltung erleben. Er wird keine Bemerkung über seine Anordnungen und über sich selbst hören, kein: »Sie haben sich geirrt – Sie haben nicht recht«. Aber genau das ist die Stimme des Gewissens für den guten Willen des Erziehers. Es kommt vor, daß du gleich von Anfang an in eine Atmosphäre feindlichen Mißtrauens gerätst, wenn dein Vorgänger – ein brutaler und ungeschickter Mensch – die Gruppe verbittert und wütend gemacht hat. Hier sind der kalte Befehl und die naive Moralpredigt fehl am Platz. Man muß sich mit Geduld wappnen, durchhalten. Mit einer Tat gewinnen.

Die Kinder belohnen den Erzieher, aber sie tadeln und strafen ihn auch, sie schließen wieder Frieden, vergessen oder vergeben bewußt, aber rächen sich auch. Sie hetzen einen Hitzköpfigen auf, lachen ihn aus, verdrehen ihm den Kopf und machen ihn rebellisch oder schieben einen Dummkopf vor (deshalb muß ein Unschuldiger so oft leiden). Sie fordern dickköpfig: Sei uns ein Vorbild. Ganz der Hauptforderung jeder Erziehungstheorie entsprechend: Gib uns ein Beispiel. Nicht mit Worten, sondern mit Taten. Der Erzieher steht vor dem Dilemma: Entweder beginnt er die beschwerliche, mühsame und unendliche Arbeit an seiner eigenen Unvollkommenheit, oder – was wesentlich bequemer ist – er verflucht die Theorie. Etwa: Die Bücher lügen, und die Theoretiker – sind Schwindler. Das Leben – ist nicht der Schreibtisch eines Gelehrten. Mit dem Diplom habe ich Rechte erworben. Jetzt werde ich allein handeln, auf eigene Faust. Oder: Vielleicht geht's auch so, aber nicht bei uns. Vielleicht unter anderen Bedingungen. Vielleicht bei anderen Kindern. Denn meine – sind eine Bande, Meute, Gesindel (Vieh!). Man muß sie scharf anfassen. Also – Verbote und Einschränkungen. Das eigene Leben wird völlig von ihrem Leben und ihren Erlebnissen isoliert. Nur um der Ordnung willen. Ordnung muß sein – ein eisernes Reglement. Schon ist er nicht mehr der Erzieher, der Vertreter der Sache des Kindes, der Verteidiger der Jungen, Kleinen, Schwachen, der Seelsorger der Unerfahrenen, sondern ein Aufseher, befangener Ankläger, ein Schlüsselbewahrer, ein Menschenschinder. Schon ist er nicht mehr Erzieher, sondern Inspektor, Leiter – des Gebäudes, der Kanalisation, des Inventars, der Kanzlei, ein Magazinverwalter von Hosen und Schuhen. Ich schätze die Verwaltung nicht gering ein, das würde ein unverzeihlicher Fehler sein. Pedantisch, sauber verwalten, damit nichts verschwendet wird. *Res sacra.*[1] Auch die Kinder müssen verstehen und empfinden, daß du für sie mühsam erwirbst und sparst. Nur dann kannst du als Verwalter strafen, wenn du als Erzieher vergibst. Wenn der Erzieher den Kontakt zu den Kindern verliert, indem er nur seine Lieblinge, Vertrauten und Faktoten toleriert, weil sie bequem sind, wird er sich dann noch um eine gewissenhafte Verwaltung bemühen,

1. (lat.): eine heilige Sache.

wird ihm das der Mühe wert sein? Wird er sich nicht eher mit jenen verbinden, die die Rechtlosen, Wortlosen und dem Diebstahl Ausgelieferten ausbeuten wollen? Wird er nicht mit der Zeit nur mehr den Schein eines gewissenhaften Beamten erwecken – wird er ein unehrlicher Hausherr sein und ein Bankrotteur? Immer nur handeln, wie es am bequemsten, am billigsten ist, mit dem größten Nutzen für sich selbst. Das Inventarbuch und die Disziplin. Und die Phrase: Ich härte die Kinder ab und lehre Disziplin. Ich erziehe künftige Mitglieder der Gesellschaft.

Den Weg zur Selbsterziehung und zum Kampf gegen dich selbst findest du, junger Erzieher, nur in dir. Über eine Reihe von Erleuchtungen, immer höherer Stufung – gelangst du mühsam empor zum Verständnis des Flüsterns, des Lächelns, des Blickes und der Geste – der Tränen der Reue oder der Ohnmacht eines unartigen Kindes.

K.

Aus: *Szkoła Specjalna* (Sonderschule) 1925/26, Bd. 2, Nr. 3 (Febr./März 1926), S. 117–119.

Der kleine Übeltäter

Die Einteilung in Fürsorge- und Besserungsinternate, bequem vom Standpunkt der Verwaltung aus, kann einen unkritischen Erzieher irreführen. Sie schließt gewissermaßen aus oder drängt in den Hintergrund die Aufgabe, in den Anstalten des ersten Typs Besserung zu erzielen; in den Anstalten des zweiten Typs wird die Frage der Fürsorge durch das kategorische *Gebot* der Besserung verdunkelt. Es gab »Straf«-Anstalten – es ist besser – es wird »Erziehungs«-Anstalten geben.[1]

Erziehen – bewahren – die Kinder unter den Fittichen des Wohlwollens und der Erfahrung schützen, in Wärme und Frieden, abschirmen gegen Gefahr, sie verwahren, abwarten, bis sie heranwachsen, erstarken, Kräfte gewinnen für einen selbständigen Flug ... Fittich – Flug.

1. Korczak betont im ganzen Artikel seine Position: Er befürwortet die Tendenz, Strafanstalten (Disziplinar-, repressive Anstalten; »Besserungsanstalten«) für minderjährige Straftäter durch resozialisierende Anstalten mit angemessenen »offenen Fenstern« zu ersetzen (vgl. den folgenden Artikel). Vgl. auch *Ohne Zorn. Randbemerkungen zum Studzieniec-Prozeß*, S. 328ff.

Gefährliche Metaphern. Leicht ist die Aufgabe eines Habichts oder auch die eines Huhns, das mit seiner Wärme die Küken wärmt; mir – als Mensch und Erzieher fremder, verschiedenartiger Kinder – fällt eine kompliziertere Aufgabe zu, nicht eine andere, sondern eine verwandte. Ich will Höhenflüge für meine Gruppe, ich träume von erhabenen Bahnen, die Sehnsucht nach ihrer Vollkommenheit ist das traurige Gebet meiner persönlichsten Augenblicke,[1] aber, gestützt auf die Wirklichkeit, begreife ich, daß sie, kaum laufend, sich tummeln, bemühen, herumstöbern, herumstreunen oder plündern werden – Nahrung suchen und Krumen von Freude. Unter diesen Grünschnäbeln – diesen Küken, sind zukünftige Habichte und Hühner, und ich empfinde gleichermaßen Wohlwollen für sie. Es wächst ein kleiner Räuber heran – das ist nicht meine Schuld, ich bin hilflos. Und es ist gleich, ob der Zufall ihn in eine Besserungs- oder Fürsorgeanstalt gebracht hat.

Ich sehe einen berechtigten Widerspruch voraus. Man muß einen mühsamen Weg der Beobachtungen und einsamen Erwägungen gehen, mühselig in viele Wissensgebiete hineinschauen, sich redlich klar werden über die Unvollkommenheit der menschlichen Natur und der geschriebenen Gesetze, reell die geringen Kräfte und Mittel abschätzen, über die der Erzieher verfügt, um ohne Unwillen oder Angst auf dieses letzte Glied der Erfahrungskette zu schauen. Es ist nicht meine Schuld – ich bin da hilflos – dazu fehlen die Kräfte. Ich soll sie nur bewahren, beschützen, abschirmen gegen Unrecht, sie aufbewahren, bis sie heranwachsen. Wenn sie herangewachsen sind, mögen die Gerichte, die Polizei, die Gefängnisse und Zuchthäuser tun, was sie wollen. Da kann man nichts machen. Ich bin verantwortlich für den heutigen Tag meines Zöglings, es ist mir kein Recht gegeben, sein zukünftiges Schicksal zu beeinflussen und mich da einzumischen.

Aber dieser heutige Tag soll heiter sein, voll froher Anstrengungen, kindlich, sorglos, ohne eine Verpflichtung, die über das Alter und die Kräfte hinausgeht. Ich soll dem Kind die Möglichkeit gewährleisten, seine Energie freizusetzen, ich soll ihm unabhängig vom Gemurre des verletzten geschriebenen Rechts und seiner drohenden Paragraphen – die ganze Luft, Sonne, das ganze Wohlwollen geben, das ihm gebührt, unabhängig von Verdiensten oder Schuld, von Vorzügen oder Lastern.

1. Nach dem Tod seiner Mutter (1920) hat Korczak solch ein »trauriges Gebet« seiner »persönlichsten Augenblicke« aufgeschrieben. Dort heißt es am Ende: »Gib den Kindern ein gutes Schicksal, gewähre ihren Anstrengungen Hilfe, ihrem Bemühen Segen. Nicht den leichtesten Weg führe sie, sondern den schönsten. Und als meiner Bitte Draufgeld nimm an mein einziges Kleinod: meine Traurigkeit. Traurigkeit und Arbeit.« *Gebet eines Erziehers.* In: *Sämtliche Werke*, Bd. 5, S. 68.

Herausreißen, vernichten, hegen? Unkraut wächst entweder frei, oder aber man schneidet es ohne Heuchelei auf einmal heraus und setzt nützliche Kartoffeln. Als Erzieher interessieren mich die Gesetze der Natur, Gottes – nicht die des Beamten, des Menschen. Wie schön, selbstlos und ehrlich ist ein Krankenhaus. Es heilt die Wunden des Helden wie des Zuchthäuslers – es ist nicht Sache des Arztes, ob der Geheilte zu gottgefälliger Arbeit schreitet, zu menschlichem Unrecht oder zum Schafott. Man wendet größte Mühe auf, um ihm beim Kampf darum zu helfen, die zerstörte Funktion, das bedrohte Organ wiederherzustellen. Wenn ich es nicht kann, gibt es keinen Groll gegenüber dem Patienten, daß er als chronisch Kranker das Krankenhaus verläßt, um der Familie, der Gesellschaft zur Last zur fallen. Das ist nicht meine Sache.

Wie verlogen und unehrlich wird ein Internat sein, das für einen Löffel Nahrung, für ein Dach über dem Kopf, für kümmerliche Bekleidung und oberflächliche Betreuung – entgegen dem gesunden Menschenverstand auf seine Fahne schreibt: Ich bessere! In jedem Fall versuche ich den moralisch Leidenden – zu heilen. Journalistisch ausgedrückt: »der Gesellschaft einen nützlichen, ehrlichen Mitarbeiter«. Nein. Ich werde mit den Särgen eines unbekannten Erbes, mit dessen Instinkten und Appetiten nicht prozessieren, ich werde mich nicht daran machen, die Wunden und Traumata der frühesten Kindheit zu heilen. Ich bin weder Quacksalber noch Beschwörer, sondern nur Hygieniker. Ich gebe Bedingungen, die die Genesung begünstigen. Viel Licht und Wärme, Freiheit und Freude. Ich glaube, daß es von Natur aus nach Besserung streben will. Es wird mit sich kämpfen, Enttäuschungen und Niederlagen erleben. Möge es seine Versuche wiederholen. Nach eigenen Methoden suchen. Möge es in kleinen und vereinzelten Siegen Freude erfahren. Ich unterstütze es – durch das gesunde Klima meines Internats.

Wo man Besserung erzwingen, mit Gewalt herbeiführen muß, da ist kein Platz für den Erzieher. Das vermag ein Gefängnisaufseher. Besser, schneller, ehrlich und gründlich. Sie werden sich bessern – sie werden gehorchen, sie werden sich nicht erdreisten, ihnen wird die Lust vergehen. Habt acht, zur Tugend – vorwärts – marsch! Sie gehen – sie laufen. Unter Androhung strenger Strafen – haben sie sich im Nu gebessert. Alle und sofort. Als Erzieher sehe ich unter meinen Schwererziehbaren so viele ehrliche, die zufällig hierhergeschickt wurden. Wenn es doch nur viele solche in Freiheit gäbe. Ich sehe – das ist sicher – auch Gauner – wie viele Schlimmere leben in Überfluß und Achtung, ich sehe – die durch Beispiel Verführten, die durch das Laster kaum Angesteckten – und ich sehe die Unheilbaren, die absolut Prädestinierten.

Ich achte ihre Bemühungen, ich habe Mitleid, denn, ehrlich gefragt, ist das moderne Leben ihre manchmal verzweifelten Kämpfe mit sich selber, ihren blutigen Weg zur Besserung, ihre hoffnungslosen, doch verbissen wiederaufgenommenen Bemühungen überhaupt wert?

Sie schauen auf mich, den Meister, das Vorbild, sie wollen mir – dem Erzieher – ähnlich sein, sie wollen sich ein Wort des Lobes, der Ermunterung verdienen, sie wollen mir die erduldeten Mühen und geleisteten Dienste lohnen, und sie versuchen – naiv, aber dankbar, meinen Ton der Gerechtigkeit, der Ehrlichkeit, der Pflicht zu treffen. Meine armen Lieben! Man möchte eher warnen: – Strengt euch nicht allzu sehr an. Und wenn man es nicht sagt, fühlen sie es selber.

*

Musterhafte Besserungsanstalten erbringen kaum mehr als an der Hälfte eine Heilung. Und die übrigen? Nun, sie gehen ins Leben, ausgerüstet mit der Erinnerung an eine heitere Kindheit, mit dem Medaillon von Menschen, die ihnen Mitgefühl gezeigt haben, die sie nicht verflucht und verurteilt haben – sondern gesegnet für den gewundenen, zickzackartigen, stürmischen und harten Lebensweg. Die Polizei wird eine leichtere Aufgabe haben. Sie sind nicht abgestumpft in Strafen, die schon vor Jahren ihre Funktion verloren haben, sie sind nicht versteinert im Haß gegen den Menschen, sie sind nicht angespannt im leidenschaftlichen Gedanken an Vergeltung.

Ein kleiner Übeltäter, mit dem man sich leicht verständigen kann.

Dr J. Korczak

Aus: *Szkoła Specjalna* (Sonderschule) Bd. 2, Nr. 3 (April/Mai 1926), S. 155-158.

Das offene Fenster

Die Kinder haben freien Zugang zu meinem Zimmer. Von vornherein ist verabredet: Man wird spielen dürfen oder sich nur halblaut unterhalten, oder es herrscht absolute Stille. Für den Empfang der Gäste habe ich einen kleinen Stuhl, einen kleinen Sessel und ein Schemelchen. Es gibt drei Fenster, die aneinanderstoßen; das mittlere ist offen; die Fensterbretter sind niedrig – dreißig cm über dem Fußboden. Seit einer Reihe von Jahren stelle ich täglich – Stuhl, Sessel und Schemel entfernt vom offenen Fenster auf, es kommt vor, daß ich sie irgendwo in der Ecke verstecke. Und täglich am Abend stehen sie stets am offenen Fenster. Manchmal sehe ich, wie sie sie sofort mit entschiedener Bewegung verrücken, bisweilen still und vorsichtig, fast verstohlen. Meistens weiß ich nicht, wie das geschah. An verschiedenen Stellen habe ich illustrierte

Wochenzeitungen ausgelegt, und ich habe den Zugang zum Fenster durch Blumentöpfe erschwert. Und ich freute mich, wie pfiffig sie den Versuchungen ausweichen und die Hindernisse beseitigen; das offene Fenster siegt – selbst wenn es windig ist, selbst wenn es regnet, wenn es kalt ist. Der Tropismus[1], der den Wasserpflanzen gebietet, sich hier oder dort zu sammeln, der befiehlt, sich bis zur Kristallisierung der chemischen Verwandtschaft – so und nicht anders zu verbinden; das Gesetz, das das Kartoffelkraut sich im Keller an der Mauer zum vergitterten Fenster hochklimmen läßt – und das gleiche Gebot, das, entgegen menschlichen Verboten, den Gefangenen zum Fenster treibt, damit er ins freie Gelände schauen kann.

Das Kind braucht Bewegung, Luft, Licht – einverstanden, aber auch noch etwas anderes. Den Blick ins Freie, das Gefühl der Freiheit – ein offenes Fenster.

Wir haben zwei Höfe: einen nach hinten, von Mauern umgrenzt, und einen nach vorn, weniger günstig und doch mehr geschätzt.[2] Hier ist es wärmer, heller – einverstanden; aber nicht nur das: denn da ist das Tor direkt zur Straße. Es packt sie fast Raserei, wenn sie von der Straße aufs Feld laufen, diese Sehnsucht zum Fluß. Und wie erst das Meer, fremde Länder – eine ganze Welt. Lächerlich erschiene mir die Forderung, Beweise dafür zu liefern, daß viele in Zuchthäusern nur deshalb zugrunde gehen, weil wir keine Schiffe haben.

Das Einschließen ist keine Isolierung von Schädlingen oder Kriminellen, sondern eine *schwere Strafe*, unabhängig von diesem oder jenem Essen oder von strenger Zucht. Wenn sie doch zur einzigen, von einer unvollkommenen Menschheit angewandten Strafe würde, bis die Eugenik[3] es gestattet, ganz ohne Strafen auszukommen.

1. von griech. »trópos«: Wendung, Drehung; durch bestimmte Reize verursachte Orientierungsbewegungen bei Pflanzen oder Tieren.
2. Höfe des Dom Sierot in der Krochmalna-Straße 92.
3. (griech.-n.lat.): Von guter Abstammung; Erbhygiene, Erbgesundheitslehre. Ziel: Einschränkung der Ausbreitung von Genen mit ungünstigen Wirkungen sowie Erhaltung und Vermehrung von erwünschten Genkonstellationen in menschlichen Populationen (Teilgebiet der Humangenetik). Korczak äußerte sich öfters billigend und hoffnungsvoll hinsichtlich eugenischer Maßnahmen. In *Wie liebt man ein Kind* schreibt er: »Eine unüberlegte Vermehrung empfinde ich heute als Unrecht und leichtsinnigen Frevel. – Vielleicht sind wir am Vorabend neuer Gesetze, die von der Eugenik und der Bevölkerungspolitik diktiert werden.« In: *Sämtliche Werke*, Bd. 4, S. 15. In seinem Vortrag von 1921 *Der Frühling und das Kind* sagt er: »Man muß aufhören, Kinder links und rechts auszuspucken, sei es durch Zufall oder durch gute Laune. [...] Man sollte anfangen, sie zu – erschaffen.« In: *Sämtliche Werke*, Bd. 5, S. 15.

Subjektiv bewerten und verurteilen wir die Foltern des Mittelalters. Damals war es schwierig, einen Verbrecher zu ergreifen. Sich verbergen und in die Wälder oder in fremde Länder zu fliehen, eine Feuersbrunst, Verwirrung, einen Überfall auszunutzen, die Gefängniswache zu bestechen, war – für die Starken, Verwegenen, Gerissenen – eine Kleinigkeit. Man mußte einmauern, im Verlies mit Ketten anschmieden, vierteilen, auf Scheiterhaufen verbrennen, pfählen und auf offenem Platz auspeitschen. Anders war es nicht möglich, und wie es heißt, hat auch das nicht geholfen. Vielleicht nur scheinbar? Wir wissen nicht, wie viele Räuber in den Wäldern, Bergen, angeschwollenen Flüssen umgekommen sind, wie viele von ihnen neue, entfernte Siedlungen gegründet haben. War denn nicht Amerika bis vor kurzem das Asyl der Abenteurer und Verbrecher der ganzen Alten Welt? Heute ist das Gefängnis die allgemeinste und zugleich schwerste Strafe.

Ich weiß nicht, in welches System das Einschließen im Gefängnis gegliedert ist: Dunkelhaft, Isolierzelle, Entzug der Erlaubnis für den Rundgang, für Besuchsempfang. Auf einen Tag, eine Woche, einen Monat. Qualität und Quantität. Wenden Besserungsanstalten diese Strafe an und in welchem Maße? Nehmen sie sich das Gefängnis zum Vorbild, oder haben sie ein eigenes, milderes System erarbeitet? Denn Ehrgeiz des Erziehers muß es sein, günstigste Ergebnisse auf dem Wege geringster Verletzungen der Menschenrechte zu erzielen.

Eingeschlossen, aber mit einem offenen Fenster zu einem Sportplatz. Eingeschlossen, aber nur für die Zeit der Mahlzeiten. Ein verschlossenes, vergittertes Fenster, ein Fenster oben. Eingeschlossen im Erdgeschoß. Ein enger und ein weiter Hof. Ein Stück Rasen, aber nur dieses eine.

In der von mir geleiteten Sommerkolonie[1] hatte die Bewegungsfreiheit folgende Abstufung: 1. Das Recht, die Kolonie ohne Aufsicht zu verlassen. 2. Das Recht, hinauszugehen unter der Obhut eines verantwortlichen Zöglings. 3. Das Recht, auf die Waldwiese jenseits der Kolonie zu gehen. 4. Das Recht, sich im Bereich der ganzen Kolonie (fünf Morgen Land) frei zu bewegen 5. Das Recht, im Bezirk einer gegebenen Wachperson zu spielen (»Arrest«). 6. Isolierung auf einem Rasenstück unter der Kastanie (»Käfig«). Wenn wir uns darin einig sind, daß nur ein unbedeutender Teil von Kindern mit bösen Neigungen, und das zufällig, in eine Besserungsanstalt gelangt ist, während die Mehrheit von viel schädlicheren in Freiheit umherstreift, sind dann nicht weitestgehende Erleichterungen angezeigt: Urlaub, gemeinsame nahe

1. Vgl. S. 243, Anm. 1.

und weite Ausflüge[1], gerade in die Berge, ans Meer, an Seen oder in die Heide? Hier eben, nicht aber im Eingeschlossensein lernen wir die Kinder besser kennen. Die Tabelle der Strafen[2] und Belohnungen[3] kann fast ausschließlich darauf gründen, daß man Freiheit dosiert. Nicht aufs Geratewohl, sondern nach einem logischen System, einem kodifizierten Recht. Ein unbegrenzt offenes Anstaltstor, Begrenzungen hinsichtlich der Tage und Stunden, des Umkreises, in dem man sich frei bewegen kann (Bahnfahrt, Spaziergang ins Nachbarstädtchen, in den Wald). Und erst als oberste Strafstufen: Einschließung im Zimmer für einen kurzen Zeitraum. Bekanntlich paßt eine Ordnung in weiten Grenzen sich den Bedingungen an. Es soll Fälle geben, daß der Eingeschlossene sich an die Gefangenschaft gewöhnt, sie sogar liebgewinnen kann. Das Einsperren als Strafe hört auf zu wirken; was dann?

Verfügen die Besserungsanstalten, selbst die auf dem Land gelegenen, über Sommerkolonien, Ferienlager? Tauschen einzelne Anstalten die Zöglinge für eine gewisse Zeit aus, damit sie neue Eindrücke empfangen, andere Bedingungen kennenlernen? Haben die Kinder der sogenannten Besserungsanstalten weniger Recht, Krakau, Posen, Wilna, das Meer, die Seen um Suwałki kennenzulernen? Ein Kohlebergwerk, Siedereien, Museen, ein Kino, ein Theater zu sehen? Selbst wenn das verlockt, den Willen zur Flucht weckt, ermuntert es nicht zu Anstrengungen der Besserung, bringt es nicht einen heiligen Hauch? Einzelne im Pfadfinderlager unterbringen, in Lagern der militärischen Vorbereitung – ihnen ein gutes Leben zeigen und die mörderische Suggestion zerstreuen, daß sie ein für allemal gebrandmarkt, aussätzig, verdammt

1. Korczak sprach sich immer für die Notwendigkeit aus, Kindern und Jugendlichen Bedingungen zu schaffen, die ihnen Bewegungsfreiheit gewährleisten, so daß sie ihre Energie entladen können. In der »phantastischen Erzählung« *Die Schule des Lebens* (1907/1908) befürwortet er die sich entwickelnde weltweite Bewegung der »Landschulen« und fordert eine »Kolonie auf dem Land« als »Terrain zur Heilung« vernachlässigter Kinder. In: *Sämtliche Werke*, Bd. 7, S. 351. Im vorliegenden Band appelliert er in dem Artikel *Über die Landschule* für solche Schulen; vgl. S. 186ff.
2. Solche Tabellen und Diagramme als Basis für die Selbsterziehung gab es sowohl im Dom Sierot als auch im Nasz Dom. Z.B. Zusammenstellungen und Vergleichsdiagramme aus den Gerichtsverhandlungen des Kameradschaftsgerichts. Maria Rogowska-Falska verteidigt und unterstreicht ihren pädagogischen Wert in ihrer »Informationsskizze«, a.a.O. im Kapitel *Das Kameradschaftsgericht*).
3. Korczak sah beispielsweise im Zuerkennen von »Erinnerungspostkarten« für besondere Taten, Arbeiten oder für Ausdauer im Frühaufstehen eine »angenehme Belohnung«, die die Zöglinge besonders schätzten (vgl. *Über die Schülerzeitung*, in: *Sämtliche Werke*, Bd. 7, S. 105f oder das *einstweilige Statut über Erinnerungspostkarten* im Dom Sierot, in: *Sämtliche Werke*, Bd. 4, S. 314ff).

seien. Ich möchte: 1. Wissen, wie es ist. 2. Eine Diskussion führen mit den Erziehern unserer Internate für moralisch belastete Kinder.

Meine Ansicht, ein Fenster öffnen, es mit Blumentöpfen verstellen, in den Ecken Köder verteilen und aufmerksam schauen, ob sie trotz des Hindernisses und den lockenden Versuchungen nicht gerade in diese Richtung ihren sehnsüchtigen Blick richten. Ich will hinzufügen: Wenn es schon Freude bereitet, einen gefangenen Vogel freizulassen, wie wird dann erst diese ständige Gedankenarbeit: Wen aus der Haft entlassen – der grauen Arbeit des Erziehers wahrlich Farbe geben.

Dr J. Korczak

Aus: *Szkoła Specjalna* (Sonderschule) 1926/27, Bd. 2, Nr. 1 (Okt./Nov. 1926), S. 24-26.

Der Erzieher als Verteidiger

Zu Recht besteht das Prinzip, daß ein Arzt den Kranken pflegt, der zum Tode verurteilt ist. Zu Recht wird er durch einen Priester mit Gott versöhnt. Den Arzt kümmert der moralische Wert des Patienten nicht. Ich erinnere mich an die beschwerliche nächtliche Operation an einem notorischen Kriminellen. Ein Messer war ihm in den Bauch gestoßen worden. Telefonisch wurde der Chirurg, ein Oberarzt, herbeigerufen und Hilfe mobilisiert. Lange zog sich die Genesung hin. Auf mich (als Student[1]) machte diese Tatsache einen starken Eindruck; sie gab mir Mut. Wenn doch die Erzieher durchdrungen wären vom Geist selbstloser Sorge gegenüber kriminellen Kindern. Man sorgt für den heutigen, heiteren, lindernden Tag – um die Zukunft mögen sich die Sicherheitsbehörden kümmern. Ich werde verbissen immer wieder auf die Verteidigung eben dieses Grundsatzes zurückkommen, entgegen der landläufigen Formel vom künftigen Glied der Gesellschaft, vom künftigen Bürger. Wer die Kindheit überspringen will und dabei in die fernliegende Zukunft zielt – wird sein Ziel verfehlen. Der Priester vernachlässigt den Augenblick des diesseitigen Lebens im Vergleich mit der Ewigkeit, er trennt die Nachsicht Gottes vom Maß menschlicher, strenger Gerechtigkeit. Darin liegt ein tiefer Gedanke.

1. Korczak studierte seit 1898 Medizin an der Warschauer Universität. Sein Diplom bekam er am 17. März 1905.

Es ist richtig, daß man einen psychiatrischen Experten vor Gericht lädt. Man wartet nicht ab, bis die exakte Wissenschaft eine Entscheidung fällen, sichere Hinweise geben wird. Man lädt ihn vor, damit er zusammen mit dem urteilsprechenden Gericht die Wahrheit errät. Es war eine aufsehenerregende Sache, als zur Verteidigung angeblich der Moral ein Mensch auftrat, der in seiner Jugend wegen Diebstahls bestraft worden war. Wenn ich als Erzieher einen Totschläger zu verteidigen hätte[1], würde ich das ganze Gebäude der Verteidigung auf die Tatsache stützen, daß er in früher Jugend etwas stahl oder raubte und für seine Schuld schwer büßte. Schroff hielt man ihm während der Verhandlung die kleine, zurückliegende Verfehlung vor und wertete sie zu Unrecht als belastendes Moment (verbrecherisch in der Verteidigung der Moral). Ich werde als Erzieher versuchen, mit den Worten des Angeklagten zu reden. »Meine Herren Richter, ich habe nicht einen Menschen getötet, sondern die verkörperte Tragödie des eigenen Lebens. Als junger Bursche habe ich gestohlen. Die unerbittliche Gerechtigkeit legte sich mit ihrem ganzen Gewicht auf meine Schultern. Ich habe die Strafe verbüßt. Nicht genug damit – ein Makel blieb zurück. Ich wechselte den Namen, verleugnete mich selbst. Gezwungen, mich zu verstecken, zitterte ich, denn in einem bestimmten Augenblick könnte die Wahrheit an den Tag kommen. Das graue, einförmige Leben als Sergeant im Ambulatorium war eine Qual für mich. Mit Mühe und Not bändigte ich meine aufsässige, vielleicht kriminelle Natur. Ich trug dreierlei Ketten: das begangene und verheimlichte Verbrechen, die verborgenen Neigungen, mit denen ich unter höchster Kraftanstrengung ringen mußte, und die militärische Disziplin. Und da lese ich Tag um Tag in einer Reihe von Zeitungen, daß ein großer Verbrecher in Überfluß und Ehren lebte, und als man ihn nicht mehr länger beschirmen konnte, da setzte man sanft und vorsichtig, um ihn nicht zu beleidigen und nicht zu verletzen, den riesigen Gerichtsapparat in Gang, um ihn mit großem Pomp – ich erzitterte bei diesem Gedanken – freizulassen. Und ich? Ein Kind – wegen einer gestohlenen Hose – unerbittlich – und für das ganze Leben.«

Ich rate von weitem. Ich kann mich irren, doch ich suche die Wahrheit auf einer ganz anderen Ebene. Denn ich kenne ein Kind mit bösen Neigungen – unruhig, jähzornig – in schwerem Ringen mit sich selbst.

Eine andere Sache. Die Hinrichtung des »Rothaarigen Janek«.[2] Eine klare Diagnose: Beschränkt, einem Banditen hörig, ausgenutzt von ihm, mißachtet, ein Automat, der unter Suggestion und unter Druck handelte.

1. Korczak trat als Sachverständiger in Jugendgerichten auf (siehe S. 528, Anm. 1).
2. Über den Fall des bekannten Verbrechers Wiktor Zieliński und seinen Komplizen Władysław Łukawski – den Rothaarigen Janek – wurde in den Zeitungen berichtet, z.B. in *Nasz Przegląd* (Unsere Rundschau) 1926, Nr. 303: »Der Rothaarige Janek vor dem Standgericht. Zielińskis Komplize zum Tode verurteilt.«

Die Zeitungen beschrieben, wie das Urteil an dem resignierenden, wie ein Ochs zur Schlachtbank gehenden beschränkten Wesen vollzogen wurde. Wieviel besser hätte man den erzieherischen Moment des Prozesses genutzt, wenn man die Kindheit des Verbrechers genau untersucht und eine Warnung an Eltern von solchen Kindern gerichtet hätte, die leicht bösen Einflüssen unterliegen, daß Bandenführer gerade solche Kinder suchen, die sich ausbeuten lassen und von passiver Fügsamkeit sind. Ein anderer Fall. Ein Schüler tötet den Direktor, weil der ihm befahl, sich die Haare scheren zu lassen.[1] Nein, hier verbirgt sich

1. Der Schüler einer Handelsschule, Stanisław Łampisz, tötete seinen Schuldirektor Lipka im Affekt, weil der ihn zur Kopfrasur zwingen wollte. Bei dem Schußwechsel wollte der Schüler auch sich selbst töten. Er überlebte jedoch, während der Schulleiter starb. In der Tageszeitung *Nasz Przegląd* vom 25.5. des Jahres 1927 wird über Korczaks Auftritt vor dem »Bezirksgericht für Kinderangelegenheiten« berichtet. Es wird geschildert, daß dieser die Tat nicht als Mord sehe, sondern als Folge eines unprofessionellen Umgangs mit einem Jugendlichen. »Janusz Korczaks Expertise beinhaltete eine Ansicht, die wir das erste Mal vor Gericht vernommen haben. Der Vortrag von Dr. Korczak dauerte mehr als eine halbe Stunde. Er setzte durch seine Tiefgründigkeit und hohe Sachkenntnis in Erstaunen. Das Gericht hörte sich diese Beurteilung mit großer Aufmerksamkeit an: ›Lampisz war *darauf eingestellt*, die Schule abzuschließen‹, sagte Dr. Korczak, ›er wollte die Schule beenden. Die Sache mit dem unglückseligen Haarescheren war der Wendepunkt. Der Junge hatte nur ein Wesen, das ihm zugneigt war – seine Freundin Zielinka – er könnte sie, geschoren wie ein *Sträfling*, verlieren. Nachdem man ihn von der Schule gewiesen hatte, begab er sich zu dem einzigen unter der ganzen Schar der Lehrer, der ihm wohlwollend gegenüberstand, Direktor Lipka. Das war seine einzige Hoffnung. Als ihn Lipka abwies, war für Lampisz alles verloren. Die Tante wollte ihn nach seinem Rauswurf aus der Schule nicht bei sich behalten. Der Junge sah keinerlei Ausweg; da beschloß er, sich das Leben zu nehmen. – Ich sehe da kein Verbrechen‹, sagte Dr. Korczak. ›Lipka kam ums Leben wie ein Chemiker, der unvorsichtig ein Präparat vorbereitet – und das in die Luft geht –, ihn traf der Tod wie einen Chirurgen, der während einer Operation eine Blutvergiftung bekommt ... Im selben Augenblick, als Lampisz schoß – schoß er auf sich selbst ...‹«
Und so beurteilte eine andere bekannte Pädagogin, Stefania Sempołowska, Korczaks Auftritt in dieser Sache: »Während der Gerichtsverhandlung sprach der Experte Dr. Korczak über die psychischen Ursachen für diesen Totschlag, er sprach über die Stärke von Reaktionen, hervorgerufen durch physische Gewalt, die Jugendlichen angetan wird.« Sieben Jahre später schreibt Korczak in seinem Aufsatz über das *Haarschneiden*: »Vor ein paar Jahren wurde ich beim Gericht als Sachverständiger in einem Fall herangezogen, der mich sehr bedrückt hat: Ein Schüler einer Handelsschule hat den Direktor erschossen und einen Selbstmordversuch begangen. Der Tropfen, der das Faß zum Überlaufen brachte, war die Schikane, daß sein Haar nicht vorschriftsmäßig geschnitten war. So viel quälende Strenge, wer braucht sie, daß sie immer häufiger wird? Keine ›Kleinigkeit‹, denn sie verbindet sich mit der Frage: Verständigung mit den Kindern oder Trotz und Widerwillen – zwei Lager. Faulheit, Mißachtung und brutaler Druck eines Erzieher-Henkers und kraftloser, tiefer, verborgener Zorn und Groll eines Zögling-Opfers; Bündnis oder Kampf.« (*Sämtliche Werke*, Bd. 8, S. 259)

ein Geheimnis, das der Erzieher zutage fördern muß. Es geschah nicht so. Das ist Unsinn. Was machte die Presse? Feige und ratlos spielte sie das herunter. Sie hat es nicht gewagt, eine Überschrift zu setzen, die sich aufdrängte: »Der Bandit – ein Dummkopf«, »Ein Spitzbube und Schafskopf«. Wenn es wahr ist, so muß man gerade so den Mord eines Selbstmörders bewerten, muß ihn lächerlich machen und herabsetzen, damit er für die Jugend kein Held ist. Ich frage mich, wie es geschehen konnte, daß ein solches Individuum so lange unerkannt blieb? Die Schule, an ihrer Spitze der getötete Direktor, verbarg einen Banditen oder einen Tobsüchtigen – hat schwer dafür gebüßt. Wegen des allgemeinen Wohls hat die Presse auf Sensationen verzichtet. Täuschen wir uns jedoch nicht. Ähnliche Fälle wiederholen sich bereits, mal hier, mal dort, man wird immer lauter schweigen müssen. Höchstens eine Gesellschaft von Frömmlerinnen wird eine Verlautbarung über die Demoralisierung einsenden. Daß ganze Gebiete des Lebens für die Juristen ein unbekanntes Land sind, davon hat mich die detaillierte und treuliche Arbeit von Ettinger[1] überzeugt: *Der Verbrecher im Lichte der Anthropologie und Psychologie.* Ich nehme nur ein Beispiel. Ettinger sagt: »Man kann mit Entschiedenheit behaupten, daß eine Frau überhaupt nie vergewaltigt.« Was für eine Naivität – was für ein mangelndes Bewußtsein von vielen Fakten, wenn der von einem Kindermädchen oder einer Pflegerin Verführte ein Junge im Kindesalter ist (der häufig sogar angesteckt wird), welche Ignoranz in bezug auf die Jugendlichen früherer Zeiten, als Jungen vergewaltigt zu werden pflegten. Gibt es unter den Opfern der unvollkommenen heutigen Kriminalistik nicht deshalb so viele Unausgeglichene, weil die Ausgeglichenen ihre Verbrechen so gerissen begehen, daß nicht nur sie selber im Verborgenen bleiben, sondern meistens die Tatsache des Verbrechens selber unentdeckt bleibt? Hat eine Frau, die Essen kocht, nicht die Möglichkeit, es so zu vergiften, daß der Vergiftete eines natürlichen Todes, an Nierenentzündung oder Herz-Aneurysma[2] stirbt?

Der Advokat führt die Verteidigung, er versucht, die Richter zu rühren und belehrt die breite Allgemeinheit, aber sowohl er wie auch der Staatsanwalt erörtern das letzte oder mittlere Kapitel der Geschichte. Der Experte erforscht den heutigen Geisteszustand. Die Vergangenheit findet in den seltensten Fällen Erwähnung. Ich frage mich: Wie reifte

1. Adam Stanisław Ettinger (1878-1934), Soziologe und Kriminologe. Seine Arbeit *Der Verbrecher im Lichte der Anthropologie und Psychologie* erschien in Warschau im Jahre 1924. Korczak beieht sich auf die Textstelle: »Man kann mit Sicherheit sagen, daß beispielsweise ein Mensch unter zehn Jahren niemals Ehebruch begehen und eine Frau überhaupt nie eine Vergewaltigung verüben wird.« (S. 303).
2. Aneurysma (griech.): Erweiterung; örtliche Erweiterung der Schlagader.

eine kriminelle Tat in einer langen Zahl von Jahren, über welche gewundenen, dornigen Wege ging der Geist, bevor er in die Falle ging? Es ist wahr: Es gibt den Beichtvater. Er kann die Geheimnisse des Delinquenten erkennen. Welch riesiger Schatz jahrhundertealter Erfahrungen. Ein unzugängliches Material, verhüllt vom Beichtgeheimnis.

Neben dem Verteidiger, der die Paragraphen der geschriebenen Gesetze kennt, verlange ich Platz für den Erzieher, der die Geheimnisse der ungeschriebenen Gesetze kennt.

Wenn es seinerzeit Spezialschulen gegeben hätte, vielleicht wäre der »Rothaarige Janek« nicht erschossen worden.

Ich verstehe die Schwierigkeiten. Der Angeklagte wird die Zuhörer rühren wollen durch Einzelheiten aus seiner Kindheit, er wird sein Schicksal und sein unstetes Leben beschreiben, er wird lügen, denn es wird sich schwer überprüfen lassen. Doch schwer bedeutet nicht unmöglich. Es wird sich (beispielsweise) ein Schulkamerad finden, ein Gefährte von den Jagdzügen in fremden Gärten. Wieviel wertvolles Material erhielte die Pädologie[1], ich füge hinzu, die Soziologie, wie viele Hinweise und Warnungen – die passive und unkundige Elternschaft – im Gerichtsverfahren. Wie viele alltägliche Bilder vom Hof, vom Hausflur, vom Platz und Markt würden vorbeiziehen.

Wenn das Urteil nicht Rache sein soll, wenn das Gefängnis Lehranstalt sein will – will ich meinen Zögling bei seiner letzten Prüfung begleiten, nicht nur um ihn zu stützen, sondern auch um mich selber zu kontrollieren: Ich habe Fehler gemacht, weil ich nicht vorauszusehen verstand oder, voraussehend – nicht vorzubeugen vermochte.

Ich werde mich nicht darauf versteifen. Wenn es ein unglücklicher Gedanke ist, so möge er eine fehlerhaft gedruckte Seite bleiben. Wenn er realisiert werden kann, so wird er – vielleicht hier nicht bemerkt – anderswo zutage treten. Ich möchte jedoch, daß ein kompetenter Jurist sich zu Wort meldet. Ich kenne das Gericht nicht, dies ist für mich ein fremdes Gebiet. Wenn ich mir erlaubt habe, das Wort zu ergreifen, so deshalb, weil ich als Erzieher – kleiner Kinder – sehe und traurig daran denke, daß sie vielleicht in Zukunft vor einem Gericht stehen könnten. Ich denke, es gibt eine Gesellschaft für Kriminalistik. Lohnte es sich nicht, diesem Thema einen Abend der Diskussion zu widmen?

1. Zur Jahrhundertwende versuchte man eine experimentelle Wissenschaft zur Erforschung der physischen und psychischen Entwicklung von Kindern und Jugendlichen zu forcieren, die man als Pädologie bezeichnete. Die Pädologie untersuchte die biologischen (angeborenen) und umweltbedingten (sozialen) Einflüsse in der Ontogenese. Korczak zählte sich selbst zu den Pädologen und Pädiatern; vgl. den ausgefüllten Fragebogen, in: *Sämtliche Werke*, Bd. 8, S. 290.

Wir haben *das Recht,* in Strafprozessen zu sprechen, ja sogar die Pflicht. Das erzwungene Schweigen quält uns.

Dr J. Korczak

Aus: *Szkoła Specjalna* (Sonderschule) 1926/27, Bd. 3, Nr. 2 (Febr./März 1927), S. 82-85.

Soziale Unterentwicklung

Wir sind geneigt, die Gesellschaft der Kinder bemängelnd anzuklagen, weil sie häufig – undifferenziert, undurchsiebt – einen bestimmten Prozentsatz von unausgeglichenen, unterentwickelten, demoralisierten, kriminellen Individuen enthält. Der Radaubruder in der Schule kann das Leben der Gemeinschaft ungestraft vergiften; sofern er sich gegenüber dem Lehrer reserviert verhält und sich nur vorsichtig gegen den von der Schulordnung festgelegten Rahmen vergeht. Der Schwindler schädigt die Gemeinschaft, indem er ihre mangelnde Erfahrung bei verschiedenen Geschäften ausnutzt, niemand hindert ihn daran. Der Possenreißer belästigt empfindlich die anderen und reizt sie, ohne ein Gegengewicht für sein boshaftes Tun zu finden. Der Gerüchtemacher und der Anschwärzer treiben ihr Unwesen unbemerkt von den Erwachsenen. Der ehrgeizige Räuber stößt die anderen auseinander und trampelt auf ihnen herum. Der Leichtsinnige und Unausgeglichene schafft für die Gruppe unangenehme Situationen, zieht die anderen in Konflikte mit dem geltenden Recht hinein, verursacht materielle Schäden, verdirbt unversehens heitere oder fröhliche Stimmungen. Der Blödling trottet aufdringlich herum und stellt Anforderungen an die Gruppe, weil ihm das Leben noch keinen seinen Fähigkeiten entsprechenden Platz zugewiesen hat.

Ins Abseits gestoßene und deklassierte Erwachsene, Degenerierte und Kranke, der Abschaum – der Bodensatz – verbinden sich (Dieb – Hehler, Prostituierte – Zuhälter) und stellen so den Rand der Gesellschaft, einen geschlossenen, wachsam beobachteten und verfolgten Staat im Staate dar. Ein bedeutender Teil – ist isoliert in Irrenhäusern und Gefängnissen. Ein Teil – verurteilt sich freiwillig zur Emigration – zur Verbannung, ein Teil findet Sättigung seiner räuberischen Instinkte in beruflicher Arbeit (Fleischer, Polizist). Wie viele hat schon im jungen Alter die Tuberkulose und die Sucht getötet. Viele erlagen Unfällen, haben Selbstmord begangen. Die übrigen – sind stark gezügelt durch die Polizei, durch Gefängnis und Strafen.

Kann diese allzu langsame Arbeit vieler Jahre nicht beschleunigt werden? Wir bedienen uns gewisser Filter, wir haben gelernt, wie das Wasser sich in der Natur reinigt. Die trübe, stürmische Gesellschaft der Kinder ist das Fundament der Zukunft. Hier lernt der neue Mensch, der wachsam ins Leben schaut, klug zu sein, also rücksichtslos, mißtrauisch, verschlagen und rachsüchtig. Hier lernt er von Tag zu Tag, daß Güte, Ehrlichkeit, Wahrheitsliebe, Rechtschaffenheit eher Schaden bringen, im Leben hinderlich sind; scheinbar hochgeachtet, werden diese Eigenschaften zu Geboten und einem Kodex für die Naiven.

Die klinische Beobachtung der Kindergesellschaft lehrt, daß soziale Unterentwicklung, Zurückgebliebenheit eine besondere Form von unterentwickelter, zurückgebliebener Intelligenz ist. Das Kind lernt gut, schlußfolgert und antwortet richtig auf Fragen; aber es versteht nicht, Menschen und gerechte Gesetze zu entziffern. Es tappt umher, begreift nicht, fühlt nicht. Selbst wenn es weiß – will es nicht. Die Gemeinschaft – ist das Feld der Ausbeutung. So ein Kind sieht keine Bedürfnisse und Rechte außer den eigenen, mißachtet Bedürfnisse und Rechte anderer, es ist unfähig zu spontaner Anstrengung, sich zu bremsen.

»Schaut ihn an. Soll er ein bißchen plärren. Soll er fürs nächste Mal Bescheid wissen. Warum ist er denn so dumm.«

Dummheit – das ist Vertrauen, Sensibilität, Ehrlichkeit. Dumm ist er, weil er einen berechtigten Befehl ausgeführt oder ein Verbot befolgt hat (dieser Feigling, Speichellecker), weil er den Eltern keinen Kummer machen will (dieses Muttersöhnchen – dieses Schoßkind – dieses Püppchen), weil er im Bereich der Pflichten und Verpflichtungen ordentlich sein will. Dumm, weil ihm jemand leid tut. Weil er nicht teilnehmen will an einer bösen Sache oder an deren Annehmlichkeiten und Beute.

Die Behauptung, daß die Schule nicht erzieht, ist falsch. Jawohl, sie erzieht zu Roheit und Banditentum, Spitzelei und Denunziantentum. Das machen nicht die Erzieher, das geschieht ohne ihr Zutun von selbst. Der Lehrer leistet Bildungsarbeit in deklamierender Form über hochfliegende Themen (Kameradschaft, Brüderlichkeit, Liebe, Schönheit). Er organisiert das Leben nicht nach den Prinzipien einer vernünftigen Gerechtigkeit, denn er mißachtet die kleinen Streitigkeiten und die unreife Meinung der Kindergesellschaft. Klagen duldet er nur insofern, als sie es ihm leichter machen, über die Sicherheit und Disziplin der Gruppe, über das gesamte schulische Inventar zu wachen. Der Lehrer urteilt stoßweise, eilig, oberflächlich, ohne Sachkenntnis. Die Strafen fallen unverhofft, je nach Laune und Augenblick. Notwendige Verbote werden vermischt mit relativen und undurchführbaren. Privilegien werden einzelnen – aufs Geratewohl zugestanden oder, was noch schlimmer ist, ausschließlich nach der Einstellung der Begünstigen zur Person des Erziehers, nicht aber zur Gemeinschaft der Kinder.

Da herrscht irgendein Durcheinander; immer wieder Streiche und Exzesse; so viel Unzulässiges, Strafwürdiges – man muß loswettern, strafen, züchtigen. Wen? Die Kinder. Die Schüler. Die Gruppe. Die Klasse. Sowohl die Anstifter, die das Vergehen provoziert haben, wie auch zufällige Opfer, die doppelt geschädigt werden.

Wie kann angesichts solcher Verhältnisse erreicht werden, daß die schwächeren Charaktere vor der Seuche geschützt und die heilbaren Individuen gebessert werden. Welcher Weg führt zur Rehabilitation jener, die das Unglück hatten, einmal ihren Ruf zu zerstören?

Ein ähnlicher Zustand wird durch die zwei Ebenen des Daseins geschaffen: die eine – man muß so tun, als sei man musterhaft; die zweite – konspirative – ich verberge um jeden Preis, was ich tue, um so mehr, was ich denke und fühle. Ein Feld, wo Heuchelei und Lüge wuchern. – Hier wird keine Rechtschaffenheit wachsen.

Rebellierende Rechtschaffenheit stößt auf strengste Repression. Auf diese Weise werden soziale, positive, aktive, stolze, mit Würde ausgestattete Elemente eliminiert.

Gerichte für Minderjährige und Sonderschulen haben mit der Arbeit begonnen, die Kinder zu scheiden – ein erster Schritt, die fatalen Bedingungen für das Zusammenleben von Minderjährigen zu ordnen, denen Hilfe gebührt. Schülerselbstverwaltung, eine eigene Zeitung, das Kameradschaftsgericht, Sitzungen und Beratungen müssen den riesigen Kundschafter- und Strafapparat der Erwachsenen ersetzen.[1]

Aber das läßt sich nicht tun ohne Vorbereitung, ohne Kenntnis der Gesetze, von denen die Ansammlungen von Kindern in Schulen und Internaten regiert werden (so wie die Fabriken Arbeiterversammlungen und eine Gesetzgebung zum sozialen Schutz gewährt haben).

Die Spalten der *Sonderschule* erlauben es, Angelegenheiten unverhüllt zur Sprache zu bringen, ohne sich dem Vorwurf auszusetzen, daß man Verwirrung stiftet. Trotzdem sollten die Erzieher diese Vorwürfe nicht ohne Antwort lassen.

Dr J. Korczak

Aus: *Szkoła Specjalna* (Sonderschule) 1926/27, Bd. 3, Nr. 3 (April/Juni 1927), S. 171-173.

1. Vgl. Korczaks Erfahrungen in den Waisenhäusern, vor allem im Dom Sierot: *Sämtliche Werke*, Bd. 4, S. 249ff.

Die Kaste der Autoritäten

Wir haben im Erziehungswesen eine nicht sehr zahlreiche Kaste der Autoritäten. Das Buch – ein dicker Band, besser zwei Bände; der wissenschaftliche Titel des Verfassers: Direktor, Dr., Professor. Gering an Zahl und Auserlesenen. Außerdem die riesige Schar der durchschnittlichen Mitarbeiter, das gemeine Volk der Praktiker. Höhen und Tiefen und dazwischen ein Abgrund. Hier – Ziele, Richtungen, Parolen, Verallgemeinerungen, dort mühselige Geschäftigkeit von einem Fall zum anderen. Staatsbürgerliche, moralische, religiöse Erziehung; Aufgaben und Pflichten des Erziehers; und daneben lebendige Menschen, die mühsam den eigenen Lebenspart auf dem Gebiet verantwortlicher, ununterbrochener, komplizierter, nicht in Schablonen faßbarer Arbeit spielen. Mühe, Anstrengung und Streben. Und vor allem – Wachsamkeit. »Es ist schwieriger, einen Tag gut zu durchleben als ein Buch zu schreiben.«[1] – Das Ganze fügt sich aus Kleinigkeiten zusammen. Über die zerschlagene Scheibe und das zerrissene Handtuch, den schmerzenden Zahn, den erfrorenen Finger und das Gerstenkorn im Auge – den verbummelten Schlüssel und das gestohlene Buch; das Brot, die Kartoffeln und fünf Deka Fett – durch tausendfache Tränen, Klagen, Unrecht und Schlägereien – durch das Gewirr von Bösem, Schuld und Fehlern – muß man sich durchkämpfen und sein heiteres Gemüt bewahren, um zu lindern, zu stillen, zu versöhnen und zu verzeihen, um das Lächeln gegenüber dem Leben und den Menschen nicht zu verlieren.

Es gibt den Freundschaftsdienst und das Mitleid, das Bedauern und die Sehnsucht, es gibt trotz allem die ängstlich flatternde Freude im jungen Menschenleben, trotz Waisentum, Verlassenheit, Demütigung, Zurückgebliebenheit und Vernachlässigung. Man muß die Funken wahrnehmen und wenigstens am Leben erhalten, wenn man sie schon nicht entflammen kann (zur Flamme).

Es ist schwierig, ihr würdigen Herren vom Katheder. Ihr – das heißt Vorlesungen. Wir – das sind jene, die müde, schläfrig, gereizt oder resignierend – im Tretrad gehen.

1. Zitat aus Adam Mickiewicz: *Zdania i uwagi. Z dzieł Jakuba Bema ...* (Meinungen und Anmerkungen. Aus den Werken von Jakob Böhme ...) 1834/1835. Korczak zitiert den Vers noch einmal kurz vor seinem Tod im *Tagebuch aus dem Warschauer Ghetto 1942*, Göttingen 1992, S. 99. Der ganze Zweizeiler mit dem Titel *Wort und Tat* lautet: »In den Worten sehen wir nur den Willen, im Handeln die Kraft; es ist schwieriger, einen Tag gut zu durchleben als ein Buch zu schreiben.«

Ich frage mich, was tun, um die aristokratische Theorie mit der demokratischen erzieherischen Praxis zu verschwistern, wie den ersten Schritt zu ihrer Annäherung tun. Ihr bewegt euch heute ausschließlich innerhalb des geschriebenen Wortes, in der Bibliothek und im Studierzimmer – wir sind mitten unter den Kindern. Das ist unsere Überlegenheit. Außerdem, das gebe ich zu, sind wir geistig verwahrlost, verarmt, wenn nicht verroht (oh, wir haben seltene, außergewöhnliche Augenblicke mitreißender Erlebnisse, überaus heller Inspiration, heilige Momente der Andacht – selten und ungewöhnlich), aber wir wissen besser – nicht wie es überhaupt und überall ist, sondern wie es heute in unserem Speisesaal, Schlafsaal, auf dem Hof und auf dem Klosett aussieht. Wir wissen, wie und was los ist, wenn Joziek dem Franek in die Quere kommt oder Joziek gemeinsam mit Franek gegen die Heimordnung verstößt. – Ein Fiasko, Brüderchen, auf der ganzen Linie. Ich sehe, wie du mit einem Packen Papiere unter dem Arm Reißaus nimmst, und ein boshaftes Lachen überfällt mich.

Zur Sache: Nichts verheimlichen. Ein Bündel Licht. Offenheit. Schamlose Bolschewiken besitzen den Zynismus, zuzugeben, daß man kriminelle Kinder in Kloakenlöcher sperrt. Ja: Oben sind Öffnungen, und unten im ausgemauerten Exkrementenbehälter steckt ein nicht straffähiger Halbwüchsiger für 24 Stunden. Aber sie haben darüber geschrieben. – Und was tun wir?

Schreibt anonym, führt Beweise dafür an, daß man nach eurer Überzeugung nicht anders handeln konnte. – Nun, es war doch so: Der junge Bursche stürzte mit der eisernen Brechstange auf den Meister los, versuchte mit einem gestohlenen Revolver zu schießen, stahl ein Stück Leinwand und verkaufte es, riß fünfmal aus, versuchte sich als Brandstifter, machte einen kleinen Jungen zu seinem Sklaven, brach binnen einer Woche zweien die Knochen – dem einen das Schlüsselbein, dem anderen die Hand, einige bliesen der Katze mit einer Fußballpumpe Luft in den Mastdarm, bis sie platzte. – Was tun?

Gebt zu, daß ihr unter euren Bedingungen oder nach eurer Überzeugung nicht anders konntet. Die Autoritäten mögen sich herablassen, über praktische Aufgaben zu reflektieren. Es muß der Zwang zum Schreiben existieren, der Zins der Erfahrung. Die Stille des Studierzimmers der Gelehrten sei dahin. Sie sollen Auge in Auge mit der Wahrheit, den Schwierigkeiten, dem Schrecken erzieherischer Arbeit konfrontiert werden.

Schreiben – nachlässig, unwissenschaftlich, im Stil eines Fuhrknechts, nicht glätten, nicht verzärteln. Dafür ist keine Zeit. Unsere Wahrheiten können keine Mandelkuchen sein, keine verzierten Pastetchen, im übrigen schreiben wir nicht für vornehme Menschen, die beleidigt oder verletzt sein könnten. Unsere Pflicht ist es, in alle Schlupfwinkel der Seele hineinzuschauen, uns nicht zu ekeln vor eiternden Wunden, nicht schamhaft die Augen abzuwenden.

Unsere Arbeit ist noch jung. Wir haben noch keine Geheimräte. Unsere Gelehrten kämpfen noch mit der Armut, sind noch opferbereit und ehrlich. Hüten wir uns, solange noch Zeit ist, damit sich bei uns nicht nach dem Muster des Westens eine privilegierte und von den praktischen Aufgaben losgelöste Kaste der Autoritäten herausbildet – ihre Gelehrsamkeit um der Gelehrsamkeit willen.

Dr Janusz Korczak

Aus: *Szkoła Specjalna* (Sonderschule) 1926/27, Bd. 3, Nr. 4 (Juli/Sept. 1927), S. 222f.

Gefühl

Kein Wunder, daß die Muskeln an Wert verloren haben. Nur noch als Erholung und Unterhaltung ist es ihre Aufgabe, den Geist in heiterer Frische zu halten, nicht zuzulassen, daß er ermüdet. Aber die Arbeit, der Wohlstand, die Bequemlichkeiten werden vom Eisen geliefert, das vom Gehirn angetrieben und gelenkt ist.

Kein Wunder, daß wir den Intellekt so sehr achten. Er hat es erlaubt, so viel zu erklären, zu bändigen, in Dienst zu nehmen; wir verdanken ihm viele effektvolle Siege. Im übrigen wirkt er offen, hat bereits aufgehört, ein Geheimnis zu sein, und läßt sich, in Zahlen gefaßt, messen und fast wiegen.

Wie bequem. Ein glücklicher Zufall fügte es, daß da irgendwann irgendein außergewöhnlicher Mensch ist – und schon hat die ganze Menschheit – ohne Verdienste und ohne Werte – sofort, umsonst – für alle Zeiten Nutzen, Gewinn, Profit. Also sucht man, stöbert, schnüffelt und wartet sehnsüchtig auf irgendwelche Edisons, Pasteurs und Mendels.[1] Sie für uns: der reiche Onkel und die Meute der armen Verwandten.

1. Thomas Alva Edison (1847-1931), amerikanischer Autodidakt – Erfinder des Phonographen (1877), der elektrischen Glühlampe (1879), des Kinematographen (1889) u.a.
Louis Pasteur (1822-1895), französischer Mikrobiologe; er erarbeitete u.a. die Methodik der Schutzimpfung zur Vorbeugung gegen Infektionskrankheiten. Korczak publizierte 1938 eine biographische Erzählung für Kinder über diesen Wissenschaftler unter dem Titel *Ein hartnäckiger Junge. Das Leben des Louis Pasteur* (*Sämtliche Werke*, Bd. 13). In einem Brief vom 14. September 1937 an seinen jungen Freund Edwin Markuze schrieb er folgendes über den Buchhelden:

Anders das Gefühl. Man geht auf die Suche, wie man damit zu den Menschen vordringen, sie gewinnen und nähren kann. Zweitausend Jahre ein fast hoffnungsloses Gesetz Christi. Hier fängt jeder von neuem an und nur für sich allein. Im übrigen ist es zu flüchtig, um etwas zu wissen. Maschinen und Tests sagen, ob jemand begabt ist, ob er etwas kann; es bleibt aber das Tragische – will er denn überhaupt? Er könnte: nützlich und wertvoll, geachtet und glücklich sein – warum ist er ein Schädling, weshalb das Gefängnis?

Sie versuchen über den Intellekt an die Gefühle zu kommen. Und die allgemeine Schulpflicht und gut gelüftete Schulgebäude. Es gibt schon weniger Fäuste und Bajonette, warum auch, wo es doch den Browning und Giftgas gibt.

Es gilt den Menschen zu erkennen, also in erster Linie das Kind zu prüfen und auf tausenderlei Weise zu erproben! Andere können es – warum soll ich schlechter sein? Also tue auch ich das – unwissenschaftlich, unfachmännisch schaue ich mit bloßem Auge.

Und mir scheint, es ist nicht der Intellekt. Ich sehe keinen Unterschied. Die Kinder und ich – der gleiche Prozeß des Denkens – alles das gleiche, nur lebe ich schon länger.

Aber auf dem Gebiet der Gefühle ist das Kind anders. Also gilt es nicht zu verstehen, sondern mit ihm mitzufühlen: sich kindhaft freuen und betrübt sein, lieben und zürnen, beleidigt sein und sich schämen, Furcht haben und Vertrauen. Wie soll man es selber machen, und wenn das gelingt, wie es den anderen beibringen?

Die Pädologie[1] – vielleicht sage ich etwas Törichtes – muß sehr viel von der körperlichen Entwicklung des Kindes und erst recht viel von den Gefühlen sprechen; der Intellekt kommt erst am Ende.

Janusz Korczak

Aus: *Szkoła Specjalna* (Sonderschule) 1927/28, Bd. 4, Nr. 3/4 (April/Sept. 1928), S. 185f.

»Zwei Monate habe ich in einem verlassenen Dörfchen in Podlasien zugebracht. Während einer der beiden Monate leistete mir Louis Pasteur Gesellschaft. Ich habe seine Biographie für Kinder aufgeschrieben. Was für eine großartige Gestalt, was für ein wunderbares Leben im Kampf um die Wahrheit.« (Ebd., S. 494)

Johann Gregor Mendel (1822-1884), tschechischer Botaniker, Ordensbruder; Begründer der Grundlagen der modernen Genetik (Vererbungsgesetze).

1. Vgl. S. 260, Anm. 1.

Bemerkungen über verschiedene Kindertypen

In feuilletonistischer Form durcheile ich hastig das genannte Thema. Ich beginne mit Kindern, die stehlen. Von diesen gibt es am meisten. Wenn man sie unter dem Blickwinkel der Besserungsmöglichkeit betrachtet, zerfallen sie in viele Kategorien, die nichts miteinander gemein haben.

Diebstahl aus Zufall. Er nahm, weil »alle nehmen«. Er griff nach einem Apfel vom Marktstand oder aus fremdem Garten, nach einer Handvoll Bonbons oder Trockenpflaumen, einem Kästchen, einer Tasche, einer Büchse. Er hat versucht, einen Złoty zu stehlen, hat jemandem die Geldbörse entrissen. Er hat es zum ersten Mal getan, über kürzere oder über längere Zeit hinweg. Zum Glück kommen bei uns diese Kinder noch relativ selten vor Gericht. Diese Dinge erledigt man auf der Stelle: Dem Delinquenten wird Angst eingejagt, oder man rechnet gleich mit ihm ab.

Folgender Fall blieb mir im Gedächtnis. In Berlin[1] bringt ein 10jähriger Junge ein Buch ins Antiquariat. Er fügt einen Zettel bei – des Vaters Erlaubnis zum Verkauf des Buches. Die ungeübte Schrift weckt beim Besitzer der Buchhandlung Zweifel – er läßt das Kind festnehmen. Der Vater wird ins Kommissariat bestellt. Um den Sohn zu schützen, versucht der Vater, sich zu dem Zettel zu bekennen. Da drohen sie ihm, wenn der Schriftsachverständige eine Fälschung feststelle, werde der Vater vor Gericht streng zur Verantwortung gezogen. Überrascht, wandelt der seine Aussage ab: Er habe den Zettel nicht selbst geschrieben, sondern dem Kind den Auftrag gegeben, ihn selber zu schreiben. Auch das ist übel. Sie sagen, er werde sich dafür verantworten müssen, einen seiner Obhut anvertrauten Minderjährigen zur Fälschung angehalten zu haben. Schließlich verzeihen sie dem Vater großmütig, den Jungen verurteilen sie zu ein paar Monaten Besserungsanstalt. Oh, daß doch Polen so spät wie möglich diesen Typ Gesetzlichkeit erreichen möge, wenn er schon überhaupt notwendig ist.

Ein beweglicher, lebhafter Junge mit viel Initiative und Vorstellungskraft sucht Abenteuer, im übrigen wünscht er sich etwas sehr – braucht etwas. Ich betone, die seit eh und je üblichen Beutezüge der Dorfkinder

1. Korczak hielt sich von August 1907 bis Mai/Juni 1908 zu ergänzenden Studien in Berlin auf. Manchmal bezog er sich auf seine Erfahrungen aus diesen Studien. Seine zu dieser Zeit gewonnen Eindrücke stellte er in einem Korrespondenzzyklus mit dem Titel *Eindrücke aus Berlin* vor, die in der Warschauer Zeitschrift *Ärztliche Kritik* 1907 publiziert wurden. Dt. in *Sämtliche Werke*, Bd. 8, S. 29ff.

in fremden Gärten haben viel früher auf das Vorhandensein von Vitaminen in rohen Früchten und rohem Gemüse hingewiesen als dies der Wissenschaft zu erforschen gelang.

Wie soll man diese Kinder behandeln? Das ist wie Windpocken. Seien wir strenger, also – es handelt sich um Krätze von nicht sorgfältig genug aufgezogenen, verwahrlosten Kindern, die leicht der Infektion einer Versuchung erliegen. Reichlich mit Teersalbe einreiben und – gesund. Man braucht sie nicht einmal zu behandeln. Wenn die Besserungsanstalt diesen Prozentsatz von Kindern für besserungsbedürftig erachtet, irrt sie sich gewaltig: Hier braucht man weder zu bessern noch zu heilen. Es genügt, sie zu baden.

Eine chronische Versuchung schafft ein Feind – der Hunger. Dabei werde ich mich nicht aufhalten.

Das Kind braucht Geld für etwas. Es hat das Recht: Die anderen haben, die anderen essen. Eine kleine Schwächung des Willens genügt. Ein kurzfristiger Aufenthalt in einer Atmosphäre von Hygiene und Heiterkeit, und diese Konflikte mit dem Gesetz verschwinden schnell und ein für allemal.

Beweisen die so verbreiteten und gern gesehenen – ich füge hinzu – seit alters her üblichen Spiele als Räuber und Banditen nicht, wie die wirkliche Einstellung der Kinder zum Diebstahl ist, unabhängig vom moralischen, sozialen Charakter dieses Problems? Die allgemeine Suggestion zieht die Kinder an, der Nachahmungstrieb, die lebendige Vorstellungskraft, das Bedürfnis nach Abenteuer, manchmal der Ehrgeiz. Es gibt Jungen, die stehlen, um andere freizuhalten.

Ein interessantes, lebendiges, lustiges, komisches Abenteuer. Gesunde, geliebte Lausejungen! Das ganze Wohlwollen gegenüber dem Menschen und die kindliche Naivität sind erhalten geblieben. Man muß nur sagen, daß es schlecht ist, was er da tut.

Auf welche Weise hat sich der Fußhall in den Vorstädten verbreitet? Da stehen drei oder vier Jungen. Plötzlich kommt so ein »Muttersöhnchen« und schwenkt einen neuen, hübschen Fußball. Das reizt. Schließlich versteht so ein Zierpüppchen gar nicht zu spielen. Ein etwas Mutigerer entreißt ihm den Ball, wirft ihn einem anderen zu, der andere einem dritten, und der vierte nimmt Reißaus damit.

Über eine ganze Reihe von Stufen sind wir zu dem Kind gekommen, das gleich einer Elster immer und alles nimmt, was ihm möglich ist. Es läßt sich nicht aufhalten. Wenn wir es dort mit einem allzu angespannten oder geschwächten Willen zu tun haben, so haben wir hier eine nervöse Unausgeglichenheit vor uns, die man heilen muß.

Ich will einen Fall anführen, der vor einigen Dutzend Jahren geschah. Es war in Frankreich. Zwei Hirtenjungen, die den Grundstock für eine beabsichtigte Robinsonade brauchten, ermordeten eine ganze Farmerfamilie.[1] Ich übergehe die Einzelheiten. Diesem Fall widmete *Matin* oder das *Journal*[2] zwei Kolumnen. Sie enthielten Interviews mit den Eltern, mit den Kameraden, den Lehrern der Jungen, unter anderem das Faksimile eines Briefes aus dem Gefängnis:

»Liebe Mutti! Ich weiß, daß ich schlecht gehandelt habe. Es ist mir unangenehm, daß ich Dir Verdruß bereitet habe. Sei sicher, wenn sie mich freilassen, wird sich so was nicht wiederholen. Noch einmal bitte ich, sei nicht böse.« Das Alter des Jungen: zehn Jahre.

Mit ein paar Worten muß ich daran erinnern, daß stupide und zurückgebliebene Kinder letzten Endes unter die Gewalt eines wirklich kriminellen Gleichaltrigen oder Halbwüchsigen geraten müssen. Wer will schon mit ihnen spielen? Wer will mit einem Stupiden sich unterhalten? Was verspricht er den Kameraden, den Gleichaltrigen? Sich für ihn interessieren, sich ihm nähern mag nur der, der ein Interesse hat, und ein gutes Interesse ist es, einen unkritischen Helfershelfer und disziplinierten Befehlsempfänger zu erhalten. Sicher haben jene Kinder die Anschauung diktiert, daß ein räudiges Schaf so leicht die ganze Herde anstecken kann. Der gesunde Intellekt hat eine unerhörte Widerstandsfähigkeit gegen die Ansteckung, einen wachsamen, gut wirkenden Apparat. Nur dadurch läßt sich erklären, daß nicht alle Kinder vom Hinterhof und von der Straße den Weg des Verbrechens gehen. Ich unterstreiche diese Tatsache mit allem Nachdruck. Nur ein Zurückgebliebener, dem der normale Intellekt imponiert, erliegt ihm passiv. Dadurch erklärt sich die Erscheinung, daß in den Besserungsanstalten ein bedeutender Prozentsatz geistig unterentwickelter, zurückgebliebener Kinder zu finden ist. Sie hatten übrigens unlängst gar keine Schulen.

Die unschuldigen, lieben kleinen Übeltäter. Um wieviel sozial-schädlicher ist der Typ des Schwindlers, der beim Spiel betrügt, der ausbeutet, indem er tauscht und wettet, andere ins Schuldenjoch zieht, die moralische Atmosphäre vergiftet und zahlreiche Konflikte schafft. Das sind die Schmarotzer- und Wucherertypen, Kinder, von denen man sagen kann, daß sie immer mit einem Fuß im Gefängnis stehen. Sie vergiften in bedeutendem Maße die Atmosphäre der Schulen; unbemerkt von der Gesellschaft der Erwachsenen, gehen sie unter den ihren auf Beute aus.

Zum Glück wird ein nur unbedeutender Teil der fröhlichen Possenreißer, die die öffentliche Ruhe stören, der Freiheit beraubt. Leider muß ihre Zahl mit wachsender polizeilicher Wachsamkeit größer werden.

1. Es kann sein, daß Korczak auf diesen Fall während seines Studienaufenthalts in Frankreich im Jahre 1910 aufmerksam wurde.
2. Populäre Tageszeitungen.

In sanften Fällen vergeht diese flüchtige Erkältung von selbst. Deshalb hilft hier alles, und es täuscht die Unkritischen, daß der Wendepunkt zur Besserung ein gutes Wort, eine ehrliche Aussprache oder gar Prügel waren. Ja, es gibt so glückliche Fälle, die eine so schnelle Gesundung erhoffen lassen, daß nicht einmal Prügel immer Schaden anrichten. In der Medizin sagt man spaßhaft: Der Kranke wurde trotz der Behandlung gesund.

Ich betone: Wie ein Kind, das wiehert und mit den Beinen aufschlägt, nicht ein Pferd nachahmt, sondern ein Pferd sein will, sich in seine Lage hineinfühlen will, oder wie ein Kind, das bellend ein Hund ist und das doch nicht vom Abdecker eingefangen wird, so wie wir einen Jungen, der sich zum General ernennt, nicht des Staatsstreiches beschuldigen – genauso unsinnig ist es, ein Kind zu strafen, weil es vorübergehend einen Dieb gespielt hat.

Ein jähzorniges Kind. Vielleicht die schwierigste Angelegenheit, die am meisten Reflexion erfordert. Dieses kann im Zorn töten. Das ist ein schwerer Fehler des Charakters und Temperaments. Es droht große Gefahr, wenn in Zukunft Schnaps ins Spiel kommt, wenn das Kind mit Ungerechtigkeit und Benachteiligung konfrontiert wird. Es besteht die große Gefahr, daß eine schlecht geleitete Kur zusätzlich Erbitterung, wenn nicht Gereiztheit erzeugt. Es ist schwer mit diesen Kindern, um so schwerer mit Jugendlichen.

Hier ist kein Platz für eine Erklärung, wie ich es geschafft habe (die Leser müssen es mir glauben), daß ich in meiner Sammlung über zwanzigtausend Besserungsentscheidungen verfüge.[1] Ich stelle kategorisch fest, daß ein Kind mit einem Defekt dessen ganze Last spürt, ihn loswerden will, aber es fällt ihm schwer, sich zu bessern; erfolglos beginnt es ohne Führung mehrfach den Kampf mit sich selber, und nur eine Reihe von Niederlagen zwingt es zur Bankrotterklärung gegenüber sich selbst.

Seltsam: Niemand wird ja in Frage stellen, daß ein Buckliger seinen Buckel loswerden will, daß einer, dem ein Arm oder ein Bein fehlt, möchte, daß ihm die fehlenden Gliedmaßen wachsen. Hier muß man nicht zur Besserung überreden, im Gegenteil, man muß deren Ungestüm bremsen. Man muß lehren, daß nur Geduld, ständige kleine Bemühungen, vorsichtigste Orthophrenie[2] günstige Ergebnisse bringen können.

1. Korczak sammelte sie während seiner pädagogischen Tätigkeit in seinen sowie anderen Betreuungseinrichtungen u.a. mit Hilfe der populären Methode »Wetten mit Kindern«, z.B.: »Wetten wir, daß du dich soundso lange nicht prügeln wirst.«
2. von griech. »orthos«: aufrecht/gerade, richtig/recht und »phren«: Verstand/Geist; Lehre vom richtigen Handeln.

Es ist nicht leicht, das Wohlwollen und Vertrauen dieser mißtrauischen Kinder zu erringen, die deshalb Groll hegen, weil sie meinen, man wolle sie nicht heilen, ihnen nicht helfen. Ich erinnere hier nur daran, daß das Kind die Erwachsenen für Halbgötter hält, die alles wissen und können; ihm aber wollen sie offensichtlich nicht beistehen.

Ich kann mich nicht länger aufhalten bei dem kleinen, aber interessanten Prozentsatz der kindlichen »Schweinigel«. Es gibt davon so wenig, wie man bei Laboruntersuchungen sagt: Spuren von Eiweiß. Die, welche anderes behaupten, übertragen die eigenen Empfindungen auf die völlig unverstandene Welt der Empfindungen des Kindes.

Wir finden unter den Kindern neben aggressivem Ehrgeiz viel defensiven Stolz. Erfahrungen aus früheren Erlebnissen, manchmal eine angeborene Eigenschaft – psychische Schwäche, macht sie zu Misanthropen. Schmollende, Mürrische und Mißgünstige – die tragische Ernte des Lasters!

Hier eine Erinnerung. Als ich in Paris war, machte ich mich auf zu einem Schwimmfest. Es wurde anläßlich des zu Ende gehenden Schuljahrs veranstaltet. Ein schönes Schwimmbecken, ein Stadion, gefüllt mit zehntausend Schulkindern und ihren Lehrern. Viel Sonne und Freude. In einem bestimmten Augenblick erscheint der Volksbildungsminister. Das Orchester spielt die Marseillaise[1], die Kinder stehen auf, nehmen die Mützen ab. Ein Zwölfjähriger bleibt sitzen. Ein Kamerad versucht, ihn mit vorsichtiger und sanfter Bewegung vom Platz zu heben, nimmt ihm die Mütze ab. Ein zorniger Blick, eine schroffe Bewegung. Er sitzt mit Mütze da. Er demonstriert gegen die Regierung, gegen Frankreich. Drei Blicke treffen gleichzeitig den widerborstigen Jungen: Ein Polizist, der Lehrer und ich sehen ihn. Dann treffen sich unsere Blicke, und wir lachen alle drei. Ich fühlte Neid, daß das reiche und heute sichere Frankreich sich diesen Luxus nachsichtigen Lächelns erlauben kann.

Zusammenfassend schließe ich: Es gibt unschuldige Pusteln, offene Geschwüre, Abszesse und Tuberkulose, die Löcher reißen, zerfressen und anstecken. Ich sehe klar und verstehe die Versuche, die darauf abzielen, daß eine gewisse Kategorie von Kindern überhaupt nicht geboren wird. Ich sehe die Notwendigkeit des Krankenhauses, der Isolation[2] für eine sehr lange Zeit. Ich übertreibe die Schwierigkeiten nicht, aber ich unterschätze sie auch nicht. Das bedrohlichste Problem ist – schnöde behandeln, Haß wecken und Wut; hungrige Wölfe, gehetzte Raubtiere heranziehen!

1. Frankreichs Nationalhymne.
2. Vgl. S. 245, Anm. 2.

Leider kann dieses hilflose Leiden von Sadismus und Verbrechertum – von Gemeinheit und Grobheit wie von Läusen befallen und angenagt werden. Es gibt drei Wege: der eine ist die Kaschemme, die Kloake, wo das unglückselige Kind eine Hölle von Torturen und Qualen findet, der zweite ist die Medizin, der dritte (den habe ich eben in Lichtenberg[1] gesehen) – ist die mechanisierte Disziplin, wo kein Platz ist für irgendeinen eigenen Gedanken, irgendeine Entscheidung. Vor diesem dritten Weg warne ich, denn wir könnten, erschreckt vom Beispiel des ersten Weges, in diese Richtung taumeln. Das Vorbild – das Spital, es klagt nicht an, verurteilt nicht, sondern untersucht und heilt.

Dr Janusz Korczak

Aus: *Szkoła Specjalna* (Sonderschule) 1928/29, Bd. 5, Nr. 1/2 (Okt./März 1928/29), S. 43-47.

Grundsätze der Erziehung in Internaten[2]

Der Lehrer und der Erzieher. Die Schule und das Internat. Ein Schulkind und ein Kind aus dem Internat.

Ein Vortrag – als eine Zusammenfassung des gegenwärtigen Wissensstandes, und Vorträge – als Protokolle der klinischen Arbeit.

1. Über seinen Besuch in einer Besserungsanstalt in Lichtenberg schrieb Korczak in dem Artikelzyklus *Sorgenkinder* (*Sämtliche Werke*, Bd. 8, S. 65f). *Die Zwangserziehungsanstalt für verwahrloste Knaben* in Lichtenberg wurde 1896 für ca. 200 Zöglinge errichtet. Zu Korczaks Besuchszeit waren die »Erziehungsmethoden« sehr streng, Prügelstrafe war in der »Lichte« (so im Berliner Jargon) an der Tagesordnung. Dies änderte sich erst, als der Arzt und Pädagoge Karl Wilker (1885-1980) die Leitung dieser Anstalt übernahm. Die Zöglinge durften die Anstalt in »Fürsorgeanstalt Lindenhof« umbenennen. Vgl. hierzu: Karl Wilker: *Der Lindenhof. Fürsorgeerziehung als Lebensschulung. Pädagogische Beispiele. Institutionengeschichte in Einzeldarstellungen* (Hg.: H. Feidel-Mertz). Bd. 5. Frankfurt a.M. 1989. In dem Berliner Stadtteil Lichtenberg entstanden zur DDR-Zeit zwei Waisenhäuser, von denen eines den Namen Korczaks erhielt; es wird auch nach der Wende unter demselben Namenspatron weitergeführt.
2. Es handelt sich um Fragestellungen in Korczaks Vorlesungs- und Seminarveranstaltungen, die er am Institut für Sonderpädagogik im Rahmen einer »Vorlesungs- und Seminarreihe«, an der verschiedene Dozenten beteiligt waren, durchführte. Nach Korczak leitete ein anderer bekannter Pädagoge des Gebiets der Kinder- und Jugendfürsorge – Czesław Babicki – einen Veranstaltungsblock zum Thema *Grundsätze der Gruppenerziehung.*

Mängel und Tugenden des Erziehers. Sein Verhältnis zum Kind, zum Arbeitskollegen. Der Chef, die Untergebenen. Der Dienst. Kontrolle und Öffentlichkeit. Befehl oder Verständigung. Aristokratie oder Demokratie.

Die Methode der Beobachtung und des Nachdenkens über das Kind. Der Erzieher als Naturwissenschaftler (Arzt), als Soziologe, als Ethnologe.

Das persönliche Leben des Erziehers. Sein Optimismus oder Pessimismus im Verhältnis zum Leben und zum Menschen. Erfahrung. Berufliche Gefahren.

Die Rechte des Kindes als eines Lebewesens, eines Menschen und eines unerfahrenen Mitarbeiters.

Die Vergangenheit des Kindes (Erblichkeit, erzieherische Einflüsse, schlechte Gewohnheiten und Laster). Der Augenblick des heutigen Tages. Der sogenannte Mensch der Zukunft und das zukünftige Mitglied der Gesellschaft.

Das Internat als – Familie, Kaserne, Kloster, Gefängnis, Sanatorium.

Der Optimismus günstiger Bedingungen. Das Terrain, die Atmosphäre, die Werkstatt, das pädagogische Material. Die Einsicht in die Arbeitsbedingungen. Der junge und der neue Erzieher. Vorurteile und Illusionen. Die Liebe, die Dankbarkeit der Kinder. Die Kinder und das Kind kennenlernen.

Der Arbeitsrhythmus: Der Rhythmus des Tages, der Woche, des Jahres. Pflichten kristallisieren sich heraus.

Das Signal zum Aufstehen. Morgendliche Tätigkeiten des Erziehers. Schlafsaal. Zimmer des Erziehers.

Das Gebet. Das religiöse und politische Credo des Erziehers.

Das Frühstück. Die Diät im Internat. Die sogenannte rationale Ernährung. Wasser und Brot. Das Wachstum des Kindes. Gewicht – Größe. Küche – Speisesaal.

Die Gesundheit. Krankheiten. Unpäßlichkeiten. Ermüdung. Verbände. Epidemien. Unglücksfälle. Der Internatsarzt. Isolierung – die Krankenpflegerin.

Die Dienste. Das Kind als Mitarbeiter. Arbeitsgeräte.

Sauberkeit und Ordnung. Der sorgfältige Umgang mit dem Gebäude, den Geräten, der Kleidung, dem Geschirr, den Lernmitteln.

Die Kleidung. Die Speisekammer, die Garderobe, die Nähstube. Das Schuhwerk, Kontrolle und Verteilung (gerecht).

Das Lernen. Die Schule. Aufgaben machen. Lesen lernen. Die Bibliothek. Das Zimmer, stille Stunde.

Werkstätten. Lehrlinge. Berufsvorbereitung. Die Burse. Berufsschulen.

Die sogenannte Kunsterziehung. Das kulturelle Leben. Aufführungen. Spaziergänge und Ausflüge.

Freie Stunden. Spiele. Spielzeug. Unterhaltung und Sport. Sonntage und Feiertage. Ferien.

Abend und Nacht im Internat.

Das Budget. Die Kanzlei. Formulare. Kanzleibücher. Die Erziehungskanzlei.

Einteilung der Kinder nach Werten und bürgerlicher Reife. Die sogenannte Individualisierung. Jüngere und ältere Kinder. Jungen und Mädchen. Neuankömmlinge (ihre Betreuung). Ehemalige Zöglinge. Das Halbinternat.

Außergewöhnliche Individuen (positive und negative). Auszeichnung und Aufstieg. Belohnungen und Lob. Rechte und Sonderprivilegien. Geschenke.

Das persönliche Budget des Erziehers.

Übertretungen und kleine Verstöße. Strafen und Einschränkungen. Das Kameradschaftsgericht.

Die Selbstverwaltung. Verpflichtende Rechte. Die Willkür des Erziehers.

Mündliche Verständigung mit den Kindern, die sog. Sitzungen. Empfangsstunde. Ruf in die Kanzlei. Schriftliche Verständigung mit den Kindern. Rapporte, Briefkasten, Schwarzes Brett, Zeitung, Tagebücher. Berichte.

Das Eigentum der Kinder. Geld und Gegenstände. Die Darlehenskasse. Das Notariatsbuch. Die Kiste mit Fundsachen.

Klage und Dank als Ausdruck der Dankbarkeit. Versprechen und Entscheidung, sich zu bessern. Das intime Leben des Kindes. Geheimnis – sich jemandem anvertrauen.

Die Überraschung. Geschichte und Kalender des Internats. Erinnerung und Andenken.

Aufzeichnungen des Erziehers. Korrespondenzen, Zeitungsartikel, Konferenzen und Kongresse. Verband der Internatsmitarbeiter. Spezielle Zeitschriften und Spezialliteratur.

Das Fürsorgeinternat, die Besserungsanstalt und die Strafanstalt.

Dr. J. Korczak

Aus: *Szkoła Specjalna* (Sonderschule), unter der Rubrik »Vorlesungs- und Seminarreihe« des Staatlichen Instituts für Sonderpädagogik, 1928/29, Bd. 5, Nr. 3/4 (April/ Sept. 1929), S. 169-171.

Fragen ohne Antworten

Unangenehme Augenblicke erlebt der auf sich selbst gestellte junge Erzieher, wenn er in schwierigen Angelegenheiten allein entscheiden muß. Oft bekomme ich von Erziehern Briefe mit der Bitte um einen Rat. Es ist schwierig, sie zu beantworten.

Ich führe einen der Briefe und meine eilige, wenig sorgfältige Antwort an:

»Geehrter Herr! Ich arbeite seit September als Leiterin eines kleinen Waisenhauses. Ich komme mit der Bitte um Ihren Ratschlag in einem traurigen Fall, der sich in meinem Internat zutrug. In Anbetracht der Tatsache, daß ich in meiner noch nicht allzu großen erzieherischen Praxis einem solchen Fall noch nicht begegnet bin, weiß ich nicht, wie ich reagieren soll. Daher wird Ihre Meinung für das Direktorium und mich maßgebend sein. Wir werden uns nach Ihren Anweisungen richten. Als ich mit einem der älteren Mädchen zur Schule ging, traf ich zwei meiner Zöglinge aus der ersten Abteilung. Eine war sehr verweint. ›Was ist passiert?‹ ›Ich habe starke Zahn- und Bauchschmerzen. Deswegen hat uns die Lehrerin nach Hause geschickt.‹ Ich: ›Geh und leg dich ins Bett. Wenn ich zurückkehre, messe ich dir Fieber.‹ Fieber hatte sie nicht. Sie klagte jedoch, daß ihr der Bauch wehtue und blieb im Bett.

Sie war Jahrgang 1922; ins Waisenhaus wurde sie am 7. Oktober 1929 aufgenommen. Sie war hübsch, hatte blaue Augen. Sie kam völlig ausgehungert an. Am Anfang sehnte sie sich nach dem Hof und dem Müllplatz. Wenn sie aus der Schule kam, ging sie, trotz des Verbotes, immer dorthin. Als ich aber schließlich energisch gegen diese Ausflüge einschritt, stellte sie diese Gewohnheit ab. Sie kam aus der Schule, ging ihrem Dienst nach und lernte gut. Erst in letzter Zeit bemerkte ich, daß sie in ihren schulischen Leistungen nachließ und des öfteren verträumt war. Ihre verwitwete Mutter lebte mit acht Kindern ohne Lebensunterhalt. Die älteste Tochter heiratete, als sie im sechsten Monat schwanger war – der Verlobte bemitleidete sie, weil so ein Elend zu Hause herrschte. Die anderen zwei Töchter führen ein lasterhaftes Leben.

Nun komme ich zu dem Jungen, von dem hier die Rede sein wird. Er wurde im März 1919 geboren, im Januar 1929 wurde er aufgenommen. Der Vater starb an Lungenentzündung, die Mutter heiratete ein zweites Mal, sie ist Wäscherin. Der Stiefvater mag keine Kinder, schlägt sie und jagt sie aus dem Haus. Der Junge ging nicht zur Schule. Ausgehungert und elend kam er zu uns. Er war ein Dieb und Bettnässer. Sein 14jähriger älterer Bruder ist ein Taschendieb. Seine Mutter bemühte sich um eine Unterbringung in einer Besserungsanstalt. Oft wurde ich wegen seines schlechten Benehmens in die Schule gerufen. Ich nahm ihn in strenge Zucht. Zum ersten Elternabend hatte er sich gebessert und erhielt zum ersten Halbjahr Lob vor der ganzen Klasse. Zur Zeit ist er einer der besten Schüler. Sein Verhältnis zu den Mitschülern ist gut, obwohl sie wissen, daß er stiehlt. Oft decken sie sogar seine Verfehlungen. Neuerdings sitzt er nicht mehr mit allen bei Tisch. Unmittelbar vor dem Läuten zum Abendbrot half ich ihm beim Lernen. Die Aufseherin trug einem Mädchen das Abendessen ans Bett. Er ging zum Händewaschen. Plötzlich kam ein älteres Mädchen hereingelaufen: ›Kommen Sie, sie vergnügen sich im Schlafraum. Sie schämen sich nicht.‹ Ich lief hin und traf auf folgende Szene: Sie schläft im Bett, er sucht auf allen Vieren etwas auf dem Boden neben dem Bett. Am Bett sitzt ganz verschreckt ein zweites Mädchen. ›Was ist passiert? Sie schläft doch.‹ – ›Nein, sie tut nur so. Vorhin habe ich gehört, wie sie zu ihm redete, und er lag auf ihr: 'Besser, besser, du hast nicht getroffen' und die andere deckte sie mit der Decke zu.‹ Als es zum Abendessen läutete und er die Hände waschen ging, hatte sie ihn gerufen: ›Jetzt ist keiner da. Sie sind alle beim Abendbrot. Komm, wir machen ein bißchen. Wenn jemand hereinkommt, stelle ich mich schlafend, und du tust so, als ob du auf dem Boden Kreide suchst.‹ Das Mädchen bekannte sich schließlich dazu, den Jungen gerufen zu haben. Sie entblößte sich ganz, damit er sich auf sie legte. Während unseres Gespräches war er stillschweigend auf allen Vieren aus dem Schlafraum gekrochen. Er verschwand aus dem Hause.

Ich gab dem Mädchen zwei Ohrfeigen.

Als wir beim Abendessen saßen, schlich der Junge in den Schlafraum und legte sich zu Bett. Die Ältesten nahmen Riemen und schlugen ihn. ›Weil du uns Schande gemacht hast.‹ Ich verbot es ihnen. Ich bat ihn zu einer Aussprache unter vier Augen. Er sagte das gleiche. Ja, sein Bruder hatte es ihm beigebracht.

Die dazugerufene Mutter fing an zu lachen.

›Deswegen haben sie mich rufen lassen?! Bestrafen Sie sie, aber werfen Sie sie nicht hinaus. Wir wohnen alle in einem Zimmer, und übrigens ist sie noch ein Kind. Sie wollte ein bißchen spielen.‹

Die Mutter des Jungen begann, über den Vorfall zu weinen. Die Kinder waren nicht nur über die Mitschülerin entrüstet, sondern auch über die Mutter, die nichts Böses an der Sache fand und auch noch lachte. Sie erklärten, daß sie für das unmoralische Verhalten ausgewiesen werden müßte. Aber das Direktorium stimmte diesem Urteil nicht zu. Das alles geschah vor drei Wochen. Da ich weiß, wie stark Ihre Zeit in Anspruch genommen wird, habe ich lange überlegt, ob ich Ihnen schreibe. Weil im Direktorium unterschiedliche Ansichten über den Vorfall bestehen, wende ich mich mit der dringenden Bitte an Sie, mir zu raten. Ich möchte die beiden Kinder nicht mit einem unbedachten Vorgehen ins Unglück stürzen. Ich möchte nicht, daß sich für die Internatsschüler in der Zukunft negative Auswirkungen ergeben.«

Meine kurze Antwort:

»Ich kenne weder die Stadt noch die dort herrschenden Verhältnisse. Ich kenne weder das betroffene Internat noch die Gemütsverfassung der Kinder. Der Fall ist wohl sehr genau beschrieben, aber ich habe nicht mit den Kindern gesprochen. Es gibt sehr nachsichtige und überempfindliche Erzieher. Ich antworte also allgemein, nicht konkret auf den Fall bezogen.

Also: Ich würde ehrliche, reife Menschen nicht mit Dieben zusammenbringen, moralische Menschen nicht mit Schmutzfinken, aber in keinem Fall gegen ihren Willen. Sogar in besser geführten Gefängnissen gibt es Selektion: Man vermischt nicht politische Täter mit Kriminellen, anständige Frauen nicht mit Dirnen. Ich meine, daß dies um so mehr unter Kindern beachtet werden muß. Des weiteren: Man bringt Kinder mit ansteckenden Krankheiten in Quarantäne.

In meinem Internat würde ich (vorausgesetzt der Vorfall wurde genau beschrieben) in solch einem Fall für Ausweisung stimmen, oder vielleicht tolerierten die Kinder sie aus diesen oder jenen Gründen, auf der Basis von Rechten, die die Gruppe schützen. Das Argument, daß er ein Dieb wird, sie aber auf Abwege gerät –, ist wenig überzeugend. Die Reinheit der Atmosphäre im Internat bedarf besonderer Sorgfalt. Ich wiederhole, daß ich die lokalen Verhältnisse nicht kenne. In einem Fall, der mir bekannt ist, erbrachte die Tolerierung ähnlicher Begebenheiten schlechte Resultate.«

Ich adressierte den Brief und zögerte. Hastig und in Eile gibt es keine deutliche Antwort. Eine Einzelheit bleibt unklar: Das Mädchen war verweint, als es aus der Schule kam – also simulierte es die Zahnschmerzen nicht. Es ist auch unverständlich, warum man für ein vorgesehenes Treffen aus der Schule zurückkehren mußte. Der Brief erweckt eine Reihe anderer Zweifel. Eines ist sicher: Es war etwas, was vorübergehend, oder vielleicht für längere Zeit, die Aura des Internats verunreinigte.

Der Brief und, wie ich zugebe, meine übereilte Antwort weisen auf zwei Notwendigkeiten:

1. Es besteht die Notwendigkeit der Gründung von Internaten verschiedener Typen: zwischen der fürsorge-erzieherischen Anstalt und der Besserungsanstalt sehe ich eine große Lücke – es werden Isolationsinternate und Heilinternate benötigt.[1]

1. Vgl. S. 245, Anm. 2.

2. Nötig sind ferner zentrale Beratungsstellen, an die sich die Erzieher schriftlich wenden können oder von wo Erzieher zur Konsultierung gerufen werden können, um am Ort zu prüfen, zu besprechen und als Experten in schwierigen Fällen zu entscheiden.[1]

Ich erhalte häufig Briefe mit Bitten um Ratschläge. Es ist unmöglich, auf alle eingehend zu antworten: dazu fehlt die Zeit.

Aus: *Szkoła Specjalna* (Sonderschule), Bd. 6, Nr. 3 (April/Juni 1930), S. 176-179.

Die Unverbesserlichen

Aufgabe des Spitals ist es zu heilen. Wir sind uns einig, daß in zahlreichen Fällen – nur eine Besserung erreicht wird. Aufgabe des Internats ist es, den Zögling zu bessern. Wir sind uns einig: Es stellt das Gleichgewicht nur in dem Grade her, daß der Zögling unter günstigen Umständen den Weg des Nützlichen, statt den des sozialen Schadens wählt.

Die Schwindsucht ist ausgeheilt, aber in einer schlechten Wohnung und bei schlechter Ernährung erfolgt – ein Rückschlag, und die Krankheit schreitet weiter fort.

Also muß man dem Patienten den Wechsel der Arbeits- und Daseinsbedingungen erleichtern. Also dem Zögling einen Beruf geben, ihm helfen, einen Verdienst zu finden, damit er rechtschaffen leben kann, also eine Existenz aufzeigen, in der er sich ausleben könnte: Die Marine sättigt den Trieb zum Vagabundieren; einen Jungen mit einem Hang zu Grausamkeit müßte man ins Schlachthaus dirigieren. Vielleicht auch umgekehrt: ihn von den Versuchungen fernhalten.

1. In den zwanziger und vor allem aber in den dreißiger Jahren entstanden psychologisch-pädagogische Beratungsstellen dieser Art. Diese Bewegung entwickelte sich in starkem Maße unter dem Einfluß der immer populärer werdenden sog. Individualpsychologie des Wiener Psychiaters Alfred Adler (1870-1937), dem Begründer solcher Beratungsstellen in Wien. Die Individualpsychologie war hauptsächlich auf psychologisch-pädagogische Hilfe bei der Bewältigung von entwicklungsbedingten Schwierigkeiten und Verhaltensstörungen bei Kindern und Jugendlichen eingestellt. Eine Auflistung der verschiedenen Beratungsstellen und Einrichtungen in Polen in der Zwischenkriegszeit befindet sich in: Janina Budkiewicz, Janina Kączkowska: *Z dziejów psycholoii stosowanej w Polsce do roku 1957* (Aus der Geschichte der in Polen angewendeten Psychologie bis 1957). Warszawa 1987, S. 66-79.

Gelingt es, oder gelingt es nicht?

Ein zusätzliches Moment, das eine wichtige Rolle spielt: Will der Patient gesund sein? Welchen Preis wird er für die Besserung zahlen? Wird der Kranke auf Schnaps, Tanz, Zigaretten verzichten – auf das, was ihm schadet. Nichts wird erreicht ohne sein Einverständnis und seine Beteiligung.

Das Feilschen um den Preis der Besserung ist bei Kindern wohlhabender Eltern nicht selten. Du wirst soundsoviel für Ausgaben und Annehmlichkeiten bekommen, aber stiehl nicht, zieh dich zurück von schlechter Gesellschaft. Leb anständig.

Wir wissen, daß für gewöhnlich die Forderungen wachsen. Die Vereinbarung bewährt sich nicht. Die Erziehungsanstalt hat nur beschränkte Mittel und Einflüsse, sie kann nicht allzuviel für die Besserung zahlen. Sie vermittelt eine Handwerkslehre, hilft eine Arbeitsstätte finden. Aber auf Dauer?

Man muß behutsam wirtschaften und nur dort Kapital an Zeit, Energie, Geld investieren, wo Chancen für günstige Resultate gegeben sind.

Gibt es ein Verzeichnis der Krankheiten, gibt es Stufen für die Intensivität des Leidens, um die Orientierung zu erleichtern? Um vor Enttäuschungen zu bewahren?

1. Ein »Verbrecher«, weil er arm ist und verlassen. Er wurde gekauft und in die Sache verstrickt. Wie ein obdachloser Köter folgte er der Sache, die ihm Brot gibt. Er ist moralisch, wenn ihn niemand heißt, Übertretungen zu begehen, wenn keine Not besteht, illegal an das Unentbehrliche zu kommen. Er ist moralisch, wenn er unter fremdem Diktat sich zu Übertretungen hinreißen läßt, weil er doch nicht anders kann. Ein solider Mitarbeiter des Verbrecherberufs.

Die Mondschein-Bruderschaft hat ein Interesse daran, ihn in ihren Dienst zu nehmen; und hier sind gewissenhafte, redliche Untertanen nötig.

Eine günstige Aussicht.

Ist er gebessert?

Nein. Eher gerettet wie ein Ertrinkender, wie jemand, der den Zähnen des Wolfes entrissen wurde.

Sind nicht gerade diese (zu Unrecht) der Stolz und der scheinbare Sieg der gut geführten Besserungsanstalten?

Denn sind sie in den nachlässig geführten Anstalten nicht weiterhin in Abhängigkeit und angeleitet zum Vergehen, angesteckt von anderen, neuen?

2. Ein »Verbrecher«, weil er leicht Versuchungen erlag. Ihn reizt der Wechsel von Eindrücken, die Kurzweil. Feindlich sind für ihn Langeweile und Eintönigkeit.

Wenn im vorhergehenden Fall der Intelligenzgrad keine Rolle spielte, hier – hat er entscheidende Bedeutung.

Ein Dummkopf mit Aspirationen läßt sich schwerer nutzbar machen. (Aber er ist auch für die Verbrecherwelt ein weniger anziehender Bundesgenosse.)

Aktiv, geistesgegenwärtig, mit Initiative sollte er Verbrechen begehen; vielleicht erklärt er sich bereit, gegen das Laster zu kämpfen. Im Gefängniswesen, bei der Kriminalpolizei wird er Verwendung finden. Wenn er schulische Begabung hat, kann er auch im Handel vorankommen.

3. Der Krawallmacher. Jähzornig. Reizbar. Nervös. Von Kind an von den Altersgenossen gemieden, wächst er in Abneigung zu den Ruhigen, Ausgeglichenen heran – toleriert die, wird sogar ausgezeichnet durch die, die daran interessiert sind, die Werte seines Geistes, seiner Initiative, seines Mutes für ihre Geschäfte zu nutzen.

Heimatlos und geistig hungrig, folgt er dem ersten besten, der ihn nicht wegstößt, ihn nicht verachtet. Ein aktiver Mitarbeiter, vielleicht sogar der Führer einer kriminellen Bande.

Wenn ich nicht im Kürzel eines Feuilletons schriebe – müßte ich mich bei dieser Patientenkategorie länger aufhalten.

Zweifellos heilbar, zerstritten mit dem Leben, können sie Hirn und Muskeln der kriminellen Welt sein.

Sie sind Rächer, ideologische Feinde der verschlafenen und verlogenen Organisation der »moralischen« Welt.

4. Die Mürrischen – sind ihnen verwandt.

Und diese wie jene sind unterschiedlich in der Genese und im Grad der feindlichen Einstellung.

Ein schlechtes Allgemeinbefinden als Ergebnis körperlicher Unzulänglichkeiten (Kopfschmerz, Asthma, juckender Ausschlag), vielleicht Epilepsie, Bettnässen, Häßlichkeit, ein Körperschaden – jegliche Benachteiligung.

Wenn man sich auf der Linie der Minderwertigkeitskomplexe (Adler)[1]

1. Alfred Adler (s. S. 279, Anm. 1) entwickelte als eigene tiefenpsychologische Schule die sog. Individualpsychologie, nach der bei der Auseinandersetzung des Individuums mit seiner sozialen Umwelt als Folge einer neurotischen Verarbeitung des aus kindlichen Unterlegenheitserfahrungen resultierenden Minderwertigkeitsgefühls ein »Minderwertigkeitskomplex« erwachsen kann. Das bekannte Buch Adlers *Psychologia indiwidualna w wychowaniu* (Individualpsychologie in der Erziehung; dt. 1929, poln. 1934) wurde in Polen ergänzt durch die Monographie von Estery Markinówny: *Psychologia indywidualna Adlera i jej znaczenie wychowawcze* (Adlers Individualpsychologie und ihre pädagogische Bedeutung). Warszawa 1935.

und der Forschungen von Kretschmer[1] (die mir nicht gut genug bekannt sind) bewegt, könnte man eine detaillierte Pathologie und Therapie dieser Menschen festlegen.

Bewußt oder unbewußt empfinden sie dies:

Ich fühle mich mies. Ungerechtigkeit regiert die Welt. Ich suche Bundesgenossenschaft und investiere Ehrgeiz dort, wo gleichermaßen Enterbte um ihr Recht auf Leben und Freude kämpfen.

5. Die von Mißtrauen vergifteten, die gegen ihre Nächsten Aufbegehrenden, gegen den ersten Führer ihrer frühen Kindheit, haben Traumata, nicht unbedingt sexueller Art.

Sie sind heilbar: Wohlwollen zeigen, guten Willen, ein Beispiel geben (nicht eins aufs Maul) für ihre Sehnsucht nach Wahrheit und Güte, sie besänftigen – das ist der Weg zu ihrer Besserung. Biegen, brechen, Besserung erzwingen – bedeutet, sie rasend machen. Sogar zur Eile antreiben ist gefährlich.

Diese werden wohl am meisten von denjenigen Erziehern gefürchtet, die in ihrem Handeln unredlich sind. Solche Kinder lassen sich nicht vom Schein verführen; sie sammeln Erfahrung, bevor sie vertrauen. Sie stoßen hinweg, wenn sie mit wachsamer Nase eine List wittern.

6. Die Spaßvögel – Karikaturisten. Welt und Leben in der Schellenkappe. Undisziplinierte, unruhige, künstlerische Geister. Von ihnen sagt der dogmatische Erzieher:

»Vor allem aber müssen wir auf das Nachdrücklichste ein Fehlverhalten bekämpfen, das jede ernste Arbeit unmöglich macht. Ich meine damit: Possenreiterei in der Klasse. Sie ist nicht nur schädlich für den Witzbold selbst, es stört auch die Arbeit der anderen, macht die Aufgabe des Lehrers sehr beschwerlich, und es führt immer, wenn es nicht bekämpft wird, zum – übrigens wohlverdienten – Ausschluß des Betreffenden.« (»Über die Anleitung der Kinder in einem Knabeninternat« von Abbé Simon.)[2]

Ihr Feind ist die Autorität, der Ernst und der Pomp. Kein Ausdruck mit feierlicher Miene. Sie brechen in einem Moment in Gelächter aus, der nur ihnen verständlich ist.

Beobachtung: Er zeichnet oder singt oder tanzt. Vielleicht wird er ein Kabarettexter, ein Spaßvogel, die Attraktion der Luna-Parks.

1. Ernst Kretschmer (1888-1964), Professor für Psychiatrie, Begründer der bekannten Konstitutionstypologie, die auf einer engen Verbindung zwischen körperlicher und psychischer Konstitution beruht, und im Werk *Körperbau und Charakter* aus dem Jahre 1921 und in vielen späteren Ausgaben in Einzelheiten dargestellt wird.
2. Dieser Abschnitt wird in der polnischen Vorlage in französisch zitiert nach *De la direction des enfants dans un internat de garcons par l'abbé Simon.* Paris 1904, S. VIII.

In Konflikt mit dem Gesetz gerät er auf fröhliche Art, aus Neugier, Zufall. Er braucht das für sich. Spielt nicht die Dummen. Ihr wißt, daß auf jeden einzelnen, der geschnappt wurde, Hunderte frei umhergehen. Sie bessern sich von allein, sie suchen einander in der Freiheit. Ohne uns würde das Leben an Farbe verlieren.

Dessen sind sie sich bewußt. Sie glauben nicht an die Naivität der Erzieher.

Verlange von ihnen weder Arbeit noch Gesetztheit.

In der Überschrift heißt es: *Die Unverbesserlichen.* Und doch wurde es anders beschrieben.

Denn unverbesserlich sind sie immer durch unsere Schuld. Wir repräsentieren ihnen gegenüber das moderne Wissen und die Lebensbedingungen, ihre Hilflosigkeit und Anarchie. Sie haben ein Recht zur Anklage, daß wir es noch nicht verstehen. Wie unanständig erscheinen wir in der Rolle jener, die züchtigen und Anweisungen geben, wie verhaßt, wenn wir Gewalt anwenden.

Und die »angeborenen schlechten Neigungen«? Wie die Himbeere, die aus dem Erdboden Süße, und die Brennessel, die Gift saugt.

Eine ethische Dyskrasie[1], eine krankhafte Vererbung.

Bewahrheiten sich trotzdem unsere Voraussichten? Tritt nicht dort Besserung ein, wo wir resignierten, nicht dann, wenn wir meinten, daß sie am wenigsten wahrscheinlich ist, tritt sie nicht ein unter dem Einfluß unvorhergesehener, oft ungreifbarer Reize?

Warum ist der, welcher nach unserer Meinung schon begraben war, wieder genesen, und hat der enttäuscht, auf den wir Hoffnungen setzten?

Denn gibt es nicht neben schlechten Säften von dem trunksüchtigen Vater und der streunenden Mutter auch unerforschte Kräfte von den Großeltern und den unbekannten Urahnen?

Wir wissen, daß Überraschungen häufig sind, aber, statt daß sie Wachsamkeit und kritische Haltung, Vorsicht gegenüber den Problemen und Menschen, den Urteilen und Behauptungen wecken – kränken diese Überraschungen uns und machen uns wütend. Wir wollen, daß es so sei, wie wir wissen, daß es sein müßte. Das andere verscheucht unsere Ruhe, schlägt unserer Würde ins Gesicht.

Wir wollen die schwindelerregenden Tiefen des Geistes nicht sehen, und wir greifen nach der Macht über ihn.

Indem wir diese schwer zu enträtselnden Kinder der Mühe nicht wert erachten, sie geringschätzen und den Ergebnissen der eigenen Arbeit – nicht trauen, ziehen wir es vor, sie anzuklagen, wir – die Ankläger. Nicht Ärzte sind wir, sondern Staatsanwälte.

1. (griech.): Fehlerhafte Zusammensetzung der Körpersäfte, besonders des Blutes.

Sogar als Beamte sind wir unehrlich: Wir vergrößern die Kader der Kriminellen, schwächen die Kader jener, die – ausgerüstet mit Lebenserfahrung und gehärtet im Kampf gegen den eigenen undisziplinierten Geist – unsere Verbündeten der Ordnung sein könnten.

J. Korczak

Aus: *Szkoła Specjalna* (Sonderschule) Bd. 8, Nr. 3 (April/Juni 1932), S. 109-112.

Der Sohn des Kriminellen

Die folgenden Gedanken leitete ich aus dem Film *The Champ*[1] ab.

Nebenbei will ich erwähnen, daß das Kino ein Orientierungsort von beachtlicher Bedeutung sein kann. Hier lerne ich zwar nur Fragmente der allgemeinen Einstellung zum Kind in verschiedenen Ländern – in der Familie, der Schule, in der Erziehungs- und Besserungsanstalt – kennen, aber sie sind unverfälscht. Wenn ich aufgrund der pädagogischen Literatur und des Besuchs in repräsentativen Anstalten das Beste kennenlerne, kann ich mir ein falsches Urteil bilden über die Einstellung zu Kindern, über deren Niveau und Ausdruck. Der übertriebene Kult für fremde Vorbilder ist dadurch gefährlich, daß er eine Unterschätzung der eigenen Bemühungen bewirkt, entmutigt, entschuldigt und befreit von Anstrengungen auf eigenem Gebiet. Das Kino trägt durch das plastische Bild zur gesunden Ernüchterung bei. Auch hier steht es nicht zum besten, auch hier wissen sie nicht weiter und irren. Der Roman oder ein dramatisches Werk erfüllen dieselbe Rolle, das Kino macht das schneller und leichter deutlich, oft nebenher, durch eine tendenzlose Episode. Deshalb schätze ich es.

Also – *The Champ*.

Ein Boxer, Säufer, Kartenspieler, ein brutaler Kerl erzieht ein Kind, mit dem er ehrlich und herzlich mitfühlt; es verbindet sie mehr als sie trennt. Keine Phrase, keine Moral, keine Verschleierung der Fehler, üblen Gewohnheiten, Vorurteile; er posiert nicht, will nicht Vorbild sein.

Wenn es uns erstaunt und beunruhigt, daß unter erzieherisch schädlichen Bedingungen, unseren Denkansätzen zum Trotz, außergewöhnlich

1. Amerikanischer Film (1931), in der Regie von King Wallis Vidor (1894-1982). In der Rolle des Jungen trat der bekannte Schauspieler Jacki Cooper auf. Korczak äußerte sich manchmal zu den pädagogischen Vorzügen des Kinos (vgl. z.B. den Artikel *Kino – Radio – Programme für Kinder* in diesem Band).

saubere und homogene Individuen (und umgekehrt) recht häufig vorkommen, so ist gerade der Film *The Champ* ein Beitrag zur Erklärung dieser paradoxen Erscheinung.

Vielleicht ist *Falschheit* jenes Fäulnisgift, das am stärksten wirkt und in der Erziehung die meisten moralischen Verheerungen anrichtet? Vielleicht erzeugt die *Ehrlichkeit* spontaner Erziehung in einem außererzieherischen Verhältnis zum Kind Gegengifte und Sicherungen?

Der kleine Sohn des Champ verachtet das gepflegte Milieu und den Wohlstand, er flieht von der Mutter, kehrt zum Vater, zu den zigeunerhaften Lebensbedingungen zurück; sie haben ihren Reiz und ihre Anziehungskraft.

Ich stellte mir die Frage: »Was wäre, wenn man dem Champ das Kind mit Gewalt wegnähme oder es für ein verübtes Vergehen in eine Besserungsanstalt einsperrte?« Ich konfrontierte diesen angenommenen Fall mit der in den Waisenhäusern erworbenen Erfahrung, und ich spinne das aus:

Ein Trunkenbold muß keine abstoßende Figur sein, er kann, aber er muß ein Kind nicht abschrecken. Der Vater hat den Verdienst vertrunken, aber es kommt vor, daß er in betrunkenem Zustand dem Kind etwas gegeben, gekauft, erlaubt, verziehen hat. Es gibt nicht nur die Flut von Beschimpfungen und Flüchen – es kommt vor, daß er eine verständliche Wahrheit ausspricht, eine »von Herzen kommende Sentenz« – er hat einen Rat gegeben, er hat sich beklagt, hat es eingeweiht in die Schwierigkeiten und Fallstricke des Lebens.

»Denk dran, Söhnchen, trink keinen Schnaps«, sagt der betrunkene Erzeuger. »Mein Leben ist schon so jämmerlich«, klagt er vielleicht und vergießt ehrliche Tränen. »Hier hast du einen Złoty, genieß das Leben, du Krabbe, solange du jung bist. Führ deinen Vater nach Hause, denn selber schaff' ich's nicht mehr.« Er wird selbst zum Kind, verlangt nach Betreuung, zwingt nicht mit Gewalt seine Autorität auf.

Selbst ein Krawallmacher schlägt nicht nur, sondern wird auch geschlagen; blutig, mit blauen Flecken, vielleicht gedmütigt, zerknirscht, kommt er heim. Sie haben ihm unrecht getan – vielleicht erweckt der »Verlierer« Mitleid.

Der kriminelle Vater geht »zur Arbeit«; zu einer »gefährlichen, blutigen Arbeit« geht der Bandit. Wie ein Fischer auf Fischfang, wenn das Meer aufgewühlt ist, wie ein Ritter zum Feldzug.

Der Junge liegt im Bett, vielleicht rechnet er sich aus, wieviel Brot, Butter und Wurst an Tagen des Überflusses da sein wird, aber vielleicht betet er auch, daß es keinen »Reinfall« gibt.

Die vom Geliebten mißhandelte Mutter, vielleicht eine ausgebeutete und verfolgte Prostituierte – weckt nicht Verachtung, sondern – Wohlwollen. Der Vater stiehlt, na und? Soll er vor Hunger krepieren? Er hat keine Arbeit, sie haben ihm nie das Arbeiten beigebracht – wiederholt er die Formel der Rechtfertigung.

Zwei Haltungen gibt es gegenüber dem moralischen oder kriminellen Leben: Auflehnung im Wechsel mit Resignation; die Klage oder die Drohung der Benachteiligten.

Schuld ist der Polizist, der einen verfolgt, der Kerl, der nicht gezahlt hat, jener, der sich nicht schlagen oder bestehlen ließ.

»Ich schlag' ihn mit der Hand, aber er, dieses Biest, zieht das Messer. Für lumpige zwei Złoty ist er gewalttätig geworden, verdammt. Für ein paar alte Hosen drei Monate Knast. Es gibt Schlimmere, aber denen glückt es, vielleicht gerade deshalb.«

Eine unvergessene Szene aus einem französischen Hintertreppenroman.

Der Sohn des Einbrechers erinnert sich irgendwie, wovon das Fräulein in der Schule gesprochen hat. Der Vater schaut den Jungen mißtrauisch an.

»Sie verdrehen dir dort den Kopf. Sie können dich verderben, wenn du ihnen glaubst. Denk dran, du bist der Sohn eines Einbrechers.«

Wie soll er vergessen, wer er ist, wenn ihm das täglich der boshafte Altersgenosse aus dem Hinterhof vorhält, die Nachbarin, der Hausmeister mit der bösen Absicht, ihn zu erniedrigen, als Zugabe zur Strafe für kleine Verfehlungen, die sich andere, alle – und noch dazu straflos – zuschulden kommen lassen. Du Sohn eines Diebes. Du Diebesbrut! Du Diebesgezücht! Dir hab ich was gestohlen? Eine scheinbar naive Rechtfertigung.

Solidarische Verantwortung festigt die solidarische Verteidigung.

»Du wirst im Gefängnis verfaulen wie dein Vater.«

Sie wollen das, sie warten nur darauf; unterschiedlich kann die Antwort, das Echo sein. Nicht mehr der Vater, sondern der Onkel, der Schwager, der ältere Bruder, der Cousin ist im Gefängnis; angeschossen bei der Verfolgungsjagd; ein hervorragender Dieb – die Zeitungen haben über sie geschrieben; er hat sich geschickt verborgen – hat nicht aufgegeben, ist aus dem Knast entwichen, hat den Spitzel, diesen Hund von Polizisten, getötet. Ein Held. Die Legende des Geschlechts. Ein Aristokrat unter den Kriminellen. Unmoralisch, doch vielleicht nur leichtsinnig? Kriminell, aber vielleicht nur schwach? Wir kennen sie nur vom Steckbrief her, der Sohn kennt sie gründlich aus Tausenden kleinen, gemeinsam durchlebten Augenblicken.

Und die relative Moral der Ehrlichen? Ihr unsauberes Leben, ihre uninteressanten Sorgen und zweifelhaften Bemühungen? Haben sie genug Kraft, um überzeugend und anziehend zu wirken? Er stiehlt nicht, weil er es nicht nötig hat, er möchte gern, aber er versteht sich nicht darauf. Er will, aber er hat Angst.

Der Vater ist mutig und großzügig, sie aber sind habgierig und feige. Sie reichen dir in der Not nicht die Hand, aber sie lassen sich einladen zu gestohlenem Schnaps und zum Diebesschmaus.

»Sie zahlen dem Priester, daß er sie lehrt, der Mensch neige dazu zu sündigen.«

Die unmoralische Welt hat ihren Kodex und ihre Verteidigung.

»Für euch stehle ich, setze ich mich der Gefahr aus, für dich verkaufe ich mich. Er ist ehrlich, verflixt noch mal, und seine Kinderchen machen schlapp vor Hunger. Ich werde stehlen und meinem Kind Brot geben.«

Man könnte es weiter ausspinnen; es genügt, um zu verstehen, wieviel wirklich Gutes das Internat ins Leben des Kindes tragen muß, damit es Vertrauen und Glauben schöpft, daß der Weg der Arbeit und des Verzichtes nicht nur sicherer, sondern auch erhabener ist. Wieviel Geduld und Takt erfordert es, um das Kind nicht zu verletzen in dieser langen Periode, wenn es nebeneinanderstellt und vergleicht, wenn die bisherigen Wahrheiten und tief eingewachsenen Gewohnheiten mit den erst keimenden zusammenstoßen – um sie nicht durch Frost abzutöten.

Ich würde um einen Zögling fürchten, der, ohne zu zögern, das vorherige Leben verurteilt: Es gab Glanz neben dem Schatten, es gab Wärme neben der Kälte. Vergessen tut not, Verständnis voller Trauer sowie Verzeihen, nicht aber Verachtung und Ekel.

Manchmal wußte ich, was der Vater war, und ich fragte das Kind: »War der Vater gut zu euch?« – »Guuut. Und wie. Nicht besonders. Manchmal gut.«

Daß die Antwort ehrlich war, bewies der Kommentar: »Ich hab' Mama verteidigt. Ich hab' mich vor Angst unterm Bett versteckt. Mama und ich haben Papa hingelegt, und er hat geschlafen.«

Es kam vor, daß man über Erzieher anderes hörte: »Wie ein Tier ... Wie ein Wilder ... Wie ein tollwütiger Hund.«

Das Internat ist manchmal ein Feind, oft ist es fremd, und selbst wenn es dem Kind nahe ist, hat es Spalten, durch die, wenn auch nur tropfenweise und selten, das Heimweh sickert. Das Gefühl der Vereinsamung – die Erinnerungen an eine gute frühere Zeit, die um so teurer ist, als sie selten war und so weit zurückliegt.

Warum ich dieses Thema berührt habe?

Weil ich fürchte, daß in den Internaten der erzieherische Einfluß selbst der noch so entfernten Familie,[1] selbst unter Bedingungen strikter Isolation, unterschätzt zu werden pflegt. Einer gerechtfertigten Isolation?

1. Korczak schätzte die Kontakte der Zöglinge mit ihren Familien. Das *Reglement des Dom Sierot* legte dies im Paragraph IX fest: »Alle Zöglinge besuchen einmal in der Woche, samstags von 12 bis 19.30 Uhr, ihre Familien ohne irgendwelche Einschränkungen. Das Recht auf längeres Verweilen im Haus der Familie (während der Feiertage und Schulferien) erteilt die Selbstverwaltung. [...] Zweimal im Jahr finden Informationsveranstaltungen mit den Familien der Kinder statt.« In: *Sämtliche Werke*, Bd. 13, S. 546.

Sogar das beste Internat kann nur vorsichtig und langsam mit der Kraft von Fakten, nicht von Worten – die Knoten lösen, die die Vergangenheit mit dem Morgen verbinden – und auch das nur sanft, nie mit brutaler Gewalt.

Korczak (j)

Aus: *Szkoła Specjalna* (Sonderschule) Bd. 9, Nr. 2 (Januar/März 1933), S. 95-98.

Epidemien der Übertretungen

Die Mediziner widmen viel Zeit und Energie der Erforschung des Wesens und der Quellen von Seuchen, den Wegen, auf denen sie sich ausbreiten, den Bedingungen, die ihre Entwicklung begünstigen, der (angeborenen oder erworbenen) Widerstandsfähigkeit und den vorbeugenden Mitteln für den Kampf zu ihrer Eindämmung. Typhus, Scharlach, Diphtherie – wir wissen mehr oder weniger über sie, und wir wehren uns mehr oder weniger erfolgreich gegen sie. Aber in der Pädagogik? Wurden da die Probleme der Seuchen jemals untersucht, und wenn ja – wie? Ich möchte hier sogleich auf die treffliche Arbeit von Jan Władysław Dawid *Über die moralische Seuche* verweisen, die leider ohne Echo geblieben ist. Ein wichtiges Problem![1]

1. In der Einleitung zu seinem Werk schreibt Dawid: »Insbesondere verweile ich bei den Wiederholungs-Erscheinungen, die auftreten durch Nachahmung der Handlungen.« Jan Władysław Dawid (1859-1914), Pädagoge, Psychologe, Pionier der experimentellen Psychologie und Pädagogik in Polen. Gesellschaftlich engagierter Publizist, lehrte an der »Fliegenden Universität« (geheime Veranstaltungen in polnischer Sprache zur Zeit der Russizifierung unter der zaristischen Okkupation). Er hat auf den jungen Korczak großen Einfluß ausgeübt, vor allem als dieser noch aktiver Publizist in der Zeitschrift *Die Stimme* (in den Jahren 1904-1905) war, die Dawid redigierte (Korczaks Artikel in *Sämtliche Werke*, Bd. 7, S. 125ff). Die von Korczak angeführte Arbeit stellt ein frühes Werk Dawids dar. Er hatte es 1886 unter dem Titel *O zarazie moralnej. Studium psychologiczno-społeczne* (Über die moralische Seuche. Eine psychologisch-gesellschaftliche Studie), Warszawa 1886, veröffentlicht. Den Terminus »moralische Seuche«, der als »gesellschaftliche Krankheit« verstanden werden soll, entnahm Dawid dem französischen Forscher Esquirole. Aus seiner Sicht verbreiten sich moralische Krankheiten in der Gesellschaft ähnlich wie ansteckende Krankheiten. Auch Dawid versuchte, ihre gesellschaftlichen Ursachen zu ergründen – er sah sie zum Beispiel in der Verarmung der Gesellschaft, dem Untergang der Bildung, der

Jeder Erzieher kennt Zeiten, in denen plötzlich Übertretungen zu verzeichnen sind, die es bisher nicht gab oder die in beunruhigendem Ausmaß zunehmen – es handelt sich dabei um sporadische Fälle. Eine plötzliche Explosion von Zuspätkommen, Schuleschwänzen, Ungezogenheiten, Zigarettenrauchen, Diebstahl. Der eine Erzieher bemüht sich, die ersten »Funken« im Keim zu ersticken, denn heute ist es nur einer, morgen werden es schon zehn sein. Ein anderer bagatellisiert die ganze Sache, bis sie allzu lästig wird. Dann haut er der »Hydra« mit einem einzigen Schlag den Kopf ab.

Man sollte sich wünschen, daß jemand genau den ganzen Verlauf der Angelegenheit aufschreibt: Wer angefangen hat und wann, wie und warum, woher er die Seuche eingeschleppt hat, wer die ersten Opfer waren, wie die Epidemie sich verbreitete, wer besonders anfällig und wer widerstandsfähig war – wann sie am stärksten auftrat und ob sie langsam oder auch plötzlich aufhörte. Vielleicht gelänge es so, bestimmte Gesetzmäßigkeiten festzustellen, die hier gelten und somit auch Wege zu zeigen, um gegenzusteuern.

Verständigung des Erfahrenen mit den Naiven, die unwissend sind. Maßvolles Vorbeugen – nicht »das Böse mit der Wurzel« ausreißen, wenn es sich vermehrt hat. Denn jede Ungerechtigkeit – ich füge hinzu – unreflektierte Handlungsweise, jedes impulsive Vorgehen muß brutal sein und Ungerechtigkeiten nach sich ziehen – denen gegenüber – die völlig unschuldig sind. Darüber hinaus laden sie dem ganzen Kollektiv ungerechterweise Verantwortung auf. Die Welt stürzt ein, wenn der Beste enttäuscht, der doch – wie man glaubte – größtes Vertrauen verdiente. Um so größer ist der Zorn, um so schwerer die Vorwürfe ...

Warum wurde über viele Wochen lang keine Scheibe eingeschlagen und heute gleich zwei? Warum vergießt jetzt fast täglich jemand Tinte? Warum die allgemeine Schlamperei? Eine Verschwörung? Ein Komplott? Aufruhr?

Plötzlich steigt die Zahl der Raufereien. Warum? Gefühlsbedingte Ereignisse, von denen ich nichts weiß, vielleicht Boxkämpfe im Zirkus (das gibt es!), vielleicht ein neues Spiel mit noch nicht aufgestellten Regeln – vielleicht sind sie der Grund der Unruhe? Das muß ausgekundschaftet werden (eine Anamnese).

Und es zeigt sich, daß einer, der erste – unter den Altersgenossen, unter den älteren – sie aus einer anderen Schule, von der Straße, von

Kriminalität, der gedankenlosen Nachahmung usw., und überlegte auch, wie man der »moralischen Seuche« entgegenwirken könnte. Dawids Buch fand kurz nach seiner Veröffentlichung starke Beachtung, z.B. durch den Philosophen Adam Mahrburg und den Soziologen Ludwik Krzywicki. Später verblieb das Buch eher »ohne Echo« – wie Korczak schreibt.

irgendeinem Besuch, vom Onkel, von einem Soldaten auf Urlaub – der einen »Siphon«-Scherz gemacht hat, eingeschleppt hat. Der Ausdruck rührt daher, daß man jemandem auf die Nase drückt – so, wie man auf den Drücker eines Siphons[1] drückt. Das tut weh, fuchst und kränkt, ist Ausdruck von Mißachtung und Belästigung. Oder eine »Nuß« an den Kopf, oder – ins Ohr schnipsen – einfach so, von hinten, beim Vorbeigehen, den Jüngeren, den Schwächeren. Schießen mit der Gummischleuder, Beinstellen, oder – ins Gesicht spucken, verächtliches Ausspucken. Oder wirksame Griffe im Kampf wie Fingerverbiegen, Würgen.

Wer war es? Nahezu alle heben ihre Hand. Wer war der erste, und woher kam das? Eine prüfende Haltung ist angezeigt, keine Strafexpedition. Und es zeigt sich, daß derjenige oder diejenigen »sich daran gewöhnt haben«, so etwas zu tun. – Sie würden gerne aufhören, aber können es nicht. Wer, wie oft, wem? Manchmal martern sie sich ab, sich zu erinnern, übertreffen sich gegenseitig in Selbstanzeigen – sogar die, die nur einmal und vor langer Zeit etwas getan haben und sogar die, die nur etwas tun wollten, es aber nicht konnten. (Weil das Jagdglück, die Erhöhung der Treffsicherheit, die Geschicklichkeit – die Gewöhnung eine Rolle spielt.) Als allgemeine Erscheinungen sind zu konstatieren: Es besteht der ungeduldige Wunsch, die Seuche zu überwinden, und der Wille, den Mißstand zu beenden; Kinder empfinden solche Art Epidemien als etwas Fremdes und Bedrückendes, als Last, die sie loswerden möchten. Ich erinnere mich an die Epidemie des »Spielens auf den Zähnen« – bei dem eine Melodie mit den Fingernägeln auf die Zähne geschlagen wurde. Anfänglich hielt ich das für eine harmlose Modeerscheinung; aber es führte zu einem besorgniserregenden Tick. »Überall spielen alle auf den Zähnen; wir sehen aus wie Verrückte.« Eine Erörterung erstickte die Epidemie.

(Ich habe den Ausdruck »Mode« gebraucht. Ihre Absonderlichkeiten sind zuweilen aufoktroyierte und bewußt entfachte Epidemien. Manche allerdings brechen spontan aus. Immunität gegen Extravaganzen der Mode kann ihre Suggestion oder den Verlauf abschwächen. Einige Jahre vor dem Kriege protestierte man in Wien heftig gegen die ersten von Frauen getragenen Hosen; und grelle Lippenstifte, kurze Kleider, lange Wimpern ...). So wie die jeweilige Jahreszeit für diese und jene Unpäßlichkeit empfänglich macht, gibt es auch hier alljährliche Strömungen – das frühlingshafte Spiel »im Grünen« und danach das Spiel mit dem »Gebrannten«, dem »Zottigen«, dem »Schlafenden« usw. Und in Zusammenhang damit Mißbrauch, Schliche und Schwindel – also Streit und Kampf. Der Überraschte kann eine Tasche mit

1. Verschluß eines Getränkegefäßes, nach dessen Betätigung die Flüssigkeit durch Kohlensäure herausgedrückt wird.

Büchern verspielen, auch einen Mantel – und danach Verhandlungen und die großmütige Forderung von nur fünfzig Groszy Lösegeld – Schimpfworte und Erpressungen. Das Moniaki-Spiel[1] zieht das Abschneiden von Knöpfen in der Schulgarderobe nach sich, das Sammeln von Briefmarken, Matrizen, das Stalki-Spiel[2] – das sind Bakterienträger einer Seuche, die zunächst noch unschädlich sind, die aber bösartig werden können. Vom Stehlen von Knöpfen kommt man zum Stehlen überhaupt.

Wer dieses Thema aufgreifen wollte (der Versuch würde sich lohnen), der müßte sich mit dem Problem der Besessenheit, des Massenwahns befassen. Er stieße auf das Problem der Neologismen: »Tüte«, »Tropf«, »Schlappschwanz« – Ausdrücke des Spotts für Unbeholfenheit, nicht immer von Dummköpfen und Feiglingen – die charakteristisch für unsere Zeit sind. Und der von einem populären Feuilletonisten lancierte Gassenjungenjargon?[3] ... Ein einziger Artikel eines skandinavischen Landarztes[4] – kurz und bescheiden – löste das Problem der Ansteckung der sogenannten Kinderlähmung eben deswegen, weil er die gesamte Epidemie untersuchte – angefangen bei deren Entstehung, und weil er isoliert an einem kleinen Teilgebiet arbeitete. Jeder Lehrer kann in seiner Schule das gleiche tun.

Zum Abschluß zwei Beobachtungen: Die Aura der Schule oder des Internats fördert oder hindert die Überwindung von Epidemien. So wie das Licht, tötet Öffentlichkeit die Mikroben. In der Schwüle der Verheimlichung gedeihen die Miasmen von Seuchen. Kälte verringert die Widerstandsfestigkeit gegen Seuchen. Am wenigsten widerstandsfähig sind gedankenlose Personen, sei es, weil sie träge und lustlos oder weil sie reizbar sind und keine wirklichen Interessen haben; da sie nicht wissen, wo und wie sie ihre Energien abreagieren sollen, haben sie, launisch und leichtsinnig, ein offenes Ohr für neue Einflüsterungen und folgen ihnen – da sie leicht zu beeinflussen sind; und sie verbreiten die Seuchen in ihrem Einflußbereich, was um so schlimmer ist, wenn sie sich einer gewissen Autorität erfreuen (weil sie älter, stärker, frech sind).

1. Dabei wird eine Münze oder ein Knopf geworfen, und der Gegenspieler muß mit einer anderen Münze oder einem Knopf den ersten treffen.
2. Mit Stahl-Schreibfedern wird ähnlich gespielt wie beim Moniaki-Spiel.
3. Wahrscheinlich geht es hier um Wiech, Stefan Wiechowski (1896-1979), einen Feuilletonschreiber, der seine Popularität durch die im Warschauer Jargon geschriebenen Feuilletons gewann.
4. Es ist die Rede von Oskar Medin (1847-1927), einem schwedischen Kinderarzt, der die Epidemie der Kinderlähmung, die sog. Heine-Medin'sche Krankheit, beschrieben hat.

Achtung: Ein Verbot von Spielen und Vergnügungen, da aus ihnen etwas resultieren kann – wirkt sich negativ auf die Entwicklung von Widerstandskräften aus, es schafft eine dumpfe Atmosphäre der Passivität und der Bewegungslosigkeit. Es sollte sich aber viel und vielerlei tun, und es sollte lebhaft zugehen. Denn der Erzieher weiß Bescheid und kann gegebenenfalls vorbeugen.

Aus: *Szkoła Specjalna* (Sonderschule), Nr. 4 (Mai/Juni 1937).

Ein ehrgeiziger Erzieher

»Der richtige Mann am richtigen Platz.« Im Zusammenhang mit der Frage der Dienste, der Mitarbeit von Kindern im Internat,[1] kam ich mehrfach auf die Frage zurück, wie man im sozialen Leben Ordnung erreichen, Fehler, Mißverständnisse, Anschuldigungen, Konflikte, Vergehen, Entgleisungen, Kämpfe und Tränen vermeiden könnte, wenn klar wäre, wo wessen Platz ist: Damit ein hier unachtsamer, ungeschickter und Ärgernis gebender Mitarbeiter auf einem anderen Gebiet – nützlich, ja aufopfernd tätig wäre. Er ist zufrieden, wenn er Ziegel schleppt, Holzscheite trägt, ein tiefes Loch gräbt, mit der Axt Holz hackt. Es heißt, daß er das mag, daß er sich in seinem Element fühlt wie »der Fisch im Wasser«. Wenn du ihm den Auftrag gibst zu nähen, Kartoffeln zu schälen, zu schreiben, ein Gedicht zu lernen – wird aus dem heiteren, Anerkennung verdienenden Menschen ein ungehorsames, dickköpfiges, streitsüchtiges, boshaftes und verlogenes Individuum. (Es wäre wünschenswert, in den Lehrerseminaren Filmaufnahmen zu zeigen: ein Fisch im Wasser und außerhalb des Wassers, ein Junge, der Bretter auf einen Platz schleppt, und der gleiche im Klassenzimmer über einer Arithmetikaufgabe.)

1. Im Dom Sierot und im Nasz Dom waren die Dienste ein Element der Selbstorganisation und Selbsterziehung. Als Äquivalent bestimmter Dienste galten die Arbeitseinheiten. Eine Arbeitseinheit stand für eine halbe Stunde Anstrengung. Die Anzahl der Arbeitseinheiten, die zur Ausführung eines Dienstes nötig war, legte der Selbstverwaltungsrat fest. Für eine gewisse Anzahl von Arbeitseinheiten erhielt das Kind eine Erinnerungspostkarte, für mehrere Postkarten den Titel des »Mitarbeiters« oder den des »nützlichen Mitarbeiters«. Schon in seiner utopischen Erzählung *Die Schule des Lebens* (1907/1908) betrachtet Korczak die Arbeit, die sorgfältig organisiert und aufgeteilt werden sollte, als einen grundlegenden Faktor in der Selbstverwaltung und Selbsterziehung der Kinder (vgl. *Sämtliche Werke*, Bd. 7).

Ich unterschätze die Versuche und Werke über Charakterologie[1] nicht, sie erscheinen mir aber allzusehr *ex cathedra*, gleichsam überklug – vielleicht auch nur losgelöst von der grauen Beobachtung kleiner Einzelheiten des Alltags. Nicht die Psychotechnik[2] wirkt abschreckend, sondern die dünkelhafte, provozierende Selbstsicherheit. Zu Verallgemeinerungen kommt man nur – über die Gliederung zahlreicher Beobachtungen und die Zusammenstellung und gründliche Abwägung kasuistischer Vorkommnisse.[3] (Patient XY, soundso alt, heute so, nach einem Jahr so, am Morgen anders; wenn er sitzt, atmet, hustet usw.) Und ferner durchs Experiment – und seine Kontrolle.

Wechsel des Dienstes, Wechsel des Arbeitsgeräts, die Wirkung eines fachgemäßen Hinweises, eine Mahnung, ein Wechsel des Partners und dessen, der die Arbeit beaufsichtigt – das ist das Feld der legalen, im Erziehungswesen zulässigen Versuche. Oft erleben wir die Tatsache, daß die erste Seite eines neuen Hefts sich durch sorgfältigere Schrift auszeichnet. Liegt's an der guten Feder? Wenn ich dem Kind eine Bürste (einen Besen) gebe, wie es sich gehört, erwarte ich zu Recht, daß es gut saubermacht; gute Kameraden erfüllen einen gegebenen Auftrag ohne Streitereien, doch ein schroffer Befehl weckt Widerspruch und Gärung. »Es arbeitet sich so lustig mit ihm; er wußte sich zu helfen.« Es kann auch so sein: Er verhehlt, daß gewöhnliche Arbeit ihn befriedigt, oder: Er ist müde geworden und hat die Lust verloren, bevor er die notwendige Erfahrung im Dosieren, in der Ökonomie der Kräfte erworben hat. Bevor man also ein Kind damit beauftragt, den Fußboden zu scheuern oder zu bohnern, muß man das vielfach selber gemacht haben und sehen, wie das die Kinder machen, man muß aufmerksam hören, was sie sagen. Man muß imstande sein, den Wischlappen auszuwringen; man muß die Geheimnisse des Strohsacks und des Strohs kennen, bevor man das Kind heißt, ein Bett glattzumachen, wie das die kasernenhafte Ästhetik am Tage und die Bequemlichkeit bei Nacht verlangen: damit das Stroh nicht pikt, damit es nicht schnell zu Häcksel zerrieben wird, damit man nicht nach vielen erfolglosen Bemühungen, im Schlaf eine bequeme Position einzunehmen, aus dem Bett fällt (folgende Filme könnten nicht schaden: ein Hund, der sich zum Schlummern hinlegt, und ein Kind, das »so schläft, wie es gebettet ist«).

1. In seinem Artikel *Die Unverbesserlichen* hatte sich Korczak auf einen der Begründer der Charakterologie – Ernst Kretschmer – bezogen (S. 282).
2. Die Psychotechnik als Teilgebiet der Arbeitspsychologie und Berufsberatung verbreitete sich in der Zwischenkriegszeit. Sie untersuchte und beriet hinsichtlich der Eignung einzelner Menschen für einen bestimmten Beruf.
3. Von lat. »casus«: Fall; Korczak befürwortet und praktiziert die Kasuistik, die »Fallanalyse« als Forschungsmethode auch für die Pädagogik.

Man kann auch erreichen, daß der Abortdienst in einer wenig kultivierten Kolonie zum begehrten Dienst wird; aber man muß ein Schäufelchen für den Sand und eine Handschaufel zum Zusammenscharren des Unrats zur Verfügung stellen und mit dem eigenen Beispiel zeigen, daß es keine schmutzige Arbeit gibt und – daß jede durch Schlamperei zum Scheitern gebracht und verdorben wird.

Ich werde ein nachsichtiges Lächeln oder eine Grimasse des Mißbehagens hervorrufen, wenn ich sage, daß ein zweibändiges Buch über das Waschen und die Wäscherinnen ebenso würdig wäre wie über die Psychoanalyse, daß die Küche und eine Suppe mehr Intelligenz und Initiative erfordern als ein bakteriologisches Labor und ein Mikroskop. Und ich würde gerade einen Säugling lieber einer rechtschaffenen Kinderfrau anvertrauen als einer Charlotte Bühler.[1] Eben davon spreche ich.

Viele Jahre beobachtete ich Reihen junger Adepten der Erziehungskunst. Sie waren unterschiedlich. Von dem einen denke ich traurig: »Der kommt nicht zurecht, der arme Kerl, eigentlich schade«, und von dem anderen seufzend: »Er wird zurechtkommen, leider, viele Jahre wird er unter den Kindern grassieren wie eine chronische Schnupfengrippe mit Glieder- und Seelenreißen.« Entsprechend der Überschrift will ich den zwar pflichttreuen, aber ehrgeizigen Erzieher erwähnen.

Schattierungen; Arten; Individuen. Ein Thema für einen dicken Band. Der eine hat Zweifel, ein peinlich genauer Mensch, er beschuldigt abwechselnd sich selber (seltener), die Kinder (häufig), die Arbeitsbedingungen (immer). Der andere weiß etwas, ist fähig, kann etwas – er badet in eigenen Leistungen und Erfolgen, es ist nicht von Belang, daß es auf den Trümmern von zertrampelten Herzen und Hirnen, auf Trümmern der Freude an der Arbeit, am Buch und am Leben geschieht. Biegen oder brechen, entwurzeln – das eigene oder von oben befohlene Verständnis von Ordnung, Reinlichkeit, gutem Benehmen, von Pflichtgefühl, ja das Verständnis von physischem Wachstum – herauspressen, erzwingen, mit Gewalt herbeiführen. »Du mußt essen, weil es gesund ist, weil ich sonst mit dem Riemen oder der Rute nachhelfe; du darfst kein Wasser trinken, weil es ungesund ist. Du mußt schlafen, du Hundskerl« – weil sie es so auf dem Lehrgang gesagt haben, weil eine Autorität es geschrieben hat. Denn er will sich legitimieren, er zeigt mehr und Besseres, als die Behörde verlangt; denn er erinnert sich aus eigenen Jahren, wie es mit ihm selber war. Jedes Kind auf die eigenen Begriffe

1. Charlotte Bühler (1893-1974), Wiener Psychologin, gründete ein bekanntes Forschungszentrum im Bereich der Entwicklungspsychologie (vom Säuglings- bis zum Jugendalter). Ihr Werk *Kindheit und Jugend* war in Polen populär (Originalausgabe 1928; polnische Übersetzung 1933). Nach dem Krieg wurde sie in den USA eine Mitbegründerin der sog. Humanistischen Psychologie.

und Dogmen hin beugen, es ziehen, erziehen[1] im Sinne der eigenen Absichten und Berechnungen. Alle in der Klasse müssen schon bis zehn zählen, auf dem Fußboden kein Stückchen Papier, im Heft kein einziger Klecks. Wer nicht so handelt, ist ein Todfeind; er aber giert nach Siegen, Applaus, Triumphen.

Aufmerksam hielt ich unter den Kindern nach zukünftigen Erziehern Ausschau. Und ich beobachtete mit Sorge, wie man die Ehrgeizlinge mit der Mentalität von Gefängnisaufsehern zur gesellschaftlichen Arbeit im Bereich der Klasse zwingt, die energischen Misanthropen, die betriebsamen und aktiven Karrieristen (bei den Kindern – Speichellecker, Scheinheiliger, Fuchs), schließlich die Eigenbrötler – die Einsiedler – die Intellektuellen. »Wenn du wolltest, würdest du es begreifen und können.« Es ist genau umgekehrt: »Wenn ich es könnte und verstünde, würde ich es wollen.«

Ein Kind, das viel liest, vernünftig, aufmerksam zuhört und interessante Fragen stellt, aber dem Altersgenossen die Antwort verweigert, ihm nicht hilft, ihm nichts erklärt – das ist anfangs nur ein reicher Knauser (unkameradschaftlich, gerissen, neidisch). Das mißmutige Verhältnis ihm gegenüber verwandelt sich in Haß, wenn man ihm erlauben wird, sich anmaßend zu benehmen, man wird von der Gruppe Privilegien verlangen, wenn er als Muster vorgezeigt wird.

Was ist ein gesunder, edler Ehrgeiz und Wettbewerbssinn, was ein verzerrter, falscher, entarteter Ehrgeiz? Zur Schau, um der Spekulation willen? Wieviel Pferdestärken, was bewegt diesen Motor, was ist der Zweck des Bemühens?

Wieder: zwei Bände – und jede zweite Nummer der pädagogischen Zeitschrift mit Beobachtungen, mit Statistik, leidenschaftlicher Polemik, mit einer Kasuistik von Vorkommnissen. Anatomie, Physiologie und Chemie des Ehrgeizes: des Politikers, des gesellschaftlich Aktiven, des Erziehers.

Der Junge A., fünf Jahre, sieben Jahre, zehn Jahre alt. Milieu, Gesundheit, Kraft, Anmut, Grazie. Vorhanden – nicht vorhanden. Hat Ehrgeiz: will Wohlwollen oder Gehorsam und Führung aushandeln, oder er will sie erschachern, erringen (wie) oder erzwingen.

Der Junge B., fünf Jahre, sieben Jahre, zehn Jahre alt. Milieu, Gesundheit, usw. Er hat keinen Ehrgeiz, lieber im Schatten, im Abseits. Er hat Werte oder nicht, verlangt oder gibt, wie verhält er sich, nehmend oder gebend, wie, wenn er auf – Ablehnung, Widerspruch, ein Hindernis stößt?

1. In der polnischen Vorlage steht: »ciągnąć (ziehen, erziehen)«.

So wie in der Medizin: der Patient A., der Kranke B. Soundsoviel. Beschwerden, eine objektive Untersuchung. Dann die Diagnose. Erst danach die Verschreibung: Diät und Behandlung, die Anweisung, wie er leben, arbeiten soll, und – das ebenfalls nur in Form eines Hinweises, eines Versuches – mit Nachkontrolle.

Über Komplexe, Traumata, Halbbewußtsein (denn auch das gibt es), Unterbewußtsein, über Minderwertigkeits- und Überwertigkeitsgefühle (Position des Vaters, gutes Gedächtnis, Begabung fürs Zeichnen, Singen, für Sport, für Tanz und Autorenauftritte oder ein schönes Kleid), wird der aufmerksame Beobachter – unter den Berühmten und Bekannten mit geschultem Auge Stille, Bescheidene, Unauffällige und Verkannte erblicken; denn sie bringen nicht mehr, als daß sie gutartig sind, ihnen bereitet (kurz gesagt) die Träne des Kameraden Schmerz, und sie nehmen Anteil – an dessen Freude.

Wir wissen nur zu gut, daß Kinder sich streiten, sich schaden, einander boshaft zusetzen, sich schlagen, nun – und auch einander verderben, einen schlechten Einfluß ausüben. »Du bist ein ordentlicher Junge, laß dich nicht mit ihm ein, er wird dich verderben.« Ein erstaunter Blick, ein mildes Lächeln: »Vielleicht werde ich ihn bessern?« Und er hat ihn gebessert. »Spiel nicht mit ihm, er ist ein Strolch – er sucht Krawall, er prügelt sich.« »Zu mir ist er gut.«

Das kommt vor: ein Hilfloser, Unscheinbarer, Naiver, scheinbar ein Dummerjan – ist regsam, wachsam, erfinderisch und beobachtet scharf: Im Nu taucht er auf, wenn jemand von den Altersgenossen etwas verloren hat und es nicht finden kann, geduldig löst er ihm den Knoten seines Schnürsenkels, umsichtig und taktvoll, aber mutig nähert er sich dem rebellierenden Krakeeler und fragt flüsternd: »Warum weinst du?« – und geht ohne Groll davon, wenn er hört: »Was geht dich das an?« Oder er besänftigt ihn.

Aber auch er kann – selten, doch es kommt vor – die Geduld verlieren. Eine Explosion berechtigter Empörung. Ich sah so einen Kampf: Er stürzte sich auf den Stärkeren und siegte, weil er ihn überraschte, er setzte den Spitzbuben in Erstaunen: »Da stürzt so ein Schwächling auf mich los – so ein Mistkerl.« Die Stärke gereizten Ehrgeizes im Kampf gegen die Frechheit der Gewalt, der Ungerechtigkeit. Was für ein unerträglicher Fehler wäre es, diesen würdigen Kampf brutal zu unterbrechen, vielleicht geringschätzig oder tadelnd: »Was, auch du? Ich wußte nicht, daß du nur den Unschuldigen mimst«, oder: »Ein Waschlappen, und nimmt den Kampf auf.«

Intuition, nicht Mitleid, sondern Begabung, die Eigenschaft, mit Benachteiligung und hilflosem Mißgeschick mitzuempfinden – wieder ein Thema für eine Arbeit von mehreren Bänden. Und vielleicht erwiese sich im Ergebnis der Studien, daß diese Kinder Kandidaten für Erzieher, nicht für Sozialaktivisten sind – und eben – ohne falschen Ehrgeiz.

Am Rande eine Bemerkung: verschiedene Typen – der Bettler, der Schnösel, der Betrüger, der Schuldner ohne Deckung, der Dieb und Bandit. Der eine: »Gib, du siehst ja«, der zweite: »Sei kein Schwein, hilf deinem Kumpel«, der dritte: »Gib, dann gebe ich dir was, dann erzähle ich dir was«, der vierte borgt, der fünfte stiehlt, und der letzte sagt: »Warte mal, ich polier' dir die Fresse.« Und die ganz anderen – der Führer, der Politiker, der Bildungsarbeiter, der minderjährige Pädagoge.

Ich legte mir in Gedanken folgendes Spiel, folgendes Gedankentraining zurecht: Ich suchte nach Erziehern unter den Handwerkern (den Schustern, Maurern, Hökern, Hausmeistern, Straßenbahnschaffnern) – unter Menschen des grauen Alltags. Quasi nur eine Kellnerin, doch das Lächeln, der Schritt, die Gestik, der Blick – die Handlungen – ohne Schulung, doch erstaunlich zielsicher, erzieherisch. Vor langer, langer Zeit fand ich unter Prostituierten eine Pflegerin: Viele Jahre arbeitete sie im Kinderspital; und ähnlich für ein Internat für Blinde, für geistig Behinderte.

Und hier – ein Eindruck, denn ich würde nicht wagen, das aufgrund loser, unmethodischer Beobachtungen mit Entschiedenheit zu behaupten: Zur erzieherischen Arbeit drängen die Ehrgeizigen; die Farblosen und Unbestimmten bestehen die Probe der Zeit; es meiden sie mißtrauisch – die Guten; in den ersten erwacht Bitterkeit und das Gefühl der Enttäuschung, einer der zweiten Gruppe läßt sich leicht demoralisieren und wird träge, einer der dritten fühlt, daß es anders sein muß, aber er weiß nicht wie, im übrigen, wer wird ihn um seine Meinung fragen – er soll machen, was ihm obliegt: Ermutigt könnte er viel sagen, sich beklagen und Erklärungen geben.

Wenn jemand sein Leben dafür widmen will, eine solche einleitende zweibändige Arbeit zu schreiben, möge er die Ansichten der Pedellen, der Dienstboten in den Waisenhäusern, der Aschenputtel der Kinderpflege, nicht nur die Meinung – der Stabsoffiziere – berücksichtigen.

Janusz Korczak

Aus: *Szkoła Specjalna* (Sonderschule) Bd. 15, Nr. 1 (Sept./Okt. 1938), S. 7-10.

Eine falsche Voraussage

Der Vater des Mädchens hat die Familie verlassen, ein Intellektueller, »gut, aber leichtsinnig«. Mehr weiß ich nicht. Die Mutter verdient den Lebensunterhalt mit Nähen – sie ist Näherin, nicht Schneiderin. Der Großvater mütterlicherseits ist ein Handwerker von altem Schrot und mit Prinzipien.

Das Mädchen zählt dreizehn Jahre, gesund, über ihr Alter hinaus entwickelt, sehr hübsch. Träge, starrköpfig, sehr naschhaft, undiszipliniert, eine Egoistin, verschlossen (verbissen). Die zwei (?) Jahre jüngere Schwester ist fleißig, häuslich, eine gute Tochter, eine gute Schülerin.

Zwei Zimmer, davon eines vermietet an ein junges Ehepaar; wertvolle Untermieter; vor einer Woche sind aus deren Zimmer hundert Złoty verschwunden. »Ich habe gebeten, ich habe sie beschworen, das erste Mal habe ich sie geschlagen – es hilft nichts, sie gibt es nicht zu.«

Aufsässig (so schien es mir) wartet sie auf das Verhör. »Hast du es genommen?« Schweigen. »Vielleicht hast nicht du es genommen?« Schweigen. Auf eine Reihe belangloser Fragen: »In welcher Klasse, in welcher Bank, wie heißen die Klassenkameraden, wie heißt eure Klassenlehrerin?« – Keine Antwort. »Vielleicht willst du, daß die Mutter aus dem Zimmer geht?« – »Willst du mit mir sprechen? – Weißt du, weshalb ich zu dir gekommen bin?« Schweigen. Ich gebe ihr ein Buch: »Lies vor.« Ein Augenblick des Zögerns, dann liest sie einige Zeilen. »Lies weiter.« Schweigen. »Du kannst gehen.«

»Sie war immer so. Sie hat mittelmäßig gelernt, zuletzt schlecht. Immer mußte man das Geld vor ihr verstecken, die Schränke abschließen. Nie hat sie teilgenommen an den Sorgen der Familie. Sie hat gelogen. Sie war ganz wild auf Schokolade. Wenn der Großvater es erführe, würde er sie umbringen. Ihre Schwester putzt ihr die Schuhe, stopft ihr die Strümpfe; selber hilft sie niemandem. – Was sollen wir machen?«

Ein schwerer Fall. Heute vernascht und faul, wird sie in ein paar Jahren mit Sicherheit sinnlich sein. Schönheit, mangelnde Obhut, Leichtsinn, Selbstherrlichkeit – das Terrain der Großstadt und ihrer Versuchungen. Die Mutter wird mit ihr nicht fertig werden. Weder vor dem Großvater noch vor der Schule darf man diese Tatsache (?) unterschlagen. »Sie werden sie aus der Schule werfen. – Eine Besserungsanstalt (was für eine?). Vielleicht zu einer Familie irgendwo in einer kleinen Stadt, auf dem Lande?«

Ein Arzt hat Krankenhäuser, Präventorien, Sanatorien, Klimastationen. Es existiert eine Organisation für die Unterbringung psychisch Kranker auf dem Dorfe bei Familien; sind die Ergebnisse, wie es heißt, günstig?

Ich fragte einen Lehrer: »Was macht bei euch der Schulpsychologe?« – »Er unterhält sich mit den Jungen, sie machen sich lustig über ihn; in der Lehrerkonferenz belehrt er uns ständig über das kritische Alter.« – »Und was kommt heraus?« – »Nichts.« »Könntest du ein paar Fälle anführen, wo er trotzdem geholfen hat?« – Redliches Nachdenken. »Ein paar nicht, aber einen Fall hat's gegeben. Eine Mutter hat sich unter anderem beklagt, daß ihr Junge sich mit schmutzigem Schuhwerk auf das gemachte Bett gelegt hat; er hat ihn überzeugt und erreicht, daß er sich aufs Sofa legt.«

Ein unangenehmes Gefühl der Demütigung, weil ich weder raten noch trösten kann. Schlimmer noch, das Problem der pädagogischen Beratungen selber ist es, das mich verspottet. »Man spricht viel über die Vertrauenskrise sogar in der Medizin – also ist auch hier wohl ein Feld für den Quacksalber, den Betrüger, wenn die Wissenschaft enttäuscht?«

Nach ein paar Jahren kommt das Echo der verfehlten Beratung. Trotz meiner düsteren Voraussagen hat sich das Mädchen angeblich gebessert. Was noch verwunderlicher ist, ihre Mutter scheint mir dankbar zu sein. – Mißtrauisch nahm ich die Nachricht von der angeblichen (?) Besserung entgegen. Sicher ist sie jetzt älter, verbirgt geschickt ihre Vergehen?

Ein paar weitere Jahre gehen dahin. Ich erhalte diese Berichte unmittelbar von der Mutter. Also: das Musterbild eines Mädchens und einer Tochter. Die beste Schülerin, geliebt und geachtet von den Kameradinnen und den Lehrern, eine Pfadfinderin, aktiv in den Organisationen der Schule. Sie gibt Nachhilfestunden und liefert den Verdienst »bis auf den letzten Pfennig« gab. Heiter, wohlwollend, gehorsam, bescheiden, eine Vertraute, eine Freundin der Mutter.

Damals nahm die Klassenlehrerin sie unter ihre Obhut, der Großvater verzieh ihr; sie wohnte bei ihm. Sie gab den Rest der hundert Złoty zurück. (Wie überraschungsreich ist das Leben. Denn hier tritt ein unglaublicher Fall zutage.)

Dem Großvater kommen fünf Złoty aus der Westentasche abhanden. Das Mädchen sperrt sich, schließlich bekennt sie sich unter Druck zu dem Diebstahl. Nach einer gewissen Zeit findet der Großvater die verlegten fünf Złoty. Diesmal hat sie sie nicht genommen. Und ein Umbruch. Berechtigte Vorwürfe bedrückten sie, ein ungerechter Verdacht heilte sie.

Vielleicht ein Zufall, vielleicht der Einfluß des Schocks – eine seelische »Umstimmung«? Naive Suche nach Gründen.

Jetzt ein anderes Ereignis:

Ein Internat. Ein weiblicher Zögling von vierzehn Jahren, mit schlechter Beurteilung. Ohne anzuklopfen, geht sie in die Kanzlei, um als Diensthabende die Scheibe mit dem Wischlappen zu putzen. Zu allem Übel schlägt sie die Tür laut zu. Sie wird heruntergemacht. Die nervösen Erzieher kennen solche Ausbrüche, die ehrlichen schämen sich ihrer und fürchten sie. So mit Worten prügeln, einen Menschen so schnöde behandeln – das vermag nur pathologische Ungeduld: Drohung,

Schimpfworte, aufstachelnde Ermahnungen, boshafte Beleidigungen: »Du hast das absichtlich gemacht, du bist soundso eine, ich werde dich soundso anfassen, du denkst, ich habe das und jenes vergessen.«

Zur Antwort ein Blick, nicht dreist, nicht ängstlich, nicht gleichgültig, eher, verwundert. »Was ist geschehen?« – »Verschwinde sofort!« Nach einigen Augenblicken treffe ich sie am Ende des Korridors, den Blick durchs Fenster gerichtet. Daneben auf dem Fenster eine Schüssel mit Wasser und der Wischlappen. Vorsichtig, als Mittler, trete ich zu ihr.

»Ärgere dich nicht; das Fräulein ist müde, sie fühlt sich nicht wohl. Man darf die Türen nicht zuschlagen.«

»Ich hab' es nicht gewußt.«

»Na, eben. Entschuldige dich. Man muß die Tür behutsam zumachen.«

»Was für eine Tür? Ich weiß nicht, wovon Sie sprechen.«

»Du hast einen Rüffel bekommen.«

»Ich? Wann?«

»Eben erst, in der Kanzlei.«

»Ich weiß es gar nicht mehr.«

Und mit matter Stimme, eher ein Bekenntnis zu sich selbst:

»Ich habe alles so satt. Mir ist alles so egal. Sie denken vielleicht, ich tu nur so? Ich hab' wirklich nicht gemerkt, daß die Tür zuschlug. Ich ärgere mich gar nicht. Ich weiß nicht mehr, was man zu mir sagt.«

Dieser Blick, diese Stimme – Erzieher müssen sie kennen. Hier ist mindestens ein Besuch in der psychiatrischen Klinik unerläßlich und unersetzbar.

Ich bin kein Psychiater, aber ich kenne die Termini: Bewußtseinstrübung, Dämmerzustand, Stumpfsinn, Erstarrung, Hemmungen und Gefühlskälte. Ich weiß nicht einmal selbst, ob ich Pädologe[1] bin. Aber ich habe gesehen, wie das erschöpfte, angestrengte, lebhafte Wachsen des Kindes (Wachsen ist eine schwere Arbeit) zusammentrifft mit zorniger, rasender Erregung eines Erziehers. Ich kenne sie leider – nicht nur aus Büchern, ich erlebte sie selber und erlebe sie bis zum heutigen Tag – selten, ganz selten. Denn ich gehe ihr aus dem Wege, ich fliehe vor ihr, verberge mich, wenn mir das droht; das ist schlimmer als Türenschlagen, – wohl sogar schlimmer als gestohlene hundert Złoty. Man muß das wissen. Demgegenüber verblassen alle Vergehen von Kindern.

Janusz Korczak

Aus: *Szkoła Specjalna* (Sonderschule) Bd. 15, Nr. 3 (Februar/April 1939), S. 109-111.

1. Vgl. S. 260, Anm. 1.

Leichtsinnigkeit

Strafwürdiger Mangel an Verantwortungsgefühl für Worte, für kritiklos wiederholte Anschauungen, für Versprechen und Verpflichtungen; unbedachte Handlungen, diktiert von Ehrgeiz, Mißmut, Neugier; marktschreierischem Rufen Gehör schenken; Mangel an gesundem Urteil; Leichtgläubigkeit, Snobismus, moralische Farbenblindheit; Risiko ohne Chance eines Gewinns; Entscheidungen, die mit einer Katastrophe enden müssen; widerstandsloses Nachgeben gegenüber Stimmungsanwandlungen oder Überredung; Rauschzustand ohne Alkohol – das ist pathologische Leichtsinnigkeit. Das ist es, was das Privatleben von Familien, das öffentliche Leben von Gesellschaften vergiftet.

Krasse Beispiele werden täglich geliefert: In der Rubrik der Unfälle und strafbaren Ausschreitungen, bei den Gerichtsverhandlungen – Unterschlagungen, Aufwiegelei, Fälschung, Raub und Mord.

Schuldig oder nicht? Eher ein Fehler denn Schuld: ein gedankenloser oder unwillkürlicher Reflex ...

Ein 16jähriger Junge steckt einen Wagen mit Stroh in Brand, weil der Entgegenkommende ihm nicht den Weg freimachen wollte.

»Warum hast du das gemacht?«

»Ich war wütend.«

»Sag selber, welche Strafe gebührt dir?«

»Eine große: wohl ein Jahr auf Bewährung ...«

Ein anderer hat einem Altersgenossen mit Kalk die Augen ausgebrannt.

»Weswegen?«

»Wir haben uns unterhalten, und er steht dabei. Wir haben gesagt, er soll abhauen, aber er wollte nicht.«

»Hast du begriffen, was du machst?«

»Na, ich kenne schließlich ungelöschten Kalk. Zweimal hab' ich ihm gesagt, er soll nicht bei uns herumstehen ...«

Sie hat für den erhaltenen Monatslohn sofort Flitterkram, Süßigkeiten, irgendwelchen Tand gekauft; sie sagte, sie hätte das Geld auf der Straße gefunden und den Lohn nicht bekommen.

»Hast du gedacht, die Tante wird dir glauben?«

»Nein.«

»Also?«

»Ich wollte das haben ...«

Zahlreiche krasse Beispiele aus dem Bereich der Schule. Eine Analyse kleiner Schuldiebstähle.

»Also, wie war das? Du hast ihm das Taschenmesser (den Federkasten, das Markenalbum) genommen, dann prahlst du und zeigst es den Freunden. Hast du nicht gewußt, daß es erkannt und entdeckt wird?«

»Ich hab' nicht daran gedacht.«

»Es mußte doch schließlich herauskommen. Warum hast du gelogen, es nicht gleich gesagt?«

»Ich schämte mich, es zuzugeben ...«

Eine mißglückte sportliche Leistung.

»Hast du gedacht, du kannst einen so breiten Graben überspringen?«

»Nein, aber er hat's mir befohlen.«

»Wenn er es dir befohlen hat, warum ist er nicht selber gesprungen?«

»Ich hab' es ihm ja nicht gesagt.«

»Und wenn du es gesagt hättest?«

»Ich weiß nicht ...«

»Ich wollte es so sehr haben.« »Denn die anderen haben gesagt, es ist erlaubt.« »Weil er drum gebeten hat.« »Weil sie über mich gelacht hätten.«

Sie sind nicht die hervorragenden, sondern durchschnittliche Schüler der Klasse; sie sind normal, wenn sie lesen, schreiben, Aufgaben lösen; hier sind sie naiv, unkritisch, überrascht von dem, was geschehen ist, eingeschüchtert und ratlos.

Wir stellen ein irritierendes Auswuchern von Literatur und Untersuchungen über die Intelligenz fest,[1] statt über Eigenschaften, die von entscheidender Bedeutung im Leben des Kindes, der Menschen, der mit ihnen zusammenhängenden Familien, des jeweiligen Milieus sind.

Schulische oder praktische Intelligenz: die des Lebens und Verhaltens, der Logik sinnvoller Taten, Intelligenz der Überzeugungen, der Gefühle – moralische Intelligenz?

Verflossen ist das Fluidum ehrgeiziger und verwegener Führerschaft, die Tiefe des Unterbewußtseins wurde restlos vom Sexualismus ausgefüllt, man ließ den Instinkten ohne Sublimierung die Zügel schießen,

1. Anspielung auf die sich damals verbreitenden psychologischen Untersuchungen zur Intelligenz mit einem sog. Intelligenzquotienten mit Hilfe entsprechender Testskalen. 1932 wurde die polnische Übersetzung der damals grundlegenden *Intelligenzskala von Binet-Simon* veröffentlicht, unter der Leitung von Stefan Baley (1885-1952), einem Professor der Warschauer Universität. Auch früher schon wurde die Testmethode von Psychologen propagiert, z.B. Józef Joteyko (1866-1928): *Die Methode der Intelligenztests und ihr wissenschaftlicher Wert* (1924) oder Maria Grzywak-Kaczyńska (1886-1979): *Der Versuch der Testanwendung zur Erforschung und Organisierung von Schularbeit* (1931).

rechtfertigte die Diktate des Minderwertigkeitsgefühls und heizte den Appetit an, der aus dem Wörterbuch des Erziehers Selbstbeherrschung, Bescheidenheit, Verzicht auf übermäßiges Verlangen, auf Mittel und Gelüste ausstrich.

Das sind keine Fragen der Ethik, sondern der Psychologie. Wir – der Lehrstuhl, die Fakultät, die Akademie des Intellekts – kümmern uns nicht um unsittliche Handlungen, untersuchen nicht das Kriminalverbrechen und seine unterirdischen Quellen.

Wenn man ein Stück Leben von ein paar Generationen zahlreicher Zöglinge verfolgt, verwundern weniger die unverdienten Triumphe und die unverschuldeten Mißerfolge. Sicher ist, daß die schulischen Ergebnisse, die mittelguten oder die ausgezeichneten, eine ganz zweitrangige Rolle spielen.

Scheinbar sieht es so aus: Wer es versteht, zuzugreifen, wegzunehmen, zu erzwingen, zu rauben, abzulisten, zu erbetteln, zu erpressen und zu profitieren, dem gerät das Leben gut und leicht. Wer geben will, helfen und lehren, wird das Opfer von Mißgunst, Ausbeutung und Raub. Es sieht so aus: Man darf sich dem Menschen nicht vertrauensvoll nähern, nicht sanft und wohlwollend sein, denn als Folge des Kontaktes gibt es nur Sorge, Verlust, Verrat, Bitterkeit, Enttäuschung, Schmerz; man muß raubtierartig darauf lauern, wie man den anderen ärmer machen kann, indem man sich selbst bereichert.

In Wirklichkeit ist es ein Durcheinander widerspruchsvoller Fakten, Wege und Schicksale. Man möchte sagen: Hier ist es Leichtsinn, dort Voraussicht – Umsicht, Vorsicht und Berechnung; da sind Trümpfe im Spiel – sie spielen die dominierende Rolle. (Die sprichwörtliche Leichtsinnigkeit von Künstlern und die Lebensunbeholfenheit von Gelehrten erschweren und vereiteln verhängnisvoll die Arbeit und die Erfolge.)

Man muß Beispiele sammeln, Sieger auf den Gipfeln und Besiegte in den Gefängnissen analysieren. Eine Generalbeichte von Individuen und Geschlechtern veranstalten: Material für die Eugeniker.[1] Einzelne Bestandteile an Aufmerksamkeit, Willen, Optimismus (Heiterkeit), Konservatismus, Dogmatik, der Wert der Erfahrung und der Intelligenz, die sich ihrer bedient. Dann würde die Psychologie lebensnaher, umfassender und wichtiger. Vielleicht würde ein Teil der Macht, die Advokaten und Politiker innehaben, in die Hände von Biologen – des Körpers und des Geistes – übergehen?

Janusz Korczak

Aus: *Szkoła Specjalna* (Sonderschule) Bd. 15, Nr. 4 (Mai/Juni 1939), S. 145-147.

1. Vgl. S. 253, Anm. 3.

Aus einem Tagebuch

... Mein Söhnchen, wir sind allein geblieben. Die Ehefrau besucht den kranken Bruder im Spital, die Mutter ist mit den Kleinen in der Kirche. Sonntag, Sonne. Und wir sitzen, beide traurig, in der Wohnung und sollten doch spazieren gehen.

Was ist denn passiert? Ach, nichts: Der Bengel hat in der Schule Fangen gespielt, er ist gestürzt oder hat sich in etwas verheddert und den neuen Mantel zerrissen. Er hat den Schaden verheimlicht – heute hat es seine Mutter bemerkt – ausgerechnet heute morgen. Nun ja, ich hab' ihm das Fell versohlt.

»Und lüg du nicht, du Nichtsnutz, sondern paß auf; meinst du, dein Vater findet das Geld auf der Straße?«

»Oh, Papa, ich werd' nicht – ich werd' nicht – oh Jesus!«

Jetzt sitzt er in der Ecke und weint oder tut so, als weine er. Es kommt ihm so vor, als hätte er die Strafe verdient, als sollte er es bedauern. Tränen – Reue – aber in tiefster Seele das Gefühl, ihm geschehe Unrecht. Oh, wie gut erinnere ich mich an eigene ferne Zeiten!

Mein Söhnchen, so sollte es nicht sein – das muß und wird anders werden. Aber wie? Ich weiß es nicht. Was sage ich dir nur; ob du es verstehst, wenn ich es dir erkläre?

Also, ich hab' dich nicht geschlagen, weil du den Mantel zerrissen hast. Ob ich es nicht weiß? Ein Zufall. Das gleiche wie dir hätte auch mir passieren können. Dir freilich häufiger, weil du unerfahren bist – na, und quecksilbriger. Es ist ja dein Glück, daß du ein bißchen rumrennen kannst.

Heimlich hast du selbst den Mantel ungeschickt geflickt – du wirst eben weniger schön angezogen gehen. Warum soll man dich zu all deinem Schaden noch prügeln? Ich geb' dir keine Schuld, ich verstehe das – ich war doch selbst ein Bub.

Nicht deswegen hab' ich dich geschlagen, Söhnchen. Ja, ich habe dich gar nicht geschlagen. Nicht ich hab' zugeschlagen. Ein böses Schicksal hat dich verprügelt, mein Sohn. Nicht dich habe ich geschlagen, sondern mein trauriges Los, die Sorgen, die Mühsal – das Unrecht hab' ich geschlagen, das niederdrückt, die Sehnsucht, die bestürmt und lockt. Weil der Bruder meiner Ehefrau im Krankenhaus ist, weil die Mutter kein warmes Tüchlein für den Winter hat, weil die Kohle teuer ist, weil ich – um zu vergessen – einen sauer verdienten Groschen der Familie für ein Gläschen Wodka ausgegeben habe – wegen mir, wegen dem Meister, wegen der Armut, wegen dem, was wir nicht haben, aber haben sollten, wegen der Unordnung und der Schlamperei – dafür hab' ich dich geschlagen. Nicht dich hab' ich geschlagen, Sohn, sondern das eigene traurige Herz, und nicht wegen dieses Überziehers, sondern wegen dieses Jammers, zum Teufel!

Und was jetzt? Soll ich dich jetzt um Verzeihung bitten? Du denkst, du hast das Recht, etwas zu zerreißen, zu zerschlagen und zu zerbrechen. Wer weiß das übrigens: Vielleicht hast du das Recht. Wer ein Handwerk lernt, der verdirbt Material und ruiniert Werkzeuge – weil er nicht weiß, nicht kann, Versuche macht. Und du, Freundchen, lernst leben. Ach, das Leben – das ist eine schwere Lehre und ein schwieriges Handwerk.

Er schaute mich verstohlen an: Was schreibt der Papa da? Na ja, er schreibt; und du wirst älter – dann lies es; erinnere dich und hab' keinen Groll. Und wenn dein Sohn dann einmal etwas anstellt – mach es anders, menschlich, rede mit ihm, erkläre es ihm. Als mich mein Vater schlug, fühlte er, daß er das Recht und die Pflicht hatte; ich gebe zu, daß ich Unrecht tue – na und du, schlag nicht mehr.

Wieder schaute er, er senkte nicht den Kopf, bedeckte die Augen nicht, vielleicht kam es mir nur so vor, als lächelte er. Er ahnte, nein – er fühlte voraus, daß es mir schon leid tut – ich wette meinen Kopf – er weiß, worüber ich schreibe.

»Na, Bursche, zieh den Mantel an. Du hast was abbekommen na – weil du's verdient hast. Aber es gibt nichts, worüber man sich ärgern muß.«

Er rennt los ... Er hat verziehen ... Ein braver Kerl ...

J. Korczak

Aus: *Kalendarz Robotniczy PPS* (Arbeiterkalender der PPS). Warszawa 1923, S. 45f.

Die verbrecherische Strafe

Je mehr Freiheit das Kind hat, um so weniger muß man Strafen anwenden.

Je mehr Belohnungen, um so weniger Strafen.

Je höher das intellektuelle und kulturelle Niveau des Personals ist, um so weniger Strafen gibt es, um so gerechter, verständnisvoller, also milder, sind die Strafen.

Es versteht sich, in einem Internat muß Ordnung herrschen, muß es Vorschriften geben, die das Gemeinschaftsleben regulieren, muß es Verpflichtungen zur Mitarbeit geben und Gehorsam gegenüber den bestehenden Geboten und Verboten.

Es versteht sich, daß ein bestimmter Prozentsatz der Kinder die bestehenden Vorschriften gern akzeptiert, andere fügen sich und haben das Gefühl, die Vorschriften seien berechtigt, obwohl sie mit einigen nicht einverstanden sind, wieder andere bemühen sich, die Aufmerksamkeit einzuschläfern, sich zu drücken, durchzuschlüpfen oder eine Erleichterung herauszuschinden, noch andere beginnen einen Kampf auf eigenes Risiko hin und zu ihrem eigenen Bedarf. Aber man wird auch auf solche treffen, die danach streben, den Haufen hinter sich zu bringen, sei es durch das Beispiel, sei es durch Einflußnahme, Intrige oder Druck. Es gibt passive und aktive Ungehorsame, von Natur aus, verständige und gedankenlose Ungehorsame, schließlich sogenannte schwer Lenkbare, mit einem moralischen Makel. Jeder Erzieher kennt und unterscheidet schlecht erzogene Kinder, die rasch gesunden, von solchen, die in dieser oder jener Richtung belastet sind, bei denen man eine Besserung erwarten kann, aber keine – Heilung.

Je gesünder die sozialen Bedingungen des Milieus, aus dem sich die Kinder rekrutieren, um so mehr positive Individuen kann man erwarten und um so weniger – negative.

Am wenigsten Strafen wird es da geben, wo in einer physisch und moralisch gesunden Gesellschaft das Kind günstige Entwicklungs- und Lebensbedingungen hat, wo das Umfeld ein breites Terrain für Energie, Initiative und schöpferisches Tun bietet, wo das Kind ein gesichertes Recht auf Bewegung hat, auf Nahrung, Wärme, Arbeit, forschende Tätigkeit, Vergnügen und auf einen Freudenschrei. Wo ein Personal, das mit seinen Arbeitsbedingungen zufrieden ist, organisieren kann und will, beraten, helfen und in Übereinstimmung mit den Kindern führen. Wo der Verzicht auf eines der zahlreichen Vergnügen und außerprogrammäßigen Privilegien das Kind nicht bedrückt, nicht reizt, sondern Aufmerksamkeit weckt und den Willen zur Besserung steigert.

Dieses Bild habe ich nicht in meiner Phantasie entworfen. Ich habe es in einem der Waisenhäuser bei London gesehen, und ich habe von vielen gehört.[1]

Ich habe die Kinder beim Ballspiel gesehen. Ein großes Spielfeld, hoher Rasen, viele Bäume, ein stattliches Gebäude, eine kräftige Diät, junges, gesundes, fröhliches Personal.

So wird und muß es bei uns sein. Weil es so sein sollte. Weil wir das fordern, danach rufen, darum kämpfen. Polen – das sind Felder, Bergwerke, Wälder und Kanonen, aber vor allem – seine Kinder. Die Reichtümer – der Leib Polens – können dann einen Wert darstellen, wenn über sie ehrlich und verständig der Geist verfügt – der Mensch – das

1. Vgl. den Bericht *Forest Hill* in *Sämtliche Werke*, Bd. 7, S. 305ff.

Kind. Das sind keine Phrasen, sondern ein mathematisch genaues Axiom. Wer das nicht verstanden hatte, ging unter. Dafür erbringen die Katakomben der Geschichte die Beweise.

Was jedoch muß man unter den gegenwärtigen Bedingungen tun, ehe wir (in Kürze) auf großen Plätzen moderne Gebäude errichten und sie nicht nur mit dem allernotwendigsten Gerät ausstatten, sondern mit allem, was der Entwicklung des Körpers, der Tüchtigkeit und Schönheit des Geistes dient? Also Turngeräte, aber auch Bilder an den Wänden und Werkzeuge für die Handarbeit und Musikinstrumente; ehe die Diät aus den Hungerrationen herauswächst und die knappen Budgets wachsen und den Bedarf für Theater, Ausflüge, Konzerte, Bootsausflüge und Eislauf umfassend decken.

Ach, das haben noch nicht einmal die reichen Länder. Wir haben das nicht gehabt. Wollen wir wie der Geselle sein, der den Lehrling schlägt, weil man auch ihn geschlagen hat? Hält uns die Tatsache, daß die Kinder der Könige bei Kerzenlicht gelernt haben, davon ab, in den Allgemeinschulen elektrisches Licht zu installieren?

Man muß über das reden, was sein sollte, der heutigen schmählichen Wirklichkeit zum Trotz.

Und es ist schlimm – über alle Maßen schlimm. In den Waisenhäusern ist es stickig, eng, kalt, die Kinder sind nicht satt. Also geht es nicht ohne Strafen, die zwar nichts bewirken, aber die Illusion vermitteln, daß man wenigsten nicht die Hände in den Schoß legt.

Der Erzieher weiß, daß an einer zerschlagenen Scheibe nicht das Kind, sondern der Hof schuld ist; aber er kann nicht erlauben, daß man Fensterscheiben einschlägt, selbst wenn er es wollte. Er muß Abhilfe schaffen. Wie? Jawohl – bestrafen.

Erstaunlich ist, wie einige Erzieher, die unter unglaublichen Bedingungen arbeiten, mit den mildesten Strafen operieren und dabei das beabsichtigte Ziel erreichen: Sie stellen die Kinder still, zu ihrem Schaden, wider die Natur. Die Strafen sind so mild, daß sie die naive Illusion erzeugen, es gebe sie überhaupt nicht. »Das Fräulein hat sich geärgert, sie ist traurig und hat nur geschaut und geseufzt.« Und es hat geholfen.

Ich finde nur eine einzige Analogie: In einer elenden Stube zieht eine unglückliche Witwe ihre seelenguten Kinder auf, welche der Mama keinen Kummer machen möchten; bewußt bringen sie ihr die ganze Lebensfreude zum Opfer, verlöschen, verkümmern in der Furcht vor einem tadelnden Blick. »Du hast mir Kummer gemacht« – aber das ist eine Strafe – eine strenge Strafe.

Andere sind ungeduldig und mäkeln, nörgeln, schimpfen, knuffen. »Das ist eine Plage mit diesen Kindern.« Ein unaufhörlicher Krieg, aber sie mögen sich doch, sie verzeihen einander. Einmal ist es schlimm, ein andermal noch schlimmer. Das System des »Sichherumzankens« mit der ganzen Kindermeute.

Ja, das geschieht in kleinen Internaten, aber unter einer Bedingung: Alle Kinder mit einem moralischen Defekt sowie die Mehrzahl der lebhafteren, weniger disziplinierten, werden eliminiert.

Die Kinder leben unter der Drohung der Ausweisung, milde gesagt: der Entfernung derjenigen, die nicht gehorchen wollen. Diese Strafe – die Drohung – ist eine große Strafe. Die Verbannung aus einem warmherzig geführten Internat ist eine Todesstrafe. Wenn ein Internat, sei es auch in den seltensten Fällen, ein Kind ausweist, wirkt dieses Beispiel einschüchternd. Die Kinderfrau sagt: »Ich bring' dich in den Wald, da fressen dich die Wölfe.« Das Internat sagt: »Wenn du nicht gehorchen wirst, geb' ich dich deiner Familie zurück, bringe dich in ein Internat, wo man prügelt und dich hungern läßt.«

Ich erwähne das, um die Illusion zu zerstören, daß man ein Internat ohne Strafen führen kann, ba – überhaupt irgendeine Menschenansammlung.

Anders ist das in großen Internaten, die ihr System haben, ihre Tradition, ihren amtlichen Charakter, wo der Erzieher nur ein Beamter ist, der abhängig von einem Rundschreiben, einer übergeordneten Anweisung, ist. Hier ist es schon keine Illusion mehr, sondern eine bewußte Lüge, wenn behauptet wird, daß Überredung die Strafe ersetzt.

»Du hast eine Scheibe zerbrochen – es ist geschehen. Paß besser auf.«

Na und die zweite Scheibe fällt zum Opfer. Also wird das wieder gutmütig erklärt. Und das hilft.

Ich glaube das nicht.

Also: Im äußersten Fall entzieht man dem Kind ein Vergnügen oder das Dessert. Aber welche Vergnügungen, wie viele, wie oft, was für Desserts bekommen die Kinder? Und was macht man, wenn das auch nichts hilft?

Ich behaupte entschieden, daß es in den Internaten weiterhin die Körperstrafe gibt und die andere, ebenso brutale, grausame, verbrecherische, kriminelle, über die ich sprechen möchte. Diese andere Strafe ist deshalb gefährlicher, weil sie weniger faßbar ist, tiefer im Innersten der pädagogischen Methoden vergraben.

Die Körperstrafe ist nicht angenehm für das Personal. Man hat schon zuviel über sie geredet und geschrieben, die Ärzte haben ihr Urteil abgegeben, sie wurde kompromittiert. Wenn er schlägt, muß der Erzieher (?) etwas verbergen, was verhältnismäßig schwer zu verbergen ist. Man braucht da Instrumente zur Bestrafung: Irgendeine Rute, eine Geißel, einen Gürtel, ein Lineal, welche die Kinder kennen und worauf sie zeigen. Das geschlagene Kind schreit, wehrt sich, haut, stößt, beißt. Immer ist es eine Mühe. Es bleiben Spuren: Striemen, blaue Flecken, Beulen –

es vergeht längere Zeit, ehe diese verschwinden. Wenn das Kind krank wird, macht irgendein gefühlvoller Arzt im Spital einen Skandal daraus. Die Presse hängt sich rein. Irgendein Protokoll, der Untersuchungsrichter, der Staatsanwalt. Zwar ist es wenig wahrscheinlich, aber möglich. Übrigens ist die Körperstrafe wenig effektiv. Die Kinder gewöhnen sich rasch an sie. Fünf Schläge werden schon eine kleine, zu milde Strafe sein, man muß die Quantität und die Qualität erhöhen. Die Gefahr eines Skandals vergrößert sich.

Und die Aufsicht findet auf der Suche nach etwas Bequemerem und Effektiverem eine Strafe, die alle anderen erfolgreich vertreten kann:

»Nichts zu fressen geben, dann werden sie schon gehorchen.«

So sieht es aus, wenn man dem Kind das Dessert vorenthält.

Man bringt das Kind um das Frühstück oder das Mittagessen, man kann ihm nichts oder nur die Hälfte geben, man kann ihm für einen Tag, eine Woche, einen Monat das Essen entziehen. Ich behaupte, daß das Verbrechen der Aushungerung von Kindern in den Internaten sehr verbreitet ist und einer grundlegenden Revision bedarf. Man sollte darüber ebenso viel schreiben wie über die Körperstrafe, oder noch mehr.

Das geschlagene Kind trägt Spuren der Tortur davon; das Kind kann infolge einer Krankheit oder angeborener Auszehrung elend sein, nicht unbedingt durch Aushungern. Den Missetäter zu erwischen, ist schwer: Er gesteht schließlich, daß er das »Dessert« verweigert hat, weil das Kind ausnehmend undiszipliniert oder launisch war, tatsächlich hat er ihm ein- oder zweimal das Essen entzogen. Sogar die zärtlichste Mutter, das kann doch vorkommen, sagt im Zorn: »Also dann iß es nicht, etwas anderes bekommst du nicht.« Es ist unerhört schwierig, Anklage zu erheben, und beweisen – kann man nichts. Sogar bei einer besonders unglücklichen Verkettung von Vorfällen droht keine Gefängnisstrafe.

Man muß sich nicht mit dem Kind herumbalgen. Man kann Ruhe, Würde, sogar ein süßes Gesicht bewahren. Kein Lärm. Die Verurteilung, flüsternd ausgesprochen, gewinnt an Gewicht.

»Eine Woche lang wirst du kein Abendbrot bekommen.«

Das ist kein Ausbruch, wo die Strafe nach einer Stunde beendet ist. Tag für Tag dieselbe, sich automatisch erneuernde, immer schmerzlichere Tortur. Das ist eine Aneinanderreihung langer Stunden. Das ist eine Demütigung, eine Abhängigkeit, eine Quälerei und eine Lähmung für das Kind. Eine Attacke auf Körper und Geist. Durch Hunger kann man es zu allem zwingen, und man kann allem vorbeugen.

Wer einen so kostbaren Schatz besitzt, muß ihn eifrig hüten. Ein Geheimnis, das so unerhörte Vorteile ermöglicht, darf nicht populär sein. Deshalb spricht man unter Kindern nur mit Grausen von der Hungerstrafe, und man schreibt so wenig über sie – und nichts wird unternommen, um sie zu verhindern.

Ich mache einen konkreten Vorschlag:

In jedem Internat sollte eine Waage sein.[1] Die Kinder sollten nicht in jedem Quartal oder jedem Monat gewogen werden, sondern jede Woche. Ein Arzt sollte verpflichtet werden, die Kinder zu wiegen, auf jeden Fall jemand Außenstehendes. Das schützt vor den ungeheuerlichen, sündhaften, verbrecherischen Bestrafungen der Kinder, es führt zu einer Kontrolle der Küche, die unter Aufsicht der Waage ehrlich wirtschaften muß.

Das ist ein Problem, dessen sich annehmen sollten: Die Eugenische Gesellschaft, die Pädiatrische Gesellschaft, alle hygienischen Vereine, und die Kinderfürsorge.[2] Man darf nicht warten, bis die »pädagogische Tuberkulose« zur allgemeinen Krankheit wird.

Aus: *Opieka nad Dzieckiem* (Kinderfürsorge), Nr. 2 (März/April 1923), S. 68-72.

Der Hof des Internats

Der Hof des Internats ist der Erholungsraum der Kinder, an schönen Tagen vom frühesten Frühling an, den ganzen Sommer hindurch, bis zum späten Herbst und im Winter. Anstelle des Dachs und der Fenster – der Himmel.

Der benachteiligte, vernachlässigte, mißachtete, heruntergekommene Hof – ein Aschenputtel, ist die Freude, die Zuversicht, die einzige Ausflucht und ein Objekt sehnsüchtigen Seufzens der Kinder. Hier ist trotz allem mehr Raum und Luft, hier ist es freier, hier ist auch ein Stückchen Himmelsbläue und wenigstens ein Büschel Gras, Wind, der kühlt, Sonne, die wärmt.

»Lassen sie uns raus oder nicht?«

Sie stehen am Fenster und warten ungeduldig. Schmerzlich – mit der Stirn an der Fensterscheibe, mit einem Blick voller Sehnsucht. Wie Vögel – im Käfig.

1. Korczak maß dem systematischen Wiegen der Kinder große Bedeutung bei; er praktizierte es im Dom Sierot und im Nasz Dom und schrieb oft darüber. Vgl. z.B. den Artikel *Jede Woche wiegen* in: *Sämtliche Werke*, Bd. 8, S. 241ff.
2. Die Polnische Eugenik-Gesellschaft (der ursprüngliche Name lautete: Polnische Gesellschaft zur Bekämpfung von Unzucht und Geschlechtskrankheiten) entstand 1916 ; die Polnische Gesellschaft für Pädiatrie: 1917; die Polnische Gesellschaft für Hygiene (ursprünglicher Name: Warschauer Hygiene Gesellschaft): 1898; die Gesellschaft für Kinderfürsorge: 1906.

Man meint: Gibt es etwas Einfacheres? Nicht die Milch, die man kaufen muß, kein teueres Spielzeug, nicht etwas, was man ruinieren und abnützen kann. – Der Hof: Sollen sie doch rausgehen.

Ba. – Erlauben – ist leicht. Aber: Sie spielen zu laut – Auseinandersetzungen mit den Nachbarn; der Ball fliegt über den Zaun; einer verletzt sich den Fuß, einer wirft eine Fensterscheibe ein; sie machen die Hände schmutzig und bringen den Dreck ins ganze Haus. Für die Aufsicht gibt es keine Erleichterung, sondern eine unnötige Sorge mehr.

Und so also:

»Es ist nicht erlaubt, weil es kalt ist, es ist nicht erlaubt, weil es heiß ist, es ist nicht erlaubt, weil es regnet, weil es schmutzig ist, weil es staubig ist, weil es regnen wird. Es ist nicht erlaubt, weil sie schreien, weil sie einen Zweig abgerissen haben, weil sie eine Scheibe zerschlagen haben, weil einer ohne Erlaubnis auf die Straße gelaufen ist, um die Klipa oder den Ball zu holen, wegen der Kleider, der Schuhe, der Hände, weil am Abend im Schlafsaal, weil alle, weil einer bei Tisch, in der Klasse unartig war. Weil sie die Füße nicht abputzen – also ist es nicht erlaubt. Es ist nicht erlaubt und basta.«

Empörend, ungeheuerlich.

Der Arzt, der Pädagoge, der gesunde Menschenverstand – sagen und wissen es – ganz sicher –, daß das Kind ein bewegungsfreudiges Wesen ist. Wenn man es daran hindert, sich zu bewegen – so ist das schlimmer als wenn man ihm nichts zu essen gibt. Die Bewegung – das ist die Atmung des Kindes. Die Bewegung hemmen – heißt – es ersticken – als kneble man ihm mit einem Lappen den Mund und drücke ihm die Gurgel zu. Wie kann man am hellichten Tag ein solches Verbrechen zulassen? – Es gibt doch Gerichte, ein Strafgesetzbuch, das Gefängnis?

Absichtlich suche ich nach grellen Bildern. Weil unsere Einstellung, die der Internatserzieher, zum Hof – erstaunlich gedankenlos ist.

Keinen Sportplatz – woher denn? – Keinen Garten, keinen Park, keine Wiese – aber wenigstens diesen bettelarmen Hof.

Wer nicht nur Aufsicht führt, sondern aufmerksam ist, weiß, daß mit der Öffnung des Hofraums die Streitereien zwischen den Kindern weniger werden; das Gelächter nimmt zu, eine gegenseitige heitere Zuneigung tritt an die Stelle der bekannten heftigen Ungeduld oder dumpfer Resignation der Kinder des Internats.

Hier kann man etwas sähen, etwas bauen, etwas entdecken oder finden: ein Steinchen, einen Nagel, ein Stöckchen.

Wer sich der Mühe unterzieht, den Hof unter dem Blickwinkel der Gefühle der Kinder und ihres Gewinns zu verstehen, der gewinnt ihn lieb, und um so mehr, je armseliger er ist. Er schaut ihn sich genau an, er beseitigt vorstehende Steine und Glasscherben, durch die man die bloßen Füße verletzen könnte. Die Kinder werden gern helfen. Die Fenster, die am meisten gefährdet sind, versieht man mit einem Drahtgitter.

Man nimmt einen kleinen Spaten und schüttet die Vertiefungen zu, man gräbt eine Rinne, damit das Wasser abläuft und es nach dem Regen schneller trocken wird. Man breitet eine Strohmatte aus, das Gießen vertraut man einem älteren Kind an, damit es sprengt, wenn es zu trocken wird oder staubig oder windig. Es findet sich ein Eckchen unter dem Gebäude für Hasenställe und für ein Beet, und sei es nur so groß wie ein Brottablett. Wieviel Freude: Ein Keimling, ein Blättchen, es wächst, es blüht, es ist mein – gottserbärmliches – Gärtchen.

Und der Hof wird nicht für eine Stunde geöffnet, sondern für eine Stunde – geschlossen. Wenn es regnet, wenn es Frost gibt, haben sie ja selbst keine Lust. Aber wer weiß? Vielleicht rennen sie mit den Schlitten raus.

Der Ehrgeiz der Verwaltung sollte es sein, daß eine Stunde nach dem größten Unwetter der Hof bereits wieder trocken ist. Es gibt dafür – leider teure – Methoden. Man sollte unter dem Boden eine Schicht Schlacke aufbringen, gesiebte Erde beimischen, damit sie sich gleichmäßig absenkt. Es gibt Unternehmen, die für teures Geld das Terrain für Rasentennis[1] – für sehr reiche Leute – zubereiten. Da können wir nicht mithalten! Aber trotzdem ...

Wenn in uns das Verständnis dafür heranreift, daß der Hof des Internats ein Erholungsraum ist, kein zusätzlicher, sondern ein wesentlicher Teil des Gebäudes, seine Fortsetzung, seine unverzichtbare, unersetzliche Ergänzung, daß die Gesundheit der Kinder und des Hauses verlangen, ihn ins Budget aufzunehmen, in die Reparaturkosten; – wer weiß – vielleicht wird die Anlage und der Erhalt des Hofes darin denselben gebührenden Platz einnehmen wie das Weißen der Wände und die Reparatur des Daches.

Heute spukt in uns noch der Geist des Mittelalters, wo der Wall und die Schutzmauer die Menschen eng zusammengepfercht wohnen hießen und sich zusammenzudrängen. Die kriminelle Spekulation mit den Bodenpreisen unterstützt das Bestreben, jeden Fußbreit Erde auszunützen. Damit muß man Schluß machen. Um leben zu können, genügt nicht eine Couch für die Nacht und ein Hocker für die Werkstatt.

Aeroplan – gibt es schon. Wir haben den Flug erreicht und haben – das Laufen vergessen. Der Atem der Mauern brachte die blutige Hysterie und die Degeneration der Nerven und Muskeln. Epidemien mähten die Menschen dahin, Kriege metzelten sie nieder, der Hunger schwächte, die Kinder starben. Und da waren doch Wälder – es gab keine Millionenstädte. Nicht zum Spaß weist der Westen Tausende von Hektar Boden für Spielplätze und Grünflächen aus. Auch Warschau denkt daran, seit dem Moment, da es frei über sein Schicksal entscheiden kann. Das ist ein wichtiges, umfassendes, bedrohliches Problem.

1. In der poln. Vorlage steht hier (engl.) »lawntennis«.

Meine bescheidene Aufgabe war es nur, die Aufmerksamkeit auf – den Hof des Internats zu lenken. Ich bitte dringend darum, einen Augenblick nachzudenken und die Haltung gegenüber den verehrten Bundesgenossen, den eingeschlossenen Kindern und den eingezäunten Waisenhäusern, zu ändern.

J. Korczak

Aus: *Opieka nad Dzieckiem* (Kinderfürsorge) 1925, Nr. 3, S. 140f.

Die Klage

Ein Säugling beklagt sich mit Geschrei, Tränen, einer Geste, einem Blick. Oder er kämpft. Er reißt sich los, er stößt weg, tritt, packt die Haare und zaust sie, schließlich schlägt er zu. Je nach Temperament ringt er sanfter oder brutaler mit den ungünstigen Lebensumständen. Oft schätzt das Kind seine Situation von vornherein mißtrauisch ein und explodiert, um vorzubeugen, um etwas zu vereiteln.

Unbill – Schmerz: das sind Wickeln, Waschen (Seife in den Augen), Fingernägel schneiden, Medizin einnehmen, aufdringliches Abküssen, ein Klaps, ungeschickte Handgriffe, Herumtragen.

Mit der Zeit vervollkommnen sich die Methoden der Verteidigung und werden variiert. Ältere Kinder kratzen, beißen, zwicken, spucken und erobern sich schließlich Kampfgegenstände: einen Stecken, einen Stock, einen Stein.

Das Kind greift an, wehrt sich, läuft weg.

Es beobachtet aufmerksam die Selbständigeren unter den Altersgenossen oder die ein paar Jahre älteren Kinder und eifert ihnen nach. Je weniger Obhut und Aufsicht, desto schneller lernt es, selbst zurechtzukommen.

Es fällt schwer, ein Kindergartenkind zu verstehen, wenn man es nicht von den Hinterhöfen und von der Straße her kennt.

Ein Kind wehrt sich anders, wenn es weiß, daß sein Geschrei bei der Mutter oder bei den älteren Geschwistern Hilfestellung hervorruft, anders, wenn es von Erwachsenen häufig bestraft wird, und anders, wenn es allzusehr verhätschelt wird. Zwicken – ist eine hinterhältige Art des Kampfes. Störrischer Trotz ist oft nur drohende Herausforderung von seiten eines Kindes, das verhauen werden will, weil es bereits die stärksten Empfindungen braucht.

Scheinbar chaotische Schlägereien unter älteren Kindern zeichnen sich durch erstaunliche Präzision aus und werden nach fast sportlichen Regeln ausgetragen. Wenn unerlaubte Griffe und hinterlistige Schläge vorkommen, sollte man bedenken, daß es unter den Kindern noch keine entfremdeten, gewalttätigen Individuen gibt, daß die Kinder sich noch nicht beherrschen können, wenn sie plötzlich starken Empfindungen ausgesetzt sind. Die Beobachtung ungeschickter Raufereien unter Kindern, die noch nicht so fest auf ihren Füßen stehen, hat mir geholfen, die Technik der Raufereien von Kindern im schulpflichtigen Alter zu verstehen.

Schließlich beherrscht das Kind die Sprache. Es beginnt der Kampf mit Worten – der Streit. Ausdrücke, die schmerzen, die verletzen. Ein Schimpfen, ein Fluch, ein höhnischer Ausruf – die Absicht, den Gegner zu erniedrigen. Ein Streit – das ist der Kampf der schwächeren Kinder, der eher unsicheren. Man sollte einmal untersuchen, welche Rolle bei den Raufereien die langen Haare der Mädchen und der Muttersöhnchen spielen. Sich in den Haaren des Gegners festzuklammern, erleichtert den Kleinen, Oberhand zu gewinnen. Vielleicht schlagen sich Jungen (auch) deshalb öfter, während die Mädchen sich eher zanken. Ein Streit, also kein Schlagen, kein Schubsen, und doch Demütigung des Gegners, und Sieg.

Im Kindergarten, in der Schule und im reiferen Leben treffen wir neben den mittleren auf zwei diametral entgegengesetzte Typen: Gutmütige und Aggressive, Lämmchen und Wölfchen. Aufgabe des Erziehers und der Organisation der Erwachsenen ist es, die Stillen zu schützen und die anderen zu neutralisieren. Nicht ändern wollen, nicht umkrempeln, nicht naiven Illusionen huldigen. Es gilt, frevelhaften Taten vorzubeugen, nicht entsprechenden Absichten.

Ich bekämpfe nicht die Aggressiven, ich bedränge sie nicht einmal. Indem ich mich mit ihnen verständige, kann ich geschickt ihre Stärke, ihr Ungestüm, ihre Initiative nutzen. Ich fordere vom Individuum Abstriche von seinem Wollen. Ich habe die Pflicht, ihm klarzumachen, daß es nicht allein auf der Welt ist.

Ich biete ein Bonbon an oder einen Ball.

»Ich! Mir!«

Jede ausgestreckte Hand eines Vierjährigen oder bereits eines Unaufrichtigen – nur ein begehrlicher Blick – ist ein Kampf, um etwas für sich selbst zu gewinnen, ein Kampf gegen die anderen.

Wie soll man lehren, daß es auf Gerechtigkeit basierende Regeln gibt, daß man, um etwas zu erringen, warten und es verdienen muß? Daß man es nicht einfach an sich reißen darf. Wann soll mit dieser schwierigen Unterweisung begonnen werden?

Nach meinen Erfahrungen mit Zigtausenden aufgezeichneter Beschwerden und Klagen von Kindern[1] erstaunt es mich zu sehen, daß Erzieher oft nicht wissen, ob sie den Kindern erlauben sollen, sich zu beschweren, oder ob sie dies verlogen verbieten sollen, wie sie es ungern tolerieren und sich bemühen, es einzuschränken; daß sie nicht sehen, wie sie, falls sie sich der Klagen als eines aktuellen, verständlichen, wertvollen Materials bedienten, beginnen könnten, die Kinder zu unterweisen, wie sie bei gegenseitiger Toleranz in Harmonie miteinander leben könnten.

Ich sagte: lügnerisch verbieten. Hier ein Beispiel: »Fräulein! Der hat mir den Bleistift weggenommen.«

Eine Klage.

Ein bißchen anders:

»Warum zeichnest du nicht?«

»Weil der mir den Bleistift weggenommen hat.«

Auch das eine Klage.

Im ersten Fall, anstatt den Bleistift mit Gewalt zurückzuerobern, oder einen stärkeren Klassenkameraden zu Hilfe zu rufen, oder einfach nur passiv zu schmollen, wendet sich das Kind von sich aus mit der Bitte um Hilfe an die Lehrerin, im zweiten Fall hat die Lehrerin das Unrecht bemerkt. Wenn sie es aber nicht bemerkt?

Die Klage – das ist für den Menschen die würdigste Art des Kampfes. Keine Schlägerei, kein Streit, keine hinterhältige Lösung des Streits, sondern eine mutige, bestimmte, offene, ehrliche: »Er hat mir Unrecht getan. Ich bin im Recht. Ich werde es beweisen. Ich vertraue darauf, daß ich obsiege.«

Kein Krawall, kein Skandal.

Die Erwachsenen besitzen einen riesigen Apparat, um Streit und Zwistigkeiten zu regeln. Wenn die Kinder so etwas noch nicht haben, dann deshalb, weil man die Notwendigkeit dazu noch nicht erkannt hat. Wir haben gerade erst die ersten Schritte in Richtung Gerichte für minderjährige Kinder getan. Den Mangel an Friedensgerichten sollte der Erzieher ausgleichen.[2]

1. Veröffentlicht z.B. in den »Gerichtszeitungen« der Heime; vgl. *Sämtliche Werke*, Bd. 4, S. 289ff.
2. Die Gerichte für Minderjährige – Jugendgerichte –, die für einige Städte aufgrund einer Sonderverordnung von 1919 zusammengerufen wurden, befanden sich viele Jahre in einem Aufbau-Stadium. Parallel dazu wurde eine öffentliche Diskussion über ihre Aufgaben geführt. Korczak sah sie in der Zeit in einem organischen Zusammenhang mit dem gesamten Fürsorgesystem schwererziehbarer Kinder: »Ich bin der Ansicht, daß die Minderjährigengerichte ohne entsprechende Kammern für den Erhalt und die Organisation der Fürsorge kein hinlängliches Mittel für die Verhütung der Kriminalität unter Kindern sind. Der richterliche Zuspruch,

Wir erlauben den Kindern weder sich zu schlagen noch zu streiten, wir verbieten ihnen zu schreien, wenn ihnen Unrecht geschieht, wir mögen häufige Tränen nicht. Wir beenden Streitigkeiten schnell – oberflächlich. Unsere Verdikte lauten: »Gib es zurück! Gib nach. Laß es ihm, nimm etwas anderes. Setz dich hierher. Geh weg.«

Ein Kopftätscheln, eine Ermahnung, eine barsche Bemerkung. Aber: Wer war hier wirklich der Schuldige? Wer tut so etwas des öfteren? In welchem Maße?

Zum Anhören einer Klage braucht man Zeit. Im übrigen stört eine Klage nur. Pardon: Nicht die Klage stört, sondern die Tat, die sie hervorrief. Eine Klage erledigen – das bedeutet im Dunkeln tappen. Der Erzieher stellt Vermutungen an, rätselt; seine Pflicht aber ist es zu wissen. Denn oft vermutet er falsch.

Wie oft macht er es sich leicht: indem er dem recht gibt, der seltener etwas anstellt. Also eine Einteilung der Kinder in gute und böse. Noch primitiver: in stille und »unausstehliche«.

Wann hat der Unausstehliche beschlossen, sich zu bessern, überhaupt und in welchem Maße, und für wie lange ist es ihm gelungen, sich zu bessern?

Im Internat für kleine Kinder habe ich bei jeder Mahlzeit aufgeschrieben: Wer wie oft geweint hat, und wie oft andere seinetwegen geweint haben. Ich werde nie den Augenblick vergessen, als der fünfjährige Galgenstrick Zozur von der Bank aufsprang, mich fest um den Hals nahm und mir, während er mich mit Suppe von seinem Löffel begoß, glücklich ins Ohr flüsterte: »Ich habe heute nicht ein einziges Mal geweint, und wegen mir hat auch keiner geweint.«

Einige Tage lang hatte er gelogen, aber diesmal war es die Wahrheit ...

»Gestern hat es fünf Klagen über dich gegeben, heute nur drei. Gestern hast du dich zehnmal beschwert, heute nur viermal.«

Sie lernen zählen und mit dem Bruder-Mitmensch zu leben.

Das wesentliche Problem liegt nicht darin, ob die Klagen nötig sind oder nicht, denn sie sind unvermeidbar, und es gibt sie, muß sie geben, offen oder verhüllt, – das Problem liegt in der Technik, sie anzuhören und aufzuzeichnen, in den Fähigkeiten des Erziehers, sie anzuhören und zu registrieren.

Nehmen wir an, wir haben Klagen im Kindergarten zugelassen.

der an einen minderjährigen Kriminellen gerichtet ist und nicht durch systematische pädagogische Einflußnahme gestützt wird, hat keinen Erfolg. Die Gerichte für Minderjährige können nur helfen als wissenschaftliche Beobachtungsstationen der Kriminalität und des Anwachsens oder Verschwindens dieser Erscheinung unter Kindern.« *Wer nimmt sich des Straßenkindes an ...*, im vorliegenden Band, S. 578.

Ich nehme folgendes an:

Im ersten Monat. Zahlreiche gedankenlose Klagen. Wenn ich mit dem Aufschreiben beginne, erinnern sich nur wenige und auch nur ausnahmsweise, über wen und was sie sich beschwert haben.

Im zweiten Monat. Dauernd zänkische Bemerkungen wie: »Ich sage es dem Fräulein, du kriegst vom Fräulein einen Strich ins Buch, das Fräulein schreibt dich auf.«

Im dritten Monat. Die Kinder werden ungeduldig. Manche sind durch fehlende Bestrafung übermütig geworden und treiben zunehmend mehr Unfug, andere sind mißtrauisch geworden, verdrossen, verwirrt: »Wozu das alles?« Der Erzieher sammelt emsig Material.

Im vierten Monat – im fünften – im sechsten. Der Erzieher hat eingesehen, daß Überredungskünste nicht ausreichen, daß Strafen und Drohungen nötig sind; nicht für alle, aber für einige. Ein kritischer Erzieher aber weiß, daß er auch vorher bestraft und gedroht hat.

Was für Strafen? Das ist schon eine andere Sache.

In der Sommerkolonie habe ich an die Jüngsten (3-6 Jahre) Bonbons ausgeteilt.[1] Wer brav war (wenige Striche im Klassenbuch), erhielt ein buntes Bonbon, wer ungezogen war, bekam zur Strafe ein weißes. Manche waren beleidigt und wollten weiße Bonbons nicht annehmen, sie weinten und fürchteten sich vor dem weißen Bonbon. Da die Kinder in Warschau zur Strafe immer in eine Kammer eingesperrt wurden, konnte man sich auf so kurze Zeit (4 Wochen) nichts Neues ausdenken oder ihnen etwas Vernünftigeres einreden. Also nannten wir »Kammer« einen im Wald etwas abgelegenen Baum; ein auf den Sand gemaltes Quadrat war jene Kammer. Die Kinder fürchteten diese Kammer.

Der Zufall wollte es, daß ich es zweimal mit sehr schwierig zu führenden Kindergruppen zu tun hatte. Aber gerade auf solche kann eine junge Erzieherin treffen. Deshalb meine ich, sollte man sie warnen und sie für ihre Tätigkeit unter schwierigen Bedingungen rüsten.

Nur sehr ungern habe ich diesen Artikel geschrieben; er wird eine Menge Zweifel wecken, die nur ein vorsichtiges Experimentieren im Kindergarten selbst zerstreuen kann.

J. Korczak

Aus: *Wychowanie Przedszkolne* (Vorschulerziehung), Nr. 6 (Juni 1926), S. 1-3.

1. Vgl. S. 243, Anm. 1.

Zweimal zwei – vier[1]

(Wie erzieht man Kinder)

1. »Zu meiner Zeit.« Es ist kein Wunder, daß wir uns gern an frühere Jahre erinnern. Da war der Mensch jung, stärker, fröhlicher. Er hat weniger verstanden, also weniger vorausgesehen, hatte weniger Sorgen und Ängste. Es ist nicht verwunderlich, daß wir uns, wenn wir die Kinder betrachten, daran erinnern, wie es früher war, als wir klein waren. Daß es anders war, kann jeder leicht wahrnehmen. Und es taucht die Frage auf: schlechter oder besser? Wenn man es ruhig abwägt, muß man gestehen, daß die Jahre der Unfreiheit schwer und schlimm waren, daß dieses und jenes Vergnügen fehlte, daß die Freude des Kindes, die stets einen Weg gesucht hat, diesen jetzt leichter findet. Und die Schule sorgt für Unterhaltung, und es gibt mehr interessante Bücher, ein hübsches Bildchen und etwas Süßes – und die Strafe ist nicht so streng, und es gibt öfter eine Belohnung. Es ist nicht verwunderlich, daß der ein oder andere traurig seufzt, weil man ihm das Lachen und das fröhliche Jauchzen der Kinderjahre, die nicht zurückkehren, vorenthalten hat. Und anscheinend freuen sich immer alle Eltern, wenn sie es erleben, daß ihre Kinder es besser haben.

Es kommt jedoch vor, daß der ein oder andere einen gewissen Groll gegen das Kleine hat. Wenn man sich ärgert, und man ärgert sich nicht unbedingt über das Kind, sondern oft über die schwierigen Bedingungen und die Mängel – ärgert man sich, daß ihm etwas weh tut, denn früher hat man sich weniger um die Gesundheit gekümmert; – wenn man nicht in Ruhe, sondern im Zorn Vergleiche zieht – kommt man auf den Gedanken, es sei vielleicht tatsächlich zu viel.

»Zu meiner Zeit war das anders.« So wie man hört: Früher hat ein Kind nicht so viel gekostet. Allein der Unterricht! Nicht ein ABC-Buch, sondern verschiedene Bücher; nicht ein Heft, sondern mehrere, und noch ein Lineal, noch Winkel, Buntstifte und Geld für das Kino und den Ausflug.

Früher hat man nur bei Schnee oder an Feiertagen Schuhe getragen und war irgendwie angezogen; heute soll es maßgenau, neu, nicht nur warm, sondern auch schön sein. Denk dir bloß!

Mit Mühe und Sorge schleppt sich der Mensch hin zu einem besseren Leben. Und ein Kind hat heute mehr Mühe, zahlreichere Verpflichtungen. Der Mensch ist nicht mehr der gleiche, sondern er wird immer aufgeklärter, das Leben ist nicht das gleiche, sondern es wird immer reicher und interessanter. Da hilft kein fauler Seufzer, da helfen keine

1. Vgl. zu »2x2« auch *Sämtliche Werke*, Bd. 13, S. 359.

spöttischen Klagen und mürrisches Gejammer. Nicht weniger Einfachheit, sondern weniger Primitivität; nicht weniger Achtung vor den Älteren, sondern weniger Zwang; nicht einmal eine schlechtere Moral, sondern der Mensch äußert sich ehrlicher und die Wachsamkeit gegenüber dem Schlechten ist größer. Wieviel Unrecht gab es früher, das kein Gehör fand und gegen das niemand mahnend Einspruch zu erheben wagte.

Die Resignation früherer schlechter Zeiten wurde durch ein Gefühl des Rechts und der Gerechtigkeit ersetzt, durch die Sehnsucht nach wiederum einem besseren Morgen und – durch eine gnädige Hoffnung.

2. »Zerreiß nur die Schuhe, zerreiß sie!« Die Kleidung, als ein Posten im Budget einer armen Familie, ist eine schwere Sorge für die Eltern. Die Schule verlangt, daß die Kinder nicht nur sauber, sondern auch schön angezogen sind.

»Die Damen Lehrerinnen möchten aus den Kindern junge Herrschaften machen; und da gibt's ein Schürzchen, ein Krägelchen, Gymnastiktrikots und Pantöffelchen. Sie meinen (genauso wie die Kinder), daß der Vater das Geld auf der Straße findet. Und wenn das Kind die Sachen wenigstens schonen würde.«

In der Gymnastik bringt man ihnen bei, sich auf den Boden zu legen. Wie soll man dann sagen, er soll die Kleidung nicht schmutzig machen. Früher hat so ein vermaledeiter Bursche das Fell versohlt bekommen, wenn er die Schuhe zerrissen hat, aber jetzt kommen sie zusammen und schauen und bezahlen fürs Zuschauen, die gesunden Burschen, anstatt etwas zu tun, den Ball zu stoßen und die Schuhe zu zerreißen.

Der Vater hat das Gefühl, daß ein lebhaftes Kind das Recht hat, zu rennen und sich zu vergnügen. Was Wunder, daß es mehr und öfter etwas zerreißen muß. Wo soll man die Grenze ziehen zwischen dem Recht des Kindes und dem Geldbeutel des Vaters? Und es gab doch so viel Freude im Leben, weil es eben diese Rennerei gab. Die Erinnerungen aber bringen aus den frühen Jahren diese Bereitschaft zum Risiko, auf den Zaun oder einen Baum zu klettern, zurück, dieses Umherstöbern in den Winkeln, wo man etwas Interessantes entdecken konnte, wo viel Staub und verräterische Nägel lauerten.

Das Kind zerreißt nicht nur das Schuhleder, sondern auch die eigene Haut. Wie viele Beulen, blaue Flecken, Kratzer, Verletzungen! Das macht nichts, das heilt wieder – er wird vorsichtiger sein. Ist es nicht richtiger, die ruinierten Strümpfe oder Hosen zu flicken oder zu stopfen als griesgrämig und hoffnungslos mit der Natur des Kindes zu kämpfen?

Er ist lebhaft – in der Zukunft wird er ein tüchtiger Mensch sein. Er hat den Finger verletzt, weil er etwas aus einem Blech gebastelt hat, das Knie, weil man beim Rennen nicht immer bedachtsam steuern kann. Und die Welt ist hart und heimtückisch. Ein Hindernis taucht auf, wo er es nicht erwartet hat. Er ist gestürzt, er hat sich gestoßen, nicht weil er es wollte, sondern es traf ihn eine böse Überraschung.

Was Wunder, daß er Kleider und Schuhe rasch abnützt.

3. »Gib den Gürtel – ich werde die Hand nicht schonen.« Es wäre interessant zu zählen, wofür das Kind am häufigsten geschlagen wird. Für das, was vielleicht seine Zukunft drohend belastet, was zu einem Makel und einer Krümmung des Geistes werden wird? Nein – man knufft, schlägt und prügelt meistens dann, wenn man schlechte Laune hat, wenn das Kind finanziellen Schaden verursacht hat.

Vergleiche deine eigene große, harte Hand mit dem kleinen Händchen des Kindes, vergleiche die grobe Haut mit seiner glatten, feinen. Schau es dir an, wie klein und hoffnungslos abhängig es von dir ist. Er hat weder die Kraft noch das Recht, sich zu verteidigen. Ich finde nichts Vergleichbares im Leben eines erwachsenen Menschen. Nicht erst das heftigste Durchprügeln in der Wut, sondern alles Schlagen erinnert an einen im Gefängnis mißhandelten Verurteilten. Es stimmt, wir schlagen ihm nicht die Zähne aus und brechen ihm nicht die Knochen, wenngleich die Drohung: »Ich zähl' dir die einzelnen Knochen«, an nicht zu fernliegende »gute, alte Zeiten« erinnert.

Man muß daran denken, daß auch ein schwacher Schlag eine brutale Strafe ist – wir schlagen einen Wehrlosen.

Wir schlagen es, damit es sich fürchtet. Das Kind fürchtet sich immer – das eine, weil der Vater den Gürtel abnimmt, das andere, weil man es ausschimpft, das dritte, weil es die Eltern nicht betrüben möchte.

Derjenige wird immer ungehorsam sein, von dem wir zuviel verlangen, der verzweifelt, aufs Empfindlichste getroffen oder rebellisch, hoffnungslos feststellt, daß er sich nicht bessern kann.

Ein erwachsener Mensch hat immer die Erfahrung mißglückter Bemühungen, also hat er sich mit seinem Schicksal versöhnt. Das Kind möchte gut sein. Wenn es das nicht vermag – belehre es, wenn es nicht weiß wie – erklär es ihm, wenn es nicht kann – hilf ihm! Wenn es bei größter Anstrengung eine Niederlage erfährt, müssen wir so nachsichtig sein, wie wir unsere eigenen Fehler und schlechten Gewohnheiten nachsichtig hinnehmen.

Wenn ich es nicht fertigbringe, ein Kind mit milden Worten zu erziehen, mit einem Blick und einem Lächeln – wird auch die Hand und der Gürtel versagen, auch wenn ich sie »nicht geschont habe«.

4. »Wart, ich werd's dem Vater sagen.« Im allgemeinen ist die Mutter milder als der Vater, sie schlägt selten heftiger zu, dagegen bedient sie sich oft der Drohung. Die Drohung ist eine Strafe, manchmal ist die Voraussage einer Strafe sogar härter. Es tut etwas Böses, es hat gebüßt, es kann weiter Unfug machen. Wenn die Mutter droht, ist der ganze Tag verdorben. Was wird werden? Wenn die Mutter Wort hält und es sagt, wie wird der Vater aufgelegt sein, wird er verzeihen, wird er schimpfen, wird er sagen: »Ich zähl dir die Knochen«, oder wird er tatsächlich zum Gürtel greifen? Das Nachgrübeln über eine Rettung ist

nichts anderes als ein bisweilen komplizierter Verteidigungsplan gegen einen Feind. Das Kind muß genau bedenken, wann und wie es in die Wohnung geht, was für eine Figur und was für einen Gesichtsausdruck es macht, wie es sich benimmt, und was es sagt. Das Elternhaus ist wie ein feindliches Lager, an das man sich vorsichtig anschleichen muß, unauffällig, um die Wachsamkeit einzuschläfern, um mit List zu erringen, was mit Stärke nicht zu erreichen ist. Wenn wir auf diese Weise ein Kind durch lange Jahre erziehen, was Wunder, daß, wenn es endlich die ersehnte Unabhängigkeit gewittert hat, es sofort den Ton und die Haltung ändern wird. Der Tag kommt, an dem es sich stark genug fühlt, um zu betonen, daß jetzt Schluß ist. Genug davon, solange es klein war, mußte es ertragen und leiden – jetzt hat es keine Angst mehr.

Wenn ein Kind die Eltern nicht betrüben will, versteht es mit zunehmendem Alter, warum es so und nicht anders war. Die Eltern sind alt und müde – um so mehr werden sie Zärtlichkeit und Mitgefühl wecken. Die Mutter, die unaufrichtig milde gedroht hat und – die Strafe durch die starke Hand des Vaters zugemessen hatte – wird für den Halbwüchsigen schwächer sein – aber nicht besser.

Man spricht viel über die Ehrfurcht vor dem Alter. Die Jahre allein verleihen nicht die Rechte, Achtung muß man sich erarbeiten, sie mit Anstrengung erringen. Die Androhung der Strafe ist insoweit wirksam, als man sie in Ausnahmefällen anwendet, aber verständnisvoll und bewußt verzeiht.

Die Mutter, die mehr weiß, weil sie ständig mit dem Kind zusammen ist, hat das Recht, dem Vater nicht alles zu sagen, denn sie will den Jammer ja nicht vergrößern. Der Vater sollte nach der Arbeit ausruhen, fröhlich plaudern und das oft einzig Warmherzige im Leben – sein Kind, ans Herz drücken. Die Mutter sagt es nicht; es tut ihr leid, wenn sie sich schließlich gezwungenermaßen an den Vater wendet, damit er, nicht mit dem Stock, sondern mit dem männlichen Verstand einen Rat gibt. Die Mutter fühlt, daß dem Kind Gefahr droht, daß es schlecht handelt und sich nicht bessern will; sie hat Angst, auf eigene Verantwortung die Folgen seiner Handlungen auf sich zu nehmen, damit der Vater nicht, wenn es zu spät ist, vorwurfsvoll fragen wird: »Warum hast du es nicht vorher gesagt? Ich hätte das verhindert.« Nur auf diese Weise zu drohen, zu verzeihen und die Schuld des Kindes offenzulegen, hat die Mutter das Recht, und nur diesen Sinn hat der Satz oder die Drohung: »Ich beklage mich beim Vater.«

5. »Ich geb' dich einem Bettler mit!« Das ist auch eine Strafandrohung. Das Kind glaubt, daß die Mutter es in alle Winde verjagt, daß es von jemandem mitgenommen wird, nicht unbedingt von einem Bettler, aber von einer feindlichen Macht, bösartig und bedrohlich. Man muß daran denken, daß das Haus für das Kind eine sichere Insel ist, inmitten des

Meers von unbekannten, rätselhaften und gefährlichen Kräften und Geheimnissen. Dies Meer entsteht in dem schrecklich schmerzlichen Moment, wenn sich das Neugeborene plötzlich in der kalten Luft befindet, welche die Haut peitscht, den Mund, die Lunge, und welche mit dem ersten Atemzug durch Kälte verletzt, wenn Schmerz die Schädeldecke zusammendrückt und harte Hände es in kaltes, rauhes Leinen wickeln. Der Schrecken des Kindes entwickeln sich in tausend Schmerzen der unerprobten Verdauung, in plötzlichen, unerwarteten Schlägen, in all dem, was hart, gleichgültig und unerwartet emportaucht. Vor seinen Augen zieht eine Reihe von Bildern vorüber, und jedes erweckt die stärkste Gemütsbewegung. Das Kind zeigt mit dem Finger auf einen Hund, zieht die Mutter an der Hand: »Oh, ein Hündchen!« – und es zittert und zappelt – das Herz schlägt in der Brust – Freude – es möchte ihn streicheln – kindliches Glück. Der Hund knurrt. Das Kind ist verstört. Das, was freundlich erschien, erweist sich als gefährlich. »Ich geb' dich dem Bettler mit«, – das heißt: Ich versage mich, ich werde dich nicht verteidigen, du wirst unter die geraten, die du fürchtest, weil sie dir etwas antun.

Das Gute und das Böse ist für ein Kind das, was für den Urmenschen der Blitz oder die lachende Sonne war – eine geheimnisvolle, strafende Kraft oder ein Segen. Das Kind hat Angst, weil es ringsum unverständliche Dinge sieht, weil ihm im Traum finstere, mißgestaltete Bilder drohen; der Traum ist noch nicht vom Wachzustand abgegrenzt. »Ich geb' dich dem Bettler mit, einem Juden – der Wolf wird dich fressen, – das sind schädliche Drohungen und insofern leichtsinnig, als sie auf der Stelle, ruckartig wirken und für später Schaden anrichten. Dann hört das Kind auf, sich zu ängstigen, es bleibt ihm ein Groll wegen der erfahrenen schweren Augenblicke und eine Geringschätzung für die Worte der Eltern, die gelogen und das Vertrauen und die Ahnungslosigkeit mißbraucht haben. Nur keine Angst – mich hält man nicht zum Narren – ihr erzählt den Kleinen dummes Zeug. Ich fürchte mich nicht mehr vor dem Bettler und dem Wolf.

Damit verwandt ist die Drohung: »Ich geb' dich zu einem Schuster.« Das ist weniger folgenschwer. Der böse Nebeneffekt dieses schadenstiftenden Satzes besteht darin, daß man einen Beruf herabwürdigt, daß man einen ehrlich arbeitenden Handwerker ausgrenzt. Das darf man nicht tun. Warum nicht zu einem Schreiner oder einem Schlosser, nur zu einem Schuster? Ein Dummkopf, ein Säufer und ein Faulpelz kann ebenso ein Schuster sein wie ein Arzt, ein Beamter, ja sogar ein Erzieher.

6. »Es ist eine wahre Plage.« Neben dem Schlagen gibt es das Knuffen, neben der verbalen Strafe, dem Geschrei und dem Anschnauzen – gibt es das Anfauchen, das Nörgeln und Meckern. Die Mutter murrt

oder klagt nicht deshalb bei den Nachbarn, weil sie an den erzieherischen Wert dieser Rede glaubt, sondern um sich Erleichterung zu verschaffen. »Es ist eine wahre Plage mit diesen Kindern. Sie vergiften einem das Leben, sie bringen einen noch ins Grab.« Wenn dieses unschuldige Geschwätz nur in den Wind gesprochen wäre, könnte man sich damit abfinden, ich meine jedoch, daß es nicht gleichgültig ist. Es ist das Murren der Kapitulation, der Verzicht auf Forderungen in der Beziehung zum Kind, ein Waffenstrecken. Im besten Fall hört es das Kind nicht und übergeht es mit Verachtung, meistens aber macht es ärgerlich und ruft widerwillige Gedanken hervor. Das Kind zieht das zwar dem Geschrei, der Drohung, den Klagen beim Vater oder den Schlägen vor, aber es denkt: »Jetzt fängt es schon wieder an. Ewig dasselbe. Wann hört das bloß auf?« Es kommt vor, daß das Gemecker den Charakter einer Moralpredigt hat. Sie ist in der Bemerkung zusammengefaßt: »Was wird aus dir werden? Worauf wächst du hinaus?« Gewöhnlich wird die Voraussage hinzugefügt: ein Taugenichts, ein Liederjan, ein Lump. Eine Mutter, welche die Niederlage voraussagt, verleidet dem Kind die Bemühung, sich zu bessern. Wenn sie feststellt, daß seine Zukunft eben so sein wird und anders nicht sein kann, wenn es im Gefängnis schmachten soll, wird es doch richtiger sein, wenn es die Momente der Freiheit ausnützt. Man muß daran denken, daß ein Kind ebenso ungern zugunsten des morgigen Tages auf den heutigen verzichtet wie ein Erwachsener nicht immer alles tut, um sich ein ruhiges und heiteres Alter zu sichern. Er weiß, daß Zigaretten und Wodka für die Zukunft schädlich sind und sich auf die Gesundheit auswirken, er raucht und trinkt aber trotzdem. Komme, was wolle – ich riskiere es; ich weiß nicht, ob ich das noch erlebe – das sind die Argumente, die das Kind den schlechten Voraussagen entgegenstellt.

Es kann vorkommen, daß die Mutter einen nicht piesackt und langweilt, sondern einen rührt und Zerknirschung hervorruft. Das Kind verspricht leichtsinnig Besserung und übernimmt eine Verpflichtung, der es nicht gewachsen sein wird. Wie soll es sicherstellen, daß es nichts zerreißt, nichts zerbricht, keine Scheibe einschlägt, keine schlechten Noten in der Schule bekommt; wie wird es vor der Mutter und dem eigenen Gewissen dastehen – es hat etwas versprochen und nicht gehalten. Die Mutter mahnt milde an das Versprechen, öfter aber macht sie ihm einen barschen Vorwurf. Wir müssen uns über die Schwierigkeiten klar sein, welche die Kinder wegen der Schwäche gegenüber dem eigenen »Ich« haben. Auch der Vater bemüht sich, mehr zu verdienen, aber kann es nicht. Das Kind bemüht sich, sich besser zu betragen und besser zu lernen, aber es ist ihm nicht gelungen. Wir sollten dem Kind die Einsicht in seine Fehler und Eigenschaften erleichtern, wir sollten den schwachen Willen abhärten, damit es langsam, zwischen Siegen und

Niederlagen, nach Besserung trachtet, man sollte ihm mit Milde helfen und in schwierigen Stunden mitfühlend sein; wir sollten die Ursachen des Scheiterns erklären, in Augenblicken der Entmutigung ermutigen, und es nicht mit einem bösen Wort, einem mißtrauischen Blick antreiben und zwingen. Man muß dem Kind sagen, daß es gut ist, daß es willig ist und etwas kann.

7. »Ich schenk' dir was. Der Papa kauft was.« Manchmal tut die Mutter etwas ungern, sie möchte sich die sogenannte »heilige Ruhe« erkaufen. Tu, was du willst, ich hab' keine Kraft mehr; hier erzwingt nicht mehr die Mutter, sondern das Kind etwas: Verzeihung, Erlaubnis, ein Geschenk. So handeln wir in Augenblicken der Mutlosigkeit, wenn uns alles aus den Händen fällt, wenn wichtigere Sorgen die kleinen täglichen Kümmernisse übersteigen. Sich mit der Armut herumschlagen, unbedingt die Ordnung aufrechterhalten, kaum das Auskommen finden, das verschlingt so viel Energie, daß keine mehr übrigbleibt, um das Kind zu leiten. Soll es doch tun, was es will – wenn man nur wenigstens für eine kurze Zeit seine Ruhe bekommt. Mit einem Bonbon oder einer Münze erkauft man sich vorübergehenden Gehorsam, eine flüchtige Besserung; die Mutter gibt etwas oder verspricht etwas: »Sei brav, dann kriegst du was.« Wenn wir etwas versprechen – öffnen wir den Weg des Rückzugs. Wenn das Kind die Auszahlung verlangt, ist es nicht schwer, eine Ausflucht zu finden, um das Versprechen nicht einzuhalten. »Der Papa wird's dir kaufen, wenn du brav bist.« Der Begriff des Bravseins ist dehnbar. Er ist zwar aufgestanden, aber wollte sich nicht waschen, oder er hat lange zum Anziehen gebraucht; er hat gehorcht, aber nur in einem Fall. Und so bekommt das Kind »zur Strafe« nichts, der Papa kauft nichts. Hier können zwei Momente auftauchen: Der erste – das Kind bedauert seine vergeudete Anstrengung, die ihm im Gegenzug nichts einbrachte; das nächste Mal wird es vorsichtiger sein: Es lohnt sich nicht, sich anzustrengen, weil es ohnedies nichts bekommt. Oder schlimmer: Es lohnt nicht, sich anzustrengen, weil man es betrügt. Die Mutter hat irgend etwas auszusetzen und gibt einem nichts, sie verspricht etwas und weiß von vornherein, daß sie das Versprechen nicht hält.

Diese Methode kann, wie das mit allem ist, was leicht ist, rasch vorübergehende Erfolge zeitigen, auf die Dauer ist sie trügerisch. Anstatt sich selbst die Schuld zu geben, klagt die Mutter das Kind an. Die Schuld des Kindes erscheint um so größer, als es die Mutter doch mit Güte versucht hat, Verständnis gezeigt hat; um so leichter geht sie von sanften Worten und einem lockenden Versprechen zu einer harschen, brutalen Nötigung des Trotzkopfs über.

Der Trotz des Kindes kann das Zeichen eines starken Willens sein oder ein Protest gegen den Zwang. Ein trotziges Kind – das ist die

Frucht des unvernünftigen Handelns der Mutter. Wir sollten nämlich nicht meinen, daß ein Kind vergißt. Es kann sich gut erinnern, es weiß, daß die Mutter leichtsinnig das Versprechen als Köder auslegt, um auf ihre Art die Rechnung abzuschließen. Wozu von Schokolade oder einem Złoty fürs Kino sprechen, nur um einen zu reizen – soll sie doch gleich zur Rute greifen. Um wieviel richtiger ist es, wenn die Mutter nichts verspricht, aber das Kind überraschend belohnt.

Der größte Feind der Erziehung ist die Hast. Wenn ich etwas zu sagen habe – lieber später; ich habe Zeit, nachzudenken, den entsprechenden Moment zu wählen, und vor allem beruhige ich mich selbst.

Und die Moralpredigt, die Drohung und die Belohnung wirken wie Medizin. Man muß einmal zu diesem, einmal zu einem anderen Rezept greifen, dabei jedoch immer daran denken, daß die Hygiene und günstige Bedingungen wichtiger sind, als die Flasche aus der Apotheke. Leider ist ein ausgeglichenes Leben nicht immer von Erziehern oder Eltern abhängig. Wir müssen aufpassen, damit die Kinder nicht zum Prügelknaben unserer Launen werden. Das Kind nimmt am Familienleben teil, unabhängig von den Worten und Taten, die unmittelbar an es gerichtet sind. Ein Mißerfolg des Vaters, die Krankheit der Mutter bewegen es immer, wenngleich sich das nicht bei jedem auf gleiche Weise zeigt.

8. »Hör auf zu plärren.« Ich stimme nicht damit überein, aber ich verstehe den Ärger der Mutter, wenn ein eigensinniges Kind, trotz Drohungen und Schlägen, nicht eine einzige Träne vergießt. Das sieht nach Verstocktheit aus und weckt Befürchtungen. Man muß sich erinnern, daß ehrgeizige Kinder mit Willenskraft die Tränen unterdrücken, um in Tränen auszubrechen, wenn sie allein sind. Wenn es schlecht behandelt wird, möchte es gegenüber dem Unterdrücker keine Schwäche zeigen; es drückt sich in eine Ecke oder schmiegt sich bei Nacht ins Kissen und weint seinen Jammer und Schmerz aus. Man muß sich mit Geduld wappnen, um in aller Ruhe festzustellen, daß das Kind unseren Ärger verächtlich abtut.

Was ich aber absolut nicht verstehen kann, ist der Groll, den die Tränen des Kindes bei einem Erzieher hervorrufen. Die Mutter hat es geschlagen – das Kind weint, und das ärgert sie; sie schlägt es ein zweites Mal, damit es aufhört zu weinen. Hier steckt ein tiefes Mißverständnis. Mit dem Weinen des Kindes bezeichnen wir zwei völlig unterschiedliche Erscheinungen: Erstens – wenn das Kind, trotz aller Anstrengung, sich zu beherrschen, stille Tränen vergießt, laut weint oder schluchzt; und zweitens – wenn es als Antwort auf einen Befehl oder ein Verbot Krawall macht, aus Leibeskräften brüllt, sich auf den Boden wirft, die Nachbarn alarmiert und einen Auflauf hervorruft. Das sicherlich bewirkt einen Widerwillen gegen alle Tränen des Kindes.

Das Kind hat eigene, stille Betrübnisse, Sorgen und Enttäuschungen, es hat seine einsame Welt. Das Kind weiß weniger, hat weniger erfahren und fühlt deshalb heftiger. Es fühlt stärker, weil es sensibel ist, nicht abgehärtet, im Leiden noch unerfahren. Wir bewahren im Gedächtnis noch schwerere Momente als den, den wir gerade erleben, wir wissen, daß die Zeit die Wunden heilt. Das Kind steht Niederlagen wie vom Blitz getroffen gegenüber. Die Welt ist kalt, hart, rücksichtslos, rachsüchtig, voll schmerzlicher Überraschungen, unbegreiflich. Eine der ersten wesentlichen Tragödien des Kinderlebens ist, daß es sich naß macht. Wieviel Aufmerksamkeit braucht es, um sich zu erinnern, daß das undeutliche Signal, das ein eigenartiges Gefühl im Unterleib gibt, die Vorhersage nasser Höschen und einer Pfütze auf dem Boden ist, und da schreien sie und schlagen es. Es passiert etwas, was das Kind nicht versteht, und was es um so schwerer versteht, je mehr es sich fürchtet. Es begutachtet die vollendete Tatsache: Es fühlt warm in den Lenden, dann kalt, dann sieht es, daß es unter ihm naß ist, und dann Geschrei und Schmerz. Warum das alles? Es fängt zu weinen an und weiß wieder nicht, warum. Es weiß nicht, weswegen sie sich ärgern oder es schlagen, es leidet, fürchtet sich und ist ratlos.

9. »Laß es probieren.« In ein paar populären Sätzen möchte ich viele pädagogische Probleme erfassen, es versteht sich, daß sie oberflächlich behandelt werden müssen. Unter der Überschrift »Laß es probieren« erinnere ich an das weite Gebiet der Ernährung des Kindes.

Hier ein Bild aus der Ambulanz des Spitals. Ein Säugling in miserablem Zustand (Durchfall, Erbrechen); die Mutter behauptet, daß sie das Kind mit der Brust ernährt. Das klinische Bild: Wie ein Kind, das bei der Engelmacherin[1] zur Kost ist. Ich sage ärgerlich: »Wenn Sie gekommen sind, um einen Totenschein zu bekommen – ich warne sie, ich werde ihn nicht ausstellen.« Ich beginne keine ärztliche Befragung, sondern eine Untersuchung. Es stellt sich heraus, daß Gäste da waren, »der Meinige« ließ es ein Stück Wurst versuchen und ein bißchen Bier. Wütend frage ich: »Vielleicht auch eine Gurke?« Verwirrung. »Was weiß ich denn ... Das ist so ein Verrückter. Vielleicht hat er ihm auch ein Stückchen Zwetschge gegeben.«

Wenn die gute Laune steigt, bei einem Festgelage, läßt man die Kinder probieren. Klar, man achtet nicht darauf, daß im Zimmer Rauchwolken von den Zigaretten sind, daß das Kind erhitzt ist – man öffnet

1. Im Volksmund eine Frau, die ihr übergebene (häufig uneheliche) Pflegekinder mit Einverständnis der leiblichen Mutter oder des Vaters durch planmäßige Vernachlässigung oder Gewaltanwendung »aus dem Wege räumt«. Bezeichnung auch für gewerbsmäßige Abtreiberin.

das Fenster. Vergnügen sind selten, man muß sie ausnützen. Schluß mit den Sorgen, der Putzerei, der Plackerei mit diesen Bälgern – einmal muß man sich ausleben. Das Jüngste ist betäubt von dem Lärm und der Musik und äußert laut seine Unruhe, und mit seinem lästigen Gekreisch verdirbt es den seltenen Moment der Ausgelassenheit der Eltern, die ihre Freude haben wollen. Und man gibt ihm was, um einen Augenblick Ruhe zu erkaufen und kümmert sich nicht darum, daß die Strafe auf dem Fuß folgt, die Krankheit des Kindes verursacht Ungelegenheiten, Kosten, eine Reihe schlafloser Nächte.

Eine vernünftige Ernährung des Kindes – das bleibt oft ein Traum, wenn der Verdienst gering ist und die Bedürfnisse groß. Ich habe einmal gelesen, daß nicht Dummheit die Armen zu den Quacksalbern treibt. Das Volk weiß ganz nüchtern, daß unter den bestehenden Umständen das medizinische Wissen versagt. Der Arzt sagt, daß man nichts machen kann oder stellt undurchführbare Forderungen. Der Quacksalber tröstet und schenkt Hoffnung. Man braucht keine Medizin, sondern Zauberei.

10. »Gott hat's gegeben, Gott hat's genommen.« Eine Formel der Resignation und des Trostes, die einen völligen Verzicht auf eigene Tätigkeit und einen eigenen Gedanken darstellt, den Verzicht auf die eigene Verantwortlichkeit für seine Handlungen. Es gibt eine Macht, welche die Welt lenkt, die entsprechend ihrem Willen und unerforschlichen Ratschlüssen gibt und nimmt. So wehrt sich der Inder nicht gegen den Eindringling, denn Brahma oder Buddha lenkt die Geschicke der Welt; sich dem Bösen nicht widersetzen, sich nicht schützen vor dem Stachel des Reptils, der Kralle des Tigers – möge er vergiften und rauben, der Name Brahmas sei gesegnet – das ist die Demut und die Willenlosigkeit des Inders. Der Mensch besitzt einen planenden Willen. Es existiert eine Medizin, die vor Krankheit schützt und die Leiden heilt, es ist wahr – nicht immer, nicht in jedem Fall. Wenn tatsächlich das Leben und das Schicksal des Kindes unabhängig wären vom guten Willen der Eltern, müßten wir nicht nur auf die Erziehung verzichten, sondern auch auf alle Sorge für das Kind. Wenn es leben und gesund sein soll – so wird es so sein, auch wenn es nicht entsprechend ernährt oder ganz ausgehungert ist. Sich selbst überlassen, dem gnädigen Zufall ausgeliefert, muß es ein Spitzbube werden – und wird einer; es kann ehrlich sein, es kann leben oder sterben – von uns hängt das nicht ab.

Bis vor kurzem war das Gebären der Kinder und ihre Beerdigung fast die einzige Verpflichtung und Abwechslung in einem eintönigen Leben. Der Tod – das ist eine Gelegenheit zur Bewirtung. Die Kosten für einen kleinen Sarg sind nicht hoch, und es gibt eine Gelegenheit, sich für eigenes oder geliehenes Geld zu amüsieren und zu vergnügen.

Das Mitgefühl der Leute ist angenehm. Ein Kind ist gestorben – es ist ein Held, man kann zurückdenken, etwas in der Phantasie ausspinnen – ein Gesprächsthema. Die kleinen Särge waren bis vor kurzem die einzige Poesie eines armen Lebens.[1] Heute lautet die Losung anders: Besonnen gebären und vor dem Tod bewahren.

Dr J. Korczak

Aus: *Praca Szkolna* (Schularbeit), Monatsbeilage zu *Głos Nauczyciela* (Lehrerstimme), Nr. 4 (30.4.1927), S. 98-104.

Ohne Zorn

Randbemerkungen zum Studzieniec-Prozeß[2]

Es drängen sich schnell billige Empörung und Anklage auf, die ich aber unbedingt vermeiden möchte. Der Studzieniec-Prozeß ist keine Überraschung. Im Vorstand waren seriöse und erfahrene Leute, keine Naivlinge, die man leicht an der Nase herumführen kann, und in der Anstalt – ein Pfarrer und ein Arzt. Und letzterer hatte schon vor Jahren einen entsprechenden Rapport an das Justizministerium und an die Gesundheitsbehörde geschrieben. Wozu also drumherumreden: Man hat es gewußt. Angebrachter wäre es zu sagen: Wir haben es alle vermutet. (Ich erinnere mich im übrigen an einen ähnlichen Prozeß in Deutschland und in Frankreich, das am allermeisten um jedes junge Leben besorgt sein sollte.)

1. Die Geschichte vom Sterben eines Kleinkindes beschreibt Korczak im Kapitel »Ihre Poesie« in *Kind des Salons* und die einer Beerdigungsfeier im Kapitel »Leichenschmaus« in *Kinder der Straße*. In: *Sämtliche Werke*, Bd. 1, S. 69ff und 331ff.
2. Infolge einer im *Kurier Poranny* (Morgenkurier) veröffentlichten Reportage, die die »erzieherischen« Praktiken einer Besserungsanstalt in Studzieniec aufdeckte, wurde dem Direktor der Anstalt, Klemens Kwasniewski, und einer Gruppe von Erziehern im Jahre 1929 der Prozeß gemacht. Sie wurden angeklagt, die Zöglinge psychisch und physisch mißhandelt zu haben; ein Todesfall wurde verzeichnet. Der Prozeß löste heftige Diskussionen in der Gesellschaft aus. Unter anderem organisierte man gemeinschaftlich Vorträge zum Thema »Erziehen oder strafen«, an denen auch Korczak und Grzegorzewska teilnahmen; bedeutende Literaten gaben einen offenen Brief an das Justizministerium heraus, unterschrieben von Berent, Boy, Nałkowski, Tuwim u.a.

Machen wir uns nichts vor: Die Wahrheit kann man nur ahnen. Die übertrieben dargestellten Fakten decken zahlreiche Geheimnisse auf, die dadurch erschreckend sind, daß sie allgemein verbreitet, alltäglich sind.

Hunger ist nicht nur in Besserungsanstalten anzutreffen. Er hat vier Ursachen: die geringen finanziellen Mittel, unredliches Wirtschaften, Schlamperei bei der Vorbereitung der Mahlzeiten sowie der Umstand, daß Privilegierte den Jüngsten und Schwächsten vieles wegessen. Auf diese Weise werden aus den ungenügenden zehn Kartoffeln je Kind und Jugendlichen nur noch vier.

Genauso *müßte* es mit der Kohle, den Decken, den Mänteln und Schuhen gehen.

Fürs Stehlen – gibt es Schläge. Fürs Weglaufen – eine Straffamilie. Und dort hat schon niemand mehr den Mut, nachzuschauen.

Belohnung: Sie besteht in der Beförderung zum Aufpasser. Dessen Aufgabe ist es, dafür Sorge zu tragen, daß keiner wegläuft. Und er soll die leitenden Organe vor einer möglichen Gerichtsverhandlung bewahren, welcher einer der Menschenschinder schon im Gefängnis entgegengesehen hat. Es ist zu vermuten, daß Studzieniec sowohl die Zöglinge als auch die Erzieher demoralisiert hat.

Juristen und Soziologen machen sich in ihren Organen Gedanken darüber, welch moralisch verkrüppelte Bürger unter solchen Verhältnissen ins Leben treten, wie gefährlich es für die Allgemeinheit und für die Sicherheitsorgane ist – wenn Jahr für Jahr so viel Unrecht, Wut und Aufruhr in das Gesellschaftssystem einsickern; wie soll man Menschen abschrecken und bestrafen, die mit der Atmosphäre einer solche Anstalt vertraut, also abgehärtet und mit den entsprechenden Erfahrungen ausgerüstet sind.

Uns sollte hier aber etwas anderes beschäftigen.

Bei unserer allgemeinen Schulpflicht verbringen die Kandidaten für Erziehungsanstalten kürzere oder längere Zeit in der Schule. Es wird in unseren Schulen also Kinder von ehemaligen Studzieniec-Zöglingen geben – und sicherlich gibt es sie auch schon, die verstreut in den Klassen Probleme und Schwierigkeiten schaffen.

So wenig Worte wie möglich. Das fremde Wort beeinflußt meine freie Tat nur in den allerseltensten Fällen.

Aufgabe des Lehrers ist es, die Schüler zu kennen, um hier in seltenen Fällen ohne Zorn, ohne Verdruß, eher reuevoll, festzustellen:

»Da wächst ein Übeltäter heran, er bringt Unbill und Sorge.«

Der Lehrer hat die Pflicht, die Klasse schon heute vor ihm zu schützen. Es ist nicht seine Sache, sich darüber den Kopf zu zerbrechen, was später sein wird.

Die Erfahrung lehrt, daß es kein Kind gibt, das sich nicht bessern könnte. Wenn es sich nicht bessern will, muß dieses Kind die Klasse verlassen.

Wir kennen die Zukunft nicht. Vielleicht beschert dieses Kind uns in der zweiten und dritten Generation einen wertvollen Nachkommen (aus was für Sträflingen hat doch Amerika wackere Bürger gemacht).

Ich füge hinzu, daß, je schlechter ein Arzt ist, je weniger er weiß und je weniger er im Gedächtnis hat, desto öfter sagen wird:

»Ein hoffnungsloser Fall. Da gibt es keine Rettung mehr.«

Ein verbrecherisches Kind – ist ein krankes Kind, das wir nicht heilen können oder wollen. Deshalb habe ich den Ausdruck »Reue« gebraucht.

Es gilt, die Klasse vor einem solchen Kind zu schützen, die ausgeglichenen Kinder, die Stillen und die Disziplinierten, damit ein einzelnes ihnen nichts tun, sie nicht schlagen, nicht bestehlen kann, und damit die ganze Klasse nicht für dessen Bösartigkeiten, für die Unruhe in der Klasse und die Reaktionen des Lehrers verantwortlich gemacht werden kann.

Nicht immer ist die Phrase vom »schwarzen Schaf« und von der Ansteckung ehrlich. Eine moralisch gesunde Schar hat genug Widerstandskraft. Wenn es nur dem Leiter nicht an Geduld mangelt.

Wie Einfluß ausüben? Es mag verwundern, aber: Nicht beachten, vorbeisehen, mit einem nachsichtigen Lächeln, einem Achselzucken abtun. So heilt man manche Hysterie. Konkret – den unschädlich machen, der Kinder ärgert und stört. Wie ist das zu verstehen? Isolieren – in jedem Falle dann, wenn ihn eindeutig die Schuld trifft.

Nicht schlagen und auch die Eltern nicht zu Hilfe rufen.

Ich bin Erzieher im Internat: Das ist schwieriger als in der Schule. Wenn ich einmal innerhalb von ein paar Monaten schlage, ist das immer ungerechtfertigt, immer zum Schaden des Kindes und zu meinem eigenen Schaden.

Ich bin Arzt. Ich denke in Formeln des Spitals, und ich sehe deswegen keinerlei Ähnlichkeiten zwischen einer chirurgischen Operation, dem Aufschneiden einer Eiterbeule und dem Schlagen. Ein aufsässiges Kind zu schlagen, ist so, als würde man einen Fieberkranken schlagen. Das ist keine Operation, sondern Gewalt und Gemeinheit.

Wie Trunksucht oder Morphinismus wird die üble Praxis des Schlagens nachlässig behandelt. Dies hat das deutsche Schulwesen entsittlicht und eine nicht geringe Rolle bei den brutalen Methoden des letzten Krieges gespielt. Der Glaube an die Faust erschlägt den Respekt vor dem Intellekt und den Gefühlen, macht blind und unbeherrscht.

»Ich schlage, weil auch die Eltern schlagen. Sollen die Eltern mich doch vertreten beim Schlagen«, lautet die heuchlerische Rechtfertigung.

Nein: Meine Schüler dürfen von den Eltern nicht geschlagen werden. Nicht einmal die schlimmsten unter ihnen werde ich den Mißhandlungen der Studzieniec-Leute ausliefern.

Im Gegenteil: Ich beschütze sie vor Hunger, denn Hunger führt bei den einen Kindern zu passiver Resignation und bei den anderen zu wütender Verzweiflung. Ich verlange für sie Kleidung, Schuhwerk, Lernmittel, einen Platz, wo sie ihre Hausaufgaben machen können.

Im Bewußtsein des Bürgers möchte ich Achtung gegenüber dem Kind wecken und das Gefühl der Verantwortung für das Kind, das er in die Welt gesetzt hat.

Aus: *Praca Szkolna* (Schularbeit), Monatsbeilage zu *Głos Nauczyciela* (Lehrerstimme), Nr. 2, (28.2.1929), S. 33-35.

Über Schläge für Kinder

Unter den heutigen Bedingungen schützt kein einziger Paragraph des Gesetzbuches das Kind vor der brutalen Übermacht der Erwachsenen.

Es schlagen die Eltern, die Arbeitgeber, die Erzieher, die Lehrer, die Priester und die Melámeds[1]. Die Kinder werden geschlagen und schlecht behandelt von der Generation der Erwachsenen und leider auch von der jüngeren Generation der Erzieher und von den Jugendlichen. Der Stärkere hat Recht. Die Faust begleicht die Rechnungen.

Letzthin habe ich von einem Arzt gehört, der beim Leiden eines chronischen Bettnässers im Internat die körperliche Züchtigung empfohlen hat.

Das Berufsorgan der Lehrer ist angeblich machtlos: Es kann das Problem des Schlagens nicht anschneiden, aus Furcht seine Popularität zu verlieren.

Meine Forderungen reichen weiter.

Außer den ganz und gar groben Auseinandersetzungen existiert noch eine ganze lange Serie mittleren Grades. Rippenstöße, Hin- und Herzerren, Schubsen der Kinder – sind ganz allgemein verbreitet und werden nicht einmal bemerkt.

Eine zartfühlende Mutter zieht das Kind, wenn sie auf der Straße geht, gedankenlos hinter sich her und paßt ihren Gang den winzigen Schritten des Kleinen nicht an. Steigt sie in die Straßenbahn oder aus der Straßenbahn, so läßt sie es runter oder zieht es an einer Hand wie einen Bottich Kalk an der Schnur.

1. (jidd.): Lehrer in jüd. Elementarschulen.

Entsetzen packt einen, wenn man die lange Liste der Skandale mit Betrunkenen liest. Das sind dann Väter, Mütter, Onkel, ältere Brüder. Zeugen sind immer die Kinder, und da heißt man die Kinder die Älteren achten.

Man schlägt die Kinder, weil sie nicht gehorchen, weil sie lebhaft sind, weil sie nicht ruhig in den schlecht gelüfteten, überfüllten Klassen sitzen können, weil die Eltern keine eigene Wohnung haben, weil eine Kürzung, eine Zwangsräumung, Steuern drohen, weil es so traurig ist, so lustig, weil die Einschreibung teuer ist, weil man in der Schule Kreiden oder eine Sportkleidung verlangt, weil das Kind um Brot bittet oder andersrum, weil es nicht essen will, weil es schläfrig ist oder umgekehrt, nicht 12 Stunden am Tag schlafen kann, weil es heimlich Wasser getrunken hat, als es Durst hatte.

Die einen schlagen nur, die anderen küssen und schlagen abwechselnd. Sie schlagen selbst oder wälzen diese »Pflicht« absichtlich auf den Nachbarn ab; denn wozu werden die Eltern bei irgendwelchen Anlässen von der Schule aufgefordert, wenn nicht zur Benützung des väterlichen Gürtels?

Ein großer Teil des Landes wurde in einer Schule völliger Rechtlosigkeit erzogen, ein nicht geringerer – in der brutalen Schule äußerlicher Ordnung unter einem voreingenommenen, mißtrauischen und böswilligen Auge. Das rächt sich grausam in erster Linie an den Schwachen und Wehrlosen.

Die Kinder und die Jugendlichen sind nicht übermütig, sondern erbittert und rebellisch. Wir erleben einen gefährlichen Zeitabschnitt. Die humane und trügerische Phrase von Freiheit und Sanftmut hat Auswirkungen in der Welt der Kinder. Heute ist es zu spät zu verbergen, daß das Gesetz verbietet zu schlagen. Man weiß es. Und reagiert eigenartig: mit Verheimlichung, Mißachtung, einem böswilligen Ulk und mit der Suche nach jemandem, der schwächer ist als man selbst, um die eigene Macht zu erproben.

Ich ende mit einem Vorwurf an die Presse. Sogar derjenige Teil von ihr, der Sensationen liebt, notiert nur selten und mit Kleingedrucktem Vorfälle, bei denen Kindern nicht nur Unrecht geschieht, sondern auch Verbrechen an ihnen begangen werden.

Zu aufmerksam verfolge ich die Sache des Kindes, um nicht eine so pessimistische und leider begründete Ansicht zu haben.

Janusz Korczak

Aus: *Dziecko* (Das Kind), Nr. 1 (Jan. 1932), S. 4f.

Sie schreiben nicht ...

Der Erzieher als Praktiker schreibt nicht. Selten – ungern – wenig – kurz. Es ist schwer, ihm einen Artikel zu entlocken, noch schwieriger ein Buch.

Was weißt du? Kennst du Rezepte? Teile deine Erfahrungen mit.

Er wird antworten, er habe keine Zeit. Nein, das ist es nicht. Er wird sagen, es gäbe nichts Erwähnenswertes. Das ist nicht wahr. Es ist ihm manchmal gar nicht bewußt, was ihn ängstigt, warum er nicht schreiben mag.

Ich sage: Erzieher. Kein Zugvogel, der schnell betrübt, enttäuscht weggeht. (Es gibt so viele Berufe, die einfacher, bequemer und weniger verantwortungsvoll sind.) Auch nicht einer, der bereits nach kurzem Arbeitseinsatz Karriere macht – schon ein Vorgesetzter ist, der über fremde Angelegenheiten richtet oder – lehrt, wie es richtig ist.

Ich sage: Erzieher.

Was für einer?

Einer, der der Routine verfallen ist? Der Weg – schnurgerade. Einer, der sich professionell eingearbeitet hat.

Die Routine hat spezifische Wegweiser, eigene Methoden und Tricks. Sie eigenen sich nicht dazu, offengelegt zu werden. Eher verbirgt man sie, weil nicht alle würdig sind und nicht alle immer sauber; gelegentlich stehen sie in offenkundigem Widerspruch zur Phrase vom Gehorsam.

Opferbereitschaft? Ja. Intuitiv, in einer plötzlichen Anwandlung und ohne Berechnung. Er ist in ein brennendes Haus gestürzt oder hat sich in einen Fluß geworfen, um ein Kind zu retten.

Hier ist es anders. Stunde um Stunde – Tag für Tag – flößt du Gedanken, Kräfte, Gefühle ein.

Frühling und Herbst, Sonnen- und Regentage gehen ins Land, eine Welle folgt der anderen, der ersten Generation die vierte. Gesundheit und Krankheit, Schnupfen, Kopf- und Zahnschmerzen – Kummer, Schwierigkeiten, Gedankenlosigkeit. Kann er – geduldig und heiter, immer und ausschließlich für das Wohl seiner kleinen Schar sorgen.

Ihr Wohl? Wie oft – unter fremdem Diktat! Und in Beziehung zu denjenigen Kindern, deren Verständnis von Wohl Zweifel weckt.

Das Wohl einer kalten Stube, einer dünnen Kartoffelsuppe, einer Enge, in der die Langeweile wohnt. Das Glück eines Schuhs, einer Fensterscheibe.

Diesen Bedingungen zum Trotz kommt er irgendwie zurecht. Es sieht nach Ordnung, glücklichen Umständen aus. Aber mit wieviel Zwang und Leid wurde dies erkauft?

Die Kinder haben ein Dach über dem Kopf, haben zu essen und werden beaufsichtigt. Diktatur der Aufsicht.

Die Routine – ein ausgetretener Pfad. Paar für Paar, ohne Lärm und Unordnung. Sie schreiten in die Zukunft.

Er selbst wurde angeleitet. Nun leitet er die anderen an, ermahnt, straft mit einem Blick, einer Geste, einem Wort. So verschafft er sich Gehorsam. Aber es ist ungefährlicher für ihn, nichts über die Art des Gehorsams, über die Abstammung dieser Ordnung und ihre »Nachkommenschaft« zu schreiben.

Klar – Disziplin in einer Gruppe ist notwendig.

Nein – nein. Mit einem Komplizen flüstert er. Nein. Nicht schreiben ...

Teile deine Erfahrungen mit.

Erfahrung erwirbt man nicht durch das Sammeln und Anhäufen von Mitteilungen über Beobachtungen an Menschen, Tatsachen und Erscheinungen. Erfahren heißt – selbst erleben, stark empfinden und schmerzhaft berührt werden. Niederlagen, Enttäuschungen, Rebellionen und Resignation. Nicht nur Fragen und Zweifel, Wachsamkeit und Prüfung, skeptische Revision aktueller Ansichten – zur eigenen Wahrheit hin, einer Wahrheit, die niemals sicher und vollkommen ist.

Erfahren heißt – vor allem sich selbst auf die Probe stellen. Sich selbst mit der Aufgabe in Einklang bringen. Die eigene Wahrheit nicht nur hören und verstehen, sondern auch überdenken, sich aneignen und sich mit ihr so identifizieren, daß sie funktioniert wie das Atmen und der Herzschlag.

Ich erforsche das Problem nicht, indem ich es von zahllosen Seiten her betrachte, auch nicht durch meine bewußte Einstellung ihm gegenüber, sondern durch intime Empfindungen.

Das Wort des anderen erschwert eher die Arbeit, verwirrt. Es ist falsch, anzunehmen, das als richtig Erkannte könne zugleich auch überzeugen. Aber das Wort des anderen kann die Kristallisation eigener Überzeugungen beschleunigen. Das sind Überzeugungen, auf die Lösungen weisen, aber nicht auf weitere Entwicklungsetappen verzichten.

Routine kennt ihre Grenze und die reglose Sättigung. Erfahrung dagegen ist immer hungrig und neugierig auf das Morgen.

Wie kann man unreife Erfahrungen weitergeben. Mit welchem Recht, diesen wachsenden Kristall brüderlichen Geistes deformieren?

Soll er doch in redlicher, einsamer Anstrengung wachsen.

Und noch eins.

Es wird auch jene geben, die auswendig lernen, und dann den anderen und sich selbst vormachen, sie hätten sich dies alles selbst erarbeitet.

Fremde Ansichten und Deutungen in inkompetentem Mund entarten zu Phrasen ...

Jawohl: Man soll schreiben, aber das ist so schwer.
Darum schreiben sie nicht.

Janusz Korczak

Aus: *Życie Dziecka* (Kinderleben), Nr. 5/6 (Aug./Sept. 1932), S. 5f.

Kino – Radio – Programme für Kinder

Radio und Kind. Ein schwieriges Thema. Aber eine große Versuchung. Selbstverständlich, als Einstieg – vor allem – das Kino.

Das Vorstadtkino. Arbeiter nach einem farblosen Arbeitstag, eine Frau mit einem Kind auf dem Arm – hohe Stiefel, ein Kopftuch, ein Junge mit einem Brett unterm Arm. Ein Bild, das noch vor einem Monat nur für Auserwählte galt, schon früher – in reichen Hauptstädten, morgen in einem Städtchen, in einem Nest.

Ziemlich oft ist es ein laienhaftes Spektakel und »die Kerze erlosch« – aber ich bitte euch – alles, was es an Wundern in der weiten Welt gibt, ihre Vergangenheit, Verbrechen, Leiden, Freuden, Gemütsbewegungen. Ein Dickbauch – er würde ein paar Kumpane in der Kneipe und eine Handvoll Gassenbuben zum Lachen bringen, das Kino verwickelt die komische Gestalt in eine Aktion erheiternder Augenblicke. Schau: Ein Milliardär weint; ein Reicher leidet auch. Siehst du jetzt, daß Gold nicht glücklich macht? Ein Schiff – ein Neger – ein Eskimo – eine Expedition auf den Gipfel des Everest. Schau: So wurden Frauen verkauft – eine Schlacht – der Zirkus von Nero – Folter. Gott gibt die zehn Gebote. So macht man also ein Auto. Ein Knirps – ein fabelhafter Schauspieler, ba, Rin-tin-tin – ein dressierter Hund. Hüte dich, Mädchen, vor dem Hinterhalt!

Du hörst schallendes Gelächter, die Träume der Halbwüchsigen, du siehst Augen, die andächtig auf die Leinwand gerichtet sind, du fühlst, daß der neue Mensch – nicht ungewöhnlich ist – ja gut, Bücher, aber die Masse, der Haufen, jeder?

Die Vorstellung ist beendet. Eine neue Welle überschwemmt die Sessel des Zuschauerraums.

Es ist nicht mehr nur Kino, sondern in den Pausen ein Kabarett. Gesang, Spaß und Tanz. Wie sie sich freuen, wie sie die groben Hände zum Klatschen bewegen. Na – und endlich ein Kind. Sie verjagen es, sie behandeln es von oben herab. »Warte, nicht hier, nicht jetzt, dräng dich nicht vor ... Werdet ihr gleich still sein, Rotznasen?«

Der begriffsstutzige Moralapostel, verängstigt – halbblind, schwerhörig – weiß nicht, daß das Kind durch einen Spalt schlüpft, weil es dazu gezwungen ist.

Vor der unschuldigen Lektüre, vor Pinkerton und Patachon,[1] hat er sich gefürchtet, aber mit Hilfe dieser anspruchslosen Flunkerei hat der Lehrling Lesen gelernt, wie von den Überschriften am Kino – mühsam buchstabierend. Die Roten Blätter[2] haben ihn in der Kunstfertigkeit perfekt gemacht. Ja, das ist eine Schule, Brüderchen. Da lernst du was, weil du es willst. Jetzt ist die Zeit für ein richtiges Buch gekommen.

Das Kino erzieht: Es lehrt vornehm leiden, essen, gehen, küssen, die Hand geben. Die Aufschriften sind unnötig: »Nicht rauchen – keine Sonnenblumenkerne auf den Boden spucken« – die Zuschauer rufen nicht mehr: »Höher – spiel, du Kahlkopf!«

Und die Wolke hat sich aufgelöst: Der Junge schaut sich mißtrauisch die Bilder im Aushang an. In der Schulpause fragt er die Kameraden. Eine Woche lang schnüffelt er umher, zögert, trifft eine Wahl, ehe er am Sonntag an der Kasse seinen halben Złoty hinlegt. Ein verbotener Film – den meidet er schon selbst. Da gibt's nichts zum Lachen, man schießt nicht. Es gibt keine Löwen und Tiger – sondern du sitzt ruhig in einem dunklen Saal, schaust, wie sie sich küssen – das ist doch noch schlimmer als in der Schule.

Gutenberg hat nicht das Buch erfunden – das Buch hätte auch so existiert. Gutenberg – das ist die Zeitung. Ein neuer, anderer Mensch: der weiß, was auf der Welt passiert. Das Kino – das ist die Krähe der Straße: marktschreierisch und naseweis. Was wird aus ihm werden?

Wie wird der Mensch, nicht der der Zeitung, sondern der des Kinos, des Radios, des Flugzeugs sein?

In andächtigem Staunen denkst du daran, wie die Vereinigten Staaten aus Halunken, Abenteurern, halbwilden Weltenbummlern, Schwarzen, Gelben, Roten – eine tüchtige, geschlossene, disziplinierte Gesellschaft geschaffen haben. Heute ist es leichter – weil es das Kino, das Radio gibt. Da ist nicht nur die allgemeine Schulpflicht und der Wahlagitator. Dort: ein qualmender Kerzenstummel, hier Elektrizität, dort ein mit einem Strick angespannter Gaul, hier ein schwindelerregendes

1. Leichte populäre Sensations- und Abenteuerbroschüren, die von der polnischen Jugend viel gelesen wurden; Pinkerton, abgeleitet von Allan Pinkerton (1819-1884), einem Kriminalisten schott. Herkunft, der 1850 in Chicago eine Detektivagentur gründete und Weltruhm erlangte.
2. In der polnischen Vorlage steht »Czerwoniak«; als czerwoniak wurden im allgemeinem Sprachgebrauch populäre Tageszeitungen bezeichnet, die sich am Sensationsgeschehen orientierten und von der »Polnischen Presse AG« herausgegeben wurden, z.B. *Roter Kurier* (Kurier Czerwony) und *Morgenexpress*. (Im Jahre 1931 erschien in *Roter Kurier* ein Interview mit Korczak über den *Senat der Verrückten*. Vgl. *Sämtliche Werke*, Bd. 5, S. 229.)

Auto, dort das Fensterchen eines Hühnerstalls, hier ein Stadion. Kabarett, die Jazzband, ein Redner – ein Voltigeur, ein Zauberkünstler der schönen Worte und des Wissens.

Das Radio. Ich suche den richtigen Stil, um von dem Wunder zu reden. Ich seufze tief; ich greife auf die Erinnerung zurück; ich hole aus der Rumpelkammer den verstaubten Satz hervor: »Arme menschliche Sprache.« Ich suche nach einem Stil wie ihn auch das Radio sucht. Klar, er muß anders sein. Freilich, sehr viel anders, aber um Gotteswillen, was wird daraus werden – was wird erst später daraus werden?

Ich nehme das Empfgansgerät – ich höre die Glatze des Sprechers – wie eine Blindenschrift. Mit dem Ohr sehe ich den Tabetiker[1], der die Rede hält.

Wer ein halbes Jahrhundert aufs Löschblatt geschmiert hat, wer im Streit mit der Gattin und dem Dienstmädchen einen mürrischen Ton anschlug, wer nur einen Befehl hinwarf: »Bring den Mokka, mittelstark mit Tropfen« – der ist verstört, der kommt nicht mit, der kommt vom Weg ab, der erzittert, wenn aus weiter Entfernung gesprochen wird.

Ein Programm für Kinder. Also ein inszeniertes Märchen. Aber. Hören das nur Kinder? Nein. Ein Kranker hört es, ein Gefangener, ein Blinder, ein Greis, eine Arbeiterin, die Schokolade in Silberpapier wickelt. Die Mutter hält dem Säugling im Spaß den Empfänger hin. Also auch er braucht das: »Mama – Papa – Oma.« Auch die Jüngsten sollen zuhören.

In der Zeitung findet der Enkel Sport und Nachrichten von Bränden, die Großmama schaut, wie alt der heute Verstorbene war, sie sucht unter den Nekrologen Bekannte. Im Film *Messalina*[2] – findet sie Unzüchtiges, er aber – Wagenrennen. Mensch, was für Pferde!

Ein Märchen? Nun ja, da ist es schon. Sie beklagen sich, es sei zu schnell und undeutlich. Und ein Märchen – das gibt's doch in der Schule und in kleinen Blättchen. Hier muß man das anders machen und noch über etwas anderes reden. Anders, und es muß auch ein bißchen mehr sein.

Heute hört das Kind zu, weil es neu und seltsam ist. Aber dann langweilen wir es vielleicht, wie die Schule es nach und nach gelangweilt hat.

Auch wenn es ein Märchen sein soll, anders und ein anderes. Vielleicht sehr langsam – und eine Pause – Zeit zum Nachdenken geben – vielleicht sehr einfach, dann plötzlich schnell und schwierig, um es zornig zu machen, das Gefühl der Ohnmacht zu wecken. Du bist klein – hörst du – du verstehst nicht alles. Ich spreche nämlich zu vielen, nicht nur zu dir, du kleiner eingebildeter Tropf.

1. Ein an Rückenmarkschwindsucht Erkrankter.
2. Ein damals bekannter Film, der auf die dritte Frau des röm. Kaisers Claudius anspielt. Valeria Messalina (um 25-48 n.Chr.) erregte durch ihren sittenlosen Lebenswandel und ihre Grausamkeit Anstoß.

Man muß das Kind fesseln. Es soll im voraus nicht wissen, was passiert. Das Radio macht faul, oder es reißt zu einer Anstrengung hin. Entweder etwas Leichtes oder das Schwierigste, aber es lohnt nicht. Es hört zu, es wartet und weiß, daß es etwas bekommt.

Ein Manuskript.

Wir hatten, bitte sehr, einige Propheten, heute haben wir Tausende von Dichtern. Das Orchester verwöhnte die Ohren der Wohlhabendsten, heute spielt es in der Schenke in Walicόw[1] im Takt der Gläser. Die Improvisation – heute ist sie eine Gabe und ein Privileg, sie wird zu einer gewöhnlichen Rede werden. Fang am einfachsten mit einem Geplauder an.

Das Kind möchte wissen, verstehen. Eine Nachricht – in der Rubrik »aus aller Welt«. Aus den Zeitungen für Erwachsene. Seht ihr denn nicht, wie nach und nach die ernsthaften Zeitungen kindisch, die Kinder aber ernsthafter werden?

Das Kind bastelt gern. Also sagst du durchs Radio: »Bereite bis morgen ein Brettchen und einen Karton vor – Klebstoff, ein Nägelchen – wir werden [daraus] einen Christbaumschmuck machen.«

»Nimm einen Bleistift: Schreib auf, was auf Französisch, Englisch, Japanisch, Hebräisch, Türkisch, Chinesisch und in der Negersprache: ›eins, zwei, drei‹ heißt, du wirst dann in fünfzehn Sprachen bis drei zählen können.«

»Und weißt du, wie man die Schuhe so anzieht, daß die Schnürsenkel nicht reißen?«

»Das Radio hat die Nachricht erhalten, daß du dich nicht gerne wäschst. Das ist schlecht. Ich sehe, daß du mit dreckigen Ohren zuhörst.«

»Stasia aus Paris schickt Kazio Grüße.«

»Jetzt spricht der Droschkenkutscher Walenty über Pferde; ein Kamerad sagt, wie er die Klassenarbeit abgeschrieben hat; ein Mädchen, das aus dem Krankenhaus entlassen wurde, erzählt, wie es von der Trambahn überfahren wurde.«

Zum Schluß ein Witz. Bis morgen.

Wir tragen ein großes Spiel aus: Werden wir wie die Kinder oder – zur Bestie Mensch? Es gibt kriecherisches Geschreibsel, schamlose Bilder, wird es jetzt eine unflätige Sprache geben? Alte Gemeinplätze: Luftverschmutzung – die Atmosphäre ist mit den giftigen Ausdünstungen der Verderbnis gesättigt. Jeder Schritt verändert das Gewicht der Erde.

Das Radio wird die Bedeutung des Menschen, seine Möglichkeiten ändern.

Ein Kind fragt:

»Wie hört Gott das Gebet?«

1. Im Warschauer Stadtteil Mirów.

»Und hörst du, mein Sohn, dieses regelmäßige Geräusch? Das ist der Herzschlag eines Herrn, der dir von London her ein Märchen schickt. Jetzt glaubst du doch, daß Gott die guten und die schlechten Gedanken hört?«

Ein naives Symbol:

Das Kreuz – der Anker – das Herz.

Eines spüre ich deutlich, ohne zu zweifeln: Man muß für Kinder improvisieren.

Aber daneben muß man strenge Richter postieren, ihnen einen Revolver in die Faust geben. Wenn einer Mißbrauch treibt – eine Kugel in den Kopf und fertig. Hier darf man nicht betrügen, es wird um einen hohen Einsatz gespielt: das sensible, vertrauensvolle und ehrliche Menschen-Kind, oder – *homo lupus*[1] für immer?

Janusz Korczak

Aus: *Radiofon Polski* (Polnischer Rundfunk), Nr. 51 (19.12.1926), S. 431.

Zeitung – Kino – Buch[2]

Ungern greife ich zur Feder. Wenn ich das Kind nicht kenne, weiß ich nicht, was es von mir verlangt – was es braucht.

Das Kind will wissen – ja, es möchte Gemütsbewegungen empfinden – und es wird unlustig, wenn ihm das zu schwerfällt.

Vielleicht irre ich mich, aber mir scheint, daß es allen Kindern, Jugendlichen und erwachsenen Menschen so geht.

Außerdem bestehen unter den Kindern ebenso zahlreiche individuelle Unterschiede wie unter den Menschen im allgemeinen. Es gibt welche, die nicht lesen wollen, das Kino interessiert sie nicht, nichts kümmert sie, was sie nicht unmittelbar betrifft. Nicht alle Kinder lieben Märchen, Erdichtetes regt sie auf. Die einen bevorzugen traurige Erzählungen, die anderen lustige.

1. (lat.): Der Mensch als Wolf.
2. Korczaks Aufsatz leitet eine Sonderausgabe der Zeitschrift *Welt des Buches* über Kinder- und Jugendliteratur ein. Die Redaktion hatte die besondere Bedeutung dieser Literatur hervorgehoben. »Wir wollen das Bürgerrecht der allgemeinen Literatur für sie erkämpfen. Wir verlangen, ihre Prüfung mit gleicher Sorgfalt vorzunehmen wie bei der übrigen Literatur.«

Die Erwachsenen haben eine Zeitung, die sagt, was passiert, sie bringt einfache Nachrichten und bewegende Eindrücke. Die Zeitung informiert und verbindet mit dem Leben, mit der Welt. Unabhängig von Einwänden, die auftauchen, lohnt es sich, darüber nachzudenken.

Unaufrichtig ist das Verhältnis des Kinos zum Kind. Scheinbar aufrichtig und doch nicht. Wenn die Zeitung ihre Suggestion aus dem bezieht, was geschieht, stehen dem Kino alle Möglichkeiten weit offen. Weit offen steht der Trakt der Experimente. Wer wird sie schließlich in Angriff nehmen? (Auf eines möchte ich aufmerksam machen. Ich habe keine Film-Biographie gesehen, etwa über Edison, Hoover oder Pasteur, Thorvaldsen, Baudouin, Urszula Kochanowska).[1]

Ein Buch ist schwierig. Ein begabtes polnisches Kind liest nach einem Schuljahr 5 Buchstaben in der Sekunde, nach vier Jahren – liest nur ein sehr begabtes 12 bis 14 Buchstaben, es liest fließend, es eignet sich den Inhalt des Buches mühelos an. Daran muß man denken, um es dem Kind nicht zu verleiden, damit es nicht überdrüssig wird.

Mit Bedauern und Unruhe stelle ich fest, daß Kinder in der Schule das Vertrauen zum Buch verlieren,[2] im Durchschnitt haben sie Angst

1. Thomas Alva Edison (1847-1931) – vgl. S. 266, Anm. 1.
Herbert Clark Hoover (1874-1964), republikanischer amerikanischer Politiker, wurde u.a. durch das Organisieren der Lebensmittelhilfe für Europa in der Zeit des Ersten Weltkrieges und danach (darunter auch für Polen) bekannt. In den Jahren 1929-1933 war er Präsident der USA.
Louis Pasteur (1822-1895), französischer Mikrobiologe; berühmt wurde er durch seine Methode der Schutzimpfungen gegen Infektionskrankheiten, die von spezifischen Viren hervorgerufen werden. Korczak war Autor eines Buchs über ihn für Jugendliche mit dem Titel *Ein hartnäckiger Junge. Das Leben des Louis Pasteur* (1938). In: *Sämtliche Werke*, Bd. 13.
Bertel Thorvaldsen (1768-1884), dänischer Bildhauer, Vertreter des Klassizismus, u.a. Schöpfer der Warschauer Denkmäler des Fürsten Józef Poniatowski (auf dem Pferd, 1826-1832) und Nikolaus Kopernikus (1827-1830).
Gabriel Pierre Baudouin (1689-1768), französischer Missionar; seit 1717 in Warschau, wo er u.a. ein Haus für Findelkinder gründete (1736) und das Kindlein-Jesu-Spital für Arme (1762).
Urszula Kochanowska – »Heldin« der *Klagelieder* (Trenów) des Poeten Jan Kochanowski (1580).
2. Korczak schrieb in einer Rezension zu Stefan Żeromskis Buch *Für die Jugend*: »Wenn sich das Problem der Emanzipation des Kindes endgültig herauskristallisiert, nimmt sich sicherlich jemand einer kritischen Beurteilung der Literatur für die Jugend in der Zeit ›der Leibeigenschaft – der Sklaverei der Kinder‹ an, – und er wird die ganze miserable Heuchelei zutage fördern, mit der verschiedene plumpe Schreiber eine platte Moral oder die billigsten Wahrheiten eines trivialen Wissens in das Gewissen und den Verstand der jungen Menschen hineinschmuggelten. Dann wird verständlich werden, warum das Buch, für einige wenige die Quelle reinsten Vergnügens, nur eine lästige Pflicht für die Allgemeinheit war; daß die Jugend ihre (?) Literatur mied und zu den Kraszewskis und Sienkiewiczs überging oder ganz einfach zu den Hintertreppenkrimis.« Vgl. S. 565f im vorliegenden Band.

davor. Das Buch fordert, zwingt, quält sogar, ehe es schließlich für wenige beginnt, auf Fragen zu antworten und Vergnügen zu machen.

Ich füge hinzu, daß das Kind, ehe es reif für das Kino wird, lernen muß, die Illustrationen der Erzählungen zu entziffern. Die Bücher haben zu wenig Illustrationen. Miserable Machwerke, jämmerlich ausgeschmückt, machen neugierig und sind gern gesehen. Darin verbergen sich viele Mißverständnisse zwischen dem Herausgeber und dem Kind als Leser.

Wir richten unser Augenmerk wenig auf die intime Beziehung des Kindes zum Buch, auf seinen ungezwungenen Willen, mit dem Buch umzugehen, auf sein Alleinsein beim Betrachten der Blätter ...

Woher kommt diese plötzliche Explosion? Es liest wie besessen. Das muß man untersuchen, wie der Arzt den Puls, das Gewicht, den Brustumfang untersucht.

Ich besitze eine Reihe unzusammenhängender Beobachtungen und manche Vermutung.[1]

Das Kind lebt kurz. Daran wollen wir nicht denken und aus diesem Faktum auch keine Schlüsse ziehen.

Ehe es überhaupt mit einer Handvoll Wahrheiten in Berührung kommt und sie sich erklärt hat, und die Geheimnisse seiner Umgebung eingeordnet hat – entdeckt es in sich, in seinen Empfindungen, Trieben, Gedanken, in den Bildern des Wachzustandes, der Träumerei und des Traums – eine Unmenge beunruhigender Geheimnisse. Ehe es sich mit seiner Umgebung verständigt hat, muß es die Beschwernisse auf sich nehmen, mit sich selbst zurechtzukommen. Wenn es die Aufsicht und die Betreuung in die Irre führen kann, muß es offen und klar sich selbst die Antworten geben.

Und hier geben eben weder die Zeitung noch das Kino eine Antwort. Hier braucht man das Buch. Ohne Buch ist das Kind nicht fähig, zu verstehen und sich mit sich selbst zu verständigen.

Hierher gehören auch der Roman mit seinem Helden und die Gedichtsammlung. Hier kann es vor der grauen Alltäglichkeit des Lebens fliehen. Ein wesentliches Bedürfnis, nicht der erzwungene, verlogene Schulaufsatz über das Buch.

Im Ich-weiß-nicht liegt meine Überlegenheit. Ein weiter Weg. Der Arbeiter, der Bauer, der Matrose, der Fischer, sie haben sich keine eigene Literatur geschaffen.

Und das Kind?

Man muß warten.

Wir fragen uns, wie das Kind ein Buch verstanden hat. Das ist falsch. Das Kind *empfindet* es vor allem, vielleicht ausschließlich.

1. Korczaks Standpunkt: Ohne sorgfältige Beobachtung keine zuverlässige Diagnose.

Ich will einen wichtigen Versuch mit Erzählungen für die jüngsten Kinder machen – die Dreijährigen. Und es ist gut, daß ich es hinausschiebe. Man braucht unmittelbaren Kontakt mit dem Hörer. Nicht der Inhalt, nicht die Fabel, sondern ein emotionaler Reiz, wie die Musik.

Man muß aufhören, über Czarska und May[1] zu maulen, über den Erfolg eines Typs wie London – oder Dekobra[2]. Sie sind für die Mehrzahl da.

Man muß den Snobismus ablegen und ehrlich Bescheid wissen, wie viele Leser das ägyptische Traumbuch hat und wie viele Berent[3]. *Sine ira* ... nachforschen! Das ist ziemlich unklug: »Es sollte, und es sollte nicht.« Ich kenne Fälle, wo ein Junge von Skandalblättchen aus dem Korb auf dem Kiercelak[4] über Cooper, Verne, Sienkiewicz, Hugo – bis zu *Jan Krzysztof* und Żeromski[5] gelangte. Ich kenne keinen einzigen umgekehrten Fall.

Das ist wichtig.

J. Korczak

Aus: *Świat Książki* (Welt der Bücher), Nr. 4/5 (Jan./Feb. 1929), S. 4f.

1. Czarska, Lidia – russische Schriftstellerin aus der Zeit der Wende vom 19. zum 20. Jahrhundert, Autorin berühmter Romane für Kinder und Jugendliche, vor allem für heranwachsende Mädchen.
   Karl May (1842-1912), auch in Polen populär.
2. Jack London (eigentlich John Griffith, 1876-1916), amerikanischer Schriftsteller, Autor zahlreicher populärer Abenteuerromane.
   Maurice Dekobra, eigentl. Tessier Ernest-Maurice (1885-?), franz. Schriftsteller, Autor von über 30 Sensationsromanen. Seine Schriftstellerei wurde als Beispiel einer schludrigen Schundliteratur dargestellt, gegen die eine scharfe Kampagne in verschiedenen Warschauer Zeitschriften geführt wurde.
3. Wacław Berent (1873-1940), Prosaiker, Autor realistischer Erzählungen (*Der Fachmann* 1895, *Fäulnis* 1901, *Wintersaat* 1911 u.a.) und metaphorischer Geschichten (*Lebende Steine* 1918 u.a.).
4. Einer der bekannten Warschauer Marktplätze – 1867 entstanden.
5. James Fenimore Cooper (1789-1851), amerikanischer Schriftsteller, u.a. Autor populärer Abenteuerromane (z.B. *Der letzte Mohikaner).*
   Jules Verne (1828-1905), französischer Schriftsteller, Autor früher Science-Fiction-Literatur.
   Henryk Sienkiewicz (1846-1916), bekanntester polnischer Schriftsteller, Autor allgemein bekannter historischer Romane; Nobelpreisträger (1905) für den Roman *Quo vadis* (1896).
   Victor Maria Hugo (1802-1985), französischer Schriftsteller aus der Epoche der Romantik, u.a. Autor auch in Polen populärer Romane wie *Die Kathedrale der Jungfrau* oder *Die Elenden* (poln. Ausgabe 1862).
   Jan Krzysztof ist die poln. Übersetzung des bekannten Romans *Johann Christof* des franz. Schriftstellers Romain Rolland (1866-1944).
   Stefan Żeromski (1864-1925), allgemein bekannter polnischer Schriftsteller; Polens »Volksgewissen« in den zwanziger Jahren.

Radio für Kinder[1]

Ehe ich von meinen noch frischen Erfahrungen eines Radiosprechers berichte[2] (kaum ein Jahr, nur 20 Sendungen), möchte und muß ich erklären – wie mein Verhältnis zu Kindersendungen war und nach wie vor ist.

Radio – Kino – Hilfe im Schulunterricht, das ist die ganze Lösung des tragischen Problems der hoffnungslos in den letzten Zügen liegenden Schule. Die weitere Perspektive: das Fernsehen. Pestalozzis Träume sind erfüllt – jede Mutter in der Abgeschiedenheit eines Gutshofs oder einer Bauernhütte, jede »Gertrud« kann ihre eigenen Kinder unterrichten und bilden.

Es gibt den Vorwurf, daß die Literaten sich vom Radio fern halten. Keine Anschuldigungen – nachfragen. Vielleicht ist es so: Es übersteigt die Kräfte und den Willen. Vielleicht ist es so: Befangenheit, Verlegenheit, Scheu, Verblüffung, Rausch. Es gibt dem Menschen ein göttliches Attribut: überall, jedem zugänglich, die ganze Welt. Das macht nichts, vorläufig nicht: Die schwindelerregende Fülle der Möglichkeiten ist erdrückend.

Und vielleicht ist es ärgerlich, daß der Erstbeste und jeder Beliebige es nutzen kann? Das darf nicht sein: Bleibt weg, ihr Profanen. Sich nicht entrüsten, nicht schlecht machen, nicht beschimpfen und hintansetzen! Hier und da trifft man auf eben diese Zeichen von Abneigung und Entrüstung.

Bedauern (Ärger) und Angst: Das verwöhnte Einzelkind vergnügt sich gedankenlos mit dem Fernrohr, ein mutwilliger Bengel spielt mit dem Revolver.

Woher kommt denn das Lampenfieber in der stillen Einsamkeit des Studios? Ein Gefühl der Verantwortlichkeit, Unvermögen gegenüber der Aufgabe, der ich, ich weiß es, nicht gewachsen bin.

Das Radio kann und will nicht eine Randerscheinung des künstlerischen Schaffens sein. Entweder reißt es einen mit oder es demütigt einen – es fordert die volle Anstrengung, die ganze Aufmerksamkeit und verspricht im Gegenzug nichts: Du gibst und bekommst nichts dafür; in dir selbst mußt du den Atem des Zuhörers hören – das ist nicht

1. Dieser Artikel erschien in der literarischen Wochenschrift *Pion* (Das Lot), die ab 1935 eine ständige Radio-Kolumne enthielt. In ihr schrieben berühmte Kritiker, Literaten und Autoren von Radiostücken.
2. Zu Korczaks Radio-Arbeit vgl. die Kommentare in *Sämtliche Werke*, Bd. 4, S. 578ff und Bd. 13, S. 506ff.

leicht. Eine Viertelstunde Magie – nach dir und vor dir Vermischtes (Bigos), dazuhin die Strafe der Vereinsamung für die Vermessenheit. Und in dir selbst mußt du ein Bewußtsein herausarbeiten, daß es sich gelohnt hat. Und die unklare Bedrohung, du könntest die Lust und die Fähigkeit verlieren, für den Druck zu schreiben. Und weiter: Die Anweisung, einen Kompromiß zu schließen, also Unruhe und Protest.

Als ich das erste Mal in dem kleinen Zimmerchen war, einer isolierten Kabine, an einem Tischchen – grünes Licht in dem Röhrchen – und die Uhr rückt die Sekunden voran, und ich warte auf meine Viertelstunde – und plötzlich das rote Signal: »Sprechen«.[1]

Und ein Nachklang von Gefühlen – bei früheren Erlebnissen: Als ich das erste Mal, an Händen und Füßen gefaßt, in den Fluß geworfen wurde – »Schwimm« – als ich das erste Mal auf einem Pferd saß: »Sitz auf – reite los« – das erste Mal das ABC: »Lies« – als sich das erste Mal das Flugzeug von der Erde losriß – und seltsam – als wir uns auf einer Chaussee dahinschleppten, und von oben schoß ein Maschinengewehr auf unsere wehrlose Kolonne. Und der Gedanke: Die Klause eines Astrologen, ein Unterseeboot. Ich tauche unter.

Obwohl ich das Examen bestand[2] (so stellten die Tanten und Kusinen fest) – eine lange, mehrjährige Pause. Ich befreunde mich langsam mit dem Gedanken, daß es das Radio gibt.

Ein Zyklus von Plaudereien für Kinder. Die erste gelingt erstaunlich leicht. Warum? Die zweite weckt Bedenken: Es gibt noch keine Fragen, keine Probleme – und gerade das beunruhigt. Wieder die Versuchung der Fahnenflucht. Es wäre wünschenswert, wenn die Sprecher ein Tagebuch ihrer Eindrücke führen würden: Der erste Tag der Sendung, die letzten Augenblicke – vor dem Sprechen – und nachher: der erste Brief eines entfernten Hörers. Der Wirrwarr diametral entgegengesetzter Gefühle: zu wenig, zu viel.

Nach der ersten Sendung bekam ich Dutzende (67) Briefe von Kindern. Erfolg! Eher eine Niederlage ...

Einen Korrespondenten zu erziehen, bedarf es längerer Zeit. Die Kinder haben zwei Muster: Schulaufsätze und Namenstagglückwünsche. Wer die ungezwungenen Erzählungen von Kindern kennt, ihren eigenartigen Stil, die logischen Sprünge und reizenden Fehler, dem müssen die künstlichen, kontrollierten Briefe unerträglich vorkommen.

1. Über die Studioerlebnisse und seine Arbeit an den Radiosbeiträgen berichtet Korczak in einem Interview mit dem Mitarbeiter des Polnischen Rundfunks, Jan Piotrowski, vgl. im vorliegenden Band S. 594ff.
2. Zu den ersten Sendungen – in denen er sein »Examen bestand« – gehörten *Das Fest des Kindes* und *Im Waisenhaus*, Sprechvorlagen in *Sämtliche Werke*, Bd. 13, S. 227ff.

Jeder Erzieher sollte stenographieren können: So könnten wir die wahren Berichte der Kinder kennenlernen.[1]

In den Briefen, die ich erhielt, war etwas authentisch: Unterschriften und Adressen; sie vermittelten nicht das Verständnis, aber das Gefühl, daß ganz Polen zuhört, die hintersten fernen Winkel – der Salon, die Stube, die Hütte, der Gutshof. Was für ein Polyglotte muß man sein, um zu allen mit verständlicher Sprache zu reden? ...

Nun, man muß es lernen. Wie? Die Kritik der Presse hilft nicht, sondern im Gegenteil – sie beirrt. Nur die Briefe, die aufrichtigen Briefe der Kinder und die aufmerksame Berichterstattung der Aufsichtspersonen. Wie hört es zu, was sagt es, was für Fragen stellt es, was behält es im Gedächtnis? Einstweilige Bemerkungen und viel wichtiger – das spätere Echo.

Ich besitze in meiner Sammlung Dokumente, daß ein Kind vom Dorf – oder einem kleinen Städtchen sich Warschau wie einen Friedhof vorstellt (im Gedächtnis sind ihm seine Denkmäler geblieben), wie ein Schlachtfeld (die Rubrik der Vorfälle – Morde, Überfälle, jemand wurde überfahren, Unfälle), wie eine Insel (die breite Weichsel). Ja.

Es wurde mir eine Sendung für jüngere Kinder angeboten. Aber ein Kind muß den, der erzählt, sehen, es bemüht sich, ganz nah zu sein, möglichst nah. Auch ich muß es sehen, den Blick und die Gesten kontrollieren, seine Gedankenarbeit und den Grad der Ermüdung.

Sagen wir: Ein Märchen, in das ein ungezwungenes Geplauder eingeflochten ist, das scheinbar nichts mit dem Märchen zu tun hat. Und es kommt vor, daß sie sich – plötzlich – strecken – gähnen – der Blick erlischt, Reflexe von Ungeduld, von reizbarer Ermüdung. Ich frage: »Fortsetzung morgen?« Lebhafter Protest: Nein, weiter, heute.

Mütter sind überzeugt, daß ein Kind irgendeiner Speise überdrüssig ist, während sie doch nur überdrüssig sind zu sehen, daß das Kind jeden Tag das gleiche ißt. Es gibt Erzieher, die nicht immer zum gleichen Märchen zurückkehren wollen; eine gedankenlose Wendung: »Ich habe das doch schon erzählt, du kennst es doch.«

Wenn wir schon gezwungen sind, unleidlich zu verbieten und anzuordnen, so sollte man ihnen wenigstens hier die Freiheit der Wahl lassen – und schauen, was dabei herauskommt. Und es kann sein, daß ein eigenartig glattes und erhellendes kleines Gespräch herauskommt. Erstaunt siehst du, welche Rolle im Leben des Kindes der Traum spielt

1. Hier kommt Korczaks Überzeugung zum Ausdruck, daß Beobachtung und Registrierung sämtlicher Erscheinungen des kindlichen Verhaltens notwendig sind und einzig und allein die Grundlage einer sinnvollen pädagogischen Diagnostik sein können (entsprechend der ärztlichen Diagnostik).

und vor dem Traum das Träumen, welche Bilder eine Stunde der Reflexion zeichnet und was für Zweifel sie diktiert, welchen beständigen Täuschungen es im Fieber erliegt, das nicht unbedingt hoch sein muß (unter 39 Grad). Denn die Kinder haben, außer dem bestellten Lachen zum Gebrauch der liebenden Tante und des Onkels – eine reiche innere Welt, intuitive Visionen und metaphysische Höhenflüge. Wie oft lachen die Erwachsenen aus Unverständnis dort, wo das Wissen vom Kind zu (vorsichtigen) Forschungen anregen sollte.

Es gibt Gruppenphotos von aufmerksam zuhörenden Kindern in einem Moment, da sie etwas Schreckliches, Lächerliches oder Geheimnisvolles hören.

Radio! Ich weiß, daß sie zuhören, ich aber bin ratlos und tödlich einsam, den widersprüchlichsten Ahnungen und Gefühlen preisgegeben.

Es ist eigenartig: Ich bin sicher, daß eine Sendung gerade für Kinder nicht geschleckt und glatt sein sollte, daß irgendwelche Störungen das höchste Interesse wecken – wenn etwas nicht gelingt (*vide:* bei einer Aufführung fiel dem König die Krone runter, einem Schmetterling riß der Flügel ab); und trotzdem quält mich noch lange nach der Sendung ein ungeschickter Ausdruck oder wenn ich ins Stocken geriet. In einer der Sendungen sollte anstatt des Wortes »Pferd« das festliche Wort »Roß« benützt werden – und dieses Versehen verdarb mir für den ganzen Tag die Laune. (Es scheint, daß das Erlebnis den Sprecher den ganzen Tag der Sendung beschäftigen muß – es ist schlecht, wenn es das nur eine Viertelstunde tut.)

Solche zwiespältigen Gefühle, in denen er sich wortwörtlich verliert, muß der Sprecher erleiden. Ein wichtiges Problem – er aber – es geht weniger darum, daß er kein Wissen hat, sondern, was schlimmer ist – er sieht keinen Weg, zu einem Wissen zu gelangen, er hat keine Hoffnung, es in Erfahrung zu bringen.

Es gab Sendungen, nach denen ich malträtiert aus dem Studio ging, es gab welche, die sicherlich einen dauerhaften Kontakt mit diesem und jenem Hörer knüpften. Und keinerlei Echo.

Eine kleine Erklärung: Wozu die Einlagen, die ein Kind nicht versteht und die nur bei Erwachsenen ein Echo hervorrufen können? Wichtig: Dann muß der Erwachsene meine Sendung für Kinder suchen, und er paßt die Stunde ab, um den Lautsprecher in Bewegung zu setzen. Schon ist es so: Die Unterhaltung für Kinder ist gern gesehen, wenn sie die Betreuer amüsiert. Aber es besteht auch die Gefahr, daß die Kinder aus Höflichkeit oder auf Befehl zuhören werden: Das wäre unerfreulich – noch eine Quälerei, noch ein Zwang, der Zwang, Radio hören zu müssen. Und auch das habe ich in meiner Sammlung: Der Groll der Mutter, daß das Kind das Kino nicht mag; aber das Kind mag es nicht, weil »im Kino alles so schnell geht, alles ist durcheinander, und die

Augen tun weh, und der Kopf tut weh« – also sitzt es da, weil es muß – mit geschlossenen Augen – zwei Stunden in einem dunklen, stickigen Saal, und die Mutter ist unglücklich, daß es ihm an intellektuellen Interessen fehlt.

Kümmerlich sind die Erfahrungen aus den ersten zehn Jahren des Rundfunks.

Es muß anders werden, und es wird anders. Und irgendwie glaubt man, daß das Radio sogar aus dem Chaos der Vergangenheit – die lebendige Predigt von Skarga[1] und die Töne vom Marathonlauf[2] zutagefördert. Die Stunde des Radios hat noch nicht geschlagen – es erinnert an einen Säugling, der schon versucht, die Gegenstände zu ergreifen und zu halten; aber wie ungeschickt fallen die ersten Versuche aus, einen Gegenstand von einer Hand in die andere zu legen, und wie groß ist das Erstaunen, wenn er entgleitet und es nicht so geht wie man möchte. Der Rundfunk ist noch winzigklein und sein alter Sprecher jung: Er glaubt an die ferne Zukunft und an die leuchtende Bestimmung – der Menschheit. Nur einen Augenblick (hundert Jahre?) Geduld.

Ich möchte ein Mensch der sofortigen, praktischen Tat sein: Ich kenne ihn nicht, ich habe ihn weder gesehen noch mit ihm gesprochen; aber mir scheint, daß Bartkiewicz[3] wie angegossen zum Radio paßt; den alten Dachs aus seiner Einsamkeit aufscheuchen; ihm, ob er will oder nicht, ein Radiogerät hinstellen: Er muß zuhören, und vielleicht – fängt er an zu reden.

Und Janowski – über Pferde.

Und Władysław Dziubek – über Krakau.

Aber Bartkiewicz unbedingt. Man muß ihm ein Radio schenken – selbst schafft er das nicht.

Das wird nicht leicht sein, denn wenn er verbittert ist, wird es schwer sein, ihn zu überzeugen, daß er sich eignen könnte.

Stary Doktór (Der Alte Doktor)

Aus: *Pion* (Das Lot), Nr. 40 (19.10.1935), S. 5.

1. Piotr Skarga (eigentlich Piotr Powęski, 1536-1612), Jesuit, der bekannteste Prediger zur Zeit der Gegenreformation in Polen. Berühmt wurde er vor allem durch seine *Sejm-Predigten,* in denen er Polens Untergang prophezeite, falls man nicht die Streitsucht und den ständischen Egoismus des Adels besiege.
2. Vgl. auch das bekannte Gedicht von Kornel Ujejski (1823-1897) mit dem Titel *Maraton* (1847), das eine Verherrlichung des Kampfes um die Freiheit darstellt, in Anspielung auf den Kampf der Athener gegen die Perser in der Ebene von Marathon (490 v.Chr.) und den legendären Läufer mit der Siegesnachricht.
3. Zygmund Bartkiewicz (1867-1944), Autor von Werken zu Gesellschafts- und Naturthemen. In den Kriegsjahren war er sehr populär, danach wurde es still um ihn.

Das jüdische Kind

(Gutachten eines Experten)

Schon mehrmals hat man versucht, mir eine Meinung über das jüdische Kind und die jüdische Jugend abzuverlangen. Man hat meine Einstellung zu den – moralischen, psychischen und physischen Eigenschaften dieses Menschentyps erforschen wollen. Man wollte wissen, wie bewerte ich sie? Ob die erzieherische Arbeit Genugtuung oder Schwierigkeiten, und dann, welcher Art, mit sich bringt, welches gegenseitige gefühlsmäßige Verhältnis uns verbindet, was für Erfahrungen aus meinen Kontakten mit den jüdischen und nichtjüdischen Kindern ich offenlegen möchte (oder nicht).

Den Umständen der Diskussion oder des Gesprächs sowie der Art der Fragen entsprechend, je nachdem, ob sie zurückhaltend oder aufdringlich formuliert waren, antwortete ich höflich oder schroff, daß ich Beobachtungen gemacht habe und persönliche Erlebnisse hatte, es aber nicht für angebracht hielte, eine Art Beichte abzulegen; zu allgemeinen Aussagen jedoch sei ich nicht berechtigt.

Es ist jedoch nicht leicht, mir selber klar zu machen, warum mich dieses »Verhör« so reizt, und was mich davon abhält, eine ruhige und sachliche Antwort zu geben.

Eine sachliche Antwort muß sich auf Untersuchungen stützen, für eine ruhige Antwort müssen normgemäße und ordentliche Bedingungen vorhanden sein; und ein scheinbar objektives Urteil beruht nicht nur auf bewußt erlebtem und aufbewahrtem Beobachtungsmaterial, sondern auch auf unterbewußtem – auf unklaren und verwischten Erinnerungen. Keine Gedankenfaulheit, kein Bestreben, das zu verschweigen, was beschuldigend oder verletzend sein könnte, ist dabei ausschlaggebend, sondern die Abneigung gegen stümperhafte Urteile und überhebliche Verdikte.

Ich muß um so vorsichtiger sein, da eine naive, oberflächliche Meinung mir den Rang einer Autorität zuspricht: Vor einigen Jahrzehnten habe ich schon über *Die Mojscheks, Sruleks* sowie *Die Jasieks, Franeks* geschrieben.[1] Ich bin also verpflichtet zu wissen.

1. Das sind die (gekürzten) Titel der ersten Kinderbücher Korczaks, wobei das erste von polnisch-jüdischen und das zweite von polnisch-christlichen Kindern während ihres Aufenthalts in Sommerkolonien berichtet. Vgl. *Sämtliche Werke*, Bd. 10.

Ein Universitätsprofessor und Lehrer[1] schreibt über seine 30jährige Tätigkeit in seinem Werk *Über die Erziehung*:

»Der jüdische Schüler der polnischen Schule bemüht sich selten ... um des Wissens willen; sein Fleiß dient nur dem nächsten Ziel.«

Auf derselben Seite, nur etwas weiter unten, über den polnischen Schüler:

»Er ist vor allem von praktischem Nutzen motiviert und nicht von ideellen Vorstellungen.«

Wenn man nur so viel über den *Unterschied* zwischen einem jüdischen und nichtjüdischen Schüler der polnischen Schule sagen kann, ist es dann nicht besser und empfehlenswerter, über den Schüler im allgemeinen zu sprechen?

Dabei könnte man annehmen, daß die Unterschiede doch wesentlich extremer sein müßten, insofern als die unterschiedlichen Auswahlbedingungen dieser und jener so verschieden sind.

Um zum Problem der menschlichen Verschiedenheiten Stellung zu nehmen, sage ich, daß es keine wesentlichen Unterschiede zwischen Kindern, Jugendlichen und Erwachsenen gibt, auch nicht zwischen einem Jungen und einem Mädchen, zwischen einem einzelnen Kind und einer Gruppe, zwischen einem Land- und einem Stadtkind, einem reichen und einem armen, verwahrlosten Waisenkind. Dafür gibt es viele Ähnlichkeiten, viele gemeinsame Eigenschaften des *Menschen*. Ruskin[2] spricht (in einer schönen Arbeit über Mineralien) über den Verstand und die Ethik der Kristalle. Wenn es dieses Buch nicht gäbe, würde ich es bei einer Analogie zwischen Menschen und Pflanzen belassen; dank Ruskin konnte ich weiter und tiefer schauen. Die Psychose der Suche nach Unterschieden ist ein Echo des ganz und gar unwissenschaftlichen Lärms, der um das, was trennt, entzweit und aufhetzt, gemacht wird. Das ist der Grund meiner Gereiztheit. Kraftvergeudung und ein Übermaß an Unrecht und Schmerz – Irrwege und Bewußtseinstrübungen. Und die wesentlichen und wichtigen Fragen werden vernachlässigt.

1. Es geht um Antoni Danysz (1853-1925), Erziehungshistoriker und Pädagoge, seit 1919 Professor an der Universität in Posen. Er ist u.a. Autor des Buches *Über die Erziehung* (1903; 2. Aufl. Lwów-Warszawa 1925), in dem er im »Vorwort« darüber informiert, daß er – während er über die erzieherischen Pflichten der Eltern und Lehrer schrieb – diese Überlegungen mit Beispielen veranschaulicht habe, »die ihm seine über dreißig Jahre lange Praxis und Beobachtung in deutschen und polnischen Mittelschulen geliefert habe«.
2. John Ruskin (1819-1900), englischer Schriftsteller und Kunsthistoriker; er rief die »Strömung des durchgeistigten Ästhetizismus« ins Leben und propagierte den Schönheitskult der unverdorbenen Natur. »Über den Verstand und die Ethik der Kristalle« schrieb er in seinem Buch *The Ethics of the Dust*, 1866 (poln. Übersetzung Warszawa 1901).

Heim oder Familie? Die Zusammenstellung einer Problemliste nur eines Waisenhauses würde den Umfang dieses Artikels wesentlich überschreiten.

Die Bedingungen der praktischen, nicht der wissenschaftlichen Arbeit, das Verlangen nach ehrlichen Antworten auf die Lappalien des täglichen Lebens stören bei einer Konzentration und lehren vorsichtig zu sein. Und wo bleibt der Nachweis des Experiments?

Mit einem Gefühl von schmerzlicher Nachdenklichkeit lese ich, daß irgendwo jemand Untersuchungen an zweiunddreißigtausend Mäusen durchgeführt hat, und deren Nachkommen züchtete er bis zur achten Generation; es waren Untersuchungen nur eines Details: der Auswirkung des Alkohols auf die Nachkommen – und was für unzuverlässige Ergebnisse. Wie winzig ist der Umfang meiner Beobachtungen – zerstreut über den Zeitraum vieler Jahre –, die sich auf nur ein paar hundert zufälliger und nichttypischer Kinder beziehen.

Unterschiede im physischen Typus? Was kann ich zu den vorhandenen anthropologischen Messungen, Statistiken über die Sterblichkeit, Krankheiten, ihre Häufigkeit, ihren Verlauf und deren Ergebnisse hinzufügen? Wie kann ich mich da in den Streit um die Rassenunterschiede und die Eigenschaften, gestaltet durch unterschiedliche Lebensbedingungen, einmischen?

Ich habe den Eindruck, daß man bei jüdischen Waisenkindern im Heim öfters Frostbeulen an den Händen und Hinweise auf eine notwendige Mandeloperation vorfindet. Ich weiß nicht, was für eine Rolle hier die äußeren Bedingungen spielen, falls das wirklich so ist.

Wenn ich das Beispiel erwähne, dann nur, um verständlich zu machen, wie ein kleines Detail sich der Möglichkeit einer Antwort entzieht. Diese Frage kam flüchtig auf und wurde fallengelassen; denn in der täglichen Arbeit stelle ich mir die Aufgabe: Wo kann ich helfen, mit welchen Problemen muß ich mich näher befassen. Wenn Frostbeulen – dann Handschuhe, welche und für wie viele, was soll man machen, damit sie sie anziehen, damit sie der Zerstreute und Achtlose trägt. Kleiner Höhenflug: einfach, billig und erfolgreich; sollen andere die großen Synthesen aufstellen.

Sie verwechseln »Eindrücke« sogar dann, wenn es dafür keine Anhaltspunkte und keine gefühlsmäßigen Regungen gibt. Wie oft kam es vor, daß die Gewichtszunahme eines Kindes schlecht ausfiel; das Ergebnis widersprach dem Eindruck. Wie kann man sich doch täuschen, wenn man eine Gewichtszunahme der Kinder während dieser Woche voraussetzt, wie schwer kann man ex post erklären, warum es eine erhebliche oder mittelmäßige Gewichtszunahme gab. Wie oft widerlegt eine Zahl boshaft und ärgerlich die Meinung. Und mit der Waage müßte ich mich auskennen: jede Woche ca. 200 gewogene Kinder im

Zeitraum vieler Jahre. Der Unterschied zwischen der weißen Karte des Nichtwissens der Allgemeinheit und meiner ist der – daß meine Karte Fragen ohne Antworten enthält.

Die Statistik macht auch Fehler (und lügt); man muß ihre Angaben vorsichtig interpretieren: In Galizien gab es maßlos viele uneheliche Kinder, denn die jüdische Bevölkerung begnügte sich mit der Trauung bei den Rabbinern; diese Ehen wurden rechtlich nicht anerkannt.

»Eure Kinder (die jüdischen)«, sagt der Herr von der Schulaufsicht, »sind kleiner.«

Ein anderer Eindruck:

»Eure sind stiller, sind trauriger ... Verhalten sich lauter, sind reger, fröhlicher ... Artiger ... Weniger diszipliniert ...«

So oder so. Wenn so oder so nicht – warum?

Mir schien es, als wenn ich bei christlichen Kindern öfters gehört hätte:

»Wir machen das oder jenes.«

Bei den jüdischen:

»Wir kaufen.«

Ich weiß und verstehe es jetzt sogar: hier der Arbeiter, dort der Kaufmann. Die Tradition.

Es würde genügen, daß ein Mensch im Laufe eines Schuljahres das Interesse für Handarbeiten wecken würde, und die über Jahrhunderte aufgebaute Tradition stürzte ein – die Stimme des Blutes würde verstummen.

Mir schien es, als wenn die jüdischen Kinder schneller Lesen lernten. Die Zunahme gelesener Buchstaben pro Sekunde wuchs bei jüdischen Kindern schneller. Eine Talentiertheit in einer und dazu nicht sehr wichtigen Richtung – sie war jedoch gestützt auf Statistiken und Beobachtungen mehrerer Jahre.[1]

Ein Irrtum: Cheder-Schüler[2] können schon jüdisch lesen, können aus Buchstaben Wörter bilden – das zum ersten. Sie verwirrt kein unverständliches Wort, da halten sie beim Lesen nicht an – das zum zweiten. Als ich diese Schüler aus der Statistik herausnahm, blieb die Interpretation der Statistik in der Luft hängen.

»Unsere ... Eure ... Sie ...«

1. Über solche Messungen berichtet M. Markowa in der Zeitschrift *Wychowawca* (Erzieher) in Nr. 1, 1932: »Mir ist bekannt geworden, daß in den Anstalten von Dr. Korczak das Lesen der Kinder regelmäßig mit einer Stoppuhr untersucht wird.« *Z zagadnień szkolnich w internacie* (Über Schulprobleme im Internat).
2. Schüler der jüdischen religiösen Elementarschule.

Oberflächlich und störend für den täglichen Gebrauch, nicht mehr nur geschmacklos, sondern abscheulich im Munde der Auguren.

Dasselbe Kind oder dieselbe Klasse. Ein Lehrer findet Ausgelassenheit und Faulheit, ein anderer – vorbildliche Disziplin und lebhafte Intelligenz.

Ich habe mehrmals auf beiden Seiten der Barrikade als eine fast ausgemachte Sache gehört, daß die jüdischen Kinder begabter sind. Ich würde dem auch bedenkenlos zustimmen – mit einem gewissen Vorbehalt. Ich anerkenne Begabungen nicht allzusehr, denn erstens enttäuschen sie oft, und ihre effektive Entwicklung in den ersten Jahren ist nicht ausschlaggebend für die späteren Zeiten; zweitens schätze ich Charaktereigenschaften – Zuverlässigkeit, guter Wille, Empfindsamkeit – höher. Das Übermaß von talentierten und begabten, jedoch unehrlichen Menschen muß uns zu einer Revision der schablonenhaften Achtung vor dem Intellekt führen. Das tägliche Brot der Redlichkeit, des Pflichtgefühls und des Takts wiegt mehr in der Ökonomik des gesellschaftlichen Lebens. – So eben denken die Kinder, und von dieser Wahrheit haben sie mich schon längst überzeugt. Ich würde den Lehrern vorschlagen, unter diesem Gesichtspunkt ihr Verhältnis und das der Klasse zu den besten Schülern zu revidieren.

Nach diesen Erörterungen dürfte es für mich nicht schwer sein, ein Urteil auszusprechen; doch bin ich mir immer noch nicht sicher: Sowohl hier als auch dort findet sich neben der Intelligenz ein Dummkopf. Wenn ich, im festen Glauben an den Test, für einen Vergleich von hundert jüdischen und nichtjüdischen Kindern einen Quotienten[1] ansetzen würde, stünde ich wieder vor dem Problem, ob er vertrauenswürdig ist. Wie einfach könnte es doch passieren, daß das »Kind des Buches« ein Kind der Straße ist, das jedoch von dem »Kind des Pfluges« überflügelt wird.

Man sagt, daß die jüdischen Kinder sensibler und empfindsamer sind. Ich weiß nicht recht. Hier wie dort gibt es Tränen und Lachen, hier wie dort findet man Rührsinn und Zärtlichkeit, feinfühlende Empfindsamkeit – hier wie dort herrschen Grobheit, Gefühllosigkeit und Farbenblindheit.

Ich habe die Tränen nicht gezählt, die jüdische und christliche Kinder beim Anschauen des rührenden Films *The Champ*[2] vergossen haben – sehr viele haben geweint. Ich erwähne dieses nichtwissenschaftliche Detail, um die Unterschiede zwischen dem zu verdeutlichen, was die Naiven von mir fordern und dem, was ich aufgrund meiner Erfahrungen und nicht – der Suggestionen, die man mir aufdrängt, geben kann.

1. Vgl. S. 302, Anm. 1.
2. Vgl. S. 284.

Nicht ausgeglichene Gleichaltrige nennen die jüdischen Kinder »Hitzköpfe«, die christlichen – »Spinner«. Hier sagt man »arrogant«, dort – »Frechdachs«, hier und dort – ein Wüterich, Rohling, Unruhestifter, Narr, hier und dort – Wohlwollen und Widerwillen.

Ich wagte ein Experiment. Es gibt Zahlen für gegenseitige Zuneigung und Abneigung, für Quantität und Qualität des Dankes bei gegenseitigen Hilfen, der registrierten Vergehen und Streitigkeiten. Aber vorsichtig mit dem fast pedantisch gesammelten Untersuchungsmaterial[1] – es verdeutlicht keine Verschiedenheiten, die man mit dem Unterschied angeborener Eigenschaften und Dispositionen erklären könnte. Ausschlaggebend ist ein Geflecht von schwankenden, zweitrangigen, unbeständigen Faktoren.

Alle Farben und Schattierungen menschlicher positiver und negativer Eigenschaften. Hier wie dort gibt es Gutmütige und Räuber, der eine verteidigt sich und gibt nach, der andere überfällt und ist aggressiv.

Ein etwas anderer Wortschatz, aber die Kinder haben diese Worte nicht erfunden. Hier »Betrüger«, dort »Schlaumeier«, hier »Schacherer«, dort »Gauner«.

Ein aufrichtiger Erzieher, der nicht durch eine Mauer von Vorurteilen an der Sicht gehindert wird, der nicht gezwungen ist, sich passiv momentanen, konjunkturbedingten Ansichten zu unterwerfen, kommt im Chaos des Alltags, in Hast und Übermüdung, im Kampf mit schwierigen Kindern und komplizierten Situationen unbewußt und unkritisch zu wertlosen automatischen Verallgemeinerungen. Momente der Depression und eines seelischen Tiefpunktes.

Den gegenüber Chauvinisten geäußerten Vorwurf, sie handelten aus einem »zoologischen« Egoismus heraus, finde ich ungerechtfertigt. Wir werden zoologisch geboren, wir wachsen, altern und sterben – wir atmen, wir befriedigen unseren Hunger und Durst. Zoologisch schlafen wir abends ein und wachen früh morgens auf. Zoologischer Natur sind unser Zorn und Ärger, Freude, Schmerz und Angst. Ich lese: »Die durchschnittlichen Menschen sind gutmütig, sie lassen sich an der Nase herumführen, was ihre Vorgesetzten ausnützen.« Und weiter: »Man kann sich eher mit einem vernünftigen Tier verständigen als mit einem dummen Menschen.« Man sollte unsere orthodoxe Meinung über den Menschen revidieren. Der *Homo sapiens* bekämpft nicht immer das in sich, was zoologisch und gewöhnlich ist, und wenn, dann nur mit großer Mühe.

1. Vgl. Kap. 5, S. 373ff im vorliegenden Band sowie den *Umriß der Organisation der Erziehungsarbeit in Nasz Dom* von Maria Falska; in *Sämtliche Werke*, Bd. 13, S. 547ff.

Der Mensch – ein Geheimnis. Das Zusammenleben und die Zusammenarbeit der Menschen – ein Geheimnis. Ein großes Geheimnis ist das Kind. Als wichtigstes Problem der Heimerziehung wird hervorgehoben: Wie kann man die Bedürfnisse und Aufgaben der Heimleitung und die der Kinder berücksichtigen, die Pflicht und den individuellen freien Willen, das berechtigte Bestreben und die Marotten; wie kann man das wertvolle und sensible Individuum schützen. Wie kann man die Vermehrung derjenigen stoppen, die Kummer bereiten und mit ihrer bloßen Existenz die menschliche Würde niederziehen.

Die Juden – sind ein Teil des Rassenproblems. Neben den Weißen – leben die Farbigen: die Gelben und die Schwarzen. Ich habe von Untersuchungen auf einer Insel über das Intelligenzniveau der Neger und Europäer gelesen; die Weißen waren nicht deutlich überlegen. Das Mittelalter mit seinem mangelnden Verständnis, seinen Leidenschaften und Kriegen kann noch lange dauern.

Es ist noch verfrüht, über das arische und semitische Kind zu sprechen. Wir lernen die Grenzen des erzieherischen Einflusses, des Einflusses von Gesundheit, Kraft, Schönheit, Intelligenz, Wohlstand – des Gesetzes der Degeneration und das der wunderbaren Regeneration von im Keim vergifteten Individuen und ganzer Geschlechter kennen.

Erinnern wir uns, eine zuverlässige Forschungsarbeit – an zweiunddreißigtausend Mäusen in acht Generationen; ein winziges Detail; eine unentschiedene Antwort.

Janusz Korczak

Aus: *Miesięcznik Żydowski* (Jüdische Monatszeitschrift), Bd. 1, Nr. 3 (März 1933), S. 239-243.

Märchen

Die erste Quelle der Mißverständnisse: Man sagt, wie es sein soll, nimmt aber nicht wahr, wie es ist.

Die zweite Quelle der Mißverständnisse: Man sagt, was die Kinder meinen oder was sie meinen sollen; aber armselig wenig davon, was das Kind aufnimmt, verdaut und wodurch es wächst, was es ausspuckt, wegschiebt, von sich weist.

Die dritte Quelle der Mißverständnisse: Angeblich weiß man, daß es verschiedene, sehr verschiedene Kinder gibt, aber Schlußfolgerungen und praktische Hinweise: Man ist nicht recht dazu imstande – man will nicht recht – schließlich kann man nicht recht.

Das Märchen und das Kind – also verschiedene Märchen und verschiedene Kinder – und verschiedene Methoden des Erzählens; die Form, die Technik – die Stimme, die Gestik, die Mimik, das Tempo, die Akzente – das ist wichtig!

Verschiedene Kinder: andersartige Lebenserfahrungen, eine andersartige psychische Struktur – und das Heute des einzelnen – *gerade jetzt* – das Allgemeinbefinden und die Lust, zuzuhören; dasselbe Märchen wäre gestern erwünscht gewesen, heute ist es gleichgültig oder lästig. Wenn dasselbe am Abend bei Dämmerung gewesen wäre – wenn es im Wald, im Schatten der Föhren gewesen wäre – wenn es am Aufstieg eines Hügels gewesen wäre – wenn es ein Gleichaltriger oder die Oma erzählt hätte – wenn es nur wenige Zuhörer gewesen wären – dann wäre es anders gewesen. Der Nachbar hat ihn gestoßen – es ist anders; die Sonne scheint – anders; er ist hungrig vor dem Mittagessen – anders; es jucken die erfrorenen Finger – anders. Irgend etwas stört oder hilft. Die Dekoration, der Schauspieler und die Stimmung.

Drei Hinweise:

1. Man muß aufmerksam zuhören, wenn ein Kind in seiner Gruppe ein Märchen erzählt und die Zuhörer es ungeniert unterbrechen und mit ihm polemisieren (»aber ich kenne es anders – überhaupt nicht so«) und sich offen äußern.

2. Man muß es einem erzählen, wenigen – wenn sie konzentriert sind, nahe – einem in die Augen schauen, seufzen, gähnen; dann wundert es einen nicht, daß eines unbeweglich sitzt, das andere hin- und hergeht, sich streckt und sich hinlegt; und als erstes gähnt entweder das, das am aufmerksamsten zuhört, oder das feinfühlende – es erlebt am intensivsten.

3. Man muß dasselbe Märchen mehrfach denselben Kindern erzählen und sich nicht aus der Fassung bringen lassen, wenn eines sagt: »Aaach, das ke-e-e-nnen wir schon.«

Und was wohl das Wichtigste ist: Nicht verzweifeln, wenn man *nicht bis zum Ende gelangt*, wenn sich ein Gespräch entspinnt, ob im Zusammenhang oder nicht im Zusammenhang mit dem Märchen stehend; – sich nicht beeilen, weil es angeblich »nicht erlaubt ist«, das, was man begonnen hat, unvollendet zu lassen. *Sich nie beeilen!*

Ich fragte einen der brillantesten Schauspieler und Künstler, ob es nicht ermüdend sei, jeden Abend auf der Bühne dieselbe Rolle zu wiederholen. Nein! Das Gedächtnis gibt mechanisch die Worte vor, und er legt jeden Tag eine andere Wärme, eine andere Färbung, einen anderen Ton hinein. Und erforscht aufmerksam die Reaktion des Publikums.

Er erforscht sie! Ohne das ist nichts möglich; ohne Nachprüfung wird es schludrig, ohne Nachprüfung wird alles zur Routine: Der beste Wille wird zu Asche, und der festeste Entschluß scheitert. Er beobachtet sich und die Zuhörer – dann kontrolliert er sich, paßt sich an, vervollkommnet sich – und kommt weiter.

Ich habe einen naiven, dummen Vorwurf gegen das Märchen im allgemeinen außer Acht gelassen. Das Leben ist nüchtern. Wo ist es das? Ist nicht die ganze Welt ein Märchen für ein Kind? Das Märchen von der Entstehung des Menschen, von Wiegen und Särgen, das Märchen vom Spital, von der Kirche, vom Friedhof, von der Kirchweih, vom Jahrmarkt, vom Flugzeug, vom Zirkus, vom Kino; das Märchen vom Krieg; die märchenhaften Nachrichten der Zeitungen: Mord, Kindsraube, Naturkatastrophen, Eisenbahnunglücke, Flugzeugabstürze.

Außer den Märchen, die es zu hören bekommt und sich anhört, sind diejenigen Märchen noch geheimnisvoller – weil durch die erwachsenen Zensoren verborgen und verboten – in denen das Kind selbst Zuschauer, Statist oder Held ist. Das düstere Märchen des von der Polizei in Ketten durch die Straße geführten Arrestanten, oder des alten Bettlers, oder des vertriebenen Straßenhändlers, das Märchen – vom Waisendasein; der Vater ein Trinker, ein Brand, eine Schlägerei, ein Streit der Mama mit dem Papa.

Ein trauriges und ein schreckliches Märchen – und auch ein sonniges: Vergnügen – Bälle – der Jordan'sche Garten[1] – der Wald mit seinen Erdbeeren, die Blumenwiese, der Strand – Sand und kleine Muscheln.

Die Mama sagt: »Ich geb' dich dem Bettler mit«, oder: »Ich laß' dich hier im Park.« Oder der Scherz eines lustigen Onkels: »Die Mama hat dich mir verkauft – ich werfe dich aus dem Fenster.« Das Hündchen, das es streicheln wollte, knurrte, – der Donner – der Durchzug hat die Tür zugeschlagen. Der Traum – irgendwelche Geräusche bei Nacht im Schrank, in einer dunklen Zimmerecke.

Jedes Vorschulkind hat viel gehört, gesehen und erlebt. Und du sagst, ein Märchen sei *ausgedacht*, zum Vergnügen, wegen der Gemütsbewegungen.

Kinder sind verschieden: Eines ist entsetzt, daß der Wolf die Großmutter gefressen hat, ein anderes ist entrüstet, ein drittes lacht skeptisch und ein viertes klatscht in die Hände, hüpft auf einem Bein und schreit: »Der Wolf hat die Großmutter gefressen, der Wolf hat die Großmutter gefressen.«

Ich sage: »Wolf«, und er: »Der Metzger in unserem Haus hat einen Hund«, oder: »Ich hab' im Zoo einen Löwen gesehen«, oder: »Ist der Wolf stärker als der Adler?«, oder: »Auf der Marszałkowska-Straße vor dem Kino steht ein Neger«, oder: »Dort auf dem Dorf hat ein Bub ein Eichhörnchen gefangen«.

1. Populäre Spielgärten für Kinder und Jugendliche; 1888 von Dr. Henryk Jordan (1842-1907) in Krakau initiiert.

Ich sage: »Auf goldenen Tellern waren Birnen, Bananen, Eis, Bonbons, Sonnenblumenkerne, Iris, Zwetschgen, ein Hefekuchen, eine Torte, Gebäck, und in goldenen Bechern, Pokalen(!), Kelchen war Mineralwasser mit Saft, Wein, Bier« ..., ich zähle die Leckerbissen eines königlichen Festmahls auf. Und eines sagt: »Ich mag kein Bier, weil es bitter ist«, ein anderes: »Muß das der König auch kaufen, oder kriegt er es umsonst?« und ein drittes: »Der Bauch tut ihnen weh, weil sie sich so überessen haben.«

Und ich weiß, daß jedes Kind dasjenige und so viel aus meinem Märchen aufnimmt, als es will und kann. Ich weiß, daß in jedem Hörer Regulatoren, Dämpfer, Schalter, Sicherungen wirksam sind – ein ganzer, großer Absorptions- und Abwehrapparat – ich vertraue auf den Organismus des lebendigen Kindes.[1] Ich streue den Tauben Erbsen, und sie picken; als ich die Spatzen fütterte, mischte ich die Hirsegrütze mit Hafer und gemahlenen Erbsen – ich wußte von vornherein, was geschieht.[2] Und ich weiß von vornherein, wo in meinem Märchen der Hörer loslacht und wann er näher rückt und mich an der Hand nimmt.

Das Märchen vom *Gestiefelten Kater* habe ich im Laufe von dreißig Jahren Hunderte von Malen erzählt, und erst in diesem Jahr habe ich eine wichtige Änderung an seinem Ende vorgenommen. Außerdem besitze ich für den täglichen Gebrauch in meinem Repertoire nicht mehr als zehn Märchen. Man muß ein Märchen gut kennen, es sorgfältig abschleifen und gekonnt anwenden.

In der Medizin existiert die Balneotherapie[3], die Thermo- und Elektrotherapie – die diätetische Behandlung, die Ernährungshygiene. Das Märchen ist keine gleichgültige Anwendung. Also – Vorträge am *Lehrstuhl für Märchen* an der pädagogischen Fakultät der Universität. Dann würde ich vielleicht eine Monographie (250 Druckseiten) nur über den *Gestiefelten Kater* schreiben – vielleicht noch über *Waligóra*[4] und *Wyrwidąb und das Niedźwiedzie Uszko*[5].

Janusz Korczak

Aus: *Przedszkole* (Vorschule), Nr. 2 (Oktober 1935), S. 35-38.

1. Korczak nimmt hier eine Interpretation der kindlichen Informationsverarbeitung vor, die sich mit den modernen konstruktivistischen Lerntheorien deckt.
2. Vgl. den Korczakschen Artikel *Von den Spatzen*, in *Sämtliche Werke*, Bd. 13, S. 176ff.
3. (griech.-n.lat.): Heilbehandlung durch Bäder.
4. »Bergewälzer«; Waligóra ist auch ein Berg in Schlesien; das Märchen verwendet das Rübezahlmotiv.
5. »Der Eichenausreißer und das Bärenohr«.
   Waligóra und *Wyrwidąb* waren in Polen allgemein bekannt.

Wiegenlied

Lulu. Eins. Lulu. Zwei. Lulu. Drei. Lulu. Vier – fünf.

Still – still. Das Kindchen schläft.

Das Kind schläft. Liegt – schläft. Es liegt das Kind im Bett und – schläft.

Die Äuglein schlafen. Und was noch? Die Ohren schlafen. Und was noch? Der Mund schläft und redet nicht. Das Äuglein schläft und sieht nicht. Das Ohr schläft und hört nicht. Und schläft die Nase? Ja, die Nase schläft. Sie auch. Und die Nase auch.

Das rechte Auge schläft, das linke Auge schläft. Das rechte Ohr, das linke Ohr. Sie sehen nicht und hören nicht.

Ich hab' was vergessen. Die Hand schläft, ich hab' es vergessen, die Hände schlafen. Die rechte Hand schläft, die linke, kleine Hand schläft. Alle Finger schlafen.

Lulu – eins. Lulu – zwei. Lulu – drei. Lulu – vier – fünf. Ein Finger, zwei. Drei Finger und vier. Fünf Finger. Sie schlafen – der kleine Finger schläft, der große Finger schläft, der dicke Daumen auch. Der kleine Finger der rechten Hand, der kleine Finger der linken Hand. Der Daumen der linken Hand, der dicke Daumen der rechten Hand.

Ich hab' vergessen: Der Kopf schläft und denkt nicht. Ich hab's vergessen. Die Beine schlafen. Das rechte Bein, das linke Bein. Das rechte, das linke. Sie schlafen, sie gehen nicht. Es liegt das Kindchen im Bettchen und – schläft. Die Händchen liegen auf dem Kissen. Die Beine liegen und gehen nicht.

Lulu. Eins. Lulu. Zwei. Es liegt das Kindchen im Bettchen und schläft.

*

Bim – eins. Bim – bim – zwei. Bim – bim – bim – drei. Bim – bim bam – bam – vier – fünf.

Schon sind die Äuglein aufgewacht. Und was noch? Schon sind die Ohren aufgewacht. Und was noch? Die Nase ist aufgewacht. Die Nase ist aufgewacht.

Das Auge schaut – es sieht. Die Augen schauen – sie sehen. Das rechte Auge, das linke Auge. Das Ohr horcht – es hört. Und was macht die Nase? – Sie atmet.

Der Kopf ist aufgewacht: Guten Morgen. Der Mund ist aufgewacht: Guten Tag. Der Tag ist aufgewacht und sagt: Guten Tag, guten Tag.

Der kleine Finger der rechten Hand begrüßt die Finger der linken Hand. Guten Morgen, guten Morgen. Der große Finger der linken Hand begrüßt die Finger der rechten Hand. Der kleine Finger der linken Hand begrüßt die Finger der rechten Hand. Guten Tag. Der Daumen der rechten Hand begrüßt die Finger der linken Hand. Guten Tag. Der Daumen der linken Hand begrüßt die Finger der rechten Hand. Guten Tag, guten Tag.

Es begrüßt das Auge das Ohr, es begrüßt das Ohr das Auge. Es begrüßt die Hand das Auge, das Ohr begrüßt das Auge und die Hand. Die Finger begrüßen die Augen, die Ohren – die Nase. Guten Tag. Guten Tag. Ja.

Ich hab' was vergessen. Ich hab' was vergessen. Der Kopf.

Der Kopf begrüßt das Auge, das Ohr, die Hand, das Bein, die Nase. Bim – bam, eins – zwei. Guten Tag, Mamachen. Ja.

*

Bim – bam. Bim – bam. Schnell, schnell.

Rechtes Händchen – eins. Linke Hand – eins. Rechtes Bein eins, linkes Bein – zwei. Langsam, langsam.

Man muß sich anziehen. Anziehen muß man sich.

Das Hemd und das Höschen und das Kleidchen und die Strümpfe. Und die Schühchen und das Schürzchen. Schnell – schnell; langsam – langsam. Anziehen muß man sich.

Ich hab' was vergessen. Ich hab' was vergessen. Man muß sich waschen.

Bim – eins, bim – bim – zwei, bim – bam – bim. Schnell, schnell und langsam.

Ich wasche die Augen, schon sind sie sauber. Ich wasche den Mund, schon ist er sauber. Ich wasche den Hals, ich wasche die Ohren.

Ich hab' was vergessen. Und die Nase auch. Und die Nase auch.

*

Das Kind spielt und hüpft. Das Kind rennt, fällt, weint. Ich hab' was vergessen. Es lacht auch. Es lacht auch.

Der Kopf denkt, die Beine gehen, der Mund redet, die Nase atmet, und die Hände arbeiten.

Schnell, schnell und langsam. Laut, leise, laut, leise.

Der Morgen, der Tag, der Abend, die Nacht.

Bim, bam – eins, zwei. Bim, bim, bam. Drei und vier – fünf.

*

Jetzt sind die Äuglein schon müde, jetzt sind die Ohren schon müde. Die Beine sind auch müde. Ich hab' was vergessen. Der Kopf auch. Und die Nase auch. Die auch.

Eins – bim. Zwei – bim, bam.

Lulu – eins. Lulu – zwei, lulu – drei, lulu – vier. Lulululululu – fünf.

Das Auge sagt: Gute Nacht. Das Öhrchen sagt: Gute Nacht. Der Kopf sagt: Gute Nacht. Der Mund sagt: Gute Nacht, gute Nacht, Mamachen.

Der kleine Finger der linken Hand nimmt Abschied von den Fingern der rechten Hand. Gute Nacht, gute Nacht. Der große Finger der rechten Hand nimmt Abschied von den Fingern der linken Hand. Gute Nacht, gute Nacht. Der Daumen nimmt Abschied von den Fingern. Gute Nacht.

*

Lulu, lulu. Das Kind schläft. Lulu, lulu. Es liegt, schläft. Im Bett schläft es, im Bettchen schläft es.

Schläft es schon? Ich schlafe schon.

* * *

Dieses Wiegenlied kann man flüstern, aufsagen, summen. Für die Mütter hat es nichts Neues: Sie unterhalten sich mit den kleinen Kindern. Das ist eine wichtige Lehre für das Kind; fehlt es an solchem Reden, verzögert sich das Sprechen des Kindes und nicht nur das Sprechen.

Ich bitte dringend um Briefe, um Nachrichten darüber, wie die Kinder reagieren: ihre Fragen, Bemerkungen, Wiederholungen. Dringend bitte ich um andere Muster von Reden der Mütter zu ihren Kindern in den ersten Jahren.

Man soll sich nicht schämen: Einfachheit in der Poesie – das ist ein Reiz, und das Gefühl entscheidet über den Wert.

Mit dem ganzen Verantwortungsgefühl behaupte ich: Das ist wichtig, das ist keine »Dummheit« – nein. Es fehlt an Literatur für die Jüngsten.

Janusz Korczak

Aus: *Dziecko i Matka* (Kind und Mutter), Nr. 5 (8.3.1938), S. 3-5.

Und es lohnt sich trotzdem ...

In der Nummer 5 vom 8.3. dieses Jahres haben wir ein *Wiegenlied* abgedruckt. Der Autor bittet um Briefe – Bemerkungen, Fragen, Beobachtungen. Es ist kein Wunder, daß der Frühling nicht zum Briefeschreiben anregt. Es wäre jedoch nicht richtig, die einmal gestellte Aufgabe fallen zu lassen – vielleicht wurde sie nicht besonders glücklich »Literatur für die Jüngsten« genannt.

Ich bekam zwei Briefe. Kurz und inhaltsreich. Sie waren erfreulich. Der erste war polemisch.

Die Korrespondentin zweifelt am Wert des Druckens von Geplapper mütterlicher Zärtlichkeit wie: »Mein Goldchen, Schätzchen, Sonnenscheinchen, Liebstes, Einziges.« Oder: »Braves Kindchen, Böses du, Armes, Bestes, Bäh.« Oder: »Das Kind ißt, trinkt, geht, lulu, taita, papi.« Dagegen rät sie, die Monologe der Jüngsten, die manchmal lang sind, aufzuschreiben. »Das ist ein Material, das manch wissenschaftliche Bedeutung haben kann. Das ›Geplapper‹ der vernarrten Mütter ist schablonenhaft, die Reden der Kinder dagegen haben einen individuellen Charakter, sie charakterisieren die Individualität und das Milieu, die pädagogischen Einflüsse und den Bestand an Lebenserfahrungen.«

Aber das eine schadet dem anderen keineswegs, und schließt es auch nicht aus.

Schablone, Monotonie? Und die Küsse der Verliebten, die sich in fast jedem Film wiederholen? Die Herren Schöpfer der Filme sind aufmerksam: Sie würden nicht so viel davon bringen, wenn das Kinopublikum nicht die Liebe und die »Schablonen« der Zärtlichkeit und der Liebkosung so schätzen würde. Warum sollten die Monologe der Mütter nicht im selben Grad das Verhältnis der Mutter (dieser oder jener) zum Kind (diesem oder jenem) charakterisieren? Die eine kann im *Wiegenlied* ihre eigenen Sorgen und Enttäuschungen ausdrücken, ein andermal aber – das Kind ermahnen, seine Zukunft prophezeien?

Zum Beispiel: »Dein Papa liebt deine Mama nicht, er vernachlässigt das Kindchen.« Oder: »Liebe nicht zu heftig, mein Kindchen, denn die Liebe – bedeutet Enttäuschung und Schmerz. Sei nicht böse, wenn dir die Mama kein reines Glück ohne Wolken, ohne Katarrh und ohne Pockenimpfung gewähren kann.« Oder: »Das Kindchen wird wachsen, es wird groß werden, schön, klug und glücklich.«

Drei Arbeitsabschnitte: Zuerst – die Sammlung von Rohmaterial, dann – dessen Umwandlung durch hervorragende Dichter, endlich – die mühsame Suche nach ausgezeichneten Musikern und Versuche, verständliche Melodien auszuwählen.

Nebenbei bemerkt, die Geschichte verzeichnet Beispiele zahlreicher reifer Komponisten und Interpreten unter Kindern, während es keinen einzigen minderjährigen Maler, Bildhauer oder Schriftsteller gab. Vielleicht verbirgt sich dahinter irgendein Geheimnis. Die Intelligenz, die Logik, die Intuition der Gefühle des Kindes? Das Kind versteht nicht die Worte, sondern die Intonation der Stimme und reagiert darauf. Ich sage zu einem Kleinkind in strafendem und *ärgerlichem Ton*: »Du bist lieb, brav, gehorsam« – dann weint es. Sage ich mit lobender, *wohlwollender Stimme*: »So ein häßliches, so ein scheußliches Babychen« – dann freut es sich und lacht.

Ich habe einmal irgendwo gelesen: Ein Mensch ist beunruhigt darüber, was in einem verschlossenen Zimmer vor sich geht, er möchte durch einen Spalt schauen, was man dort macht. Ein Hund, der die Nase gegen eine Tür drückt, würde sagen: »Ich schnuppere, was sie dort in dem Zimmer treiben.« Ein Kind, das auf das Leben neugierig ist, erfaßt die Geheimnisse irgendwie anders und macht andere Bekanntschaft mit ihnen. Wie?

Die imaginären Gespräche mit der Puppe, dem Hündchen, dem gekränkten Engelchen, dem Zwerglein, einem guten oder bösen Geist – aufgezeichnet und publiziert – sind nicht nur wissenschaftliches, sondern auch unschätzbares künstlerisches Material.

Die von mir kürzlich verfaßten *Erzählungen eines Kleinkinds* fanden kein Interesse beim Herausgeber. Er hatte Angst vor der Neuerung. Ich erinnere mich nicht, wieviel das war – es blieb mir nur: »Setz dich zum Fenster – böses Regenchen – vom Hündchen – der Doktor ist gekommen.« Das eine – ist nur einem Stadtkind verständlich, ein Märchen von der Puppe – nur Kindern wohlhabender Eltern.

Vor vielen Jahren habe ich dieses »Gebet Zosias«[1] gedruckt:

Gebet eines kleinen Kindes

»Lieber Gott, Mama ärgert sich über Zosia. Böses, böses Mädchen. Zosia hat Pipi gemacht. Böse Zosia, Zosia Pipi. Mama haut. Böse Mama. Nicht hauen. Nicht hauen, Mama! Zosia nicht hauen. Das Händchen tut weh. Angst – Angst. Das Händchen tut weh. Lieber Gott.

Zosia hat Angst. Böse Mama, so ein böses Mädchen.

Zosia hat Mama und Papa lieb.

Wo ist Pipi? Bäuchlein Pipi. Mama, ich mach's nicht wieder.

Warum hast du das gemacht, warum hast du das gemacht?

Beinchen warm – guck, guck, was ist das! Bäh! Das Höschen bäh, die Strümpfchen bäh, die Schühchen bäh. Mama ist böse mit Zosia.

1. Vgl. *Sämtliche Werke*, Bd. 5, S. 41.

Böse Mama, böses Püppchen, böses Hündchen, böse – so ein schönes Hündchen. Hör gut zu, Hündchen, hier ist das Töpfchen, mach sofort da rein.

Zosia ist artig. Nicht hauen, Mama.

Mein lieber Gott, wo ist das Bäuchlein? Zosia hat Angst vorm Bäuchlein, Zosia hat Angst vorm Doktor.

Habe keine Angst, Zosia, Mama ist – nicht böse, Mama haut nicht, Mama kauft was, weil Zosia artig ist, artig, artig.

Zosia mag den lieben Gott.«

Die Literatur (heute mißachtet) berücksichtigt die seelische Einstellung der jüngsten Kinder nicht. Eines verlangt ein lustiges Lied, ein anderes zieht ein trauriges vor. Nicht jedes Kind und sogar dasselbe Kind mag nicht immer und nicht nur: »Hopsassa!« und die Abenteuer von *Koziołka-Matołka*[1].

Nur zwei Briefe: *non multa, sed multum*[2]; über den zweiten Brief – extra in einer Woche.

Aus: *Dziecko i Matka* (Kind und Mutter), Nr. 8 (22.6.1938), S. 3-5.

Zweiter Brief über das Wiegenlied

Ich gebe den Brief in längeren Auszügen wieder:

»Ich bin sehr froh darüber«, schreibt die Mutter der zweijährigen Danutka[3], »daß ich die Gelegenheit habe, Beobachtungen zu einem Thema auszutauschen, das mich sehr interessiert ... Nachdem ich das Wiegenlied vorgelesen hatte, wandte ich mich an mein Kind mit den Worten: ›Sag mir noch einmal – was habe ich gelesen?‹ Und sie daraufhin: ›Kioskę,‹ (książkę – ein Buch). – ›Und was war in dem Buch‹ – ›Liteli‹ (litery – Buchstaben). – ›Und was noch?‹ – ›Lulu, ein, lulu zwei, der Fuß schläft, das Ohr schläft – doblanoc, doblanoc (dobranoc, dobranoc – gute Nacht, gute Nacht), Mamachen.‹ – Die letzten Worte gefielen ihr besonders; sie lachte und wiederholte sie; sie bereiteten ihr

1. (poln.): Böckchen-Trottel.
2. (lat.) multum, non multa: viel (= ein Gesamtes), nicht vielerlei (= viele Einzelheiten), d.h. keine Oberflächlichkeit, sondern Gründlichkeit.
3. Diminutivform von Danuta.

deutliches Vergnügen. Vor dem Schlafen verabschiedete sie sich damit von mir ... Am Tag darauf las ich Ihr wieder ihr Wiegenlied vor. Diesmal fügte sie den oben erwähnten Worten noch hinzu: ›Bim, im, eins, bim, bim, zei, muß anziehen, nell, langsam, die Nase auch, till, till, das Kind schläft‹ ... Sie hörte gern zu, aber nur bis zur Hälfte, dann begann sie herumzulaufen, offensichtlich ist es zu lang für sie ... Sie liebt Gedichte und Lieder. Sie mag überhaupt Reime. Sie sieht zum Beispiel eine Fliege an der Fensterscheibe. Ich sage: ›Brzęczy mucha koło ucha, brzęczy osa koło nosa‹ (Die Fliege summt ums Ohr, die Wespe summt um die Nase). Das Kind lacht und wiederholt es am anderen Tag dem Vater. Oder ich sage: ›Danutka – malutka‹ (Danutka – ist klein). – Was für eine Freude ... Ich habe ihr vorgesungen: ›Die helle Sonne ist heute spät aufgestanden.‹ Eines Tages saß sie auf dem Nachttöpfchen, streckte das Köpfchen in die Höhe und schaute sich den Himmel an. Es war ein trüber Tag. In einem gewissen Moment sagte sie ganz deutlich: ›Die helle Sonne ist heute spät aufgestanden, Mama.‹ – Sie hat ein Liedchen gelernt: ›Ich bin eine Blindekuh.‹ – Eine Strophe lautet: ›Po omacku chodzę, rączką w koło wodzę.‹[1] Das Kind wandelt es ab: ›Chodzę po podłodze.‹[2] ... Sie liebt Laute, die Schlagen oder Klopfen nachahmen: Buch, buch, stuk, stuk, hopsassa. Sie kennt das Verschen ›Stary kowal młotem wali‹ (Der alte Schmied klopft mit dem Hammer). Sie änderte: ›Lecą, lecą iskry złote‹ (Es fliegen, es fliegen die goldenen Funken) in: ›Lecą, lecą dzieci‹ (Es rennen, es rennen die Kinder – lecą bedeutet beides – fliegen und rennen) ...«

Ehe ich mich mit Danusias[3] Mama verzanke – ein kurzer Versuch der Erklärung:

Das Kind hat von dem Wiegenlied das wiederholt, was ihm besonders aufgefallen ist: Es schläft der Fuß, es schläft das Ohr. In seinen mühevollen Nachforschungen über seinen eigenen Schlaf und den Schlaf von Mama und Papa (die man nicht aufwecken darf) – erschien eine neue Wahrheit, die man überdenken mußte: Es schläft das Auge, es schläft das Ohr von Mamachen – und es schlafen verschiedene Teile von Mama und Papa. Sollen sie doch schlafen, wenn nur einzelne Stückchen nicht schlafen, damit sie sich mit Danusia unterhalten und mit ihr spielen können, weil es doch langweilig ist – daliegen, und nichts ist los. Man heißt sie schlafen: Sie schließt die Augen, die Äuglein schlafen; sie bewegt sich nicht, Füße und Hände schlafen. Sie hat sich den Forderungen angepaßt. Aber was tun, damit das Ohr einschläft und nicht hört, und was das Wichtigste ist – damit der Mund einschläft und *nicht* reden *will*, damit die Hände und Füße sich nicht rühren wollen, damit sie ganz einschläft und sie nicht ärgerlich sind? Das ist wichtig! ...

1. Ich tappe im Dunkeln, führe das Krebschen im Kreis.
2. Ich gehe auf dem Boden.
3. Diminutivform von Danuta.

»Gute Nacht, Mamachen.« In dem geheimnisvollen Buch sagen die geheimnisvollen Zeichen das, was sie täglich sagt. Was für einen Zusammenhang hat das mit ihr? Das erste Echo des eigenen Lebens – gedruckt; wir freuen uns auch, wenn wir im Buch den Widerhall des eigenen Erlebens finden, in einem Roman, in einem Gedicht. – »Gute Nacht, Mamachen« – das ist wie ein guter Bekannter in einer großen, unbekannten und genierlichen Gesellschaft, sogar ein Mensch, der uns gleichgültig ist, kommt einem da nahe, ist erwünscht, wir begrüßen ihn mit einem Lächeln ...

Das Kind hört oft, daß irgend etwas einmal zu schnell und ein andermal zu langsam geht. Einmal drängt man es zur Eile, ein andermal bestraft man es wegen der Eile. Was soll man denn da tun? – Sie wollen, daß sie rasch austrinkt, also griff sie ein andermal rasch zum Glas und verschüttete alles – und wieder war es falsch. Einmal soll sie schnell gehen, dann wieder langsam, warum? Es ist da ein unverständlicher Ausdruck: sich verspäten, ein anderer – sich beeilen, aber was, aber wann, aber wie? – Sie soll schnell einschlafen, und auf dem Nachttöpfchen soll es auch schnellgehen. Wie macht man das? Was wollt ihr von mir? Wie soll man sich vertraut machen mit dem komplizierten Ritual des Anziehens, des Waschens, der Milchsuppe, des Bettchens und des Nachttöpfchens?

Es gibt die Uhr. Sie weiß es, sie gibt die Befehle – und nicht nur ihr, sondern sogar auch dem Papa sagt sie, wann er aufstehen soll, wann er hungrig sein soll. Die Uhr schlägt – eins, zwei und viele Male, sie verkündet unwiderruflich, daß man schlafen muß, daß man jetzt sehen, hören, reden, rennen darf. Wir haben schon resigniert, aber das Kind glaubt naiv, daß es versteht, was das ist, die Zeit und die Ewigkeit, gestern und heute, lang und kurz. Ein, zwei, eins, zwei. Schnell, langsam. Das Mysterium der Zahl. Das Wiegenlied verkündet irgendwelche neuen, großen Wahrheiten, und sie zu verstehen heißt, sich in Übereinstimmung mit ihren vielen Befehlen, mit ihrer Beurteilung zu bringen: gut, brav, gehorsam, häßlich, böse – bäh und pfui! ...

Es ist kein Wunder, daß das Lesen (nicht das Hören) die Aufmerksamkeit der Zweijährigen ermüdet und erschöpft hat – am hellen Tag (nicht zum Schlafen) – und erst das erste und zweite Mal ...

Wie schwer es dem Kind fällt und wie schlau es dieses Sanskrit oder Chinesisch der Worte in verständliche Ausdrücke verwandelt, sehen wir an den Beispielen: Aus »rączką w koło wodzę (?)« (mit dem Händchen führe ich im Kreis) – macht es: »chodzę po podłodze« (ich gehe auf dem Boden), aus »lecą, iskry złote« (goldene Funken fliegen), macht es »lecą dzieci« (Kinder rennen). Weil dem blöden Autor des Liedes in den Kopf gekommen ist zu schreiben – iskry (Funken) (?), złote (goldene) (?) ...

Die zweijährige Danuta mag: bim, bim, buch stuk, hopsa. – Bäh! – Vor langer Zeit habe ich irgendwo einmal gelesen, wie die Worte der menschlichen Sprache entstanden sind; das ist kein Zufall – huk, trzask, świst, plusk, szczęk, jęk, skrzeczenie, stuk (Knall, Geknatter, Pfiff, Klatschen, Geklirr, Gestöhne, Gekreisch, Klopfen); und vielleicht: deszcz und dreszcz, męczeństwo und małżeństwo (Regen und Frösteln, Martyrium und Ehe). Puk-puk, bum-bum, tratata – das ist einfach und verständlich.

Und wir? – Und wir, wenn wir eine fremde Sprache lernen? Ich erinnere mich, wie ich entsetzlich geflucht habe bei deutschen »Säuglingskrankheiten.« Die Italiener beklagen sich, daß ihr – felicita – auf polnisch lautet: szczęście (Glück).

Davon wollen die Damen und Herrn, die für Kinder schreiben, nicht viel wissen, wie muß sich das arme Kleine damit herumschlagen, bis es – die Zunge, die Lippen, den Gaumen, die Stimmbänder trainiert hat. Seine Kürzel und Modifikationen sind klug. Denk nur: Litery. Rrrrr! – Liteli, ja – kioska, ja!

Nachdem ich diese Bemerkungen niedergeschrieben hatte, schickte ich eine Postkarte (Blümchen – Stiefmütterchen) nach Miedzeszyn[1]:

»Herzliche Grüße für Danuta und ihre Mama.«

Und nachher dachte ich: »Ich bin ein Schwein, daß ich erst nach einem Monat für den Brief gedankt habe, der mich auf so viele interessante Gedanken gebracht hat: Aber schuld daran ist der alte Schuft – die Uhr, die es nicht erlaubt, sich zu konzentrieren und sich richtig mit dem Kind zu befassen.«

Janusz Korczak

Aus: *Dziecko i Matka* (Kind und Mutter), Nr. 9 (8.5.1938), S. 9-11.

Streit mit der Mama von Danusia

Mein unglückseliges Wiegenlied, voller Gestotter und Gerassel, ist kaum ein Rohstoff, aus dem man etwas machen kann. Die Mama hätte es allein lesen sollen, dann in die Ecke werfen und dann mit einem eigenen Gedanken, im Zusammenhang mit dem Gelesenen oder nicht, entfalten – mit Gefühl anheizen, vielmals ändern und unter der Kontrolle des Kindes anpassen, es in verständliche Worte und einen Rhythmus und, wenn nötig, in einen Reim kleiden sollen. Das kann ich nicht machen, dazu habe ich kein Geschick.

1. Kleiner Ort in der Nähe Warschaus.

Das Wiegenlied – ein Rohstoff, und ich selbst – ein Halbfabrikat, ein alter Junggeselle, der nicht einen einzigen ordentlichen Monat an einer Wiege verbracht hat und nur dann und wann, durch *Kinderkrankheiten*[1], mit kleinen Kindern zusammengetroffen ist.[2]

Und was haben Sie gemacht? Sie haben diesen Bandwurm aus dem Buch ohne Veränderungen und ohne Kommentar am hellichten Tag vorgelesen. Das Kind hat wohlerzogen die Geduldsprüfung bestanden, weil es taktvoll bis zur Hälfte zugehört hat und dann erst anfing, rumzulaufen. Sein Triumph, unsere schmähliche Niederlage.

Weshalb? Schmerzlich, aber gerecht war die Kritik der Kleinen, wundervoll in ihrer Einfachheit und Kürze, aber niederschmetternd und, leider – gerecht.

Sie fragten: »Was hab' ich gelesen?« Und sie: »Buch.« Sie fragten: »Was war in dem Buch?«, sie: »Bustaben.«

Eben so hätte ich von einem hoffnungslosen Graphomanen gesagt: keine Poesie, keine Kunst, sondern – Buchstaben. Nicht einmal leere, tote Worte, sondern »Bustaben«. Verschiedene Rezensenten haben mich auf verschiedene Weise fertiggemacht, aber so schlecht wurde ich das erste und einzige Mal in den vierzig Jahren meines literarischen Berufes und meiner literarischen Karriere behandelt. Nicht ein Wiegenlied, sondern Buchstaben. Meine Niederlage als Autor und Ihre als Regisseur und Rezitator.

Und Danusias Verdienst ist es ausschließlich, daß sie aus dieser Misere keine Perle herausklaubte, weil da keine war, sondern etwas, was sie brauchen konnte. Sie tat, was und wie es sich gehört, wir nicht.

Hätte man es am Abend vorgelesen, so wäre sie vielleicht in der Hälfte eingeschlafen, und ich wäre gerettet gewesen (weil es ja ein Wiegenlied ist), aber so: Sie fing an, rumzulaufen; das ist schlimmer, als im Großen Theater, im Polnischen Theater oder im Nationaltheater ausgepfiffen zu werden.

Danusia verwarf verächtlich das Erzwungene in dem Wiegenlied: die rechte und die linke Hand; weil das zu früh ist, unnötig, weil man ihr noch nicht gesagt hat: »Gib dem Herrn das rechte Händchen, es ist nicht schön, wenn man das linke Händchen gibt« (warum eigentlich?).

Die Hierarchie der Händchen und Fingerchen und ihre Charakteristik interessieren sie noch nicht: Ringfinger, Zeigefinger ... Dem Examen unterworfen konnte sie vielleicht gerade nur unterscheiden: »lulu« und »bim-bam«.

1. So im poln. Text.
2. Vgl. zur Literatur für die Jüngsten in *Sämtliche Werke*, Bd. 13, S. 115ff und den dortigen Kommentar, S. 501.

Das also. Eben. Sie schreiben: »Ich spreche zu dem Kind in vollständigen Sätzen und gebe auf jede Frage eine klare Antwort; Verkleinerungsformen oder verzerrte Wörter wie ›taita, ham, ham‹ – kennt es nicht.«

Hier schmerzt es mich, also schreie ich; und obwohl ich weiß, daß ich altmodisch bin, kann ich nicht anders.

Man soll dem Kind nicht auf jede Frage eine Antwort geben, weil die Antwort nicht »klar« sein wird, sondern eher dunkel, das zum Ersten; und ich verteidige die »verzerrten« Wörter. Zuerst die Fingerübungen, dann erst – die Serenade. Wodurch soll »taita« schlechter sein als »Spaziergang«? Warum nicht »mili«, sondern nur »Milch, Getränk, Produkt der Milchdrüsen der Kuh, Lösung von Eiweiß, Fett, Salz und Kohlehydrat«. Einfach, durchsichtig, verständlich und ebenso würdig ist »mili«, weder weniger positiv noch ärmer an Kalorien und Vitaminen ist die kindliche »Kuh-mili«, eben die Milch; und ebenso frisch, reich an Ozon und Freiheit ist »taita« – der Spaziergang.

Das Kind wächst selbst aus dem Primitiven der Worte heraus, und wenn es sie verächtlich zurückweist, dann nur deshalb, weil das Kindesalter brutal, unklug und zu Unrecht erniedrigt und schnöde behandelt wird, weil es unverstanden ist. Das Kleine – ist dumm und redet lächerlich. Aber nein: Es ist vernünftig und redet nur ungeschickt.

Benutzt unsere infantilisierte, erwachsene Generation die Ausdrücke »taita« und »mili«? Man redet und unternimmt törichte Spaziergänge (kriegerische) und verkauft nicht gepanschte »mili«, sondern Milch. Werden die Welt und die Menschen schön, wenn man ihnen in der frühen Kindheit nicht »bäh« gesagt hat, sondern nur »ihr spielt gar nicht schön, und ihr stellt was Garstiges an«?

Und es kommt vor, daß die Mutter zum Essen nötigt und sagt: »zupka« und »mleczko« (Süppchen und Milchele), während das Kind, ohne es zu wissen, die Worte ahnt: »mleczysko« oder die scheußliche »mleczura«.[1] Ob die Mutter es ins Bett bringt oder in die »Haija« – das ist unwichtig; es geht darum, daß man keinen zärtlichen und finsteren Zwang anwendet, auch wenn er in der Verkleinerungsform stattfindet. Nicht die Worte reizen und ärgern, sondern die Lüge und Täuschung; die Despotie – die sich unter der Maske der Liebe verbirgt.

Ob das Kind Reime liebt oder nicht, weiß ich nicht. Aber ich weiß, daß es Freude vorgeben kann, wenn etwas es langweilt oder ihm Unbehagen bereitet. Gezwungenermaßen, damit es seine Ruhe hat. Man verlangt, daß ihm das gefällt, was die Erwachsenen für lustig und nett

1. Augmentativformen (Vergrößerungsworte) für Milch (mleko) mit negativer emotionaler Konnotation.

halten; »lustig« sind also Erzählungen, Aufführungen, Paraden, Maskaraden und Auftritte vor Gästen. So impft man falschen Ehrgeiz ein und züchtet Snobismus, entstellt und verdirbt.

Vielleicht ist es praktisch, dem Kind frühzeitig und methodisch nach und nach den Weg ins verlogene Leben zu bahnen; aber das ist nicht gut ...

Ich bin ins Plaudern geraten. Punkt. Ich befürchte, daß ich nicht nur mich, sondern auch die Zeitung, die mir gastfreundlich einen Platz für meine – »Bustaben« eingeräumt hat, lächerlich gemacht habe.

Du – bist die kleine Danutka, ich – bin ein alter Knacker. Ich liebe dich und bin dir dankbar. Und deine Mutter bitte ich um Verzeihung, aber ich kann nicht anders.

J. Korczak

Aus: *Dziecko i Matka* (Kind und Mutter), Nr. 11 (8.6.1938), S. 6f.

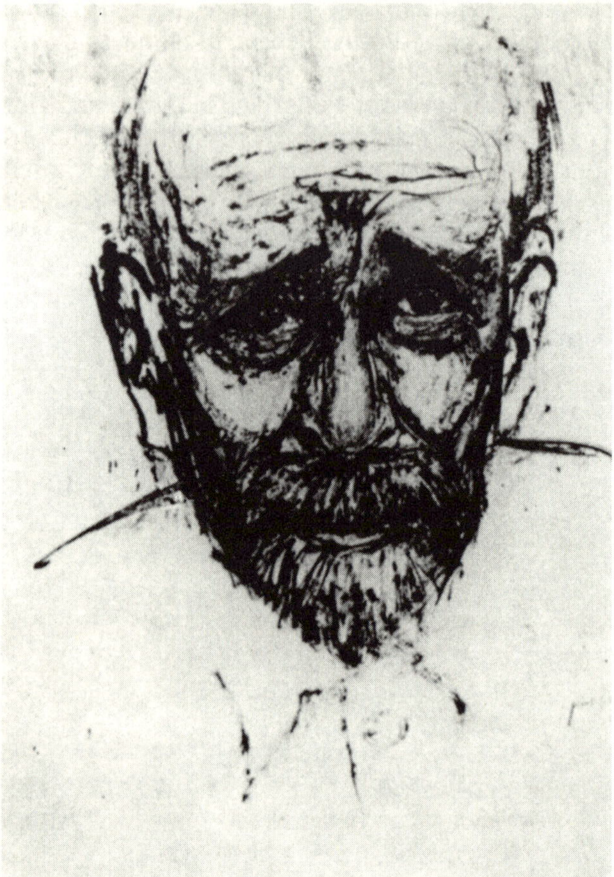

Korczak-Portrait vom Maler Mosche Bernstein.
Das Original befindet sich in der Bücherei des Kibbuz Ejn Harod.

5.

Zuneigung und Abneigung in Kindergruppen

Soziometrische Experimente

(1933)

Zuneigung und Abneigung

Was verbindet die Gruppe, was bewirkt das Gegenteil? An welchen positiven und negativen Erlebnissen haben die Kinder Anteil? Welche Werte bewirken Wohlwollen, welche Eigenschaften und welche Fehler rufen Abneigung hervor? Was überwiegt? Ist der Mensch dem Menschen ein Wolf oder ein Bruder? Egoismus oder Altruismus? Kann man die geheimnisvolle Welt der Gefühle durchdringen und sie durch eine Zahl erhellen?

Eine praktische Frage: Wie erklären, wie überzeugen und wie auf solche Kinder einwirken, die die Aura des harmonischen Zusammenlebens trüben? Wen muß man im Interesse der Allgemeinheit entfernen oder isolieren?

Sind die Kriterien dafür, wer lieb, wer brav ist und wer nicht, wessen Einfluß erwünscht und wessen Einfluß schädlich ist – anders bei gleichaltrigen Kindern als bei den Erwachsenen der Heimleitung?

Seit mehreren Jahren stimmen die Kinder zweier Waisenhäuser[1] mit Karten (+, –, o) darüber ab, wen sie mögen und wen nicht, bzw. wem sie gleichgültig gegenüberstehen. Es gibt da eine Statistik[2], und es werden gewisse Schlüsse gezogen. Sie würden viele Bände füllen. Das ist heute in der Psychologie noch nicht aktuell; man untersucht da erst den leichter zu beurteilenden, aber für ein Zusammenleben weniger wichtigen Intellekt.

Im Kindergarten des Internats[3] führe ich erst seit drei Jahren derartige Erhebungen durch. Es sind dort dreißig Kinder. Die Art der Aufzeichnungen der Antworten habe ich einige Male geändert. Hier heißt es nicht nur: Ich mag ihn, oder ich mag ihn nicht, sondern auch weshalb.

Die Kinder kommen (wer will) der Reihe nach ins Zimmer. Ich befrage sie in der Reihenfolge der aufgestellten Liste:

»Magst du sie, oder magst du sie nicht: Rysiek? Dorcia? Józik? Henia? Bogdan? Marysia?«

»Magst du Rysiek, oder magst du ihn nicht? Warum?«

1. Die Rede ist von den Waisenhäusern Dom Sierot (Haus der Waisen) und Nasz Dom (Unser Haus).
2. Korczak war von seiner Ausbildung her ein geschulter und aus persönlicher Neigung ein begeisterter Beobachter der körperlichen und sozialen Entwicklung des Kindes, die er in Statistiken über Gewichts- und Größenveränderungen festhielt.
3. Die Rede ist vom Kindergarten des Nasz Dom, der bis zum Jahr 1934 in Bielany geführt wurde.

Als ich voller Zweifel und voller Bedenken die ersten Versuche unternahm, fiel mir auf, daß die Antworten schnell und entschieden kamen, daß es im allgemeinen weder Ermüdung noch Ungeduld gab. Selten hörte ich: »Sind wir fertig – sind wir jetzt fertig, ist da noch viel (was lange dauert)?« Unnötigerweise war ich bemüht, alle Kinder an einem Tag zu befragen. Obwohl ich selbst müde war, hielt ich die Kinder (durch Überreden) vom Spielen ab, und die Befragung fand ungewollt unter Zeitdruck statt. Es kam mir nicht in den Sinn zu sagen: »Vielleicht willst du später (morgen) fertigmachen?« Nur die Zerfahrenen und die Allerjüngsten verwickeln einen in ein Gespräch über andere Dinge, z.B. über das, was sie gerade sehen.

»Ist das ein Zeichenstift? Warum ist die Uhr ...? Kann man durch die Brille ...? Warum sind auf der Hand Adern ...? Warum haben Sie ein Kringelchen gemacht?«

Für mich (als Erwachsenen) ist das Ausfüllen eines Fragebogens schwierig, für sie ist es leicht; wir zögern und sind nicht sicher, sie haben keinerlei Zweifel; das Alter spielt bei Kindern keine dominierende Rolle; eine größere Bedeutung haben Ausgeglichenheit, Besonnenheit und Ernsthaftigkeit.

Die Kontrolle habe ich jeweils nach einer Woche, manchmal nach einer Stunde vorgenommen. Nach dem Motto: »Mir ist da einiges durcheinandergeraten, wer will mir noch einmal alles diktieren?« Es gab nur unwesentliche Unterschiede in den Antworten, die meistens so begründet wurden:

»Weil ich mich geirrt habe ... weil ich vergessen habe ... weil die mich jetzt ...«

Welches sind die Gründe, weshalb sie jemanden mögen?

»Weil er mir immer was gibt ... borgt ... hilft ... weil er nett ist ... artig ... lustig ... weil er schön zeichnet ... tanzt ... weil wir zusammen spielen.«

Sie spielen zusammen, weil sie sich mögen; sie mögen sich, weil sie zusammen spielen.

Warum sie jemanden nicht mögen:

»Weil er mich geschlagen hat ... Weil er mich schlägt ... Weil er andere Kinder schlägt ... Weil ich wegen ihm hingefallen bin und mich gestoßen habe ... Weil er ein Raufbold ist ... Weil er albern ist ... Weil er zwickt, kratzt, spuckt, mir Sachen wegnimmt. Weil er immer stört ... Weil er eine Heulsuse ist. Weil er Rotz unter der Nase hat ... Weil er dem Fräulein nicht gehorcht (selten!).«

Kinder äußern ihre freie Meinung ohne Hintergedanken. Wo Autorität herrscht und es Druck von seiten des Erziehers gibt, wird das Ergebnis verfälscht, unaufrichtig und darum wertlos. Wünschenswert wäre eine Kontrolle in der Form, daß zwei Personen (in nicht allzu langen Zeitabständen) die Befragungen durchführten.

Die Organisation unseres Kindergartens gibt den Kindern die uneingeschränkte Freiheit, ihre Meinung zu äußern. Es hat sich eine Tradition der Aufrichtigkeit und des absoluten Rechts auf Zuneigung und Abneigung ausgebildet. Nur unter solchen Bedingungen kann das Vergleichsmaterial von Wert sein.

Verblüffend deckungsgleiche Ergebnisse (!) habe ich in zwei weit auseinanderliegenden Kindergärten erzielt.

Kindergartenkinder kennen (im Vergleich zu älteren Kindern) keine Gleichgültigkeit, daher die auffallend geringe Zahl der Nullen. Sie lassen sich vom Gefühl leiten, nicht vom Wissen; bereitwillig nehmen sie gerne ihnen unbekannte, gefühlsbetonte Haltungen ein.

»Dem gebe ich – ich weiß nicht ... Ich weiß nicht, was ich ihm geben soll ... Ich mag ihn ein bißchen, aber ich mag ihn ein bißchen auch nicht ... Also, meinetwegen, ich mag ihn. ... Aber dem da, dem gebe ich nichts.«

(Ich notiere eine Null oder ein Plus mit einem Fragezeichen.)

Am seltensten kommt es vor, daß einer sagt:

»Ich mag alle.«

Aber auch hier gibt es nach mehreren Pluspunkten – eine plötzliche längere Pause – ein Minus. Es gibt unbeständge Konstellationen der Zuneigung (Trägheitsgesetz der Gefühle). Auf allen Ebenen des emotionalen Lebens gibt es Momente der strengen und der milden Beurteilung. Ein wichtiges, schwieriges Forschungsgebiet.

Die Pluspunkte überwiegen: Es gibt weniger Menschenfeinde als Menschenfreunde. Abneigung ist oft eine Ungeduldsreaktion auf Zusammengepferchtsein, auf Beengtsein, auf lästige Zwangssituationen (Mahlzeiten, Mittagsruhe, Aufstellen in Zweierreihen). Ungeduld lästigen Eindringlingen, Neulingen gegenüber, die mit der Gruppe noch nicht eingespielt sind. Verzeihen oder Versöhnen reifen erst langsam; sichtbare Schwächen und Fehler fallen sofort auf, Vorzüge treten erst langsam zutage.

Die Lieblinge – das sind die Heiteren, Ausgeglichenen, die Ehrlichen, Wohlgesinnten. Kinder schätzen geistige Regsamkeit, aber sie sind allergisch gegen Aufgeblasenheit und falschen Ehrgeiz. Sie mögen die Aufdringlichen, die Krachmacher, die schnell Beleidigten und die Streitsüchtigen nicht.

Es gab bei meinem eiligen Vorgehen irreführende, Verwunderung auslösende Mißverständnisse, anfänglich häufige Überraschungen – betroffenes Achselzucken – unbewußt die Einstellung: »Die Kleinen wissen nichts, ich weiß es.«

Und doch haben sie recht – selbst in den kniffligsten Fällen haben sie recht, nicht ich. Denn »das Leben eines anderen kennen, heißt nicht, dieses Leben zu leben.«

»Jetzt mag ich ihn schon ein bißchen, weil er nicht mehr so sehr krakeelt.«

»Soll ich ihm also ein Kringelchen (eine Null) einschreiben?«

Gespannt warte ich auf die Beurteilung.

»Machen Sie ein Kreuzchen (ein Plus).«

Zu Unrecht habe ich spärliche Antworten von ungewöhnlichen Kindern geringgeschätzt; vielleicht berechtigt gerade die Gefühlswelt zu Verallgemeinerungen? Vielleicht liegen die Unterschiede nicht in der Quantität, sondern in der Intensität und im Bewußtsein?

Ich sage einem wegen vieler Beschwerden, Klagen und Launen unbeliebten, zänkischen und leicht beleidigten Mädchen: »Weißt du: Jetzt hast du schon viel mehr Kreuzchen.«

Sie schmiegt sich ungestüm an mich – den Blick in die Ferne oder nach unten –, zwei verstohlene Tränen. Ein unvergeßlicher Anblick.

Der häufigste Vorwurf, den ich zu hören bekam, lautete:

»Ist es denn für die unbeliebten Kinder nicht zu belastend?«

Sie lernen sich selbst und das Leben kennen.

»Magst du Celinka?«

»Aber ich bin doch Celinka.«

»Nun ja: Magst du dich?«

Scheu, Verlegenheit – kokettes Lachen, ein Lächeln – ein versonnener Blick – halbherziger Widerspruch oder ein entschiedenes:

»Ich mag mich ... Ich mag mich nicht.«

»Und warum?«

»Weil ich ein gutes (ein böses) Kind bin ... Weil ich brav bin ... Weil ich unordentlich bin ...«

Wenn man das in einem Film illustrieren, die Gesten verewigen könnte, die Blicke, das Lachen ... Wenn eine Grammophonplatte die Nuancen, die Akzente, die Pausen in den Aussagen erfassen könnte.

»Also ... ich mag sie ... Ich mag sie sehr ... Ich mag sie seeehr ... Ich maaaag sie. Ich liebe sie!«

Die Ziffer ist eine Macht; die nüchterne, tote, aber dennoch in die Untersuchungen der flüchtigen Welt der Gefühle eingespannte Ziffer kann eine erfreuliche Antwort geben:

»Der Mensch will lieben, Abneigungen und Zorn sind ihm zuwider. Man muß methodisch vorgehen und starken Druck ausüben, will man Zwietracht und Haß säen. Trotz schlechter Bedingungen wächst auf Brachland mühelos verdiente Zuneigung und dankbares Verzeihen.«

Janusz Korczak

Aus: *Wychowanie Przedszkolne* (Vorschulerziehung), Nr. 4 (Juli/Aug. 1933), S. 99-101.

Plebiszite der Zuneigung und Abneigung

I. Einführung

Dr. Janusz Korczak hat in einem Artikel unter dem Titel *Zuneigung und Abneigung* (Wychowanie Przedszkolne, Jg. IX, Nr. 4) eine Reihe von Bemerkungen zu den Plebisziten der Zuneigung und Abneigung gemacht, die er unter den Kindern im Vorschulalter durchgeführt hatte. Meine[1] Aufgabe wird es sein, das von *Dr. Janusz Korczak* gesammelte Material systematisch zu bearbeiten.

Das Plebiszit, von dem die Rede ist, ist eine Art Abstimmung, mündlich oder mit Kärtchen, welche die Gefühlsbeziehungen der Kinderschar zum einzelnen Kind ausdrückt, bzw. zur Gesamtheit der Kinder. Jedes der Kinder beschreibt sein Verhältnis zu einem anderen Kind mit Zeichen: +, –, 0. Dabei bedeutet ein Plus »ich mag es«, ein Minus »ich mag es nicht«, eine Null »es ist mir gleichgültig«, oder »ich mag es ein bißchen und ein bißchen nicht«, oder auch »ich kenne es nicht.« In zwei Waisenhäusern für Kinder im Schulalter (7-14 Jahre), die *Dr. Janusz Korczak* leitet, wird jedes der Kinder im Laufe seines Aufenthaltes von ein paar Jahren durchschnittlich 3-4mal einem solchen Plebiszit unterworfen. Die Abstimmung besteht darin, daß eines der Kinder die anonymen Kärtchen der übrigen Kinder in einem geschlossenen Kasten sammelt. Dann erfolgt die Zählung der Anzahl von Plus, Minus und Nullen und das Ergebnis wird am schwarzen Brett veröffentlicht. Bei einer Sitzung wird die Abstimmung über nicht mehr als drei Kinder durchgeführt.[2]

Und dann hat *Dr. Korczak* eine gleiche Abstimmung auf den Raum der Internate für Vorschulkinder übertragen, mit dem Unterschied jedoch, daß er sie mündlich durchgeführt hat und sofort im Verhältnis zur Gesamtheit der Kinder. Er rief die Kinder in beliebiger Reihenfolge auf und fragte sie gemäß einer Liste nacheinander: »Magst du Hania, Jozio usw. oder nicht und warum?« Und nach der Antwort stellte er, um Zufälligkeit zu vermeiden, die gleiche Frage umgekehrt: »Magst du Hania nicht, oder magst du sie?« Das Kind setzte der Reihe nach ein Zeichen und begründete es. Gleichermaßen wie nach dem Verhältnis

1. Ada Poznańska, ehemalige Bursistin und spätere Psychologin, die das von Korczak gesammelte Material ausgewertet und beschrieben hat. Unter beider Namen wurde der Artikel veröffentlicht.
2. Nähere Erklärungen zum Thema Plebiszite und ihre Bedeutung im Bereich des gesamten Erziehungssystems von *Dr. Janusz Korczak* kann man im Buch von Maria Falska finden: *Nasz Dom*, 1928, S. 56-67. (Diese Anmerkung wie fast alle übrigen im Text stammen von den Autoren Korczak und Poznańska [Ausnahmen: S. 384, Anm. 1 und 2; S. 396, Anm. 2; S. 400, Anm. 1 und 3; S. 404, Anm. 1].)

zu anderen Kindern fragte *Dr. Korczak* auch nach dem Verhältnis des Kindes zu sich selbst. Alle Kinder wurden im Laufe von einem oder zwei Tagen befragt.

Dr. Korczak führte die Plebiszite in zwei Internaten durch: In »Różyczka« (einem jüdischen Internat für Findelkinder) und in »Nasz Dom« (einem polnischen Internat für Kinder, die eine Familien haben). In »Różyczka« wurde einmal ein Plebiszit durchgeführt, in »Nasz Dom« dreimal.

Die vorliegende Bearbeitung umfaßt den Vergleich von Ergebnissen aus zwei Internaten sowie die Zusammenstellung der Angaben, die von den gleichen Kindern eines Internats zu unterschiedlichen Zeitpunkten gewonnen wurden.

II. Vergleich der Befunde aus »Nasz Dom« und »Różyczka«

1. Allgemeine Charakteristik der Kinder aus beiden Internaten

Ehe ich zur detaillierten Besprechung der Befunde übergehe, gebe ich eine Charakteristik der Kinder aus beiden Internaten. Es scheint so, daß die rassischen Unterschiede in diesem Fall weitaus weniger Bedeutung haben, als es auf den ersten Blick erscheinen könnte. Die Diskrepanzen in den Befunden sind – wie es scheint – eher durch die Ungleichheit der Bedingungen von Geburt und Leben der Kinder beider Internate hervorgerufen.

In »Nasz Dom« werden Kinder aus Familien aufgenommen, die ihre ersten 3-4 Lebensjahre unter häuslicher Obhut verbrachten, meistens unter der Obhut der Mutter. Die Kinder aus der Anstalt »Różyczka« – sind Findelkinder, unter unbekannten Umständen geboren.

In »Nasz Dom« sind Erblichkeit, kulturelles Niveau und materielle Bedingungen verschieden, sind aber nicht überall die schlechtesten. Von den Kinder der »Różyczka« weiß man fast nichts, oft kann man aber eine erbliche Belastung vermuten.

Die Erziehungsanstalt, in der die Findelkinder die früheste Kindheit verbracht haben, bot ihren Zöglingen sehr schlechte Bedingungen, sowohl hygienisch als auch psychisch (Enge, Mangel an Luft, das Fehlen des primitivsten Spielzeugs, eine mangelhafte pädagogische Aufsicht). Die Entwicklung ist unter diesen Bedingungen in der Regel verspätet, die Kinder beginnen etwa im zweiten Lebensjahr zu laufen und zu sprechen.

2. Voraussetzungen der Durchführung der Plebiszite

Jetzt schreite ich zum Vergleich der Ergebnisse zweier Plebiszite, von denen eines in »Nasz Dom« durchgeführt wurde und das andere in

»Różyczka«.[1] Das Material umfaßt die Aussagen von 27 Kindern aus jedem Internat; dabei nahmen in »Nasz Dom« 15 Jungen und 12 Mädchen teil, in »Różyczka« aber 18 Jungen und 9 Mädchen. Alle Kinder wurden mit laufenden Nummern gekennzeichnet, die Kinder aus »Nasz Dom« mit 1-27, die Kinder aus »Różyczka« mit 28-54 (zur Unterscheidung von den Jungen, wurden die Nummern der Mädchen mit fettem Druck versehen). Die Angaben unten entstammen den Listen der Kinder; ihr Alter ist im Moment der Durchführung des Plebiszits festgehalten.[2]

Die Kinder aus »Różyczka« sind im allgemeinen etwas älter als die Kinder aus »Nasz Dom.« In »Nasz Dom« überwiegen die Sechsjährigen, in »Różyczka« die Sieben- und Achtjährigen. Die Altersgrenzen in »Nasz Dom«: 3 Jahre 10 Monate bis 9 Jahre 7 Monate, in »Różyczka«: 5 Jahre 10 Monate bis 10 Jahre.

Jedes der Kinder gab seine Beurteilung über alle anderen Kinder der Reihe nach ab, ebenso über sich selbst. Auf diese Weise erhielten wir ein Material, das aus 27x27= 729 Aussagen für jedes Internat besteht.

Altersvergleich der Kinder

»Nasz Dom«		»Różyczka«	
1 – 9 J. 7 Mon.	15 – 5 J. 9 Mon.	28 – 8 J. 4 Mon.	**42** – 6 J. 7 Mon.
2 – 6 J. 10 Mon.	16 – 6 J. 6 Mon.	29 – 6 J. 8 Mon.	**43** – 7 J. 6 Mon.
3 – 6 J. 2 Mon.	17 – 8 J. 5 Mon.	30 – 7 J. 5 Mon.	**44** – 8 J. 10 Mon.
4 – 6 J. 6 Mon.	18 – 6 J. 4 Mon.	**31** – 5 J. 10 Mon.	**45** – 5 J. 11 Mon.
5 – 6 J. 4 Mon.	**19** – 6 J. 5 Mon.	32 – 7 J. 7 Mon.	**46** – 9 J. 5 Mon.
6 – 7 J. 5 Mon.	20 – 7 J. 7 Mon.	33 – 8 J. 7 Mon.	**47** – 9 J. 6 Mon.
7 – 5 J. 3 Mon.	21 – 7 J. 4 Mon.	34 – 9 J. 2 Mon.	48 – 8 J. 3 Mon.
8 – 6 J. 7 Mon.	22 – 3 J. 10 Mon.	35 – 6 J. 9 Mon.	49 – 7 J. 11 Mon.
9 – 7 J. 1 Mon.	**23** – 7 J. 7 Mon.	36 – 7 J. 4 Mon.	50 – 7 J. 10 Mon.
10 – 3 J. 10 Mon.	**24** – 7 J. 3 Mon.	37 – 9 J. 5 Mon.	51 – 7 J. 4 Mon.
11 – 7 J. 6 Mon.	**25** – 6 J. 0 Mon.	38 – 7 J. 6 Mon.	52 – 8 J. 0 Mon.
12 – 5 J. 7 Mon.	26 – 6 J. 1 Mon.	39 – 6 J. 11 Mon.	53 – 8 J. 0 Mon.
13 – 6 J. 1 Mon.	**27** unleserlich	**40** – 10 J. 0 Mon.	54 – 8 J. 0 Mon.
14 – 6 J. 3 Mon.		**41** – 8 J. 10 Mon.	

1. Es war das zweite und umfangreichste Plebiszit, das in »Nasz Dom« nach einer Pause von einem Jahr durchgeführt wurde, und das erste Plebiszit in »Różyczka.«
2. Das Alter der Kinder aus »Różyczka« ist nicht gesichert.

3. Der allgemeine Charakter der Beurteilungen der Kinder

Die Antworten der Kinder (vor allem in »Różyczka«) waren meistens kurz: »weil er schlägt«, »er plagt einen«, »sie ist lieb« usw. Es fanden sich jedoch ziemlich viele breiter entwickelte Motive, die es erlaubten, in die Art und Weise des Denkens und Verstehens der Kinder im Vorschulalter einzudringen. Hier ein paar Beispiele:

Positive Beurteilungen (+): Ich mag sie (ihn), weil »sie mir heute im Kästchen aufgeräumt hat« (N.D.[1]), »Sie lacht so nett und komisch« (N.D.), »Er hat mir Kirschen gegeben (gute, feine)« (N.D.), »Weil er mich heute nicht geschlagen hat« (R.[2]), »Weil sie mich lieb hat, sie ärgert mich nie« (R.), »Uj, ich mag sie sehr, aber ganz arg, weil sie brav ist und dann, weil sie nicht haut« (R.).

Negative Beurteilungen (–): Ich mag sie (ihn) nicht, »Weil er mich stößt, wenn ich trinke« (N.D.), »Brrr... er gibt das Spielzeug nicht her« (N.D.), »Er bohrt in der Nase und ißt das« (N.D.), »Er hat mich einmal am Hals gekratzt« (N.D.), »Er schreit: ›Geh da weg, geh weg‹« (R.), »In der Frühe bestimmt sie im Zimmerchen und fängt Streit an« (R.), »Er ist so dunkel, ich weiß selber nicht« (R.).

Unentschiedene Beurteilungen (o): »Manchmal haut er, manchmal nicht« (N.D.). »Weil sie andauernd plärrt« (N.D.), »Ich mag ihn nicht so sehr, manchmal hat er eine Rotznase, manchmal zwickt er« (R.).

Ich möchte die Aufmerksamkeit vor allem auf bestimmte mehr formale Eigenschaften der Antworten lenken.

Die gefühlsmäßige Haltung des Kindes kann man als eher entschieden beschreiben. Mangelnde Entscheidung beziehungsweise Gleichgültigkeit (durch die Null symbolisiert) gehört zu den Seltenheiten, wie der Zahlenvergleich zeigt.

Bisweilen werden die Beurteilungen auf sehr krasse Weise ausgedrückt: »Brrr ... (und wie ich ihn nicht mag)« – »Uj, ich mag sie sehr, ganz arg mag ich sie.« Öfter jedoch formulieren es die Kinder kurz: »Ich mag sie (ihn)« – »Ich mag sie (ihn) nicht«, aber der Ton der Stimme, die Miene und eine Geste widerspiegeln eine gefühlsmäßige Schattierung, was jedoch leider im Protokoll verlorengeht.[3]

In den Antworten der Kinder wiederholen sich oft solche Bezeichnungen wie »oft«, »nie«, »niemanden«, »alle«, »andauernd« usw. Wenn jemand lieb ist, dann läßt er »immer alle« kosten. Wenn einer ruhig ist, dann schlägt er »nie jemanden«. Es fällt auf, daß, wenn wir eine Reihe von Beurteilungen über ein Kind vergleichen, wir neben der

1. N.D. – Antwort aus »Nasz Dom«.
2. R. – Antwort aus »Różyczka.«
3. Im obengenannten Artikel richtet *Dr. J. Korczak* sein Augenmerk darauf.

Versicherung, daß es »nie und niemanden« schlägt, auch Minus finden und zwar gerade für das Schlagen. Dies ist verständlich angesichts der bekannten Tendenz von Kindern zu voreiliger Verallgemeinerung.

Eine andere Art stellen die Motive dar, die von den Umständen geprägt sind: »Sie hat mir *heute* im Kästchen aufgeräumt«, »Er hat mich *einmal* am Hals gekratzt« usw. Das Kind spricht nicht von einer ständigen Tendenz, sondern von irgendeinem einzigen Vorfall und gibt ihn als Motiv seiner gefühlsmäßigen Beziehung an.

Es bieten sich hier verschiedene Möglichkeiten der Interpretation an. Es kann sein, daß sich die Beurteilung des Kindes auf irgendwelche beständigeren Ansichten stützt, und der erwähnte Vorfall ist nur ein Beispiel für das übliche Vorhalten eines Kindes (er schlägt immer, heute hat er auch geschlagen) oder auch eine rasch zustandegebrachte Begründung der gefühlsmäßigen Einstellung, die das Kind nicht in der Lage ist zu erklären.[1] Vielleicht beweist es aber auch das Fehlen einer beständigen Beurteilung, die sich abhängig von den Ereignissen des Augenblicks ändert.

Dieses Phänomen zeigt uns der Vergleich dreier aufeinander folgender Plebiszite in »Nasz Dom«.[2]

4. Quantitative Auflistung der Ergebnisse

Ehe ich zur Analyse der Motive hinsichtlich des Inhalts übergehe, möchte ich die Zahlenangaben besprechen, die aus der Zusammenstellung der Beurteilungen resultieren, welche die Kinder sich gegenseitig gegeben haben. Solche Zusammenstellungen veranschaulichen die Tabellen I und II.

In den Tabellen I und II sind die Beurteilungen der Kinder so zusammengestellt, daß sich auf der vertikalen Linie, die mit der Nummer des Kindes versehen ist, die Beurteilungen des gegebenen Kindes über seine Kameraden finden; auf der horizontalen Linie aber, mit derselben Nummer versehen – finden sich die Beurteilungen der Kinder über es. Auf der Diagonalen befinden sich die Beurteilungen der Kinder über sich selbst.

Wenn wir uns die Tabellen I und II aufmerksam anschauen, entdekken wir in ihnen eine Reihe von Unterschieden. In »Nasz Dom« gibt es ziemlich viele sehr beliebte Kinder, die 24 und mehr Plus bekommen haben (vgl. Nr. 2, 3, 6, 8, 12, 24, 27), in »Różyczka« fanden sich nur zwei Kinder, die 24-25 Plus bekamen (vgl. Nr. 40 u. 41), dagegen gibt es in »Nasz Dom« keine Kinder, die so hart beurteilt wurden wie in

1. Das ist plausibel angesichts des bekannten Bestrebens von Kindern, »um jeden Preis eine Begründung vorzunehmen«, was *J. Piaget* mehrfach betont.
2. Siehe unten, Kap. III.

Tabelle I

Zusammenstellung der Beurteilungen der Kinder aus »Nasz Dom«

	1	**2**	3	4	5	6	7	**8**	**9**	**10**	11	**12**	**13**	**14**	15	16	17	18	**19**	20	21	22	**23**	**24**	**25**	26	**27**
1	**+**	0	–	0	+	–	+	+	–	–	+	–	–	–	+	–	+	–	0	–	–	+	–	–	–	–	–
2	+	**+**	+	+	+	+	+	+	+	+	+	+	+	+	–	+	-	+	+	+	+	+	+	+	+	–	+
3	+	+	**+**	+	+	+	+	+	+	–	+	+	+	+	+	+	+	+	+	+	+	+	+	+	+	+	+
4	–	–	+	**+**	+	+	+	–	–	–	+	–	+	–	+	–	+	+	0	+	+	+	+	0	–	–	–
5	+	–	+	+	**–**	–	+	–	–	+	–	+	+	–	+	+	–	+	+	0	+	+	–	0	+	–	+
6	+	+	+	+	–	**+**	+	+	+	+	+	+	+	+	+	+	+	+	+	+	+	+	+	+	+	–	+
7	–	–	–	0	+	–	**+**	–	–	+	–	–	+	+	+	+	+	+	–	–	–	+	–	0	+	–	–
8	+	+	+	+	+	+	+	**+**	+	+	+	+	+	+	+	+	+	+	+	+	+	+	+	0	+	+	+
9	+	+	+	+	–	–	+	+	**+**	+	+	+	+	+	+	+	–	+	+	+	–	+	+	+	+	–	–
10	+	–	+	+	+	+	+	–	+	**+**	+	–	+	–	+	+	+	+	0	+	+	+	+	0	+	–	–
11	+	+	+	+	–	+	+	+	–	+	**+**	+	+	+	+	+	–	+	+	+	+	+	+	0	+	+	–
12	+	+	+	+	–	+	+	+	+	+	+	**+**	+	+	+	+	+	+	+	+	+	+	+	+	+	–	+
13	–	0	–	0	–	–	+	+	–	–	+	–	**0**	–	+	–	–	–	0	–	–	+	–	+	+	–	+
14	–	–	–	0	–	+	+	+	–	+	–	–	+	**+**	+	+	+	+	–	0	–	+	+	0	–	–	–
15	–	0	+	+	+	+	+	–	–	–	+	–	+	+	**+**	+	+	+	+	+	+	+	–	+	+	–	–
16	–	+	+	+	–	+	+	+	+	–	+	+	+	–	+	**+**	+	–	0	–	+	+	+	0	+	+	–
17	+	–	+	+	+	+	+	–	–	+	+	–	+	+	+	+	**+**	+	+	+	+	+	+	+	+	–	–
18	+	–	–	0	+	+	+	+	–	–	+	–	–	+	+	+	+	**–**	0	+	+	+	–	0	–	+	+
19	–	0	–	0	–	–	+	–	–	–	–	–	+	–	–	+	+	–	**–**	0	–	+	+	0	+	–	–
20	–	0	+	+	+	+	+	+	+	–	+	+	+	–	+	–	+	–	+	**0**	+	+	+	+	+	–	+
21	+	0	+	+	+	+	+	–	–	–	+	+	–	+	+	+	+	+	–	+	**+**	+	+	+	–	+	–
22	–	+	–	–	–	+	+	+	–	–	+	+	+	–	–	–	–	–	–	0	+	**+**	+	+	+	–	+
23	–	0	+	+	0	+	+	–	–	+	–	+	+	–	+	–	+	+	+	0	–	+	**–**	+	+	–	–
24	+	+	+	+	+	+	+	+	+	–	+	+	+	+	+	+	+	+	+	+	+	+	+	**0**	+	+	+
25	–	+	–	–	–	–	+	0	+	–	–	+	+	–	–	–	+	–	0	0	–	+	+	+	**+**	–	+
26	–	+	+	+	+	–	+	–	–	+	–	–	+	+	+	–	–	–	–	–	+	+	–	–	+	**+**	–
27	+	+	+	+	+	+	+	–	+	+	+	+	+	+	–	+	+	+	+	+	–	+	+	+	+	+	**+**

Tabelle II

Zusammenstellung der Beurteilungen der Kinder aus »Różyczka«

	28	29	30	**31**	32	33	34	35	36	37	38	39	**40**	**41**	**42**	**43**	**44**	**45**	**46**	**47**	48	49	50	51	52	53	54
28	**+**	+	+	+	+	0	–	+	0	+	–	+	+	+	+	+	0	+	0	–	+	+	–	–	+	–	–
29	+	**+**	–	–	–	0	+	–	+	–	+	+	+	–	–	–	+	+	0	+	–	–	–	+	–	+	+
30	–	–	**+**	–	+	–	0	+	–	+	+	+	–	+	–	–	–	–	+	–	+	+	–	–	–	0	+
31	+	+	–	**+**	0	–	+	+	+	+	–	+	0	–	+	+	+	+	+	+	–	+	–	+	+	+	+
32	–	–	+	+	**+**	+	–	+	0	+	+	+	0	0	+	+	+	+	–	+	+	–	+	–	+	–	+
33	+	+	+	–	–	**0**	–	+	0	–	+	+	0	+	+	–	–	+	0	+	–	–	+	–	–	+	–
34	0	+	+	–	0	–	**+**	+	–	–	–	+	+	+	0	+	–	+	–	–	–	–	+	–	–	–	–
35	+	+	+	+	–	–	–	**+**	–	+	–	+	0	+	+	–	+	+	+	+	+	+	+	0	+	+	+
36	+	+	–	+	+	+	0	+	**+**	+	+	+	0	+	+	+	0	+	+	–	+	+	–	+	+	0	+
37	–	+	–	+	–	0	–	+	0	**+**	+	+	–	+	+	+	–	+	–	–	–	+	+	–	–	+	+
38	–	–	–	–	0	–	–	–	–	+	**+**	+	–	–	–	–	+	+	+	–	–	–	–	–	+	–	+
39	+	+	+	–	+	0	–	+	+	+	–	**+**	0	+	+	+	+	+	+	–	0	+	+	–	–	+	–
40	+	+	+	+	+	+	+	+	+	+	+	+	**–**	+	+	–	+	+	+	+	+	+	+	+	+	+	+
41	+	+	+	–	+	0	+	+	+	+	+	+	+	**+**	+	+	+	+	+	–	+	+	+	+	+	+	+
42	0	+	–	–	0	+	+	+	+	+	–	+	+	+	**+**	+	+	–	+	+	+	+	+	+	–	+	+
43	–	+	+	+	–	+	–	+	+	+	–	+	+	+	+	**+**	+	+	+	+	–	+	–	+	+	+	+
44	–	+	+	+	+	0	+	+	0	+	+	+	–	–	+	–	**+**	+	0	+	+	+	+	–	+	–	+
45	–	+	+	–	–	+	–	–	+	+	+	+	+	+	–	–	+	**+**	+	–	0	+	+	–	+	–	+
46	0	–	–	–	–	0	–	+	+	+	+	+	+	+	+	+	–	+	**+**	+	+	+	+	+	+	+	+
47	–	+	–	+	–	0	0	–	–	–	–	+	0	–	+	+	0	+	+	**+**	0	+	–	–	–	0	+
48	–	–	+	–	–	–	0	+	–	–	–	–	–	+	–	–	–	+	–	–	**+**	–	–	–	–	–	+
49	–	+	+	+	+	0	+	+	+	+	+	+	0	+	+	–	+	+	+	+	+	**+**	+	+	+	+	+
50	+	–	+	–	+	–	+	+	0	–	+	+	0	+	+	–	0	+	+	–	+	+	**+**	0	+	–	+
51	–	–	–	–	–	–	–	–	–	–	–	–	–	–	–	–	–	+	+	–	–	–	–	**+**	–	–	–
52	+	–	+	–	–	–	–	+	+	+	–	+	0	+	–	+	0	–	0	+	0	+	–	–	**+**	–	+
53	–	–	+	–	+	–	+	+	0	+	+	+	+	+	+	–	+	+	+	+	+	+	–	+	–	**+**	+
54	–	–	+	–	–	–	–	+	+	–	–	+	–	+	+	+	–	+	–	–	+	–	+	–	+	+	**–**

»Różyczka« [die größte Zahl von Minus: 24 (Nr. 52)[1], 20 (Nr. 48); die größte Zahl von Minus in »Nasz Dom«: 16 (Nr. 19)]. Demnach scheint es so, daß die Kinder aus »Różyczka« ihre Kameraden strenger beurteilen als die Kinder aus »Nasz Dom«. Diese Vermutung bestätigt die Zählung der allgemeinen Summen von Plus, Minus und Nullen, die Kinder in beiden Internaten austeilten.

	Plus	Minus	Null
»Nasz Dom«	470	215	44
»Różyczka«	418	253	58

Durchschnittlich fallen auf ein Kind:

»Nasz Dom«	17,4	8	1,6
»Różyczka«	15,5	9,42	1[2]

Bei der Zahlenzusammenstellung fällt ins Auge, daß die Anzahl der Plus die Zahl der Minus beträchtlich übersteigt und daß Null zu den Seltenheiten gehört. Aus den Tabellen I und II ist zu ersehen, daß sich die Nullen, obgleich sie selten erteilt werden, auf fast alle Kinder verteilen. Demnach erweckt fast jedes Kind bei einem oder ein paar Kindern eine unentschiedene Reaktion; dagegen gibt es kein Kind, für das eine Mehrzahl von Nullen so typisch wäre wie eine größere Anzahl von Plus oder Minus typisch waren.

Bei der Auszählung der beliebtesten Kinder ist die Tatsache bemerkenswert, daß es hauptsächlich Mädchen waren. Ein näherer Vergleich der Ergebnisse, die Jungen und Mädchen erreichten, zeigt, daß tatsächlich die Mädchen, besonders in »Różyczka«, sich im allgemeinen größerer Sympathie erfreuen als die Jungen. Das rührt sicher daher, daß die Mädchen, als die Ruhigeren, weniger Konflikte in ihrer Umgebung hervorrufen als die Jungen.

Dagegen sind die Beurteilungen der Mädchen über die ganze Schar absolut nicht milder als die Beurteilungen der Jungen, in »Nasz Dom« sind sie sogar schärfer.

Dbei erhebt sich die Frage, ob es einen Zusammenhang zwischen der Beurteilung aller Kinder über ein Kind und seine Beurteilung über die Kameraden gibt. Wenn wir unter diesem Gesichtspunkt die Tabellen analysieren, überzeugen wir uns, daß zwischen den Noten der Zuneigung, deren sich das gegebene Kind erfreut, und seinen Beurteilungen

1. So in der poln. Vorlage; gemeint ist aber das Kind mit der Nr. 51 (s. Tabelle II).
2. In der polnischen Vorlage steht die Durchschnittszahl 1, es muß aber 2 heißen.

über die anderen, keinerlei regelmäßige Abhängigkeit zu entdecken ist. Vor allem beliebte Kinder äußern sich über viele Kinder negativ, unbeliebte Kinder erwidern nicht immer die Abneigung. Das Beurteiltwerden ist oft unabhängig vom eigenen Beurteilen.

5. Motive, die von den Kindern genannt werden

Die Motive der Kinder werden wir in drei Gruppen besprechen, wir werden nämlich von Motiven der Zuneigung sprechen (+), von Motiven der Abneigung (-) und Motiven einer unentschiedenen Haltung (o).

Die ersten zwei Arten von Motiven sind in Tabellen zusammengestellt. Da sich das Material für eine Klassifizierung als etwas zu schwierig erwies, sind neben allgemeineren Gruppen von Motiven einzelne Elemente, die diese Gruppen bilden, angegeben. Das erlaubt vielleicht den Lesern, tiefer in das Wesen der Motive einzudringen und beugt eventuellen Mißverständnissen vor.

Im allgemeinen gaben die Kinder jeweils ein eingliedriges Motiv an. Es kam jedoch manchmal vor, daß ein Motiv länger, zwei- oder dreigliedrig war. In diesen Fällen behandelte ich es wie zwei oder drei gesonderte Motive (sie ist nett/ sie spielt mit mir). Solche Motive traten selten auf.

Motive der Zuneigung sind in Tabelle III zusammengestellt.

Wie wir aus der Tabelle ersehen, haben die Kinder im allgemeinen ihre Zuneigung begründet. Zwar betrug in »Nasz Dom« die Anzahl der unbegründeten Beurteilungen bis zu 70, aber die Mehrzahl dieser Beurteilungen kommt von drei jüngeren Kindern (4-6jährig), die fast gar keine Motive angaben. Der Rest dagegen hatte damit – so scheint es – keine größeren Schwierigkeiten. Die Kinder aus »Różyczka« geben eigentlich fast immer Motive ihrer Beurteilungen an, aber oft sind es nur Scheinmotive (ich hab sie/ihn lieb, weil ich sie/ihn gern hab'). Außerdem sind die Motive weniger verschiedenartig – es kommen Fälle vor, daß ein Kind im Verhältnis zu allen seinen Kameraden nur zwei oder drei stereotype Motive nennt.

Die erste Gruppe von Motiven, die wir in der Tabelle vorfinden, sind »*verneinende*« Motive (haut nicht usw.) Die Motive dieser Gruppe treten fast ausschließlich in »Różyczka« auf, während sie in »Nasz Dom« eine minimale Rolle spielen.

Es verblüfft uns die kleine Skala der Ansprüche. Um jemanden zu mögen, genügt es schon, daß er ruhig ist, keine Furcht erweckt und kein bedrohlicher Gegner ist. Manchmal sind die Ansprüche sogar mehr als bescheiden: Ein Kind mag jemanden, weil er »selten prügelt«, ein anderes, weil er »heute« nicht geschlagen hat. Es kam sogar vor, daß jemand ein Plus gab und sagte, daß »er nicht hauen kann, weil er jetzt in der Isolation ist« (krank).

Tabelle III

Zusammenstellung der Motive der Zuneigung in »Nasz Dom« und in »Różyczka«

MOTIVE	»Nasz Dom« (470 +)		»Różyczka« (417 +)	
OHNE ANGABE DER MOTIVE		70		29
VERNEINEND		18		243
haut nicht, macht keinen Krawall, prügelt nicht	17		189	
ärgert einen nicht	–		41	
macht nichts	1		12	
prügelt selten	–		1	
GEMEINSAMES SPIEL UND »KUMPANEI«		147		18
wir spielen zusammen, wir spielen Berek, Verstecken ...	131		16	
er ist mein Kumpel, wir haben es gut miteinander	8		1	
wir haben einen gemeinsamen Garten	3		–	
redet immerfort mit mir	2		–	
wir machen Unfug	2		–	
steht mit mir in einer Reihe	2		–	
wenn das Licht gelöscht ist, schwatzen wir leise	2		–	
wir haben zusammen Flaschen gesammelt	–		1	
VORZÜGE DES CHARAKTERS UND DES NATURELLS		123		44
er (sie) ist brav	49		29	
ist nett (freundlich)	44		8	
ist lieb	24		1	
ist ruhig, still	6		–	
sie ist so eine Liebe	–		3	
sie ist lustig	–		2	
er ist in Ordnung	–		1	
BEREITSCHAFT ZU TEILEN		92		46
allgemein (gibt alles her, teilt usw.)	–		16	
Dinge (Spielzeug, Bildchen, Drucke usw.)	64		10	
Essen (Süßigkeiten, Beeren, Tomaten usw.)	27		11	
borgt (Geld, in der Schule usw.)	–		8	
er erinnert sich, daß er was hergeben soll	1		–	
er hat versprochen, was zu geben	–		1	
GEFÄLLIGKEITEN		9		8
(Text fehlt)	3		2	
läßt einen mit dem Spielzeug spielen	2		2	
läßt einen ins Auto steigen (während des Spiels)	1		1	
gibt Ratschläge	1		–	
bringt Moos, den Ball während des Spiels	–		1	
hilft aufheben, wenn etwas runterfällt	–		1	
läßt einen was im Kästchen aufbewahren	1		–	
hat im Gärtchen einen Zaun gemacht	–		1	
hat sich Gärtchen ausgedacht	1		–	

MOTIVE	»Nasz Dom« (470 +)		»Różyczka« (417 +)	
»GESELLIGE VORZÜGE«		18		7
schneidet schöne Gesichter	7		–	
bringt zum Lachen	6		1	
zeichnet schön	4		1	
erzählt Märchen	–		3	
singt schön	–		2	
rennt beim Spiel schnell	1		–	
TAUTOLOGIE *(weil ich ihn [sie] gern mag)*		1		23
GEGENSEITIGKEIT		5		15
hat mich lieb	1		13	
mag mich gern	1		2	
möchte mich küssen, liebkost mich	2		–	
sagt, daß ich nett bin	1		–	
ÜBERTRAGUNG DER GEFÜHLE *(sie hat die lieb, die ich lieb hab')*		–		2
ANMUT		4		9
süß	–		3	
klein	–		2	
hübsch	2		–	
so ein Dickerle	–		2	
eine Schöne	1		–	
er stand so schön da	1		–	
lacht so schön	–		1	
solche Haare	–		1	
BRAUCHT HILFE		6		4
ist klein	5		1	
ist dumm und komisch	–		2	
weint	1		–	
man beschimpft ihn	–		1	
SCHLAUHEIT		2		–
VERSCHIEDENES		6		1
er ist mein Bruder	1		–	
sie sagt, daß ich ihr befehlen soll	1		–	
geht zu meiner Mutter	1		–	
lädt zu ihrer (seiner?) Mutter ein	1		–	
weil ich gern süße Sachen esse	1		–	
macht sich nicht naß	1		–	
er hat sich gebessert	–		1	

An dieser Stelle ist es angebracht, sich daran zu erinnern, daß die Mädchen in »Różyczka« sich bedeutend größerer Sympathie erfreuen als die Jungen. Charakteristische Daten erhalten wir, wenn wir die Ergebnisse dieser Gruppe mit Bezug auf die unterschiedlichen Geschlechter vergleichen:

»Haut nicht, macht nichts, ärgert einen nicht«:

Junge über einen Jungen	110	Stimmen
Mädchen über einen Jungen	140 (70)[1]	"
Jungen über ein Mädchen	96 (48)	"
Mädchen über ein Mädchen	30 (15)	"

Wir sehen, daß die Motive aus dieser Gruppe hauptsächlich die Jungen betreffen. Bei den Mädchen muß man nicht speziell betonen, daß sie nicht schlagen – das versteht sich von selbst. Wenn von den beliebten Mädchen die Rede ist, suchen die Kinder quasi etwas mehr. Im Verhältnis zu ihnen benutzen sie lieber die Bezeichnung »sie ist brav« (vgl. die Gruppe: »Vorzüge des Charakters und des Naturells«).

Eine andere Einstellung bemerken wir bei den Kindern aus »Nasz Dom.« Hier wird das Kind nicht unter dem Gesichtspunkt der Unschädlichkeit für seine Umgebung beurteilt, sondern danach, was es der Gemeinschaft bringt (die Kinder schätzen Geselligkeit, Vorzüge des Charakters und des Naturells, Hilfsbereitschaft usw.).

Das Motiv, dem wir in »Nasz Dom« am häufigsten begegnen, ist das *gemeinsame Spiel* und die *Kumpanei* (unter den Kindern aus »Różyczka« gerade 17 Stimmen). »Weil er immer mit mir spielt.« »Spielt Verstecken, Berek, Ping-Pong, Domino« usw.[2] Die Kinder zählen sehr viele Spiele auf. Diese spezielle Aufzählung ist vielleicht der Beweis für ein gemeinsames Interesse oder auch der Einfluß eines aktuellen Geschehens.

Sowohl *»Vorzüge des Charakters und des Naturells«* als auch die *»Bereitschaft zu teilen«*, sind Gruppen, die bedeutend zahlreicher durch Kinder aus »Nasz Dom« als durch Kinder aus »Różyczka« repräsentiert werden.

1. Daten, die sich auf die Mädchen beziehen, sind mit 2 multipliziert, weil es doppelt so viele Jungen wie Mädchen gab.
2. Im Hinblick auf diese Gruppe muß ich den Vorbehalt anmelden, daß die Unterschiede zwischen einem Teil der »verneinenden« Motive der Kinder aus »Różyczka« und den Motiven des »gemeinsamen Spiels und der Kumpanei« der Kinder aus »Nasz Dom« rein sprachlich sein könnten. Ein Spielkamerad und trauter Kamerad schlägt nicht, und vielleicht war es einem Kind mit bescheidenem Wortschatz eben leichter auf diese Weise die Zuneigung eines anderen Kindes zu beschreiben.

Besonders große Abweichungen bemerken wir dort, wo die Rede von Gutartigkeit oder auch Hilfsbereitschaft ist. Daran, daß jemand lieb ist, erinnert nur ein Kind aus »Różyczka«, während wir in »Nasz Dom« 21 solche Aussagen finden.

Wenn man die Motive der Gruppe »Bereitschaft zu teilen« näher betrachtet, ist es unmöglich, alle »Schätze« aufzuzählen, welche die beschenkten Kinder als wertvoll erachten. Alles Spielzeug, Tonfigürchen, sogar der Ton selbst, Papierchen, ein Schnürchen, ein Schächtelchen, ein Steinchen, alle Süßigkeiten, ein Stück Apfel, ein paar Kerne, Beeren (die es im Wald im Überfluß gibt) – das alles sind für ein Kind wertvolle Geschenke. Das Kind erinnert sich daran, was es bekommen hat und liebt freigebige Kameraden.

Unter den *»Gefälligkeiten«* (die nächste Gruppe) werden am häufigsten Gefälligkeiten hervorgehoben, die beim Spiel erwiesen werden.

Einen völlig anderen Charakter trägt eine Gruppe von Motiven, die von mir vielleicht nicht ganz korrekt, aber in Übereinstimmung, so scheint mir, mit der Auffassung der Kinder, *»Gesellige Vorzüge«* genannt wird. Das Talent, Gesichter zu schneiden und andere zum Lachen zu bringen entspricht wahrscheinlich der Begabung, Witze zu erzählen bei den Erwachsenen.

Verhältnismäßig selten begründen Kinder ihre Zuneigung mit dem Motiv erfahrener Sympathie (ich mag ihn/sie, weil er/sie mich mag). Solche Motive treffen wir 5mal in »Nasz Dom« an und 15mal in »Różyczka.«

Kinder haben zu vielen Dingen und im Verhältnis zueinander oft eine deutlich materialistische Herangehensweise. Und trotzdem ist ihnen eine ästhetische Haltung nicht ganz fremd. Schon die Behauptung, daß jemand »schöne Gesichter schneidet«, beweist einen ästhetischen Zugang. Ein noch deutlicherer Beweis ist die Gruppe von Motiven, die in der Tabelle den Titel *»Anmut«* trägt. »Weil er so ein Lieber ist, er hat so ein rundes Köpfchen« (N.D.); »So ein kleines, süßes Mädchen« (R.). Sie bemerken, daß jemand so schön lacht, so schön dasteht, schön spielt.

Nicht nur Vorzüge, sondern auch schwache Seiten erwecken bei den Kindern Zuneigung. *»Braucht Hilfe«*, das ist eine Gruppe, die ihre Vertreter in beiden Internaten findet. Die Tatsache, daß jemand klein oder dumm ist, ruft besonders bei Mädchen fürsorgliche Gefühle auf den Plan. »Weil man ihn beschimpft ...« (R.).

Aufmerksamkeit erregt die Tatsache, daß der Intellekt fast gar keine Rolle im Verhältnis der Kinder zueinander spielt (nur zweimal wird als Motiv der Zuneigung *Schlauheit* genannt). Bei der Gesamtheit der Kinder sind die Vorzüge des Charakters am meisten geschätzt.

Motive der Abneigung sind in Tabelle IV zusammengestellt.

Tabelle IV

Zusammenstellung der Motive der Abneigung in »Nasz Dom« und »Różyczka«

MOTIVE	»Nasz Dom« (205 –)		»Różyczka« (253 –)	
Ohne Angabe der Motive		22		5
Rauferei		85		147
prügelt, sucht Streit, haut	60		118	
zwickt	8		8	
tritt	2		5	
geht auf einen los	3		–	
wirft auf die Erde, in den Sand, in den Lehm	3		5	
wirft Steine, Eicheln	–		2	
kratzt	1		3	
spuckt	3		–	
beißt	1		1	
schubst	1		–	
schmeißt aus dem Wagen	2		–	
fängt Streit mit mir an	1		4	
überredet mich, zuzuschlagen	–		1	
Belästigung, Ärger		29		64
allgemein (ärgert einen immer)	6		35	
beschimpft einen mit Spitznamen	1		15	
zankt	9		1	
stört (beim Spiel, beim Essen usw.)	3		8	
neckt	8		–	
erschreckt mich, schreit mich an	2		–	
mischt sich ein	–		2	
beklagt sich	–		3	
Nachteile im Charakter und Naturell		33		36
ungehorsam	14		6	
heult, brüllt, weint	4		11	
schreit, quengelt, piepst	4		1	
schmust	–		5	
er ist böse	5		–	
lügt	2		1	
eigensinnig	1		2	
eifersüchtig	–		3	
stiehlt	–		2	
quält Tiere (grausam)	1		1	
gibt an	1		1	
abscheulich	–		1	
trödelt, ist tölpelhaft	1		1	
ist immer unglücklich	–		1	

MOTIVE	»Nasz Dom« (205 –)		»Różyczka« (253 –)	
WECKT ABSCHEU		17		8
putzt die Nase nicht, Rotznase	4		4	
bohrt in der Nase	3		–	
ißt Rotz	5		–	
macht in die Hose, ins Bett	3		4	
sie hat die Schürze mit Kot beschmutzt, hat Kot auf einen Stock genommen und damit gedroht	2		–	
BENIMMT SICH UNPASSEND		18		5
ist albern	8		1	
ein Schlingel, treibt Unfug, bringt zum Lachen	2		2	
sagt häßliche Wörter	2		1	
schneidet Gesichter	2		1	
macht Schmutz im Schlafzimmer, putzt nicht in der Garderobe usw.	3		–	
er hat Brot an den Teller geklebt	1		–	
UNGEFÄLLIG		9		1
gibt das Spielzeug nicht her	6		–	
gibt keine Hand,	3		–	
zieht sie nur weg gibt nichts her	–		1	
ABBETTELN UND AUFDRINGLICHKEIT		2		5
was ich hab', bettelt er ab, einen Apfel usw.	1		4	
wo ich hingehe, geht sie mir nach usw.	1		1	
FREMDES EIGENTUM WEGNEHMEN		3		4
reißt einem alles weg	2		–	
er hat einen Druck, eine Tomate, den Ball weggenommen usw.	1		4	
GEGENSEITIGKEIT *(mag mich überhaupt nicht)*		6		–
TAUTOLOGIE *(ich hab' sie nicht gern)*		–		3
AUSSEHEN		2		2
er ist so dunkel	–		2	
sie sieht wie ein Bub aus	1		–	
hat so eine Riesennase	1		–	
INTELLEKT *(dumm, versteht noch nichts)*		1		1
VERSCHIEDENES		1		3
er hat gesagt, er schreibt eine Anklage und tat nichts	1		–	
er gibt einem häßliche Bilder	–		1	
wenn ich als erste da bin, sagt sie, sie sei die erste	–		1	

Wie aus der Tabelle zu ersehen ist, tritt das Fehlen von Motiven für die Abneigung wesentlich seltener auf als das Fehlen von Motiven für die Zuneigung. Offensichtlich ist es leichter zu wissen, warum man jemanden nicht mag, als warum man jemanden mag.

Das häufigste Motiv für Abneigung ist in beiden Internaten die *Rauferei*; dabei muß man wieder betonen, daß sie eine bedeutend größere Rolle in »Różyczka« spielt als in »Nasz Dom«. Die Kinder zählen eine große Anzahl von Arten des Raufens auf, manchmal geben sie eine ganze Litanei an. »Weil er mich zwickt, schlägt, tritt« (N.D.); manchmal treffen wir auf die Beschreibung eines einzelnen Ereignisses: »Da hat er gehauen, hat Sand gestreut« (R.). In einigen Antworten können wir den Ausdruck eines behütenden Instinktes ausmachen: »So ein großer Junge und fängt mit kleinen Kindern Streit an« (R.).

Neben den Raufereien berufen sich die Kinder ziemlich oft auf alle Arten von *Belästigungen* (besonders die Kinder aus »Różyczka«). In dieser Gruppe ist die Tatsache charakteristisch, daß der Vorwurf der Streitsucht sich fast ausschließlich gegen die Mädchen richtet.

Die folgende Gruppe in der Tabelle sind die *Charakterfehler und ungünstiges Naturell*[1]. Als Charakterfehler geben die Kinder am häufigsten an, daß jemand ungezogen ist. Diese Bezeichnung kann zwei Bedeutungen haben: Ungezogen im Hinblick auf andere Kinder (hauptsächlich insofern einer schlägt oder ärgert) und ungezogen im Hinblick auf das Personal (insofern er nicht gehorcht – »Er folgte nicht, Fr. Lola mußte sich ärgern«). In dieser zweiten Bedeutung tritt die Bezeichnung »ungezogen« verhältnismäßig seltener auf. Bei den Eigenschaften des Naturells reizt am meisten Weinerlichkeit und Schreierei (am meisten in »Różyczka«). Dieser Fehler wird fast ausschließlich den Mädchen zugeschrieben. Man schimpft, weil »sie in einem fort plärrt« (N.D.) – »weil sie so brüllt« (R.). Außer der Weinerlichkeit wirft man den Mädchen aus »Różyczka« vor, daß sie »Schoßkindchen« sind.

Und nun die Gruppe von Motiven mit einem völlig anderen Charakter: »*Weckt Abscheu*«. Die Kinder richten ihr Augenmerk verhältnismäßig stark darauf, daß jemand die Nase nicht putzt oder auch daß er in die Hose macht. »Weil sie in der Nase bohrt und das ißt« (N.D.) »Er ist ein Hosenscheißer« (R.).

1. Wenn wir die Zahlenstärke dieser Gruppe mit der analogen in der Tabelle der Zuneigung vergleichen, können wir bei den Kindern aus »Nasz Dom« nur ein Drittel der Anzahl von Motiven bemerken, bei den Kindern aus »Różyczka« aber eine mehr als doppelte Anzahl. Es erscheint also so, daß die Kinder aus »Nasz Dom« eher auf die Vorzüge des Charakters eingestellt sind, während die Kinder aus »Różyczka« ihr Augenmerk auf die Charakterfehler richten.

Als wir die Motive der Zuneigung besprochen haben, erwähnten wir die Gruppe *»Gesellige Vorzüge«*, zu der auch solche Motive gehören wie: »Er schneidet schöne Gesichter«, »bringt zum Lachen« usw. Man sieht jedoch, daß nicht alle Kinder solche Art von Scherzen schätzen. In der Gruppe *»Benimmt sich unpassend«* treffen wir auf Vorwürfe wie »ist albern«, »schneidet Gesichter« usw.

Andere Eigenschaften, die Abneigung wecken, sind *»Ungefälligkeit«* (meist ist da die Rede von Spielsachen: »Hat ein Schäufelchen, leiht es nie aus«), *»Abbetteln«* und *»Aufdringlichkeit«* (»Uj, als ob ich einen Haufen hätte, er bittet, gib, du hast so viele Kerne«) und *»Fremdes Eigentum wegnehmen«*.

Der Intellekt spielt ebenso wie in den Motiven der Zuneigung auch in den Motiven der Abneigung fast keine Rolle. Die Kinder werfen keinem ihrer Kameraden Dummheit vor, sie benehmen sich so, als würden sie es nicht bemerken, oder bemerken es zwar, aber legen dem in ihren gegenseitigen Beziehungen kein größeres Gewicht bei.

Indem wir zur Besprechung der *Motive der Unentschiedenheit* übergehen, müssen wir betonen, daß wir unter ihnen auf dieselben Gruppen wie in den vorhergehenden zwei Tabellen stoßen und deshalb nicht noch einmal zu ihren Inhalten zurückkehren müssen. Weil aber die Motive der Unentschiedenheit oder der Gleichgültigkeit keine einheitliche Gruppe bilden, wie es die Motive der Zuneigung oder auch der Abneigung taten, bemühe ich mich, alle diese Arten, die sich im Ensemble der Null-Motive finden ließen, zu unterscheiden.

1. *Fehlen einer eindeutigen Meinung:* »Ich weiß nicht, ob ich ihn (sie) mag oder nicht« (N.D.), »Ich kenne ihn nicht« (R.).

2. *Gemäßigtes Minus:* »Ein bißchen mag ich ihn nicht, weil er manchmal schlägt« (N.D.), »Manchmal wird er wütend« (R.).

3. *Gemindertes Plus:* »Ein bißchen mag ich ihn, weil er manchmal etwas schenkt« (R.).

4. Ein uneinheitliches Verhältnis, *Unentschiedenheit:* »Einmal tut er was Gutes, einmal was Böses« (N.D.), »Manchmal ist er so lieb und manchmal so böse« (N.D.), »Einmal hat er ein bißchen gehauen – er leiht einem etwas« (R.). Null symbolisiert meistens diese letzte Art von Motiven.

Null ist also Ausdruck zweier Haltungen, entweder eines mittleren Verhältnisses zwischen Zuneigung und Abneigung (+ – von verschiedenen Stärkegraden des Plus oder auch des Minus) oder einer gleichgültigen Haltung. Es ist interessant, daß Gleichgültigkeit in den Aussagen der Kinder ganz selten erscheint (in »Różyczka« kommen fünf von sieben gleichgültigen Antworten vom ältesten aller Kinder, einem Mädchen).

6. Gegenseitigkeit in der Beurteilung der Kinder

Wenn wir alle Paare der gegenseitigen Beurteilungen zusammenstellen (Beurteilungen zweier Kinder über sich gegenseitig), dann erhalten wir eine lange Kette von 351 Gliedern (26 Beurteilungen von 27 Kindern geteilt durch zwei). Die Zusammenstellung aller Vorkommnisse ergab folgendes:

	++	−−	00	+−	+0	−0
»Nasz Dom«	136	32	1	142	31	9
»Różyczka«	119	54	4	123	36	15

Werfen wir Paare mit Nullen, die keinen ausdrücklichen Charakter tragen, heraus und summieren die Rubriken ++ und − −, erhalten wir folgende Positionen:

	Übereinstimmende Meinung	Nicht übereinstimmende Meinung
»Nasz Dom«	169	143
»Różyczka«	173	123

Die Zahlenaufstellungen zeigen uns, daß in den Verhältnissen der Kinder untereinander die Gegenseitigkeit überwiegt, sie ist jedoch nicht die Regel – fast die Hälfte der Kinder drückt Sympathie oder Antipathie entgegen der Beurteilung des anderen Kindes aus, sozusagen unabhängig von ihm.[1]

Wiederum betrachten wir uns die Motivpaare, die die Zeichenpaare begleiteten und welche die Kinder gegenseitig aussprachen. Die Zusammenstellung aller Motivpaare, welche die Kinder angaben, bereitete aus technischen Gründen viele Schwierigkeiten; ich habe mich daher auf eine beispielhafte Zusammenstellung von zufällig gewählten gegenseitigen Beurteilungen von elf Kindern beschränkt. Auf diese Weise bekam ich je 55 Paare aus jedem der Internate (10 Beurteilungen von elf Kindern geteilt durch 2).

Diese Paare klassifizierte ich auf die Weise, daß ich vier Arten von Beziehungen unterschied.

Zwei Motive konnten *völlig übereinstimmen*, d.h. daß sie zu derselben Gruppe von Motiven gehörten, z.B. betrafen beide Kämpfe, den Charakter usw. Zwei Motive konnten *teilweise übereinstimmen*, d.h. daß sie zu zwei unterschiedlichen, aber sich so nahen Gruppen gehörten, daß es leicht war, sich in die Art von Kontakt einzufühlen, der das

1. Hier kann man an das vorhergehend erzielte Ergebnis anknüpfen, nämlich an das relativ unabhängige Verhältnis der Gefühle eines Kindes zu allen anderen und aller zu dem einen Kind. Vgl. S. 384f.

gegebene Paar von Kindern verband, z.B. Vorzüge des Charakters, gemeinsames Spiel, Kampf – Aufdringlichkeit usw.

Zwei Motive konnten *nicht übereinstimmen*, d.h. sie betrafen verschiedene Bereiche des Lebens und man konnte in ihnen keine Abhängigkeit erkennen, z.B. Vorzüge des Charakters – Rauferei, Nachteile des Charakters – Erwecken von Abscheu usw. Zwei Motive konnten *widersprüchlich* sein, d.h. sie gehörten zu analogen Gruppen von zwei verschiedenen Zeichen, z.B. Rauferei – Negation (er haut nicht), Vorzüge des Charakters – Nachteile des Charakters usw.

Dabei muß ich betonen, daß ich als Kriterium der Klassifikation den Inhalt des Motivs gewählt habe, nicht das Zeichen, das ein Kind dem anderen ausstellte.

Die quantitative Zusammenstellung der 110 auf diese Weise klassifizierten Paare stellt sich folgendermaßen dar:

Tabelle VI

Darlegung der wechselseitigen Paare
von Beurteilungen der Kinder über sich (Motive)

	Übereinstimmung			Fehlende Übereinst.				
	völlige	teilweise	Summe	fehlende Übereinst.	widersprüchlich	Summe	Keine Motive	Summe
»Nasz Dom«	5	12	17	21	–	21	17	55
»Różyczka«	12	14	26	11	14	25	4	55

Wie wir aus der Tabelle ersehen, tritt Übereinstimmung in fast der Hälfte der Fälle auf, aber in »Nasz Dom« ist diese Übereinstimmung hauptsächlich »teilweise«, während in »Różyczka« beide Arten von Übereinstimmung gleich oft auftreten, was, wie es scheint, daher kommt, daß sich die Kinder einer kleineren Anzahl von Motiven bedienen. Eine ähnliche Erklärung liegt ebenso in Bezug auf die Rubrik der fehlenden Übereinstimmung nahe.

Schauen wir uns wiederum in den Inhalten der Motive um. Die nicht übereinstimmenden Motive bilden keinerlei Ganzes, dagegen geben die übereinstimmenden Motivpaare ein unmittelbares Bild von der Beziehung zweier Kinder.

Hier ein paar Beispiele[1]:

»Weil er mir das Spielzeug gibt« – »Weil er lieb ist« (N.D.). Also Sympathie, die sich vom empfangenden Kind nicht fassen läßt, und auf der anderen Seite ein Beweis der Zuneigung: Geschenke.

»Warf einen vom Wagen« – »Weil der sich an jeden hängt« (N.D.). Hier bietet sich quasi ein Bild irgendeines Ereignisses, einer Gewalt (warf aus dem Wagen), was als Selbstverteidigung gegenüber einem aufdringlichen Kind erscheint.

»Er haut mich nicht« – »Er ist dumm, deshalb mag ich ihn« (R.). Ein deutlich ungleiches Verhältnis: Der Klügere liebt den Dummen, der Dumme aber ist dankbar, daß er keine Benachteiligung erfährt.

»Wenn ich ihn anrühre, weint er und kratzt« – »Er/sie ärgert einen« (R.). Wieder das Bild eines ungleichen Verhältnisses, ein Kind, das angreift, und eines, das angegriffen wird.

»Beim Frühstück hat er mich so geärgert« – »Sie heult zu viel« (R.). Hier das Bild einer Auseinandersetzung zwischen einem Mädchen und einem Jungen: Sie geht ihm mit ihrer dauernden Heulerei auf die Nerven, also ärgert er sie.

Und schließlich das Bild einer liebevollen, friedlichen Freundschaft zwischen einem Mädchen und einem Jungen: »Sie hat mich auch gern« – »Weil er mir nichts tut« (R.).

7. Beurteilungen der Kinder über sich selbst

Als wir die Beurteilungen der Kinder besprachen, haben wir bisher die Beurteilungen, die die Kinder über sich selbst ausdrückten, ganz außer Acht gelassen. Befassen wir uns jetzt mit dieser Gruppe von Antworten.

Die quantitativen Ergebnisse stellen sich folgendermaßen dar:

Gab sich das Zeichen:	+	–	0
In »Nasz Dom«	20	4	3
In »Różyczka«	25	1	1[2]

Die Kinder beurteilen sich in großer Mehrheit selbst positiv, dabei begegnen wir etwas härteren Beurteilungen in »Nasz Dom«. Die Seltenheit der negativen oder der »Null«-Beurteilungen erlaubt kein näheres Eindringen in ihr Wesen. Wir können also nur auf Grund anderer Ergebnisse vermuten, daß die Kinder aus »Różyczka« im Verhältnis zu sich selbst kritikloser sind, weil sie geistig weniger entwickelt sind als diejenigen aus »Nasz Dom«.

1. Die Interpretationen sind nicht durch Beobachtungen gestützt.
2. So in der poln. Vorlage. Aus Tabelle II geht allerderings hervor, daß 24mal Plus und 2mal Minus gegeben wurden.

Die Begründung des Verhältnisses zu sich selbst bereitete den Kindern große Schwierigkeiten.[1] Oft benahmen sie sich so, als ob sie nicht gut verstehen würden, worum es dem Fragenden geht und antworteten sozusagen auf eine andere Frage (Mögen dich die Kinder? Geht es dir gut?, oder sonst irgendeine Frage). Oft erschienen naive oder sonderbare Motive, auch bei denjenigen Kindern, die das Wesen ihrer Zuneigung oder Abneigung im Verhältnis zu anderen Kindern sehr gut beschreiben konnten.

Meistens verstanden die Kinder das Verhältnis zur eigenen Person ähnlich wie bei der Beurteilung anderer Kinder. Dort war das Beurteilungskriterium in vielen Fällen das Verhältnis des entsprechenden Kindes zur ganzen Kinderschar (bietet allen etwas an, schlägt alle usw.) oder zu dem Kind, das seine Meinung als Glied der ganzen Gruppe ausdrückte (ist gut zu mir usw.). Ähnlich also beriefen sich die Kinder, wenn sie sich selbst burteilten, auf das Verhältnis ihrer Person zu den anderen Kindern beziehungsweise zur ganzen Schar. Diese Motive kann man als *zugeeignete* Motive bezeichnen. Es waren folgende: »Ich spiele mit anderen Kindern« (N.D.), »Ich erzähle Jasia Märchen« (N.D.), »Ich haue nie jemanden« (R.).

Manchmal kam es vor, daß die Kinder von ihrer Person so sprachen, als sei das ein anderes Kind, sie sprachen also vom ihrem Verhältnis zu sich. Diese Motive kann man *übertragende* Motive nennen. Es waren Motive wie diese: »Weil ich mir auch Spielzeug gebe« (N.D.), »Ich haue mich nicht selbst« (R.).

Eine andere irreführende Begründung der Kinder war die *Umkehrung* der Situation. Die Kinder sprachen, anstatt von ihrem Verhältnis zu den anderen, vom Verhältnis der Kinderschar zu ihnen: »Weil die Kinder mich beim Spiel stören« (N.D.).

Und schließlich die letzte Art von Motiven, die das *Selbstgefühl* des Kindes ausdrücken. »Weil ich Geld habe« (N.D.), »Ich weiß nicht warum, immer bin ich unglücklich« (R.). Dies letzte Motiv dieser Gruppe hebt sich ein wenig von den vorhergehenden ab. Es gab ein etwas älteres Mädchen an (10 Jahre), das schon zur Schule geht und bei allen Kindern am meisten beliebt ist (Nr. 40). Es scheint, daß ihr Motiv schon den Übergang zur nächsten Entwicklungsphase beweist.

1. *Dr. Korczak* gibt an, daß diese Aussagen oft von Seufzen, einem Achselzucken, einem verlegenen oder koketten Lächeln begleitet waren, oft ging eine längere Pause voraus.

8. Silhouetten der beliebtesten und unbeliebtesten Kinder

Am Ende dieses Kapitels zeichne ich die Silhouetten der vier beliebtesten bzw. unbeliebtesten Kinder (je ein beliebtestes und je ein unbeliebtestes Kind aus jedem Internat). Auf diese Weise erhalten wir eine Bestätigung dafür, was bewirkt, daß ein bestimmtes Kind Liebling der ganzen Kinderschar wird bzw. wodurch ein am wenigsten beliebtes Kind die anderen aufreizt.[1] Auf der anderen Seite wird das Verhältnis eben dieser Kinder zu den anderen erhellt.

Henia (Nr. **8**, 6 Jahre 7 Monate) – das beliebteste Mädchen in »Nasz Dom«. Sie erhielt 26 Plus und nur eine Null. Ihr größter Vorzug ist ihre Geselligkeit (8 Stimmen) und ihr guter Charakter (9 Stimmen). Und eine ganze Litanei der Gefälligkeit in Bezug auf die Kinder: Gibt Spielzeug her, läßt einen mitspielen, schenkte ein Schächtelchen für die Drucke, ein Vögelchen aus Ton, eine Sparbüchse, sie bietet was an. Die Kinder nimmt sie mit ihrer ruhigen Art und Liebenswürdigkeit für sich ein, sie sagen von ihr, sie sei lieb (3 Stimmen). Sie hat auch äußerliche Vorzüge – sie ist hübsch, zeichnet schön. Eine Null bekam sie dafür, daß sie das häßliche Wort »die Verrückte« benutzt hat.

Die Beurteilungen von Henia sind nicht besonders mild. Sie gab nur 13 Plus, bis zu 12 Minus und eine Null. Das häufigste Motiv, das sie angibt (8mal) ist das Schlagen. (Sie beklagt sich z.B.: »Weil sie *mich* zwickt, schlägt, stößt«, »er spuckt *mich* an, tritt mich« – das heißt also, trotzdem sie sie gern haben, ärgern sie sie).

Als das häufigste Motiv der Sympathie gibt sie dasselbe an, wie die Kinder im Verhältnis zu ihr – das gemeinsame Spiel.

Auf dem Hintergrund der allgemeinen Sympathie scheint sich in Henia ein besonders gutes Wohlbefinden zu entwickeln. Sie liebt sich selbst, weil sie den Kindern Spielzeug gibt – darüber läßt sie sich ziemlich lang aus.

Salunia (Nr. **40**, 10 Jahre, R.) – das älteste Mädchen unter den Kindern aus »Różyczka« und zugleich am beliebtesten. Im Plebiszit erhielt sie 25 Plus und 1 Minus. Salunia ist ein sehr ruhiges, liebes Kind. Die Kinder mögen sie hauptsächlich deshalb, weil sie nicht haut, andere nicht ärgert und brav ist (zusammen 15 Stimmen). Sie betonen, daß sie *überhaupt nie* jemanden ärgert. Der unbeliebteste Junge äußert sich geradezu enthusiastisch über sie: »Uj, ich mag sie sehr, sehr, weil sie brav ist und zweitens, weil sie nicht haut.« Das Mädchen ist hilfsbereit, bietet etwas an (8 Stimmen), nimmt sich der jüngeren Kinder an (»Erzählt Märchen, gibt mir Ratschläge«). Ihre Haare erwecken Bewunderung (länger als bei allen anderen, weil sie schon in die Schule

1. Vgl. Tabelle III und Tabelle IV.

geht). Nur ein Mädchen gab ihr ein Minus und begründete ihre Abneigung mit einem sehr belanglosen Ereignis (»Sie hat um einen Apfel gebeten«).

Salunia ist, vielleicht weil sie die Älteste ist, in ihren Beurteilungen sehr kritisch und vorsichtig. Sie verwendet gern Nullen (10mal, davon spricht sie 5mal von Kindern, daß sie sie nicht kennt und nicht weiß, wie sie sind). Plus gibt sie nur 9, Minus 8. Am meistens mag sie kleine Kinder, unbeholfene, die irgendwie in der Menge benachteiligt sind (z.B. »er ist dumm, deshalb mag ich ihn«), sie befaßt sich mit ihnen und betreut sie. Am wenigsten mag sie Schlingel, die schlagen, drangsalieren und dumme Scherze treiben. Sie mag es nicht, wenn jemand den Ton angibt, »immer ist er der erste«.

Sie selbst fühlt sich trotz der allgemeinen Zuneigung unglücklich.

Jetzt zeichne ich die Silhouetten zweier am wenigsten beliebter Kinder.

Marta (Nr. **19**, 6 Jahre 5 Monate, N.D.). Sie bekam die meisten Minus in »Nasz Dom« (16) und nur 6 Plus und 4 Nullen.

An Marta berührt vieles unangenehm, erstens, daß sie die Nase nicht putzt und den Rotz ißt (5 Stimmen). Von Natur ist sie streitsüchtig, macht um ihre Person viel Aufhebens (krakeelt wie nicht gescheit), ist ungehorsam, prügelt, foppt andere gern und lacht sie aus, wenn sie weinen, dabei ist sie selbst eine Heulsuse. Sie ist nicht nett, Spielzeug will sie nicht hergeben.

Gering sind die Stimmen der Anhänger von Marta. Jemand mag sie wegen des gemeinsamen Spiels, ein anderer wegen einer Gefälligkeit (»weil sie mich fahren ließ«), einige der Kinder sagen, daß sie »jetzt schon brav sei«.

Marta selbst liebt sich nicht. Sie sagt nicht warum, sie seufzt. Den Kindern gibt sie selten Minus (4), der Hälfte der Kinder gibt sie Plus (14) und sehr viel, am meisten von allen Kindern, verteilt sie Nullen (8). Sie mag nette, brave, stille und ruhige, liebe, »komische« Kinder. Am häufigsten mag sie nicht, daß man weint (»ich hab' gebeten, daß er vom Wagen runtergeht, und er fing an zu weinen«), von einem der Kinder sagt sie: »Wenn man sagt: ›Altes Pferd‹, haut er gleich zu.« Aus diesen zwei beigefügten Antworten ist zu ersehen, daß Marta selbst die Kinder provoziert. Und dann wundert sie sich: »Manchmal ist er so lieb und manchmal so böse.«

Terech (Nr. 51, 7 Jahre, 4 Monate, R.). Er bekam so wenige Plus (2), daß man sich nur wundern kann, wie sich so ein Kind überhaupt in der Schar der Kinder halten kann. 24 Kinder gaben ihm Minus. Auf dem Hintergrund so großer Abneigung verwundern seine 10 Plus, die er Kindern gab, und machen nachdenklich.

Terech setzt den Kindern auf verschiedene Art und Weise zu, am meisten mit Schlägen (zus. 17 Stimmen). Er kennt kein fremdes Eigentum,

»er stiehlt aus dem Kästchen«. Er ist sehr unordentlich, man nennt ihn Kupermann[1]. Er schont nur zwei Mädchen, und diese geben ihm Plus.[2] Selbst stellt er sich ein Plus aus und sagt, daß er den Kindern Tomaten und Äpfel gibt.

Er zieht Mädchen den Jungen vor, weil sie ruhig sind, unter den Jungen liebt er die, von denen er etwas bekommt (eine Tomate, eine Raupe). Weil er die Kinder nicht mag, setzen sie ihm ebenso zu. Diejenigen, mit denen er sich am meisten prügelt, mag Terech am wenigsten. Er mag es auch nicht, wenn man ihn um etwas bittet oder etwas von seinen Sachen nimmt.

III. Vergleich der drei Plebiszite in »Nasz Dom«

Unbeständigkeit der Beurteilungen

In »Nasz Dom« wurde dreimal ein Plebiszit durchgeführt, das erste Mal im Jahr 1931, das zweite Mal (etwa nach einem Jahr) am 1. Juli 1932, das dritte Mal (nach etwa zwei Monaten)[3] am 27. Juli 1932. Näher besprochen wurde bisher das zweite, umfangreichste Plebiszit. Alle Plebiszite wurden analog durchgeführt. An allen drei Plebisziten nahmen 20 Kinder teil (nach der Numerierung der Kinder 1-20, vgl. Tabelle I, S. ...).

Vergleichen wir zuerst die gesamte Anzahl der Plus, Minus und Nullen, welche die Kinder in den drei Plebisziten austeilten (wir bekommen in jedem Plebiszit 20 Beurteilungen mal 20 = 400).

	+	–	0
I. Plebiszit	286	111	3
II. "	269	109	22
III. "	247	135	18

1. Schimpfwort; von poln. »kuper«: Steiß, Bürzel.
2. Es ist interessant, daß eines der Mädchen sagt, daß Terech »einen nie ärgert«, was ziemlich unwahrscheinlich anmutet, es bestätigt jedoch auf krasse Weise die Tatsache, daß Kinder eine starke Tendenz zur Verallgemeinerung haben.
3. So in der poln. Vorlage; müßte wohl heißen: nach etwa einem Monat.

Wie wir aus der kleinen Tabelle ersehen, haben die Kinder mit der Zeit die Tendenz, ihre Beurteilungen zu verschärfen, die Anzahl der Plus wird weniger, die Anzahl der Minus steigt. Nullen, die im ersten Plebiszit zur Seltenheit gehörten, spielen im zweiten und dritten schon eine gewisse Rolle – offensichtlich haben die Kinder teilweise gelernt, sie anzuwenden.

Es erhebt sich jetzt die Frage, ob die Gesamtheit der Kinder die Tendenz hat, ihre Beurteilungen zu verschärfen, oder nur einige einzelne. Der Vergleich der Antworten aller Kinder in allen drei Plebisziten (was wir aus Platzmangel nicht genau angeben) zeigt, daß die Hälfte der Kinder ihre Beurteilungen verschärft haben.

Wenn wir die Daten vom Gesichtspunkt der Beständigkeit der Beurteilungen aus betrachten, können wir sagen, daß die absolute Beständigkeit der Beurteilung zur Seltenheit gehört, es überwiegt dagegen die relative Beständigkeit (Zahlenverhältnis 6:4).

Das Ausmaß der Abweichungen ist unterschiedlich, manchmal geht es bis zu 12 Plus (wenn wir die Unterschiede in allen drei Plebisziten zusammen berücksichtigen). Die durchschnittliche Abweichung beträgt 5,3 Plus.

Gehen wir jetzt über zur Betrachtung der Beständigkeit der Beurteilungen einzelner Kinder über andere und über sich selbst.

Die Gesamtzahl der Beurteilungen beträgt 400. Jedes dieser Beurteilungen setzt sich aus drei Elementen zusammen (jedes Kind hat ein anderes Kind dreimal beurteilt). Wenn wir die Beurteilungen, in denen mindestens ein Element eine Null war, beiseite lassen, (Null ist zu vieldeutig), bleiben 354 Beurteilungen. Weiter unten (in Tabelle VII) sind alle vorkommenden Kombinationen der Zeichen und die Häufigkeit ihres Auftretens zusammengestellt.

Die Beständigkeit der Beurteilung überwiegt, die geänderte Ansicht der Kinder zeigt sich jedoch zur Genüge (fast in der Hälfte der Fälle). Die veränderten Ansichten sind in der Zusammenstellung aufgegliedert in gering veränderte, d.h. die, bei denen sich die Beurteilung zwischen dem ersten und zweiten Plebiszit geändert hat (ein Jahr Pause), in stärker veränderte, d.h. die, bei denen die Beurteilung sich zwischen dem zweiten und dritten Plebiszit verändert hat (zwei Monate Pause) und die am meisten veränderten, d.h. die, bei denen das Kind nie zweimal hintereinander die gleiche Ansicht geäußert hat. Wir sehen, daß je größer die Veränderlichkeit ist, desto geringer ist die Zahl der Repräsentanten, was die These von einer verhältnismäßigen Beständigkeit der Beurteilungen der Kinder bestätigt.

Schauen wir uns wiederum die Motive an, welche die Beurteilungen der Kinder begleiten. Ziehen wir 50 Beurteilungen in Betracht (je 5 Beurteilungen von 10 zufällig gewählten Kindern), die ich zu diesem Zweck zusammengestellt habe. Weil bei sieben Beurteilungen einige Begründungen fehlen, bleiben 43 Beurteilungen zur Überprüfung.

Tabelle VII

Vergleich der Beurteilungen der Kinder in allen drei Plebisziten.

		Reihenfolge der Zeichen	Anzahl der Beurteilungen		
Beständigkeit		+ + +	161		191
		− − −	30		
Veränderlichkeit	gering	− + +	39	73	163
		+ − −	34		
	stärker	+ + −	46	61	
		− − +	15		
	am stärksten	+ − +	27	29	
		− + −	12		

Unter den Aussagen der Kinder kann man zwei Gruppen unterscheiden und zwar: entweder trugen die Beurteilungen der Kinder den Charakter der Beständigkeit oder den geringerer oder stärkerer Veränderlichkeit.

Beständigkeit der Beurteilung anerkannte ich dann, wenn: 1) drei Motive aus einer Gruppe stammten (»weil er mir Gebäck angeboten hat« – »weil er einmal Süßigkeiten verteilt hat« – »weil er mir gestern etwas angeboten hat«), 2) zwei Motive aus einer Gruppe stammen und das dritte verwandt ist (»weil er mir hilft, das Bett zu machen« – »ich habe mit ihm einen Garten, wir spielen« – »er hat mit mir einen Garten, wir spielen«, 3) drei Motive aus verwandten Gruppen stammen (»weil er so lieb ist« – »er spielt Ping-Pong mit mir« – »er ist so nett, er hat mir was angeboten«).

Veränderlichkeit der Beurteilung anerkannte ich dann, wenn: 1) zwei Motive aus einer Gruppe stammten, das dritte aber aus einer anderen (»weil er mir Bonbons geschenkt hat« – »er fängt Streit an, er schlägt, foppt, nimmt was fort und rennt weg« – »weil er einen ärgert«), 2) zwei Motive aus verwandten Gruppen stammten, das dritte aus einer anderen (»weil er schlecht turnt« – »weil er mit mir spielt« – »weil er uns oft etwas anbietet«), 3) drei Motive aus verschiedenen Gruppen stammten (»weil er so lieb ist« – »weil er Gesichter schneidet« – »weil er die Basia gestoßen hat«), 4) zwei Motive aus widersrüchlichen Gruppen stammten (»weil er nicht schlägt« – »weil er mich schlägt« – »er spielt«).

Die nächste Tabelle illustriert die quantitative Zusammenstellung einzelner Arten von Motiven.

Auf Grund der VIII. Tabelle müssen wir das vorhergehende Ergebnis wiederholen: Die Beständigkeit überwiegt die Veränderlichkeit, jedoch in geringem Maß.

In Fällen der Unbeständigkeit der Beurteilungen der Kinder können wir oft bemerken, daß die Beurteilung sich unter dem Einfluß kleiner, aktueller Ereignisse ändert, z.B.: »weil er Schokolade schenkte« – »weil er mich aus dem Wagen warf« – »weil er für immer ein Abzeichen geschenkt hat und es dann weggenommen hat.«

Die Änderung der Beurteilung zeugt nicht immer von einer Tendenz zur Unbeständigkeit. Manchmal zwingt die deutliche Veränderung eines zu beurteilenden Kindes zur Änderung der Einstellung. Als Beispiel füge ich die Charakteristik eines Mädchens bei, zu dem sich das Verhältnis der ganzen Schar dauernd verschlechterte.

Tabelle VIII

Beständigkeit

3 Motive aus einer Gruppe	2 Motive aus einer Gruppe, eines aus einer verwandten	3 Motive aus verwandten Gruppen	Summe
13	4	7	24

Veränderlichkeit

2 Motive aus einer Gruppe, eines aus einer anderen	2 verwandte, 1 anderes Motiv	3 verschiedene Motive	2 widersprüchliche Motive	Summe
5	8	3	3	19

Jaśka (Nr. **13**, 5-6 Jahre) bekam:	+	–	o	Jaśka gab:	+	–	o
Im I. Plebiszit	10	9	–	Im I. Plebiszit	11	8	–
Im II. "	3	12	4	Im II. "	17	1	1
Im III. "	1	16	2	Im III. "	13	4	2

Sich selbst gab Jaśka dreimal Plus.

Wir wissen, daß sich das Verhältnis der Kinder zu Jaśka ständig verschlechterte, die Anzahl der Plus verringert sich gewaltig, die Zahl der Minus steigt. Die Beurteilung Jaśkas über die Kameraden ist nicht in allen drei Plebisziten gleich, aber es ist eher wohlwollend.

Im ersten Plebiszit beschreiben sie Jasia[1] als nettes, liebes Mädchen. Sie ist gesellig, ruhig. Die Kinder können nur nicht leiden, daß sie viel weint. Zwei Kinder beschreiben sie als böse.

Im zweiten Plebiszit ändert sich das Bild. Nur drei Kinder mögen sie, mit denen sie spielt. Dagegen wachsen die Vorwürfe. Neben der Weinerlichkeit finden die Kinder Eigenschaften heraus, die ihnen fühlbarer werden: sie ist händelsüchtig, foppt, gibt an, ist böse.

Im dritten Plebiszit gibt ihr nur noch ein Kind ein Plus für das gemeinsame Spiel. Die Vorwürfe wegen der Weinerlichkeit hören auf, dagegen wächst die Litanei der Missetaten. Sie setzt den Kindern in verschiedener Art und Weise zu, stört sie beim Spiel, jagt sie weg, beklagt sich, das erste Mal erscheinen Klagen wegen Schlagens (im ersten Plebiszit gaben die Kinder an, daß sie nicht haut).

So erklärt also das Ensemble der Motive die Verschlechterung der Meinungen. Es ist interessant, daß Jaśka sich so benimmt, als bemerke sie diesen Wandel der Haltung nicht. Im dritten Plebiszit sagt sie von den Kindern: »Ich mag alle, weil sie nett und lieb sind.« Es ist selten, daß sie jemanden wegen Schlägen oder Streits verklagt.

IV. Schlußbemerkungen

Nach der Besprechung des Materials bleibt nur noch übrig, die Ergebnisse der Bearbeitung zusammenzufassen. Gleichzeitig erinnere ich daran, daß die Zahl der Kinder so gering war, daß man die Ergebnisse nicht voreilig auf die Gesamtheit der Vorschulkinder beziehen darf.

1. Kinder nehmen gegenüber ihren Kameraden leicht und ohne Zögern eine entschiedene gefühlsmäßige Haltung ein.

2. Kinder verallgemeinern leicht ihre Begründungen, sie benutzen gern Ausdrücke wie »immer«, »nie«, »alle« usw.

1. Jaśka, Jasia, Joasia sind Diminutivformen von Joanna.

3. Zuneigung überwiegt in den gegenseitigen Beziehungen die Abneigung, Gleichgültigkeit ist eine Haltung, die den Kindern fast unbekannt ist.

4. Unter den Kindern sind Mädchen beliebter als Jungen, obgleich sie oft gleich kritisch oder sogar kritischer im Verhältnis zu allen sind.

5. Zwischen der Beurteilung aller Kinder über ein Kind und der Beurteilung eines Kindes über alle gibt es keine hohe Korrelation, in dieser Hinsicht kann man keine Regel aufstellen.

6. Wenn Kinder ihre Kameraden einschätzen, lassen sie die Eigenschaften des Intellekts fast ganz außer Betracht (Intelligenz, Schlauheit, Dummheit).

7. Die häufigsten Motive für Zuneigung der Kinder aus »Nasz Dom« sind: Gemeinsames Spiel und Bereitschaft zu teilen. Das häufigste Motiv für Zuneigung der Kinder aus »Różyczka« ist das ruhige Naturell eines Kindes (schlägt nicht, tut nichts).

8. Die häufigsten Motive für Abneigung sowohl in »Nasz Dom« als auch in »Różyczka« sind: Die Rauferei und alle Arten von Belästigung.

9. Null ist meistens das Symbol für ein nicht gleichartiges Verhältnis zu Kindern, die sich durch ein unausgeglichenes Naturell auszeichnen.

10. In den Beziehungen der Kinder untereinander herrscht Gegenseitigkeit vor, jedoch fehlt auch nicht selten diese Gegenseitigkeit.

11. Das Verhältnis der Kinder zu sich selbst ist in den überwiegenden Fällen positiv. Oft können sie es nicht begründen oder begründen es eigentümlich, irreführend.

12. Beliebte Kinder – das sind angenehme, ruhige, gesellige Kinder; unbeliebte Kinder – das sind aggressive Kinder, die sich viel prügeln, die lästig sind, ungefällig, verlogen, Abscheu erweckend.

13. Die Kinder verschärfen mit zunehmendem Alter ihre Beurteilungen über die Kameraden und lernen, das mittlere Zeichen (Null) zu verwenden.

14. In den Beurteilungen der Mehrheit der Kinder kann man ein Zögern erkennen, das aber trotzdem im allgemeinen nicht ausgeprägt ist.

15. Aktuelle Ereignisse färben die Beurteilungen der Kinder über ihre Kameraden stark ein.

16. Die Gesamtheit der Kinder fühlt die Veränderungen im Wesen eines Kindes und hebt sie übereinstimmend hervor.

Dr. Janusz Korczak
und A. Poznańska

Aus: *Polskie Archiwum Psychologii* (Polnisches Archiv für Psychologie) 1933/34, Bd. 6, Nr. 3 (März/Mai 1934), S. 241-262.

6.

Aus dem Erziehungsalltag

Aus jiddischen und hebräischen Zeitschriften

(1924-1940)

№ 4 Rok pietnasty Grudzień 1937

DOS KIND

Czasopismo poświęcone sprawom wychowania i opieki nad dziećmi i młodzieżą

Wydaje: Związek Towarzystw Opieki nad Sierotami Żyd. i Dziećmi opuszczonymi Rzplitej Polski („Centos") Warszawa Fredry 10 m. 9.
Telef. 309-17 Konto P. K. O. 168.52

Cena prenumeraty: 4 zł. rocznie. Dla pedagogów i zakładów wychowawczych — 3 zł. rocznie.

Cena ogłoszeń: Cała stronica 80 zł. 1/2 – 50 zł. 1/4 – 25 zł

TREŚĆ NUMERU:

Od redakcji
Psychologia „Cudnych" dzieci — Dr. F. Baumgarten
Istota kołysanki — — — — Dr. I. Kanter
Błędne koło — — — — S. Wilczyńska
Iluzje — — — — — — — — J. Korczak
Refleksje — — — — — — L. Glezer
10 lat pracy — — I. Halpern-Meržan
Cień i światło — — — — M. Rozenblat
Uciekinier zakładu... — — — Sz. Lastik
Lata dziecięce — — — — Sz. Wulman
Notatki
Odezwa
Ogłoszenia

Redaktor-odpowiedzialny: B Kozłowski odbito: Druk. „Renoma" Warszawa
Składano w drukarni A. Wajntraub, Warszawa Gęsia 20.

Informationsseite der im übrigen in Jiddisch erscheinenden Zeitschrift »Dos Kind« (Das Kind); im Inhaltsverzeichnis Korczaks Beitrag »Illusionen«.

Ich glaube nicht an den Erfolg[1]

Die Kinder und Jugendlichen bilden ein Drittel der Menschheit. Jeder dritte lebende Mensch ist ein Kind. Jeder dritte Einwohner in der Stadt, im Städtchen oder Dorf ist ein Kind. Die Zeit der Kindheit und Jugend bildet ein Drittel unseres Lebens. Deswegen muß man sich unbedingt daran erinnern, wenn man verstehen möchte, was dem Kind zusteht. Was ihm zusteht und was nicht, was wir ihm geben oder vielleicht vorhaben, ihm gnädigerweise zu geben.

Wenn wir wirklich verstehen würden, daß Kinder ein Recht auf ein Drittel aller Reichtümer haben, die Menschen mit Mühe im Laufe von Hunderten und Tausenden von Jahren angesammelt haben, wenn wir uns wirklich zu den Kindern als unsere Zukunft bekennen würden, dann wären wir ihnen gegenüber bei weitem nicht so sparsam, so sehr, sehr geizig.

Wenn wir jetzt Bahnen, Elektrizität, Dampfmaschinen haben, wenn wir imstande sind, hohe und bequeme Häuser zu bauen, selbst wenn wir bloß eine Petroleumlampe und eine Nähmaschine besitzen, was die Arbeit leichter und das Leben bequemer macht, dann hat sich das alles doch nicht nur unsere Erwachsenen-Generation ausgedacht. Wir haben das von den Verstorbenen geerbt, wir, d.h. diejenigen, die jetzt leben. Mit anderen Worten, unabhängig ob Kind oder Erwachsener – es ist das Eigentum der Gemeinschaft, welches wir ehrlich zu verteilen verpflichtet sind. Die Kinder sind Mitbesitzer von all dem, was wir von den früheren Generationen bekommen haben. Es kommt aber vor, wie gewöhnlich in solchen Fällen, wenn die eine Seite stark und die andere schwach ist, die eine erfahren, die andere naiv: Die starken und erfahrenen Erwachsenen nehmen alles für sich, und um die Kinder sorgen sie sich nicht. Seien wir aufrichtig: Sie sorgen sich nicht.

Eine ungerechte Macht[2] herrscht in der Welt. Wer kann, der nimmt, schnappt, stiehlt. Man benachteiligt die Frau, weil sie eine Frau ist, den Neger, weil er schwarz ist, den Chinesen, weil er gelb ist, den Juden,

1. Es handelt sich um einen Artikel zum erstmaligen Erscheinen der jiddischsprachigen Monatsschrift *Dos Kind* (Das Kind), die sich der Erziehung und Kinderfürsorge widmen wollte und in der viele der folgenden Artikel veröffentlicht wurden. Korczaks Beitrag ist eher pessimistisch: Er prophezeit der Zeitschrift keinen Erfolg, weil die Gesellschaft noch nicht die Reife erlangt habe, um zu verstehen, daß sie den Kindern Bedürfnisse erfüllen sollte, die ihnen zustehen: Mittel zum Leben, Fürsorge, Erziehung. Er glaubt jedoch, daß die Zeitschrift ein »Ratgeber und Freund« derjenigen sein wird, die diese Bedürfnisse verstehen und fühlen, obwohl dies leider nur »einzelne« sind.
2. Vgl. den »homo rapax« in *Das Recht des Kindes auf Achtung*, in: *Sämtliche Werke*, Bd. 4, S. 412.

weil seine Nase anders aussieht. Man tut Unrecht dem Arbeiter, dem Bauern, dem Blinden, dem Buckeligen, dem Greis und dem Kind. Die Stadt benachteiligt das Städtchen und das Dorf.

Ich leugne nicht, daß schon Bemühungen unternommen wurden, um das zu ändern. Sowohl die Arbeiter wie die Juden, die Frauen und die Kinder haben schon gewisse Rechte. Das Verteilen der Reichtümer beginnt, aber es profitieren die, die am nächsten dran sind. Zuerst bekommen davon diejenigen, die schreien und drohen. Für die schwachen alten Leute hat man höchstens ein Altersheim (und das Grab), für die Kinder eine Schule (und Liebe).

Berechne, wie viele Räume in der Stadt durch Restaurants, Cafés, Läden, Tanzsäle und was weiß ich noch alles, besetzt sind und wie viele durch die Schulen.

Die Schule, das ist das erste Recht, das Kinder erhalten haben. Wie viele Klagen, daß es zu teuer sei, ruft das hervor.

Die Bücher sind teuer, die Hefte sind teuer, die Schule fordert, daß die Kinder und auch ihre Kleider sauber sind, daß sie gut ernährt sind, daß sie Lebertran trinken und spazieren gehen.

Woher soll man das Geld dafür nehmen?

Wahrlich, ganz oft gibt es nichts, wovon man es nehmen könnte. Weil die heutige Gesellschaft für eine Familie ein bestimmtes Budget vorsieht, dabei aber vergißt, daß zu diesem Budget auch ein gleichberechtigtes Mitglied – das Kind – gehört.

Aus den Familien drängen immer mehr Kinder in die Schule, immer größer ist das finanzielle Defizit, immer schwerer ist es für die Familie, auszukommen, immer verbitterter ist der Kampf ums Überleben, größer der Hunger und der Schmutz, mehr Krankheiten und Todesfälle, und es wächst die Zahl der Waisenkinder.

»Die Mutter ist im Wochenbett gestorben, der Vater an Schwindsucht«, »Der Vater ist an Asthma gestorben, die Mutter an Schwindsucht«, »Beide haben gehustet und sind gestorben«, »An Hunger gestorben«.

Nein, meine Lieben, das ist nicht der Krieg. Schon zu viel Schuld und zu viel Schlechtes schiebt ihr auf den Krieg. Das ist nicht ehrlich. Der Krieg hat genug eigene Sünden, wozu soll man da noch etwas hinzufügen?

Es gab etwas weniger Arme und Verwaiste, vielleicht auch nicht so viel weniger, nur – wollen wir aufrichtig sein – keiner hat darüber nachgedacht.

Erst Amerika hat die armen und verlassenen Kinder gefunden – wir haben sie gar nicht gesehen.[1]

1. Eine große amerikanische Hilfe wurde nach dem Ersten Weltkrieg über das Polnisch-Amerkanische Komitee für Kinderhilfe geleistet.

Ich sage wir, aber wer denn genau?

Es hat nämlich welche gegeben, die das sehr wohl gesehen haben.

Hier ist nicht der Ort zu beschreiben, wie Familien es handhaben, wenn sie Waisenkinder bei sich aufnehmen. Ich bringe nur ein außergewöhnliches Beispiel, das mir bekannt ist: Eine Mutter gibt ihrem eigenen Kind ein trockenes Stück Brot, das Kind ihrer verstorbenen Schwester bekommt ein Brot mit Käse.

»Warum hat er ein Käsebrot?« protestiert der leibliche Sohn.

»Er fragt noch! Du hast Eltern! Käse und Papa und Mama – das wäre zuviel!«

Und noch ein Beispiel einer anderen Art. Bei einem reichen Mann ist ein Kind gestorben, und er beschließt, Geld auf den Namen des Verstorbenen zu spenden: Er wird an ein Waisenhaus zahlen, und zwar den vollen Unterhalt für ein Waisenkind.

»So viel, wie mich das Kind, das gestorben ist, gekostet hätte.«

Er hat aber nur ein halbes Jahr bezahlt. Und danach?

»Er kann nicht mehr.«

Na ja, und wenn das eigene Kind, das gestorben ist, noch leben würde? ...

Warum will er ein gutes Geschäft mit dem Tod seines eigenen Kindes machen, sparen durch den Tod des Kindes, daran verdienen?

Ist es verwunderlich, daß die Verwaltungen der Waisenhäuser ihren ganzen menschlichen Verstand und geschäftliche Geschicklichkeit anstrengen, nur um etwas billiger, nicht um, Gott behüte, zuviel zu haben. Bloß so viel, wie unbedingt notwendig ist, obwohl man nichts machen kann, wenn nicht mal so viel vorhanden ist. Statt dessen ist noch weniger da als notwendig. Vielleicht werden sich die Zeiten bessern?

Und es kommt vor, daß in einer reichen Familie ein Kind eine ziemlich kostbare Zerstreuung ist, aber doch viel billiger als andere Zerstreuungen.

Die Kinder – ein Wunder – haben ein eigenes Zimmer. Es ist da aber auch ein Salon, wo die erwachsenen Gäste zusammenkommen, sechsmal im Jahr für ein paar Stunden. Aber sogar dort, wo die Mutter ihre Brillanten haben muß, schreit man mit dem Kind, wenn es eine Scheibe zerschlagen hat. Wie soll das möglich sein, daß ein Kind aufwachsen soll ohne einen Schaden anzurichten, der aufgrund seiner Unerfahrenheit, seiner Bewegung oder einfach der Langeweile entsteht?

Und es kommt vor, daß in einer armen Familie unzählige Kinder geboren werden, ohne sich dessen bewußt zu sein, ohne zu überlegen, daß man ihnen eine Ecke, Essen, Kleidung, Wärme, Ausbildung und Unterhaltung geben muß.

Von der ersten Frau drei Kinder (es sind acht gewesen), von der zweiten Frau vier. Sie wiederum hat fünf Kinder von ihrem ersten Mann gehabt (übrig geblieben sind zwei).

In einer Familie, die erwägt, einen Erwachsenen aufzunehmen, ist man leicht damit einverstanden, einen kleinen Vagabunden ins Leben zu schicken. Das wird sogar als Beweis dafür betrachtet, daß sie auf Gott vertraut.

Und Gott wird für sie schon sorgen: Die besten nimmt er zu sich. Und diejenigen, die am Leben bleiben, stecken in engen Wohnungen, zu dritt in einem Bett oder auf einem Sofa, Krankheiten sind da, die Kinder verwelken und werden zu Krüppeln.

Wer von den Ärzten kennt nicht das Elend eines jüdischen Kindes?

Ein Kind zu gebären, heißt, Verpflichtungen auf sich zu nehmen, d.h. einen Wechsel bei einem Gläubiger zu unterschreiben, der nicht imstande ist, zu mahnen und zu klagen.

Deswegen fordert auch das reiche Amerika ein ärztliches Gutachten, das besagt, daß die Eltern gesund sind und ihnen erlaubt ist, Kinder zu haben.

In Paris[1] habe ich einmal mit einem armen jüdischen Straßenhändler, einem Emigranten gesprochen:

»Haben Sie nicht bedauert, daß Sie weggefahren sind?«

»Ich bin traurig. Für mich alleine hätte ich das nicht tun müssen, aber für die Kinder ... – Für sie wird das besser sein.«

Die Kinder sind unser Morgen. Ein Morgen, das unsere einzige Hoffnung in dieser schweren Zeit ist.[2]

Solange diese Wahrheit nicht so tief in uns eindringt, daß wir mit ihr zusammenwachsen, daß sie ein Teil von uns wird, solange taugen alle unsere anderen Gedanken und Behauptungen nichts.

Die finanzielle Sorge für ein Kind hat unser Verständnis für den Wert gemindert, den ein Kind hat, für seine Rechte und seine heilende Wirkung für unsere eigenen Schmerzen und Leiden.

Wie glücklich wären wir in unserer Trauer, wenn wir den Mut aufbringen würden, daß sie es besser haben sollen.

Denn von uns, und nur von uns, ist abhängig, daß es dem Kind besser geht. Wir haben doch Beispiele. Wir sehen im Film oder lesen in Beschreibungen, welche Schulen, Spielplätze, Unterhaltungen, Spiele, Sportarten, wieviel Freude das Kind dort hat,[3] wo – ich weiß im voraus, was man mir antworten wird – die Gesellschaft reicher ist.

1. Korczak hielt sich 1910 etwa ein halbes Jahr zu Fortbildungszwecken in Paris auf.
2. Vgl. den Aufsatz *Der Frühling und das Kind*, in: *Sämtliche Werke*, Bd. 5, S. 28: »Das Kind versteht Wunder und tut Wunder wie der Frühling.«
3. Gemeint sind Darstellungen der internationalen reformpädagogischen Bewegung.

Aber wir haben gar nichts, nicht mal das, was wir haben könnten.

Wie viele Opfer und Mittel hat der Krieg verschlungen? Nicht wegen ein paar Jahrzehnten, die uns noch zum Leben bleiben, hat man den Krieg geführt, sondern für die Zukunft, also wieder: für die Kinder. Die Zukunft muß für sie eine neue und bessere Ordnung in der Welt bringen.[1]

Wenn er noch ein halbes Jahr länger hätte dauern sollen, hätte man ausreichend große Mittel gefunden, um ihn fortzusetzen. Er hätte noch ein halbes Jahr dauern können. Laßt uns diese nicht ausgegebene Summe an Anstrengungen und Kosten für die Kinder nehmen.

Vielleicht ist es ihr Verdienst – ihre Tränen und Gebete haben vielleicht den Frieden beschleunigt.

Der Kriegsausgang hat nicht die erhofften Ergebnisse gebracht. Das erbrachte Ergebnis hätte es auch nach einem längeren Krieg geben können. Laßt uns das Gesparte den Kindern abgeben.

»Jeden Bissen sparen wir uns vom Munde ab.« Das ist eine Lüge!

Ja, die ärmste Mutter spart sich den Bissen vom Munde ab, das ist wahr – aber was bringt das dem Kind? Vom Mund spart sie sich den Bissen ab und verläßt frühzeitig ihr Kind.

Aber andere, die mit Nutzen für das Kind von ihrem Luxus, Überfluß und Übermaß etwas abzweigen könnten – wie selten tun sie das.

Ich sehe keine sichere und blühende Zukunft für eine Zeitschrift, welche in den heutigen schweren Zeiten unter der Losung »Das Kind!«, »Kinderfürsorge!« erscheint.

Die Kinder kosten doch auch so genug, und jetzt noch eine weitere Ausgabe für ein Journal sowie eine Reihe neuer Forderungen, und das alles für diejenigen, für die »wir auch so schon viel tun«.

Leider tun wir in Wirklichkeit so unerhört wenig, daß es knapper schon gar nicht sein kann. Da liegt der Hauptstreitpunkt zwischen der Gesellschaft und dem Journal, das zu erscheinen beginnt.

Es wird euer Staatsanwalt sein. Das ist seine Hauptaufgabe. Für einige, die verstehen und fühlen, wird das Journal aber auch zum Ratgeber und Freund. Aber eben nur für einzelne.

Und deswegen glaube ich nicht im voraus an den Erfolg, aber Gott gebe, daß ich mich täusche.

Janusz Korczak

Aus: *Dos Kind* (Das Kind), Nr. 1 (Jan. 1924), S. 5-10.

1. Bezug zu den internationalen Bestrebungen für eine neue Weltordnung, z.B. den Völkerbund.

Hunger im Heim

Die Frage des Hungers im Heim ist nicht nur eine Frage der Wirtschaft und Hygiene, sondern auch eine Erziehungsfrage. Hunger im Heim entmutigt die Kinder, Hunger macht Kinder krank, aus hungrigen Heimkindern müssen schlechte, böse Menschen werden. Außerdem schwächt der Hunger nicht nur den gesamten menschlichen Organismus, sondern auch den Verstand. Hungrige Kinder sind faul und oberflächlich im Denken, meiden jede geistige Anstrengung und unterliegen deswegen dem Einfluß schlechter und verbrecherischer Menschen.

Ein Kind armer Eltern weiß, versteht und glaubt, daß die Eltern nichts haben und ihm nichts geben können. Ein solches Kind kennt die Preise, geht oft alleine einkaufen oder begleitet die Mutter beim Einkauf. Zu Hause rechnet die Mutter alles nach, und das bekommt das Kind mit. Es feilscht, bemüht sich, billiger und dafür mehr einzukaufen.

Wenn bessere Zeiten kommen und der Vater Geld verdient, gibt es zu Hause ein Fest. Man kauft ein und gibt davon den Kindern. Das Kind sieht, daß die Mutter auch in guten Zeiten nicht an sich, sondern an das Kind denkt. Wenn es kein Brot gibt, erlaubt die Mutter dem Kind länger zu schlafen, hüllt es warm ein, da der Schlaf und die Wärme einen gewissen Ersatz für das Essen darstellen.

Das alles sind Gründe, warum sich ein hungerndes Kind in einem deprimierten und schläfrigen Zustand befindet; es bewegt sich langsam, spielt und singt nicht, es springt nicht – es bewegt sich mühsam und langweilt sich. Es wartet ab, bis die schlechte Zeit vorübergeht. Kommt der Frühling, wird es fröhlicher. Trotz weiterhin größter Anstrengungen hofft man, daß es Besseres zu essen geben wird. Das Kind wird sich erholen und ein wenig munterer werden.

Ganz anders sieht das im Heim aus. Im Lager gibt es immer Vorräte, in Säcken, Kisten, Fässern. Da ist eine Kiste Seife, da ein Sack Mehl. Manches fehlt aber, z.B. Fett oder Kartoffeln. Daß Vorhandenes für längere Zeit reichen muß, kann ein Kind nicht verstehen. Und zwar nicht darum, weil sein Verstand es nicht erfassen kann, sondern weil keiner es dem Kind sagt oder erklärt.

Höchstens ein- oder zweimal, und dann ist's genug. Zu Hause, wenn Hunger herrscht, gibt es kein anderes Thema. Man spricht unentwegt darüber. Im Heim dagegen weiß das Kind, daß im Lager doch etwas vorhanden ist, aber man gibt es nicht heraus. Es gibt nur den einen Satz: »Man darf nicht.«

In einem Heim, wo Hunger herrscht, gibt es immer ein schwaches Kind oder ein Kind von jemandem aus dem Personal, welches berechtigter- oder unberechtigterweise etwas mehr als die anderen Kinder bekommt.

Übrigens, das Personal eines vom Hunger geplagten Heims begreift sehr schnell, daß es sich geschickt verhalten muß, will es die Arbeit behalten. Entweder man gibt den speziellen Kindern etwas Zusätzliches oder man kauft etwas und ißt es dann im Zimmer. Wenn das gegenseitige Vertrauen zwischen den Erziehern und Kindern nicht allzu gut ist, werden sich immer welche finden – es reicht eigentlich nur einer –, die der Mehrheit die Augen öffnen: »Für sich selbst haben sie zu essen, und uns geben sie nichts.«

Jemand von den Verwandten der Waisen wird die Frage aufwerfen: »Wird hier gestohlen?« Oder sie drücken ihr Mitleid mit dem Kind aus: »Mit einem Waisenkind kann man es ja machen. Wenn seine Mutter noch leben würde ...«

Einem Waisenkind ist die Erinnerung an sein Zuhause, die nicht mehr deutliche Vorstellung einer glücklichen Vergangenheit oder eines Verstorbenen, besonders teuer. »Wenn der Vater, wenn die Mutter noch leben würde ...« Wenn die Kinder ihre Eltern zu Lebzeiten lieben, bleibt nach dem Tod nur, sie zu vergöttern. Es entsteht unbewußt Protest gegen Gott, warum er ihr Nestchen zerstört hat, und Zorn auf die Gesellschaft, die sie ungerecht behandelt. Die böswillige »Aufklärung« des Freundes fällt auf fruchtbaren Boden in den abgezehrten, hungrigen Gedanken, in dem nur mit Blut genährten Gehirn.

Wut – Protest – Zorn! ...

Gründe, böse und wütend zu sein, hat das Kind im Heim genug. In einer Familie, wo es vier, fünf Kinder gibt, kommt es zu verschiedenen Streitereien, Kriegereien. Es passiert, daß die Kleinen die Großen stören und umgekehrt, besonders, wenn es unter ihnen ein lautes, unruhiges Kind gibt. Doch es sind Brüder und Schwestern, sie leben von Geburt an zusammen, kennen einander, haben gelernt, Rücksicht zu nehmen, sie halten zusammen, sie schlagen und vertragen sich wieder.

Im Heim darf man sich nicht schlagen und streiten. Zu Hause hat das Kind die Straße, den Hof, den Flur. Im Heim ist das Kind eingesperrt. Das Heim sorgt sich um seinen guten Ruf, deswegen muß man auf die Nachbarn achten. Viele Sachen kann sich ein Heimkind nicht erlauben, daher müssen alle Konflikte still und vorsichtig gelöst oder gar erstickt werden, wodurch es noch mehr brodelt und spritzt.

Der Hunger bringt einen Teil der Kinder in einen apathischen Zustand. Die anderen wiederum sind gereizt.

Hungrige Kinder teilen sich in traurige und böse Kinder auf. Die traurigen Kinder werden auch schnell böse.

Es gibt den Wunsch, sich bei der Köchin oder bei einem der Erzieher einzuschmeicheln, um etwas zu bekommen. Handeln mit Lebensmitteln, das Erpressen einer weiteren Portion von den Jüngeren, Kleineren, Schwächeren und weniger Geschickten, und ähnliches muß in kleinerem oder größerem Maße in einem Heim, in dem die Kinder hungern, vorkommen.

In der Sommerkolonie[1] habe ich einmal einige Kinder aus einem Heim, in dem Hunger herrschte, erlebt. Sie verhalten sich beim Essen sehr charakteristisch. Während sie mit der rechten Hand essen, halten sie mit der linken das Schüsselchen zu, als wollten sie es vor der Gefahr schützen, die ihm droht – wie ein Hund, der knurrt und ins Bein faßt. Während der Brotverteilung vergleichen sie aus der Entfernung ihre Portion mit der des Nachbarn. Sie sprechen kaum. Noch bevor die Waage es mir bestätigt hat, habe ich erkannt, daß es sich um hungrige, ausgehungerte und im Hungerleiden geübte Kinder handelt.

Wenn nicht in allen, so doch im größten Teil der Heime werden Kinder nicht ausreichend ernährt. Vor allem bekommen sie zu wenig Fett. Der Grad der Unterernährung ist nicht überall gleich.

Als Arzt, Erzieher und aktives Mitglied der Gesellschaft fordere ich kategorisch: Es darf nicht zugelassen werden, daß Kinder in Heimen Hunger leiden. Von einer Sache müssen sie so viel bekommen, wie sie wollen. Etwas, es kann das Billigste sein. Wenn es nicht genügend Brot gibt, dann sollen es Graupen mit etwas Gemüse sein. Es kann sogar Kraut sein.

Zu jedem Essen soll es als Beilage Graupen geben, und zwar so viel, wie das Kind verlangt. Das schützt vor Unzufriedenheit über den Verzicht auf anderes Essen.

Eine Bemerkung: Die Graupen kann man so kochen, daß sie nicht schmecken, daß Kinder sie ablehnen, oder sie können schmackhaft zubereitet werden. Können und wollen muß man bloß.

Die Kinder müssen Milch bekommen, egal wie teuer sie ist, und es muß gute Milch sein – oder Fleisch.

Sie müssen auch Gemüse und Früchte bekommen, sie können roh sein. Im schlimmsten Fall können es Zwiebeln sein.

Geld, damit Kinder nicht hungern, muß sich finden lassen, und zwar nicht in Amerika, sondern hier im Land.

»Und wenn es keines gibt?«

»Das Heim zumachen.«

»Und die Kinder?«

»Auf die Straße lassen.«

»Sie werden doch betteln und stehlen?«

1. Es handelt sich um die 1921 gegründete Sommerkolonie Różyczka in Gocławek, die nicht nur den Kindern des Dom Sierot, sondern auch anderen Heimkindern zur Erholung diente. Dort wurde auch Landwirtschaft betrieben, denn – so Korczak –, ohne eigenes »Mehl, Kartoffeln, Milch und Gemüse werden wir die Bedürfnisse nicht befriedigen können.« In: *Sprawozdanie Towarzystwa »Pomoc dla Sierot« za 1921 rok* (Bericht der Gesellschaft »Hilfe für Waisen« für das Jahr 1921), Warszawa 1922, S. 3.

»Sollen sie betteln und stehlen, so wird sich die Polizei mit ihnen beschäftigen. Der eine oder andere wird sterben, aber die Schwindsucht in den Heimen fordert noch mehr Opfer.«

Ein Teil von ihnen wird demoralisiert werden, stehlen lernen, aber sie werden nicht in diesem Ausmaß das Hassen lernen.

Aus ihnen werden Parasiten, aber keine Rächer werden.

Ich bin kein Versammlungsredner, ich hasse Phrasen. Für jedes hier geschriebene Wort übernehme ich die volle Verantwortung, und ich sage ruhig und bestimmt: Ich würde die Kinder aus den Heimen, wo sie Hunger leiden, befreien, und würde all diejenigen dort bei Brot und Wasser einsitzen lassen, welche sich für Wohltäter[1] oder einfach für Bürger halten, aber ein Verbrechen begehen, das auf keinen Fall zu entschuldigen ist.

Janusz Korczak

Aus: *Dos Kind* (Das Kind), Nr. 2 (Febr. 1924), S. 7-10.

Der Spaziergang

In die Zeit, die nun endgültig vorbei ist, gehörte auch die Gewohnheit, daß nur der Feiertag Lag baomer[2] einmal im Jahr den Erzieher dazu verpflichtet hat, mit den Kindern einen Spaziergang zu machen.

Es kann sein, daß irgendwo noch die Überzeugung lebt, daß das Spazierengehen ein außergewöhnliches Geschenk an die Kinder für besonders gutes Benehmen ist.

Sowohl die Hygieniker wie auch die Pädagogen sind sich jetzt einig, daß Bewegung und frische Luft für das Kind genauso notwendig sind wie das Essen. Ohne Essen kann ein Mensch Tage (und sogar Wochen) überleben, ohne Luft nicht mal Sekunden.

1. Anspielung auf unehrliche Philanthropie, die zur Beruhigung des eigenen Gewissens Almosen gibt, aber nicht für gründliche Beseitigung von Mißständen sorgt. Zu Korczaks Einschätzung der ambivalenten Möglichkeiten der privaten Philanthropie/Karitas vgl. *Sämtliche Werke*, Bd. 4, S. 250f.
2. Der 33. Omertag, ein Fest der Freude zur Erinnerung an das Ende des Sterbens unter den Schülern des Rabbi Akiba (50-135). An diesem Tag bleiben u.a. die Schulen geschlossen, und die Kinder spielen draußen.

Unreine Luft vergiftet, tötet. Anhänger alter Erziehungsmethoden haben auf alles eine Antwort, und doch, Gott sei Dank, leben wir noch.

Wenn man in jungen Jahren heiratet, Dutzende von Kindern zur Welt bringt, Pogrome, Epidemien und Tuberkulose durchsteht, haben wir dann nicht großzügig unseren Anteil an den schrecklichen Tod bezahlt?

Unser ganzes finsteres Leben im Mittelalter ist doch begrenzt gewesen, in der Stube durch die Kinderwiege und draußen durch den Friedhof. Der Friedhof ist der einzige Garten, der einzige Rasen, der einzige Ort, wo der Ghetto-Bewohner die Sonne gesehen hat. Man kann dieser Zeit den größten Respekt entgegenbringen, man darf sie aber nicht wieder ins Leben zurückrufen.

Wald, Garten, Feld, Rasen, Ball, Wettlauf, Freudenschreie – das alles sind Postulate, die keinen Einspruch dulden – eine unbedingte Forderung unserer Zeit. Bedauerlicherweise ist es eine gängige Erscheinung, daß Lehrer, und speziell Heimerzieher, keine Lust haben, mit den Kindern spazierenzugehen. Laßt uns aufrichtig sein: Eine lange Schnur von Kindern durch die Stadt führen, paarweise, aufgeregt, unruhig, nicht am besten angezogen, allem hinterherrennend, vom ersten bis zum letzten Paar, jeden Moment aufmerksam sein, keinen anrempeln lassen, sich anständig verhalten, Fuhren und Fußgängern aus dem Weg gehen; und gerade dann fängt ein Paar mit dem vorderen oder hinteren zu streiten an, gerade dann muß ein Kind seine natürlichen Bedürfnisse erledigen – mit einem Wort: wirkliche oder scheinbare Gefahren gibt es viele, Verantwortung aber hat man in jedem Fall. Staub, Hitze oder gar ein plötzlicher Regen – etwas, was man nicht voraussehen konnte, was immer unangenehm ist.

Wenn die Sache sich insgesamt so gestaltet, was kann man noch über den Spaziergang von Schülern einer jüdischen Schule sagen? Man muß das ausgesprochen unfreundliche Verhalten der Fußgänger erwähnen. Nicht selten kann man sogar von einem Lümmel einen Stein abkriegen. Laßt uns aufrichtig sein: Unter dem Eindruck der unfreundlichen Praktiken vermeidet der Erzieher absichtlich den Spaziergang. Er fragt sich nicht, ob die Kinder trotz oder gerade wegen dieser Geschehnisse mit den Spaziergängen zufrieden sind, er beschließt nur, daß ein Spaziergang nicht angenehm ist (für wen?). Und er ordnet ihn ganz selten an – wenn es schon keinen anderen Ausweg gibt.

Entschuldigt, aber der Spaziergang ist eine Notwendigkeit. Das Mittagessen zu kochen, erfordert auch viel Mühe. Viel lieber wäre uns, das versteht sich von selbst, ein Heim ohne Küche. Und doch – es muß eine Küche und eine Köchin geben (mit all ihren Launen), und das unangenehme Kartoffelschälen, Geschirrspülen muß sein. Das alles muß sein. Wir bemühen uns, wir denken nach, wie man es verbessern, ändern kann, aber trotzdem ertragen wir es.

Wer begreift, daß ein Spaziergang oder ein Ausflug mit den Kindern eine Stärkung für die Lunge, für das Herz, für die Muskeln und Nerven der Kinder ist, der wird sich bemühen, sich auch in die »Küche des Spaziergangs« hineinzudenken, und er wird sich daran gewöhnen. Er wird sich sogar mit den schlechten Seiten, soweit möglich, arrangieren, und sich bemühen, sie auszubessern.

Und deswegen:

1. Man muß den Kindern beibringen, paarweise zu gehen. Es ist nicht gleichgültig, wer mit wem geht, ob in der ersten oder der letzten Reihe. Solche Vorbereitungen können im Freizeitsaal oder auf dem Hof stattfinden. Man muß mit einer Gruppe von zehn Paaren beginnen und dann nach und nach die ganze Klasse oder das ganze Heim dazu nehmen.

2. Man muß die Kinder an das Auseinanderlaufen und an das Versammeln, auf ein abgesprochenes Zeichen hin, gewöhnen.

3. Man muß sich vorher mit dem Weg gut vertraut machen, den man auswählt. Eine Straße kann weniger bequem sein als eine andere. Es ist wichtig, die Zeit miteinzubeziehen, morgens, mittags, abends. Wenn wir an einer Fabrik vorbeigehen, wird es ein großer Fehler sein, den Weg einer großen Masse heimgehender Arbeiter zu kreuzen. Wenn auf dem Weg eine christliche Schule liegt, mit der wir uns nicht sicher auskennen, wird es auch ein Fehler sein, den Weg und die Uhrzeit so auszuwählen, daß die Schüler vielleicht schon müde und draußen sind.

4. Wenn man den Weg schon kennt, ist es gut, ihn mit einer Handvoll Schüler abzugehen. Vielleicht wird sich eine freundliche Bekanntschaft ergeben. Da hat jemand erlaubt, den Brunnen zu benutzen, dort hat uns jemand eine Mühle oder Schmiede gezeigt. Wir haben weitere zahlreiche Besuche versprochen.

5. Die kleinste Störung muß taktvoll und auf eine höfliche Art aus dem Weg geräumt werden. Der Erzieher handelt nicht klug, wenn er die Rolle des Helden spielen und sich über den errungenen Sieg freuen will. Nicht nur sich selbst, sondern auch den anderen wird er damit den Spaziergang erschweren oder gar unmöglich machen.

Ein Beispiel: Ich gehe mit einer kleinen Gruppe zum See, um die Gegend auszukundschaften.

»Du, Mosiek, gib mir mal 'ne Zigarette!« schreit von weitem ein Hirte.

»Woher weißt du, ob ich Mosiek heiße?«

»Dieser Junge heißt Mosiek, ich heiße Isaak. Wie heißt du?«

Er ist verlegen. Ich frage ihn, ob er Eltern hat, ob sie ihm erlauben zu rauchen, und ob er in die Schule geht. Ich erinnere mich nicht, ob er die gewünschte Zigarette bekommen hat, jedenfalls halte ich es in solchen Fällen für gefährlich, sich mit Geschenken freizukaufen. In dem Fall einer schwerwiegenderen Störung wende ich mich an einen Ordnungshüter oder an einen Anwesenden, der vertrauenerweckend aussieht.

Man muß immer bedenken, daß schwere Momente und ungewöhnliche Bedingungen der Prüfstein für die Reife des Erziehers sind. Am schwersten ist es, den Weg zu gehen, den der Vorgänger kaputtgemacht hat.

In den kleineren Städtchen ist die Verständigung zwischen den Erziehern sowie die Arbeitsteilung beim Aussuchen des passenden Weges und des Ortes, an dem man hinterher ausruhen kann, weniger aufwendig.

Ich will noch hinzufügen, daß Belästigungen nicht nur eine Erscheinung gegenüber jüdischen Kindern ist. Ein christliches Heim in Łódź wurde belästigt, weil dort »Schusterjungen« untergebracht sind, ein anderes Heim, weil das »Sozialisten sind«. Wie leicht ist es für Schurken, die Mädchen zu erschrecken.

Andererseits, wie leicht ist es, Vertrauen zu gewinnen und vernachlässigte und arme Kinder mit einer Geschichte oder einem Lied zu fesseln, da auch sie nur nach einem »guten Wort« lechzen.

Ich meine, es lohnt sich, einen ganzen Monat oder sogar mehr zu investieren, um ein für alle mal gute Beziehungen zu all denen herzustellen, welche uns wegen der »bösen Streiche«, wegen Langeweile oder Mitleids mit der eigenen Not feindlich gegenübertreten. Man darf nicht vergessen, daß es doch Kinder sind! Da gibt man eine kurze Erklärung: Waisenkinder! Damit erreicht man schon sein Ziel.

6. Man muß darauf achten, daß kein Schaden entsteht, und sollte es versehentlich doch passieren, muß man ihn begleichen, aber ohne Aufregung und Diskussion. Die Versicherung, daß es bezahlt wird, muß das Ende des Streits sein.

7. Man muß bedenken, daß es ein Kollektiv ist, genauer, ein Kinderkollekitv, das die Aufgaben des Erziehers stört. Es muß also eine Abmachung darüber geben, daß möglichst wenig gestört wird, d.h. nicht schubsen, nicht zu laut schreien, nicht mit der schlechten Kleidung reizen. Der ästhetische Anblick einer Gruppe macht wirklich viel aus, weckt manchmal aber auch Neid.

8. Jeder, sogar der kleinste Fehler eines Kindes, muß nach der Rückkehr besprochen werden. Es muß eine Art »öffentliche Verurteilung« in Anwesenheit aller Kinder geben. Oft gehörte Drohungen wie »Ich werde mit euch nicht mehr gehen« oder »Das ist der letzte Spaziergang gewesen« u.ä. dürfen da keinen Platz haben.

9. Man muß alle möglichen Vorfälle voraussehen, die sich auf dem Weg ereignen könnten, und mit den Kindern besprechen, wie sie sich in solchen Fällen verhalten sollen. Ein Vorwurf des Erziehers an die Kinder, warum sie dieses oder jenes nicht wissen, würde seltsam klingen: Sie haben doch keine Erfahrung.

10. Man muß darauf vorbereitet sein, daß sich eines der Kinder in der Straßenbahn oder im Zug übergeben, daß sich eines am Fuß verletzen kann, wenn es barfuß läuft, oder daß sich eines naß oder schmut-

zig macht, deswegen muß man ein Handtuch, Wäsche zum Wechseln, Verbandszeug, Jodtinktur und Watte mitnehmen.

Die Kinder, die spazieren gehen, dürfen nicht hungrig sein. Man muß an Wasser denken (besonders an heißen Tagen) und an einen Ort, wo die Kinder ihre Bedürfnisse erledigen können. (Zu diesem Zweck kann jemand eine kleine Schaufel mitnehmen.)

Es ist schwer, alles erschöpfend darzustellen, weil es von der eigenen Erfahrung und vom Ort und den Bedingungen abhängig ist. Die Aufgabe des Artikels besteht nur darin, die kategorische Forderung klar zu machen: Man darf den Kindern die wohltuenden Spaziergänge und Ausflüge nicht vorenthalten, bloß deswegen, weil sie Schwierigkeiten machen. Es lügt oder hält dich zum Narren derjenige Erzieher, der angibt, zugunsten der Kinder auf Spaziergänge zu verzichten. Es gibt nämlich keine Störung, die nicht mit gutem Willen beseitigt werden kann.

Janusz Korczak

Aus: *Dos Kind* (Das Kind), Nr. 4 (April 1924), S. 26-30.

Verwaist

Die Betreuung verwaister Kinder, als ein Teil der Betreuung von armen Schutzlosen und Unglücklichen, kann, war und ist immer noch der Zweck eines religiösen Gebotes, welches sich in unseren heiligen Schriften findet und uns heißt, den »Armen-Zehntel« abzugeben. Unsere Großväter haben das getan, ohne es zu verstehen, sogar ohne es zu fühlen. Sie haben es getan, weil man es tun muß, weil es nicht anders sein kann. So ist es gewesen, und so ist es in einem gewissen Maße heute noch.

Der Schutz der Waisen ist ein Befehl des Verstandes, ein Ergebnis des Nachdenkens: Durch den Staat oder aus privater Initiative muß es, auch wenn manche es nicht wollen, die Möglichkeit geben, die Schwachen und Hilflosen zu unterstützen, die einen gewissen Prozentsatz der heutigen Bevölkerung ausmachen.

Das sachliche Amerika hat den europäischen Kindern geholfen, ohne sie zu sehen, ohne viel zu wissen.[1] Einfach so, weil man sie am Leben

1. Vgl. S. 410, Anm. 1.

erhalten muß. Weil es sie gibt, und weil sie – wenn auch in der Ferne, unsere Zukunft sind. Zu einem Ganzen, zu einer Einheit gehörend. Das gemeinsame Interesse, die gemeinsame Verantwortung, die gemeinsame Pflicht. Ein Weitblick, das Aufzeigen gemeinsamer Fäden, welche die Menschen mit ihrer »Entwicklungslinie«, mit ihrem Wertesystem, mit ihrer Gesundheit und der Wertschätzung des heutigen Tages verbindet.

Ist das nicht wunderbar, daß sie für die hungrigen Kinder Reis, Kakao, Schokolade, Konserven, Lachs, Milch und Fett geschickt haben, während wir einzelne Fragen diskutierten? Sie haben Pullover, Handschuhe, sogar Zahnbürsten und -pasta sowie Football-Bälle geschickt.

Wir müssen Amerika verstehen: Der Verstand hat ihnen die Notwendigkeit aufgezeigt, die kulturellen Bedürfnisse in Europa zu befriedigen, und dabei die Bedürfnisse so zurechtzurücken, wie es bei ihnen zu Hause normal ist.

Damit will ich jetzt aufhören. Heute ist es leichter zum Verstand als zum Herzen zu reden. Das Waisenkind zu verstehen und zu fühlen, ist schwer, sogar für diejenigen, die täglich jede Minute mit ihm verbringen.

Das Verwaist-Sein des Kindes kann man mit nichts vergleichen. Ein solches Kind baut seine Welt am Rand eines Grabes oder von Gräbern auf. Auf der ganzen weiten Welt – ist es einsam. In der Einsamkeit des Lebens streben wir Erwachsenen und Abgebrühten danach, Rückhalt in der Familie, in der Werkstatt, in einer Stellung, einer Partei, einem Verein zu finden. Es ist leichter, Vater, Ehemann, Kaufmann, Beamter, Jude zu sein. Leichter, dieses oder jenes Etikett zu haben – als ein *Mensch* zu sein.

Das Problem der Verwaisung erweckt schonungslose Gedanken und Gefühle. Die schwierigsten: Wie wird man ein Mensch, wenn man alle gegen sich hat, die Rückhalt haben – und wie kann man mit ihnen zusammen sein.

Dr. J. Korczak

Aus: *Dos Elente Kind* (Das einsame Kind), Erstes Sammelheft, Warszawa 1925, S. 15-17.

Lindberghs Kind

Die Entführung von Lindberghs Kind hat die gesamte öffentliche Meinung erschüttert.[1] Mit dabei ist viel spießbürgerliche Neugierde, viel Sensationshunger. Und wo bleiben die Bedenken dem gesellschaftlichen Regime gegenüber, in dem Verbrecherbanden ungestraft wüten?

(Wir haben es schon geschafft, den Krieg zu vergessen, der Tausende von Kindern beraubt hat: Eltern wissen nicht, wo ihre Kinder sind, Kinder wissen nicht, wohin und warum ihre Eltern abhandengekommen sind.)

Aber auch in Friedenszeiten, überall, jede Stunde, rauben die grausamen sozialen Bedingungen den Familien ihre Kinder. So kommt es, daß sich selbst eine Mutter darum bemüht, ihr Kind in ein Waisenhaus zu geben.

Wir lehnen ab, wir nehmen es nicht. Wir berechnen die Unterhaltskosten. Und die Mutter? Eine bissige Bemerkung: zu hohe Berechnung. Sie fügt hinzu: ein strenges Urteil.

Sie zählt auf: Sie hat es ausgetragen und ernährt, so viel Anstrengung und Mühe in die ersten und die schwersten Jahre hineingelegt. Das Kind ist schon groß, ist schon leichter zu erziehen, und es muß nicht für lange Zeit sein. Sie will es abgeben, weil sie es tun muß.

Wir erforschen das Niveau von dem »muß«. Wir haben aber kein Recht zu urteilen, ob Notwendigkeit besteht. Wir haben keinen Platz, keine Betten für so viele Tausende.

Keiner bemerkt die Analogie. Das geliebte, einzige Söhnchen eines berühmten Piloten ist doch etwas ganz anderes. Außerdem: Im Heim wird es dem Kind sehr gut ergehen.

Die Mutter traut zwar fremden Händen nicht, auch wenn sie sicher ist, daß das Kind nicht hungern wird. Aber sie möchte es lieber hier als auf der Straße oder im Hof haben. Ein leidvoller Tränenausbruch. In den Untersuchungen gibt es keine Rubrik über die Seelenleiden einer Mutter, über die Tränen in den letzten Minuten des Abschieds.

Oh nein, die Tränen habt ihr euch ausgedacht. Umgekehrt, es ist die Freude einer Mutter, die eine Sorge losgeworden ist, die Freude eines Kindes, das ganze Schuhe und eine Zahnbürste bekommt.

Und vielleicht auch die Freude, weil die leidvollen Bemühungen ein Ende haben, und weil endlich das passiert ist, was passieren mußte.

1. Fünf Jahre nach dem ersten Alleinflug des Charles August Lindbergh (1902-1974) von New York nach Paris (1927) wurde dessen Kind entführt und ermordet.

Ich kenne das Internat in- und auswendig. Ich weiß, es gibt dort Herzen aus Stein, die das Kind, das stört, loswerden wollen. Vielleicht sind es nicht viele, aber es gibt sie.

Das vielleicht Traurigste, was am meisten beunruhigt, ist die Kriminalgeschichte der Lebensbedingungen, die der Mutter das Herz herausgerissen haben. Wie soll man die Kinder suchen, wem das Lösegeld zahlen, wem sie wegnehmen und zur Mutter zurückbringen?

Ein Kind von Lindbergh wird nur in seltenen Fällen durch einen Verbrecher entführt, die bittere Not dagegen raubt tausendfach Tausenden von Müttern ihre Kinder.

Janusz Korczak

Aus: *Unzer Kind* (Unser Kind), Nr. 4 (April 1932), S. 68f.

6 x 5
Dreißig Jahre Nachdenken über das Kind

Ich habe ihre Anschauungen, Gefühle, Beziehung zu Menschen und zur Umwelt beeinflußt; sie haben meine Anschauungen, Gefühle, Beziehung zu Mensch und Umwelt beeinflußt.

Ich weiß nicht, was bei ihnen ohne mich anders wäre, und ich weiß nicht, was bei mir ohne sie wäre. Ich weiß nicht, in welchem Maß alle Erzieher denselben Weg gehen. Das hängt vom Vermögen an Gesundheit, Ausdauer, Freundschaft sowie der Fähigkeit ab, sich in den geistigen Zustand derer einzufühlen, die sich in Alter, Erfahrung und den Anforderungen an das Leben unterscheiden.

Die Aufteilung in fünfjährige Abschnitte ist eine freie und künstliche: Kein Stockwerk auf Stockwerk in die Höhe gebaut, keine Schicht unter Schicht in die Tiefe. Nicht nur, daß die Fünfjahresabschnitte sich ergänzen, sie dringen ineinander ein, kreuzen sich, meißeln die Rückschläge und Aufschwünge ein: Ein stetig steigendes Bewußtsein aktueller Erlebnisse.

Die ersten fünf Jahre: Zauber der erzieherischen Tätigkeit. Ich strebe nach Aufklärung, Erleichterung, Lernen und Genießen. Ich sehe liebe und gute Kinder. Ich bin stark und selbstbewußt. Ich suche nach Rezepten in Büchern. Ich glaube, daß es leicht ist, mit einem guten Wort zu überzeugen.

Die zweiten fünf Jahre: Arbeitsmühe. Neben dem Erfolg zahlreiche Niederlagen. Ich bin oft wütend und beleidigt. Die Müdigkeit bremst die Kraft. Ich irre in mir umher. Ich werde zum Silbenstecher des kindlichen Wesens. Ich übe Kritik am Buch, an der Theorie, welche mich verführt hat.

Die dritten fünf Jahre: Neugierde. Man muß die Wahrheit erkennen und fragen: Warum ist es so, und wie macht man es anders? Ich mache mir noch vor, daß man voraussehen und verhindern, auf lange Zeit oder auf ewig versichern kann. Äußerlich im Gleichgewicht, verbiete und befehle ich. Ich werfe das Buch weg und suche den eigenen Weg.

Die vierten fünf Jahre: Unruhe. Das Leben ist stärker als ich. Ich sammle schwerwiegende Probleme, schwere Situationen und schwierige Kinder. Geizig mit Worten, werde ich jetzt schweigsam. Ich wache und beobachte. Ich will mich vergewissern, wie es mit einem Kind ist, zu einer Abmachung kommen, Erleichterung bringen, wenigstens für heute. Voller Argwohn suche ich wieder fremde Erfahrungen.

Die fünften fünf Jahre: Kontrolle. Ich kenne die Macht der Zeit. Ich verstehe Grenzen und Maße. Ich kann geduldig warten. Ich leite freundlich, nicht belästigend, von der Seite und aus der Ferne.

Die sechsten fünf Jahre: Vertrauen auf Gott. Ich resigniere zugunsten des Lebens. Ich gebe nach. Die Zukunft behält alle Möglichkeiten. Jetzt ist nicht mehr das Kind das Observationsobjekt, sondern der Mensch. Das Gefühl, daß Zeit vergeht. Ich schaue mich um, wem ich die Arbeit übergeben kann. Ich protestiere nicht gegen das Buch, das nicht weiß, und ich mache mir keine Vorwürfe, daß ich nicht weiß.

Eine dankbare, schwere, interessante, unruhige Arbeit, unter der wachsamen Kontrolle, ohne auf Stimmungen zu schauen, die kommen und gehen, mit Glauben – mit der Hoffnung auf Gott in der Zukunft.

Jemand hat gesagt:

»Die heutige Generation, welche erst an der Schwelle der Kultur steht …«

Janusz Korczak

Aus: *Dos Kind* (Das Kind), Nr. 4/5 (April/Mai 1934) S. 4f.

Wir und die Kinder

Es war ein heißer Tag. Ich machte mit den Kindern einen Ausflug. Wir mußten durch ein sandiges Gelände. Ich sagte den Kindern: »Wir gehen ganz, ganz langsam durch den Sand.« So geschah es. Ich fühlte, daß irgend etwas nicht in Ordnung war. Nicht in Ordnung bei mir und nicht mit diesem langsamen Gehen. Dann fiel es mir wieder ein: Vor vierzehn Jahren war ich an einem heißen Tag mit Kindern durch genau dasselbe sandige Gelände gegangen, und damals hatte ich zu den Kindern gesagt: »Wir laufen jetzt ganz schnell durch diesen Sand.«

Jeder Erzieher muß, wenn er vor einem sandigen Gelände steht und den Kindern rät, es schnell oder langsam zu durchqueren, sich selbst die Frage stellen: Für wen ist dieser Rat gut? – Für mich oder für die Kinder? Die Annahme, die uns sogleich in den Sinn kommt: Es ist gut für die Kinder, stimmt keineswegs. Es ist nicht gut für sie! Die Erzieher sind Erwachsene, und diese sind nicht in der Lage zu begreifen, was in der Seele eines Kindes vorgeht.

Unsere erzieherischen Traditionen in Warschau beruhen auf dem Prinzip, daß ein älteres Kind sich eher mit einem jüngeren Kind anfreundet, denn es steht ihm näher als der erwachsene Ausbilder. Und daraus folgt: Größere Kinder kümmern sich um die kleinen Kinder, für die größeren Kinder sorgen Jugendliche, und die Jugendlichen werden von Erwachsenen betreut.

Der Erwachsene verträgt keinen Lärm – deshalb darf kein Lärm gemacht werden. Für den Erwachsenen ist es bequemer, daß das Kind viel schläft. Deshalb erfindet er Rechtfertigungen, um es zur Unzeit früh schlafen zu legen. Der Erwachsene schreibt dem Kind seine Ansprüche, seine Bedürfnisse zu – und dem Kind fällt es schwer, das zu ertragen.

Die Aufgabe des Wächters ist nicht besonders angenehm. Und die Aufgabe des Erziehers gleicht der des Wächters. Er muß über die ruhigen Bürger wachen und sie vor jenen schützen, die gegen das Gesetz und die Ordnung verstoßen.

Aber es kommt auch vor, daß ein Kind nicht die Kinder stört, sondern die Gesellschaft und damit auch den Erzieher – in diesem Fall muß der Wächter-Erzieher sehr vorsichtig sein.

Einmal erzählte ich den Kindern eine Geschichte, und es schien mir, als fesselte ich sie damit.[1] Plötzlich erschien eine Herde Schafe. Alle Kinder liefen der Herde freudeschreiend zur Begrüßung entgegen und ließen mich mitten in der Erzählung stehen. Anfangs habe ich mich

1. Vgl. *Sämtliche Werke*, Bd. 10, S. 120f.

geärgert: Wie undankbar! Aber dann versöhnte ich mich damit, denn ich hatte begriffen. Die Sache war ganz einfach: Die Schafherde interessierte die Kinder mehr als meine Geschichte. Warum sollte ich von ihnen verlangen, meiner Geschichte zu lauschen, während eine Herde Tiere ihnen weitaus mehr am Herzen lag?

Bei meinem Besuch in Kfar-Gil'adi beeindruckten mich Landschaft und Umgebung sehr. Eines Morgens, während meines Aufenthalts dort, wurde ich von völlig neuen Erlebnissen und Überlegungen überwältigt. Tief in meinem Inneren löste ich mich völlig von der Welt und was darin ist, ab. Dieses Gefühl nimmt kein Ende, sagte ich mir.

Auch Kinder befinden sich häufig in einer ähnlichen Lage. Oft treffen sie auf neue, überwältigende Welten, die ihre ganze Seele gefangen nehmen. Sind wir diesen Gefühlen gegenüber genug aufgeschlossen? Nein. Nein, denn viele unter uns unterdrücken die Welt des Kindes, wobei sie weder das Kind berücksichtigen noch seine Erlebnisse, vielmehr fordern sie es streng, reißen es gewaltsam aus seinem ureigensten Gebiet heraus, aus seinen tiefen Erlebnissen, und drängen es zu den Gewohnheiten und dem alltäglichen Leben: zum Unterricht, zum Essen.

Aber wer weiß schon, wie wir damit die zarte Seele des Kindes verletzen?

Vergehen und Strafen

Eines Abends, es war schon spät, ging ich auf der Straße entlang. Ich ging immer weiter, und dann trat ich in ein Wirtshaus, um ein Glas Likör zu trinken. Beim Hinausgehen stellte ich mir die Frage: Was hat dich ausgerechnet heute dazu veranlaßt, ein Glas Likör trinken zu wollen? Wo ich doch schon jahrelang nichts derartiges getan hatte. Und dann kam mir die Erinnerung: Einen Tag zuvor waren wir nach einer Sitzung des Pädagogenkreises von einem der Teilnehmer nach Hause eingeladen worden, und dort haben wir etwas getrunken.

Ich war mit Kindern in einer Sommerkolonie. Mir hatte man besonders problematische Kinder zugewiesen. Bevor ich die Arbeit aufnahm, beschloß ich: Nein. Ich werde meine Hand nicht gegen sie erheben, ich werde die Kinder nicht schlagen. Und tatsächlich bin ich meinem Versprechen treu geblieben: Drei Wochen vergingen, ohne daß ich ein Kind geschlagen hätte, wenngleich sich dazu viele Gelegenheiten geboten hatten. Eines Tages schaute ich aus dem Fenster: Ein wilder Junge, der die Kinder gerne quälte, vergriff sich an einem stillen, ruhigen und umgänglichen Jungen und schlug ihn brutal.[1] Mir riß der Geduldsfaden. Ich ging hinaus und verprügelte den Angreifer.

1. Vgl. *Boshafte Kinder im Vorschulalter* im vorliegenden Band S. 245.

Und am Tag darauf:

Die Kinder in der Sommerkolonie sind mit der Herstellung von Beerensaft beschäftigt, und den ganzen Tag über haben sie alle Hände voll zu tun: mit Flaschen, Beeren und Zucker. Dieses Kind macht es für seine Schwester, das andere für seine Mutter. Zwar sind viele emsig damit beschäftigt, aber nur wenige Flaschen erreichen auch ihr Ziel. – Und das folgende geschah einem sechs- oder siebenjährigen Jungen. Er bereitete eine kleine Flasche mit Saft zu. Er arbeitete an ihr und mühte sich, stopfte in diese kleine Flasche viele Vitamine von Gefühl und Liebe, versteckte sie unter seinem Kopfkissen und träumte davon, wie er sie seiner Mutter am Ende der Sommerferien schenken würde. Eines Morgens wachte der Junge auf und seine Flasche war verschwunden. Er suchte unter dem Kissen, er fragte und forschte. Die Spur führte ihn zum Bett eines größeren Jungen. Dessen von Beeren schwarz verfärbten Lippen verrieten ihn als den Missetäter. Ich fragte ihn: »Hör einmal, warum hast du das getan?« Er stritt es jedoch ab. »Woher wollen Sie wissen, das ausgerechnet ich der Übeltäter bin?« Ich bohrte immer hartnäckiger weiter, aber der Junge wollte nicht gestehen. Ich beherrschte mich nicht länger und schlug ihn.

Schläge sind ein leichtes, schnell wirkendes Erziehungsmittel. Aber damit ist es wie mit dem Opium. Wie bei jeder Droge wendet man dieses Mittel ein-, zweimal an, und schon macht man weiter: Die Hand rutscht leicht aus. Auch auf den Empfänger wirken die Schläge wie Opium – jedes Mal muß man mehr und stärkere geben. Und darin liegt die Gefahr, denn nur mit Mühe hält man sich an eine Grenze. Oft ist zu beobachten, daß, wer Schläge als Erziehungsmittel verwendet, häufig genug die Kinder auch grausam und brutal mißhandelt.

Es kommt auch vor, daß der Schlag oder der Stock des Erziehers keinerlei Wirkung bei dem Jungen hervorruft, für den er bestimmt ist. Aber unter Umständen schaut ein anderer, ein empfindsamer Junge zu, und dieser Junge verliert, während er den Erzieher bei seinem Werk beobachtet, seinen Glauben an ihn und an sich selbst.

Einmal erklärte mir ein junger Erzieher: »Nein, ich werde nie ein Kind strafen – ich werde kein Kind schlagen.« Ich bat ihn, mir zu schreiben, wenn er gegen dieses Versprechen verstieß und ein Kind schlug. Es verging ein Jahr, ohne daß ich einen Brief von ihm erhalten hätte. Bei einem Treffen von Lehrern und Erziehern traf ich ihn wieder. Er sagte mir: »Ich habe nicht geschlagen. Das habe ich vermieden. Auch heute schlage ich nicht. Nie habe ich geschlagen, nicht ein einziges Mal. Wenn ich sah, daß ein Junge einen anderen quälte, habe ich ihn so fest gehalten, bis er schwarze Abdrücke von meiner Hand auf seinem Arm hatte.«

Er hat nie geschlagen.

Ich glaube dem Erzieher nicht, der darauf besteht, er strafe Kinder nicht. Nur innere Beherrschung führt dazu, daß die Strafe geringer ausfällt.

Einmal lud man mich zur Sitzung eines Kuratoriums im Erziehungsministerium. Als Thema stand auf der Tagesordnung: Wie läßt sich die Körperstrafe in den Schulen verringern? Ich schlug vor: In jedem Lehrerzimmer solle ein Heft eingeführt werden, in das jeder Lehrer einträgt, wenn er einen Schüler schlagen mußte. Durch solch einen systematischen Eintrag gewinne man wichtiges Material: Dann wisse man, bei welcher Gelegenheit Kinder geschlagen werden; man kenne auch den Erzieher, der schlägt, und man wisse, welches Kind geschlagen wurde, ob häufig oder ob selten. Dieses statistische Material werde es leichter machen, die Ursachen für das Schlagen von Kindern festzustellen und veranlasse auch den Lehrer, vor sich selbst Rechenschaft abzulegen. – Dieser Vorschlag sagte allen Teilnehmern der Sitzung zu, aber ... In Polen war es unter den herrschenden Bedingungen unmöglich, ihn tatsächlich umzusetzen: Ein Gesetz untersagt die Körperstrafe und damit auch das Vorhandensein eines derartigen Heftes im Lehrerzimmer. Das ist Gesetz, und gegen das Gesetz verstößt man nicht.

Die erwünschte Bestrafung ist Isolieren.[1] Einmal zog man mich als Berater hinzu, als ein großes Internat gebaut wurde. Ich schlug den Bau von drei Isolationskammern vor: eine gepolstert, die zweite leer und die dritte möbliert, ähnlich wie die übrigen Zimmer im Haus. Dieser Vorschlag rief Verärgerung hervor. Nennt sich das Erziehung? Die Kinder wie Verbrecher, wie Außenseiter ausgrenzen? – Ich erklärte: »Wenn ein Kind körperlich krank ist und hohes Fieber hat, isolieren wir es dann nicht? Warum sollte man nicht auch ein Kind isolieren, dessen seelisches Fieber 40° beträgt? Im ersten Fall sagt man: Das ist eine ansteckende physische Erkrankung. Aber seelische Erkrankungen – nämlich die Ausbrüche von Kindern – sind unvergleichlich ansteckender und beeinflussen die Psyche der stillen Kinder nachhaltig. Tritt bei einem Kind ein wilder Ausbruch auf, braucht es eine gepolsterte Kammer, in der es solange bleibt, wie der Anfall von Bewußtlosigkeit anhält. Kinder, die die Gesellschaft auf andere Weise stören – benötigen die zweite Kammer und ein drittes Kind, das auf eine dritte Art stört – braucht eine stille Kammer, mit einem Bücherregal und Spielsachen.«

1. Vgl. S. 245, Anm. 2.

Erziehungsschwierigkeiten

Wir dürfen schwererziehbare Kinder lieben, Mitleid mit ihnen haben und uns eingehender mit ihnen befassen, aber wir dürfen die stillen Kinder nicht dem Willen und Mißbrauch der schwererziehbaren ausliefern.

Das schwererziehbare Kind nimmt die ganze Zeit des Erziehers in Anspruch und beeinflußt die Stimmung in der Klasse, so daß der Erzieher keine Zeit mehr für das stille Kind hat. Das problematische Kind bringt den Erzieher dazu, heimlich schwere Strafen auszuprobieren. Und das setzt den Erzieher herab.

In der Sommerkolonie sind Kinder zwischen 4 und 5 Jahren. Durch das Fenster sehe ich: Unter dem Baum sitzt ein vierjähriges Mädchen – ein Mädchen mit hübschen Locken, großen schwarzen Augen und langen Wimpern, eines von jenen Kindern, die stille Träumer sind. Auf seiner Stirn zeichnen sich unter der zarten Haut blaue Adern ab, und es sitzt im Schatten des Baums wie tief versunken in seine Welt. In der einen Hand hält es einen Tannenzapfen, den es mit der zweiten Hand streichelt. Von weitem kommt ein kleines Kerlchen, vier Jahre alt, mit krummen Beinen, geht in die Richtung des Mädchens, fällt unterwegs hin, steht auf, strauchelt und geht dann weiter auf seinem Weg. Er tritt zu dem Mädchen, das in seine Welt versunken ist, entreißt ihm gewaltsam den Tannenzapfen, wirft ihn weg und bricht in Lachen aus. Die Kleine weint heimlich. Über ihre blassen Wangen rollen große Tränen.[1] Der aggressive Junge ist der Sohn eines berüchtigten Banditen in Warschau.

Ist es gerecht, daß das zarte, gequälte Mädchen unter ihm leidet?

Eine Erzieherin, die aufgrund seiner Talente nachdrücklich auf den Rechten eines schwererziehbaren Jungen bestand, fragte ich: »Würden Sie gerne in einem Zimmer mit einem Geisteskranken wohnen, der große Tugenden und ebenso große Talente hat?«

Warum sollte man so etwas wehrlosen Kindern antun?

Der übertriebene Verdacht

Von den 700 Kindern, die ich sehr gut kannte, onanierten vielleicht zwei. Die Erzieher übertreiben es damit. In jeder Dummheit wittern sie eine verdächtige Erscheinung. Hinter allem – steht die Sexualität; gleichzeitig übersehen sie dabei die interessante, schöne Erscheinung, die so

1. Vgl. den ähnlichen Bericht in *Boshafte Kinder im Vorschulalter* im vorliegenden Band S. 243ff.

viel Platz im Leben von Kindern aller Altersstufen einnimmt – die positiven erotischen Entdeckungen und die Liebe, die sie noch zu schätzen wissen.

Ich schaute aus dem Fenster. Im Hof spielten Kinder. Ein zwölfjähriger Junge ging zu einem Mädchen und flüsterte ihm etwas ins Ohr. Das Mädchen zuckte mit den Achseln und antwortete irgend etwas. Das kam mir verdächtig vor. Zwei Tage später fragte ich den Jungen: »Was hast du dem Mädchen gesagt, als ihr im Hof gespielt habt?«

Der Junge war ein bißchen verlegen. Dann erinnerte er sich und antwortete einfach: »Ich habe sie gefragt, wieviel zwölf mal zwölf ist, und sie hat geantwortet, daß sie es nicht weiß.«

Ich schämte mich meines Verdachts.

Einmal kehrte ein Mädchen völlig verlegen von einem Ausflug am Schabbat zurück. »Was mir dort im Park beim Ausflug passiert ist ...!« In mir als Erzieher regte sich Verdacht. Ich nahm das Mädchen in ein Zimmer. »Nun, erzähl mir doch einmal, was dir dort passiert ist.« Es schämte sich, zuckte mit den Achseln, konnte es nicht erzählen. Das verstärkte meinen Verdacht natürlich noch weiter. Ich bedrängte die Kleine. Sie konnte ihr Schamgefühl nicht überwinden. Ich wurde allmählich böse. Ich befürchtete, daß ihr etwas sehr Beschämendes passiert sei. Ich drohte ihr: »Wenn du es mir nicht erzählst, darfst du nie wieder allein am Schabbat einen Ausflug machen.« Schließlich gab das Mädchen nach und erzählte, indem es die Augen verschämt zu Boden senkte: »Als ich im Park saß, ließ ein Vogel etwas auf meinen Hut fallen.«

Ich war beschämt und über mich verärgert und sagte mir: Ach, du alter Dummkopf. Deine Gedanken sind nicht rein – die unschuldigen Kinder, was haben sie verbrochen?

Indem man übertrieben auf das sexuelle Interesse der Kinder im zarten Alter achtet, wird ihre Aufmerksamkeit auf die Ausscheidungsorgane gelenkt. Die Kinder nehmen ihre Organe wahr und beschäftigen sich damit. Damit wird vielleicht der erste Anstoß zum Onanieren gegeben.

Über das Bettnässen[1]

Der Lärm, den Eltern und Betreuerinnen angesichts eines Kindes machen, das sein Bett näßt oder sich in die Hose macht, lehrt das Kind nichts und erzieht es auch nicht dazu, von dieser Angewohnheit zu

1. Vgl. Korczaks Aufsatz *Nächtliches Bettnässen bei Internatskindern*, in: *Sämtliche Werke*, Bd. 8, S. 260ff.

lassen. Was gleicht dem? Eine Stunde Unterricht in Trigonometrie zu geben, während draußen die Kanonen donnern. Bei diesem Lärm begreift das Kind überhaupt nicht, was man von ihm will.

Den Nieren, der Blase und ihren Funktionen kommt das gleiche Existenzrecht zu wie dem Gehirn und dem Herzen. Würde man bei diesen Funktionen nicht so tun, als stünden sie auf einer tieferen, Scham weckenden Stufe, würde man die armen Kinder nicht so quälen.

Der gesunde Instinkt

Der Instinkt eines Kindes ist gesund. Es sollte über alles selbst entscheiden. Glauben Sie es mir, die Kinder sollten nicht gezwungen werden zu essen oder zu schlafen, denn der Organismus des Kindes selbst ist es, der das Maß festlegt. Habt nur viel Vertrauen in das Kind!

Längere Zeit habe ich die Kinder im Schlaf beobachtet.[1] Ich habe meine Nächte zum Tag gemacht und die Kinder in den Schlafzimmern betrachtet. Einmal habe ich gesehen, wie ein Kleinkind am Bettende liegt und eines seiner Beine schon aus dem Bett hängt. Ich setzte mich daneben und wartete: Gleich würde es aus dem Bett fallen – seine Bewegungen schienen meinen Verdacht zu bestätigen.

Aber im entscheidenden Augenblick stützte es dieses Bein auf den Boden und drehte sich auf die andere Seite. – Das ist der gesunde Instinkt beim Kind.

Allem Anschein nach sollte man sich mehr auf diesen Instinkt des Kindes verlassen, selbst in seinem Schlaf, als auf die Erfahrung eines alten und normalen Pädagogen.

Janusz Korczak

Aus: *Dawar Mibifnim* (Wort von Innen), Ejn Harod, Nov. 1934, S. 50-54. Der Artikel wurde von Rywka Zwikielska-Simchoni nach Vorträgen Korczaks in Ejn Harod zusammengestellt und ins Hebräische übersetzt.

1. Vgl. *Der Schlaf*, ebd., S. 266ff.

Wer kann Erzieher werden?[1]

(Ein hartnäckiger Mensch. Janusz Korczak aus der Nähe gesehen)

Mosche Tabenkin fragte nach dem Unterschied zwischen der Erziehung von Waisenkindern und Kindern im Kibbuz, die Eltern haben. Mosche meinte, es sei leichter, Waisenkinder zu erziehen. Korczak berichtigte ihn und sagte: »Ich erziehe keine Waisenkinder. Ich erziehe Menschen.« Und er fügte hinzu:

»Ich kann keinen Vergleich ziehen, ich kann nur allgemein sagen, wer für die Erziehung von Kindern geeignet ist.

Wer Kinder nicht liebt, kann sie nicht erziehen.
Wer sich mit sich selbst beschäftigt,
für den interessieren sich Kinder nicht.
Und der, für den sich Kinder nicht interessieren,
ist nicht geeignet, sie zu erziehen.«

Und bewegt fügte er hinzu:

»Ich wäre glücklich, wenn ich mich selbst in eurer Erziehung erproben könnte.«

Dieses sein sehnsüchtiges Verlangen drückte Korczak auch in einem Brief an die Familie Simchoni[2] aus:

»Ich kehre zu Euch als ein Kind zurück, das seine Wanderung durch das Leben von vorn beginnt.«

Mitglieder des Kibbuz, die Korczak als Kinder begegnet sind, erinnern sich kaum an Details aus dieser Zeit, aber ohne Zweifel, irgendeinen Einfluß hatte Korczak ausgeübt.

Aza Cohen-Ronen war damals 6 Jahre alt. [...] Sie lernte von Korczak, daß jedes Kind einen individuellen Zugang braucht. Als sie mit Kindern Glückwunschkarten zu Rosch Ha-Schana vorbereitete, dachte sie nicht daran, daß die (Erinnerungs-)Postkarten eines der Verfahren waren, die man im Dom Sierot angewendet hatte. Aber als sie das Strahlen in den Augen der Kinder sah, erinnerte sie sich an Korczak.

Diese Reihe von Erinnerungen verdient es, mit einer Erzählung Korczaks abgeschlossen zu werden, mit der er auf die Frage von Erziehern, was das

1. Aus einem Artikel von Ada Hagari-Poznańska mit dem Titel *Der Einfluß Janusz Korczaks und Stefa Wilczyńskas auf die Kinder im Kibbuz*; Erstdruck in *Hachinuch Hameschutaf* (Gemeinschaftserziehung), März 1978, S. 132f. Das wiedergegebene Gespräch mit Korczak hat im Jahr 1934 (oder 1936) stattgefunden.
2. Gastgeber-Familie im Kibbuz Ejn Harod, Palästina, bei der Korczak während seines dreiwöchigen Aufenthalts 1934 wohnte, und die er auch bei seinem zweiten Aufenthalt in Palästina 1936 besuchte. Der Brief wurde am 30.3.1937 für »die mir Nahestehenden in Ejn Harod« von Korczak geschrieben und an die Familie Simchoni adressiert. Vgl. *Sämtliche Werke*, Bd. 15: *Briefe*.

sei – Gleichberechtigung in der Erziehung – antwortete. Einer der Anwesenden fügte noch die Frage hinzu: Welches ist Deine pädagogische Linie (Dein Weg in der Erziehung)?

Mosche hat diese herrliche Erzählung Korczaks im Gedächtnis behalten:

»Die Geschichte spielt im Ausland. Die Rede ist von einer gewissen Familie: Vater Mordechai, Mutter Rywka, der ältere Sohn Arie, Tochter Esterka, der jüngere Sohn Srulik. Und noch der Großvater Abraham; er ist gelähmt und sitzt im Rollstuhl.

Morgens gehen alle weg: die einen zur Arbeit, die anderen in die Schule. Mutter Rywka ist auf den Markt gegangen. Daheim blieben der kleine Srulik mit dem Großvater Abraham im Rollstuhl. Großvater Abraham ist 70 Jahre alt. Er sitzt bequem, ist gut angezogen, neben ihm hat man die Heiligen Bücher aufgestellt, damit er sie lesen kann. Der kleine Srulik rennt auf dem Hof dem Ball nach. Großvater Abraham greift nach den Büchern und verliert dabei die Brille. Er will sie aufheben, aber er kann es nicht. Jetzt erwarten ihn drei Stunden der Untätigkeit. Er wird traurig und fängt an zu weinen. Der kleine Srulik rennt hierhin und dorthin und hört plötzlich, daß der Großvater die Nase putzt. Er geht zu ihm und sieht, daß der Großvater weint. Srulik ist sehr erstaunt: »Großvater, warum weinst du?« Der Großvater antwortet: »Es ist nichts, gib mir nur die Brille, die mir auf den Boden gefallen ist.«

Srulik gibt ihm die Brille, und Großvater kann wieder lesen.

Die Mutter kehrt vom Markt zurück, und der kleine Srulik erzählt ihr, immer noch erstaunt: »Großvater hat geweint.« Warum?! Hätte er es gekonnt, hätte er gesagt: »Wegen so einer Kleinigkeit!«

Die Schwester Esterka kommt von der Schule zurück, rennt in ihr Zimmer, legt sich aufs Bett und weint. Mutter Rywka geht zu ihr und fragt, was passiert ist. Das Mädchen weint bitterlich, mit Mühe bringt sie die Worte heraus: »Am Anfang haben sie gesagt, ich bin die Königin der Klasse, jetzt sagen sie, daß ich es nicht mehr bin und haben mir die Bücher zerrissen.« Die Mutter tröstet sie: »Dummerchen, das ist doch nicht schlimm. Aus so einem Grund weinst du?«

Der Ältere, Arie, fünfzehnjährig, kommt am Nachmittag heim. Sie rufen ihn zum Essen, aber er kommt nicht. Er steht draußen, und Tränen tropfen ihm aus den Augen. Der Vater fragt: »Warum weinst du denn? Was ist passiert?« Arie erzählt mit Mühe, tränenerstickt: »Ein Mädchen hat mich beleidigt. Sie möchte mich nicht anschauen und nicht wissen, was ich ihr zu sagen habe.« Der Vater hört zu und tröstet den Sohn: »So eine Dummheit, und du weinst wegen eines Mädchens, du wirst eine andere finden.«

Die Mutter kommt von einem Besuch und ist verzweifelt: »Sie haben gesagt, mein Kleid sei ein Lumpen. Und das ist doch mein bestes Kleid. Ich habe nichts anzuziehen.« Erzählt es und weint. Vater

Mordechai wundert sich: »Du weinst wegen eines Kleides?« Er kann seiner Frau kein Geld für ein neues Kleid versprechen. Sie sind nicht reich. Und es gibt Leute, die mit privaten Autos zur Arbeit fahren. Mordechai fährt mit dem Bus. Er schämt sich. Wegen dieser Scham füllen sich seine Augen mit Tränen.

Großvater Abraham wundert sich: »Zu meiner Zeit gab es keine Autos für alle. Was ist Schlimmes daran, mit dem Bus zu fahren? Weinst du wegen eines Autos?«

Der kleine Srulik weint; er hat Angst, daß der Teufel vor der Tür steht. Das Bübchen fürchtet sich, er brüllt und weint. Die Mutter öffnet die Tür und zeigt ihm, daß da niemand ist. Srulik weint weiter und bittet die Mutter, ihn auf den Arm zu nehmen.

Alle Tränen sind salzig. Wer das begreift, kann Kinder erziehen, wer das nicht begreift, dem gelingt es nicht, sie zu erziehen.«

Falsche Konzeptionen

Jede Religion, jede philosophische Richtung, alles, was sich Wissenschaft nennt, behauptet sicher und fest: Der Mensch ist schwach und gebrochen. Geistig und physisch ist er schwach. Weder im privaten Leben noch im Kollektiv wird er imstande sein, etwas Vollkommenes zu schaffen: Eine symmetrische Harmonie von Gedanken und Taten, Ordnung, Disziplin und gutwilligem Gehorsam. Unsere traurigen Minuten, Sorgen und Leiden erzählen doch davon, daß es uns nicht gelungen ist, das im Leben zu erreichen, nach dem wir gestrebt und uns gesehnt haben. Unzufrieden mit unserem Leben, warten wir ungeduldig auf Morgen. Wir haben gedacht, die Zukunft wird alles wieder gut machen. Wir hoffen und sehnen uns danach und warten.

Es gab eine Zeit – vor Jahrhunderten – als unser ganzes Dasein als eine Art Vorzimmer zu jenem Leben betrachtet wurde, das sich nach unserem Tod einstellen sollte.

Ist es denn wert, über einen so kurzen Augenblick unseres Lebens zu reden? Dann hat man eine noch schönere Idee gehabt: Was hier schlechter ist, ist dort besser, je mehr Sorgen jetzt, um so größer das Vergnügen später. Wir haben uns von solchen Alpträumen bis heute nicht befreit.

Wir denken weiterhin in ähnlichen Kategorien. Wir haben gelernt, das Leben in gewisse Etappen zu unterteilen. Unser Leben ist erfüllt mit Ernst und Achtung. Die Jugend weisen wir erst an, sich auf dieses Leben vorzubereiten, abzuhärten und abzuwarten.

Es bedeutet also: Kinder und Jugendliche leben noch nicht, vielmehr sind sie in einem Erwartungszustand. Erst das, was im späteren Leben kommt, wird eine ernste Sache sein.

Und damit alles in völliger Ordnung ist, um das Gerechtigkeitsgeschrei, die Wahrheit und unser Gewissen vollständig zu betäuben, haben wir uns eine bequeme Lüge geschaffen: »Unsere Kinder sind glücklich. Ihre Sorgen und Leiden gehen schnell vorbei. Sie verleben Tage und Jahre sorgloser Freude. Die Jugend mit ihrer Vollblütigkeit ist doch der Frühling des Lebens[1].«

Wahrscheinlich haben wir alle diesen Frühling so lieb, wir entzücken uns an ihm, mit einem stillen Seufzer erinnern wir uns an jene gute Zeit.

Erlaubt mir folgendes: Alles zusammen ist eine Lüge, ein gemeines Sich-Selbst-Belügen. In Wahrheit ist unsere Beziehung zu ihnen eine geringschätzige, eine leichtfertige. Alles, was wir im Leben geschaffen haben, ist dafür da, unsere eigenen Ambitionen und Wünsche zu stillen.

Wir gestalten das Leben nach unserem eigenen Muster. Recht und Macht haben die Älteren. Pflichten und Aufgaben haben die Älteren. Wir tragen die Verantwortung für unser eigenes, aber auch für ihr Tun und Verhalten. So ist es heute leider. Es könnte auch anders sein.

Und daran muß man sich erinnern: Später rächt sich das Degradieren der ersten zwei Lebensabschnitte (Kindheit und Jugend) bitter. Eine Kindheit voll bitterer Erinnerungen deformiert die Jugend, und eine deformierte Jugend ist ein Fluch fürs Leben, ein Gespenst, das die Ruhe aus den Augen vertreibt.

Keiner von uns darf sagen: Ich bin eine Ausnahme, ich habe glücklich die Folgen einer schlechten Kindheit übersprungen und vermieden. Das ist nicht wahr! Jeder von uns trägt die Last der verfluchten Vergangenheit. Wenn auch keine Wunden, aber Zeichen bleiben sicher, und es ist schwer, sie auszuradieren.

Man muß einen außergewöhnlich starken Willen haben, um unsere Impulse aus der Vergangenheit im Zaume zu halten. Wenn du einen Holzsplitter unter dem Nagel hast, mußt du ihn mit einem Messer entfernen, obwohl es weh tut. Von alleine wird sich da nichts tun. Das ist das Schlimmste, wenn ein Mensch sich sagt: »Es geht von alleine weg.« Von alleine geht gar nichts weg. Ich muß es tun, jetzt, mit all meinen Kräften.

Man muß das Leben mögen, lieben und jede Stunde, jeden besonderen Moment für wertvoll erachten. Keine Stunde ist vertan, in der das Kind spielt oder der Jugendliche träumt.[2] Natürlich nur, wenn das Träumen

1. Vgl. *Der Frühling und das Kind*, in: *Sämtliche Werke*, Bd. 5.
2. Schon seine frühe Erzählung *Ruhm* (1912/13) beendet Korczak mit dem Appell: »Kinder! Habt hohe Ziele, große Träume und strebt nach Ruhm. – Irgend etwas wird immer daraus.« In: *Sämtliche Werke*, Bd. 10, S. 299.

stilles Ausruhen ist und keine den gegenwärtigen Gefühlsausbruch noch verstärkende Halluzination.

Janusz Korczak

Aus: *Dos Kind* (Das Kind), Nr. 4 (April 1936), S. 12f.

Wer und was

»Wer bist du?«

»Ein Schuster, Gärtner, Mechaniker, Uhrmacher, Lehrer, Arzt.«

Es ist sehr einfach, auf eine solche Frage zu antworten.

»Was für einer bist du, was stellst du dar?« Das ist schon schwerer zu beantworten. Es muß heißen: Was geht in deinem Kopf vor? Was in deinem Herzen? Was sind deine Interessen, Träume und Sehnsüchte?

Die Tätigkeit des Menschen ist entscheidend dafür, wie er von außen gesehen wird. Die inneren Werte – das ist ein Kapitel für sich. Dieses versteckte »Ich« entscheidet über unsere Lebensauffassung, über unsere Beziehung zur Umgebung, zu anderen Menschen und zu uns selbst.

Mit unseren von außen sichtbaren Lebensformen ist leicht umzugehen: Wir können ihr Tempo beschleunigen, ihren Glanz verschönern. Mit unserer Seele ist das schon ein schwierigeres Thema. Eigenhändig muß man daran arbeiten. Das Einmischen in die innersten Angelegenheiten eines Menschen ärgert jeden von uns. Es führt zu Wut, Zorn und Sturheit.

Als erstes, scheint es, hat es Amerika verstanden. Als sich die Menschen im alten Europa in Christen, Juden, Franzosen, Deutsche, in Adel, Bürgertum und Magnaten, in Klassen und Schichten aufteilten, als das alte Europa, in Traditionen versunken, seine Bürger in blaues und rotes Blut teilte. Da hat das neue demokratische Amerika alle mit offenen Armen aufgenommen, die Tore für Verbrecher und Streitsüchtige, für Entlaufene und Zuchthäusler, für alle niedersten Elemente ohne Unterschied geöffnet. Es hat bloß eine einzige harte Bedingung gestellt: Es muß Ordnung herrschen, nicht alles ist erlaubt. Von den Gesetzen und Verboten, die es gibt, darf man um kein Haarbreit abweichen.

Und dieser menschliche Abfall hat den neuen Kontinent aufgebaut. Europa bewundert es und bemüht sich, das nachzumachen. Ist es bloß ein Zufall, daß der Kinematograph gerade in Amerika erfunden wurde?[1] Dort habt ihr Schulen, lernt von sechs bis zwanzig Jahren einschließlich. Du kannst sogar jedes Jahr dein Fach wechseln, dich bis zum letzten Lebensatem vervollkommnen. Dort habt ihr Bibliotheken und Zeitschriften, Vorträge und Clubs. Gefällt es dir nicht in der Schule, dann geh in die Fabrik. Bist du zu faul zum Lesen – hast du die Bilder: Komm ins Kino, du wirst einen Film anschauen, und die Musik wird dazu spielen.

Wer bist du? Das ist doch eigentlich eine Kleinigkeit. Wichtig ist, was stellst du dar? Das ist wirklich wichtig, aber bloß für dich selbst, für deine stillen, einsamen Minuten, für das stille Gebet zu Gott, für das Gebet zu deinen verstorbenen Vorfahren, zu deinem selbst geschaffenen Gott. Wir, als eine organisierte Gesellschaft, können die Murmeleien deiner Seele nicht kontrollieren, und das, was du uns vielleicht doch sagen wirst, wird bloß ein kleiner Teil vom dem sein, was die tiefsten Schichten deiner Seele verborgen halten.

Der Mensch – das ist doch eine Welt für sich, ein Mikrokosmos. Eine kleine Welt mit einer eigenen Sonne, einem eigenen Mond, eigenen Sternen. Mit fröhlich-heiteren Wetterlagen und mit bösen Sturmwinden, mit Bergen und Tälern, mit bewölktem Himmel und schneeweißen Nächten.

Wir kennen die Welt nicht – wie können wir dann den Menschen begreifen? Vorläufig urteilen wir nach dem, was du uns schenken und auf dem »Lebens-Markt« ausstellen kannst, was du gibst und verlangst, und auch zu welchem Preis.

Wir urteilen nach folgenden Kriterien: Arbeit, Hände, Einfluß auf die Allgemeinheit. Gehorsam – und das nicht nur in Gedanken, sondern auch in Taten. Ehrlichkeit – nicht nur im Mitgefühl und Mitleid, sondern auch in der tagtäglichen Arbeit.

Mit den schädlichen Elementen führen wir einen Kampf, wir wollen sie von der Gesellschaft isolieren. Von den Unnützen versuchen wir – durch harte Bestrafung – etwas herauszubekommen, und wir belohnen laut dem Maß getaner Arbeit.

Geld existiert nicht nur für das, was durch Bajonette und Kanonen unterstützt wird, sondern auch dafür, daß man es zählen kann. Ganz gleich, ob Gold, Silber, Banknoten, Aktien, Arbeitsprämien, wichtig ist bloß, daß man es hinlegen und zählen kann. Eins, zehn, hundert,

1. Gemeint ist der Kinematograph von Thomas Alva Edison (1847-1931), der ein mit perforiertem Film arbeitendes Filmaufnahmegerät entwickelte; als Geburt des modernen kinematographischen Verfahrens gilt allerdings der 1895 von den Brüdern Louis Jean und Auguste Lumière entwickelte ruckhafte Filmlauf. Sie führten 1903 dann auch mit der von ihnen entwickelten Autochromplatte ein praktikables farbphotographisches Verfahren ein.

tausend und so weiter. Man kann sagen: Du hast zehn gegeben und zwanzig bekommen, oder du hast jemanden oder jemand hat dich um zehn, zwanzig oder hundert betrogen. Geld gibt uns die Möglichkeit, unsere Güter zu teilen. Gerecht oder nicht gerecht – darum geht es doch in Wirklichkeit im gesellschaftlichen Kampf. Geld ist unser Lebens-Regulator. Wer einschätzt, wie groß seine intellektuellen Fähigkeiten sind, und auch Geld erwerben will – der wird es einfach haben. Er braucht bloß seine Arbeit, Gedanken, Selbständigkeit und Ehre auf dem Markt auszustellen. Kunden werden sich immer finden.

Manche Menschen meinen, daß nur der Arbeiter sich wirklich abrakkert, der Fabrikant oder Kaufmann dagegen fast gar nicht. Das ist ein großer Irrtum: Der Arbeiter beendet seine Arbeit und verfügt schon über freie Stunden für seinen eigenen Gebrauch. Der Unternehmer, so scheint es, hat überhaupt keine Freizeit.

Dem Arbeiter wird die freie Zeit durch andere Sachen geraubt: Die Angst vor dem Alter, vor Arbeitslosigkeit, vor Krankheit. Er muß zur Krankenkasse oder zum Wohlfahrtsverein gehen, eine kostenlose Schule für seine Kinder besorgen – Formalitäten und Bürokratie über und über.

Aber Schritt für Schritt gehen wir in ein historisches Zeitalter, in dem man die Arbeit des Menschen sowie seine gesellschaftlichen Verdienste gerecht beurteilen wird. Wir machen es vorsichtig, langsam, wir haben Angst vor dem Mißbrauch und blicken noch einmal in die menschliche Seele hinein: Das Recht vereidigter Richter reicht sehr weit. Ihnen ist erlaubt, »unschuldig« zu sagen! Sie können verurteilen, und die Strafe auf später verlegen.

Das alles ist bloß ein Versuch, sind Äußerlichkeiten, mit denen du auf die Frage »Wer bist du?« antworten kannst, in das Leben einordnen.

Und solange sich eine gerechtere Form bei uns nicht einbürgert, ist unser Blick auch dem zugewandt, was der Mensch ist. Geistige Schätze sind wie versteckte Perlen in den Meeresgründen, wie Brillanten in einem verzauberten Kästchen. Arbeitsdienste in einem Waisenhaus[1] – laßt uns unsere Behauptungen konkretisieren – sind eine Pflicht, eine Steuer von individueller Kraft und geistiger Intensität. Es ist eine aktive Beteiligung an unseren Aufsichtsleistungen – für diejenigen, die das innere »Etwas« haben, und es einem anderen, auch einem Fremden, schenken können.

Janusz Korczak

Aus: *Dos Kind* (Das Kind), Nr. 5 (Mai 1936), S. 10-12.

1. Vgl. z.B. *Sämtliche Werke*, Bd. 13, S. 457ff.

Neue Erzieher

Als ich nach Paris zum Lernen gefahren bin, haben Menschen zu mir gesagt: Schade um die Zeit, es wird nichts dabei rauskommen. Die Menschen in Paris mögen es, sich zu amüsieren. Cafés, Kino, Kabarett, Theater, Bälle – das ist Paris.

Ich habe es nicht geglaubt. Ich bin hingefahren und habe ein anderes Paris entdeckt: Ein Paris der Arbeit und der Lehre. Ein Paris, das sich um zehn Uhr abends schlafen legt und um sechs Uhr morgens aufsteht. Ein Paris, das den Tag im Krankenhaus, in der Bibliothek, in den Universitätssälen verbringt. Ein Paris, das der Welt Jahr für Jahr neue wissenschaftliche Entdeckungen bringt, neue Kulturwerte und neue philosophische Strömungen. Für das Kennenlernen des leichtlebigen Paris habe ich keine Zeit, kein Geld und keine Lust gehabt. Ich bin gefahren, um zu sehen, wie Menschen denken und arbeiten.

Das, was ich in Paris gelernt habe, ist mir für das ganze Leben geblieben.

Warschau wird von Jahr zu Jahr Paris ähnlicher. Es gibt ein Warschau der Kabaretts, der Tanzveranstaltungen, Schönheitswettbewerbe mit den schönsten Modeschauen, und es gibt auch ein Warschau der Bibliotheken, Schulen, Vorträge und Kurse. Warschau ist laut und schreiend, wie ein lärmender Jahrmarkt. Warschau ist aber auch – irgendwo – still, solide, ruhig und gelassen.

Einer von den stillsten Winkeln in diesem soliden Warschau ist unser Waisenhaus. Von sechs Uhr morgens bis zur letzten freien Abendstunde ist alles mit Arbeit und aktiver Tätigkeit ausgefüllt. Sogar zum Spielen bleibt unseren Kindern ganz wenig Zeit. Es ist schade um jede Minute, jeden Moment – es gibt keine leeren Stunden.

Einen solchen Charakter hat unsere Einrichtung, und solch eine Art Erziehernachwuchs muß hierzu ausgewählt werden.

Wir haben kein klares Ideal, es gibt noch keine auskristallisierten Ziele, aber laßt uns folgendes eingestehen: Es entscheidet das Palästina-Moment. Man will sich, so heißt es, nach zwei, drei Jahren Arbeit auf palästinensischem Boden niederlassen.

Diese paar Bemerkungen, welche ich hier mitteilen will, wurden geboren im Zusammenhang mit der neuen Erzieher-Praktikantin, welche vor nicht langer Zeit in unsere Einrichtung angekommen ist.[1]

Ich habe mit ihr noch nicht gesprochen. Es ist zu früh. Sie soll sich zuerst selbst umschauen, sich einen Überblick verschaffen. Sie soll die

1. Vgl. zum folgenden auch Korczaks Beitrag zum *Wochenblatt der Burse* auf S. 490ff.

anderen kennenlernen und sich bewußt werden, wo sie sich wirklich befindet.

In der Arbeitswelt entscheidet nicht das Wort des Menschen, sondern seine Taten.

Ich habe gewartet.

Und um Mißverständnisse zu vermeiden, sollen wir uns öffentlich aussprechen, ohne Geheimnisse. Die Kinder haben mir – ohne daß sie gefragt wurden – auf ihre naive Weise erzählt: »Ah, die Neue, sie mag es, sich hübsch zu machen, an einem Tag hat sie dreimal ihre Kleider gewechselt. Sie hält sich für groß und mag nicht mit Kindern sprechen. Sie hat sich gewundert, daß Kinder in einem Waisenhaus Französisch lernen.

Für mich bedeuten die Beobachtungen der Kinder fast nichts.

Es wäre nicht gut, wenn uns durch die bemerkte Abneigung bei den ersten erzieherischen Schritten ein erzieherisches Talent verlorenginge. Wir wissen aus eigener Erfahrung: Fehler müssen begangen werden. Aber ...

»Dreimal an einem Tag hat sie ihre Kleider gewechselt.« Es ist gut möglich, daß das nur ein Zufall gewesen ist. In der Provinz sagt man, daß man in Warschau schön gekleidet sein muß. Sie langweilt sich, weil sie ihre eigentliche Arbeit noch nicht begonnen hat. Sie hat genug Zeit und fühlt sich fremd, sie sehnt sich nach ihrem Zuhause, und es kommt ihr vor, als sei sie überhaupt ein unnützes Wesen auf dieser Welt.

»Sie mag nicht mit den Kindern sprechen.« Vielleicht deswegen, weil sie eigentlich im Sinn hat, sich mit Kindern im Vorschulalter zu beschäftigen. Vielleicht kann sie mit älteren Kindern überhaupt nicht umgehen. Sie will sich zuerst umschauen, bevor sie beginnt, mit ihnen zu reden. Sie wartet, bis sie sich ihr aus eigenem Willen nähern. Vielleicht hat sie Angst, daß das, was sie sagen wird, nicht so ausfallen wird, wie es sollte.

»Sie wundert sich, daß in einem Waisenhaus Kinder Französisch lernen.« Nun ja, wenn sie bei uns in der Einrichtung erzogen worden wäre, hätte sie schon lange die Erfahrung gemacht, daß man nicht immer laut sagen darf, was man im Stillen denkt. Sie ist bei sich zu Hause erzogen worden, der Mutter hat sie immer offen sagen können, was ihr gefällt.

Übrigens, das, was sie gesagt hat, ist das Ergebnis schlechter Orientierung in den modernen Kulturproblemen. Sie weiß wahrscheinlich noch nicht, daß überall, in New York, London, Paris, Warschau, heute laut darüber gesprochen wird, daß Wissen und Lehre für alle ohne Ausnahme zugänglich sein sollen. Heute will man aus der Elementarschule eine Mittelschule machen. Überall gibt es Kurse, Volkshochschulen, Museen, Bibliotheken für alle, die wirklich lernen wollen, für alle, die fähig sind und inneren Drang zum Wissen haben.

Natürlich sind solche Gedanken die vorherrschenden in dem freien Amerika, im demokratischen England. Etwas stiller darüber ist es in Polen. Da schaut man schon, ob du Jude bist oder nicht.

Wenn das so ist, ist es vielleicht kein Wunder, daß man in der fernen Provinz denkt, Waisenkinder dürften kein Französisch können.

Solche Fehler und Abneigungen kommen in den ersten Arbeitstagen vor. Es tut weh. Gleichzeitig ist es lehrreich. Es werden noch mehr Fehler kommen. Sie sind unvermeidlich. Und deswegen ist es so wichtig, daß jeder Erzieher, in welcher Anstalt auch immer er arbeitet, sich noch mal klar darüber wird, was seine Ziele sind, was er im Leben erreichen will. Das Schlimmste sind Unsicherheit und Wankelmütigkeit. Jeder vergangene Tag ohne einen genauen Arbeitsplan ist wie eine verschleppte Krankheit, eine moralische Infektion – so werden Hoffnungen erlöschen und sterben.

Janusz Korczak

Aus: *Dos Kind* (Das Kind), Nr. 2 (Febr. 1937), S. 10-12.

Illusionen

Unseren Kindern erlauben wir nicht, entsprechend ihrem eigenen Willen und Verstand zu leben. Man bereitet sie die ganze Zeit auf das künftige Leben vor, wenn sie erwachsen sein werden. Und in der Zwischenzeit werden sie gefesselt und begrenzt in ihrem Recht. Das alles angeblich im Namen der Erziehung und des Schutzes. In Wirklichkeit aber zu unserem eigenen Nutzen und Wohlbefinden.

Unsere Kinder werden im Geist heuchlerischer Freundschaftsvorbilder erzogen. Vor unseren Kindern verstecken wir unsere Fehler und Mängel. Kinder müssen die Zähne zusammenbeißen und schweigen. Jeder Widerspruch und Protest, sogar in der leichtesten Form, wird von uns brutal erstickt. Einerseits wird von ihnen Fröhlichkeit, andererseits Ernst verlangt, einmal Naivität, das andere Mal Klugheit, zeitweise Initiative, Energie, Unterhaltung, Spiel, Hoffnung und noch viele andere Sachen, die unsere Schwächen kompensieren und nicht ihre Bedürfnisse befriedigen sollen.

Das alles und vieles andere bewirkt, daß das Kind danach strebt, erwachsen zu werden: Wachsen, sich befreien, die Ketten abwerfen, unabhängig werden, bei sich selbst sein. Sie warten und träumen – endlich das Ende des Sklavenlebens, endlich die erträumte Freiheit.

Es gibt keinen Grenzpunkt, an dem die Abhängigkeit von dem Willen anderer endet und die eigene Freiheit beginnt. Vielleicht bestimmte Jahre? Nein! Physische Reife? Auch nicht! Materielle Unabhängigkeit? Das schon! Ich habe Geld und kann machen, was ich will.[1]

Wenn man auf die Kindergesellschaft so wie ein Soziologe auf eine unterdrückte gesellschaftliche Schicht oder wie ein Historiker auf ein Sklavenvolk schaut, dann sind die Jugendlichen jener rebellische Clan, welcher noch keine Ahnung hat, was er mit der eigenen, gerade erst erworbenen Freiheit tun soll, weil er die Mittel des kultivierten Lebens noch nicht kennt. Man muß zwar nicht mehr aus dem Gefängnis fliehen, aber was tun mit der plötzlich bekommenen Freiheit? Man sagt sich – ich spreche von der Jugend – wir haben nichts gewonnen, nur umsonst geträumt und gewartet. Deswegen die Lust, den Lebensstandard und den Arbeitsplatz zu ändern. Deswegen der Widerwille gegenüber Ratschlägen und Anweisungen der Älteren. Das ist ein Mißtrauensvotum gegen unsere Leistungen, es ist die Vorahnung des Versagens, der nahenden Niederlage.

Heißt das, wieder warten? Worauf und wie lange noch? Es entsteht Mißtrauen und Unglaube, nicht nur gegenüber den Erwachsenen, sondern auch – und das ist viel gefährlicher – gegenüber sich selbst.

Und vielleicht, lieber Freund, ist die ganze Unabhängigkeit des Menschen nur eine Fiktion, ein Trugbild ... Und vielleicht, wenn man vor Befehlen und Verboten flüchtet, denen man sich entziehen kann, fällt man hinein in viel schwierigere, eigene Pflichten, von denen sich zu befreien einfach unmöglich ist, weil sie von dem eigenen Leben diktiert werden?

Etwas haben die Erwachsenen, die Erzieher – beschwert sich die Jugend – damals gestammelt, – daß man sich auf das Leben vorbereiten muß, denn es kommen schwierige Jahre, viel unerträglicher als die Zeit der Kindheit. Es stellt sich heraus, daß die Älteren doch mehr Erfahrung haben.

Es ist schwer, das Leben zu verstehen ...

Janusz Korczak

Aus: *Dos Kind* (Das Kind), Nr. 4 (April 1937), S. 8f.

1. Zum Folgenden vgl. auch die ähnliche Argumentation im Artikel *Mißtrauen*, S. 463ff.

Lebenserfolg

Der Erfolg im Leben eines Menschen ist hauptsächlich von seiner Fähigkeit, sich unterzuordnen, von seinem Disziplinverständnis, von seinen intellektuellen und moralischen Wertmaßstäben abhängig. Wer mit diesem Gedanken keinen Frieden schließt, dem wird das Leben viele Überraschungen bereiten. Er wird sich sehr wundern, sich ärgern und in Wut geraten. Warum ist derjenige, obwohl ein Gelehrter und Philosoph, doch so ein Pechvogel? Und warum widerfährt jenem, den man für dumm hält, von allen Seiten Glück und Erfolg? Warum ist dem pfiffigen Heuchler so ein ruhiges Leben beschert und uns, den Stillen, Gelassenen und Ehrlichen, ewige Qualen und Not?

Jugendliche haben keine Erfahrung. Sie verstehen das nicht, wenn jemandem bis zu einem gewissen Zeitpunkt alles gut gelingt, und dann aber plötzlich alles aus ist. Letztendlich wird die Strafe den Schuldigen treffen. Die Strafe für düstere Taten, für Faulheit und Lügen wird kommen müssen. Früher oder später. Sie wird dann kommen, wenn man sie am wenigsten erwartet. Sie wird kommen in einer für uns nicht verständlichen Form, aber sie wird sicher kommen. Das Leben ist geduldig, hat Zeit, mag es warten, probieren: Na, nimm, was dein Herz begehrt, aber in dem Moment, wenn es die Sturheit bemerkt, die Einbildung, Selbstsicherheit und vor allem, wenn du meinst, du hast Gott schon am Bart berührt, brichst du dir Hals und Nacken.

Es gibt ein schönes Volksmärchen über den Fischer und das Fischchen.[1] Es ist schade, daß man diese Geschichte bloß den Kindern erzählt. Es ist eher ein Thema für Jugendliche und Erwachsene. Immer und überall sucht der Mensch die Hilfe eines verzauberten Fischchens. Wenn ich eine Abrechnung über meine Fehler aufstelle, ist das schon ein gutes Zeichen. Es ist ein Beweis, daß ich es alleine schaffen kann, mich selbst zu heilen. Damit verringert sich die Gefahr.

Am schwersten ist es für einen eingebildeten Dummkopf. Er ist ein Dickkopf, er tritt nicht zurück, er ist kindisch unvorsichtig – ihn wird die Keule immer als ersten treffen.

Hartnäckigkeit im Leben – gepaart mit Unterordnung, Verstand, Fähigkeiten und hohen moralischen Werten, wird vom Leben gut belohnt.

1. *Von dem Fischer un syner Fru*, in: *Kinder und Hausmärchen* von Jacob Grimm (1785-1863) und Wilhelm Grimm (1786-1859), herausgeg. 1819-1822. Die poln. Übersetzung erschien 1895. Als die Frau des Fischers nach mehreren erfüllten Wünschen durch einen Butt (einen verzauberten Prinzen) auch noch werden will wie Gott, verwandelt der Butt alle bisherigen Wunscherfüllungen zurück.

Was Wunder, daß in unserer modernen Erziehung die Bedeutung des starken Willens beim Kind betont wird, eines Willens, der Instinkte und Verlangen zäumen kann.[1] Wer einen starken Willen hat, wird sich beugen können, ohne zu zerbrechen. Wer aber meint, er könne durch seinen starken Willen Wunder vollbringen, er könne die Welt ändern und sie hart regieren, der soll sich an Napoleons letzte Jahre auf der Insel St. Helena erinnern. Jeder einzelne, angefangen beim Kaiser bis hin zum Schüler der Elementarschule, wird scheitern, wenn er aus Lust Gesetze des Lebens und kulturelle Werte zu überspringen versucht.

Ich mag das werden, was ich wirklich wert bin, wofür ich schon wirklich reif bin, und ich will es werden, nicht ausschließlich zu meinem eigenen Nutzen, sondern zum Wohle der Gemeinschaft.

Diebstahl ist der primitivste Ausdruck kindischer Selbstsicherheit: Ich will, und ich nehme es auch. Ohne jegliche Bedenken nehme ich mir die paar zur Seite gelegten Groschen und bin so naiv zu glauben, daß es gelingen wird. Sie – die Menschen – werden es nicht merken, sie werden vergessen und wegschauen. Das sind schwerwiegende und sehr wichtige Probleme.

Wir werden sie in einzelne Bereiche aufteilen und ausführlich behandeln.

Janusz Korczak

Aus: *Dos Kind* (Das Kind), Nr. 6 (Juni 1937), S. 9f.

Disziplin und Gehorsam

Äußerliche Disziplin – das ist die übliche Unterwürfigkeit gegenüber dem Recht und den Menschen, die aufpassen, daß alles so wie vorgesehen geschieht. Die Rechte können mich schon mal benachteiligen und mir einen Schaden zufügen, aber ich alleine kann sie doch nicht umgestalten. Innerlich, stillschweigend, protestiere ich und mache weiter, wie man mir befiehlt. Das ist Disziplin der schlechtesten Qualität. Dein Protest und deine Rebellion – auch wenn du es nicht willst – müssen an die Oberfläche kommen. Sonst verbleiben sie in deinem unschuldigen

1. In der damaligen Erziehungsliteratur wurde die Heranbildung des Willens und Charakters stark betont, z.B. durch Friedrich Wilhelm Förster (1869-1966): *Schule und Charakter* (1907), poln. Übersetzung 1919.

Lächeln, in deinem naiven Blick, in deinem unvorsichtigen Wort. Die Dümmeren finden Trost im Lästern, Auslachen, Spotten, natürlich hinter dem Rücken des Betreffenden.

Auf allen unseren Rechtsbegriffen liegt wie eine schwere Last vor allem die Geschichte. Heute ist es so, weil es gestern schon so gewesen ist. Die Vergangenheit verschwindet nicht plötzlich, sie lebt in jedem unserer Rechtsprinzipien. Es ist schwer, sehr schwer, mit einem Federstrich das auszustreichen, was ganze Generationen so lange aufgebaut haben. Übrigens, haben wir denn einen genauen Verbesserungsplan? Es wäre doch Unsinn gewesen, unser Waisenhaus niederzureißen, weil das Gebäude viele Fehler hat, oder unser Sommerlager zu zerstören, weil der Platz nicht unseren Bedürfnissen entspricht. Jede Generation bringt ihren Teil ein und erneuert ein wenig unsere Rechte und Pflichten. Aber alles ist vorläufig noch weit vom Ideal entfernt – solche Menschen gibt es überhaupt nicht.

Auf unseren Rechtsprinzipien liegt der Stempel menschlicher Unvollkommenheit. Es ist schwer, dem Menschen zu vertrauen, schwer, ihn zu kontrollieren, aufzuhalten, zu bremsen und zu bestrafen. Es ist leicht, überall Mißbrauch und Ungenauigkeiten vorauszusehen. Bekämpfe das Wilde in der menschlichen Natur.

Um das alles zu verstehen, muß man viel wissen, viel lesen, viel erfahren, viel beobachten und tief begreifen. Wie kompliziert sind die gegenseitigen Beziehungen der Menschen, und erst im Licht der verwikkelten Probleme erfährt der Mensch, wie wenig er weiß und versteht. In dieser Unwissenheit ist es nicht einmal aufgefallen, daß der eine oder andere Rechtsbegriff Unsinn, Unrecht ist. In Wirklichkeit ist er für uns bloß unverständlich.

Etwas anderes ist es mit dem inneren Gehorsam. Er ist der Ausdruck meines Bewußtseins darüber, daß es vorläufig noch so bleiben muß. Auf einmal kann nicht alles geändert werden. Sollen wenigstens unsere Kinder oder Enkel besser leben als wir jetzt. Dieser Gehorsam ist eine Art inneren Glaubens an eine bessere Zeit, die kommen muß.

Ich gehe auf der Straße. Es gehen mit mir Hunderte, Tausende von Menschen. Im Grunde genommen, was interessieren sie mich, was verbindet mich mit ihnen. Jeder von ihnen hat seine eigenen Leiden und Freuden, seine Tugenden und Mängel. Sie alle helfen sich gegenseitig, oder sie stören sich wenigstens nicht im Laufe des Lebens – in jeder Stube gibt es so viele verschiedene Menschen und darüber, in der Höhe, ein Turm für die Feuerwehrmänner. Die Stadt soll nicht irgendwann mit dem Feuer verschwinden. Schnelle Rettungsfahrzeuge stehen bereit, es wartet der diensthabende Arzt im Krankenhaus, der Polizist an der Straßenecke. Am Bahnhof fahren die Züge ab und kommen an, Schiffe fahren in den Hafen hinein. Es lärmen die Maschinen in Fabriken und Werkstätten. Kinder in der Schule treiben Unfug und lachen, der Sejm[1] debattiert, die Soldaten marschieren, eine Witwe geht, ihr Kind in der Einrichtung anzumelden, im Theater wird geprobt, und die Kinder im Waisenhaus schälen Kartoffeln für das Mittagessen. Das alles ist sicherlich voller Fehler und Defekte. Es muß noch ein bißchen dauern, aber irgendwann wird alles vollkommen sein. Mit Reformen muß man sehr vorsichtig sein. Nicht immer kann es gelingen.

Innerer Gehorsam – das heißt Frieden mit der Tatsache schließen, daß ich bloß einer von Millionen bin. Ich weiß und verstehe zu wenig. Ich kann nicht alles auf einmal fordern und verlangen.

Janusz Korczak

Aus: *Dos Kind* (Das Kind), Nr. 7 (Juli 1937), S. 5f.

Dies und das über das Kind

Als ich darüber nachdachte, wie man am besten ein Erziehungsheim für Kinder bauen könnte, fielen mir drei Experimente am häufigsten ein:

1. Nicht weit von dem Gebäude für hundertdreißig Kinder könnte man vier einzeln stehende Häuschen der Isolation für diejenigen bauen, die nicht in der großen Menge leben wollen oder können, oder für diejenigen, die von der Gemeinschaft gepeinigt wurden und die in der Einsamkeit ausruhen wollen. Bezeichnung: Einsiedlerhäuschen. Plan:

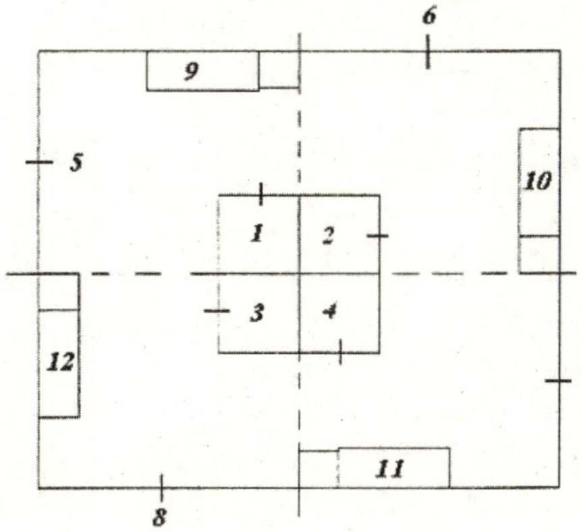

1-4: Wohnräume; 5-8: Ausgang zu den Gartenhöfen; 9-12: Wirtschaftsgebäude

1. Das poln. Parlament.

Ein Kind will allein sein. Ein anderes Kind sollte zum Besten der Gemeinschaft abgesondert werden, weil es stört oder ansteckend ist.

Wenn es Keuchhusten oder Scharlach hat, wird es isoliert. Wenn eines haut, zwickt, beißt, was soll man mit ihm machen, damit sich das nicht zu einer Epidemie auswächst, damit es nicht für immer zu einer endemischen Krankheit wird?

Die Einzelheiten muß man besprechen, das Prinzip ist für mich ein unwiderlegliches Faktum.

2. Im Hauptgebäude gibt es zwei Typen von Isolation:

a) Ein Zimmer mit Möbeln, Spielzeug und Büchern.

b) Ein völlig leeres Zimmer.

Das erste ist für einen, der stört, daß zweite für einen Radaumacher, der einen Anfall bekommen hat.

Heilen? – Ja. – Wie lange dauert die Isolation?

Möglichst kurz. – Wie oft? – Möglichst selten. – Was für eine Aufsicht der erwachsenen Betreuung? – Eine diskrete. – Wie kann man einen Mißbrauch vermeiden? – Jeder Fall von Isolation muß kontrolliert und protokolliert werden. – Wer trifft die Entscheidung? – Die Kindergemeinschaft in erster Linie: Das Zusammenleben zu lernen ist so schwer: Die Grenzen des eigenen Willens und des Willens aller anderen in der Gemeinschaft kennenzulernen.

Maximum der Freiheit: Das Robinsonzimmer, daß Robinsonhäuschen und

3. Boxen im gemeinsamen Saal, im allgemeinen Saal.

Das Kinderheim, vor allem für kleine Kinder – sollte überhaupt keine Türen haben; keinerlei Gänge, Vorzimmer, Winkel. Im selben Saal die Küche und das Klosett. Ja, der Abort offen und die Küche auch. Ein Haus ohne Innentüren. Ein Böswilliger sagt: Vielleicht auch ohne Fenster? Der Baumeister sagt, daß man den Autor dieses Einfalls isolieren muß.

Ich bin einverstanden mit der Polemik. – Der Plan:

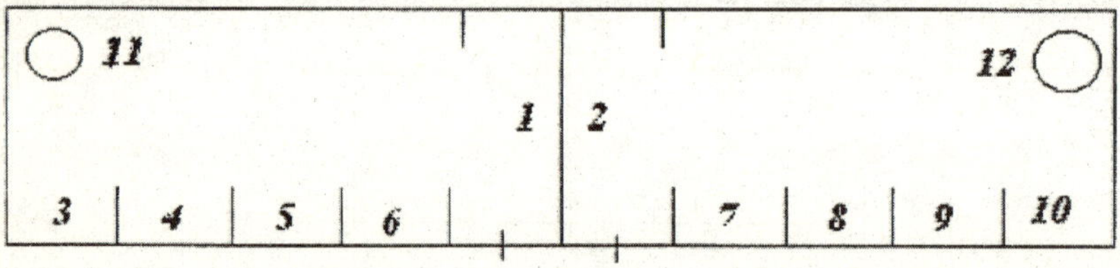

1-2: Küche; 3-10 Boxen: 11-12: Aborte

Vielleicht ist Polemik nicht nötig? Vielleicht glaubt man hier in Palästina, oder man glaubt nicht? – Vielleicht sollte man hier anders schreiben als in Europa, weil man im Wachsein anders denkt als im Traum. (Zweimal habe ich nur geträumt, aber deutlich und wahrhaftig.) Das Land der Propheten und prophetischer Träume. – Und Griechenland? ...

In den Kibbuzim habe ich eine erfreuliche Erscheinung festgestellt: Man darf alles sagen, Ratschläge geben, kritisieren. Es gibt keine Angst vor einer mutigen Dummheit. Man beeilt sich nicht, einen gegebenen Rat zu befolgen.

Angeblich haben die Ärzte vor Jahren den Kindern verboten, Wasser zu trinken. Sie trinken aus allen hundert Wasserhähnen der ganzen Siedlung. Die Böden sind nicht gebohnert, also kann man das.

Ein Experte hat gesagt, daß ihm schneller Haare auf dem Kopf wachsen als daß in Ejn Harod Orangen wachsen werden. Sie hörten sich das an und legten Obstgärten an. Und diese haben noch Bestand.

Das gibt mir den Mut zu sagen, was ich denke und wie ich denke, ohne Verbesserungen und Streichungen im Manuskript. Vom Bauwesen verstehe ich nichts, aber an das Kind denke ich, und ich denke seit vierzig Jahren darüber nach. Ich kenne Palästina nicht – in zwei Abschnitten[1] ... zusammen – zwei Monate ...

Vor zwei Jahren:

1. Warum lutscht das Kind am Daumen? 2. Plattfüße. 3. Was tun, damit sie essen? 4. Was tun, damit sie schlafen?

Jetzt:

1. – Korrektur des Gaumens (Brücken, Zahnregulierung). 2. Freud: Ein Schwesterchen wurde geboren, aber es hatte sich einen Bruder gewünscht; also ißt es nicht, lernt schlecht, näßt das Bett, ist ungehorsam. 3. Adler: Auch ein Komplex (monoman).[2]

Ich habe mich mit einem Psychiater unterhalten; er sagte: Eine Mode – unschädlich – es geht vorbei.

Die Eltern importieren die Vorurteile, und die Mode – eine Flut von Orthopäden, eine Flut von Zahnärzten. Ich möchte das Wort Geschäft nicht benützen.

In einem der Kibbuzim hat ein Arzt bereits erlaubt, barfuß zu gehen.

Ich habe geraten: Während des Kamsins[3] die Kinder warm und mit dunkler Kleidung anzuziehen. So machen es die Araber, die die Wüstenwinde kennen. – Sie lächeln. Plötzlich erfahre ich, daß ein Professor der Hygiene einen ähnlichen Gedanken ausgesprochen hat. – Warum schreit er sie nicht an? Angeblich hilft Schreien hier nichts. – Für alles muß die Zeit reif sein.

1. 1934 und 1936.
2. Vgl. S. 281, Anm. 1.
3. (arab.): trockenheißer Sandwind.

Schon zwingt man die Kinder weniger zum Essen und befreit sogar einen Teil von ihnen vom Zwang, bei Tag zu schlafen. – Bravo!

Ich sage:

»Man kann die Kinder ohne Religion erziehen, aber nicht ohne Gott. Wie soll man die Geburt, den Tod und den Lauf der Generationen erklären?«

»Wenn es (das Kind) Gott braucht, schafft es ihn sich selbst.«

Die Kinder studieren und lernen gern den Tanach[1] ...

Ein Verdacht auf Scharlach bei den Jüngsten. Keinerlei Panik. Früher war das so. Die nutzlosen Maßnahmen, um die Seuche in den Griff zu bekommen, waren schlimmer als die Krankheit selbst.

Man tut, was notwendig ist, und was man kann. Jeder theoretische Hinweis ist unter der Kontrolle der Praxis. So muß es sein. Oder: Noch ist das Bedürfnis nicht herangereift, noch sind die Bedingungen nicht reif.

Ich sage:

»Die Seife entzieht der Haut Fett, es gibt Geschwüre wegen des Übermaßes an Sauberkeit.«

Unter vielen verschiedenen Antworten diese: 1) Man ölt kleine Kinder ein. 2) Eine kleine Übertreibung ist nötig, um die Eltern zu erziehen.

Ich sah unter den Kinder aus dem Jemen im Kindergarten nur eines mit einem schmutzigen Kopf.

Die Furcht vor der Nachlässigkeit des Ostens diktiert auch die Vorschriften ...

Einige Male kam es mir in den Sinn, ob nicht die Unruhen im Land dadurch hervorgerufen wurden, daß die Juden ihre zivilisatorische Mission zu wörtlich und zu eifrig durchführen. – Andere machen es anders: Zuerst Kanonen, Syphilis, Schnaps und den Stock, und erst nachher die Kultur. – Vor zwei Jahren haben arabische und jüdische Kinder schon (das erste Mal?) zusammen auf dem Feld Kartoffeln gebraten.

Man braucht Augenmaß, stufenweises Vorgehen und ein Gefühl für Distanz. Zu rasch? ...

Ich habe gesehen, wie jüdische Jungen – Sabres[2] – Steine aufsammelten. Sie taten das mit einer klugen, ländlichen »Ökonomie der Kräfte«. – Langsam. Langsam und gründlich. Das lehrt die Erde, und vielleicht die Sterne? – Sie leuchten schon viele tausend Jahre – und die Geschichte zählt viele tausend Jahre. Man soll und vielleicht darf man sich hier nicht beeilen ...

Die Sabres: Eine Anekdote.

1. (hebräische): Abkürzung für Heilige Schrift (zusammengezogen aus den drei Wörtern Torah, Neviim, Ketubim).
2. Sabre (hebr.): In Eretz Israel geborener Nachkomme jüdischer Einwanderer.

»Wenn du ein Kind in Europa stößt, ruft es: ›Mama‹. Ein Sabre schreit: ›Du Esel!‹ – Ich wollte das prüfen. Ich stieß einen Jungen an und sagte: ›Verzeihung‹, und er: ›Das macht nichts.‹«

Man versteht hier, wie sehr man ein Kind braucht und wie wichtig es ist, und das, glaube ich, führt zu einer immer größeren Achtung vor dem Kind. Denn Liebe ist da. Aber Liebe ohne Achtung und ohne Anerkennung der *Rechte des Kindes auf Leben* – das ist Affenliebe[1]. Ältere Kinder lassen sich vielleicht deshalb nicht küssen, weil man sie als kleine Kinder zu fühlbar mit Zärtlichkeiten zugesetzt hat ...

Ein Lehrer sagt:

Ich mußte zuerst einen Weg für mich finden, dann für die Kinder, dann einen Weg, wie man ihn den Kindern zeigen kann.

Vielleicht beruht die Kraft und die Vitalität der Juden darauf und fließt daraus, daß sie weniger im zukünftigen Leben für sich das Heil suchen, statt dessen mehr – die Erhöhung und Krönung durch das Kind. Kaddisch[2] – das ist ein weises Gebet. Es verbindet die Generationen. – Ich verstehe die Furcht, denn die Gefahr ist groß. Aber ein Festakt am Jahrestag des Todes – kleinlich und schlecht. Das ist die stümperhafte, europäische Erledigung der Angelegenheit.

Verzeihung. Ich bin alt, ich habe kein eigenes Kind, daher der überflüssige Gedanke.

»Sie, mein Herr, hassen die Revolution wegen ihrer Verbrechen; ich hasse die Religion wegen der Verbrechen ihrer Priester.«

Ich habe verstanden.

Der ewige Kult der Gräber – das ist eine Sache der Zukunft. Vorläufig hat man keine Zeit: Sie sind zu sehr mit dem Gebet der Arbeit in ihren Klöstern beschäftigt und mit dem Traum von der Gleichheit.

Nur ein Traum! Denn einer hat ein schönes, gesundes, begabtes, ausgeglichenes und innerlich diszipliniertes Kind, dem anderen aber wird nicht Freude und Fröhlichkeit geboren. Aber davon später – am Ende.

Ein Lehrer hat den Kindern zum freiwilligen Ausfüllen einen Fragebogen gegeben:

1. Was würdest du tun, wenn du ein großes Vermögen hättest?
2. Was wirst du machen, wenn du groß bist?
3. In welcher Gesellschaft bist du gern: in derjenigen der Eltern, Älterer, Gleichaltriger, Jüngerer?

Ein interessantes, weil vorsichtiges Ergebnis.

1. Im poln. Text in Deutsch.
2. (aram. »heilig«): Ein jüdisches Gebet, besonders zum Gedenken an einen Verstorbenen.

»Warum veröffentlichen Sie das nicht?«

»Ich bin zu jung, um zu schreiben.«

Das habe ich noch nie irgendwo gehört: »zu jung«.

Solange es Schulen geben wird, wünsche ich allen Kindern auf der ganzen Welt, daß ihre Lehrer eingestehen, sie wüßten nichts, und sie seien zu jung, also hätten sie noch kein Wissen. Wenn sie dann alt sind, resignieren sie in Heiterkeit: Nie werden sie den Grund, die verborgene tiefste Quelle der Wahrheit erreichen. Die Wissenschaft wird weniger Irrtümer verkünden.

Während des Chemieunterrichts widerspricht ein Schüler dem Lehrer in einem heftigen Plädoyer. – Der Lehrer hört zu. Ich frage, um was es geht, wer Recht hat.

»Es scheint, ich, aber man muß das prüfen.«

Der Unterricht wurde um zwei Wochen verlängert. Ich war in der letzten Stunde: Ruhe und Aufmerksamkeit.

Ich war in einer Englisch-Stunde. Zwei Klassen zusammen, sie sitzen eng, drei an einem Pult. Ruhe.

Der Lehrer sagt: »Die deutschen Schüler hören vorbildlich zu, auch dann, wenn der Unterricht sie nicht interessiert; unsere sagen offen, wenn etwas sie nicht interessiert. Ich muß also nachdenken, wie ich das Uninteressante interessant mache. Ihre Kritik lehrt mich nachzudenken.«

Ich fürchte die städtischen Pädagogen, ich fürchte mich vor Seminaren.

Ich sagte:

»Mir wäre lieber, die Erzieherinnen würden fünf Jahre bei den Hühnern arbeiten – und von den Hühnern zu den Kindern übergehen, statt – mit einem Abschlußdiplom eines Studiums.«

Man hat mir erzählt, daß ein Student zum Militär ging und der Korporal ihn belehrte:

»Hier, Herr Student, ist nicht die Universität: Hier muß man denken.«

Ich kenne zahlreiche Beispiele, wo die Universität weder schauen noch denken gelehrt hat.

Ob es auch schadet? ...

Kleine Kinder spielen hinter dem Gitterzaun ihres Gartens. Wiederholt geht eines von den Älteren zum Zaun und schaut den Kleinen lange zu. Verständig und geduldig. Da rennt so ein lebhaftes, unreifes Geschöpf einige Schritte und fällt hin, und liegt erstaunt, erforscht seine ungewöhnliche Lage, danach steht es mit Mühe auf, es lernt, nach dem Fall aufzustehen. Das Ältere schaut ohne ein Lächeln zu, runzelt die Brauen, es lernt Vater – Mutter zu sein, ein Naturwissenschaftler, der beobachtet.

Und neugierig lernen die Kleinen die ersten Schritte auf dem steinigen Boden. Das kann man nicht beschreiben: Das ist ein Schritt in zwei

Stadien: Es erkundet mit dem Fuß, ob der Boden eben ist und versucht, das Gleichgewicht zu halten, dann erst stützt es sich mutig auf ein Bein, nachdem es das Gleichgewicht gewonnen hat.

Die Erwachsenen passen sich mit bewußter Anstrengung den neuen Bedingungen an, sie gewöhnen sich, verbunden mit einem Moment erstaunter Resignation – die Kinder wachsen direkt ins heimatliche Leben hinein. Daraus erkläre ich mir den regionalen Patriotismus der Kinder in den Kibbuzim.

Da spielen sie mit einem Ball: ein Jüngeres steht höher und wirft ihn mit dem Wind, ein anderes, Älteres, Stärkeres steht tiefer und wirft den Ball gegen den Wind.

Es geht mit dem Fahrrad anders den Berg runter als den Berg rauf ...

Warum gibt es in Emek noch keine Drachen?[1] – Sollten sie nicht das sein, was Boote und Schiffchen für Kinder am Meer sind? – Ein Roller ist hier ein künstliches Gebilde, ein Auto aus Bauklötzen zunächst ganz exotisch. [Neun Wörter unleserlich].

Ich weiß nicht warum, es erscheint mir ein empfindlicher Mangel, daß es bei den Kinderfesten keine bengalischen Feuer und keine Feuerwerke gibt, keine lebenden Bilder und Drachen. Und eine Bitte an die Poeten und Musiker um Wiegenlieder und Lieder für die Jüngsten.

»Alle Burschen in Galiläa liebten Rahel« – ein Vorbild ...

Man streitet darüber, ob Kinder während der Mahlzeiten still sein und sich nicht unterhalten sollen. – Ich denke an meinen unvernünftigen und unzweckmäßigen Kampf mit den Kindern um die Ruhe im Schlafsaal. Sie werden still, wenn es nötig ist. – Vielleicht ein kurzes Lied, anstelle des Gebets vor dem Essen? (Vorsicht!)

Zu wenig Gesang? Ich weiß nicht. Aber die einfachsten Worte und die einfachsten Wahrheiten darin.

Einem Einjährigen summte ich ziemlich lange vor: aa-dia-la-la-la, le-die-le-le-le, ii-dii-li-li-li-, doo-dio-lo-lo-lo. – Ich ging weg, es fing selbst an zu summen. Erprobung der Stimme. – Vielleicht nicht Poeten und Musiker, sondern Pflegerinnen – ganz einfach im Rhythmus von Weinen und Brabbeln?

Ich probierte die Reaktion auf den Krakowiak, den Mazur, die Polonaise[2] aus. Untersuchen!

1. Korczak wollte die Tradition des Drachenbauens und -fliegenlassens in Eretz Israel einführen. In einem Brief an Zerubawel Gilead schrieb er 1939: »Lernen Sie (am Institut für Handarbeiten) das Drachenbauen [...] Das ist wichtig.« In: *Sämtliche Werke*, Bd. 15. Vgl. auch das Gedicht »Korczaks Drachen« von Gilead in *Janusz Korczak in der Erinnerungen von Zeitzeugen*, a.a.O., S. 379. Im Kibbuz Ejn Harod verantstaltet man zur Erinnerung an Korczak alljährlich an Rosch Haschana (jüdisches Neujahrsfest) einen Drachenwettbewerb.
2. Poln. Tänze.

»Mama«, das ist das erste Wort bei uns. – Hier: Abba. – Untersuchen! – »Ganz moderne«[1], sagte eine Touristin im Kindergarten.

Das ist traurig. Die Mutter gibt dem Kind einen Klaps, weil es sich nicht für den Samstag umziehen will. Es gibt ein Wasserbecken, aber Vorsicht, daß man den Fußboden nicht naßspritzt. Die Kinder lachen (nach dem Vorbild der Erwachsenen) die Kinder aus, die ins Bett nässen. Die Eltern machen sich Sorgen, wenn ein Kind mit Mühe und Verspätung lesen lernt oder zu spät das Einmaleins beherrscht. Sie wollen's »ganz modern«. Ein Fehler.

Es gibt eine allgemeine Intelligenz, eine schulische Intelligenz, eine praktische Intelligenz und eine Intelligenz der wahren Gefühle, des Herzens, der Pflicht. In Europa sind es die Diplome, also Examina, ein Wettrennen des Gedächtnisses und des schulischen Humbugs, des Snobismus. Hier kann das Kind – oder nicht, will es – oder nicht – es sollte nur ehrlich sein. Dort – alles, hier – das eine Kind nur Bäume, das andere nur Vögel, das dritte Schaufel, Säge Hammer. (Das jüdische Gehirn hat ein Recht darauf, auszuruhen.)

Im übrigen: Rousseau, Pestalozzi, Fröbel, Tolstoi. – Einer: Man soll das Kind ab 14 Jahren unterrichten, der zweite: Die Mutter soll es das lehren, was sie selbst weiß, der dritte: Der Garten soll es belehren, der vierte: Alle Wissensgebiete sind für das Kind ausschließlich Märchen und Vergnügen und sollten es auch sein.

Kein Kind sollte bekümmert sein, weil ihm die Schule schwerfällt, und die Eltern sollten sich nicht gedemütigt fühlen. Aber man darf sich nichts vormachen, man muß so lange überlegen, bis man versteht, daß es so ist.

Es gibt keine unbegabten Kinder. Sie sind verschieden begabt: Hand, Ohr, Auge. – Es gibt Zurückgebliebene – ob es für sie keinen Platz und keine Arbeit gibt? – Man muß ihnen ein Leben schaffen, aber sie nicht heilen und in eine Schablone pressen. Man muß für sie ein andersartiges Ziel und Glück aufbauen; nicht mit der Natur oder Gott prozessieren.

* * *

Ich habe das Schreiben unterbrochen. Eine Mutter mit ihrem Kind kam zur Beratung: Es gehorcht nicht, es ist schwierig im häuslichen Umgang. Eine vorbildliche Schülerin, sie arbeitet gut (wenn sie will), eine gute Kameradin. – Der Vater – streng, die Mutter anspruchsvoll, leidet an Migräne. Wenn es so ist, wie die Mutter sagt – ist das ein Fall für einen Wechsel des Kibbuz für das Kind.

1. Im poln. Text in Deutsch.

Wie auch immer (wozu rede ich – sie wissen es selbst): Vorsicht mit der Aufnahme von Kindern, besonders aus der Stadt. Eine große Gefahr, daß sie andere anstecken, die Atmosphäre mit der trügerischen Erotik des Lebens ohne physische Arbeit vergiften.

Kaum habe ich das Gespräch mit der Mutter beendet, ist es schon Zeit, mit den Kindern Mais zu pflücken. – Schöne drei Stunden, aber schwer für mich auf dem Feld.

Es stört mich das schnelle, nicht ländliche Arbeitstempo. Die erste Stunde – ein Wettlauf an Schnelligkeit, also überflüssige Ermüdung. Vielleicht irre ich mich: Nachher gingen sie zu den Fahrrädern.

Es war gut, daß ich gestern das Schreiben unterbrochen habe. Vielleicht hätte ich nicht den Mut gehabt, das niederzuschreiben, was ich wollte:

1. Sterilisation nach dem Vorbild der Deutschen, ohne ihren Mißbrauch und ihre Übertreibung. – Aber unerläßlich! Eine zu große Anzahl Geisteskranker. Ich fürchte, daß es vielleicht einen gewissen Prozentsatz von Hypersensualisten geben muß (ich habe keine Angaben, aber ich halte es für meine Pflicht zu warnen). Die pathologische Erregbarkeit und sensuale Überempfindlichkeit bei den Immigranten aus den europäischen Städten und aus dem Osten ist hier mehr bedrohlich als anderswo.

Schließlich:

2. Die Euthanasie.[1] Ja. Ohne Schmerz töten, ganz selten und ganz vorsichtig. Man darf das nicht tun, aber davon sprechen darf und muß man.

Das grausame Gesetz des alten Sparta, ein bedrohliches, düsteres Gesetz.[2]

Die alte jüdische Rasse muß Fälle von unheilbar geschädigten Geburten hervorbringen (ich übergehe andere Gründe). Wozu diese Kinder, wozu die Eltern und die Allgemeinheit quälen mit dem Leben? – Ein Leben ebenso tragisch wie der Tod.

* * *

Es fiel mir schwer, über Kinder zu schreiben, weil die Propaganda dort (in der Diaspora) nur in Superlativen von ihnen spricht und in süßlichen, sentimentalen, großartigen Worten. Alles ist außerordentlich: die

1. Aus dem Griech.: »schöner Tod«; Sterbehilfe für unheilbar Kranke.
2. Im antiken Sparta entschied der Staat, welches Neugeborene lebensfähig ist und welches als behindert zum Tode verurteilt wird (durch Zurücklassen auf dem Berg Taigetos).

Liebe der Eltern, die Opferbereitschaft der Kibbuzim und – die Wiedergeburt, sofort.

Schon auf dem Schiff hat sie mir ein zufälliger Reisegefährte gelobt.

»Schauen Sie (er schnalzt) – oh, oh, die Kinder.«

»Mein Herr, diese Kinder kommen doch gerade aus der Diaspora.«

»Na ja, aber Sie werden sehen, was Eretz aus ihnen macht.«

Ob diese Stimmung sich nach hier übertragen hat?

Ein alter Bewohner eines Moschavs[1], ein Gegner der Kibbuzim, sagte:

»Sie haben aus dem Kind einen Fetisch (kamir) gemacht. Es kennt keinen Mangel, keinen Hunger, keine Sorge.«

»Die Arbeit?«

»Die Anstrengung der Arbeit und die Erschöpfung nach der Arbeit kann nur für ihre Eltern ein zusätzlicher, erzieherischer Faktor sein, nicht für sie. Das ist ein nur allzu natürlicher Zustand.«

»Also? «

Man muß warten und glauben, daß sie ihren Weg finden.

Ein Psychiater:

»Ich kenne die Kinder der Kibbuzim, ich bin schon lange hier. Sie sind gesund, nicht nervös. Manchmal verwöhnt, wenn sie klein sind. Prächtige[2]. Der Rest – das ist eure Sache, die der Psychologen. Kleinigkeiten.«

Zu Recht hat man die Psychologen nicht auf den Berg Skopus[3] gelassen. Man muß Praktikant sein, dann Kandidat, um das Examen als Mitglied der Hebräischen Universität ablegen zu können.

Janusz Korczak

Erhaltene Handschrift. Hebräische Übersetzung in: *Dwarim Mibifnim* (Worte von Innen), Ejn Harod (Juli 1937), S. 61-67.

1. Genossenschaftssiedlung, deren Bauern mit ihren Familien auf ihrem Grundstück leben und – im Unterschied zu den Mitgliedern eines Kibbuz – privat wirtschaften. Sie sind allerdings zu genossenschaftlich-organisiertem Ein- und Verkauf sowie zu gegenseitiger Hilfeleistung verpflichtet.
2. Im poln. Text in Deutsch.
3. Sitz der Hebräischen Universität.

Über die Klugheit

Reflexionen

Logische Gehorsamkeit bedeutet nicht, untertänig zu sein, sich vor jeder Autorität zu ducken, sich jedem fremden Willen zu unterwerfen, jeden laut ausgesprochenen Befehl auszuführen. Gehorsamkeit ist nicht Unterwürfigkeit.

Sich von den eigenen Gedanken lossagen, auf eigene Lebensexperimente verzichten, allen anderen glauben – das ist auch eine Dummheit, die zu weit führen kann ... Wem also gehorchen? Dem Lehrer, dem älteren Freund, den Eltern? Vielleicht sogar der Zeitung, dem Buch, der Anzeige, dem Vortragenden, dem Versammlungsredner.

Ein kluger Mensch bemüht sich, mehr zu lesen, zu hören und zu sehen als nur das, was er mag, was ihm nützlich sein kann und was er für interessant hält. Er bagatellisiert keine Erscheinung. Er hört immer mit solcher Aufmerksamkeit zu, als verstünde er noch nichts, und erst später stellt er sich die Frage: Wer hat Recht, ich oder er? Wer täuscht sich, ich oder er?

Der Narr will gar nichts wissen. Er erinnert sich, was jemand mal zu ihm gesagt hat, und mehr braucht er nicht. Der kluge Mensch traut keinem, nicht sich selbst und nicht einem anderen. Er ist immer bereit, auf seine Meinung zugunsten der des anderen zu verzichten. Der Narr baut schnell und zerstört noch schneller, der Kluge dagegen sorgsam und langsam.

»Für andere ein Narr, aber für sich selbst ein Kluger.« Das ist nicht wahr! Alle sind für alle sowohl klug wie auch dumm, aber man muß für seine eigenen Gedanken und Taten Sorge tragen. Man muß für jede felsenfeste Wahrheit bis morgen warten.

Ein kluger Mensch ist vorsichtig in Taten, Worten und Gedanken: »Vielleicht täusche ich mich, vielleicht habe ich mir das nur so ausgedacht, weil ich noch zu wenig weiß, noch nicht alles verstehe.« Dummheit heißt, sich schnell zu entscheiden.

Früher hat man gemeint, daß alles sich um die Erde dreht. Die Erde sei der Mittelpunkt, um den sich ganze Welten drehen, die Sonne und die Sterne. So denkt heute der Narr, daß sich um ihn herum, um seine Persönlichkeit, die ganze Welt dreht, daß er das Wichtigste ist und außer ihm – alles nur Kleinigkeiten. Alles passiert ihm zuliebe. Er weiß alles, er versteht alles, er ist niemals ungerecht. Er kann sich nicht unterordnen, er will niemals zurücktreten, er erkennt des anderen Recht und Arbeit, Willen und Erfahrungen nicht an. Mit einem Wort: Geringschätzung, Spott, Zorn, Hochmut und Egoismus. Wer anders denkt als ich, der ist mein Feind!

Passive Dummheit heißt demgegenüber, daß ich mich vollständig auf jemand anderes verlasse. Alles was jener – meine Autorität – beschließt, ist von bester Qualität. Sein Wort ist heilig. Und das Ergebnis: Heute höre ich auf den, morgen auf den anderen, aber immer höre ich auf jemanden, aber nicht auf mich selbst.

Die aktive Dummheit ist eine geistige, eine bestialische. Es ist eine Art sklavische Unterordnung unter den eigenen Willen: Weil ich es so will, weil ich es so verstehe, muß es auch so sein.

Dummheit besitzt die Wahrheit schon. Klugheit dagegen ist immer auf der Suche, bei gleichzeitiger Überzeugung, daß man sie nicht so leicht finden wird, obwohl sie überall vorhanden ist.

Kluge Gehorsamkeit ist die vernünftige Anpassung an die elastischen Lebenswahrheiten.

Janusz Korczak

Aus: *Dos Kind* (Das Kind), Nr. 9 (Sept. 1937), S. 5f,

Sünden und Jugend

Reflexionen

Es passiert, daß jemand ganz ehrlich sagt: »Jener, mein Freund, ist viel fähiger als ich, er kann mehr, versteht gründlicher – leider bin ich nicht so fähig wie er.« Manchmal kann man auch hinzufügen: »Jener hat bessere Bedingungen gehabt, ein bißchen Glück. Insgesamt gelingt ihm immer alles.« Menschen meinen, daß Aufrichtigkeit und Ehrlichkeit ein gewisses Hindernis für unseren Erfolg im Leben sind. Es sind auch solche da, die sich eingestehen: »Ich bin zu faul und habe mich zu sehr gehenlassen – wenn das nicht wäre, hätte ich es zu etwas Besserem gebracht.«

In all dem ist sicher viel Wahrheit. Fähigkeiten sind nicht alles. Man muß auch sorgfältig sein, man muß die Fähigkeiten zur richtigen Zeit am richtigen Ort nutzen können. Man muß sich an verschiedene Bedingungen anpassen können. Menschen mit durchschnittlichen Fähigkeiten können viel mehr erreichen als andere, wenn sie nur über zwei seltene, gute Eigenschaften verfügen: Arbeitswille und Ausdauer.

Wie viele interessante Sprichwörter gibt es über Arbeitswillen und Geduld. Wer sich über sich selbst ärgert, weil es schwer ist, eine Arbeit auszuführen, wer neidisch auf einen anderen ist, der wird mit Hartnäckigkeit und Ambition neue Leistungen in Angriff nehmen. In Angriff nehmen aber – laßt uns das eingestehen – heißt nicht immer zu Ende führen. Er bleibt zurück.

Das ist ein Geheimnis, warum einer in der Schule gut lernt und der andere nicht. Warum den einen der nervöse Lehrer stört oder der wilde Freund, der Zeitmangel, schlechte Bedingungen, und beim zweiten ist es genau umgekehrt – alles hilft ihm.

Es wurde noch nicht die Schule geschaffen, in der der fähige oder fleißige Schüler nichts lernen muß.

Sind Fähigkeiten ein Glück für den Menschen? Nein! Dem Fähigen droht ständig die Gefahr, daß er letztendlich faul wird. Er wird sich wünschen, alles soll ihm noch leichter fallen. Wenn er von seinen Fähigkeiten überzeugt ist, wird er keine innerliche Anstrengung unternehmen. Statt normal nach vorne zu marschieren, wird er sich bemühen, nicht letzter zu sein. Das sind die Typen, die anfangs sehr gut und später immer schlechter und schlechter lernen. Aus ihnen werden hochmütige Menschen. Sie ärgern sich über die Unbegabten, von denen sie schon weit überholt wurden.

Man muß sich selbst eingestehen: Ich habe sehr wohl Fähigkeiten, oder ich habe überhaupt keine, ich will oder ich will nicht siegen – und dann, erlaubt mir einen banalen Satz, macht euch an die Arbeit.

Man muß sich selbst durch die Arbeit erziehen und vervollkommnen können. Wenn ich heute keine Lust habe, werde ich, dem zum Trotz, heute länger als sonst arbeiten, wenn ich eine Arbeit nicht mag, werde ich nicht mit einer anderen beginnen, die mir lieber ist. Wenn mich beim Lernen ein schlechtes Handbuch, ein unfähiger Lehrer, der Zeitmangel oder ähnliche schlechte Bedingungen stören, werde ich gerade diese überwinden und zum Ziel kommen.

Es geht die falsche Meinung um, daß menschliche Ehrlichkeit und Ethik ein Hindernis für den Erfolg im Leben sind. Das heißt, daß bloß Ganoven, Hochstapler und überhaupt gewissenlose Menschen ein gutes Leben in unserer kleinen Welt führen. Sonderbar zynisch hat man alle unsere Sprichwörter über Ehrlichkeit, Arbeitsamkeit und Ethik paraphrasiert.

Aber, so ist es zum Glück nicht!

Wer wirklich ein unethischer Mensch ist, aber deswegen niemandem etwas Schlechtes tut, weil er Angst hat, er könnte erwischt werden, und wer im Herzen neidisch auf die »losen Vögel« ist – der ist ein unmoralischer Kranker, ein unethischer Angsthase und sonst nichts.

Welchen Wert hat schon eine Ethik aus Angst, eine aufgezwungene Ehrlichkeit?

Wer dagegen wirklich ethisch ist, nicht nur aus Angst, sondern aus tiefer Überzeugung, der hat im Leben Erfolg und Freude.

»Mit einer Lüge wirst du im Leben durchkommen, aber nicht zurückkommen.« Das ist ein weises Sprichwort. Wer nur einen Schritt auf dem Weg der Lügen und Falschheit getan hat, der hat keinen Weg zurück, der muß ständig fürchten, zittern, sich drehen und wenden, sich ducken, die eigene Menschenwürde, Ambition und Ehre verkaufen, sich selbst zum ewigen Sklaven machen! Die Welt ist doch nicht so dumm, daß sie sich von ein paar gewissenlosen Personen an der Nase herumführen läßt. Die Welt kauft Ehrlichkeit, zahlt zwar nicht immer den tatsächlichen Preis, mag ein wenig warten, verhandeln, ausprobieren, mal in Raten zahlen, aber den Ehrlichen wird sie seiner Existenz nicht plötzlich berauben. Und wer kennt nicht den Weg der zu Klugen und zu Pfiffigen? Gestern ein Prinz und heute hinter Gittern!

Passive Ethik heißt, nicht zu peinigen, Glück nicht zu zerbrechen, nicht zu Tränen und Schmerz führen.

Aktive Ethik heißt, Hilfe und Trost, Glück und Vergnügen bringen, eine warme Atmosphäre schaffen. Es soll für dich angenehm mit den Menschen sein und umgekehrt. Du sollst niemals vor Scham rot werden oder die Augen versteckt senken müssen. Du sollst ein wirklich ruhiges Leben haben können.

Unsere öffentliche Moral hat es gern, menschliches Unrecht und Verbrechen zu verzeihen. Sie weiß, daß jedes Verbrechen der Grund für eine Strafe ist. Aber es leidet nicht nur derjenige, dem Handschellen angelegt werden, sondern auch derjenige, der seine Seele in eine finstere Zelle geworfen hat.

Janusz Korczak

Aus: *Dos Kind* (Das Kind), Nr. 11 (Nov. 1937), S. 4-6.

Der Erzieher und die Jugendlichen

(Notizen aus Seminargesprächen[1])

Meine Arbeit als Erzieher hat mit Privatunterricht begonnen, den ich Schulkindern gegeben habe.[2] In der Sommerkolonie bin ich zum

1. Nachlese aus einem Seminar mit Migliedern der Organisation »Frajhajt«, das in Zielona bei Warschau stattfand.
2. Korczak erteilte ab 1894 Nachhilfe als Schüler der 5. Klasse des Gymnasiums Praski (heute Lyzeum Władyław IV.). Die Erfahrungen aus dieser Arbeit reflektiert er u.a. in seinem autobiographischen Roman *Beichte eines Schmetterlings*, in: *Sämtliche Werke*, Bd. 3, S. 59ff. Vgl. dort z.B. S. 106 und S. 122f.

ersten Mal einer Kindergruppe begegnet.[1] Die Arbeit im Sommerlager ist sehr interessant, aber auch kompliziert. Sie ist zeitlich begrenzt. Man kann dort sehr viele Fehler begehen und jeden Fehler teuer bezahlen. Aber in den Pausen zwischen der ersten und der zweiten Kolonie gibt es Zeit, nachzudenken, und dann ist es möglich, früher begangene Fehler zu vermeiden.[2] Dagegen ist der Sachverhalt in der Schule oder im Waisenhaus schwieriger, weil man hier mit den Kindern längere Zeit zusammen ist. – Kinder haben ein gutes Gedächtnis und sind empfänglich für die Fehler des anderen.

In der Sommerkolonie bin ich Kindern begegnet. Dort ist es mir bewußt geworden, daß 100 nicht einfach das Doppelte von 50 ist.[3] Das ist etwas ganz anderes. Wenn man nur mit wenigen Kindern zu tun hat, dann ist es nicht schwer, die Fäden des gegenseitigen Einflusses zwischen den Kindern einerseits und den Kindern und Erziehern andererseits zu finden. Aber die Bande, die eine größere Gruppe von Kindern verbinden sowie ihre Beziehungen untereinander, und das als Grundlage der Beziehung zum Erzieher, sind viel verwickelter und fordern Anstrengung und Wachsamkeit des Erziehers. Ich habe erfahren, daß eine Gruppe Stärke bedeutet: Sie hat hundert Händepaare, hundert Fußpaare, hundert Augenpaare. Das Wichtigste sind die Augen. Die Augen werden alles untersuchen, alles durchschauen. Sie werden das Wertvolle beim Erzieher bemerken, sie können den Erzieher aber auch verspotten. Der Erzieher kann 50 Jahre alt sein und die Knirpse 10-12 Jahre. Dennoch hat jeder von ihnen seine eigene Erfahrung. Auch wenn der Erzieher über eine 50jährige Erfahrung verfügt, verfügen 100 zehnjährige Knirpse über 1000jährige Erfahrung. Der Erzieher darf sich also nicht als der Weiseste betrachten und den Kindern nicht zu stark seinen Willen aufzwingen.

Der Erzieher bestraft ein Kind. Er vergißt das schnell wieder, aber die Kindern erinnern sich daran: Sie sind sehr sensibel gegenüber Beleidigungen. Eigentlich glaubt der Lehrer, daß das Kind es vergessen wird, und zwar deswegen, weil er es selbst vergißt.

Ein Kind hat verschiedene Launen und Eigenheiten. Man muß sich bemühen, das Kind zu verstehen.

Erwachsene glauben den Kindern nicht, betrachten die Meinungen und Begehren der Kinder mit Geringschätzung. Ob ein Kind weint oder sich krümmt – das alles hat seine Ursache. Diese Ursachen muß man erforschen und kennen.

1. Das war 1904; vgl. *Sämtliche Werke*, Bd. 10.
2. Vgl. den Kommentar zu dem Beitrag *Sommerkolonien*, in: *Sämtliche Werke*, Bd. 4, S. 516ff.
3. Vgl. Punkt 3 in *Erziehungskunst* im vorliegenden Band, S. 470.

Es kann zu verschiedenen Konflikten zwischen den Kindern kommen. Uns scheint es, daß diese Konflikte im Grunde nicht wichtig sind, aber man muß beachten, wie sehr das Kind darunter leiden und wie sehr sein Gerechtigkeitssinn beleidigt und erniedrigt werden kann.

Ich habe diese Streitereien für Dummheiten gehalten. Aber das Gefühl, daß einem Unrecht geschieht, ist da: »Er hat mir das weggenommen und sagt noch ganz frech, es sei seins«, – und schon ist der Sachverhalt wichtig.

Man muß mitfühlen und das Leben sowie das situative Denken der Kinder verstehen. Man muß ihnen aufmerksam zuhören. Erwachsene denken sich etwas aus, nehmen die Sache zu schnell in Angriff und begehen auf Grund der Eile Fehler.

In jedem Fall des tagtäglichen Lebens kontrolliere ich mich selbst und frage nach der Meinung der Kinder. Erwachsene halten sich selbst für klug und die Kinder für Dummköpfe.

Ein jüngerer, aber kluger Bursche erfordert eine ernste Beziehung – man muß ihn wie einen klugen Menschen behandeln. Es gibt viele Gebiete, in denen Kinder besser sind als ihre Erzieher.

Mit der Selbstverwaltung der Kinder und den Institutionen[1] wollen wir ihnen keine Gunst erweisen. Wir tun es deshalb, weil wir dank der Selbstverwaltung weniger Fehler begehen. Das Wichtigste dabei: Wenn der Erzieher ohne Zutun des Kindes einen Fehler begeht, wissen sie, daß es Erzieher gibt, die Fehler machen. Aber sie wissen auch, wenn sie selbst Fehler begehen, müssen sie ihre Fehler wiedergutmachen.

Man muß die Ungehorsamkeit eines Kindes nicht zu ernst nehmen. Man muß es nur fragen, warum es nicht gehorcht.

Es darf keinen Unterschied zwischen den Worten und den Taten des Erziehers geben.

Ich bin kein Anhänger physischer Strafen. Das hilft vielleicht für kurze Zeit. Danach muß man wieder schlagen. Das Schlagen wirkt wie eine Droge – darin steckt die größte Gefahr.

Die Kinder müssen das Gefühl haben, auf den Erzieher angewiesen zu sein, der Erzieher muß immer bereit sein, dem Kind zu helfen. Ihm einfach helfen, vor allem dann, wenn es die Hilfe am nötigsten braucht. Die Kinder müssen spüren, wie notwendig der Erzieher für sie ist. Die Hilfe des Erziehers bleibt dem Kind für immer im Gedächtnis als die angenehmste Erfahrung mit ihm.

Man darf die Kinder nicht geringschätzen, sie täuschen oder sie loswerden wollen – eine Geschichte lustlos erzählt, findet keinen Anklang bei der Hörerschaft. Man muß die Zuhörer schätzen. Eine ernste Beziehung – das spürt die Gruppe, und sie fordert sie ein.

1. Vgl. Korczaks Darstellung in *Sämtliche Werke*, Bd. 4, S. 249ff, oder Maria Falskas Beschreibung in *Sämtliche Werke*, Bd. 13, S. 547ff.

Es gibt verschiedene Erzieher-Typen: Der ehrgeizige Typ kann zwar »Führer« sein, ein Schauspieler, eine Persönlichkeit sogar, aber kein Erzieher. Zeitweise, zum Beispiel im Sommerlager, gelingt es ihm, die Anerkennung der Kinder zu gewinnen. Er beginnt aber, den Kindern seinen Willen aufzudrücken, und damit wird er ihnen zuwider. Nach einem Jahr Arbeit haben sie schon genug von ihm. Es gibt noch einen schlechteren Erzieher-Typ: Der Komödiant. Er spricht angenehm, lächelt, kokettiert. Das kommt gut an, aber nur kurz Zeit – dieser Erzieher-Typ demoralisiert die Kinder ganz besonders.

Der Erzieher muß dem Kind Handlungsfreiheit ermöglichen und es sehr vorsichtig in die gewünschte Richtung leiten.

Janusz Korczak

Aus: *Undzer Frajhajt* (Unsere Freiheit), Nr. 2, 1938.

Mißtrauen[1]

Dem Kind ist es nicht erlaubt, gemäß seinem eigenen Verstand und Willen zu leben. Man bereitet es stets auf das zukünftige Leben vor, auf ein Leben, das erst beginnt, wenn es gebunden und begrenzt wird durch Taten, die der Ruhe und dem Wohlbehagen der Älteren, der Stärkeren dienen. Und das soll angeblich Erziehung sein. Das Kind wird dressiert und vorbereitet in heuchlerischen Formen der Kultiviertheit, bei denen wir die Frechheit besitzen, sie Erziehung zu nennen. Vor dem Kind werden – und das auch noch ungeschickt – allerlei Fehler und Defekte der Älteren und unserer Gesellschaft versteckt. Still, bescheiden, eingezäunt und terrorisiert muß es ewig schweigen, sich blind, taub, nicht wissend, nicht verstehend stellen. Jeder Versuch von Widerstand und Protest, jede einfache Bemerkung seitens des Kindes über sein Recht auf das Leben ist schon im voraus zu Mißerfolg und Mißlingen verurteilt. Von den Kindern wird sowohl Ernsthaftigkeit wie auch Fröhlichkeit erwartet, sowohl Verstand und Logik wie auch Kindlichkeit und Naivität, zarte Passivität und später mühevolle Initiative, als seien und lebten sie nur als Anhängsel, Spielzeug, Hoffnung, Traum, Ruhe und Seufzer, als seien sie alles, aber auf keinen Fall wirkliche, vollblütige Kinder mit einem eigenen Lebensanspruch und einem einmaligen Lebensstil.

1. Vgl. *Das Recht des Kindes auf Achtung*, in: *Sämtliche Werke*, Bd. 4, S. 385ff.

Das wissen wir, und sie wissen es auch selbst. Darüber hinaus gibt es das Verlangen zu wachsen, älter, größer, stärker zu werden, sich zu befreien, sich herauszureißen, die Ketten abzuwerfen. Sie warten und träumen, hoffen und glauben, daß die Zeit kommen wird, in der sie endlich frei sein werden, in der sie keiner mehr zu Sklaven machen wird.

Was entscheidet in solchen Fällen? Wächst die Freiheit mit dem Größerwerden des Kindes?[1] Nein! Mit seiner wachsenden physischen Stärke? Auch nicht! Mit den erworbenen Geldmitteln? Ja, das schon.

Ich habe Geld – ich kann machen, was ich will.

Wenn wir die Kindheit so betrachten wie ein Soziologe die unterdrückte Klasse, wie ein Historiker die Sklaven-Kaste, dann sind sie – unsere aufwachsenden Jugendlichen – wie gerade aus dem Gefängnis entlassene Häftlinge, welche noch nicht wissen, was sie mit der bekommenen lichterfüllten Freiheit tun sollen, weil sie nicht die entsprechenden Mittel haben, mit welchen sie all ihr Verlangen und ihre Gelüste befriedigen können.

Aus dem Gefängnis müssen sie nicht mehr fliehen, aber sie wissen trotzdem nicht, was sie mit sich anfangen sollen.

Es regen sich die Reflexe: Ich habe, so sieht es aus, gar nichts gewonnen. Vielleicht sogar verspielt. Jetzt gibt es sicher nichts mehr, worauf ich warten kann. Daher kommt der Wunsch zu wandern, den Wohnort zu wechseln. Es lockt nicht mehr das, was gestern gewesen ist. Man muß den Lebensort wechseln. Man wartet ungeduldig. Es verdrießt jede Bemerkung, jeder Ratschlag, hingeworfen von seiten der Erwachsenen. Es belastet die aufgezwungene Aufsicht, man erkennt bald die Wirkung von Befehl und Zwang.

Wieder heißt es warten. Worauf? Wie lange wird es dauern?

Da zeigen sich – bei der Jugend – die ersten Anzeichen von Mißtrauen, nicht nur gegenüber anderen, sondern auch gegenüber sich selbst. Es nagt der Zweifel: Vielleicht ist des Menschen Freiheit und Bestimmung insgesamt eine Fiktion, eine Sache, die überhaupt nicht existiert. Ein Trugbild, das nach dem nächsten Unglück vielleicht noch trügerischer wird. Es heißt, man soll weglaufen vor fremden Befehlen, aus denen man sich leicht herauswinden kann, sich befreien, sich herausschummeln, aber dann gerät man in eine viel schlechtere Situation: in einen Zustand der Selbstbeherrschung, Selbsterziehung, Selbstbegrenzung und Selbstaufopferung.

1. Zum Folgenden vgl. die ähnliche Argumentationsweise im Artikel *Illusionen*, S. 442f.

Etwas – denkt sich dann der Jugendliche – etwas haben meine älteren Erzieher darüber gesagt, von Zeit zu Zeit ein Wort fallen lassen: »Du wirst sehen, später wird es viel schlimmer sein.« Und zwischen all den Lügen ist die bitterste davon doch die Wahrheit. Und was für eine! Sie leben länger auf der Welt und haben mehr Erfahrung. Auseinandergenommen wurde die Lüge, aber die Wahrheit ist noch so weit weg ...

Janusz Korczak

Aus: *Dos Kind* (Das Kind), Nr. 2 (Febr. 1938), S. 9-10.

Strafe und Belohnung in der Erziehung

In der Erziehung haben *Kleinigkeiten* eine große Bedeutung. In Wahrheit sind es ganz ernste Probleme, aber das breite Publikum meint, das seien im Grunde genommen unwichtige Kleinigkeiten, welche überhaupt keinen Einfluß auf den Charakter des Kindes haben können. Über diese Kleinigkeiten will ich jetzt sprechen.

In der Erziehung spielen die Haltung und das psychische Gleichgewicht der Eltern und der Lehrer eine große Rolle. Jede, sogar die kleinste Aufregung seitens des Erziehers bringt, außer dem, daß es den geistigen Zustand des Kindes fatal beeinflußt, kein einziges Mal ein positives Ergebnis, nicht einmal im weitesten Sinn des Wortes.

Es gibt Kinder, mit denen der Kampf sehr schwer, fast aussichtslos ist. Es hilft nichts. Man soll keinen Erfolg erwarten.

Während ich die Kinderzeitung *Mały Przegląd*[1] betreute, bekam ich Dutzende von Briefen von Kindern, in denen sie feierlich versichern, daß sie, solange sie in ihrer – und in keiner anderen – Schule bleiben, nicht aufhören werden, wild zu sein und den Lehrern große Sorgen zu bereiten.

Was heißt das? Die Kinder mögen die Schule nicht, die sie besuchen, und wollen in eine andere wechseln.

Damit muß man rechnen, obwohl wir nicht immer feststellen können, aus welchen Gründen das Kind die Schule nicht mag. Noch schwerer

1. Zu dt. *Kleine Rundschau*; Wochenbeilage der Tageszeitung *Nasz Przegląd* (Unsere Rundschau). Korczak war 1926-1930 Redakteur dieser ersten öffentlichen Zeitung von und für Kinder. Vgl. *Sämtliche Werke*, Bd. 14.

wird es für uns sein – beim besten Willen – die Wünsche des Kindes zu erfüllen. Wir haben übrigens keine Garantie, daß das Kind, wenn es dann eine andere Schule besucht, wirklich ein anderer Mensch sein wird. Eins ist sicher: In der jetzigen wird das Kind nicht zu sich kommen ..., und mit solchen Kindern ist die Arbeit beinahe umsonst.

Mit anderen ist die Erziehungsarbeit viel einfacher. Ein Erzieher muß sich sagen können: »Hoffnungslos, in einem bestimmten Zeitraum müssen meine Kinder eine bestimmte Anzahl von Fensterscheiben zerschlagen.« Das ist ganz natürlich und unvermeidlich, wenn man in einem Saal mit einem Ball spielt.

Die Mutter muß den Mut haben, sich zu sagen: »So und so viele Gläser Tee oder Milch muß mein Kind ausgießen.« Wie denn sonst, es ist fast wie eine besondere Kinderkrankheit.

Dann, bei solch einer erzieherischen Einstellung, ist meine Arbeit ruhig. Ich schreie vielleicht sogar mein Kind wegen der zerbrochenen Scheibe oder des ausgegossenen Tees an, aber innerlich habe ich in keiner Weise das psychische Gleichgewicht verloren. Mein Gemütszustand hat sich nicht verändert.

Bei einem Lehrer-Examen habe ich eine Lehrerin gefragt: »Was hätten sie getan, wenn Ihr Schüler mit einem Ball eine Fensterscheibe der Schule eingeschlagen hätte?« Sie hat geantwortet: »Ich hätte ihm erklärt, daß er was Schlechtes getan hatte.« »Und wenn er noch einmal eine Scheibe zerschlagen hätte?« »Ich hätte ihm wieder erklärt, daß er sehr schlecht gehandelt hat.« »Und wenn er zum dritten Mal eine Scheibe zerschlagen hätte?« »Ich hätte ihm wieder erklärt ...«

Ewig erklären kann man nicht. Man muß schon mal bestrafen. Strafe muß einen Platz in der Erziehung haben. Über das Schlagen gibt es heutzutage nichts zu sagen. Daß man es verboten hat, geschah mehr deswegen, weil man festgestellt hatte, daß das Schlagen der Gesundheit des Kindes schadet. Obwohl man sich schwer vorstellen kann, daß es nicht irgendwo einen Lehrer oder eine Lehrerin gibt, die im Moment großer Aufregung doch einen Klaps geben. Man ist doch auch nur ein Mensch.

Bestrafen muß man, und zu diesem Zweck ist es notwendig, daß das Straf-System durchdacht und konsequent, und vor allem bar aller Rachegefühle ist. Es soll ja erzieherisch wirken.

Schlecht handelt eine Mutter, wenn sie in Momenten ausgelassener Laune fröhlich über das wilde Verhalten lacht und ein anderes Mal hart bestraft. Das Kind verliert das Gefühl für seine Handlungen. Es weiß nicht, was erlaubt und was verboten ist.

Das gleiche gilt für die Belohnung in der Erziehung. Sie muß uns erzieherische Ergebnisse bringen.

Ein Schüler hat oft im Unterricht gepfiffen. Er hat das vielleicht gar nicht böswillig gemeint. Es ist einfach immer wieder geschehen. Meine

Belohnung war: Wenn er innerhalb einer Woche nicht mehr als zweimal pfeift, wird er von mir ein Bonbon bekommen. Das Ergebnis war zufriedenstellend.[1]

Ich wiederhole: Die ganzen erwähnten Probleme gehören vielleicht in den Bereich der Kleinigkeiten in der Erziehung, aber sie sind von großer Bedeutung.

(gemäß dem letzten Referat, zusammengefaßt von M. Levin)

Janusz Korczak

Aus: *Dos Kind* (Das Kind), Nr. 6 (Juni 1938), S. 8-10.

Wir wissen es nicht

(Ein Gespräch mit Ausbildern)

Der Lehrer erklärt etwas in der Schule. Die Schule gibt das Buch, aus dem gelernt wird. Die Schule schreibt vor, was der Schüler können und wissen muß. Man muß auswendig lernen, schreiben, rechnen. Man muß etwas von Geschichte, Geographie, Natur wissen. Derjenige Schüler gilt als schlecht, der nichts davon kann und nichts davon weiß. Er bekommt ein schlechtes Zeugnis. Er wiederholt das Schuljahr. Und zu Hause ist man böse auf ihn. Man sagt, er sei faul, nicht offen, nicht klug. Sehr häufig lacht die ganze Klasse über seine unklugen Antworten. Nichts zu können und nichts zu wissen, das ist eine Schande.

Wer etwas nicht weiß, ist darum bemüht, dies zu verbergen; er tut so, als könne er etwas; versucht es mit Ausreden, und des öfteren schwindelt er. Er schreibt aus fremden Heften ab und erwartet, daß ihm seine Freunde aushelfen.

Ganz anders kann er sich dagegen in einem Heim der Jugendorganisation fühlen.[2] Hier hält man sich weder für zu gut, zu lernen und das

1. So verfuhr Korczak bei seinen »Wetten« mit den Kindern: Keine vollständige Unterlassung der schlechten Verhaltensweisen fordern, sondern eine schrittweise Verbesserung unterstützen und belohnen. Vgl. z.B. *Janusz Korczak in der Erinnerung von Zeitzeugen*, a.a.O., S. 175f, S. 307, 330. Auch in Nasz Dom nutzte man das Wetten als Erziehungsmittel, vgl. *Sämtliche Werke*, Bd. 13, S. 560ff.
2. Gemeint ist das Haus der Organisation »Hechaluc Hacair« (Der junge Pionier), die die Zeitschrift herausgab, in der der vorliegende Aufsatz veröffentlicht wurde.

zu wiederholen, was im Buch steht, noch um gemeinsam Antworten auf die Fragen zu suchen, die nicht im Buch stehen. Wir suchen die große Wahrheit und wagen manches, wir wagen zu leben, und wir fordern die Welt heraus. Jeder einzelne von uns kennt andere Dinge und weiß etwas anderes. Auch wenn jeder einzelne nur zehn Jahre alt ist, so wissen wir zusammen doch so viel wie ein Hundertjähriger, und an einen solchen wenden wir uns wegen seiner Erfahrung, weil er etwas erlebt hat und etwas weiß. Aber unsere Wahrheit ist ein junger Mensch, er ist ein anderer, er gehört zu uns.

Jeder einzelne von uns hat andere Dinge gesehen und gehört, ist anderen Menschen begegnet, hat andere Gespräche geführt, hat nach anderen Dingen getrachtet, versteht für sich alleine anders, stellt eine Frage anders und antwortet anders darauf.

Der Gesunde und Starke versteht die Dinge anders, als jemand, der ständig kränkelt und schwach und weniger geschickt ist, wer ängstlich ist und nicht an seine Kraft glaubt, sieht die Dinge mit ganz anderen Augen. Der eine hat gesunde Eltern, der zweite hat keinen Vater oder keine Mutter. Wer keine Familie hat, sieht die Dinge anders, und noch einmal anders jener, der einen älteren oder jüngeren Bruder oder eine ältere oder jüngere Schwester hat. Das Leben eines Reichen erscheint anders als das eines Armen, anders geht es dem, der einen gut verdienenden Vater hat, und anders dem Kind eines Arbeitslosen. Auch, ob einer schön ist oder häßlich, ob er ein gutes Gedächtnis hat, ob er mühelos lernt, er weiß etwas über andere Dinge und kennt sie anders. Der eine ist ein Bruder Leichtfuß, der zweite ist ernst oder nachdenklich. Der eine spielt mit etwas, der zweite strebt nach mehr, ein dritter arbeitet schwer, oder er muß einige Jahre später die Schule verlassen.

Der eine strengt sich oft im Sport an, möchte Ausflüge und Reisen in weit entlegene Länder machen, den zweiten zieht es ins Land Israel, der dritte kümmert sich um das schwere Leben hungriger Menschen in Dorf und Stadt, er sorgt sich sogar um das vernachlässigte Kind in China, wo Kriege an der Tagesordnung sind, oder um alle, von denen man schon seit vielen Jahren hört, daß sie verfolgt werden.

Aus unserem Gespräch hatte ich gefolgert, daß wir gleich sind, daß einer ist wie der andere, daß wir die Welt des anderen kennen. Dem ist aber nicht so. Jeder von uns unterscheidet sich vom anderen und weiß etwas anderes. Das ist ähnlich dem, was sich mit mehreren Menschen zugetragen hat, von denen jeder in ein anderes Kino gegangen ist und einen anderen Film gesehen hat. Man kann den Inhalt des Films erzählen, aber das ist nicht dasselbe als wenn man ihn selbst gesehen hat. Im Kino sitzen wir nur ein paar Stunden, aber unser Leben – das bedeutet lange Tage, und wachen und machen.

Man hat gesagt, daß es an einem Baum keine zwei gleichen Blätter gibt, genauso wenig wie es zwei sich völlig ähnliche Menschen auf der Welt gibt. Ein jeder kennt sich selbst besser als den anderen, sogar der engste Freund ist oftmals nicht der, für den wir ihn gehalten haben. Man muß sich mit den Menschen verstehen, sie kennen und sie erlernen, sie kennenlernen. Wir klagen oft darüber, daß uns die Erwachsenen nicht verstehen, und sagen ihnen, sie seien doch auch einmal jung gewesen, und sie müßten sich doch daran erinnern, wie sie einmal gewesen sind. Wir dagegen sind noch nicht erwachsen, aber wir können es uns trotzdem vorstellen. Wer hundert Jahre alt ist, weiß auch nicht alles, denn es gibt da viel Unbekanntes und viele Geheimnisse, von denen niemand etwas weiß.

In deinem Schulbuch ist alles klar, einfach und sicher. Aber in den dicken Büchern, die von großen Gelehrten verfaßt wurden, steht sehr häufig der Ausdruck: Das wurde noch nicht völlig erforscht; das ist nicht bekannt; man arbeitet noch an verschiedenen Forschungen. Wenn sie wissen, daß alle Ärzte krank sein können, wie können sie dann den Kranken helfen? Es gibt zum Beispiel hohe Berge, die bisher noch keines Menschen Fuß betreten hat. Die Anden haben sich als wirklich hoch erwiesen, aber der Mensch will noch höher hinaus.

Wir wissen nichts, wir können nichts – diese Worte sind oft von Gelehrten zu vernehmen. Und sie schämen sich nicht über ihr Nichtwissen, denn sie suchen, streben und proben unablässig.

Nur ein nicht kluger Mensch meint, er wisse und könne alles und rühmt sich, er begehe keinen Irrtum.

Es gibt da Abertausende von Büchern. Keiner kann sie alle lesen, ja nicht einmal alle überblicken.

Eine wichtige Stufe beim Menschen ist allein schon die Tatsache, daß er manchmal weiß, wozu er eine Antwort auf eine Fragen finden soll. Und ganz oft sagt einer es so, der andere anders, und beide sind große Gelehrte. Unsere Erde ist klein, und klein ist der Mensch, der darauf lebt. Er weiß etwas von einem Morast, von einem Vogel, Fisch oder einem Tier. Ein Zehnjähriger weiß mehr als ein fünfjähriges Kind. Der Arzt weiß mehr über die Krankheit als ein Ingenieur, aber Häuser und Brücken bauen kann der Arzt nicht.

Wir halten uns im Heim der Jugendorganisation nicht für zu gut, die Wahrheit zu suchen. Wir halten uns nicht für zu gut, um die Wahrheit unserer Jugendlichen als Menschen zu erkennen, und auch nicht für zu gut, um vom Leben zu lernen, es zu betrachten, wie es ist, und wie wir möchten, daß es sein soll.

Ein großer jüdischer Gelehrter hat einmal gesagt: »Ich habe von meinen Lehrern viel gelernt, aber mehr von meinen Freunden; am meisten habe ich jedoch von meinen Schülern gelernt.«

Viele goldene Körner des Wissens sind verschüttet. Wir halten uns nicht für zu gut, um sie zu suchen. Ein anderer großer Gelehrter hat einmal gesagt: »Ich weiß, daß ich nichts weiß.«[1] Das bedeutet, daß wir uns nicht zu klug vorkommen und statt dessen aufrichtig sein sollten, und weiter, daß wir uns nicht schämen müssen, wenn wir immer wieder sagen: »Wir wissen es nicht.«

Janusz Korczak

Aus: *Hechaluc Hacair* (Der junge Pionier), Nr. 28 (Febr. 1938), S. 4-6.

Erziehungskunst

1. Die Leiter der Erziehungskunst hat viele Sprossen. Die Erziehungskunst hat ihre Tradition, ihre Theorien und Kommentare dieser Theorien. Das alles ist ineinander verschmolzen, man erkennt nicht, was früher und was später entstanden ist.

2. Das Kind ist ein Mensch. Man muß den guten Menschen genauso wie den schlechten achten. Wenn du das gute Kind achtest, wird es dir viel helfen. Wenn du das schlechte Kind achtest, wird es dich nicht stören. Magst du das gute Kind, wirst du auch das schlechteste Kind mögen. – Ich weiß nicht, wie das passiert. Es geschieht von alleine und läßt sich nicht erklären.

3. Ein Kind hat eine eigene große und wichtige Welt. Zwei Kinder – haben drei große Welten. Drei Kinder – das ist nicht eins plus eins plus eins. Das ist viel mehr: das erste und das zweite Kind, das erste und das dritte Kind, das zweite und das dritte und alle drei zusammen. Sieben große Welten. Abneigung, Freundschaft, Schlägerei, Güte, Freude, Trauer. Rechne selbst aus, über wie viele Welten 10, 20, 30 Kinder verfügen. Viele Welten und schwierige Welten. Alleine, ohne die Hilfe des Kindes, kannst du sie nicht erfassen.

4. Sie kennen sich am besten, weil sie Tag und Nacht zusammen sind. Wenn eins von den Kindern mit dir spricht, spricht es wie mit einem Erwachsenen, einem Erzieher, und nicht wie mit einem gleichaltrigen Freund. Wenn du meinst, ein Kind ist so, aber die Kinder sagen, daß es anders ist, so glaub ihnen. Sie kennen es besser.

1. Das Wort wird bekanntermaßen Sokrates (ca. 470-399 v. Chr.) zugeschrieben.

5. Gleichheit ist eine Lüge. Dem einen tut gar nichts weh, dem anderen tut der Kopf oder die Zähne weh. Der eine ist gesund, stark, schön, fröhlich, erzählt Geschichten, singt. Ein anderes Kind ist schwierig, ungeschickt, häßlich, unangenehm. Das eine Kind kann und will. Ein zweites kann und will nicht. Ein drittes will, kann aber nicht. – Da gibt es keinen Rat. Menschen sind verschieden, sie wollen Verschiedenes und empfinden unterschiedlich.

6. Ordnung muß sein. Du wirst mit ihnen zusammen Ordnung machen, oder, wenn du ihnen nicht helfen oder ihre Hilfe nicht nutzen kannst, werden sie ihre eigene Ordnung ohne dich machen. – Es ist schlecht, wenn du es nicht kannst, oder wenn du es anders haben willst als sie. Dann gibt es Krieg. Und Krieg bringt Unordnung und Schaden. Sie sind die Gruppe, und eine Gruppe ist ein Riese mit einer Menge von Händen, Füßen, Augen, Ohren. In diesem Krieg wirst du nicht siegen. Du wirst bloß enttäuscht sein.

7. Auch wenn du talentiert und klug wie König Salomo bist, du mußt trotzdem einen eigenen Weg haben. Damit ist der eine zufrieden, der zweite nicht, ein dritter teilweise. Du mußt so »regieren«, daß du immer mehr Anhänger hast als die anderen. Auf deiner Seite sollen diejenigen stehen, die Ordnung wollen. Deine Ratgeber und Helfer müssen anständig, ehrlich und taktvoll sein.

8. Wenn man ihnen dreimal sagt, sie sollen es so machen, und sie machen es doch anders, oder, wenn man dreimal sagt, sie sollen es nicht tun, und sie tun es doch – so soll man sich nicht ärgern. Man muß das Problem lösen. Ich ärgere mich nicht, ich frage sie, warum sie das so machen, und ich höre aufmerksam zu, was sie sagen. Man darf nicht auf alle böse sein. Man darf, und das auch nur ganz behutsam, auf ein einzelnes Kind böse sein. Verlange nicht so viel von ihnen, sondern von dir selbst. Ein ambitionierter Politiker gibt Befehle, ein Erzieher – versucht und forscht.

9. Die Professoren verbreiten weiterhin die Theorie, daß ein Erzieher sich nicht ärgern darf. Ich weiß. Aber wie macht man das? Das geht nicht. Ich ärgere mich und schreie ein oder zwei Kinder an: »Ich will mit euch den ganzen Tag nichts zu tun haben« oder »Zwei Tage werde ich mit euch nicht sprechen«. Sie sollen nicht meinen, daß es für immer ist. Wenn einer auf mich böse ist, schicke ich einen seiner Freunde zu ihm, um fragen zu lassen, ob er sich mit mir vertragen will. Ich frage: Ist mein Ärger berechtigt gewesen? Der eine antwortet »ja«, der zweite »nein« und der dritte »teilweise«.

10. Wenn ich ihn laut anschreie, weiß er nicht, was ich sage, weil er sich erschreckt. Oder er ist böse, hört nicht zu und versteht nicht. Sprichst du aber leise und ruhig, hilft das ein wenig. Er erinnert sich daran in einer Woche, einem Monat, einem Jahr. Sprich nicht zu oft

und zu lange. Denke dir oft folgendes: Das werde ich morgen sagen, vielleicht wird das besser sein als heute. Und denke daran: Worte tun weh, Worte sind wie Schläge und hinterlassen Wunden.

11. Er lügt unverschämt und dumm. – Und du lügst nicht? Du ärgerst dich über ihn, und er ärgert sich auch über mich. Machst du immer das, was man muß und so, wie du es willst? Du willst, aber du kannst nicht. Du willst, aber es fügt sich nicht. Du willst dich nicht bessern, weil du nicht mehr glaubst, daß es sich fügen wird. – Man darf nicht zu streng mit sich selbst und mit einem anderen sein, sonst stößt man die anderen ab.

12. Er benimmt sich nicht gut und fein. Nicht du schreist ihn an, sondern er dich, oder er lacht dich aus. Ich habe ihm einmal gesagt: »Du bist ein grober Junge, und da hilft nichts. Vielleicht wird dein Sohn oder dein Enkel mehr Verstand, mehr Höflichkeit und mehr Gerechtigkeit haben als du. Es ist gut, daß in hundert Jahren der Erzieher es leichter mit deinen Enkeln haben wird als wir mit dir.« – Am meisten und am besten lernt man durch schwere Zeiten und schwierige Kinder.

13. Einmal gab es da ein Kind. Ich dachte: Gut, daß ich ihn in einem Jahr los werde. Ich gebe ihn seinem Großvater zurück und sage: »Sehr schwieriger Junge, schlagen Sie ihn nicht, sonst wird er noch schlimmer.« Der alte und ergraute Großvater antwortete mir: »Ich habe keine Kraft mehr, aber überhaupt, wozu schlagen? Das Leben wird ihn schon schlagen.« – Ich selbst weiß wenig, ich weiß nur, was mich Kinder und ihre Eltern gelehrt haben: So wie es ist, so muß es wohl sein.

14. Mir war nicht fröhlich zumute gewesen: Meine besten und klügsten Jungs hielten sich fern von mir. Um mich herum hielten sich nur solche auf, die sich langweilten und klagten, die unerträglich und dumm waren. Ich sagte: »Geht euren Weg, was schleichst ihr um mich herum?« Jetzt verstehe ich es schon: Keiner will mit ihnen zusammen sein. Sie brauchen mich. Der Erzieher darf nicht für sich eine angenehme Gesellschaft suchen, sondern für die Kinder.

15. Wenn das Kind Sorgen und Leid hat, dann braucht es dich. Frag es nicht gleich und ständig: »Warum weinst du?« Vielleicht will es dir oder einem Freund davon erzählen. Aber entsage ihm nicht deine Hilfe, wenn es zu dir kommt, und tue für es alles, was du kannst.

16. Ich mag ihn, weil er gesund, geschickt, schön, fröhlich und angenehm ist. Ich mag ihn, weil er traurig, schwach, schlecht und dumm ist. Der erste ist reich, der zweite arm. Aber wenn der erste so nett und fröhlich nur zu mir ist, so ist er ein Karrierist. Ist er nur zu sich selbst nett und fröhlich, so ist er ein Geizkragen. Die Freunde haben das Recht, einen Karrieristen und einen Geizhals nicht zu mögen.

17. Ich habe interessante Bücher gelesen. Jetzt lese ich interessante Kinder. Sag nicht: »Ich weiß schon.« Ich lese einmal, zweimal, dreimal und zehnmal das gleiche Kind, und ich weiß immer noch nicht viel, weil ein Kind über eine eigene Welt verfügt, eine große Welt, die schon lange existiert und die noch lange bleiben wird. Ich weiß ein wenig, was war und was ist. Und wie wird es weitergehen?

18. Achtzehn Aphorismen sind genug. Man kann die Worte der Gesetze übernehmen, aber sie verstehen, alle ihre Geheimnisse entdecken, das muß man selber tun. Auch kann ich nicht all das wiederholen, was ich in 30, 40 Jahren erlebt und gedacht habe. Jeder Mensch handelt so, wie er weiß, glaubt und will, und wie es ihm die Bedingungen erlauben, die ich nicht kenne.

Janusz Korczak

Aus: *Hechaluc Hacair* (Der junge Pionier), Nr. 31 (Mai 1938), S. 19-21.

Auf in die Sommerkolonie!

Hitze – Kälte

Der bekannte Schriftsteller und Pädagoge J. Korczak hat auf unsere Bitte hin freundlicherweise die folgenden Worte verfaßt.

Die Redaktion.

Noch kann ich nicht sagen, wie viele wirklich heiße Tage es in diesem Sommer geben wird. Sie machen das Leben sehr schwer. An solchen Tagen sind die Teilnehmer der Kolonie trotz aller Anstrengungen faul und schwerfällig, manchmal gibt es Ärger, und die Disziplin wird nachlässig gehandhabt. Vor dem Hintergrund dieser ärgerlichen Müdigkeit kann es (auch das ist möglich) – zu unnötigen kollektiven Ausbrüchen der Gruppe oder zu Streit zwischen einzelnen kommen, die einen Hitzschlag bekommen haben.

Dabei sollte man sich daran erinnern, daß man im ersten Stadium eines Hitzschlags nicht einmal Kopfschmerzen hat, sondern ein allgemeines Unwohlsein verspürt. Außerdem ermüdet man wegen der Hitze schnell. – Darauf sollte jeder – bei sich selbst – achten.

Um diese Prüfung erfolgreich zu bestehen, muß man sich gut darauf vorbereiten – damit man auch die schweren Fragen beantworten kann, die das Leben stellt.

Hitze. – Die Kolonie ist durstig – und deshalb Limonade, vielleicht zusätzlich noch kalten Tee, eventuell auch Zitronencreme – Eis (selbst mißlungenes) bereithalten! – Vorfreude auf eine handfeste Portion, Dankbarkeit, weil die Leitung erkannt hat: Wenn es Ärger gibt, ist es mit Worten nicht getan; und sie hat entsprechend vorgesorgt.

Hitze. – Vielleicht sollte man zur Abwechslung zum Beispiel im Fluß baden oder anders zur Unterhaltung beitragen?

Über die Nachlässigkeit des Diensthabenden vielleicht mit einem leichten Scherz hinweggehen, eine weniger dringliche Parole ausgeben; den Willen bändigen, Tag des starken Willens, in sich selbst gehen. (Die Gefühle notieren?) Ein Tag mit einem heißen Wind und ein eiserner Wille. Ausbildung. Denn im Land Israel – ist es sehr heiß.

Kritische Aufmerksamkeit gegenüber sich selbst, seinem Tun und seinen Worten. Den anderen gegenüber dagegen Nachsicht üben. – Die Parole: »Anmerkungen, durchaus. Aber erst später darüber sprechen, wenn du dich etwas abgekühlt hast. Jetzt ist es zu heiß.«

Nach einem heißen Tag wird es Abend – eine Belohnung für die schweren Stunden. – Plötzlich ist wieder Energie da? – Und deshalb vielleicht auch erst später zum Schlaf blasen? – Denn man braucht nach einem heißen Tag nur einen Blick in das Schlafzimmer der Kolonie zu werfen – um zu begreifen, daß der Spruch »Schlaft, denn auch ich bin nur ein Mensch, der sich nach einem schweren Arbeitstag nach Ruhe und Erholung sehnt«, nur scheinbar angemessen ist. Er, der Kapitän, darf nicht schlafen wollen, denn am Himmel ziehen Sturmwolken auf.

Ich weiß nicht, wie viele Tage mit kaltem Wind und Regen – es in diesem Sommer geben wird. Sie machen das Leben schwer, wenn die frei umherlaufende Gruppe plötzlich zusammengedrängt wird und sich in einer noch drückenderen Lage als in der Stadt befindet. Hinzu kommt Bitterkeit, denn sie hatten sich etwas anderes gewünscht und erhofft.

Aufgemerkt! – Sie dürfen über das schlechte Wetter böse sein, sich über das bittere Schicksal beklagen. Die Leitung wird hart auf die Probe gestellt.

Und deshalb vielleicht heißen Tee und Kuchen zum Trost? Oder vielleicht eine weitere Decke für den »König der Faulpelze« (Abstimmung) oder eine Decke als Belohnung für die schönste Erzählung (Märchen, Film, Erlebnis), für ein Gedicht, einen Beitrag für die Regenausgabe der Kolonie-Zeitung. – Eine improvisierte Aufführung: »Wer weiß was?« Oder Arbeit: Eine schmale Straße pflastern, Steine sammeln?

Oder vielleicht einen Schachwettbewerb veranstalten (noch im Winter aus Sperrholz oder Karton Bretter und Figuren aus Kork oder Holz basteln und mit Tinte bemalen ...).

Oder vielleicht ein schönes Buch (bis dahin unter Verschluß gehalten), das laut vorgelesen wird – passend zu diesem »schwarzen Tag« – oder auch ein Gespräch über ein besonders interessantes Thema?

Aber alles sparsam verwenden, um damit einen ganzen Tag, mehrere Tage oder auch mehrere Abende zu füllen. Nicht nur eine Stunde spielen und dann verkünden: »Macht, was ihr wollt.«

An einem heißen, schwülen Tag vor einem Sturm erlaubte ich »die ganze Nacht nicht zu schlafen«. An einem kalten Morgen verkündete ich, daß das Frühstück an die Betten gebracht wird. Es gab viel Lachen und Freude. – Daran erinnerten sie sich noch lange danach.

Damit habe ich das Thema gerade erst angerührt. Nicht, um einige praktische Anweisungen zu erteilen. Das ist kein Kochrezept: Ein Kilogramm Mehl, soundso viel Milch, Zucker, Eier und Vanille. Nein.

Ich wollte, daß der Leiter (und nicht nur der in der Kolonie) alles vorausplant, und damit freiwillig die Tatsache bestätigt, daß es auch schwere Augenblicke gibt: aus denen man lernt, oder welche als Fehlschläge zu deuten sind. Daß es kein simples Spiel und auch kein Herumspielen mit Erziehung, sondern Arbeit ist. Eine erzieherische Dienstleitung. – Hitze und Kälte – das sind nur Beispiele, wie man vorausplanen muß, anstatt zu verzweifeln.

Und noch etwas: Schwere Tage und Situationen drängen schwache Glieder, die nicht beachtet werden, auf die Seite, obgleich in ihnen unerkannte Talente schlummern. Unbekannte Helfer entpuppen sich manchmal – als Helden.

»Wer übernimmt das? Wer hilft? Wer will das tun?«

»Ich!«

»Versuch es!«

Von der Seite her schaue ich interessiert zu, wie der Freiwillige meinen Platz einnimmt und zugreift: ob aus Ehrgeiz, aus Eigeninitiative, Höflichkeit oder Wissen, wie man einen Wettkampf organisiert; es hilft, das Böse zu beseitigen und die Gefahr zu bannen.

Stark und tapfer! – Aber ich bin der Verantwortliche. – Ich gebe das Steuer nie ganz aus der Hand, sondern halte weiterhin ununterbrochen Wache ...

Aus: *Hechaluc Hacair* (Der junge Pionier), Nr. 5 (Juni 1938), S. 8.

Die Religion des Kindes

(Einleitung zu einer Erzählung)

Er kam nach Palästina aus weiter Ferne, er kam zum dritten Mal, seinen Sohn zu besuchen. Sie hatten sich einmal im Monat geschrieben, wie vereinbart. – »Geliebter Sohn« – »Lieber Vater« – »immer Dein Sohn« – »Dein Vater grüßt Dich herzlich«. Es war die Wahrheit: Die Grüße des Vaters waren herzlich; der Sohn fühlte, daß sich in den gegenseitigen Beziehungen nichts geändert hatte. Wahr war der sparsame und vorsichtige Inhalt der Briefe. »Bei uns ist jetzt Winter – bei uns ist jetzt Frühling – ich arbeite – ich bin gesund – mit Sicherheit urteilst Du den Zeitungen entsprechend und bist beunruhigt.«

Der Vater dachte, als er die Briefmarke auf den Briefumschlag klebte: »Trotz allem ist es nicht das gleiche.« – Der Sohn überlegte sich, als er den Brief in den Umschlag steckte: »Ich habe wohl nichts Unnötiges geschrieben.«

Als der Vater nach der ersten Reise zurückkehrte, fühlte er sich auf dem Schiff sehr einsam. Als er zum zweiten Mal den Berg Karmel im Morgennebel sah, dachte er sich: »Vielleicht wird er dieses Mal mit mir zurückkehren?«

Vor Jahren, als der Junge am Anfang des Schuljahres gesagt hatte: »Ich will nicht in die Schule gehen«, überraschte diese plötzliche Entscheidung den Vater. Als Arzt erklärte er sie sich mit der schwierigen Zeit der Pubertät. Nach einem Jahr, als der Junge den Vater informierte, daß er nach Palästina fahren wolle, sagte er mit abweisendem Tonfall: »Kinderei« und »Robinsonade«. Er hatte aber noch immer Vertrauen zum Sohn. Er unterdrückte den Schrei, der sich ihm in den Mund drängte: »Bist du verrückt geworden?«

Vor drei Jahren informierte er den Vater in einem kurzen Brief, ohne überflüssige Erklärungen, daß ihm eine Tochter geboren worden sei und daß ihre Mutter ein Mädchen aus dem Kaukasus sei. Wieso? Wieso hatte er es verborgen? Was antworten? Und weshalb?

Zunächst war der Briefwechsel unterbrochen. Später bekam er ein Foto: vor dem Hintergrund unbekannter Bäume drei unbekannte Personen. »Die Kleine ist gesund« – »Die Kleine ist gewachsen«.

Was ist Liebe der Eltern zu ihren Kindern? – Form ohne Inhalt. Die physische Vaterschaft ist ein Trugbild. Das ist kein Glaube mit einem religiösem Ritus.

Wo liegt die Wahrheit? Für eben diese Wahrheit begab er sich ein drittes Mal dorthin; obwohl er sich täuschte; gesprochene Worte – ebenso wie geschriebene – waren selten, schwierig und unfruchtbar.

Während der ersten Besuche, als er den Jungen fragte: »Was willst du machen?«, hörte er als Antwort: »Ich weiß es noch nicht, ein Jahr ist eine sehr kurze Zeitspanne«. Während des zweiten Besuches stellte der Sohn die vorsichtige (und einzige) Frage: »Willst du nicht hierbleiben?« Die Antwort des Vaters war: »In meinem Alter ist es nicht einfach, den Lebenswandel zu ändern, du hast deine Arbeit hier gefunden, meine ist dort.«

Jetzt saßen sie vor dem Haus am Tisch. Die Enkeltochter (nun, die Enkeltochter ist schon zwei Jahre) spielte mit der Puppe, die er ihr mitgebracht hatte. Die Schwiegertochter (nun denn) hantierte herum, während sie den Tisch für das Abendessen vorbereitete. Sie schwiegen. Der Vater dachte: »Gut, daß ich schon fahre; meine Gegenwart ist ihnen eine Last.«

In diesem Moment nahm der Sohn einen kleinen Notizblock aus der Tasche, schrieb schnell etwas in für den Vater unverständlichen Ausdrücken, fremden Buchstaben, von rechts nach links. – Ihre Blicke trafen sich.

»Willst du wissen, was ich geschrieben habe, Papa?«

Er nickte mit dem Kopf.

»Am Anfang war das, was war, und was sein wird. Das, was ist, entsteht aus dem, was war. Das Ende ist immer ein Anfang. Die Thora beginnt mit den Worten: ›Am Anfang schuf Gott Himmel und Erde.‹«

Er zeigte mit seinem Blick auf das kleine Mädchen: »Für sie habe ich diesen Gedanken aufgeschrieben.«

Genau in dem Moment rannte die Kleine herbei und legte ein Händchen in die Hand ihres Vaters, und das zweite – in die Hand ihres Großvaters. Sie sagte nichts.

»Sollten wir dieses Mal zu einer Verständigung gelangen?«

Sie lachten zu dritt, ohne zu wissen, weshalb. Vom Himmel fiel ein Stern.

»Oft, sehr oft fallen hier Sterne.«

Als sie allein blieben, fing der Sohn mit diesen Worten an ...

Der Inhalt der Erzählung ist eine Beichte; eine sehr lange Beichte, die ganze Nacht hindurch.

Janusz Korczak

Aus: *Mibifnim* (Von Innen), Ejn Harod, Bd. 6, Heft 3 (Juni 1939), S. 206f.

Über ein Seminar für Erzieher[1]

Anmerkung der Redaktion:
Der Beitrag des Erziehers und Schriftstellers und gleichzeitigen Freundes unserer Bewegung, J. Korczak, traf vor dem Überfall auf Polen hier (in Eretz Israel) ein. Der Informationsfluß ist jetzt unterbrochen. Man hört von einer starken Sehnsucht nach dem Land Israel, aber »solange die Kinder der Einrichtung nicht einwandern können – ist sein Schicksal eng mit dem ihren verflochten«. Hoffen wir, daß er bald unter uns weilt.

Kein Seminar über das Unterrichten, sondern über Erziehung. An erster Stelle stehen Erkenntnisse darüber, wie das Kind von seiner Geburt an zu betrachten ist und wie man es zu jedem Zeitpunkt seines Lebens zu seinem Besten leitet.

Wir wenden uns an die Verleger in Europa und Amerika und bitten darum, uns Kataloge ihrer Lehrbücher für die Betreuung von Säuglingen und Kleinkindern zu schicken. Ganze Sammlungen, Spielzeug, Lieder und Geschichten, populärwissenschaftliche Bücher über alle Wissenschaften. – Wir bitten die Unternehmen, uns Preislisten über Lernhilfen, Gußformen, Muster, Tabellen und Unterrichtsstunden zuzusenden. Wir übersetzen nur jene Bücher, die weniger als fünfzig Seiten haben. Bücher mit mehr Seiten kürzen wir und fassen sie zusammen. Wir kaufen Hilfsmittel, die nicht mehr als 25 Groschen kosten. Wir sind sparsam.

Wir prüfen und bitten um die Übersetzungs- und Leihrechte von Vorlagen für eine Enzyklopädie, die im Laufe des Jahres als Ergänzung zu den Schriften und Broschüren herauskommen könnte, und zwar umsonst.

Wir verschicken an alle Erziehungseinrichtungen »biographische Blätter« (»Blätter zum Beobachten«). Sie werden jedes Jahr ausgefüllt und in der Zentrale aufbewahrt. Ihre typischen Inhalte: fröhlich, ernsthaft, traurig, hastig, gemäßigt, zart, laut, ungeduldig, unabhängig, beständig, zweifelnd, nachgiebig, meckernd, fanatisch, rachsüchtig, bösartig, wahrheitsliebend, widersprüchlich, ehrsüchtig, sauber, eifrig beim Spiel, bei der Arbeit; durchsetzt mit Berichten; und zur Beziehung zu Gleichaltrigen: Anführer, Helfer, Lernender, Ausgleichender. – Die Beziehung Gleichaltriger zu ihm: Er ist beliebt und wird von ihnen anerkannt, seine Meinung wird geachtet, man hängt an ihm, verachtet ihn, scharrt sich um ihn, quält ihn, macht ihn lächerlich ...

1. Ein Projekt für die seminaristische und praktische Ausbildung von Erziehern in Eretz Israel, beschrieben im Jahr 1936.

Gleichzeitig veröffentlichen wir in der Presse eine Serie von Beiträgen, in der wir Eltern und Jugendlichen beweisen, daß neben der Intelligenz des Gehirns auch die Intelligenz des Herzens existiert, die genauso wichtig ist, ebenso wie die Intelligenz des Charakters. Daneben gibt es den emotionalen Verstand sowie ein Gefühl für das Gute und die Pflicht. Ein gut geschriebenes Buch erfüllt die Bedürfnisse Tausender von Kindern, von mehreren Generationen. Für den täglichen Lebensunterhalt, die tägliche Pflege und die tägliche Hilfe werden Tausende von Menschen benötigt, um die Achtung von Werten wie Gemeinschaft und Erziehung zu fördern und zu pflegen.

Wer schreibt oder liest und dabei seinen Freund zurückweist, weil dieser ihn beim Lesen oder Schreiben gestört hat, hat einen geringeren Wert als jener, der sein Buch oder seine Feder beiseite legt, um mit seinem Freund zu diskutieren, ihm zuzuhören oder ihm zu helfen. Ein Kind, das klug ein Wissensbuch liest, aber, wenn es von seinem Freund darum gebeten wird, ihm zu erzählen, was es gelesen hat, dieser Bitte nicht nachkommt, ist wie der Hamster, der nur für sich selbst etwas anhäuft, der keine Großzügigkeit kennt, die im Geben liegt. Die Weisheit wurde uns nicht gegeben, damit wir sie zu einer Krone machen, um uns damit zu brüsten, sondern um sie an andere weiterzugeben. Eingefrorene Weisheit ist totes Kapital, daneben gibt es die lebendige Weisheit, die wie eine volle, geöffnete Hand ist, wie die Luft, das Wasser und wie die Süße einer Frucht für alle, die nahe sind und sie möchten.

Vielleicht kannst du nicht lesen und bist doch eine gute Betreuerin; vielleicht hast du die hohe Kunst der Säuglingsbetreuung gelernt und gibst den Kindern trotzdem heimlich Opium, denn es gibt Dinge, die du zu geben verstehst und solche, die du geben möchtest.

Abschlußarbeiten und Buchwissen haben sich enorm verbreitet. Den Schülern werden Defekte beigebracht, indem man sie zum Streben nach Ehre anregt, ihnen den Weg für leichte Errungenschaften öffnet, alle Möglichkeiten aufrechter, bescheidener Arbeit verschließt und den Arbeitsmarkt mit Diplomen verunreinigt.

Wir können nur hoffen, daß das Land Israel soviel Kraft besitzen möge, sich selbst aus diesem kollektiven Geist der Verzerrung und der schädlichen Aktivitäten zu befreien. Dafür ist jedoch Zeit nötig ebenso wie große Anstrengungen.

Immer wieder hört man die Klagen von Eltern, Müttern und wieder Eltern:

»Er kann noch immer nicht lesen. Er hat Mühe mit dem Rechnen. Er hat eine schlechte Handschrift. Er bleibt zurück, er wird nicht in die höhere Klasse aufsteigen.«

Natürlich ist es nicht angenehm, das zu sehen, weil die Eltern, die für die Bildung ihrer Kinder so viel Geld ausgeben, auch so bald wie möglich die Zinsen für ihr investiertes Kapital sehen möchten: Ein

Abschlußzeugnis ist schließlich der Schlüssel für eine Karriere. – Auch dann noch, wenn an den Börsen überall auf der Welt die Kurve der Diplome gefallen ist; heute haben sie nur noch einen Wert: den für eine gute Vermittlung. – Nicht der, der sich mit Uhren am besten auskennt, ist auch der Pünktlichste, und ebenso wenig ist der, der den schönsten Aufsatz über den Wert der Arbeit verfaßt, der Fleißigste.

Gutherzigkeit, Fleiß, Pflichtbewußtsein, Hilfe für den Schwächeren und Nachgiebigkeit – anstelle einer Enzyklopädie voller Schulwissen, die gedruckt werden kann und in der man dann blättert, wann immer man sie braucht. Der glänzende Schund der Schule ist Gift für die zusammenbrechende Welt. Eine Welt der wissenschaftlichen Herausforderungen und Wissensfälschungen, von Schmarotzern und Spekulanten – um zu spotten, verächtlich zu machen, um sich mit Lügen aus der Schlinge zu ziehen, das Herz des Lehrers zu stehlen, schlau die Unwissenheit zu verbergen, dem Freund die Gedanken zu rauben – das ist eine Komödie, die schlechte Komödie der Schule alten Schlags. – Der Horizont des Kindes muß erkundschaftet, und es muß darauf geachtet werden, daß es nicht in die Irre geleitet, daß nicht sein Willen gelähmt oder seine Offenheit verschüttet wird.

Ich wiederhole noch einmal: Darüber muß man schreiben, muß die Briefe von Müttern und Erziehern abdrucken und Beispiele aus dem wirklichen Leben bringen, damit das Kind, ohne sich zu schämen, sagen kann:

»Ich lerne gerne.«

Anstatt voller Schuldgefühle: »Ich kann nicht lesen lernen.«

Damit die Mutter, ohne sich zu schämen, eingestehen kann, daß ihr Kind in der Schule hilflos ist.

Damit der Lehrer spürt, daß eine Aufgabe, die fleißig, aber weniger perfekt ausgeführt wurde, den gleichen Wert hat wie eine, die wunderschön und fehlerlos im Heft steht, und daß ein roter Apfel, der nicht, wie es sich gehört, geschält wurde, genau den gleichen Wert hat wie einer, der perfekt daliegt.

Rousseau hat Kindern unter 14 Jahren das Lernen nicht erlaubt. Pestalozzi möchte die Lernmethoden so vereinfachen, daß praktisch jede Mutter Lehrerin sein kann. Fröbel verlegt den Unterricht in den Kindergarten, und Tolstoi zeigt an zahlreichen Beispielen, daß nicht die Kinder von uns lernen müssen, sondern wir von den Kindern.

Die Dalton-Methode[1] ist die richtige und nicht die scheinbare. – Es ist die Kapitulation der Schule zugunsten des selbständigen Lernens,

1. Der sog. Dalton-Plan von Helen Parkhurst (1887-1959) an der Dalton School (Mass.) enthielt ein System zur Individualisierung des Lernens, das den Kindern zu Selbständigkeit, Eigeninitiative, Selbstverantwortung und Aktivität verhelfen wollte. Wöchentliche oder monatliche Arbeitspensen wurden individuell und in

der Selbstkontrolle. Kino, Radio und Konzerte in der Schule, Vorträge von Dozenten, Ausflüge und Theater – sie alle erlauben es jedem einzelnen, so viel zu sehen und zu hören, wie er sehen und hören möchte. Wenn nicht, dann ruft es bei ihm nur Langeweile und Auflehnen hervor.

Die Schule befreit den Schüler von der Fabrik, die ihrerseits die weit verbreiteten Handwerksbetriebe ablöste, in der er nur gedroschene Asche war, die Schule befreit auch vom Elternhaus, das ihm die Last der menschlichen Bürde und der Dienste auferlegte. Daher kommt ihm sogar die langweilige Schule angenehm vor, wenngleich er dort nur den Tumult oder auch nur die Ecke, die wirklich ihm allein gehört, liebt, nicht aber den Lehrplan. Nur wenige gute Lehrer nähren hartnäckig die Illusion und suggerieren den Kindern, daß die Freiheit vorherrscht.

Fragt die Kinder nach ihrer Meinung: Ist es ihnen erlaubt, den Unterricht zu verlassen, wenn sie etwas Wichtigeres zu tun haben? Ist es ihnen gestattet, eine ganze Woche nicht in die Schule zu kommen; und was würden sie tun, gäbe es keine Schule? Und welche Schule wünschen sie sich und wie sollte diese beschaffen sein?

Denn die Volksschule heute – lehrt Straßenzeitungen und Detektivromane zu lesen sowie das Schreiben von »Liebesbriefen« – wie ein deutscher Lehrer bitter anmerkte.

Einem zehnjährigen Jungen sagen wir: Schau, ich werde dir jede mögliche Schule und jeden Beruf zeigen; daraus kannst du nach Gutdünken wählen – aber du mußt jeden Tag Rechenschaft darüber ablegen, wie du den Tag verbracht hast. Und jedes Jahr mitteilen: Schule oder Arbeit, Werkstatt, Zimmer, Bibel, Tasche. Teilnahme in einer der gewählten Gruppen: Singen, ein Instrument spielen, Malen.

Mit 14 Lesen und Schreiben. Er kommt. Rein und durstig, als Kandidat für das Seminar. Er wird akzeptiert als Gleicher unter Gleichen, wie sein Freund, der schon mit 7 oder 8 seinen Talmud studiert hat.

Für sich genommen ist er ein Kandidat unter den Stadtbewohnern, was allerdings weder eine Eintrittskarte darstellt noch festlegt, womit er sich in jedem Jahr zu bechäftigen hat. Auch hier gilt das Interesse

Arbeitsgruppen bearbeitet. Vgl. Parkhurst, Helen: *Education on the Dalton-Plan*. New York 1922; poln. Übersetzung 1928.
Die im folgenden dargestellten Ideen zur individuellen Lern- und Erziehungsarbeit scheinen stark vom Dalton-Plan beeinflußt zu sein: »Freie« und individuelle Arbeit (»free work«), Arbeit in Fachräumen (»laboratories«), Individual Work Assignments etc. Vgl. auch Lynch, A.J.: *Individual Work and the Dalton-Plan*. London 1925.

nicht dem Schulzeugnis. Für den Zugang wird vor allem ein allgemeines Bekenntnis benötigt: Wie hat er gelebt, und was hat er getan? Denn wer eingesteht, daß die Schule zu Defekten führt, kann nicht ableugnen, daß ihm der Einfluß der Schule bekannt sei. Und dem Alter – wird keine entscheidende Bedeutung beigemessen.

Der Lehrplan: Im ersten Jahr – Arbeit und ein umfassendes Tagebuch (?) in der ihm gewohnten Sprache. Erlernen des Hebräischen. Wer möchte, liest und schreibt eine Zusammenfassung des Gelesenen. Die Anweisungen erhält er von Enzyklopädisten. Die wenigen Lehrer, die vor Ort sind, oder Professoren aus der Stadt schicken die erforderlichen Bücher.

Im zweiten Jahr. – Arbeit unter den Kindern und mit den Kindern. Keine großen Gruppen, sondern ein Kind, zwei Kinder. Das Beobachten dieses Kindes erfolgt, indem sein Tagebuch begutachtet wird. Rechenschaft wird über die Arbeit abgelegt, wobei die Älteren diese Arbeit übernehmen. Sie kümmern sich um die Ordnung und die Ästhetik der Ortschaft und um die Erziehungsarbeit – dafür zuständig sind die Seminarteilnehmer dieser beiden Lehrgänge, wie das bei Mitgliedern der Ortschaft üblich ist.

Drittes und viertes Jahr. – Jetzt erhält jeder ein Zimmer, zwar klein, aber sein eigenes, im Seminarhaus. – Von den dreißig Fächern, die in dem mir bekannten Lehrplan vorgesehen sind, werden fünf gewählt. Von den fünf Kunstfächern muß eins oder müssen zwei gewählt werden, weiter eine Fremdsprache oder auch zwei wie Hebräisch oder Englisch. Dem stimme ich durchaus zu, aber warum nicht auch Jiddisch, Ungarisch, Polnisch oder Russisch, Chinesisch [?] oder Griechisch?

Kollektive Arbeit: Fragen von Kindern, auf die sie keine Antwort wissen. Die vielen Schwierigkeiten und die Mängel sowie ihre Streitereien untereinander und die der Kinder. Wird das Seminar laufend untersucht, wird es nicht veralten. – Besorgt sinne ich über die Gruppe der Hochmütigen nach, und einige Jahre später auch ...

Drittes Jahr. – Lernen und nur Überwachung der Reihe nach im Seminarhaus. Keine Kinder. – Jeder muß in Ruhe prüfen, ob er sich geirrt hat, und muß sich selbst prüfen, ob er sich nach dem Kind sehnt. – Werkstatt, Schule oder Garten – erlaubt, aber keine Pflicht. Nach einem Jahr eine Prüfung in den gewählten Fächern: Aber ein Versagen in der Prüfung schließt niemanden als Erzieher aus, wenn er die moralische Prüfung während seines täglichen Tuns bestanden hat.

Viertes Jahr: Buch und Kind, Feder und Werkstatt.

Fünftes Jahr: Studien in der Stadt. Dazu benötigt werden ein Labor, Experten, eine Bibliothek, ein Theater und ein Konservatorium; im Haus für Behinderte – Kontakt mit Beratern, Fachleuten für die kommenden Jahre.

Sechstes Jahr: Tätigkeit als Hilfskraft in der Schule, im Haus der Erziehung, im Klub, Hilfe für geistig Zurückgebliebene, Stellvertreter. (Man hüte sich vor Schulen, die sich »Sonderschulen« für geistig zurückgebliebene Kinder ohne weitere Spezifikationen nennen.)

Das Seminarhaus dient überdies vier Monate im Jahr als Erholungsheim und Hotel für Touristen. Hier eignet sich der Seminarist die Eigenschaften Taktgefühl, Geduld, Wohltaten für andere, Verständnis und Vergeben an.

Ich bin mir durchaus bewußt, daß mein Lehrplan Mängel aufweist – dabei mußte ich mir vor Augen halten, daß:

1. die Arbeit mit Kindern jedem Menschen offen stehen muß, der sie ausüben möchte. Ein Kind verlangt kein Buchwissen und wird auch nicht böse, wenn ihm gesagt wird: »Das weiß ich nicht.« Wenn es wirklich etwas wissen möchte, bittet es darum: »Sieh im Buch nach, dort steht es geschrieben. Frag nach.« – Auf keinen Fall darf man das Kind einem Lehrer in die Hand geben, der das Buch liebt, nicht aber den Menschen. Und auf keinen Fall darf man dem Kind einen Erzieher geben, der sich dem Beruf eines Erziehers nur zugewandt hat, weil er von jedem anderen Beruf ausgeschlossen wurde.

2. Ein Lehrer muß wissend sein; allerdings ist sein Wissen – so schwach und zufällig es auch sein mag – lediglich der Beginn. Nichtwissen ist keine Schande, schändlich ist nur, sein Unwissen zu verbergen, Ausflüchte zu machen und zu fälschen. Das Kind ist ein Verbraucher, der zu fordern versteht, und ein Kritiker, der streng sein kann. –

3. Mir ist wichtig, daß man das Buch nicht nur auf der Basis von Symbolen oder Phrasen mit der Arbeit auf dem Feld, in der Werkstatt und in der Hauswirtschaft verbindet. Es sind keine zwei sich ausschließenden Grundsätze: entweder das Papier oder das Leben; das Gedruckte bedrückt, aber das Tun – ist die Seele des Gesetzes/die Seele der Theorie.

4. Der Lehrer ist nichts anderes als ein Freund, der ermuntert, der stärker und erfahrener, aber keine Autorität ist. Das Kind ist ein Buch, in dem du liest. – Das Programm entstellt und tötet das Wissen – es zeigt Grenzen auf, wo das Wissen keine Grenzen kennt. Alles Wichtige und Existierende erfolgt außerhalb und trotz des Programms.

5. Man darf nichts aufschieben, man darf keine Zeit vergeuden, sondern es muß heißen: Jetzt! Mein Lehrplan ist einfach. Nicht erst lange nachdenken und danach tun, sondern sofort handeln!

Einer eurer Einzelgänger sagte mir:

»Ich sinne über die Probleme von Sein und Menschheit nach. – Die Kuh muht, und ich gehe sie melken.«

Ein anderer sagte:

»Ich zeige, wie man kleinere Schäden an Maschinen reparieren kann, aber das ist nicht wichtig. Ich zeige, was ich nicht reparieren darf, wofür ein Fachmann gebraucht wird. – Ein guter Fuhrmann muß kein Tierarzt sein.«

»Stellt euch selbst vor, ... (unleserlich).«

Ich höre, ich sehe, und ich erinnere mich – das ist etwas. Aber: Ich weiß. Ich verstehe – nur wenig. Ich weiß, daß ich nichts weiß – aber ich fühle.

So muß ein Lehrer sein.

Ein Splitter ist unter den Fingernagel des Kindes eingedrungen. Ich bin Arzt. Der ganze Fingernagel muß entfernt werden und das ist dann von vielen Schmerzen begleitet. – Die Frau des Fuhrmanns kratzt geduldig mit einer Rasierklinge an der Stelle, an der der Holzsplitter eingedrungen ist, und entfernt ihn, ohne daß es schmerzt.

Aus: *Mibifnim* (Von Innen), Bd. 6, Ejn Harod, Jan./Aug. 1940.

7.

Die Burse und ich

Aus dem *Wochenblatt der Burse*

(1924-1932?)

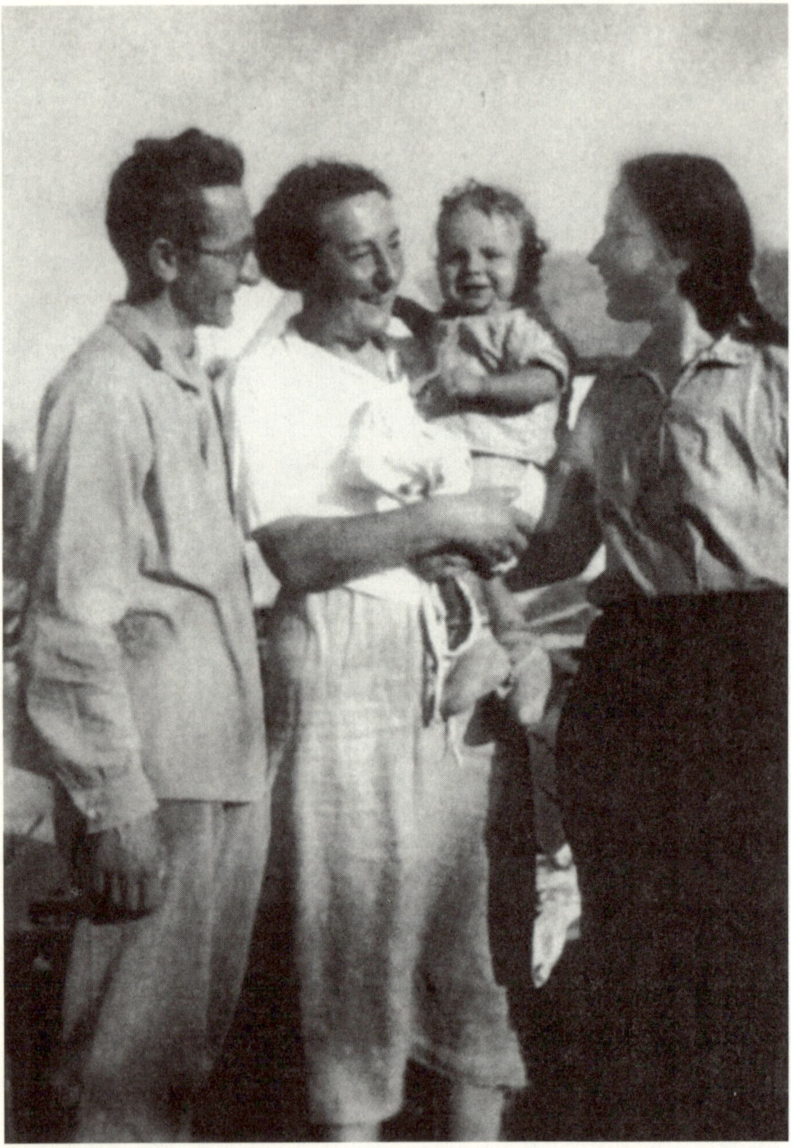

Stefania Wilczyńska bei Familie Biber:
Fejga Lifczyc-Biber, ihr Mann Chaim und Söhnchen Neta, Ejn Harod 1938

Die Burse[1] und ich

Vorwort.

Wenn meine diesjährigen Artikel etwas nebulös und chaotisch sind, bitte ich zu beachten, daß ich sie nicht schreibe, sondern diktiere. Das Stenogramm hat eine andere Form als das Schreiben mit der Feder in der Hand.[2]

I.

Jede neue Unternehmung, die sich nicht auf Erfahrung, sondern auf theoretische Voraussetzungen stützt, ist von Unruhe begleitet. Unter dem Zeichen der Unruhe und einer mißtrauischen Einstellung meinerseits

1. 1923 wurde im Dom Sierot in zwei Zimmern in der ersten Etage die sog. Burse für Zöglinge über vierzehn Jahre eingerichtet, die das Waisenhaus sonst hätten verlassen müssen. Die Burse bot ihnen die Möglichkeit, die Schule oder eine Ausbildung zu beenden. Die Zöglinge der Burse waren verpflichtet, 3 bis 4 Stunden täglich im Dom Sierot zu arbeiten. Im Jahre 1925 veränderte sich das Profil der Burse. Statt der Zöglinge aus dem eigenen Hause wurden auch Teilnehmer von Lehrerseminaren und aus Kursen für Erzieher, Studenten der Universität und andere junge Menschen aufgenommen, die ihr theoretisches Wissen über Erziehung mit pädagogischer Praxis verbinden wollten. Für Unterkunft und Verpflegung waren auch diese Bursisten verpflichtet, ihre Arbeitskraft für 3 bis 4 Stunden täglich in den Dienst des Dom Sierot zu stellen.
Die folgenden Artikel sind Abschriften von Korczak-Texten aus dem *Wochenblatt der Burse*, das wahrscheinlich in den Jahren 1924-1932 im Dom Sierot erschien. Darin schrieb Korczak Einleitungsartikel, die Bursisten berichteten über ihre Arbeit und Probleme mit den Kindern, Stefania Wilczyńska legte vor allem organisatorische Angelegenheiten dar. Die Artikel wurden in ein großformatiges, dickes Heft eingetragen, das in einem Schrank zusammen mit dem *Wochenblatt des Dom Sierot* aufbewahrt wurde. Die Bursisten griffen individuell nach dem *Wochenblatt der Burse*, es wurde nicht öffentlich verlesen wie das *Wochenblatt des Dom Sierot*. Die Originaldokumentation des *Wochenblatts der Burse* ging im Zweiten Weltkrieg verloren. Eine Bursistin des Dom Sierot, Fejga Lifszyc, bewahrte ihr Heft mit Notizen aus der Zeit ihres Aufenthalts in der Burse auf. Darin fanden sich auch einige Artikel von Korczak aus den Jahren 1923/1924 und 1926/1927 (der Aufenthalt in der Burse dauerte jeweils ein Schuljahr). Einige Artikel erhielt Fejga von der mit ihr befreudeten Stefania Wilczyńska. Insgesamt blieben von dem mehrjährigen *Wochenblatt der Burse* nur dreiundzwanzig Beiträge Korczaks erhalten. Bis auf einen Text, »Liebe Kinderchen«, der für die Kinder des Waisenhauses bestimmt war (*Sämtliche Werke*, Bd. 7, S. 377ff), werden alle im vorliegenden Band abgedruckt.
2. Die diktierten Artikel wurden von Korczaks Sekretär, Igor Newerly, stenographiert und von einer Erzieherin, Róża Lipiec, ehemals Zögling des Dom Sieort, ins Reine übertragen.

besteht die Burse seit drei Jahren.[1] Die theoretischen Voraussetzungen waren folgende: Das frühere Personal ist alt, es verbraucht sich und ermüdet. Die Jugend hat einen unverwüstlichen Vorrat an Energie, den man zum Wohl der Kinder nutzen kann, und ihr Enthusiasmus kann der Organisation Gewinn bringen. Sie werden voraus stürmen; wir werden aufpassen und sie im Zaum halten. Das Budget der Einrichtung erlaubt uns nicht, zahlreiches und gut ausgebildetes Personal zu halten. Die Burse, die Jugend, kann beim Sport eine leitende Funktion übernehmen, beim Spiel, bei der Handarbeit, beim Musizieren, beim Singen und beim Tanz. Die Internate beklagen sich über den Mangel an qualifizierten Erziehern. Die Bursisten wären Hospitanten, die in alle Details des Internatslebens Einblick nehmen könnten, sie könnten die Technik der Führung einer Gruppe in den Grundzügen kennenlernen, und sie könnten hier gefahrlos und ohne starke Erschütterungen die Illusionen und die Vorurteile der Jugend los werden und sich auf eine zukünftige, selbständige Arbeit in der Schule oder im Internat vorbereiten. Im Verhältnis zu den Zöglingen des Dom Sierot soll die Burse ein Mittelding sein zwischen einer Auszeichnung, einer Vorbereitung auf ein selbständiges Leben und der Möglichkeit, Voraussetzungen für eine Fachausbildung oder ein Studium zu erlangen.

Diese Voraussetzung verlangte, daß auch Fremde, Unbekannte zur Burse zugelassen wurden. Die Gefahr war groß. Die Leute sparen nicht mit Zweifeln und Abschreckung, schlechten Prognosen und mit Hinweisen auf unangenehme Möglichkeiten. Das Verhältnis der Erwachsenengeneration zur Jugend ist nicht stabil, entweder versündigt sie sich durch übertriebene Bewunderung und zu viel Wohlwollen oder durch Mißtrauen. Man konnte leicht voraussehen, daß es große Schwierigkeiten geben würde. Vorzeitig forderte man ein Reglement von uns. Wir beschlossen, abzuwarten, bis die Erfahrung ein solches geschaffen hat. Unter keinen Umständen jedoch konnten wir zulassen, daß die Existenz der Burse den Kindern in irgendeiner Hinsicht schadet. Oberstes Gebot ist also – den Kindern darf kein Unrecht geschehen, sei es in Bezug auf das Budget, die Ordnung oder die Disziplin. Ich erinnere daran, daß im Verlauf von freilich nur wenigen Monaten die Diensttuenden des ersten Stocks Zöglinge des allgemeinen Schlafsaals waren. Die Kinder bedienten Jugendliche. Heute scheint es, als sei es umgekehrt, und zu Recht. Die Burse hilft bei der Pflege des Bodens und erleichtert damit den Kindern ihre Aufgabe. Nur dank der Burse waren wir in der Lage, das Alter der aufgenommenen Kinder zu senken und somit das Zahlenverhältnis der älteren Zöglinge zu den Kleinen. Wir

1. Demnach wäre dieser Text 1926 entstanden.

machten deutlich: Wir geben etwas, und dafür fordern wir etwas. Das ging nicht ohne Auseinandersetzungen ab. Ich bin weit entfernt von Anschuldigungen. Es gab Augenblicke im Lauf der vergangenen Jahre, wo die Burse mehr bekommen als geben wollte. Stellen wir keine zu hohen Anforderungen? Ich weiß es bis heute nicht. Noch beruhige ich mich mit dem Gedanken, daß man von der Jugend viel nehmen darf und muß, weil die Jugend viel besitzt.

In diesem Jahr haben sich die Voraussetzungen für eine Beobachtung der Burse geändert: Wir widmen dem Dom Sierot weniger Zeit. Mir scheint jedoch, daß ich nicht deshalb eine Beruhigung, eine Normalisierung, einen Ausgleich der Gegensätze feststelle und ein positives Verhältnis sowohl der Leitung des Dom Sierot zur Burse wie auch umgekehrt der Bewohner der Burse zu dieser Leitung.

Ich vergleiche das vergangene Jahr mit dem laufenden; wenn es im letzten Jahr noch Besorgnisse und Reibungen gab, so lebt in diesem Jahr die Burse unter dem Zeichen der Selbstgenügsamkeit. Ich erinnere an den brutalen Krach, den Szydełko[1] und Bela[2] zu Anfang des Jahres hatten. Ich nahm mir die entsprechenden Personen vor, diejenigen, die, so schien mir, oberflächlicher empfinden, und in deren Gedächtnis das nur eine kleine Episode bleiben wird. In diesem Jahr wollte ich um so mehr mit meinem scharfen Auftreten der Burse für das ganze Schuljahr Ruhe garantieren. Vulgär gesprochen, wartete ich nur auf die Gelegenheit, irgend etwas auszusetzen zu haben. Ich fand nichts. Es ist wahr, auf ein paar Dinge, vielleicht unbedeutende, vielleicht auch unerreichbare, mußte man verzichten. In meinen Hoffnungen (nicht in den Ansprüchen) war wieder etwas von der jugendlichen Täuschung, die jedem neuen Beginnen anhaftet. Irgend etwas phantasiert man da von einer Annäherung, gegenseitigem Vertrauen und wie sich dieser ganze sentimentale Kram nennt – von der Teilhabe an den Sorgen und Bestrebungen. Aber, Ratschläge und Antworten auf Meldungen und Sorgen wünscht sich die Burse eindeutig nicht. Ihre Einstellung ist völlig gerechtfertigt, und sie entspricht genau der notwendigen Revision gegenüber Einsichtnahmen und Einmischungen in der Kindheit. Endlich kann man sich erholen. Übrigens fehlt die Zeit. Die Burse hat keine Zeit für eine gegenseitige Annäherung. Daher rührt der Mißerfolg aller Versuche einer Selbstverwaltungsorganisation. Ich nannte die Organisation der Burse eine Anarchie, nicht in negativem Sinn, sondern eher in positivem. Jeder tut das, was er tun soll, niemand verstößt gegen die

1. Adam Szydełko, ehemaliger Zögling des Dom Sierot, musikalisch sehr begabt, machte aber viele Schwierigkeiten. Vgl. Korczaks Charakterisierungen auf den Seiten 493 und S. 523f in diesem Band.
2. Vgl. die Charakterisierung auf S. 491f.

Regeln, oder sie machen sich sanft und fröhlich gegenseitig darauf aufmerksam. Jeder geht auf Befehl des Uhrzeigers in seine Richtung.

In bedeutendem Maß haben sich die Befürchtungen in Bezug auf die Gesundheit der Burse zerstreut, also in Bezug auf das Gewicht und die klinische Beobachtung einer zum Ende des Jahres wachsenden Ermüdung. Die Widerstandskraft erwies sich größer als erwartet. Die Jugend hält mit Erfolg die Arbeitsbelastung bei mangelndem Schlaf und ärmlicher Internatsernährung aus. Die Erregung darüber, daß die Burse zu wenig am Leben der Kinder teilnimmt, daß sie sich nicht genügend mit der organisatorischen Arbeit vertraut macht und zu wenig Einblick in die Details hat, ist völlig verschwunden. Was sie nicht tun kann, tut sie nicht.

Die Vorjährigen

Als ich über das Thema der Burse nachdachte, richtete ich meine Aufmerksamkeit auf die Bursisten-Zöglinge (die bösen, die guten), die Jugend aus den Warschauer Familien und aus der Provinz. Bezüglich dieser und anderer habe ich verschiedene Schwierigkeiten vorausgesehen und hatte unterschiedliche Befürchtungen. Heute sind die Zeiten unsicher. Die Eltern übertreiben vielleicht, aber sie haben zu Recht Angst um die Jugend. Warschau als große Stadt muß für die in den kleinen Städten Aufgewachsenen gefährlich sein; dort ist der Lebensrhythmus gemächlicher, und es gibt weniger Vergnügungen und eine leichtere Kontrolle. Ich befürchtete, daß nicht unbedingt diejenigen sich bemühen, durchzuschlüpfen, die Warschau durch die Möglichkeit einer weiteren Ausbildung anzieht, sondern diejenigen, die durch die zahlreicheren, besser erreichbaren Vergnügungen angezogen werden. So ein Typ, denke ich, übrigens vielleicht irrtümlich, war Fräulein Sala. Sie reiste an, nicht um zu arbeiten, sondern auf der Suche nach Eindrücken. Vielleicht beurteile ich ihr Verhältnis zur Burse zu streng, vielleicht übertreibe ich das Ausmaß ihrer Schädlichkeit. Sie schläferte meine Wachsamkeit ein, weil sie eine Pfadfinderin war und sich auf die Arbeit im Spital berief. Aus den paar Sätzen verstand ich zu spät, daß sie nicht aufopfernde Arbeit ins Spital zog, sondern eher die Suche nach starken Eindrücken. Ich bin nicht sicher – es scheint mir so. Jedenfalls war sie es, die am lautesten mit den Türen knallte, mit militärischem Schritt am späten Abend durch den Korridor spazierte, und ihre Stimme und ihr Lachen störte am häufigsten die Stille. Angeblich Kleinigkeiten, aber trotzdem bezeichnend. Es ist nicht so, daß sie es nicht verstehen konnte, sie wollte nicht verstehen, was ich ihr von Anfang an erklärt hatte und später barsch beanstandete. Sogar in einem Hotel mit gutem Ruf mäßigt man Gäste dieses Typs. Vielleicht ist es keine Bösartigkeit, sondern Selbstbewußtsein und also ein dickes Fell: »So paßt mir's eben.« Einige Male habe ich in mir die Entscheidung erwogen, diese unruhige Bewohnerin, die zur Burse übrigens nicht viel Wertvolles beigetragen hat, zu entfernen. Wenn ich das nicht tat, so nur im Hinblick auf die Zukunft, ich wollte die guten Beziehungen mit dem Tarbut[1] nicht verderben. Die einzige Gefälligkeit – keine weitere Komödie aus Buchstaben. Das klagt sie eher an, als es sie verteidigt: Sie hätte mehr geben können, aber sie wollte nicht. Sicher wird nach einem Jahr oder zweien ein Echo ihrer weiteren Arbeit oder ihrer Abenteuer meine Diagnose bestätigen oder mildern.

Fräulein Surka. Familiäre Sympathie, literarischer Ehrgeiz, ein anderer Typ von Selbstbewußtsein. Ich nehme an, sie will die Aufmerksamkeit auf ihr Talent lenken, sie möchte Interesse durch ihre eigene Person und ihre schriftstellerischen Pläne wecken. Gleich zu Beginn erwähnte sie, daß sie eine eigene Ecke haben möchte, weil sie ein Drama schreiben will. Ich habe diese Angelegenheit recht unwirsch behandelt. Warschau ist eben ein Terrain, das wenig geeignet ist für eine andächtige Inspiration. Dramen kann man auch auf dem Land verfassen, es wäre sogar besser. Also kein wesentliches Bedürfnis, sondern eine Pose. Wenn ich für Fräulein Sala den Ausdruck »Dickfelligkeit« benutzt habe, so würde ich hier sagen – Egoismus, gezüchtet durch eine besorgte, liebende Familie. Ein oder zwei Briefe mit Nachrichten über die weitere Arbeit scheinen zu beweisen, daß sie gerade hier, in der Burse, ihre bisherigen Ansichten über sich und die Arbeit für die Menschen einer Revision unterzogen hat. Sie hat sich selbst gefunden, befreite sich von den familiären Zärtlichkeiten, und geheilt erfüllt sie einen vernünftigen Dienst.

Auch hier der Vorbehalt: Ich bin nicht sicher – es scheint mir so. Ich vermute, ich rate. Mit wenigen Angaben bemühe ich mich, das Unbekannte zu durchschauen.

Die arme Bela. Ein unschuldiges Opfer – eben sie hatte ich als das entsprechende Medium dieser unzurechnungsfähigen nächtlichen Szene ausersehen. Auf eine dumme, übrigens unschuldige Bemerkung antwortete ich mit einem Schwall von Schimpfnamen und drohendem

1. Die Bildungsorganisation *Tarbut*, im Jahre 1922 entstanden, unterhielt in Warschau zahlreiche Kindergärten, Grundschulen, Mittelschulen (Gymnasien und Berufsschulen) sowie Berufskurse. *Tarbut* war mit der zionistischen Bewegung verbunden. In den zwanziger Jahren hielt Korczak Vorträge in Psychologie in den Seminaren der *Tarbut*.

Geschrei. Da kamen auch Rotznase und Kalb vor, ohne Pardon ging ich zum Du über (ich besitze ein reiches Repertoire an Worten aus der Soldatensprache). Bela – ein naives Dummerchen, ein Einzelkind aus einem kleinen Städtchen, ein ungeschickter Tolpatsch, ansonsten vielleicht ehrlich. Sie hatte eine nicht allzu scharfsinnige Beschützerin gefunden, die sich einbildete, aus ihr eine Pädagogin zu machen. Bela mochte Kinder nicht; da sie im übrigen nicht fähig war, sie zu verstehen, konnte sie sie nicht mögen. Das ist nicht ihre Schuld, weil es schließlich viele nette Fräuleins gibt, die Hohlsäume nähen und sich als Hutmacherinnen beschäftigen, ansonsten solche, die in den Läden Handschuhe, Schokolade oder Mineralwasser mit Saft verkaufen. Hier waren ihre Qualifikationen wesentlich: hübsch, nett, manierlich und nicht zu gescheit. Vor allem ihr konnte Warschau das Köpfchen verdrehen. Deshalb auch schrieb ich eilig einen Brief an ihre Mutter, der, so scheint mir, im Wochenblatt der Burse stand. Hier hatte ich tatsächlich Angst vor der Verantwortung. Ihr konnte man nicht vertrauen.

Die Verantwortung für das Leben und die Gesundheit der Bursisten – das ist nicht die Anweisung des Erziehers, sondern eine administrativ-pädagogische. Tod, Krankheit, Selbstmord, Skandal rufen die Sicherheitsorgane auf den Plan. Hier greift bereits ein amtliches Papier ein, ein Protokoll, eine Untersuchung, man muß sich rechtfertigen und die Rechtfertigung kann schwierig sein, wenn man nichts verbergen und sich nicht herauslügen will. Unsere Burse ist nicht typisch und deshalb ist die Verantwortung größer. Sala, Surka und Bela, das sind nicht unruhige, sondern schwierige Bewohner, aber es sind Personen, die in der Burse dafür verantwortlich sind, die ständige Unruhe, die quält und reizt, zu überwachen und zu erleiden.

Jetzt die Bursisten vom vergangenen Jahr. Die Schwierigkeit war insofern geringer, als es leichter war, zu schimpfen und zu drohen: Mit Jungen hat man weniger Umstände. Albert ist weggegangen. Er gehört zu den starken, selbständigen Typen, die mehr als Brot essen können, die einmal obenauf und einmal unten durch waren und die sich nicht in die Suppe spucken lassen; sie sind sich ihrer Stärke, ihrer Findigkeit und ihrer Lebenserfahrung sicher. Warum der Rat der Frau ihn der Burse aufgedrängt hat, ist schwer zu sagen. Es gibt eben solche Herrschaften, die sich (Männer und Frauen) entweder mit Politik befassen oder mit »großen« Dingen, sie begehen eine Dummheit, weil es sich nicht lohnt, nachzudenken, sie begehen eine Schweinerei, weil man sich mit Kleinigkeiten nicht abgeben muß. Sie haben Wichtigeres zu tun. Albert – das ist der Typ eines ehrlichen, redlichen, arbeitsamen, begabten, geschickten Handwerkers. Eine nüchterne Natur, höhere Bestrebungen – weniger als null. Die Ausreise nach Palästina als Idee einer stolzen Verteidigung und diese Selbstsicherheit, die einem einflüstert:

»Wo immer ich bin, ich weiß mir zu helfen.« Die Burse hat Albert nicht geschadet, sie hat ihn nicht verwöhnt und nicht verdorben – er ist zu nüchtern und stabil. Und auch er hat der Burse nicht geschadet und ihr nicht Unrecht getan. Aber Albert war Anlaß für viele unnötige Reibereien und Maulereien. Er fügte sich nicht, und das war richtig. Mit seinem gesunden Menschenverstand durchschaute er die Künstlichkeit der Organisation, hatte aber zu wenig Durchblick, um die Versuche und die Suche zu verstehen. Diese ganze Klugscheißerei war ihm unangenehm, weil sie überflüssig war. Wenn einer der Intellektuellen ihn fragte, ob ihm die Trilogie von Sienkiewicz gefallen habe, antwortete er: »Das esse weder ich selbst, noch geb' ich es den Kühen zu fressen.« So war das Verhältnis von Albert zum Dom Sierot und zur Burse. – Irgendwas drehen sie da hin und her und reden klug, weil sie viel Zeit haben (und zu einer richtigen Arbeit haben sie keine Lust).

Szydełko. Der blieb bei seinem Typ – ein aufrichtiger, beliebter, dummer Schmutzfink, ein richtiger Musikus. Erinnerst du dich, wie er als Zehnjähriger das erste Mal im Łazienki-Park war. Also der königliche Palast, die Figuren, der Teich, die Schwäne, von fern – die Trümmer des Theaters auf der Insel. Wie ein Blinder tappte er dazwischen herum. In einem bestimmten Moment lächelte er und sagte: »Oh, die Eisenbahn pfeift.« Er hörte die Eisenbahn von Wilanów – zwei Kilometer entfernt. Einmal lachte Szydełko gedankenlos während des Gebets. Ich fragte ihn, warum – weil der Vorbeter ein Wort oder eine Silbe komisch ausgesprochen hatte. Es existiert eine komische Musik. Ich verstehe das nicht. Er, als Kind, erkannte lächerliche, scherzhafte Töne. Ein Ohr – leider an einen schwachen Kopf geklebt. Wäre das nicht gewesen – hätte Szydełko hervorragend sein können. Es ist nicht seine Schuld, daß er in die Burse ein verlotterndes Element hineintrug, er senkte das kulturelle Niveau mit unzurechnungsfähigen Vorschlägen, doch er besänftigte einen mit seinem aufrichtigen Lachen und seiner beliebten Herzlichkeit. Es war schwer, sich von ihm zu trennen. Im Zaum gehalten, war er harmlos und drohte uns mit nichts; ließ man ihn los, so konnte er in falsche Hände geraten, die Folgen für ihn wären gefährlich gewesen, weil er unbeholfen war und sich schlecht im Leben zurecht fand. Ich hatte mich im Stillen entschieden, ihn trotz allem fürs nächste Jahr wieder aufzunehmen, wenn ihm tatsächlich Gefahr drohte. Es war ein großes Glück, daß er außerhalb eine Betreuung fand und wohlwollende Beratung, und weil es ihm völlig an schlechten Neigungen mangelt, ist er weiterhin – ein Singvogel, ein aufrichtiger Bursche. Der enge Kontakt mit ihm und die Beobachtung aus geringer Entfernung macht mir Freude.

Das Schicksal Kowalskis war lange unentschieden. Wir wollten ihm nicht unrecht tun, sein Verhältnis zur Burse war jedoch nicht loyal, sei es aus Gründen eines geistigen Hördefekts oder auch seines Selbstbewußtseins. Ich glaube nicht, daß ein Bursche, der zwar schmächtig, aber charakterlich immerhin reif war, nicht in der Lage wäre, sich dem Verbot, Zigarettenkippen in der Gegend zu verstreuen, unterzuordnen. Wiederum ein kleines Detail, aber charakteristisch: Unnachgiebig in Angewohnheiten, bei kleinen Lastern, die kein Makel sind, sondern Störungen an der Oberfläche, ein kosmetisches Manko aus Nachlässigkeit. Manchmal ist ein winziges Detail charakteristischer als ein ernsthaftes Phänomen. Kowalski vernachlässigte die Burse; übrigens stellte er das unter Beweis, indem er sich zwei lange Monate hindurch weigerte, ein paar Lieder zu lernen und Klavierunterricht zu nehmen, später schlug er dann vor, das in einer Woche zu erlernen. Auch hier meinte ich, daß, wenn er es im November/Dezember sehr schwer haben würde, man ihm die Rückkehr in die Burse vorschlagen könnte. Aber er kommt zurecht. Es kann sein, daß er es bequemer bei uns hätte, aber die Burse ist nicht dazu da, um jeden Wunsch zu erfüllen und jemanden zu verwöhnen, sondern zu bilden und so wesentliche Hilfestellung zu leisten.

Er bereitete kaum merkliche Schwierigkeiten, aber vielleicht beunruhigte Herrn Arkader nur seine übertriebene Sentimentalität. Wir nahmen das mehr von der scherzhaften Seite, doch sage ich nicht, er sei nicht Anlaß zu viel Beunruhigung gewesen. Die Burse, ohne Beaufsichtigung der Jugendlichen beiderlei Geschlechts, kann nicht einmal eine in Wirklichkeit harmlose Umarmung oder einen zärtlichen Händedruck tolerieren. Es ist nicht so, daß wir kein Vertrauen oder Angst vor dem hätten, was eben so ist, aber die Existenz der Burse, auf viele Jahre hin berechnet, muß besonders in dieser Richtung völlig stabil und geradlinig sein.

Die Verantwortung ist zu groß. Es muß absolute Ruhe herrschen.

Eine festliche Aufführung

Die Kinder und Jugendlichen meinen, daß die Erwachsenen, die ausgeglichen und erfahren sind und die so viel wissen, dieses Wissen nicht teilen wollen, sondern es für sich behalten. Das ist ein Irrtum. Die Erwachsenen kennen sich selbst auch nicht, sie sind noch komplizierter, es fällt ihnen schwerer, sich in sich selbst umzuschauen, und ein Erwachsener weiß nicht, warum er nach etwas strebt oder etwas vermeidet, warum er etwas will und etwas nicht will, woher plötzlich das Gefühl der Befriedigung oder des Unmuts kommt, woher Freude, Ärger,

Unruhe stammen, warum er einmal Vertrauen hat und einmal mißtrauisch ist, warum ihm etwas gefällt oder nicht. Manchmal hat er das Gefühl – daß es so sein muß, daß es so gut sein wird, er weiß jedoch nicht, warum. Man nennt das Intuition, unterbewußte Gedanken. Unterbewußtsein – das ist das Tiefliegende, – das bewußte Denken – das ist nur die Oberfläche. Du siehst die Oberfläche des Meeres, du nimmst nicht wahr, was in der Tiefe strudelt, sich dreht, sich zusammenbraut. Dieses ganze vor dem Blick des Menschen verborgene Leben – kann man nur ahnen. Es kommt vor, daß der Mensch sich selbst betrügen will, aber er ertappt sich bei der Lüge, verspottet sich und geißelt sich schmerzlich. Der Unterschied zwischen einem alten und einem jungen Menschen beruht darauf, daß der alte sich nicht so schmerzhaft selbst durchschauen will, aus Erfahrung verzichtet er darauf, sich selbst zu verstehen, er sieht, daß es Rätsel gibt, die er nicht lösen und Geheimnisse, die er nicht durchdringen wird.

Die Aufführung der Burse war wunderschön, sie weckte viele Gefühle. Widersprüchliche, fröhliche und traurige zugleich, wohltuende und wehmütige. Von der Bühne wehte Wärme in den Zuschauerraum.[1] Es war Nähe vorhanden. Was bewirkte es, daß solches geschah? Aufrichtigkeit, Vertrauen. Man kann sich lustig machen über die strengen Aufsichtskräfte, die Vorgesetzten, die Behörden. Daß Chaskiel[2] und

1. Fejga Lifszyc hat in ihrem Heft einige Lieder und Sketche notiert, die von den Praktikanten wahrscheinlich für diese Aufführung verfaßt wurden. Beispiel:

   Monolog des Herrn Doktor:
   »Wo liegt nun der Hund begraben,
   Daß sich die Burse nicht mehr fürchtet?
   Vielleicht haben meine Artikel
   Sie schon so schnell verdorben?
   Doch ich höre schon vom dritten Stock,
   Wie die Burse in Reimen schreibt.

   Vielleicht schreibt Frau Stefa zu wenig auf,
   Daß die Burse sich deswegen so gut benimmt?
   Sind es Schlingel oder Maulaffen,
   Daß sie zu später Stunde
   Noch zu Späßen aufgelegt sind,
   Wenn das Haus schon schläft,
   Hört man Lärmen, Knallen, Donner ...
   Oh, ihr Schlingel, oh, ihr Maulaffen!« [im Original sind es Reime]

2. Chaskiel Bajn – Bursist, Schüler des Seminars für Lehrer jüdischen Glaubens; ehemaliger Zögling des Dom Sierot; in den ersten Jahren des Bestehens der *Kleinen Rundschau* erfüllte er (neben Madzia Markuze) die Funktion des Redaktionssekretärs, dessen Aufgabe vor allem die Aufsicht über die Leserbriefe war.

Chil[1] nicht da waren, war der einzige Mißklang. Man hatte das Gefühl, daß es nicht so rüpelhaft war, wie es aussah, vielmehr eine kindische Pose und Unüberlegtheit.

Schmerzliche Gedanken: Es ist wahr – wir sind euch lästig. Wer? Wir? Nein – eine unpersönliche Zwangsläufigkeit, die Umstände, das Leben. Man würde gern mehr geben. Ringsum – das heitere Warschau. In euch gibt es so viele Wünsche, das Bedürfnis nach Freude und Lachen, nach einem Scherz und einer Überraschung, nach Gelächter und Schlemmerei. In der Tat – die Burse ist ein Kloster. Nach dem Gesetz verwandter Assoziationen taucht ein neuer Gedankenblitz auf. Bieten wir nicht zu wenig auf dem Gebiet der moralischen Erziehung? Religion – Ideal – Ethik – Enthusiasmus. Vielleicht ist es die Furcht vor der Moralpredigt, deren Phrasenhaftigkeit den Mund knebelt und ein Wirken in dieser Richtung lähmt. Ich schüttle die lästigen Gedanken ab, ich begebe mich auf euren Weg und trotze dem, was das Leben einengt, hemmt, stört, nicht zuläßt – nur eine Woche Erholung und alles hat sich begrünt. Dann wieder ein sorgenvoller Gedanke – der ist schwach, jener undiszipliniert, dieser zu empfindsam. Wieder eine Reihe lästiger Ängste, wieder schleichen sich verzagte Gedanken ein.

Also irgend etwas war, daß es keine Tränen, sondern Gelächter gab. Es scheint so, daß wir in der Aufführung eine Resonanz jener Zufriedenheit sahen, die das Gefühl einer erfüllten Pflicht, einer sinnvollen Arbeit, einer heiteren Resignation vermittelt – ein nachsichtiges Sich-Abfinden mit dem Leben, so wie es ist. Darüber hinaus sah man das Vertrauen darauf, daß wir nicht anders können, dazu nicht imstande sind. Die Jugend – das ist ein heiterer Frühling, sogar dann, wenn der Himmel wolkenverhüllt ist. Wir sind – der Herbst. Die Sonne ist ein seltener Gast. Herzlichen Dank für den sonnigen Augenblick.

Ridendo castigare mores (lachend – mit einem Scherz – die Sitten geißeln). Das ist die Aufgabe des Scherzes – der Satire. Nicht wettern, sondern scherzhaft und nachsichtig die Aufmerksamkeit auf Inkompetenz, auf eine Unsitte lenken. Die Samstagssitzung – ein Versuch der Verständigung – enttäuschte. Was tun? Wenn jemand beleidigt war über das Abschließen der Tür – so ist das unbegründet. Ich habe sie für

1. Chil Stamler – ehemaliger Zögling des Dom Sierot, Bursist; in späteren Jahren kommunistischer Aktivist. Unter den Gedichten, die Korczak in den Jahren 1922/1923 in das Gerichtsheft eingetragen hatte, war eines auch ihm gewidmet:

   »So viele Wersten, so viele Meilen
   Soll Chil die Töpfe tragen.
   Er geht, wischt sich den Schweiß von der Stirn,
   Weil es der mühsamste Dienst des Stamlers ist«.

   Auf S. 534 gibt Korczak eine Charakteristik Chil Stamlers.

einige Minuten abgeschlossen, im übrigen habe ich vorausgesehen, daß die Burse sich zu helfen weiß – das bestätigte das Erscheinen von Perec[1] und Wassertzug[2].

Persönlich stellte ich wieder einmal fest, wie unerhört schwierig und belastend für die Burse das Aufstehen ist. Um so besser. Um so leichter kann man das benützen, um den Willen abzuhärten. Für die Kinder betrachte ich die freiwillige, tägliche Anstrengung des Aufstehens als Grundlage, als Grundstein (ich füge hinzu: auch als Prüfstein) unseres Erziehungssystems.

Angeblich hat die Burse über das Schwarze Brett gesprochen. Warum hat sie gezögert? War es Unschlüssigkeit oder die Bremse der Angst davor, es ginge einem wie den Kindern. Also ein Mangel an Autorität und Mut.

Ich würde noch mehr Ratschläge geben: Wetten.

Eine typische Sache: Bei den Erwachsenen funktionieren sie schneller und effektiver als bei den Kindern. Ich habe es dreimal ausprobiert: Jedesmal dasselbe gute und rasche Ergebnis. Lediglich der Kampf gegen eine schlechte Gewohnheit war enttäuschend – die mehrfachen Versuche von Frau Maryna und anderer in Bezug auf das Zigarettenrauchen – enttäuschten.

Am besten erinnere ich mich an den Verlauf meiner letzten Wetten mit Merżan[3]; es ging um die Vermeidung der Worte – szmaja, szmonie und szmendryk.[4] Ich gab für die erste Woche fünfunddreißigmal vor (ich sprach von täglich bis zu zwanzigmal). Das Resultat war gleich in der ersten Woche gut, ich weiß nicht mehr – nur sechs- bis achtmal in der ganzen Woche.

Die Kinder werden vielleicht lachen, nach drei Wochen werden sie das ganz normal finden. Die Ernsthaftigkeit der Wetten steigt. Unklug von Chasia – die Nachtigallen[5] meinen, es gehöre sich nicht. Zu Unrecht schreckt der Gegenstand der Wette (zwei Bonbons) ab. Jedes Symbol ist neutral. Viele Male habe ich daran gedacht, die Bonbons gegen Bildchen auszutauschen, die man in spezielle »Siegesbüchlein« einkleben würde. Das ist gefährlich: Der Wunsch, die Siegeszeichen zu sammeln, könnte mit der Aufrichtigkeit in Konflikt geraten. Es ist gerade

1. Abram (Abraham) Perec – ein Bursist.
2. Salomon (Zalman) Wassertzug – Bursist. Im Jahr 1928 publizierte er Notizen aus dem Leben im Dom Sierot in den Spalten der pädagogischen Zeitschrift *Dos Kind.* Er emigrierte nach Argentinien, wo er in jiddischer Sprache ein Buch über Korczak herausgab.
3. Abram Merżan – Zögling des Dom Sierot.
4. Schimpfwörter im Sinne von Dummkopf, Tölpel, Taugenichts.
5. Chasia Słucka – ehemals Zögling des Dom Sierot, Bursistin. »Nachtigallen«, zu poln. »Słowiki«, legt eine Assoziation zu Słucka nahe.

gut, daß es ein Bonbon ist (für die Burse genügt eines) – es ist gerade gut, daß es auf der Stelle verschwindet. Nicht in einem Büchlein, sondern in einer Wegfurche des Willens blieb eine Spur.

Man kann sagen: Und was bleibt mir nach den kindischen Triumphen über mich selbst, wenn ich in wichtigen, wesentlichen Fragen – Niederlagen erleide. Das ist falsch. Soll ich nicht schwimmen und rudern lernen, weil ich während eines Sturms im offenen Meer dem sowieso nicht gewachsen bin?

Kleine, aber zahlreiche Fehler sind dadurch lästiger, daß sie zahlreich und armselig sind.

Ich rate:

Am Anfang – Wetten, daß man nicht zu spät zum Frühstück kommt. Die erwünschten Notizen (gern würde ich kleine Tagebücher veröffentlichen), Notizen der Selbstbeobachtung – sind wertvolle wissenschaftliche Dokumente. Ein Arbeitsthema für die Burse. Ihr werdet sagen: Blödsinn. Oh, wie oft wurden große Entdeckungen aus dem Nichts geboren und eben nicht in aufgeblasenen offiziellen Fabriken für Erfindungen.

Gern diene ich mit Erklärungen. Aber vielleicht diesmal ohne Erklärungen? Der erste Sieg: Sich befreien von dem lästigen Gefühl – der Angst vor der Lächerlichkeit.

Anstatt einer Darlehenskasse

Ich kenne die Notwendigkeit und den Nutzen einer Darlehenskasse, weil ich seit einigen Jahren eine solche für die Kinder führe. Warum hatte eine Darlehenskasse für die Burse keinen Erfolg – oder vielmehr – hatte sie denn Erfolg? Wir wissen eines: Es kam zum Abbruch und dies aus Zeitmangel seitens der Erwachsenen und wegen mangelnder Zusammenarbeit der Bursisten. Warum haben sie keine solche Kasse gefordert? Es existiert eine spezielle kindische Reizbarkeit der Jugend in Bezug auf Geld. Sie verstehen, daß es keine Schande ist, keines zu haben, trotzdem ist alles, was mit dem Problem des Złotys zusammenhängt, für die Empfindsamen und Reizbaren beleidigend oder, anders gesagt – ein heikler Punkt. Trotzdem ist das eine lästige Frage und sie kann nicht ganz gelöst werden. Man müßte mit einem vorsichtigen Versuch in kleinstem Umfang beginnen. Eine Darlehenskasse kann unsere Bursisten nicht materiell absichern, aber sie sollte den lästigen Mangel an kleinen, aber dringend notwendigen Summen verhindern. Es kommt vor, daß jemandem zwanzig Groschen für die Trambahn oder zwei Złoty für ein Buch fehlen. Es gibt einen Groschenbankrott und eine Groschenklemme. Man muß das ausprobieren, das größte Hindernis wird, so meine ich, die erwähnte kindische Reizbarkeit sein. Einige wollen nicht sagen, daß sie das Fehlen einer so kleinen Summe eben schmerzlich spüren.

Der Verein kann sich damit nicht befassen – das ist eine zu unbedeutende Angelegenheit – er könnte jedoch im Budget ein paarmal im Jahr eine kleine Summe zur Verteilung vorsehen. Die Sache dessen, der etwas geliehen hat, ist es, das als Unterstützung anzusehen (als Anleihe, die man für kürzere oder längere Zeit nicht zurückzahlen muß). Ich sehe zwei Zeiträume voraus, in denen der Bedarf am größten sein kann: Im Dezember, wenn man sich mit Winterkleidung versorgen muß, und im Frühling, wenn man in der Zeit der Examen irgendwelche Bücher kaufen muß oder auch zusätzliche Nahrung für die langen Stunden des Wachseins. Es kann vorkommen, daß jemand auf den Unterricht verzichten muß, um intensiver zu arbeiten oder auch um sich um bezahlte Hilfe zu bemühen. Ich sehe voraus, daß im zweiten Halbjahr die Mittel, die man im Sommer angesammelt hat, bereits erschöpft sind. Ich würde nicht wagen, im Herbst damit anzufangen, wenn die Burse, nicht hinreichend zusammengewachsen, die Bedürfnisse der Mitbewohner noch nicht genau kennt.

Ich halte mich an den Grundsatz, daß man seine Mittel nicht für Dinge einsetzen soll, die noch nicht erprobt sind. Weil meine Bilanz vom vergangenen Jahr ziemlich erfolgreich ausgefallen ist, setze ich zu Beginn hundert Złoty zur Verteilung ein. Ich habe einen Vorbehalt. Ich bin in allem, was ich tue, vorsichtig, also auch in den finanziellen Unternehmungen. Diese Summe ist für mich unproblematisch, dieses Geld brauche ich nicht. Ich lege es in die Hände des Delegierten der Burse. Von der Reife der Burse wird es abhängen, ob sie meinen guten Willen geringschätzen wird. Falls sie das Geld annimmt, worauf ich doch dringe – bitte ich um ein kurzes Protokoll über die Verteilung: Wer? Wieviel?

Kleine Siege

Die Pädagogen überlegen, was man tun kann, damit sich die Kollegs nicht nur die geistige Entwicklung des Schülers zum Ziel setzen, sondern wie sie auch erzieherische Bedeutung erlangen können. Man wirft der Historiographie vor, daß sie das Gemetzel und die Lebensläufe großer Verbrecher behandelt und die Entwicklung der Kultur, die Entdeckungen, Erfindungen und das Sozialsystem übergeht. Es kam mir in den Sinn, daß man sogar die Geschichte der Siege auf dem Schlachtfeld, also dasselbe Gemetzel und dieselben Verbrechen, pädagogisch nutzbar machen kann. Siege und Niederlagen werden dargestellt, als seien sie abhängig vom Genius oder Willen einzelner Könige oder Heerführer – es wird die Tatsache völlig übergangen, daß schließlich der letzte Moment der Schlacht über den Sieg entscheidet, ein Soldat und sein letzter Schuß. Betrachtet man den Sieg in seinen Einzelbeständen, zerfällt er in Tausende und Zehntausende kleiner Erschütterungen, kleiner Siege von Individuen.

Würde die Geschichte auf diese Weise vorgetragen, so würde die Jugend vielleicht weniger von großen Heldentaten und glänzenden, plötzlichen Siegen träumen; sie würde vielmehr die kleinen, aber zahlreichen Mißerfolge schätzen lernen, die zum Ausbruch des Triumphs beitragen. Eine Fünf[1] im Examen ist manchmal ein Zufall, aber häufiger trägt eine Lehrbuchseite, die man gelesen und im Gedächtnis behalten hat, dazu bei; die Seiten zerfallen in Zeilen, die Zeilen in Buchstaben. Jede Minute, die man dem Lernen eines gegebenen Stoffes widmet, ist eine Vorbereitung auf das letzte Examen.

Ich kehre zum Problem des frühen Aufstehens in der Burse zurück, nicht so sehr des frühen als vielmehr des Aufstehens nach dem Reglement, der Absprache, der Verständigung, nach der Uhr. Ich habe Wetten vorgeschlagen. Nur Herr Wassertzug hat sich einverstanden erklärt, aber nicht für lange. Die Ablehnung der Burse erklärt sich nicht aus dem falschen Ehrgeiz, sich nicht die naiven, erzieherischen Methoden für Kinder zum Vorbild zu nehmen, sondern aus der tiefen Verachtung für die winzigen Körner oder Tropfen von Siegen. Die Selbstbeherrschung, die Abhärtung des Willens, die Entschiedenheit der Ansichten und die Ausdauer bei der Analyse von Plänen und Absichten stellt man dem winzigen und wertlosen, mühseligen und lästigen Kampf(?) womit (?) gegenüber – dem Kampf – um den Sieg über die Unlust, in einem bestimmten Moment nicht aufzustehen.

Als ich letzthin einen Artikel für die *Kleine Rundschau* schrieb, kam mir ein neuer Gedanke: Schweigen kann aufrichtig sein oder verlogen. Keine Antwort ist auch eine Antwort und oft eine sehr vielsagende Antwort. Die Wetten schreibe ich ab. Ich schlage eine Liste des frühen Aufstehens und Postkarten vor. Eine Postkarte – ein Ziel, dem man sich täglich um eine Einheit nähert. Eine tägliche Anstrengung, um so besser, wenn sie beträchtlich ist – ist das Mittel zur Erreichung eines Ziels. Mag das eine und das andere auch nur ein Symbol sein, im gegebenen Fall wird es das Symbol für den im menschlichen Leben wertvollen und wichtigen Willen sein.

Die Jugend. Die Phantasie spielt – Träume vom Sieg – Schwäche und Hilflosigkeit. Ich strebe ein Ziel an – das ist ein verschwommener Begriff, ich stehe auf, weil ich der Ansicht bin, das sei richtig – das ist etwas Reales.

1. Im poln. Notensystem die beste Note.

Ihr seid Pilger. Ist es nicht so, daß eine Feldflasche mit Wasser, eine Brotrinde, ein bedeutungsloser, scheinbar nichtiger Gegenstand, ein Detail der Kleidung – in einem bestimmten, entscheidenden Moment den Ausschlag gibt, ob der Pilger das Reiseziel erreicht oder ob er auf dem Weg umkommt?

Die Darlehenskasse

Ich habe um ein Protokoll gebeten, es aber nicht bekommen. Das könnte mich von der Erörterung der Angelegenheit befreien, weil es schwierig ist, dies aus dem Gedächtnis zu tun. Die Burse hat einen Kompromiß gefunden, sie möchte die hundert Złoty für Darlehen benützen. Dagegen habe ich nichts, mir scheint jedoch, daß die Sache nur halb erledigt ist. Für mich persönlich ist das deshalb fatal, weil es auch weiterhin kein Material bietet, um die Bedürfnisse der Bursisten zu durchschauen. Die Absicht war folgende: Wir wollen sehen, welche Mängel es in der Jahresmitte und am Ende des Jahres gibt und welche Bedürfnisse die dringendsten sind. Ich wollte den maximalen und den minimalen Nachweis bekommen. Dies ermöglicht die Darlehenskasse nicht. Sicherlich kann man auch ohne nicht-rückzahlbare Zuwendungen dieses Material erhalten, trotzdem war folgendes, wie ich meine, der Stein des Anstoßes. Die Burse möchte nicht sagen, wofür sie das Geld braucht, vielleicht noch weniger als wieviel sie braucht. Wie kindisch war die Besorgnis desjenigen, der es ablehnte, mitzuteilen, wozu er Geld leiht. Angeblich hält die Burse es für kompromittierend, fürs Theater oder Kino Geld zu leihen. Wenn es so wäre, würde sie damit beweisen, daß sie unsere Absichten nicht versteht, aber noch schlimmer: Sie würde das, was wir diskret behandeln könnten, nicht wahrhaben wollen. Das ist häßlich. Sogar wenn wir meinten, daß vergnügliche Unterhaltungen nur für die Vermögenden und Reichen unentbehrlich sind, so hätte die Burse um so mehr die Pflicht zu überzeugen, daß es anders ist. Wir wollen lernen, wir möchten eben unsere erwachsenen, aber lebensfremden Ansichten über die Jugend ändern. Wenn ihr etwas verbergt und uns in die Irre führt, bestätigt ihr uns in der Überzeugung, daß wir euch kennen. Hier liegt in der Tat der riesige Unterschied in der Schwierigkeit, Kinder oder Jugendliche zu beobachten. Kinder möchten gern offen sagen, was sie denken und fühlen, aber sie können ihre Wünsche und Sorgen nicht formulieren, sie sind sich dessen nicht bewußt, daß das, was für sie so klar und verständlich ist, den allwissenden Erwachsenen nicht bekannt sein könnte. Die Jugend sollte wissen, daß uns nicht nur der Abstand der Jahre, sondern auch der Unterschied in der Zeitgeschichte trennt. Selbst wenn vor dreißig Jahren die allgemeine Ansicht über Unterhaltungen anders war, so müssen wir uns, wenn auch mit Mühe, den heutigen Losungen anpassen. Zu meiner Jugendzeit puderten sich verdächtige Personen, und nur die malten die Augenbrauen schwarz an, weil sie damit ihre berufliche Funktion betonen wollten – daran hat man sie erkannt. Heute ist es anders, und wenn wir wüßten, daß die Jugend in anderen Bursen sich anmalt, müßten wir das auch bei uns zulassen. Wenn wir wüßten, daß die Jugend unter einem unberechtigten Verbot leidet, daß sie das Gefühl eines Unrechts hat, daß sie gereizt ist und sich auflehnt, würden wir vielleicht gerade im Dom Sierot einen Durchbruch riskieren. Ich erinnere daran, daß als erstes Waisenhaus das Dom Sierot den samstäglichen Besuch aller Kinder bei ihren Eltern eingeführt hat. Vielleicht haben sich Befürchtungen bestätigt. Die Burse möchte uns nicht in das Wesen ihres geistigen Lebens einweihen (das wäre berechtigt), aber auch in die äußerlichen, administrativen Bedürfnisse möchte sie nicht Einblick geben, und hier liegt ihre Schuld.

Ein Brief von Fräulein Fejga[1]

In Bezug auf meine diesjährigen Artikel für die Burse habe ich gewisse Zweifel. Erstens schreibe ich nicht, sondern ich diktiere. Wenn ich schreibe, kontrolliere ich sorgfältiger und halte da an, wo ich mich länger besinnen möchte; im übrigen verlangsamt der bloße Mechanismus des Schreibens das Tempo des gedanklichen Ausdrucks. Ich formuliere das so: Während ich schreibe – denke ich im Konzept, die Feder hält den Gedanken im Reinen fest. Diese Behauptung bekräftigte mein Artikel über Fräulein Fejga. Ich habe ihn als bösartig und beleidigend nicht an das Wochenblatt der Burse gegeben; mit einem Kommentar versehen, wird er als Dokument wertvoll sein, weil ein Erzieher leicht kränkend sein kann, wenn er ohne Überlegung in gereiztem Zustand spricht.

1. Fejga Lifszyc (Schreibweise auch Liwszyc) (1905-1971), später verheiratet mit Chaim Biber, war zweimal Praktikantin im Dom Sierot (1923/24, 1926/27). Im Jahr 1925 war sie als Erzieherin in Białystok tätig. Nachdem sie die Burse verlassen hatte, leitete sie eine Burse für Mädchen an der Dzika-Straße (Zamenhof-Straße 5). Ende des Jahres 1929 wanderte sie nach Palästina aus, wo sie letztendlich im Kibbuz Ejn Harod seßhaft wurde. Sie war mit Stefania Wilczyńska befreundet, wovon die zum Teil erhaltene umfangreiche Korrespondenz mit Wilczyńska zeugt.

Der zweite Zweifel – ob ich diese Artikel nicht geringschätze. Solche widerwillig geschriebenen Leitartikel für die Wochenschrift des Dom Sierot gibt es sehr viele. Letzthin kam mir eine gute und kluge Reform in den Sinn, sie nämlich nicht am Freitagabend, sondern am Tag zu schreiben, am Mittwoch oder Donnerstag. Dort schreibe ich immerhin für hundert Kinder, hier – für gerade zwanzig. Mit den dortigen halte ich Kontakt, hier schaue ich nur rein, habe eine Begegnung, wenn ich vorbeigehe. Ich verwahre mich dagegen, daß ich einen Groll habe, ich konstatiere nur ein objektives Faktum.

Und hier Punkt drei: Ich muß sie mir aus den Fingern saugen – ich habe keinerlei Materialien. Wenn man eine Rechnung mit einem oder zwei X hat, ist die Lösung leicht, Aufgaben mit lauter Unbekannten kann man nicht lösen. Man kann fragen, warum ich trotzdem beschlossen habe, auch in diesem Jahr Artikel an das Wochenblatt der Burse zu liefern. Das ist der einzige verbindende Faden, ich möchte ihn nicht abreißen lassen, denn die Erfahrung lehrt, daß, wenn man ihn abreißt, er völlig aus dem Gedächtnis schwindet. Hält man das Gedächtnis aufrecht, so kann sich plötzlich, unerwartet, etwas verändern, etwas wachsen und zum Blühen kommen. Um so bereitwilliger ergreife ich jeden glücklichen Zufall, und zu diesen zähle ich eben den Brief von Fräulein Fejga. Es beengt mich nur eines – ich weiß nicht, ob sie damit einverstanden sein wird, wenn in der Zeitung die vielen thematischen Punkte behandelt werden, die sie in ihrem Brief angesprochen hat.

Er warf ein vollkommen neues Licht auf die Quelle des Schweigens der Burse. Sogar wenn ich mich irre, ist der Gedanke selbst für mich wichtig. Fräulein Fejga hat das nicht ausdrücklich geschrieben, sie hat es nicht einmal erwähnt; ich spüre eher heraus, daß die Burse fürchtet, durch Kritik unsere Beziehung (zwischen Erwachsenen) zu gefährden. Es geht doch um nichts anderes als um Kritik.

Wer die *Kleine Rundschau* anschaut, der entdeckt leicht, wie eilfertig ich jede kritische Stimme eines Lesers notiere. Dem habe ich Ausdruck verliehen, indem ich das Klischee von Miron abdruckte, der mich einen Dickkopf nannte[1] – das war kein Scherz. Es gibt keinen Brief, es gibt keine Bemerkung, die nicht etwas richtigstellen, etwas aufklären würde. Völlig unerwartet begegnete ich einem neuen Gedanken: Schweigen kann manchmal ein Akt höchster Aufrichtigkeit sein. Ein Kind ist aufrichtig, wenn es nicht antwortet. Es antwortet nicht, weil es nicht lügen will, die Wahrheit aber nicht sagen kann; es antwortet nicht, weil es nicht einverstanden ist, weil wir etwas von ihm verlangen, was es nicht geben will, nicht kann. *Schweigen ist Ausdruck eines Aufstandes der Aufrichtigkeit gegen die Lüge.* Mit anderen Worten – die Burse

1. Vgl. *Kleine Rundschau* 1927, Nr. 24, dt. in *Sämtliche Werke*, Bd. 14.

ist eben dadurch aufrichtig, daß sie nichts sagt. So oft jemand (selten) das Wort ergriff – so geschah es doch niemals, daß die Aussage eine Phrase, eine inhaltsleere Deklamation war. Es wäre interessant, die von den Bursisten geschriebenen Artikel durchzusehen. Vielleicht unterzieht sich jemand der Mühe und sieht die alten Artikel durch und liefert die Daten und Artikel eben dieser wenigen Stimmen. Vielleicht wird dann der ausführlich besprochene Brief von Fräulein Fejga ein Ansatz zum Gedankenaustausch in Bezug auf die rein äußerlichen Angelegenheiten der Burse, ihrer Organisation, die Beurteilung ihrer guten und schlechten Seiten, ihrer Fesseln und ihrer Freiheiten. Ich würde also das Problem des Vertrauens anschneiden, das der materiellen Bedürfnisse, der Solidarität im Auftreten, des Widerwillens gegen die Berichtigung von irrtümlichen Ansichten, der Resignation, der Selbstverwaltung und des Schweigens.

Es lebe der Hering!

Von Woche zu Woche habe ich die Abfassung des ersten Artikels für die Zeitung der Burse verschoben. Der erste Artikel – das ist bereits eine Verpflichtung bis zum Jahresende. Also nicht einer, sondern fast dreißig. Ob ich nicht schreiben will? Freilich will ich. Ob ich keine Lust habe zu schreiben? Eben, ich habe keine Lust. Also bin ich faul? Ja. Es gibt keinen fleißigen Menschen auf der Welt. Wenn jemand die Arbeit liebt, so liebt er nicht jede, liebt sie nicht ständig und nicht für immer. Wer die Struktur von Arbeit kennt, weiß, daß bei jeder Arbeit das eine angenehm ist und das andere gleichgültig oder unangenehm. Also sehe ich voraus, daß ich gezwungenermaßen über unangenehme oder gleichgültige Themen schreiben werde. Einmal wird es leicht sein, weil ich es gern tue, ein andermal tue ich es eben nur, weil es unumgänglich ist. Je mehr Erfahrung der Mensch hat, um so weniger Feuereifer entwickelt er. Klar, auch ein alter Mensch liebt ebensosehr eine neue Arbeit, aber er sieht voraus, daß nach einer gewissen Zeit die Arbeit aufhört, neu und anziehend zu sein, daß Ermüdung eintritt, daß die neue Arbeit, wie jede, neben einem gewissen Maß an Befriedigung auch Momente lästigen Zwangs mit sich bringen wird.

Es gibt Leute, die scheinbar fleißig sind, die aber nur die Zeit ausfüllen wollen, um sich die Gedankenarbeit zu ersparen: Was tun mit seiner Zeit?

Ein Beamter, ein Büroangestellter – weiß das ganze Jahr lang und über Jahrzehnte, um wieviel Uhr er morgens aufstehen muß, und um wieviel Uhr er aus dem Haus gehen muß; er weiß sogar, wen er auf dem Weg zur selben Pforte, deren Schwelle er immer um dieselbe Zeit überschreitet, auf der Straße trifft. Die Stunden tragen ihn wie eine gute Kinderfrau, ohne Mühe und Anstrengung.

Es gibt Menschen, die scheinbar nichts tun, sie führen ein untätiges Leben: reich, unabhängig, nur auf der Suche nach Zerstreuung. Verzeihung – aber ist das keine Arbeit, mehrere Läden abzuklappern, um Handschuhe zu finden, gerade in der richtigen Farbe, Bekannte zu besuchen, Gäste einzuladen, Journale durchzublättern? Einen Schneider auszuwählen und Hüte, den Tagesplan so zu gestalten, daß man sich möglichst wenig langweilt?

Eine Unannehmlichkeit am Arbeitsplatz ist ganz und gar nicht größer als die Unannehmlichkeit, keine Einladung zu dem Ball zu bekommen, auf dem man sein müßte oder sollte.

Die Gewohnheit, der Überdruß, die Angewohnheit, die Annehmlichkeiten machen dieses Leben ebenso eintönig, vielleicht noch mehr. Das Kino illustriert diese Wahrheit in einer Serie von Filmen, und das ist sein großes Verdienst. Ermattet von der Suche nach Eindrücken müssen sie sich schließlich der Liebe mit ihren heftigen Erschütterungen zuwenden. Und deshalb gibt es so viele Küsse und Tränen in den Filmen, die für die Jugend verboten sind.

Die andere Seite der Medaille. Jeder Mensch ist fleißig. Er muß die Stunden seines Lebens mit etwas ausfüllen, muß streben. Daher die Gepflogenheit zu reisen, den Ort zu wechseln, wenn man nichts Neues mehr finden kann.

Das Elend der Reichen und die Arbeit der Untätigkeit sind kein Paradox, sondern eine Lebenswahrheit. »Streben ist Leiden, aber Besitzen ist Langeweile«, sagt Przybyszewski. Lieber leiden als sich langweilen, lieber mühsam nach etwas streben als untätig nichts mehr erwarten. Der Sport ist Ausdruck dieser fiktiven Schwierigkeiten, Niederlagen und Siege, die das wahre und wirkliche Leben erbringt. Die Burse strebt und leidet, feiert Triumphe und erfährt Niederlagen. Sie sucht nicht nach Handschuhen mit raffinierten Farbschattierungen, aber ab und zu sohlt sie Schuhe und feiert die schönen Freudentage mit Festessen. Ein Hering auf trockenem Brot – das ist besser als – Erbsensuppe. Scharf, gepfeffert und sauer. Gerade soviel, wie es braucht, um zu erfahren, daß die Zähne leiden und daß es Freude am Leben gibt. Es lebe der Hering!

[Ohne Titel][1]

Es verschwanden dreißig Złoty, und die Burse war beunruhigt. Leider zu spät. Es sind drei Hefte verschwunden (ein Katalog und zwei Verwaltungshefte), es verschwanden ein Schlüssel, fünf Złoty, Zirkel – die Burse bewahrte kühles Blut. – Das elektrische Licht ruiniert, ein Klosett zertrümmert. Das englische Phlegma verläßt die Burse nicht. – Eine Kleinigkeit! Außer dem, was wegkam, ging es in vielen Fällen nur um Vorwürfe. Ein Schlüssel war verschwunden und fand sich wieder, am Fenster, auf dem Bett, am Boden, im Korridor, im Waschraum. – Eine Kleinigkeit! – Man kann das Schloß rausnehmen und sich ohne Schlüssel behelfen. Man kann Geld borgen (z.B. von Balcia). – Borgen verpflichtet nicht zur Rückgabe. Man muß gemahnt werden, um es zurückzugeben.

Wie sind die fünf Złoty verschwunden? – Sie waren in einer abgeschlossenen Schublade, aber Frl. Dorka hatte es schrecklich eilig und mußte das Geld so schrecklich schnell gerade dann herausnehmen, als Frl. Surcia Unterricht hatte. Also lieh sie sich den Schlüssel aus, nahm selbst das Geld heraus, und nachher fehlten fünf Złoty. Ich weiß nicht, was Frl. Dorka sagte und dachte, aber mir wäre es sehr peinlich, wenn ich einen Schlüssel geliehen hätte und mich in einer fremden Schublade zu schaffen gemacht hätte – und dann wären fünf Złoty verschwunden. – Ich würde eben früher um Geld gebeten oder die dringende Besorgung verschoben haben, statt den Schlüssel zu einer fremden Schublade mit Geld zu nehmen. – Eile ist im allgemeinen ein schlechter Ratgeber.

Die Sache mit dem Verwaltungsheft. Schandbar schlampig – verschwindet es, nach einem heftigen Zusammenstoß in diesem Heft zwischen Frl. Surcia und Albert. Wer hatte Interesse daran, daß es verschwindet? Ja freilich, Frl. Surcia. – Albert hätte so viel Ehrgeiz haben müssen, zu klären, ob Frl. Surcia dieses Heft zerrissen hat. Er unterließ das. – Eine Kleinigkeit: ein Heft. – Verzeihung: Unehrlichkeit. – Es verschwindet ein zweites und drittes Heft. Das ist bereits eine bewußte Böswilligkeit, ein bösartiger Streich, oder ein Spiel, um die Spuren zu verwischen. Das Wasser trüben, damit die Haushaltsführung nicht zu durchsichtig wird. – Das erinnert an einen Jungen, der die Rute wegwirft, damit er keine Prügel bekommt. – Warum hat man nicht ein drittes Heft eingeführt, das dann nicht mehr verschwunden wäre. Man kann ohne Schlüssel, ohne Heft auskommen. – Aber Frl. Surcia verpflichtete sich zu einer schriftlichen, genauen Kontrolle, nach einer

1. Die poln. Vorlagen der in diesem Band auf den Seiten 507 bis 524 und S. 533f abgedruckten Beiträge tragen keinen Titel.

unbewiesenen und ziemlich undurchsichtigen Anklage von Albert, der sie der Nachlässigkeit beschuldigte, und nach dem Vorwurf, sie halte die Verwaltung in der Burse für ein sorgloses Amt oder sei nicht fähig zu ihrer Führung.

Die Sache mit den Zirkeln (übrigens von der Burse verschwiegen). Szydełko behauptet, daß man auf der Sitzung der Burse über Zirkel gesprochen habe, Chil behauptet, das sei nicht der Fall gewesen. Das ist eine sonderbare Sitzung, auf der einer etwas hört, was der andere nicht hört. Es ist wohl so, daß auch das – eine Kleinigkeit ist – das lohnt nicht – wer sie genommen hat, der soll selig mit ihnen werden. – Aber vielleicht hat Chil sie genommen und deshalb nichts gehört? Oder vielleicht Albert? Vielleicht Szymek, der nicht in der Burse schläft, es wäre ihm also ein Leichtes, ein Vergehen zu vertuschen? Oder vielleicht der Zeichner Czesław? Aber vielleicht eines der Kinder? – Vielleicht Herr Goldszmit, der sie für seine Schaubilder brauchen könnte, oder vielleicht Herr Fliderbaum, der sie für Rubek braucht oder Frau Wolańska[1] für Władek? – Es geht nicht um ein Heft, nicht um Zirkel, sondern um die unangenehme Atmosphäre, die entsteht, wenn tatsächlich etwas verschwindet.

Die Bursisten vom vergangenen Jahr erinnern sich an die Stimmung, als Sachen zu verschwinden begannen, und an das Gefühl der Erleichterung, als man den Schadenstifter erwischte.

So eliminieren vernünftige Leute alle Möglichkeiten, jemandem etwas vorzuwerfen oder irgend etwas zu verschlampen, sie verurteilen diejenigen scharf, die Unordnung hervorrufen. Denn wo ein Dreckhaufen ist, weiß man nicht, ob etwas da ist oder fehlt und sich dann findet, oder ob etwas verdunstet wie Kampfer.

Ich komme zur Sache mit den dreißig Złoty. Sie sind aus einem verschlossenen Schrank weggekommen, dessen Schlüssel sich im Bett von Rachelcia fand. Das heißt, daß entweder Rachelcia dieses Geld genommen hat, oder daß jemand ihr den Schlüssel untergeschoben hat, um den Verdacht auf sie zu lenken. – Heute wissen wir bereits, wie die Sache war. – Der Schlüssel fiel beim Herausnehmen eines Fensters vom Haken auf den Boden, er wurde nachlässig auf irgendein Bett geworfen und lag dort einige Tage, ohne daß ihn Rachelcia entdeckte, bis sie ihn fand und erstaunt abgab. Heute wissen wir das bereits, aber es gab einen Moment, wo wir das nicht wußten. Die Sache konnte sich an diesem Punkt festfahren. Und es wäre so gewesen, daß man eigentlich keine deutliche Anklage hätte erheben können, aber ... Ihr seid jung und ihr wißt nicht, wie auf dem ganzen Leben eines Menschen so etwas lasten kann: Eigentlich hat man ihn nicht auf frischer Tat ertappt,

1. Wosia Wolańska, hochgeschätzte Wäscherin im Dom Sierot. Vgl. *Sämtliche Werke*, Bd. 13, S. 457ff.

aber – sei es wie es wolle – irgend etwas hat man gesagt, etwas gehört, er war darin verwickelt, wer weiß! Ein Verdacht ist immer ein Unrecht, und manchmal ein Verbrechen. – Ein unschuldig Angeklagter kann sich verteidigen, Zeugen anrufen, Beweise beibringen – der Verdächtigte ist wehrlos. Ohne daß er etwas weiß, spürt er Fremdheit, Feindschaft, Wut, etwas wie Ärger der Öffentlichkeit, daß sie es nicht sicher weiß, wie eine Rache dafür, daß sie von einem den Unschuldigen mimenden Schuldigen hinters Licht geführt wurde ... Für einen Erzieher ist die Verantwortung in keinem Fall schwerwiegender als dann, wenn er einen Verdacht hegen muß, also spionieren, revidieren, heimlich ausfragen, wenn er sich bemühen muß, zu überraschen und zu ertappen. – Deshalb führt ein gerissener und brutaler Türsteher die Aufsicht, wo den Kindern zur Hälfte des Gebäudes der Zutritt verboten ist, wo alles, was wertvoll ist, abgeschlossen ist und die Kinder nur ein Bett, Tische und Bänke haben. – Oder auch (viel seltener), wo Ordnung und Disziplin eine solche Atmosphäre schaffen, daß alle ohne Anmeldung freien Zutritt zur Kanzlei haben, wo Dokumente im offenen Schrank liegen, und wo die Bibliotheksbücher offen zugänglich sind. – Ich sage Ordnung und Disziplin, und nicht – Ehrlichkeit, denn es gibt keine kollektive Ehrlichkeit von hundert Kindern.

Unordnung und mangelnde Disziplin haben die dreißig Złoty verschwinden lassen. Denn die zerfetzten dreißig Złoty, die man im Abfall gefunden hat, klären die Angelegenheit nicht auf. – Es ist möglich, daß sie nicht aus dem Schrank wegkamen, sondern auf dem Gang aus der Tasche fielen. Aber das ist wenig wahrscheinlich, weil sie so verstreut waren, daß ein Zehnzłotyschein sehr seltsam beschädigt war und sich einzeln im Abfall fand. Gerade auf diesem einen Papierchen muß etwas besonders Schwerwiegendes gestanden haben, dieses Papierchen war von Hand abgerissen, sonst wäre es nicht auf diese Weise zerrissen gewesen. – Von zwei Übeln ist es immerhin noch das angenehmere, wenn es nicht aus dem verschlossenen Schrank genommen wurde, sondern nur beim Putzen auf dem Korridor gefunden und nicht zurückgegeben wurde.

Ich habe gesagt: Unordnung hat die dreißig Złoty verschwinden lassen. Unordnung bei den Schlüsseln, Unordnung unkontrollierter Reflexe anstatt bewußter Handlungen, Unordnung bei den undurchdachten Aufräumaktionen vor den Festen, wenn die Geigen bespritzt neben dem Kübel mit schmutzigem Wasser auf dem Boden liegen. – Die am wenigsten elegante Art, Ordnung zu schaffen ist es, wenn man etwas wegräumt, umherwirft, ausschüttet und so eine chaotische Atmosphäre zustande bringt, aus der mit Getöse, in aller Eile, mit Gezänk – schließlich Ordnung entsteht. Die Hausfrau ist außer Atem, böse, niemand weiß wo, wer und wie, der Mann flieht aus dem Haus, die Kinder sind terrorisiert oder in alle Winde zerstreut – eine Hölle, ein Radau, einer einzigen Sache wendet man sich mehrfach zu, die wichtigste vergißt man, am Ende steht irgendein Verlust oder Schaden. – Reinemachen! Dem männlichen Teil der Burse wünsche ich, daß er diesem Typ nicht begegnet, dem weiblichen Teil, daß er ihn in der Zeit des Saubermachens vor den Festtagen nicht darstellt und sich an die – einst in der Jugend – verlorenen dreißig polnischen Złoty erinnert.

Um endlich diesen unliebenswürdigen Zyklus von Artikeln zu beenden, möchte ich klarstellen, welches Ziel sie haben. – Selbstverständlich sollen sie belehren. Damit die Tatsache der verlorenen dreißig Złoty nicht unbeachtet durchflitscht, daß sie für die Burse zum Erlebnis wird, zu einer Zerreißprobe, die zur Aufmerksamkeit zwingt – dadurch eben, daß es schmerzt. Habe ich nicht übertrieben? Ausgehend davon, was Frl. Dorka und Frl. Surka geschrieben haben – ja. Vielleicht war es zu stark, aber ich bedauere es nicht. – Weil diese Sache wichtig ist – das Verhältnis der Jugend zum Geld und zum Eigentum im allgemeinen. – Bei der Jugend besteht eine theoretische Verachtung und eine nicht ernstzunehmende Mißgestimmtheit gegenüber Angelegenheiten, die mit Verdienst und Ausgabe, Rechnung und Geld verbunden sind. – Eine Voreingenommenheit und ein falscher Ehrgeiz, eine Unlust, so daß sie möglicherweise alle Fragen, die mit dem zu tun haben, was Geld kostet, aus dem Blickfeld verliert. – Die Mehrzahl ordinären Streits und gesitteter Erregung im Schoß des häuslichen Herdes spielt sich auf diesem Hintergrund ab. – Die Eltern geben nicht gern, die Kinder nehmen unwillig.

Die Jugend, die nicht in die schmerzliche Wahrheit eingeweiht ist, wie man seine Groschen erringt, nimmt unwillkürlich eine kritische Haltung zu Kompromissen ein, sogar zu Anstrengungen, die unvermeidlich und unausweichlich sind, wenn man diese und jene Summe haben *muß*, wenn man nicht sagen kann: »Ich hab's, das ist gut, aber wenn ich's nicht hab', dann eben nicht, ich kann mich begnügen.« – Sicherlich kann man mit Löchern in den Schuhen gehen und in einem abgewetzten Mantel, man kann auf Vergnügungen verzichten und sich sogar mit Hunger abfinden. – Und kann stolz behaupten: »Ich scher' mich nicht drum, ich laß' mich nicht unterkriegen.« – Aber wie lang? – Denn es gibt eine Grenze: Noch drei Monate oder ein halbes Jahr – und die Schuhe fallen von den Füßen, der Mantel ist gänzlich durchlöchert, der Hunger dreht den Magen um, die Gesundheit geht drauf. – Jetzt ist es schon zu spät.

Dann hört das verpönte Geld auf, Abfall zu sein, den man nicht zu beachten braucht, es wird plötzlich zu einer feindlichen Macht, zu einem Ungeheuer, einem Rächer, einem Fluch, unerbittlich – ein schwerer Augenblick. Eine schmerzliche Prüfung. – Gestern habe ich noch gespottet, heute zittere ich hilflos. – Gestern habe ich es nicht für wert gehalten, ihm einen Moment Aufmerksamkeit zu schenken und heute hat es sich meines ganzen Denkens bemächtigt. – Und die naive Kritik an dem, was besteht, das naive Bedauern darüber, daß nicht der Mensch, sondern sein Geldbeutel Geltung hat, unabhängig davon, ob es uns gefällt oder nicht.

Ich behaupte, daß Frl. Dora mit der übereilten Herausnahme der fünf Złoty und Frl. Fela mit der Eile, mit der sie die dreißig Złoty eingesteckt hat, daß die ganze Burse damit, daß sie die Sache mit den Zirkeln und dem zerschlagenen Klosett, die eben auch eine bestimmte Summe von Złoty wert sind, bagatellisierte – bewiesen hat, daß sie ein unreifes Verhältnis zum wichtigen Problem des Geldes hat, daß sie nicht imstande ist, dieser Frage die Aufmerksamkeit (nicht Achtung, sondern Aufmerksamkeit) zuzuwenden, die sie verdient.

Wenn ich mit Herrn Buchner[1] wegen fünf Minuten Gymnastik streite, wenn ich streng gegen den Versuch von Frl. Sala, den Unterricht um Minuten zu kürzen, vorgegangen bin und Frl. Surka wegen der vernachlässigten Führung des Haushaltsbuches scharf verurteile – dann wiederum, um den Gesichtspunkt zu unterstreichen – daß man für die erhaltene Unterstützung mit Pflichterfüllung bezahlen sollte.

Ich weiß, daß es Lehrer gibt, die nachlässig und gewissenlos sind, daß auch sie aus Mangel an besseren Kräften einen Arbeitsplatz finden müssen. Sie sind erwachsen, sie wissen es, daß sie weder viel noch Wertvolles bieten wollen. Bewußt fälschen sie Gewicht und Maß. Deshalb sind so viele Ämter wachsam, sie kontrollieren, sie treiben an und drohen. – Unsere Burse ist jung, sie macht die ersten Schritte. – Ich würde meine Pflicht nicht erfüllen, wenn ich nicht rechtzeitig warnen würde.

Und über die Jugendzeit der Burse und ihre Rechte – das nächste Mal.

[Ohne Titel]

Vor einem Monat war die Mutter von Szaje in der Kanzlei. Es war mir sehr daran gelegen zu kontrollieren, ob seine Rückkehr zur Mutter vor einem Jahr ihm und seiner Familie keinen Schaden zugefügt hat. Ich begann, sie auszufragen und hörte mir ihre Antworten aufmerksam an. – Also: Was macht er, und vor allem – wie ist er. Ich habe nicht eine einzige Klage gehört. – Als ich ihm – als Menschen – Vorwürfe

1. Arie (Lejb) Buchner (1905-1976), Bursist im Dom Sierot 1925-1927. Pädagoge, später in Israel.

machte und Zweifel daran äußerte, ob er so ist, wie er sein sollte – antwortete die Mutter ständig:

»Er ist doch noch ein Kind.«

Die Mutter hat Recht. Dieser sechzehn- oder siebzehnjährige Bursche war nur bei uns einer der Ältesten, somit also sollte er wissen, verstehen, sich fügen und sich den Bedingungen und Forderungen des Lebens anpassen. – Unter den kleinen, mittleren und großen Kindern ist er erwachsen. – Ja, er sollte das Dom Sierot am besten kennen, das kleine Haus der Kinder, aber er kann das riesige Haus – das Labyrinth des Lebens – nicht kennen. – Er weiß, welche Paragraphen das Gericht für Verspätung, Schlamperei und einen Jux verhängt, aber er kennt die Strafe für eine Übertretung der Gebote des Lebens nicht. – Er weiß nicht, daß das, was bei uns ein kleiner Verstoß ist, dort oft ein strafwürdiges Vergehen ist.

Wieviel ungefährlicher ist die Aufsicht über die Säuglinge, die noch nicht gehen können, als über einen Zweijährigen, der in jede Ecke kriecht, alles anfaßt, ausprobiert – und ordentliche blaue Flecken und Beulen aus seinen mißratenen Unternehmungen davonträgt. – Wieviel schwieriger ist es, ein Kind zu beschützen, das schon allein auf der Straße zur Schule geht, wo ihm Trambahnen und Autos drohen. Da geht es nicht mehr um einen harmlosen blauen Fleck, sondern um eine bedrohliche Verletzung. – Ich habe Angst um Chaimek und Jadzia, weil sie die Jüngsten sind. Aber Frl. Surcia hatte Angst, Gurman, Surele oder Estka an der Weichsel allein zu lassen. Wir können nicht anders. Für uns muß die Burse erwachsen, vollkommen reif und verantwortlich sein. Nicht, daß es aus Prinzip so sein muß, sondern weil die Arbeitsbedingungen es erfordern. – Die Burse – das sind bereits »Herr und Frau«, übrigens ja Mitarbeiter, Kollegen, Personal. – Es ist zum Gotterbarmen – eine Horde von Kindern, denen es gut täte, sie an der Hand zu führen, jeden Schritt zu überwachen, ihnen öfter den Kopf zu waschen, eine Strafpredigt zu halten – ihnen zu drohen. Jeder ist in jedem Moment bereit, eine Dummheit zu machen – sei es nur, um seinen Tätigkeitsbereich zu erweitern.

Frl. Surka irrt sich gewaltig, wenn sie meint, sie sei »unter Fremden« – »verfolgt, ausgeforscht, ausspioniert, unverstanden« – weil sie von weit her kommt, bis aus Galizien. – Es wäre im höchsten Grad unpassend, wenn jemand käme und ihr auf die Augen küßte, wenn sie im Bett liegt und ihre traurigen Gedanken spinnt. – Frl. Dorka irrt sich, wenn sie vermutet, daß jemand sie bezichtigt, sie habe in der Eile durch ein Versehen fünf Złoty gemaust. Übrigens kennt der Mensch sich ja ein bißchen mit euch aus. Dies und jenes hat er gelesen, einiges hat er gesehen und erfahren, in einem Brief oder einem Gespräch vertrauensvoll manches Geständnis eines jungen Herzens gehört, dies und das hat er aus den eigenen jungen Jahren im Gedächtnis behalten; er hat Dutzende von

Kollegen und Kolleginnen gehabt, selbst hat er voller Unruhe die Welt und sich selbst in den forschenden Blick genommen. Selbst hat er sich danach gesehnt, einem älteren, ausgeglichenen, erfahrenen Freund zu begegnen, der ihn auf die traurigen Augen küssen und ihm wunderbare Worte sagen würde, die wie ein »Es werde!« das Dunkel vom Licht scheiden und das, was dunkles Geheimnis und quälende Leere ist, verscheuchen würden. Und er sieht, daß diejenigen die Besten waren, die ohne jede Täuschung harte Forderungen stellten und nur selten nachsichtig lächelten. Nur mit diesem seltenen Lächeln gaben sie zu verstehen, daß sie Verständnis haben und mitfühlend sind; aber so muß es sein.

Die Burse, eine reife Jugend, Kollegen, Personal? ... Das ist doch noch ein Kind ... Szaje, Sala ... Dorka ... Buchner ... Surcia, Lucyna ... der steife, würdige Arkader, der Hahn – Albert. – Kinder ...

[Ohne Titel]

Der Artikel von Chil ist auf Grund von Vermutungen und nicht von Fakten geschrieben. Und er vermutet falsch.

Ich verhalte mich gegenüber keinem der Kinder feindselig. Ich bin nur für die einen milder und für die anderen strenger – den einen zeige ich meine Zuneigung, vor den anderen verberge ich sie. Es gibt Kinder und Menschen, die einer härteren Hand bedürfen, eines trockeneren Tons, weil sie Milde für Schwäche halten und diese ausnützen wollen. – Diejenigen, die sich nur mit Mühe den Bedingungen fügen, nur unter Zwang nachgeben, denen es schwerfällt, sich zu beherrschen oder diejenigen, die zu ehrgeizig sind, um sich der Mühe zu unterziehen, sich den Bedingungen eines Gemeinschaftslebens anzupassen. – Die Ehrgeizigen und die Launischen muß man vorsichtig behandeln. – Und die Vernünftigen muß man dazu drängen, daß sie sich von ihrem Verstand leiten lassen und nicht – von Gelüsten und momentanen Stimmungen.

Die Sache, an die Chil erinnert, war wichtig. Es ging um das Verhältnis der älteren Jungen zu den älteren Mädchen. Es ging darum, ob in unserem Internat eine Burse bestehen kann oder nicht. – Es ging darum, daß die Älteren verstehen und sich daran erinnern sollten, daß ihnen nicht mehr, sondern weniger Freiheit zusteht, daß sie auf ihre Handlungen und Worte achtgeben müssen – daß man im Dom Sierot nicht machen kann, was einem paßt, sondern das, was das Wohl der Allgemeinheit erfordert. – Chil kennt seine eigenen Gedanken und Einfälle, also weiß er, daß ich Anlaß habe, mich ihm gegenüber vorsichtig zu verhalten. Um so mehr, als er nichts tat, um sich raten oder helfen zu lassen. – Nur einmal wandte er sich an mich – wegen eines Traums. Habe ich mich nicht damit befaßt, oder zeigte ich kein Interesse? – Und das war nur ein Traum, keine Realität. Das Gesuch von Chil an die Betreuungskommission ist fürchterlich, obgleich vernünftig geschrieben. – Chil versteht nicht, daß das Sägen von Eisen wie eine Übung von Herrn Kowalski ist, so wie die ganze Grundschule. Wozu löst man Aufgaben, wozu zeichnet man, und wozu turnt man?

Man muß nur das tun, was Geld einbringt, und Geld braucht man, um tun zu können, was man will. – Dieses Bedürfnis, sich von seiner Abhängigkeit loszureißen – das war der letztjährige Ausflug nach Lwów, das ist der Wunsch, die Schule kurz vor ihrem Abschluß hinzuwerfen – das sind all die unruhigen Träume und Gedanken Chils, die ich kenne, obwohl er mir nichts von ihnen sagt.

Wenn Chil wissen will, wie mein wirkliches Verhältnis zu ihm ist – dann bitte sehr:

»Armes Kind. Ich weiß, wie schwer du es hast. Ich weiß, wie sehr dich die Anstrengung ermüdet, sich einstweilen der Notwendigkeit zu fügen. Lieber Bub, weil ich weiß, wieviel dich das kostet, achte ich deine Arbeit und deine Bemühung. Ich fühle mit dir. Ich habe Angst um deine Zukunft. – Sooft du dich mit der Bitte um einen Rat an mich wenden wirst, werde ich dir raten wie ein erfahrener Freund. Ich höre mir aufmerksam alles an, was du mir sagst. Ich erkläre dir, was du nicht verstehst und werde fragen, wenn ich selbst etwas nicht verstehe. Nichts von dem, was du mir sagen wirst, wird mich wundern oder ärgern. Ich werde mit dir mitfühlen und dir Mut machen. Ich bemühe mich, zu beruhigen und zu trösten. Aber vor allem Mut zu machen. – Sei stark. – Halte dich selbst fest im Griff und laß nicht los. – Das Leben, das dich erwartet, ist nicht leicht. Ein Elend, aber da kann man nichts machen. – Das Leben hat dir oft Unrecht zugefügt, umso mehr möchte ich dir nicht Unrecht tun. Und gerade deshalb muß ich hart und unnachgiebig gegen dich sein, damit du zu einem tüchtigen Mann heranwächst und nicht zu einem launischen Fräuleinchen. – Gib mir einen Kuß, aber mach keine Dummheiten!«

[Ohne Titel]

Ein Beispiel, das Verständnis dafür weckt, wie schwierig, verantwortungsvoll und ermüdend die administrative Arbeit ist:

Du hast zwanzig Kuchen oder Schokoladetafeln bekommen – und du sollst nach Belieben Kinder auswählen, an die du sie verteilst. Es ist leicht, sie denen zu geben, die du am meisten magst, die sich zufällig in nächster Nähe befinden oder die inständig bitten. Aber es ist schwer zu sagen, ob es gerecht ist. Immer bleibt eine gewisse Menge übrig, weil du zu strenge Anforderungen stellst, oder es fehlt noch etwas. – Das sind geringfügige, gewöhnliche Schwierigkeiten, Kinder für die Ausflüge, das Kino, die Kleiderverteilung, Auszeichnungen und Privilegien auszuwählen.

Um wieviel schwieriger ist es, eine Entscheidung zu treffen, um eine Liste der Kinder aufzustellen, die das Dom Sierot verlassen und in die Burse übergehen sollen, und wer warum in der Burse bleiben soll. – Schwer und unangenehm ist das Jahresende. Es herrscht das sogenannte Trägheitsgesetz. Man würde am liebsten nichts ändern. Es ist schade, daß man Abschied nehmen muß, man möchte die Zeit des Abschieds am liebsten hinausschieben. Aber das Leben erlaubt es nicht. – Es trudeln Anträge ein, jeder verlangt zu Recht Hilfe. – Da erstürmen neue Generationen ihre Rechte. Der Kampf der Zukunft mit der Vergangenheit.

Chaskiel, Beniek, Sala, Rózia Abr.[1] gehen in die Burse über – vier Plätze für neue Kinder. – Wolf, Fiszel, Aron, Lola, Dorka, Chanusia – kehren zu den Familien zurück – also noch sechs freie Plätze. – Man prüft die Familien und lädt sie ein, Schulen werden empfohlen, man schaut sich die Kinder an, ob und wie gern sie bleiben wollen. Man wünscht sich für diejenigen, die da sind, das geringste Unrecht und keine Hintansetzung für diejenigen, die hinzukommen oder die die Tür verschlossen finden. – So entscheidet man diese Dinge auch träge, langsam und vorsichtig in der Betreuungskommission.

Noch schwieriger ist es mit der Burse. Hier kommt noch viel stärker das Allgemeinwohl ins Spiel, die Bedürfnisse der ganzen Schar. Wenn Balbinka oder Fischel, Borberg oder Henia wegfallen, wird es ruhiger werden, gibt es weniger Streit und Ärger, soweit nicht an ihre Stelle Ähnliche oder Schlimmere treten. Ob das Nutzen bringt oder Schaden – das ist kindisch – das ist weniger wichtig. – Von einer solchen oder einer anderen Zusammensetzung der Burse ist die Hilfe bei der erzieherischen Arbeit abhängig, die Einführung von Verbesserungen, die Anhebung des kulturellen Niveaus, die Erhaltung der familiären Atmosphäre des Internats und die Beispielfunktion für die Kinder. Wajngarten, Barlas, Buchner, Arkader zogen Chaskiel nach sich, Szymek weckte den Ehrgeiz von Berek und Dawid. Noch ein Jahr oder zwei und die Mädchen melden sich zu Wort. – Wenn es ein so wenig ernstzunehmendes Verhältnis der Jungen zur Berufsschule gibt, ist das die Schuld der schmollenden Szaje und Chil. – Ohne es zu wissen, ist die Burse mit tausend Fäden mit dem zweiten Stock verbunden. Wenn es nicht um Gehorsam geht, sondern um die Autorität des Gedankens,

1. Rózia (Róźia) Abramowicz.

der Gefühle und der Absichten – dann spielt die Burse eine größere Rolle als Frl. Stefa und ich. – Ihr seid ihnen nahe und vertraut. – Wir haben noch keine Form gefunden, um diese Verbindung sichtbar zu machen, aber sie tritt in Erscheinung, sie macht sich geltend. Ob das mit der Teilnahme an der »Flamme« anfängt, im Arbeitskreis der Nützlichen Vergnügungen, im Gerichtsrat, bei den Diensten, um später in den Sejm zu kommen oder bei der Betreuung – ist schwer vorauszusehen. Das Zusammenleben kann sich lockern oder verdichten – man kann sich gegenseitig mehr durchdringen oder sich entfernen. Das hängt von vielen Momenten ab, die man voraussehen muß, irgendwie vorherfühlen – und sehr vorsichtig lenken. Aber die Sache ist den Zeitaufwand und die Gedankenanstrengung wert, denn wenn sie einen günstigen Verlauf nimmt – dann erst hört die Sorge auf, daß das, was jetzt besteht, plötzlich scheitern könnte und das Dom Sierot vielen anderen Internaten gleichwerden könnte, wo es, so meine ich, schlimmer zugeht. Die Burse schafft keine eigene Organisation, sie ist wie ein Stab ohne Heer, allein. Jede ihrer Anstrengungen ist vegeblich. – Für die Kinder kann sie alles sein, sie selbst ist nichts.

[Ohne Titel]

Endlich!

Die Burse hat den Mund aufgemacht. – Lieber spät als gar nicht. – Und ich habe mich das ganze Jahr hindurch nach einer Zusammenarbeit mit der Burse gesehnt. – Es war nämlich schwierig, jede Woche zu schreiben, ohne jegliches Material. – Manchmal habe ich lange am Federhalter genagt und wußte nicht, wie anfangen. – Ab und zu eine Liste der Verstöße, eine aufgeschnappte Nachricht, ganz ganz selten irgendein kleiner Artikel – das war die ganze Hilfe.

Und diesmal hat nur ein glücklicher Zufall geholfen. Man hat mir ein Märchenbuch zurückgebracht. Aus dem Buch fielen zwei Zettel heraus. – So diskret wurden sie mir ausgehändigt. – Eine Gemeinschaftsarbeit. – Verschiedene Schriftzüge. – Ich erkenne die kalligraphische Schrift von Chil, die energischen Buchstaben von Buchner, die pedantische Schrift von Szymek. Und Arkader, und Szydełko, und Kowalski. Erst ganz am Ende unten ein kleines Postskriptum von M. Glikstajn. – Auf dem kleinen Zettel figurieren nur zwei Namen: Sala und Lucyna.

Die Zettel legte ich in ein Kuvert und schloß sie weg. Ich entdeckte noch irgendwelche Ziffern. Was kann das sein? – Ich weiß: Themen zu

Artikeln, in der Reihenfolge des Problems geordnet. Neugier – das ist der Weg zur Hölle. – Lieber mit dem Lesen der Zettel abwarten. – Als ich die zwei Zettel in die Kuverts steckte – diese zwei verspäteten Schwalben des Frühlings – hätte ich sie küssen wollen. – Eine allerliebste Überraschung. – Aber ich hielt mich zurück.

Erst heute.

Ich setze die Brille auf. Die Hände zittern mir vor Rührung. Andächtig entfalte ich die Zettel und lese:

»Arkader: 1 Hemd, 1 Paar Socken, 1 Handtuch, 1 Kragen

Stamler: Hemd, Unterhose, Handtuch, Taschentuch, 2 Kragen

Buchner: Hemd, Taschentuch, Hosen

Szydełko: 1 Handtuch, 1 Hemd, 3 Unterhosen, 1 słowiczek (Nachtigall) (?), Kragen

Kowalski: 1 Hemd, 1 Unterhose, 1 Handtuch, 1 Paar Socken, 1 Vorhemd, 1 Kragen, 3 Taschentücher

Szymek: Hemd, Unterhemd, Unterhose, 2 Kragen, 2 Taschentücher, Handtuch

Glikstajn: Hemd ...«

Im ersten Moment ein unangenehmes Gefühl der Enttäuschung, der Entzauberung. Aber als ein Mensch der Wissenschaft verschmähe ich nichts. Enträtselt nicht der Archäologe aus eben solchen Bruchstücken die Vergangenheit ferner Völker? Er hat es mit der Keilschrift zu tun – das ist schwieriger.

Ich war in Gedanken versunken. Fragen begannen aufzutauchen: Womit putzt Arkader die Nase, von wem leiht sich Bucher das Handtuch, warum nur ein Krösus – Kowalski besitzt Socken, wie behilft sich der Proletarier Mojsie, dessen einziges Feigenblatt ein Hemd ist, was ist das für ein słowiczek (Nachtigall) oder słowniczek (Vokabelheft), das man zur Wäsche gegeben hat? Warum hat Szydełko der Wäscherei so eine gewaltige Menge Unterhosen in Auftrag gegeben? Wo waren sie, warum hat er sie eifersüchtig versteckt?

Ich denke nach, überlege, spinne Hypothesen. So macht es jeder Gelehrte, der aus Schnipseln, Fetzen, Fragmenten – ein farbiges Bild der Realität entwerfen soll. – Ferdynand Hoesick hat in seiner Arbeit über Słowacki eine Wäschereirechnung angeführt. Denn auch Słowacki hatte damals, so wie heute Kowalski und Buchner – neben seinem Vorstellungsvermögen – Wäsche zu waschen.

So bin auch ich der Burse dankbar und bitte um die Vervollständigung der Zettel der Mädchen. Und vielleicht noch irgend etwas von allgemeinerer Thematik – alles nehme ich dankbar an.

Die Zettel gebe ich zurück.

[Ohne Titel]

Daß der Grundsatz: »Das recht erzieht« – angewandt werden kann, daß man ohne Gezänk, Nörgelei und Krach – das organisierte Leben der Kinderschar lenken kann – dafür bedarf es heute schon keiner Beweise mehr. Daß das nicht nur unter Kindern gelingt, sondern auch inmitten der gesamten Gesellschaft, beweist England, sein kürzlicher Streik. Wir wollten der Burse keine fertigen Formeln aufdrängen. Vielleicht rechtfertigt das dreijährige Abwarten gewisse Beschränkungen für das nächste Jahr. – So also: Von der Öffnung der Burse im September an wird ein Reglement gelten, das vom Kodex des Dom Sierot überwacht wird. Der Gerichtsrat wird die Fälle aus der Liste der Übertretungen prüfen. Alle Änderungen können bis zum 15. Oktober eingereicht werden. Wenn die Burse bis zu diesem Termin mit keinem Vorschlag herantritt und keine Änderungen des Reglements fordert, wird es das ganze Jahr über Geltung haben – die Burse wird das Recht, aber nicht die Pflicht haben, ihre Organisation mit der Selbstverwaltung zu verbinden. – Ehrgeiz verdient es, berücksichtigt zu werden, sofern mit einer gewissen Anstrengung dafür bezahlt wird. Kleine Ambitiönchen gelten für Erzieher nicht.

Das laufende Jahr endet unter dem Zeichen unrechtmäßig erzwungener Veränderungen – um des lieben Friedens willen.

Das Aufstehen in der Burse findet gemäß dem Reglement statt. Absolute Stille am Abend. Sogar Büchlein einmal in zwei Wochen. Sogar einmal im Monat die Waage. Ruhe auf dem Korridor und im Schlafraum. Ba! – Angeblich haben Szydełko und Mojsie die Schule geschmissen. Im Sinne des Reglements sollten sie schon übermorgen die Burse verlassen. Irgend so etwas erwähnt der »vertagte« (und warum?), »die Schule betreffende Fall Nr. 157«. Wenn man das Licht brennen läßt, gibt es Strafen von etwa dreißig Groschen. Ob und wem werden sie bezahlt? Das Verhältnis des Diensttuenden zur Verwalterin – ist nicht geklärt. – Der Vermerk »nicht bekannt« – wieder gibt es keine Liste der Übertretungen. Man weiß nicht einmal, wer sie aufhängen soll. – Aha, nicht wahr – »eine ganze Woche schon wurde keine neue Sekretärin gewählt« – (Und jetzt – wurde sie gewählt?) – Eine kindische, ja ein bißchen rotzbubenhafte Art der Stichelei unterwandert die Liste. »Stört die Ruhe.« – »Selbst redet er, und mich schreibt er auf.« – »Du hast es verschüttet.« – »Weil kein Staub gewischt war.« – »Du spielst, wo es nicht erlaubt ist.« – »Wozu bist du hierhergekommen?« – Etwas, wie das kindische »Kümmere dich um deine eigenen Angelegenheiten.« – Es ist kein Wunder, daß unter diesen Umständen die Empfindlicheren auf die Liste verzichtet haben, zu Gunsten der weniger Empfindsamen. – So mußte es kommen.

Das heißt nicht, daß in der Burse schreckliche Dinge passieren, nur daß die Unordnung Schaden stiftet und sich auswächst. Das laufende Jahr ist schlimmer als das vorhergehende. Das gebietet Wachsamkeit. Ein ganz neues Moment waren die Versuche eines der Herren der Burse, die jungen Damen zu umarmen. – Weil niemand darauf offiziell reagiert hat, haben wir es bei einer ruhigen Beobachtung belassen. Aber auch das ist nicht in Ordnung und kann manchmal zu Auswüchsen führen. Also muß man aufpassen.

Und nun nicht eine Bitte, sondern eine Forderung. Begründet und erkauft mit Geduld und Nachsicht. Also: Jeder möge in fünf Punkten, in fünf Zeilen niederschreiben, was er im Reglement der Burse zu hinderlich, zu schwierig und für undurchführbar hält. – Wir bitten um völlige Offenheit. Wenn ihr kein Programm, keine Technik der Vorbeugung oder Mitwirkung geliefert habt, so liefert jetzt – Kritik daran – was schlecht, unbegründet, unüberlegt ist. – Wundert euch nicht, daß wir mehr daran denken, was gefordert werden muß, als daran, was gegeben werden muß – fordern ist leichter.

Also – ich erwarte das in der nächsten Nummer.

[Ohne Titel]

Ich beginne mit dem letzten der vier Vorwürfe von Frl. Surka. – Sie schreibt: »Die Direktion gibt Schlüssel heraus, d.h.: Da hast du den Schlüssel, du kannst machen, was du willst.« – Verzeihung. So war es nicht. – Herr Buchner, der zweimal in der Woche zur Gymnastik in den Makabi-Verein gehen sollte, bekam einen Schlüssel. Eine Kontrolle darüber, ob und wann der Schlüssel benützt wurde, ist die Ausgangsliste. – Wenn von diesem Schlüssel Gebrauch gemacht wurde, ohne dies in die Liste einzutragen – so ist das die Schuld der Burse und nicht die unsere. Und ich bitte dringend um Benachrichtigung, ob es so war. Wenn auch mit Verspätung, so möchten wir doch wissen, wer, wann und wie viele Male später zurückgekommen ist als es die Hausordnung erlaubt, und wer sich entweder aus Mißachtung oder zum Zweck der Verheimlichung einer Übertretung nicht eingetragen hat. Abgesehen von der Gymnastik ist Herr Buchner einmal um zwölf Uhr heimgekommen (er hat bei einem Kollegen gelernt), Lucyna und Surka kehrten einmal um zwölf Uhr dreißig heim (sie waren im Kino), Bela (war im Theater), zwei größere Gruppen – waren im Zirkus und im Theater. – Ein Fehler war nur, daß wir den Schlüssel bei Herrn Buchner belassen haben, aber bei uns haben seit einer Reihe von Jahren schon Dreizehnjährige einen Schlüssel und verlieren ihn nicht.

Mehrfach schreibt Frl. Surka, daß die Burse ein Experiment ist, das an lebenden Menschen durchgeführt wird. Wenn sie erwachsen wird und alles kritisch abwägt, die Wege der eigenen Arbeit, wird sie verstehen, in der Erziehung ist alles Experiment – ein Versuch. Ich versuche es mit Milde und mit Strenge, ich versuche zu ermutigen und zu verhüten, ich versuche zu beschleunigen und zu verzögern, ich versuche zu untertreiben und zu übertreiben – wir denken nicht daran, das Programm der Versuche zugunsten eines despotischen Dogmas aufzugeben. – Der Versuch muß vorsichtig und besonnen sein, man darf keine Gefahr eingehen – und unser ganzes Erziehungssystem ist ein solcher Versuch. Das zweijährige Experiment ist erst der Anfang, eine Vorstufe – zu weiteren. Nur eine einseitige, stupide und anmaßende Selbstsicherheit experimentiert, indem sie den anderen ihren Willen und ihre Ansicht despotisch aufzwingt. Ja, sie experimentiert auch, nur unbewußt und unkritisch. Sie versucht es mit Zwang und Nötigung ...

Frl. Surka wünscht sich, daß die Jahre der Burse »Glieder« einer Kette wären. Und so ist es auch. Es gibt nicht viele solcher Glieder. Die Burse hatte ihre prähistorische Geschichte. Als sie sich noch nicht Burse nannte. In der Form, in der sie Frl. Surka antraf, existiert sie erst zweieinhalb Jahre.[1] Die Tradition, wenn sie eine haben kann, steckt mit ihren Wurzeln in der Geschichte des Dom Sierot. Frl. Surka würde ihr Echo in den alten Jahrgängen der Wochenblätter des Dom Sierot und den Protokollen des Sejm finden. Die Geschichte der älteren Zöglinge und des früheren Personals des Dom Sierot – darin treten die Probleme der Burse langsam, voller gelungener und nicht gelungener Experimente, zutage ...

Schließlich der letzte Vorwurf. Der Mangel an »offizieller Vorwarnung« – »Die Direktion nimmt alle ohne offizielle Vorbehalte auf.« Nein. – Die Direktion nimmt nicht alle auf. Sie ist damit sehr vorsichtig. Einen bedeutenden Teil der Burse kennt sie sehr gut und vertraut ihm. Über eine unbekannte Minderheit sammelt sie Informationen. Sie geht in minimalem Grad ein Risiko ein. Wenn sie nur irgendwelche Zweifel hegt, sagt sie ab oder sichert sich ab. Frl. Surka soll den Vertrag lesen, den Herr Zipper geschrieben hat, die Korrespondenz in der Angelegenheit der Aufnahme von Frl. Bela. Ein Schüler des Seminars, eine Schülerin der Tarbutschule[2], ein Haschomer-Pfadfinder – das sind Leute, die wissen, wie die Rahmenbedingungen der Burse aussehen und

1. 1925 + 2 1/2 Jahre, vgl. S. 487, Anm. 1.
2. Vgl. S. 491, Anm. 1.

wodurch die Burse sich von einem gemieteten Zimmer unterscheidet. – Worüber soll man jemanden »offiziell in Kenntnis setzen«? – Welche Überraschungen oder Fallen erwarten den Bursisten? – Wer lernen will, wer das Internat kennenlernen will und mit seiner Arbeit das Recht auf ein Studium bezahlen möchte, dem brauchen wir nicht zu erklären, daß man hier nicht Karten spielen, sich nicht betrinken und keinen Krawall machen darf, daß man nicht auf den Boden spucken soll, und was weiß ich noch alles. Die Tatsache, daß niemand die Burse gekränkt verlassen hat und daß man niemanden aus der Anstalt entfernen mußte, beweist, wie umsichtig und vorsichtig die Auswahl getroffen wurde, und wie unnötig und übrigens zwecklos eine »offizielle Vorwarnung« wäre, daß nämlich die Burse ein anständiges und gesittetes Zusammenleben der Jugendlichen untereinander und ein ebensolches mit dem Personal und den Kindern verlangt.

»Zeig, was in dir ist. Die Stunde hat geschlagen ... Sprich dein Wort aus, fördere deine Begabung zutage ... Tritt aus dem Schatten. – Es ist nicht mehr die Zeit der Versprechungen – es gilt sie zu halten.« ... (Amiel[1])

Im Sinne des Grundsatzes: »Es gilt sie zu halten« – stellen wir große Anforderungen. Ein strenges Examen. – Wer es besteht, ist unser.

»Ist nicht eine Stunde kindlicher Träumerei vom Heldentum des Lebens und des Kampfes mehr wert als viele Jahre – realen Ringens, wenn anstelle kindlichen Mutes – sich im Geist die ganze schmutzige Marktbude mit Kniffen und Kleinlichkeiten breit macht, für die Welt mit Standbildern und Monumenten drapiert.« ... (Jellenta[2])

»Niemand erklärt, welche Schicksale die Inspiration erfährt, die dir die Brust vor Sehnsucht bersten ließ, die der Wind wegtrug und emporhob, um sich mit der ganzen Natur zu verbinden.« (Dygasiński[3])

So gilt es also die Träume und Seufzer der Jugend zu achten. »Ich erinnere mich an die Tage der Jugend und weiß, daß junge Herzen ihre Freuden und Leiden haben, die die alten schwerfälligen Hände nicht anrühren sollten.« (Nansen[4])

Also nicht zu tief in die Geheimnisse eindringen.

Also rücksichtslos fordern und nachsichtig urteilen.

Wie Dora Brauner sagt: »Etwas schaffen, das es erlaubt, die Schar ohne einen zu großen Verlust an Zeit und Energie im Zaum zu halten, was ihr erlauben würde, in Ruhe zusammenzuleben und bei der Arbeit nicht gestört zu werden.«

1. Henri Frédéric Amiel (1821-1881), Schweizer Schriftsteller.
2. Vgl. Janusz Korczak: *Sämtliche Werke*, Bd. 4, S. 130.
3. Vgl. S. 551.
4. Fridtjof Nansen (1861-1930), norwegischer Polarforscher, Zoologe, Philanthrop, Hochkommissar des Völkerbundes für Flüchtlingsfragen, 1922 mit dem Friedensnobelpreis ausgezeichnet.

Nicht ein Schlüssel oder das Fehlen eines Schlüssels hat uns daran gehindert, an Vergnügungen teilzunehmen, sondern der Mangel an Zeit und die Unmöglichkeit, die Schulpflichten und die Erwerbstätigkeit mit den hübschen Erleichterungen des gegenseitigen Kennenlernens zu verbinden, die das Theater oder der Vortragssaal bieten.

Nicht eine Laune hat die Forderung diktiert, Bücher zu führen und Anträge zu schreiben, sondern das Bewußtsein, daß nur die Offenlegung der Wünsche und Bedürfnisse und eine Dokumentation der reifen Entscheidung der Direktion vor unangenehmen Überraschungen bewahrt, über die sich Herr Buchner beklagt.

Ihr werdet verstehen, wie schwierig eine strenge, steife Anforderung (unleserliches Wort) in Übereinstimmung mit schwankender Zuneigung und Nachsicht zu bringen ist. – Am schwierigsten ist es, zu einem in der Gruppe ein gutes Verhältnis zu haben – am unangenehmsten, wenn man etwas verweigern muß. – Überrumpelt durch eine plötzliche Bitte, bin ich wehrlos. Du fällst über mich her, erzwingst etwas – und erweckst Ärger. – Weil wir es doch wissen, verstehen, weil es doch eine Kleinigkeit ist, weil ja, weil man könnte.

Aber die realen, harten Bedingungen der Arbeit zwingen dazu, bei »der Marktbude mit Kniffen und Kleinlichkeiten« stehenzubleiben. – Das Standbild der Pflicht, das Monument der Ordnung und Disziplin. – »Die Schar im Zaum halten.« – Ba, ba – das ist leicht gesagt.

Fräulein Sala behauptet, daß man viele unangenehme Zwischenfälle hätte vermeiden können. Man hat die Burse zu offiziell behandelt. – Aber, meine Lieben, es gab nicht so viele Zwischenfälle. Übrigens haben wir das Gift der Begünstigungen und speziellen Privilegien vermieden. Alle gleich behandeln und gerecht beurteilen kann nur der Buchstabe des Gesetzes, niemals der Mensch.

Es ist schwierig, sich mit euch zu verständigen, denn ihr seid »Sturmwind und Sonne, wir aber – ein zerlöcherter Schirm und ein schwacher Zaun.« (Niedźwiedzki)

»Ach, die Hoffnungen voller Glauben der jungen Jahre. Alles erscheint uns so wichtig, so der Entfaltung wert, daß wir es einfach nicht verstehen und den Gedanken wegschieben, daß etwas von unseren kostbaren Gaben nicht genutzt, nicht entfaltet werden könnte, daß es elend zugrunde gehen könnte.« – Aber: »Zu viele Sehnsüchte, als daß alle sich erfüllen könnten, zu zahlreich, als daß sich alle bis zur Verwirklichung durchbeißen könnten. Zu gering, als daß wenigstens eine zur reifen Blüte heranwachsen könnte.«

[Ohne Titel]

Scherzhafte Wünsche für die Burse und ein ernster Rat für Szydełko. Albert wünsche ich, daß er, beginnend mit dem Jahr 1930, dem Dom Sierot jährlich für die Feiertage eine Kiste Feigen, Orangen und Bananen aus der eigenen Plantage schickt, und im Jahr 1940 bei seiner Fabrik ein Seminar für die Kinder seiner Angestellten und Arbeiter eröffnet.

Chaskiel wünsche ich, daß er Direktor dieses Seminars wird. Kowalski, daß in der Philharmonie seine Büste stehen soll. Chil, daß er Direktor der Polnisch-Amerikanischen Luftverkehrsgesellschaft Warszawa-Kraków-Lwów sein könnte. Szymek, daß er als Vertreter der Schwerindustrie (Bezirk: Dąbrowa Górnicza – Schlesien) Senator wird. Buchner wünsche ich, daß er Führer der Hauptabteilung der Scouts wird. Arkader, daß er einen ruhigen Zufluchtsort für sein sehnsüchtiges und verirrtes Herz findet. Welchen Weg er weiterhin beschreiten soll, sagt ihm dann schon – »Sie«.

Ich wünsche mir, daß an der Marszałkowska-Straße im Haus des Vereins »Rosja« im ersten Stock ein Schild hängen würde: »Mojsie Glikstajn – Herrenschneider« und gegenüber im Haus Singers ein Schild: »Werkstatt Rozalia Gizower«. Beide werden sich vom Balkon aus zulächeln.

Sala – Bela – Rachelcia wünsche ich, daß an der Universität eine Fakultät für Pädagogik der Vorschulerziehung gegründet wird. Rektor: Sala, Dozenten: Bela und Rachelcia.

Möge Balcia Leiterin der Staatlichen Kurse für ästhetische Erziehung werden; dort soll es eine Kunststopferei für Strümpfe geben. Ständiges Ehrenmitglied – Nacia Poz. Lacyna wünsche ich, daß sie Dekanin der Fakultät für Ostsprachen an der Universität Warschau wird.

Fräulein Buchner und Sala Altman wünsche ich, daß sie den Platz der Engländerinnen in den Kursen für Krankenschwestern einnehmen – wozu brauchen wir Ausländer.

Es mögen die drei ersten Schülerinnen von Basia »Sternchen« werden, egal in welcher Sparte – Gesang oder Kino – und nach gewinnbringenden Auftritten in Amerika und Australien – in Warschau in einem eigenen Haus eine Schule für Gesang und Rhythmik eröffnen. Anzeige: »Schule des Ehepaars Wysocki und Basia«.

Dorka wünsche ich, daß sie sich selbst findet. Ein anständiger Mensch, aber sie steckt in gefundenen Dingen.

Fräulein Surka soll Leiterin des Internats werden, aber ohne Administration und, um des lieben Friedens willen, ohne Burse.

Sogar dem aus der Burse entfernten Szydełko wünsche ich alles Gute.

Wenn ich jemanden übergangen habe, dann nur, weil er keine Übertretungen beging; denn ich habe die Liste der Burse-Bewohner aus der Liste der Übertretungen im Wochenblatt herausgeschrieben.

Allen wünsche ich Gutes; einem nur, dem Schlimmsten, Lästigsten, Lautesten und Aufdringlichsten kann ich nicht verzeihen und möchte ihn weder sehen noch von ihm hören. Dieser eine – das ist der Unbekannte. Er hat die Wanne verstopft und das Klosett zertrümmert, er hat die Klinke abgebrochen, das elektrische Licht ruiniert, er hat die Schlüssel verloren, Dreck gemacht und auf der Treppe Wasser verschüttet, Brot angeknabbert, er hat die Reißzwecke herausgenommen, die Hände an fremden Handtüchern abgetrocknet, das Licht nicht gelöscht, mit den Türen geknallt. Er hat die *Literatur-Nachrichten* im Abfallkübel ertränkt und hat das – in den Waschraum der Jungen getragen.

»Der Unbekannte« – ein Feind der Ordnung – möge er in lauter kleine »Bekannte« zerfallen – in Stückchen – in nette kleine Atome der Burse ... Pa-a-a-a-!

Für Szydełko:

Szydełko wurde aus der Burse entfernt, weil er eigenmächtig die Schule hingeschmissen hat. Der zweite von vier Punkten des Reglements lautet aber, daß, wer eigenmächtig die begonnene Ausbildung abbricht, die Burse verlassen muß. Szydełko muß die Burse am Montag verlassen.

Und nun die Frage:

»Warum erst jetzt? «

Die Antwort: Um ihm nicht Unrecht zu tun, um ihm Zeit zu lassen, damit er sich besinnt. Ich hatte ihn gewarnt, daß er erst im April dieses und jenes versuchen wird, aber daß es ihm nicht gelingen wird. Und es ist nicht gelungen. – Szydełko schadet der Austritt zwei Tage vor dem Ende nicht. Eine Strafe, aber die mildeste, die glimpflichste, nur der schwache Schatten einer Strafe. Szydełko ist ein guter, anständiger, netter Junge und hat Rücksichtnahme verdient. – Übrigens – so viele Jahre, so viele Erinnerungen, ehe sich das Kind zu einem erwachsenen Jugendlichen auswächst. – Ich erinnere daran, daß ich vor drei Jahren ebenfalls einen guten, anständigen und netten Jungen zwei Tage vor unserer Rückkehr von unserem Aufenthalt auf dem Land, aus der Kolonie in Gocławek entfernt habe; dort wollte ich die zweijährige Lehrzeit im Handwerk nicht unterbrechen und den Unvorbereiteten nicht im Winter – entlassen.

Eine andere Frage:

»Hätte man nicht verzeihen können? Ein paar Tage – lohnt sich das?« Es lohnt sich: Es wird eine Lehre für Szydełko sein, daß man Ermahnungen nicht mißachten darf, daß der Krug Wasser trägt, bis der Henkel bricht! – Und wenn ihm der Meister oder der Kinoverwalter sagen wird, er soll sich in acht nehmen, wird er die Besserung nicht auf die lange Bank schieben, weil er sich erinnern wird, daß es zu spät sein kann.

Es lohnt sich, und es muß der Burse für das kommende Jahr ein Beispiel sein. – Wir wollen mild und verständnisvoll sein, aber nicht transusig. Wir wollen warnen und auf das Resultat warten, aber wir wollen nicht keifen und uns herumzanken oder resignieren. – Wer nicht kann, wem es schwerfällt, obwohl er möchte, soll anders behandelt werden als derjenige, der keine Anstrengungen macht.

Und jetzt kein Ratschlag mehr, sondern eine Prognose: Wenn Szydełko sich in schlechte Gesellschaft begibt – wird er armselig zugrundegehen. Er sollte beaufsichtigt und kontrolliert werden, andernfalls gerät er auf die schiefe Bahn.

Wenn Szydełko anfängt, Poeten und Musikern in Warschau seine Kompositionen anzutragen, kann er leicht in die Bettelei abgleiten. Es kommt vor, daß jemand sich ausnutzen läßt, aber nur kurz. – Solche Leute suchen nur Protektion, Gelegenheiten und Hilfe, wollen aber nicht arbeiten.

Es kann noch schlimmer kommen: Jemand sagt zu Szydełko, daß es ihm schadet, ein Jude zu sein. Szydełko glaubt das und läßt sich taufen. Und dann jagen ihn die einen und die anderen weg. Er hilft sich so nicht, sondern schadet sich.

Ich würde das nicht schreiben, wenn ich solche Leute nicht gesehen hätte und ihnen nicht begegnet wäre.

Wenn Szydełko Rat sucht, soll er vor Montag kommen – wenn er tun will, was ihm gefällt, wenn er Dummheiten macht und sagen läßt, er sei krank, oder kommt und sagt, es gehe ihm schlecht, dann werde ich ihm sagen: »Jetzt ist es schon zu spät.«

Szydełko soll nicht beleidigt sein und sich nicht ärgern, er soll nur die beiden Artikel über sich aufmerksam lesen – und er möge verstehen, daß ich sie nicht geschrieben hätte, wenn ich ihm nichts Gutes wünschen würde.

Resignation

Die Benachteiligung des Kindes läßt sich mit keinem anderen Problem im gegenwärtigen Europa vergleichen. Man muß auf die Geschichte zurückgeifen. Sklaverei und Willkür, Despotismus und Befehl, ohne Recht auf Protest oder Verteidigung. Dieses Faktum entdecken wir heute nicht so wie vor der Bauernbefreiung oder zu Zeiten der Griechen und Römer; bessere Menschen machten sich mit dieser Tatsache vertraut und glichen durch persönliches Wohlwollen und ein Gefühl der Gleichheit im Verhältnis zum Unfreien die schreiende Ungerechtigkeit aus, ohne sich dadurch zu schaden.

Wer ein Kind liebt, der unterdrückt es nicht, so wie übrigens auch die Szlachta[1] nicht immer ihr Recht auf die Peitsche, das *ius primae noctis*[2] etc., ausnützte. Wenn es heranwächst, gewinnt das Kind Rechte. Es ist weniger geknebelt, es hat die Möglichkeit, sich in Gesellschaft Gleichaltriger von den Fesseln zu erholen, es übt schon Macht gegenüber denen aus, die jünger sind und sehnt den Augenblick der endgültigen Befreiung herbei. Es fragt sich unruhig, wann das endet. Wenn der Augenblick endlich kommt, dann steht der Erlangung der völligen Selbständigkeit nur mehr der Mangel an Geld im Wege, die aufreizende materielle Abhängigkeit. Hätte ich so und so viel Złoty im Monat, könnte ich tun, was ich will. Der Freigelassene hat, ebenso wie der Parvenü, viele unangenehme Eigenschaften, nicht nur die Befriedigung, daß er die Freiheit erlangt hat, sondern auch Rachegelüste für die schlechte Behandlung und die Ketten der vergangenen Jahre, ein bißchen zu viel Selbstbewußtsein und einen übermäßigen Appetit.

Indem er eine Reihe heute schon überflüssiger Moralvorstellungen und unliebsamer Vorschriften abwirft, zerstört er mit einem Schwung auch das, was wertvoll ist, was eine Frucht der Kultur ist, das Ergebnis gegenseitiger Verständigung, durch die man sich ohne scharfe Auseinandersetzungen aus dem Weg gehen und miteinander verkehren konnte. – Die Mißachtung des Kindes erinnert vielleicht an die nicht ferne, unangenehme Vergangenheit, die man vergessen möchte und an den Groll darüber, daß man wegen des heute bereits geringen und vielleicht einzigen Hindernisses – des Mangels an Geld – gezwungen ist, sich Vorschriften, Befehlen und Verboten zu unterwerfen. Also ist es eine meistens unbewußte Gärung und nicht Resignation, man liegt auf der Lauer und hegt verborgene Ressentiments und versteckten Unwillen.

Resignation – das ist ein Sich-Abfinden mit dem Schicksal, ein ruhiger Verzicht, eine besonnene Erkenntnis, daß es anders nicht sein kann, ein völliger Mangel an Widerstand und Eigensinn, ein Waffenstrecken, das einsichtige Gefühl, daß ein Kampf nicht nur wirkungslos wäre, sondern auch unberechtigt. Die Jugend besitzt zuviel Energie, sie fühlt sich dem Augenblick der Verwirklichung ihrer Träume und Sehnsüchte zu nahe, sie hat den Sieg zu lange erwartet und an ihn geglaubt, als daß der Moment neuer unvorhergesehener Hindernisse sie nicht überraschen, verstören und verletzen würde.

Das Gefühl, das Fräulein Fejga Resignation genannt hat, ist eher Verdrossenheit. Soll's doch sein, wie's ist, es lohnt nicht, wozu sich

1. Herrschende Adelsgeschlechter im 14.-18. Jh.
2. Recht des Grundherrn auf die erste Nacht mit der Braut seines Leibeigenen.

abmühen, es wird doch nichts draus – das also ist der Hintergrund des passiven Verhaltens gegenüber der Selbstverwaltung, gegenüber zutagetretenden Mängeln und Wünschen, gegenüber dem Schweigen und dem Richtigstellen falscher Ansichten und sogenanntem Vertrauen. Resignation hat nichts zu verbergen, Verdrossenheit sehr viel. Resignation ist milde und verträglich, es zeichnet sie ein Mangel an Willen aus, eine Apathie (pathos – Leiden, Apathie – Mangel an Leiden). Resignation streckt endgültig die Waffen, schließt Frieden, ergibt sich ohne Vorbehalt. Verdrossenheit hängt die Waffen an den Nagel, hält vorübergehend still, danach aber erwarten wir die Fortsetzung des Kampfes. Verdrossenheit hat die Aufgabe, die Wachsamkeit des Gegners einzuschläfern, um nachher um so gewaltsamer bei günstiger Gelegenheit seine Rechte einzufordern. Resignation gilt für immer, Verdrossenheit nur für heute. – Notwendigerweise hat sich eine solche Haltung der Jugend zu den bestehenden Bedingungen und Verhältnissen herausgebildet und bleibt unabhängig vom guten Willen des einzelnen bestehen. Deshalb wären alle Ansprüche gegenüber der Burse unzweckmäßig und ungerecht.

Der Mensch ist ein Produkt des gegebenen Moments, eines historischen Zeitabschnittes. Man kann die Geschichte vergessen oder einfach nichts von ihr wissen, ihre Gesetze hören jedoch nicht auf zu wirken.

Nebulös ist auch dieser Artikel, und das ist kein Wunder. Mit höchster Anstrengung suche ich nach einer Synthese der Jugend und übertrage dabei das Ergebnis meiner Forschungen über das Kind auf den Boden der Burse. Ich wiederhole noch einmal: Kein bißchen Groll, nur die Last der schwierigen Aufgabe, an die ich mit großer Mühe herangehe.

Alle Richtigstellungen nehme ich mit Freuden als eine Hilfe bei der Arbeit an.

Solidarität

Auf dem Terrain des Internats existiert eine für den unkritischen Erzieher aufreizende Erscheinung. Wenn ein Erzieher gegen jemanden, der sogar bei der Allgemeinheit unbeliebt ist, scharf vorgeht, so findet dieser, wie zum Trotz – sofort Verteidiger. Es umgibt ihn eine geschlossene Gruppe von Beratern und Tröstern – die Stimme der kameradschaftlichen Solidarität scheint ihn in Schutz zu nehmen.

(Vielleicht gewinnen deshalb Banditen, die von der Polizei gejagt werden, so leicht Popularität und Wohlwollen. Vielleicht haben deshalb in den meisten Internaten die schlechteren Kräfte Ansehen und finden Gehör.)

Das Moment der Solidarität hob Fräulein Fejga in ihrem Brief hervor. Dies und jenes kann man mit Rücksicht auf eine kleine Gruppe oder sogar einen einzelnen nicht machen. Es könnte jemandem unangenehm sein, sagen zu müssen, wofür er Geld ausleiht. Man wehrt sich, eine wichtige Information einzufordern, weil man einigen für bestimmte Fälle eine Unannehmlichkeit ersparen will. Ist das berechtigt?

Es ist unangenehm, etwas zu verweigern, etwas zu verbieten, es ist unangenehm zu tadeln und zu strafen, es ist unangenehm, Ärger und Groll zu erregen, und umgekehrt – ist es schön, Freude, Lachen, Zufriedenheit zu erwecken.

Darf man das, was unerfreulich ist, nicht tun? Es ist unerfreulich, Kinder vor das Gericht zu bringen, die Herausgabe einer der Fundsachen zu verweigern, ein unerlaubtes Spiel zu unterbrechen. – Bezieht diese träge und kurzsichtige Güte ihre Säfte nicht aus der Faulheit und dem Egoismus? – Laß uns doch das vermeiden, was uns nicht genehm ist.

Es ist leichter, sich keine Mühe zu geben, und es ist bequemer, nicht zu tun, was unerquicklich ist. Es ist bequemer, falsche Handlungen zu tolerieren und die Schuldigen oder Leichtsinnigen zu decken.

Die daran Interessierten wissen darum und spekulieren darauf. Sie werden dreist, und es entsteht ein Ferment, das erst nach einiger Zeit so spürbar wird, daß man es beim plötzlichen Explodieren verpuffen und rücksichtlos ersticken lassen muß. Das ist als ein unerwarteter Effekt, der in einem Moment der Erregung ohne Vorwarnung hereinplatzt, noch aufreizender.

Vielleicht sind die sich bekämpfenden politischen Parteien deshalb so nutzbringend, weil die feindlichen Lager, die erst in den persönlichen Zielen zerstritten sind, gegen schädliche Individuen des gegnerischen politischen Lagers auftreten. Die Linke fischt sich die Bösewichte, Karrieristen und Schädlinge der Rechten heraus und deckt die eigenen – die Rechte macht das gleiche. Daher die gesellschaftliche Wachsamkeit und Kontrolle. Die Rivalisierung bewahrt das Gleichgewicht und hält den Appetit nach Willkür und Selbstherrlichkeit im Zaum.

Die Burse, wo es keine Lager gibt, die sich bekämpfen oder miteinander rivalisieren, hat den bequemen Weg der Solidarität gewählt und deckt die Zuwiderhandlungen.

Die Solidarität – das ist ein ausgetretener Pfad, ein leichtes mit dem Strom schwimmen, die Vermeidung von Anstrengung, der Widerwille dagegen, sich selbst in Situationen zu begeben, die Streit hervorrufen und überflüssiges Nachdenken provozieren; dem leistet der Mangel an Zeit und der nur vorübergehende Aufenthalt Vorschub. Es lohnt sich nicht.

Andererseits existiert eine Solidarität der Anstrengungen, eine Solidarität harmonischer Gruppierungen, die durch ein gemeinsames Ziel oder gemeinsames Interesse verbunden sind. Mit anderen Worten, es steht einer zufälligen, faulen und chaotischen Solidarität – eine überlegende, aktive und schöpferische Solidarität gegenüber.

Richtigstellung irriger Ansichten

Fräulein Fejga erwähnt in ihrem Brief die Abneigung der Jugend gegen die Richtigstellung irriger Ansichten. Sie hat recht. Das Verhältnis der sogenannten reifen Leute zur Jugend ist, milde gesagt, nicht loyal. Mit vollen Händen erteilen wir den Kindern Ratschläge und Anweisungen; wir sind ja so erfahren und klug – Kinder, die weniger kritisch sind, sind davon überzeugt – wir wissen alles, wir können vorbeugen, voraussehen, wir spielen die Propheten einer fernen Zukunft; wir finden uns so tadellos in jeder Situation zurecht, es umgibt uns der Nimbus einer so absoluten Autorität, so daß die Jugend mit ihren Schwierigkeiten das Recht hat zu verlangen, daß wir das Wesen ihrer Konflikte und Komplikationen mit dem Leben und mit sich selbst durchschauen und ihnen trotzdem weiterhin mit Rat und Tat gegenwärtig und aufmerksam zur Seite stehen. Und zu ihrem Erstaunen und Bedauern muß sich die Jugend davon überzeugen, daß wir entweder vorgeben, nichts wahrzunehmen oder uns feige zurückziehen und es totschweigen. Dagegen mischen wir uns um so aufdringlicher in Kleinigkeiten ein und bestimmen über die Jugendlichen, indem wir ihre heute fast noch einzige Abhängigkeit, nämlich die materielle, ausnutzen.

»In den wesentlichen Fragen sind wir uns selbst überlassen, müssen wir selbst zurechtkommen, uns selbst schützen und verteidigen; eure Fürsorge ist trügerisch, eure Aktivität – lächerlich. Wir tun, was wir wollen, ihr gebt nur vor, daß ihr auf uns aufpaßt.«

»Überall darf man's – nur in der Burse nicht« – das ist mir aus dem Karnevalskabarett der Burse in Erinnerung geblieben.

Es ist nicht die Schuld der Erwachsenen, daß sie nichts wissen und nichts können, ihre Schuld liegt darin, daß sie diese Tatsache vor den Kindern verbergen. Im Angesicht des Alls, seiner Geheimnisse und ehernen Gesetze, sind wir wie die Kinder, gleich hilflos, bekümmert und unwichtig. Wenn wir die Kinder nicht täuschen und betrügen würden, wenn wir sie nicht durch unsere Macht irreführen und täuschen würden, würden sie bedeutend früher das verstehen, was die Jugend sozusagen ahnen und sich stehlen muß.

Vernünftig und zweckmäßig ist die Beichte der Christen. Das geflüsterte Geständnis nimmt nicht ein Mensch, der Kaplan ab, sondern ein Abstraktum – das Gewissen. Vom Leben losgelöst, nicht verpflichtet, praktische Hinweise zu geben und Methoden anzuzeigen, wie man Versuchungen und das Böse meidet, verhängt der Kaplan eine milde Buße und verzeiht. Das Verständnis für die unvollkommene Natur des Menschen, gestützt auf die Autorität Gottes, bringt Erleichterung, vermehrt die Kräfte für neue Kämpfe und ein vollkommeneres Morgen.

Das Gezerre und Gezänk um Kleinigkeiten vermindert die Autorität der Erzieher im Verhältnis zur Jugend, macht sie zu nörgeligen und aufdringlichen Verwaltern irgendwelcher Angelegenheiten. Es lohnt sich nicht einmal, ihre unwichtigen Ansprüche zu korrigieren. Ausweichen, vermeiden, verschweigen und nur in der Tiefe des eigenen Bewußtseins lenken und berichtigen.

Briefe anstelle von Artikeln

Ich erhielt einen zweiten Brief – diesmal von Fräulein Sonia[1]. Die zwei Briefe scheinen zu erklären, warum es so schwierig ist, Artikel für das Wochenblatt der Burse zu bekommen. Nebenbei bestätigt ein Brief der Abiturientin Irka an die *Kleine Rundschau*[2] diese Vermutung. Irka fragte in dem Brief, ob man einen Artikel über das Maturum schreiben kann, und indem sie das Bedürfnis nach einem Artikel motivierte, schrieb sie ihn eigentlich schon. Der Artikel, den sie später schickte, war viel schlechter als der Brief. Fräulein Sonia schreibt: »Ich muß betonen, daß ich nicht im Namen der Burse spreche. Ich drücke meine persönliche Ansicht aus, von der ich nicht weiß, ob sie mit der Ansicht der übrigen Bursisten übereinstimmt.«

Und nun meine Vermutung. Die Jugendlichen meinen, daß ein Artikel für eine Zeitung, sei sie geschrieben oder gedruckt – irgendeine spezielle Erfassung der Probleme erfordert, eine außerordentliche Bearbeitung, vielleicht auch einen besonderen Stil. Daher die Verlegenheit, ob das nicht kindlich sein wird, naiv, dumm, ob es sich überhaupt lohnt zu schreiben, weil es sich ja um eine kleine Sache handelt, um irgendeinen Gedankengang. Ein Artikel – das ist wie eine kollektive Stimme, wie etwas, was eine Bestätigung und allgemeine Glaubwürdigkeit erringen muß. Von sich schreibt man nur in einem Brief oder einem Tagebuch.

Daß das ein Irrtum ist, beweist zumindest die Unterschiedlichkeit der Zeitungen je nach Partei, Schicht oder Fachgebiet. Eine Tageszeitung schreibt anders als ein Wochenblatt, eine linke Zeitung anders als eine rechte; ein pädagogischer Artikel wird in einer Tageszeitung anders lauten als in einer populären Wochenschrift und wieder anders in einer

1. Sonia Biberman – Bursistin.
2. *Kleine Rundschau* 1927, Nr. 24, dt. in *Sämtliche Werke*, Bd. 14.

Fachzeitschrift. In den ausländischen Zeitungen ist eine Rubrik mit Briefen an die Redaktion sehr verbreitet. Bei uns gewinnt vielleicht einzig allein der *Morgenexpress* auf dem Weg von Rundfragen zu verschiedenen Themen eine Reihe interessanter Meinungen einzelner Personen. Manchmal hört man in der Trambahn oder im Zug lebhafte, vernünftige und originelle Ansichten, die absolut nicht denen gleichen, denen wir in journalistischen Artikeln begegnen [...[1]] einer der Publizisten zitierte mir einen englischen. Ein Pastor aus der Provinz fragt an, wie man Orangen schält, ohne die Schalen zu verletzen; ein Dienstmädchen vertraut der Zeitung ihre Sorgen an; ein beleidigter Kaufmann oder ein betrogener Kunde wendet sich an die Zeitung; eine Mutter erkundigt sich, wie man in einem bestimmten Fall mit einem Kind verfährt. Die Redaktion antwortet nicht auf alles – die Leser antworten sich selbst gegenseitig.

Vielleicht nimmt diese Form (Briefe an die Redaktion) für das Wochenblatt der Burse Gestalt an. Ich erinnere daran, daß die englische Presse, die in Bezug auf Erfahrung und Kultur der unseren haushoch überlegen ist, als Muster dienen könnte. Fast tragisch ist die Lage eines Journalisten in Polen. Ein nicht allzu reiches Leben liefert kein hinreichendes Material, um für jede Nummer etwas Interessantes zu finden; der Mangel an Zeit erlaubt keine Bearbeitung des Themas – es entsteht ein Pfuschwerk, ein leeres Geschwätz, man schreibt irgendwas irgendwie, nicht nur ohne Vertiefung, sondern sogar ohne Sachkenntnis. Schlechte Bezahlung, unzureichende Ausbildung, das Fehlen von Bibliotheken und vorbildlichen Enzyklopädien – erschwert die Aufgabe. Deshalb sind auch die gedruckten Zeitungen eher ein negatives Musterbeispiel. Also – wovor sollten wir uns hüten? Vor Angeberei, Geschwätz, naiven Verallgemeinerungen.

Ich stimme mit Fräulein Sonia überein, daß die Burse wenig durch gemeinsame Interessen verbunden ist. Und das bedeutet, daß in der Wochenzeitung jeder nur über sich und von sich aus schreiben könnte. Wenn es so funktionieren würde – wieviel interessantes Material hätten wir aus der Schule in Stawki[2], aus der Gesangsschule von Basia[3],

1. Lücke in der poln. Textvorlage.
2. Handwerksschule (Stawki-Straße 24), die 1887 gegründet und von der Gesellschaft für Arbeitsbeschaffung finanziert wurde.
3. Bursistin Barbara (Basia) Szejnbaum (Abramow), ehemals Zögling des Dom Sierot, ging in eine Schule für Rhythmik und Kunsttanz, gegr. von Tacjanna Wysocka (1894-1970), einer Tänzerin, Ballettmeisterin und Choreographin, und ihrem Ehemann Stefan Wysocki.

aus der Arbeit Benieks[1] bei einem Techniker, aus dem Gymnasium von Szymek[2], der Arbeit von Czesław[3] in einer Druckerei, aus den Fröbelkursen der Tarbutschule[4] und von Frau Lurie[5] usw. Wie viele interessante Bemerkungen über das Dom Sierot, wie viele anspruchslose, kurze, kritische Anmerkungen zum Dom Sierot und seinen Bewohnern. Könnte man nicht, um diese neue Rubrik und die neue Existenzform des Wochenblatts der Burse zu prüfen – mit kurzen Notizen aus den Tagesberichten beginnen, wenigstens in der Form, wie sie in den pädagogischen Sitzungen aufgezeichnet werden?

Eigenständiges Arbeiten

»Ich muß betonen, daß ich hier nicht im Namen der Burse spreche«, schreibt Fräulein Sonia. – »In diesem Jahr ist die Burse völlig uneinheitlich«, schreibt Fräulein Sonia. – »Eine solche Menge Leute bringt es fertig, sich zusammenzufinden ohne die verbindende Selbstverwaltung, und sie ist nicht viel wert, wenn es kein tatsächliches Zusammenleben gibt.«

»Das ist keine Einheit, das ist eine Ansammlung von Individuen – ein Aufruf an die ganze Burse ruft kein Echo hervor.«

So ist es tatsächlich. Aber nicht nur in der Burse. Auch wenn man in einer Klasse von Kameradschaft, Brüderlichkeit, kollektiver Solidarität spricht, ist das sehr riskant. Die Plebiszite und Sympathie-Noten haben uns hinreichend überzeugt, wie sich einzelne, größere oder kleinere Gruppen verbinden und trennen, jeweils andere im Unterricht, beim Spiel oder im Gespräch. Je größer die Zuneigung ist, um so weniger Personen sind in einer Gruppe, es kommt vor, daß nur einer – ein Freund ist. Das bedeutet aber nicht, daß eine Klasse, die Burse oder das

1. Beniek Tuchsznajder (?) – Bursist.
2. Szymon (Szymek) Korentajer – ehemaliger Zögling des Dom Sierot.
3. Czesław Szwarcbard (Szwarcbaum?) – ehemaliger Zögling des Dom Sierot.
4. Vgl. S. 491, Anm. 1.
5. Dora Fejgin-Lurie leitete Seminare für Kindergärtnerinnen (Grzybowska-Straße 2). »Die seit vielen Jahren bestehenden Kurse für Kindergärtnerinnen, die am Anfang des letzten Schuljahres in Seminare für Kindergärtnerinnen umbenannt wurden, werden im laufenden Jahr von einer Gruppe bester pädagogischer Kräfte geleitet, unter Berücksichtigung des Programms der Staatlichen Lehrerseminare.« (*Unsere Rundschau*, 1926, Nr. 232, Beilage *Schule und Leben*)

ganze Internat – nicht ihr Gesicht hätten. Das ist abhängig davon, wer die erste Geige spielt, wer führt, wie die öffentliche Meinung ist, wie das Niveau der Anforderungen an das Zusammenleben und die Kultur ist. Eine Burse kann händelsüchtig und zerstritten sein, Krawall und vereinzelte Schlägereien, alles, was nicht weggeschlossen ist, verschwindet, entweder nur ausnahmsweise oder grundsätzlich. Eine enge Verschwörung bei Verbotenem oder Offenheit, eine widersetzliche Stimmung und böswilliger Widerstand gegen jede Anordnung oder wohlwollende Verständigung, Apathie und Verschlafenheit oder ein lebhaftes Echo auf jedes Ereignis, das der Tag bringt.

Die Burse des Dom Sierot charakterisiert ein hohes Pflichtgefühl, ein taktvolles Zusammenleben, das Fehlen von Momenten des Aufruhrs. Wenn man irgendeinen Vorwurf erheben, etwas wahrnehmen und objektiv feststellen kann, dann ist es eine gewisse Verschlafenheit. Vielleicht erklärt sich das durch die übermäßige Arbeit, den Mangel an Zeit und das Auseinanderdriften der Interessen in verschiedene Richtungen.

Kann man dem entgegenwirken? Man müßte die Burse entlasten und ihr mehr Zeit widmen. Es müßte jemand, der nicht mit den Angelegenheiten des ganzen Hauses belastet ist, sich speziell einleben und seine ganze Zeit der Jugend widmen. So hatte es einst die Frau von Doktor Ferber geplant. Daß das nur bis zu einem geringen Grad gelingen kann, erklärt sich aus der Zusammensetzung der Burse (Mädchen und Jungen) und mit der Entfernung der Frau des Doktors, die es nur gelegentlich erlaubt, in einem längeren oder herzlicheren Gespräch sich zu verständigen. Wenn die Burse im Sommer gemeinsam aufs Land fahren würde, wäre das ein dankbares Feld für eine engere gegenseitige Verständigung. Währenddessen zerstreut sich ausgerechnet in diesem Zeitraum, in dem es Zeit und Möglichkeiten gäbe, die Burse in alle Winde. Diejenigen, welche bleiben, sind wiederum mit Arbeit beschäftigt, und der Kontakt mit ihnen bleibt auf die Besprechung laufender Angelegenheiten der Kinder beschränkt.

Es war nicht die Schuld der Burse, sondern unser Fehler, daß wir das nicht voraussehen konnten, was die Erfahrung von ein paar Jahren deutlich aussagt. Wurde dadurch die Arbeit weniger dankbar? Unter keinen Umständen. Das ist ihre Eigenheit, und das muß man so hinnehmen.

Ein Arzt, der einem Kranken das Leben rettet, begegnet ihm oft nie mehr oder nur gelegentlich und zufällig. Ein Advokat, der irgend jemanden in einem Prozeß verteidigt, bricht den Kontakt zum Klienten nach dem Prozeß ab, ein Schriftsteller wirft seine Gedanken in die Welt, und nur selten dringt irgendein Echo bis zu ihm durch, ein Lektor oder ein Lehrer, der in einer Schule unterrichtet, erfährt nur von Zeit zu Zeit nach Jahren, was der Schüler ihm verdankt oder was er ihm für Vorwürfe gemacht hat. Manchmal bringt einen die Trennung näher, ein Brief oder ein Besuch nach einem mehrjährigen Aufenthalt sagt zuweilen mehr aus, als ein Zusammensein über längere Zeit. Ein Jahr der Burse kann nicht ohne Echo bleiben. Davon sind wir überzeugt, und das genügt uns.

[Ohne Titel]

Damit die Burse nicht meint, daß das Alter nur nörgeln, spotten und grübeln kann – habe ich mir ausgedacht, sie poetisch zu charakterisieren. – Auf die Feiertage. – Poetisch – die männliche Burse.

Also – Arkader – schon warfen die schwarzen Flügel des grausamen Engels der Ewigkeit einen Schatten auf seine junge, stolze Stirn. – Er hat gesiegt. – Wie Samson die Vielzahl besiegt hat und David den starken Feind, so drang er durch die Reihen streitbarer Ärzte und Pflegerinnen zur Pforte des Paradieses der Burse vor – es öffneten sich die eisernen Tore des Fegefeuers. – Er ist zurückgekehrt. – Wieder wird er voller Kraft und Eifer eine lange Schlange der Kleinsten zum Glauben, zum Guten und Schönen führen, eine Reihe treuer Schüler, eine Heerschar Wissensdurstiger.

Albert – ein unbeugsamer, unbestechlicher Held. Er wird nicht wegen eines Haarbüschels hingerichtet. Der Bogen seiner starken Arme und Hände, die durch den Hammer gestählt sind, schleudert vergebliche Pfeile auf die Versuchung. Fünfundzwanzigmal hat er die Attacke abgewehrt – ein einziges Ziel vor Augen: den Tempel Salomons. Zu Ehren des tapferen Makkabäers wurden Hunderte von Kerzen im Dom Sierot angezündet.

Kowalski – ein Kind der Wälder – der finsteren Forste von Augustów, der Waldseen, der wilden Dickichte. Er saugt duftenden Qualm ein und achtlos, mit der Hand des Künstlers, wirft er mit Zigarettenkippen um sich. Inspiration schöpft er aus dem Schmerz dieser Brust, aus Glasur, aus Terrakotta und Fayence. Eine Nachtigall gefangen im Netz, seine Sache ist es nicht, sich mit dem horizontalen, irdischen, gewöhnlichen Lädchen anzufreunden. Er hat die sehnsüchtigen Flügel ausgebreitet und – ist fortgeflogen. Es herrschte tiefe Stille.

Buchner. Er malt mit der Sonne, atmet mit dem Sturm. Er hat Różany wiederbelebt, er assoziierte den ergrauten Talmud mit dem beschwingten Fußball. Aus lebendigen Körpern erbaute er einen himmelhohen Turm, den Pyramiden der ägyptischen Gefangenschaft setzte er neue, eigene, aus der Idee der Wiedergeburt herausgehauene entgegen, bis die erstaunten Mädchen auf die Knie in den Staub sanken. Und Gott bestrafte ihn nicht mit der Sprachverwirrung.

Szymek – Jupiter. Aus der Höhe schaut er auf die Kämpfe, die Siege und Niederlagen, er kennt das alles, er hat das alles erlebt. Er schüttelt sein graues Haupt, lächelt milde. Und spricht wenig: »Es gibt Wahrheiten, die der Weise keinem sagt.« – Sollen doch die Jugendlichen und die Kinder. – Es ist alles schon dagewesen. – Die Sintflut und die Bundeslade. Alles war schon einmal da.

Szydełko – ein naiver Knabe. Ein Lied klingt in seiner Seele – ein Bräutigam der Harmonien. Er hört die Uhr nicht und liebt sie nicht. Weil sie ihn zu einem nüchternen Leben weckt, mit harter Stimme Befehle erteilt. Wenn man mit einer Symphonie Staub und Schmutz entfernen könnte, wäre der erste Stock einem Kristall gleich. In seltsame Lieder ist er lauschend vertieft – in seine chaotischen Ideen – er vergißt alles, erinnert sich nicht – kommt nicht rechtzeitig – reißt weit die Augen auf, wenn der Magen knurrt. Erstaunt hört er zu.

Chil – düster – trübsinnig – ein Wanderer – ein Heimatloser in fernen Ländern. Wie viele Städte, wie viele Länder hat er besucht. Er hat die Sitten zahlreicher Völker erforscht. Er kennt die Geschichte der Burse und ihre weiten Pfade. Wie ein Kapitän, vom Sturm ermattet, verspürt er im sicheren Hafen Sehnsucht. Er irrt umher, er schleicht umher, er wartet auf den Frühling und sein freies Brausen. Wie ein Brigadier, in Kämpfen verletzt, pflegt er mühsam seine Wunden. Er wartet – sehnsüchtig.

Schließlich der letzte: Sein Name: Mojzesz. Und tatsächlich – wie der Moses, den die Tochter des Pharao im Weidenkörbchen fand, bis er zu dem Mann heranwuchs, dem Gott auf dem Berg Sinai die Zehn Gebote aushändigte – wer weiß, vielleicht er – vielleicht gerade der, heute klein und still – unauffällig, hilflos – vielleicht er – er verbirgt sich plötzlich auf dem Dachboden und bringt der Burse – neue – zwanzig Strafpunkte ein.

Und führt die Burse ins Gelobte Land.

Die Burse leidet

(Dramatische Komödie in einem Akt)

Personen: Arkader (gespielt von Chaskielek), Albert (Duwcio), Buchner (Welwuś), Bela (Jadzia), Lucyna (Aniutka), Surka (Helenka), Sala (Wagnerka), Szydełko (Chaimek), Mojsie (Dorcia, wenn sie nach dem Mumps bis Purim gesund wird).

Szydełko (wischt Staub): »In den Büchern steht, daß es schlimm ist, Waise zu sein. Sie haben Recht. Aschenputtel hat schwer gearbeitet und ich genauso (denkt nach). Es gibt schrecklich viel Staub auf der Welt. Die Türen, die Fenster, die Uhren, die Menschen – alles wird staubig. – Ob mich wohl auch einst eine gute Fee auf einen Ball mitnimmt? Und wenn, ob mich wohl die Prinzessin liebgewinnt, und ob Frau Stefania mir den Schlüssel gibt?«

Albert (Duwcio tritt ein): »Natürlich nicht. Wenn sie ihn mir nicht gibt.«

Buchner (die Hände mit Tinte beschmiert): »Ich leide. – Wegen einer Frau leide ich. – Balbinka setzt mir zu, und ins Theater gehe ich nicht. Wie glücklich sind die Reichen – sie können um drei Uhr nachts zu Bett gehen.«

Albert: »Auch ich leide wegen einer Frau.«

(Es treten ein: Sala – Bela – Surka.)

Zusammen: »Och, och, och!«

Sala: »Ich leide wegen der Männer. – Ich hatte gedacht: Korczak. – Ich hatte gedacht: jung – schön. Miteinander. – Wir werden uns unterhalten. Zum Beispiel – ich werde krank. Er setzt sich an mein Bett (das ist doch ein Doktor, das geht). Und er liest seine Werke vor. – Aber statt dessen – alt, glatzköpfig. Ich hatte gedacht, der sei poetisch. Aber er betet und putzt die Schuhe.«

Bela: »Ein Tyrann – brutal. – Ich leide. – Er hat einen Brief an meine Mama geschrieben. So eine Beleidigung.«

Surka: »Die können hier überhaupt nicht mit der Jugend umgehen. Sie meinen, sie haben's immer nur mit Kindern zu tun. Keinerlei Achtung vor dem Lebensalter, dem Talent. Und dann noch zusätzlich – diese Türklinken. – Man muß eine Generalversammlung einberufen. – So viele Türklinken – woher kommen die Klinken, dröhnen in meinem Kopf? – Ich leide – mein Herz verschließt eine schwere, verstaubte Tür mit einer harten, eisernen Klinke.«

Albert: »Fahre mit mir, meine Teuerste. In Palästina gibt es weder Staub noch Klinken. – Weder Schlüssel noch Kategorien.«

Zusammen: »Och, wir leiden.«

Sala: »Ihr Elenden. Und ich? – Mich laßt ihr hier? – Dem Jankiel zur Beute? Denn Jankiel lernt nicht lesen. Wenn er kein Mann wäre, würde er schon fünf Buchstaben in der Sekunde lesen.«

Lucyna (kommt herein): »Täusche dich nicht, Schwester. Ich habe in der Nachhilfe auch Mädchen. Dieselben Dummköpfe. Ein halbes Jahr zanke ich mich mit ihnen herum. Nichts. Ich habe gedacht, wenn ich es gründlich, wie im Seminar mache, dann wird meine Nachhilfegruppe im Jahr drei Klassen überspringen. Aber sie überspringen gar keine.«

Arkader: »Wer springt über was? Wollen Sie auch Gymnastik unterrichten? – Ich nämlich nicht. – So ein Affront. Undankbare Kinder. Zuerst Buchner nicht. Immer nur Zyper und Zyper. – Sie haben ihn verraten. Jetzt ist Buchner Mode. – Ich bin sicher, daß sie auch ihn verraten. – Ich bin nicht rachsüchtig. – Wenn sie zu mir kommen – ich verzeihe. – Aber ich leide.«

Mojsie: »Und ich leide auch. Als ich noch ein Kind war, war es so lustig im Schlafsaal. Keine Sorgen, nix. – Und jetzt leide ich. Angeblich muß man in der Burse leiden. Wenn es mir zu langweilig wird, gehe ich in den Erholungsraum. Und ruhe ein bißchen aus – und höre auf zu leiden.«

Alle zusammen: »Wir leiden. – Die ganze Burse leidet.«

Der Vorhang fällt. Die Lampen verlöschen. Die Burse atmet auf.

Aus dem Korczak-Archiv im Ghetto Fighters House, Israel. Abschriften von Korczak-Artikeln aus den Jahren 1924-1932 (?) für *Tygodnik Bursy* (Wochenblatt der Burse). Vgl. S. 487, Anm. 1.

(von links): Arie Buchner, Korczak, Helena Fliederbaum, Chaskiel Bajn
stehend: Abram Perec, Szymek Korentajer, Zalmen Wassertzug

8.

Stellungnahmen und Rezensionen

(1898-1939)

Letztes Photo und letzte Unterschriften:
Goldszmit/Korczak

Im nervösen Zeitalter

Dieses Jahrhundert, das sich dem Ende nähert, wird häufig das »nervöse«[1] genannt, und diese Bezeichnung scheint in bezug auf Lebenserfahrungen derart treffend, daß unsereiner allen Ermittlungen und Untersuchungen dieser sozialen Krankheit mit Spannung entgegensieht.

Die häufigsten und gravierendsten Ursachen der Neurasthenie[2] sind übermäßige geistige Anstrengung, Überarbeitung und Übermüdung.

Diese Faktoren spielen schon im Kindes- und Jugendalter eine erhebliche Rolle. Die Kinder überfordern oft ihre Gehirne durch zu langes Lernen in engen, stickigen Kammern. Zudem entspannen sie nicht genug von diesen Mühen. Das hat fatale Auswirkungen auf ihr Gehirn und Nervensystem. Und die Erwachsenen wiederum, vor allem die Geistesarbeiter, sind bei der derzeitigen Lebensweise unausweichlich übermäßiger Geisteserschöpfung ausgesetzt. Um sich und ihre Familien zu ernähren, gönnen sie sich keine Erholung, weder am Tage noch in der Nacht, und verbrauchen schnell den Rest ihrer Nervenkraft, zumal sie oft genug zu wenig schlafen und sich so des letzten Mittels der Stärkung berauben. Zudem richtet das Herz im Nervensystem des heutigen Europäers einige Verheerungen an. Kümmernis und Sorgen, Mißerfolg, Not, Mißgunst und Ängste, alle häuslichen Scherereien und Unannehmlichkeiten, Ehrgeiz, getrogene Hoffnungen, Erregungen des Sports, Hasardspiele, Leidenschaften vieler Art, all dies erregt zuerst das Herz und zerrüttet dann das Nervensystem. Hinzukommen unmäßige Sinnesfreuden, Alkoholmißbrauch, Mißbrauch von Tabak, Kaffee, Tee, Getränken und Essen, das ist die lange, dennoch unvollständige Liste all der Faktoren, die die gegenwärtige Nervenkrankheit verursachen.

Der französische Gelehrte Henri[3], der über die Folgen der übermäßigen physischen und geistigen Arbeit, die die Steigerung der Nervosität

1. Anspielung auf den Titel des Romans *W wieku nerwowym* (Im nervösen Zeitalter; 1890) von Leo Belmont, eine der ersten Darstellungen der Dekadenz in Polen. Korczak knüpft an diesen Roman nochmals in *Der Pessimismus der Kinder* und in *Neue Bücher* (S. 101 und S. 552 im vorliegenden Band) sowie in *Kind des Salons* an, wo er festhält: »Ich schrieb Briefe an Schriftsteller – an Belmont: ›Mein Herr! Ich habe Ihr Meisterwerk *Im nervösen Zeitalter* gelesen. Mein Gott! Was für ein Meisterwerk ...‹« In *Sämtliche Werke*, Bd. 1, S. 230.
2. Nervenschwäche.
3. Victor Henri, franz. Psychologe, veröffentlichte gemeinsam mit Alfred Binet *La fatigue intellectuelle* (1898). Das Werk wurde von Felicja Jakubowska unter dem Titel *Co mówią cyfry w sprawie przeciążenia dzieci nauką w naszych szkołach prywatnych* (Was sagen die Zahlen über die Überanstrengungen der Kinder an unseren Privatschulen) in *Przegląd Pedagogicny* (Pädagogische Rundschau) 1898, Nr. 19, veröffentlicht. Vermutlich entnahm Korczak diesem Beitrag seine Informationen.

im Organismus verursacht, nachdachte, hat eine Reihe interessanter Beobachtungen gesammelt.

Beim Erwachsenen schlägt der Puls normalerweise 72mal pro Minute[1], bei Kindern zwischen 6 und 16 Jahren schwankt er zwischen 86-100. Größere physische Anstrengungen wie Gehen, Laufen, Fahrradfahren beschleunigen den Puls und den Atem. Kinder, die eine Strecke von dreihundert Klafter[2] mäßig schnell durchlaufen, haben einen Puls von 140 oder sogar 150 Schlägen in der Minute. Man beobachtete noch, daß die sehr rasche Energiesteigerung in den ersten Sekunden eine Verringerung der Pulsfrequenz bewirkt.

Was die geistige Arbeit betrifft, so erhöht diese den Puls, aber nicht mehr als um 2-3 Schläge pro Minute.

Was die anderen Merkmale im Organismus betrifft, so vergrößert die geistige Arbeit das Gehirnvolumen und erhöht die Gehirntemperatur, sie beschleunigt den Atem ebenso wie den Pulsschlag. Die Muskelkraft steigert sich in den ersten fünf Minuten der geistigen Arbeit, verringert sich aber im weiteren Verlauf. Das Körpergewicht sinkt deutlich erst nach einer gewissen Zeit, z.B. nach Wochen oder Monaten geistiger Arbeit.

Die Untersuchungen geistiger Arbeit unter psychologischem Aspekt ergaben, daß die Schnelligkeit der Arbeit, z.B. bei der Addition längerer Zahlenreihen, nach fünf Minuten ein wenig abnimmt, nach einer Viertelstunde und einer weiteren halben Stunde wieder zunimmt, aber nach anderthalb Stunden schon nachläßt und die Aufmerksamkeit abstumpft. In der ersten Stunde kann man sich einige Zahlenreihen noch merken, dann läßt das Gedächtnis nach; das gleiche gilt beim schnellen Lesen. Die Zahl der Fehler beim Diktat wächst nach einer Viertelstunde ebenso wie die Zahl der Fehler beim Rechnen.

Obwohl nur wenig Hoffnung besteht, die Nervosität in unserer Zeit zu reduzieren, so sei der Hinweis auf die wirksamste Arznei erlaubt: *Mäßigung*, sowohl in den Freuden wie auch in der Arbeit.

Diese Arznei, scheinbar so einfach und leicht zugänglich, ist jedoch in unserem hektischen Leben überaus schwer anwendbar.

In diesem nervösen Zeitalter laufen nicht nur wir, sondern auch unser Leben wie von Dampf und Elektrizität angetrieben.

– j. –

Aus: *Czytelnia dla Wszystkich* (Leihbibliothek für alle), Nr. 4, (28.7.1898), S. 2.

1. Vgl. dazu *Menschen mit Puls 72*. In: *Sämtliche Werke*, Bd. 8, S. 158ff.
2. Altpolnisches Längenmaß; ein Klafter entspricht ca. 1,78 m (Reichweite der Menschenarme).

Sind sie wirklich so schlecht?

»Onkel, du bist älter, erfahrener und kennst die Menschen und die Welt besser. Sage mir bitte, sind die Menschen wirklich so schlecht, und ist die Welt wirklich so eklig?«

Und sie heftete ihren fragenden Blick auf mich.

Halb Kind, halb Frau – ein sechzehnjähriges Mädchen mit langem schwarzen Haar, tiefblauen Augen und heller Stirn – von der jugendlichen Gestalt ging Heiterkeit aus.

»Nein, Kleines, die Menschen sind ... unglücklich, die Welt ist ... traurig, und unglücklich sein heißt nicht, schlecht sein, und traurig sein – bedeutet nicht – eklig sein.«

»Man sollte sie also nicht verachten?«

»Man soll sie lieben, lieben und ihnen Gutes tun.«

»Was heißt Gutes tun? Was kann ich schon im Verlauf meines Lebens Gutes tun? Nichts, gar nichts!«

»Helenka, du kannst viel tun ... sieh mal dort, hinter dem Gartenzaun. Siehst du den Hirtenjungen? Er kann nicht lesen, bringe ihm die Buchstaben[1] bei. Siehst du dort den blinden alten Mann am Wegesrand? Geh hin, unterhalte dich ein bißchen mit ihm, frage ihn, ob er Kinder und Enkel hat, und wenn du dich von ihm verabschiedest, steckst du ihm nicht nur ein paar Groschen zu, sondern schenkst ihm ein paar Blumen. Siehst du die vier Kinder, die sich im Sand vor der Kate wälzen? Streichle sanft ihr hellblondes Haar, lächle sie an, schenke jedem ein Karamelbonbon. Sie sind ein bißchen wild und scheu, aber mit der Zeit werden sie zutraulich ... Trage Helligkeit und Wärme in die Umgebung, und lehre sie lieben...«

»Das tue ich schon, Onkel, das mache ich immer so, aber das ist mir zu wenig – ich täte gern mehr. Ich höre, bei euch in Waschau herrscht so viel Elend. Hier hat wenigstens jeder viel Himmel über sich, einige Sonnenstrahlen und viel reine Luft, und dort ...«

»Du hast recht. Aber dafür haben wir Lesesäle[2], Theater[3], ›Sommer

1. In seinen Beiträgen zur Zeitschrift *Leihbibliothek für alle* strebt Korczak eine Veränderung der sozialen Lage des Proletariats durch »Bildung für alle« an. Vgl. den Kommentar von Friedhelm Beiner und Silvia Ungermann in *Sämtliche Werke*, Bd. 7, S. 477ff.
2. 1891 wurden die ersten Lesesäle von der *Warschauer Wohltätigkeitsgesellschaft* (vgl. den Kommentar in *Sämtliche Werke*, Bd. 7, S. 467) gegründet. Seit 1902 beteiligte sich Korczak an dem kostenlosen Buchverleih (vgl. ebd.).
3. Zur Bedeutung des Theaters für Erwachsene und für Kinder äußert sich Korczak in Beiträgen der Zeitschrift *Theaterkurier*, abgedruckt in *Sämtliche Werke*, Bd. 7, S. 111ff. Vgl. auch den Kommentar in ebd., S. 482f.

kolonien‹[1] und ›Ferien für Näherinnen‹[2]. Und das ist erst der Anfang. 1876 gründete der Pfarrer Bion in der Schweiz die ersten ›Kolonien‹.[3] 1882 gründete man schon ein Komitee, das die Sommerkolonien organisierte. In Warschau nutzten diese Einrichtung fast dreitausend Kinder. Fast dreitausend Kinder! Welch ein Fortschritt in knapp fünfzehn Jahren! Und die Kindergärten[4] und Obdachlosenheime[5]! Lerne das System all dieser Institutionen näher kennen, und du begreifst, daß die Menschen nicht schlecht sind, die Welt nicht eklig ist!«

Sie stützte den Kopf in die Hand und überlegte.

»Das stimmt, Onkel, alles was du sagst, entspricht der Wahrheit, aber wieso gibt es dennoch so viele Unglückliche?«

»Nun, früher gab es wenige edelmütige Leute! Morgen wird es mehr von ihnen geben, immer mehr! Es wird immer mehr Menschen geben, die ›den Nächsten lieben‹ ... Die Sommerkolonien werden einmal die Krankenhäuser überflüssig machen, Kindergärten werden Haftanstalten überflüssig machen, und das Buch wird die Handschellen verdrängen.«

»Onkel, glaubst du wirklich hoch und heilig daran?«

»Ja, Helunia[6], sonst würde ich wohl die Lust und die Kraft für meine schwere Arbeit nicht aufbringen.«

1. Die *Gesellschaft für Sommerkolonien in Warschau* war seit 1882 tätig. Korczak wurde im Jahre 1900 Mitglied. In den Jahren 1904, 1907 und 1908 begleitete er Ferienkinder in die Anlagen Michałówka und Wilhelmówka. Vgl. den Kommentar von Friedhelm Beiner und Silvia Ungermann in *Sämtliche Werke*, Bd. 10, S. 306ff.
2. Die Warschauer Filiale der russischen Gesellschaft für Industrie- und Handelsförderung wandte sich durch Anzeigen in der Presse an Frauen, die nähen konnten: Sie sollten in den Sommerferien dem Hauspersonal auf Gutshöfen helfen, Kleidung auszubessern. Als Gegenleistung erhielten sie Kost und Unterkunft.
3. Aus der Idee von Walter Bion (1830-1909) entwickelte sich schnell eine (internationale) soziale Bewegung (vgl. *Sämtliche Werke*, Bd. 10, S. 306).
4. Der erste Hort für polnische Kinder wurde in Warschau 1837 im Gebäude der Wohltätigkeitsgesellschaft eingerichtet. Der erste Kindergarten im Sinne Fröbels entstand in Polen in den achtziger Jahren des 19. Jhs. auf Initiative von Adam Wiślicki (1836-1913) Vgl. zur Entwicklung der Institution Krippe/Hort *Sämtliche Werke*, Bd. 7, S. 402, Anm. 1. Vgl. auch die Korczak-Artikel *Kinderbewahranstalten auf dem Lande* und *Über dreieinhalb Kubikmeter* auf S. 138f und S. 141f im vorliegenden Band.
5. 1898 gab es in Warschau sechs Obdachlosenheime. Sie wurden von der Warschauer Wohltätigkeitsgesellschaft, der Gesellschaft für Obdachlosenheime und Einzelpersonen aus privaten Spenden unterhalten. Vgl. dazu auch das Kapitel *Das Nachtasyl* in *Die Schule des Lebens* in *Sämtliche Werke*, Bd. 7, S. 385ff.
6. Helunia, Helcia und Helenka sind Diminutivformen von Helena (Helene).

»Und, Onkel, wird es die schlechten Menschen nicht mehr geben?«
»Nein, Helcia, eines Tages wird es sie nicht mehr geben.«
»Wie wird das möglich sein?«
»Weil eines Tages alle Mütter *ihre Kinder gut erziehen werden.*«[1]

G.

Aus: *Czytelnia dla Wszystkich* (Leihbibliothek für alle), Nr. 6 (11.8.1898), S. 2f.

An der Wiege

Das Kindchen schläft, die Schätzchen schlafen, die Kleine schläft. Über der hellen Stirn ringeln sich die seidigen Haare, unter denen man die feinziselierten Öhrchen sieht. Das Mündchen rosa, feucht; die rosa Händchen mollig, Finger mit winzigen Fingernägeln; die Füßchen wie Porzellan, und jedes Zehlein so zierlich geformt, so schön.

Es ist, als hätte Gott einen Engel herabgeschickt, ihn in die Wiege gelegt und in den Schlaf gelullt.

In dem schlafenden Kind ist so viel Poesie. Aus diesem Quell schöpften Dichter, Maler und Bildhauer Inspiration.

Mutter! Wenn du nicht fürchtetest, die Ruhe des Kindes zu stören, würdest du es an die Brust drücken und Händchen und Füßchen, Mündchen und Köpfchen, die winzige Brust und den Hals küssen.

Du tust es nicht, und du hast recht damit.

Wüßtest du, welche Wunder der Organismus eines schlafenden Kindes verbirgt. Welche Arbeit darin vor sich geht, welche Anstrengung und Mühsal. Blut, Herz, Nerven und Gehirn – sind in unablässiger Bewegung.

1. Die Erziehung der jüngeren Generation galt Korczak als Schlüsselstelle vor allem zur Veränderung der sozialen Lage des Proletariats.
Die Rolle der Mutter im Erziehungsprozeß betont auch der von Korczak hochgeschätzte Schweizer Pädagoge und Sozialreformer Johann Heinrich Pestalozzi (1746-1837). In *Wie Gertrud ihre Kinder lehrt* heißt es: »Mein Freund! Der Mensch ist gut und möchte das Gute, er möchte sich nur gut fühlen (...) Der Mensch wird zum Menschen nur durch die Erziehungskunst.« Vgl. zu Korczaks Wertschätzung der Arbeit Pestalozzis auch *Sämtliche Werke*, Bd. 4, S. 348, Anm. 3.

Der zarte Organismus sammelt Kräfte, um gegen seine künftigen Feinde anzutreten, Krankheiten nicht zu erliegen, Widrigkeiten des Lebens zu bezwingen und Gefahren nicht zu fürchten, die ihm drohen könnten.

Respektiere den Schlaf des Kindes.

Geh an die Wiege, Mutter, betrachte das Bild, das über die Augen ins Gehirn dringt, und denke daran, du hast einen Engel vor dir: ein reines, unschuldiges, makelloses Kind; von dir im Schmerz geboren, dir unteilbar von Gott gegeben, und ... bete.

Erbitte Glück für dein Kind, unablässigen Schutz, bitte um seine Liebe und willige ein, dem Leben des Kindes dein Leben zu weihen – das Leben der Mutter.

»Barmherziger Gott«, flüstern deine Lippen, »ich gelobe, alle meine Handlungen, meine Gedanken und all mein Begehren dem Glück dieses Kindes zu weihen. Gott! Gestatte mir, die Reinheit dieses Kindes, die Unschuld seiner Seele zu bewahren – und es zu beglücken.

An der Wiege kniend, die gefalteten Hände über den Kleinen erhoben, tränenden Auges – betest du lange und inbrünstig.

Mutter, gesegnet seist du! Wenn du, von der Bürde der schweren Pflicht ungebeugt, bei deinem Entschluß bleibst, dein Leben dem Kinde zu weihen, und es so erziehst, daß es in der Nächstenliebe und im Wohltun sein Glück findet, wenn dieses moralisch und physisch gesunde Kind, durch deinen Segen geheiligt, mit edlen Gedanken im Hirn, mit Liebe im Herzen und Begeisterung in der Brust – in die Welt zieht, um zu wirken – dann Ehrerbietung Dir, Mutter!

Janusz

Aus: Czytelnia dla Wszystkich (Leihbibliothek für alle), Nr. 7 (18.8.1898), S. 2.

Zu Weihnachten

Als bei uns die »Seuche« einer sich nach ausländischen Mustern richtenden Erziehung um sich griff, trat die Autorin Klementyna von Tańska Hoffmanowa[1] gegen die ungesunde Strömung auf und legte bei ihren Bemühungen besonderen Nachdruck auf Kinderliteratur, auf polnische

1. 1798-1845, Literatin, Pädagogin. Gründerin und Redakteurin der ersten polnischen Kinderzeitung *Rozrywki dla Dzieci* (Vergnügungen für Kinder; 1824-1828). Sie schrieb überwiegend für Frauen, wobei sie traditionelle Erziehungsideale propagierte. Im Wohltätigkeitsverein wirkte sie als »Beschützerin der Armen«.

Romane und Erzählungen für Kinder und Jugendliche. Verschiedene Etappen durchlief die polnische Kinderliteratur, ehe sie den Stand von heute erreichte, wo sie sich ansehnlich und befriedigend präsentiert. Wir wollen uns in dem Angebot ein bißchen umsehen und die Bücher nach Inhalt und ... Preis sichten.

Da gibt es die historischen Bücher, die dem jungen Leser die allgemeine Geschichte nahebringen (*Historische Erzählungen für junge Leser* von Chęciński[1]), polnische Geschichte (*Vierundzwanzig Bilder* – von Anczyc[2] sowie Wójcickis *Zimmer des Großvaters*); ferner haben wir viele historische Romane, und es kommen immer wieder neue hinzu (*Im Lande der Pyramiden* – von Król, *Aus der Geschichte des alten Ägypten* und *Mäuse des Königs Popiel* von Przyborowski[3], *Die Zelte des Wesirs* aus der Zeit von Jan Sobieski, *Die Strafe Gottes* und *Wölfchen* und *Aus vergangenen Jahren* von Teresa Jadwiga[4], *Die Schlacht bei Raszyn*[5] und viele andere).

In diese Kategorie gehören auch die Biographien hervorragender Persönlichkeiten. Von solchen Sammlungen gibt es mehrere.

Lebensläufe berühmter Landsleute von Wójcicki, *Bilder aus dem Leben hervorragender Polen und Polinnen* von Teresa Jadwiga, *Die Jugend berühmter Menschen, Vortreffliche Frauen.*[6]

An die zweite Stelle setzen wir soziale Romane wie *Warschauer Kinder, Mit Hammer und Kelle, Die Prinzessin, Erinnerungen eines Waisenkindes*[7], *Zwei Waisenkinder* und andere.

1. Jan Chęciński (1826-1874), Dichter, Übersetzer, Kinderbuchautor, Dramatiker, Schauspieler und Regisseur; er war Autor von mehreren Libretti zu den Opern von Stanisław Moniuszko.
2. Władysław Ludwik Anczyc (1823-1883), Autor von Kinderbüchern und Büchern für »untere« Volksschichten, Dichter, Dramatiker, Übersetzer, Gründer eines bekannten Verlages, der später von seinem Sohn Wacław Zygmunt ausgebaut wurde. Das erwähnte Buch: *Dzieje Polski w dwudziestu czterech obrazkach skreślona dla użytku braci włościan* (Die Geschichte Polens in 24 Bildern geschrieben für die Brüder Bauern). Mit Bildern von Tadeusz Popiel. Lwów 1891.
3. Walery Przyborowski (1845-1913), Romanschriftsteller, Journalist und Historiker, Autor von vielgelesenen historischen Romanen für Kinder und Jugendliche.
4. Teresa Jadwiga [Papi] (1843-1906), Romanschriftstellerin, Novellistin; sie schrieb vor allem für Jugendliche, insbesondere für Mädchen.
5. Przyborowski, Walery: *Bitwa pod Raszynem. Powieść historyczna dla młodzieży* (Die Schlacht bei Raszyn. Ein historischer Roman für die Jugend). Kraków 1896 und Petersburg 1899.
6. Mueller, Eugeniusz: *Młodość sławnych ludzi* (Die Jugend berühmter Menschen). Warszawa 1897.
   Zeleńska, Wanda: *Znakomite niewiasty* (Vortreffliche Frauen). Warszawa 1877.
7. Bukowiecka, Zofia: *Dzieci Warszawy* (Warschauer Kinder). Eine Erzählung für Jugendliche. Warszawa 1898; *Młotem i kielnią. Opowiadanie dla młodzieży* (Mit Hammer und Kelle. Eine Erzählung für Jugendliche). Warszawa 1899.

Dann kommen Bücher, die die Jugend mit Naturerscheinungen, mit Pflanzen, Tieren, mit Natur und Industrie vertraut machen. Dazu gehören *Aus den Bereichen Natur und Industrie* von Brzeziński, *Unser Wald und seine Bewohner* von Dyakowski. Dort finden wir Beschreibungen, durchflochten von poetischen Fragmenten über Blumen, Tiere, Vögel, Pilze und so weiter. In diese Abteilung könnte man auch einige Bücher von Jules Verne stellen.[1]

In die nächste Reihe tun wir die Bücher, die den jungen Lesern auf populäre Weise ferne Länder nahebringen. Dazu zählen: *Unter den Tataren* von Gruszecki, *Im Polareis* von Sirki. Beide Bücher sind in diesem Jahr erschienen und stammen von Autoren, die bisher keine Kinderbücher schrieben.[2]

Nun die Reisebücher: *Der König des Elfenbeins* von Blanca.[3] Hier finden wir Beschreibungen von Elefantenjagden etc. Hierher gehören auch die Robinson-Bücher in ihren vielen Varianten: Der mexikanische, der schweizerische Crusoe, Verne's Robinsonade, wodurch die Kinder belehrt, unterhalten und zum Nachdenken gebracht werden.

Von phantastischen Erzählungen muß man Bełzas[4] *Märchen vom guten Sohn* erwähnen, eine schöne poetische, von Volkssagen beeinflußte Geschichte. Da geht der Sohn um das Wasser des Lebens für seine kranke Mutter. Unterwegs begegnet er der Hexe, weilt beim König Ćwieczka[5], bei der goldenen Sonne, bei den Zwergen etc.

Noch ein paar Worte zu der billigen Verlagsreihe »Fünf Jugendbücher für einen Rubel«. Darunter befindet sich Gębarskis Roman *Marcus*

Urbanowska, Zofia: *Księżniczka. Powieść uwieńczona nagrodą konkursową* (Die Prinzessin. Ein mit dem Wettbewerbspreis gekrönter Roman). 2. Ausgabe. Warszawa-Kraków 1899.

Dickens, Charles: *Wspomnenia sieroty. Dawid Copperfield. Powieść opracowana dla młodzieży* (Erinnerungen eines Waisenkindes. David Copperfield. Ein für die Jugendlichen bearbeiteter Roman). Warszawa 1875.

1. Brzeziński, Mieczysław (1858-1911), Verleger, Publizist; Mitbegründer des Warschauer Kreises für Volksbildung (1882).
   Dyakowski, Bogdan (1864-1940), Naturwissenschaftler, Schriftsteller, Autor von populär-wissenschaftlichen Werken und Lehrbüchern.
   Verne, Jules (1828-1905), franz. Schriftsteller. In den Jahren 1880-1900 erschienen in poln. Übersetzung etwa 27 Romane von Jules Verne. Darunter: *Die Kinder des Kapitän Grant* (1898), *Der fünfzehnjährige Kapitän* (1895), *Die geheimnisvolle Insel* (1896, 1897) und zahlreiche Werke aus der Gattung Reisen.
2. Gruszecki, Artur (1852-1929), Romanschriftsteller, Publizist; für Jugendliche schrieb er noch *Przygody chłopca w Brazylii* (Die Abenteuer eines Jungen in Brasilien), 1912, und *W pruskiej służbie* (Im preußischen Dienst), 1913.
   Sieroszewski [Sirki], Wacław (1858-1945), Romanschriftsteller, nach Sibirien verbannt; er schrieb auch vielgelesene Jugendbücher.
3. Blanca, Martial: *Król kości słoniwoej* (Der König des Elfenbeins). Warszawa 1899.
4. Bełza, Władysław (1847-1913), Dichter, Dramatiker, Publizist, Kinderbuchautor.
5. Redewendung: König Anno Tobak.

und Aurelian, drei übersetzte Romane und Fabeln von Krasicki.[1] Vielleicht wird sich diese Verlagsreihe gut entwickeln und Nutzen bringen.

Unter den Büchern für Kleinkinder gibt es viele Bilderbücher von Arct und zahlreiche preiswerte und schöne Ausgaben. Angenehm, unter den Autoren Namen anzutreffen wie Maria Konopnicka, Gliński, Jankowski und andere.[2]

Bevor ich die Umschau beende, möchte ich die Liederbücher für Kinder nicht unerwähnt lassen. Dazu gehören: *Im Kindergarten, Leichte Begleitung am Klavier, Die Kinderlaute, Der junge Sänger.* Alles für Mütter und Erzieher sehr nützliche Ausgaben. Empfohlen seien auch Chrząszczewskas[3] populäre *Plaudereien*, ein wichtiger Leitfaden für die Entwicklung der Kinder.

Weil das Material recht umfangreich ist und weil wir die Bücher nicht berücksichtigen können, die erst kurz vor Weihnachten erscheinen, fällt unsere Umschau etwas flüchtig aus.

Ein paar Ratschläge für die Bücherauswahl. Kinder mit nicht sehr ausgeprägter Phantasie können Reisebücher und phantastische Romane unbeschadet und zu ihrem Nutzen lesen, sensible Kinder dagegen sollten lieber historische Romane lesen. Man sollte Kindern keine Bücher kaufen, die für Jugendliche geschrieben sind; das Buch soll die Kinder in erster Linie fesseln und dann erst belehren. Für Kinder, die nicht viel gelesen haben und kein Lesebedürfnis verspüren, seien empfohlen: *Robinson Crusoe, Das Märchen vom guten Sohn* oder *Sprechende Tiere* von Anczyc.[4]

Janusz

Aus: *Czytelnia dla Wszystkich* (Leihbibliothek für alle), Nr. 24 (15.12.1898), S. 1f.

1. Gębarski, Stefan (1864-1920), Romanschriftsteller, Autor landeskundlicher und historischer Werke für Kinder und Jugendliche.
   Krasicki, Ignacy: *Wybór bajek i satyr dla młodzieży z krótką wiadomością o autorze* (Ausgewählte Märchen und Satiren für Jugendliche mit kurzer Information über den Autor). Warszawa 1899.
2. Der Verlag von Michał Arct, im Jahre 1836 als Buchhandlung in Lublin gegründet, spezialisierte sich auf Publikationen für Kinder, seine Publikationen machten ein Drittel aller durch Warschauer Verlage veröffentlichten Kinderbücher aus.
   Konopnicka, Maria (1842-1910), sehr bekannte Kinderbuchautorin, publizierte in diesen Jahren u.a. das Märchen *Über Zwerge und das Waisenmädchen Marysia* (1896) sowie die Kinderbücher: *Die fröhlichen Momente der kleinen Leser* und *Der Frühling und die Kinder.*
   Gliński, Kazimierz (geb. 1859), Dichter, Dramatiker, Romanschriftsteller und Kinderbuchautor .
   Jankowski, Józef (1865-1935), Dichter, Dramatiker, Novellist, Publizist, Übersetzer und Kinderbuchautor.
3. Chrząszczewska, Jadwiga (ca. 1870-1935), Pädagogin, Kinder- und Jugendbuchautorin.
4. *Zwierzęta mówiące* (Sprechende Tiere). Für Jugendliche aus dem Franz. bearbeitet von Władysław Ludwik Anczyc. Warszawa 1896.

Kazimierz Brodziński[1]

Am 8. März 1791, also vor mehr als hundert Jahren, wurde in dem Dorf Królewic in Galizien ein zarter, schwacher Knabe geboren. Der Arzt sagte, das Kind würde eine Woche nicht überstehen, zum Glück bewahrheitete sich diese Voraussage nicht. Der Doktor starb ein paar Wochen darauf, aber der kleine Kazio[2] wuchs heran und entwickelte sich gut. Als er nur fünf Jahre alt war, verlor er seine Mutter.

»Kinder, die Stiefmutter wird euch schlagen«, sagte der Pfarrer zu den Waisen, und er irrte sich nicht.[3] Viel hatten die verlassenen Kleinen von der nichtswürdigen Frau zu erleiden, die ihnen die gute und zärtliche Mutter ersetzen sollte. Der Vater, von der zweiten Frau selbst schikaniert und außerdem von Natur aus geizig, schenkte dem Unglück seiner Kinder wenig Beachtung.

Sie waren zu fünft, und ihr weiteres Leben verdankten sie der ehrbaren Magd und Betreuerin Róza, und den Frauen des Dorfes, die sie während ihrer Krankheiten in der Küche pflegten, fütterten und mit aufregenden Geschichten unterhielten. Und der kleine Kazio sollte in Zukunft einer von denen werden, die ihr Talent dem ganzen Volk widmen.

Wo lernte der kleine Waisenjunge? Ach, in einer Schule, in der ein gepuderter und frisierter böser Lehrer ihn schlug und quälte. Rute, Stock und Gerte, die hinter den Händen und Füßen des Christus am Kreuz steckten, drohten den versammelten Kindern unentwegt.

In vier Jahren lernte Brodziński kaum lesen. Aber er hatte eine andere Schule, die er in seinem schönen Gedicht später beschrieben hat: »Am Himmel ist eine große Karte, die den Kindern der Welt immer offensteht: Es ist das Buch der Mutter Erde, aus dem alle Kinder lernen; es ist das Herz, es sind die Menschen; in Gewinn, Verlust, Freude, Mühe, die einen würdigen die anderen.« Die Natur, das Leben und die Menschen waren diese Schule.

1. Zu Brodziński vgl. S. 22, Anm. 1.
2. Kazio, Kazik: Diminutivformen für Kazimierz (Kasimir).
3. Die Worte des Pfarrers, wie auch die übrigen Informationen über das Leben von Brodziński, stammen aus den Texten: Brodziński, Kazimierz: *Wspomnienia mojej młodości i inne urywki autobiograficzne* (Erinnerung an meine Jugend und andere autobiographische Fragmente). Herausgabe und Vorwort von Józef Tretiak. Kraków 1901; Erstdruck der Fragmente 1844. Entsprechende Informationen sowie den angeführten Text von Brodziński selbst entnahm Korczak dem Buch von Wójcicki, Kazimierz Władysław: *Z rozimej zagrody* (Vom heimischen Bauernhof), Bd. II. *Zyciorysy z 18 i 19 w.* (Lebensläufe aus dem 18. und 19. Jh.), Warszawa 1881; sowie Brodziński, Kazimierz: *Pisma* (Schriften), bearb. von J. I. Kraszewski, Posznań 1872-1874.

Manchmal geht der Junge sonntags in die Berge und Wälder hinaus, in die weiten Felder, unter dem hohen Himmel. Wie es ihm gerade gefällt, taucht er in den Fluß, spielt mit den Kindern im Dorf, hört sich die Sagen, Märchen und Legenden des Volkes an, reitet auf den Pferden, die auf der Wiese weiden und kehrt erst spät am Abend nach Hause zurück, wo sich keiner um ihn Sorgen macht, niemand an ihn denkt. Er geht auf den Speicher, setzt sich auf das Bett, stützt den Kopf in die Hand und weint, lange und bitterlich weint er.

Das empfindsame Kind spürte schmerzlich, daß es Waise war. Als er schon ein bekannter Dichter geworden war, schrieb Brodziński:

»Der Name Mutter war für mich von frühester Kindheit an ein heiliger Name. Ich betrachtete die Jungen, die noch eine Mutter hatten, auch wenn sie viel ärmer waren als ich, als höhere, von der Natur zum Glück ausersehene Wesen. Ich liebte sie deshalb, weil die Mütter sie liebten. Es hat mich viele einsame, von niemandem gesehene Tränen gekostet, wenn ich sah, wie ein Kind von seiner Mutter geküßt wurde. Ich wünschte und ahnte immer tief in meinem Herzen, daß ich die Liebe eines Menschen verdiene, aber bis ins Alter habe ich keine gefunden.«

Als eines Tages ein Freund von Kazimierz ertrank, beschrieb er diesen Unfall in einem Gedicht. Die Mutter des Toten weinte bitterlich und umarmte ihn für dieses Gedicht.

»Diese Umarmung«, schreibt der Dichter, »war für mich etwas Außergewöhnliches, ich weinte wie ein kleines Kind und dachte daran, daß ich keine Mutter hatte, die bei meinem Tod ähnlich empfinden würde.«

Es war ein Glück für den ängstlichen und dichterischen Jungen, daß er in seinem älteren Bruder Andrzej einen Menschen hatte, der ihn beherzt führte. Zusammen mit Andrzej schloß er die Schule in Tarnow ab, zusammen mit ihm trat er nach dem Tod des Vaters in die Artillerie des napoleonischen Heers ein. Andrzej spornte den jüngeren Bruder zur Arbeit an, lobte seine Gedichte; und was der junge Dichter brauchte, war Ansporn.

Durch gewissenhafte Arbeit und Begabung erwarb er sich allmählich Anerkennung als Lehrer und Dichter, er wurde sogar Professor für polnische Literatur an einer Universität.

Das Übermaß an Arbeit jedoch zehrte an Brodzińskis Gesundheit: Zweimal reiste er ins Ausland, um dort Genesung zu finden, aber umsonst. Er starb 1835 in Dresden, nur wenig mehr als vierzig Jahre alt, und hinterließ seine Tochter Karolina.

Brodzińskis Werke umfassen zehn Bände.

Sein Hauptwerk ist *Wiesław*, eine Idylle, ein ländliches, idyllisches Werk. Der Inhalt von *Wiesław* ist folgender: Der alte Stanisław hat zwei Töchter; die eine verschwand beim Sturm der Tataren auf das

Dorf, die andere wuchs zu einem munteren Mädchen heran; in seiner Hütte hat Stanisław auch noch einen angenommenen Sohn, ein Waisenkind, und da er weiß, daß der junge Mann arbeitsam und gut ist, will er ihm seine Tochter zur Frau geben. Doch aus dem Vorhaben des Alten wird nichts. Wiesław lernt auf dem Weg nach Krakau ein Mädchen kennen, der er sein Herz schenkt. Er gesteht seinem Pflegevater offen, daß er eine andere, nicht seine Tochter liebt. Der Bauer ist traurig, aber was soll er machen? Er kann ja nicht dem Waisen wegen des Stücks Brot, mit dem er ihn ernährt hat, seinen Willen aufzwingen. Deshalb schickt er den Heiratsvermittler zu der Hütte einer Witwe, wo das Mädchen lebt, das Wiesław liebt. Wunderbar ist die Beschreibung, als Halina auf dem Weg zur Hütte Stanisławs, wo sie die Familie ihres zukünftigen Mannes kennenlernen soll, das Dorf als ihr Heimatdorf erkennt. Die Witwe hatte die verlorene Tochter Stanisławs gefunden und aufgezogen. So erfüllte sich der Wunsch des Bauern. Wiesław heiratete seine Tochter, wenn auch nicht die, die ihm bestimmt war.

Diese Idylle gibt es in einer kostbaren Ausgabe für mehrere Rubel und in einem Fünfkopekenheftchen, und fast jeder, der lesen kann, kennt sie.

In seiner Dichtung befaßt sich Brodziński mit den kleinen Söhnen des Volkes, die Frömmigkeit im Herzen und Liebe zu ihren Nächsten haben. Und wie wichtig sein Wirken war, werden wir bald sehen. Zum Abschluß wollen wir ein paar von seinen weisen und edlen Gedanken vorstellen:

Zu Gott – mit dem Willen, zu den Menschen mit den Taten,
dein Wille bleibt bei Gott, deine Tat bei uns.

Sie ist dem Engel am meisten ähnlich –
die Seele im menschlichen Körper,
Wenn sie, selbst traurig, andre erfreut.

Das junge Herz eines greisen Hauptes
Das ist die Weisheit des Volkes.

Es tue jeder in seinem Kreis, was Gottes Geist befiehlt,
Und alles wird sich fügen.[1]

Man muß über jeden dieser vier Sätze etwas nachdenken, um die Schönheit und Tiefe zu erkennen.

Janusz

Aus: *Czytelnia dla Wszystkich* (Leihbibliothek für alle), Nr. 16 (20.4.1899), S. 1f.

1. Nach den Epigrammen Kazimierz Brodzińskis: *Głos świata* (Die Stimme der Welt); *Do czułego* (An den Zärtlichen); *Rozsądek* (Die Vernunft) und *Porządek* (Die Ordnung), in *Pisma*, a.a.O., S. 241.

Neue Bücher

Kazimierz Witte: Skizzen aus der Erinnerung[1].

»Ich will Euch, liebe Leser, in meine geliebte kleine Welt einführen – den heimischen Herd ... Welche unerschöpflichen Schätze finden sich dort für die Feder des Romanschriftstellers«, so beginnt der Autor eine seiner Novellen. »Ich möchte Leidenschaften, Begeisterung und edles Leiden schildern; nicht Ekel und Widerwillen wecken, sondern eher Erbarmen und Mitleid wachrufen«, sagt der Autor mit den Worten eines seiner Helden. Und diesem Ausspruch bleibt er die ganze Skizzensammlung hindurch treu, in der die folgenden Skizzen enthalten sind: *Das erste Kind, Nektar und Ambrosia, Ohne Schutz, Vorhersagen, Die Premiere, Junge Herzen* und *Hinter dem Tor. Das erste Kind* – ist das Credo des Autors. *Vorhersagen* unterscheidet sich in nichts von vielen anderen Werken dieser Art. *Hinter dem Tor* verstimmt durch die Anhäufung außergewöhnlicher Vorfälle, während *Nektar und Ambrosia* eine hübsche, tief empfundene Skizze ist, *Ohne Schutz* stellt eine interessante und originelle Novelle dar, und *Die Premiere* und *Junge Herzen* rühren den Leser und beweisen das echte Talent des Autors.

Es ist ein großes Verdienst von Witte, daß er seine Skizzen mit liebenswerten Kindergestalten bevölkert. Nur Dygasiński[2] und Kosiakie-

1. Witte, Kazimierz: *Szkice z pamięci. Nowele i obrazki* (Skizzen aus der Erinnerung. Novellen und Bilder). Warszawa 1900.
2. Dygasiński, Adolf (1839-1902), Romanschriftsteller, Novellist, Publizist, Pädagoge; Korczak könnte hier seine Novelle *Wojtusiowe nieszczęście* (Das Unglück von Wojtuś; 1885) und den Roman *Beldonek* (1888) meinen. Immerhin war das Kind als Thema und Held nicht typisch für das Schaffen von Dygasiński und kam nicht oft vor. Häufiger trat es bereits bei Bolesław Prus auf, was Korczak, trotz der Bewunderung für ihn, beim Schreiben der Rezension vergaß. Dygasiński muß Korczak als Pädagoge sehr nahe gestanden haben. Er war Übersetzer, Verleger und Verbreiter der pädagogischen Theorien von Pestalozzi, Fröbel und Spencer. Aber auch als Autor von Romanen, in denen er das Korczak bekannte Milieu des Warschauer Lumpenproletariats schildert (*Na warszawskim bruku* [In den Warschauer Gassen], 1886, und *Nowe tajemnice Warszawy* [Die neuen Geheimnisse von Warschau], 1887), muß er Korczak angenehm gewesen sein; der Titel *Nowe tajemnice Warszawy* knüpft an die *Geheimnisse von Paris* von Eugeniusz Sue an. Spuren von Korczaks Lektüre des Novellisten Dygasiński finden sich bereits im *Kind des Salons*: »Dygasiński, Dichter-Pädagoge, warum mußtest du die Kinder zu Tränen rühren?« In: *Sämtliche Werke*, Bd. 1, S. 243. In seinem *Gesuch an das Personalbüro des Judenrates* erwähnt Korczak Dygasiński als einen seiner »Lehrmeister in der sozialen Arbeit« (*Sämtliche Werke*, Bd. 15).

wicz[1] haben es bisher gewagt, ein Kind als Helden eines literarischen Werkes darzustellen, doch Herr Witte geht noch weiter, indem er die Mutter, die ihr Kind an der Brust stillt, der Aufmerksamkeit des Lesers für wert befindet, was ihm zur Gänze gelingt. Möge es dem Autor keinen Verdruß bereiten, daß der eine oder andere mit den Worten seines Helden Karol sagen wird: »Dein ›erstes Kind‹ ist ja hübsch, das will ich nicht leugnen, aber schrecklich anämisch.« Nun, so sind die Zeiten heute – nervös.[2]

G.

Aus: *Czytelnia dla Wszystkich* (Leihbibliothek für alle), Nr. 44 (1.11.1900), S. 4.

Sienkiewicz als Erzieher[3]

Jeder Mensch ist ein Erzieher: Er erzieht Kinder, seine Dienstboten, Untergebene, Bekannte – mit einem Wort, die Umgebung, alle, mit denen er zusammenlebt, mit denen er spricht, umgeht. Von jedem ernsten, vernünftigen Gespräch bleibt ein kleiner Bruchteil, ein guter Keim im Geiste des Zuhörers zurück. Von jedem schlechten, gedankenlosen Gespräch schleicht sich ein schlechter Samen ein.

1. Kosiakiewicz, Wincenty (1863-1918), Prosaiker, Dramatiker und Publizist, einer der vielgelesenen polnischen Literaten; Kinder waren Thema seiner zahlreichen Erzählungen, die er in den Sonntagsausgaben der Zeitungen publizierte. Dazu gehört u.a. die mehrmals neu aufgelegte Erzählung *Nasz mały* (Unser Kleiner, 1888). Dieses Buch liest die Lehrerin in Korczaks Erzählung *Wenn ich wieder klein bin* ihren Schülern vor. In: *Sämtliche Werke*, Bd. 3, S. 265f. Korczak kann auch der Erstling dieses Autors unter dem Titel *Janek* (1888) inspiriert haben, seinerseits das Arbeitermilieu in Romanen und Kinderbüchern zu beschreiben.
2. Anspielung auf *Im nervösen Zeitalter* (1890) von Leo Belmont. Vgl. Korczaks Interpretation und Anm. 1 in *Im nervösen Zeitalter*, S. 539.
3. Henryk Sienkiewicz (1846-1916), erster polnischer Nobelpreisträger für Literatur (1905). Viele seiner Werke wurden ins Deutsche übersetzt. Sein Roman *Quo vadis* (1896) erreichte Weltruhm. Deutsche Erstveröffentlichung in Sienkiewicz, Henryk: *Gesammelte Romane*, Leipzig 1901-1902. Von ihm stammt die Trilogie *Ogniem i mieczem* (Mit Feuer und Schwert), *Potop* (Sintflut), *Pan Wołodyjowski* (Herr Wołodyjowski) 1883-1888, dt. in zahlreichen Ausgaben. Sienkiewicz begann als Feuilletonist und Satiriker, später schildert er in Erzählungen das schwere Leben der unteren Volksschichten. Unter dem Einfluß der Romantik schrieb er historische Romane. Korczak erwähnt ihn sehr häufig in seinem Werk. 1898 widmete er ihm bereits ein Feuilleton (*Sämtliche Werke*, Bd. 7,

Der Journalist, der Literat, der Dichter – er erzieht nicht nur seine nächste Umgebung. Er spricht nicht nur, er schreibt auch und druckt, seine Bücher gehen um die ganze Welt, werden in andere Sprachen übersetzt, nehmen Einfluß auf das Denken von Tausenden, Hunderttausenden, ja Millionen Menschen. Einen hervorragenden Schriftsteller, dessen Werke in viele Sprachen übersetzt werden, kann man einen Erzieher vieler Völker nennen, vor allem aber einen Erzieher des eigenen Volkes, das vielleicht über die ganze Welt zerstreut lebt, und dessen einzelne Angehörige nur dank der gemeinsamen Sprache und der gemeinsamen Literatur nicht vergessen, zu welchem Volk sie gehören.

Wenn also ein Schriftsteller oder ein Dichter besonders geschätzt ist, stellt sich sofort die Frage, was für ein Erzieher er ist.

* * *

Da Sienkiewicz's Ruhm um die ganze Welt gegangen ist, da er sich große Zuneigung und Einfluß auf das Denken erworben hat, da man ihm allenthalben so viel Würdigung und Verehrung entgegenbringt, wie es nur große, geniale Menschen, und zwar meistens sogar erst nach ihrem Tod und nicht zu Lebzeiten, erfahren, stellt sich die Frage, was Sienkiewicz für ein Erzieher ist, welches erzieherische System sich durch seine Werke zieht.

Quo Vadis und die Episode der Verteidigung von Częstochowa aus der *Trilogie* – machen uns klar, daß Sienkiewicz religiös ist und Liebe zum Glauben im Denken seiner Leser verankern will. Er versteht, daß nur das Wirken, das auf Glauben und Liebe zum Nächsten gegründet ist – eines Menschen würdig ist, daß nur derjenige stark ist, der Liebe zum Nächsten in seinem Herzen trägt, und daß nur der siegt, der im Leben unter dem Banner von Glaube und Liebe kämpft.

Darüber hinaus kann er den Leser davon überzeugen, daß das Laster sich im Kampf gegen Edelmut und Opferbereitschaft nicht durchsetzen kann, er führt uns den Kampf der Christen mit den Heiden in all seiner Grausamkeit vor, wie die Heiden mit Feuer, Schwert und der Wut wilder Tiere kämpfen, die Christen aber mit Gebet und Vergebung, wobei Gebet und Liebe siegen.

In seiner hervorragenden *Trilogie* führt Sienkiewicz uns eine ganze Reihe großartiger Gestalten vor, eine ganze Kette von hingebungsvollen

S. 18ff). In *Kind des Salons* organisiert ein Buchhändlerschüler ein Laienspiel mit Inhalten der Trilogie (*Sämtliche Werke*, Bd. 1, S. 384f). In seinen sozialkritischen Essays von 1906 äußert sich Korczak – vielleicht beeinflußt von der »Sienkiewicz-Kampagne« des sehr einflußreichen Kritikers Brzozowski – nicht mehr so begeistert wie noch im vorliegenden Text; vgl. *Sämtliche Werke*, Bd. 7, S. 218 und 230.

Opfern, ein Bild von Mut und von Körper- und Geistesstärke. Diese Wołodyjowskis, Skrzetuskis, Podbipiętys, Kmicies – imponieren uns durch Charakterstärke und Muskelkraft, geistige und körperliche Stärke. Und wieder entsteht im Geist des Lesers das Bewußtsein, daß in diesem Leben nur der erfolgreich arbeiten und mit gutem Ausgang kämpfen kann, der eine spartanische Abgehärtetheit des Körpers und eine spartanische Kraft des Geistes besitzt, der arbeiten kann, der am Mißlingen nicht zerbricht, der über einen eigenen Mißerfolg auch einmal aus vollem Herzen lachen kann. Wie oft windet sich nicht der gute Zagłoba dank seines klaren Geistes, seiner Geistesgegenwart und seiner Vernunft aus brenzligen Situationen heraus.

Wie zum Gegensatz zeigt Sienkiewicz uns die zeitgenössische Gestalt Płoszkowski, der »ohne Dogmen« durchs Leben geht, der schwach an Willen, schwach an Nerven und schwach an Tatkraft ist. Sienkiewicz hat für ihn Spott oder Erbarmen, er belacht oder bemitleidet ihn.

So stellt sich mir Sienkiewicz bei einer flüchtigen Zusammenfassung als Erzieher dar.

* * *

Um jedoch einem so breiten Kreis von Lesern bekannt zu sein, reicht es nicht, ein guter Erzieher zu sein. Und Sienkiewicz lesen alle. Seine *Trilogie* habe ich in den Händen von Handwerkern, Schülern, Ladenburschen und Blumenverkäuferinnen auf der Straße gesehen. In kurzer Zeit sind seine Bücher bis in die Mansarden und Kellerwohnungen, bis in die Speicher gedrungen. Viele Episoden seiner Romane sind in Volksausgaben herausgekommen.

Sienkiewicz nämlich fesselt die Aufmerksamkeit des Lesers, man liest ihn mit angehaltenem Atem, mit bebendem Herzen und glühenden Wangen, denn seine Beschreibungen begeistern, er versteht es, seine Leser dazu zu bringen, mit ihm zu lachen, zu weinen, zu zagen und zu kämpfen, in die Falle zu gehen, einen Weg herauszufinden und zu siegen.

Ich erinnere mich, wie eine Bekannte mir einmal erzählte, wie ihr Mann wenige Tage nach dem Verlust seiner Stelle, die den Lebensunterhalt für seine Familie bedeutete, nach dem Verlust seines geliebten Kindes, bei der Lektüre von Sienkiewicz – lachte, weil Sienkiewicz uns da gebietet zu lachen.

Sienkiewicz ist ein guter Erzieher, er erzieht die Leser gut, er erzieht Millionen von Menschen gut, er ist ein Erzieher von Millionen.

Janusz

Aus: *Czytelnia dla Wszystkich* (Leihbibliothek für alle), Nr. 52, (27.12.1900), S. 2f.

Die Wachstuchtafel

Als ich in Zürich war,[1] bemerkte ich in den Zimmern der Studenten Wachstuchtafeln, die mit ein paar Nägeln an der Wand befestigt waren. Auf das Wachstuch kann man wie auf eine Holz- oder Schiefertafel mit Kreide schreiben. Die Wachstuchtafel ist leicht, billig und bequem. Man muß zwei Quadratellen schwarzes Wachstuch kaufen (der Preis beträgt zwischen einem Rubel und einem Rubel fünfzig), man heftet das Wachstuch an die Wand, schreibt darauf mit Kreide und wischt es mit einem leicht befeuchteten Schwamm oder Stück Stoff ab. Man muß langsam wischen, damit sich der Staub nicht im Zimmer verteilt.

Beim ersten Unterricht leistet eine Tafel im Kinderzimmer viele Dienste: einen Teil der Unterrichtsstunde sitzt das Kind nicht über das Heft gebeugt, sondern bewegt sich vor der Tafel, und in dieser gemäßigten Bewegung wird ein Teil seiner Energie abgebaut; die Hand des Kindes gewöhnt sich an das Schreiben ohne Linien; Irrtümer in den Rechenaufgaben lassen sich leicht berichtigen; die wichtigsten Regeln und einzelne Fehler im Diktat kann man an die Tafel schreiben und den ganzen Tag bis zur nächsten Unterrichtsstunde dort stehenlassen, damit es so besser im Gedächtnis bleibt. Nicht ohne Bedeutung ist auch die Tatsache, daß das Kind, das sich zu Hause mit der Tafel vertraut gemacht hat, später in der Schule beherzter damit umgehen kann.

Auch den älteren Schülern kann eine solche Tafel von nicht geringem Nutzen sein: Chronologien, Terminologien, die Klassifikationen in Botanik und Zoologie, wenn sie mehrere Tage lang auf der Tafel stehenbleiben, prägen sie sich von selbst dem Gedächtnis ein. Beim Erlernen der Geometrie kann eine Figur größeren Ausmaßes besser betrachtet werden. Selbst die Tatsache, daß man nach vielstündigem Sitzen *steht*, ist nicht ohne Wichtigkeit.

Eine Probezeit von einem ganzen Jahr hat in mir die Überzeugung bestärkt, daß eine Tafel im Zimmer eines Schülers eine sehr nützliche Einrichtung ist, und die Wachstuchtafel erfüllt ihre Aufgabe vollkommen. Die Kinder selbst laufen gerne vom Tisch an die Tafel.

Nach dem Schreiben muß man die Hände mit Wasser abspülen. Nach dem Unterricht muß die Kreide aus leicht verständlichen Gründen weggeschlossen werden: damit die Kinder nicht im Spiel die Luft mit Kreidestaub verschmutzen, und damit sie ihre Kleider nicht verunreinigen.

1. Zu Korczaks Zürich-Aufenthalt (1899) vgl. Lewin, Aleksander: *Korczak in der Schweiz*, in: *Korczak-Bulletin*, Heft 2, 1994, S. 5ff, und Gądzikiewicz, Witold: *In Zürch*, in: *Janusz Korczak in der Erinnerung von Zeitzeugen ...*, a.a.O., S. 417f.

Für eine Wachstuchtafel braucht man nur zwei Ellen Wachstuch, ein paar Nägel und ... eine kleine Portion guten Willens, um sie einzuführen.

J. Korczak

Aus: *Przegląd Pedagogiczny* (Pädagogische Rundschau), Rubrik: *Luźne karti* (Lose Blätter), Nr. 23 (1.12.1900), S. 285.

An die Inhaberinnen von Leihbibliotheken

Warum finde ich in keinem Katalog der Warschauer Leihbüchereien – eine Abteilung sogenannter »volkstümlicher Bücher«?[1]

Die Kosten wären nicht groß, der Gewinn dafür um so größer, doch die Herren Buchhändler schenken diesem Gebiet nicht viel Beachtung.

Die intelligente Öffentlichkeit, die nicht nur Neuerscheinungen zur Kenntnis nimmt – sollte sich der Bücher dieser Kategorie vor allem deshalb erinnern, weil sich darunter Schriften von hervorragendem populärwissenschaftlichem Wert befinden.

Diese Bücher fänden einen großen Leserkreis, wenn sie leichter zugänglich wären.

g.

Aus: *Głos* (Die Stimme), unter der Rubrik: *Am Rednerpult*, Nr. 14 (2.4.1904), S. 211.

1. Förderer der Volksbildung waren vor allem Konrad Prószyński (Pseudonym Kazimierz Promyk) und Mieczysław Brzeziński. Sie gaben – durch Mitgliedsbeträge und Vermächtnisse unterstützt – billige Bücher mit Themen zur Allgemeinbildung heraus. Auch die katholische Zeitschrift *Kronika Rodzinna* (Familienkronik) gab Schriften zur Volksbildung heraus.

Das Frühlingsfest[1]

Die Geschichte ist – die LEHRMEISTERIN DER VÖLKER.[2]

Das ist zu feierlich. Vielleicht wird es einmal so sein.

In Wirklichkeit ist die Geschichte ein gewissenloser Pauker, der schlecht lehrt, schlecht erzieht und die Inspektion mit dem Schein von Ordnung und Fortschritt betrügt.

Aber sie hat auch eine Aufgabe!

Die eigensinnige Bande der disziplinlosen, störrischen, unersättlichen und böswilligen Nationen zu leiten. Jeder nimmt das Maul voll mit seinen Verdiensten und Tugenden, jeder Faulpelz möchte Primus sein.

Mit Ach und Krach hat sie Frankreich wegen seiner napoleonischen Tumulte in die Ecke gestellt und Polen unter dem Einfluß schlechter Laune für ein Jahrhundert in den Karzer geworfen, schon muß sie die Türkei vor die Tür weisen, schon hat es der Deutsche gründlich verdient, daß man ihn an den Ohren zieht; so ein junger Hund, protzt mit seiner sauberen Weste – gleich möchte er den Anführer machen.

Noch reibt sich der Deutsche den juckenden Hintern, schaut düster von jenseits der Elbe und brummt: »Warum schlagen Sie mich, was wollen Sie von mir?« – und schon mischt sich Japan übermäßig ein. – Sie hat die schwarzen Zotteln des Mohren gestreichelt, und schon ist in dem der Gedanke aufgeblitzt: »Vielleicht mag sie mich?« Der Italiener plustert sich auf, weil die altehrwürdigen Gänse auf dem Kapitol waren. Der Jude wird von einer Bank in die andere versetzt, weil er entweder geplagt wird oder er andere belästigt; Rußland ist zu spät gekommen und will sich nicht schuldig bekennen. Sie streiten sich, prügeln sich, und wenn du sie fragst: dann hat jeder von ihnen Recht.

Und immer mehr von diesem Gesindel bringen die Mamas zur Schule.

»Schreiben Sie meinen ein.«

»Er ist zu klein.«

»Das macht nichts, es geht schon.«

Und probier nur nicht, irgendeinen Ukrainer, Litauer, Letten nicht aufzunehmen, sie werden mit den Fäusten drohen und mit Steinen das Fenster einwerfen.

»Sie nehmen mich nicht an? Weil ich arm bin, ein Waisenkind, weil ich kein Schmiergeld habe? Wart, zum Teufel, ich zeig dir's schon ...«

1. Artikel anläßlich des Tags der Verfassung (der ersten geschriebenen Verfassung Europas vom 3. Mai 1791), der 1919 zum ersten Mal feierlich begangen wurde.
2. Anknüpfung an die bekannte Aussage Ciceros (1. Jh. n. Chr.): *historia est magistra vitae* (Die Geschichte ist die Lehrmeisterin des Lebens); aus: *De oratore.*

Und irgendwo habe ich so einen einfachen Satz gehört: »Die Menschheit teilt sich in Männer, Frauen und Kinder.«

Könnte es sein ... an erster Stelle: »Kinder ...«

Wir sagen: »Wir brauchen Gdańsk.« Wenn sie es nicht hergeben, und man braucht es, müssen sie es unseren Kindern geben. Wenn sie es hergeben, und man braucht es nicht, nehmen sie es den Kindern weg. Polen wird nicht nur für zwanzig Jahre gebaut. Aber sie müssen es hergeben, – es gibt doch den Völkerbund, sie müssen es hergeben, weil sie sich das Schwert, das Giftgas und der Teufel weiß was noch, für den Krieg ausdenken. Sie müssen es um den Preis des RECHTS hergeben, wenn die Geschichte bereits LEHRMEISTERIN sein wird, oder um den Preis von Blut und Arbeit.

Von Arbeit.

Blut, hört ihr, spendet man leicht: Man bohrt ein Loch, da strömt es von selbst. Jeder Schreiberling läßt ein ganzes Bassin voll ab – aber es reicht nicht, Papierchen zu drucken – man muß aufbauen, bebauen, pflügen, aufforsten, etwas herausholen: Man muß, paßt auf, die Waisenkinder ernähren und erziehen, man muß ... ho – ho!

Die vier Rechenmeister in Paris[1] sollen bestimmen, ob wir Menschen sein werden oder Junker, ob es einen Primus der Arbeit oder des Mauls geben wird – sie sollen bestimmen, in welch eine Zukunft wir diese Kinderschar führen werden, was für ein Lied wir ihrem Leben singen werden.

Ein bedrohlicher Augenblick ...

Denn wenn es weiterhin so sein wird wie es war, wenn die Geschichte ihre Wege von Gewalt zu Gewalt, von Verbrechen zu Verbrechen weist, durch Fetische mit Kronen auf Thronsesseln oder Marionetten, die durch das Kopfnicken der gefügigen Masse gewählt sind – wenn nicht der Geist, die gemeinsame Anstrengung und ein Siegeszug in der Beherrschung der Rechte und Pflichten – zur Geschichte werden – ja dann, wehe euch, ihr armen Kinder.

Wenn bei der Bilanz der vier grauen Häupter das grausame Wort: »Nicht jetzt, es wird vertagt« fällt – dann ist es nicht so, daß du von einer Kugel getroffen im Feld sterben oder den Sohn beweinen wirst, sondern – du bist verurteilt zum Halb-Atem, zum Halb-Gedanken, zur Halb-Wahrheit, zum Halb-Leben, du armes Kind.

1. Die »vier Großen«, die den »Versailler Friedensvertrag« ausschlaggebend bestimmten, waren der Premierminister von Großbritannien, David Lloyd George, Italiens Premierminister Vittorio E. Orlando, Frankreichs Premierminister Georges Clemenceau und der Präsident der USA, Thomas Woodrow Wilson.

Wir sind vor dem Kind dafür verantwortlich, daß es Krieg gab, daß es ihn gab und gibt, daß es ihn gibt und geben wird, daß Tausende umgekommen sind und daß Tausende aufgefressen werden: von Läusen und Tuberkulose und von der Sehnsucht nach dem Vaterhaus.

Das ist noch nicht der Tag des Frühlingsfestes. Es ist der Tag von Allerseelen – der Tag des Kindes als Märtyrer.

Aus: *Gazeta Polska* (Polnische Zeitung), Nr. 195 (3.5.1919), S. 3.

Vorwort zu Jędrzej Śniadeckis Abhandlung *Über die physische Erziehung von Kindern*

Aus den Autobiographien der Verdienstvollen und Großen[1] lernen wir diese in gewisser Weise kennen, und aufgrund ihrer Lebensläufe stellen wir emsig Mutmaßungen über sie an, meist aber mutmaßen wir falsch. Das Zeitalter, in dem sie geboren wurden, das Gebiet, auf dem sie tätig waren – haben einen erheblichen Einfluß; allgemeiner Niedergang oder allgemeine Renaissance – drücken ihnen ihren Stempel auf. Um wieviel wichtiger aber ist die Frage ihrer Herkunft! Wappen und Rennpferde haben ihre Genealogien, Wissenschaftler nicht. Und doch liegt in der Degeneration, der Regeneration und in der Progeneration das Problem der Generationen, der Völker, der Menschheit. Warum eilen die einen so vielen voraus, überholen die anderen, und indem sie an der Spitze schreiten, ziehen sie die passive Masse der Zeitgenossen mit sich? Warum tragen sie, über die Maßen überlastet und einsam, mit tragischer Kraftanstrengung das Panier? Wir brüsten uns mit dem, was sie uns gaben, und kümmern uns nicht drum, was sie dabei selbst verloren. So wie wir, in der landwirtschaftlichen Raubwirtschaft befangen, es nicht verstehen, uns den wahren Wert der Ernte zu vergegenwärtigen, so verstehen wir es nicht, aus dem Inhalt eines großen Lebens Schlußfolgerungen für uns zu ziehen.

Biographien werden wie Schulaufsätze geschrieben, in denen man einem großen Dahingegangenen – einem überirdischen Geschöpf – unaufrichtige Verehrung entgegenbringt, ihn in den Himmel hebt, aber

1. Korczaks Wertschätzung von Biographien berühmter Forscher wird an vielen Stellen seines Werkes deutlich; vgl. z.B. den Artikel *Lebensläufe*, im vorliegenden Band S. 131ff.

ihm nicht nacheifert. Dabei hat doch jeder in seinem eigenen Leben die Möglichkeit und die Pflicht, aus sich heraus ein logisches Wirken zu entwickeln, das Inhalt und Wert hätte, auch wenn man ihm später einmal keine Gedenktafeln aufstellen würde. Das Aufzählen fremder Verdienste, das Addieren von Gewinn und Nutzen nach der Art, wie der Bettler die ihm aus Nächstenliebe gegebenen Kupfermünzen und gelegentlich auch Silbermünzen zählt, ist erniedrigend. Hören wir auf, Parasiten verdienter Führer zu sein, fühlen wir uns als ihre Mitbürger; lernen wir an ihrem Leben wie an einem Leichnam unsere eigene Anatomie. Denn jedes Leben hat sein Skelett, sein Fleisch, sein Herz sein Hirn, seine Eingeweide und seine Deckhaut. Kościuszko[1], Mickiewicz[2], Śniadecki[3], ein Dorfschullehrer, Schmied, Bauer hinterm Pflug, sie alle stehen im Angesicht des Lebens wie gleich und gleich, mit dem Schwert, dem Gedicht, der Pflugschar des Wissens, mit mühseliger Arbeit, mit angespannter Muskelkraft – pflügen sie das heimatliche Feld, und während sie dem Vaterland dienen, sprechen sie die ganze Menschheit an, und wenn sie ein Kind zur Welt bringen, übermitteln sie ihr eigenes Erbe einer ungewissen Zukunft. Hören wir auf, Götzenanbeter zu sein, wecken wir in uns die Würde des Menschen.

Jędrzej Śniadecki war ein Mensch – ein Arzt. Seine Devise war: *Studio et labore* – forsche und arbeite. Er glaubte nicht an Heldentum, er wollte ein Arbeiter sein, der sein Handwerk gut versteht; deshalb wurde er zum Helden der Wissenschaft und der Arbeit.

Śniadecki erblickte das Licht der Welt am 30. November 1768 in Wielkopolska.[4]

Im Alter von neunzehn Jahren erhält er die Goldmedaille für besonderen Fleiß. Er immatrikuliert sich an der medizinisch-naturwissenschaftlichen Fakultät in Krakau und studiert gleichzeitig Mathematik.

Im Alter von fünfundzwanzig Jahren erhält er in Pavia in Italien den Titel eines Doktors der Medizin und der Philosophie.

1. Tadeusz Andrzej Bonawentura Kościuszko (1746-1817), polnischer Nationalheld: »Naczelnik« (Führer, Chef), Adjutant Washingtons im Unabhängigkeitskrieg der Vereinigten Staaten. Er trat für die Verfassung Polens von 1791 ein und stand an der Spitze des letzten Widerstands gegen die Teilungsmächte (1794). Zum deutschen Interesse an Kościuszko vgl. Arnold, Robert F.: *Tadeusz Kościuszko in der deutschen Literatur*, Berlin 1898. Heinrich Heine über Kościuszko: »Der größte Mensch, den Polen hervorgebracht hat ...«. Mit J. H. Pestalozzi befreundet, starb Kościuszko in Solothurn.
2. Vgl. S. 28, Anm. 1 in diesem Band.
3. Jędrzej Śniadecki (1768-1838) war Arzt, Naturwissenschaftler, Pädagoge und Publizist. Er leistete Hervorragendes auf dem Gebiet der Chemie.
4. Die spätere Provinz Posen.

Er vervollkommnet seine Studien im schottischen Edinburgh und in Wien.

Im Alter von neunundzwanzig Jahren wird er Professor für Chemie an der Akademie zu Wilna.

Im Jahre 1800 – gibt er das erste Chemie-Lehrbuch in polnischer Sprache heraus.

Im Jahre 1804 – veröffentlicht er die *Theorie des organischen Seins.*

Im Jahre 1805 – begründet er das *Wilnauer Journal*[1] unter dem Motto: »Es kommt die Zeit, da die Fackel des Wissens der nördlichen Halbkugel zu leuchten beginnt.«[2]

Hier veröffentlicht er die Abhandlung *Über die physische Erziehung von Kindern.*

Śniadecki starb am 11. Mai 1838 im Alter von siebzig Jahren.

Śniadeckis Lebenslauf?

Also sage mir, wieso in einem kleinen Ort, in einer Durchschnittsfamilie, plötzlich zwei Menschen dieses Zuschnitts in Erscheinung treten wie die Brüder – Jan[3] und Jędrzej Śniadecki? Wortkarg erzählen sie uns gnädigerweise von ihren Eltern und ihren Großeltern, so als wäre es nicht die kollektive Tat ihres Geschlechts, das uns außergewöhnlichen Gewinn gebracht und ihn in würdigen Inhalt gekleidet hat. Man sollte aber wissen, wie viele Generationen mühsam in Stille und Bescheidenheit ihre Säfte sammeln – ehe die Blüte des Geschlechts sich zur Sonne wendet. Jeder Bauer, jeder Tagelöhner, jeder Arbeiter und jeder Handwerker, jeder bescheidene, einfache Soldat der großen Armee der Menschheit sollte wissen, daß er durch sein Kind, in die Zukunft weisend, den Marschallstab erringen kann; möge er in sich den Pulsschlag des Kollektivs finden, die solidarische Verantwortung, das stolze Zusammengehörigkeitsgefühl mit so vielen von heute und morgen. Das Leben der Außergewöhnlichen des Volkes kann und sollte Gebot und Richtschnur für alle sein; wozu sonst – Biographien?

Weiter, sage mir – wie man schon bei einem Knaben, der die ersten Buchstaben zusammensetzt, die verborgenen Kräfte seiner künftigen Taten erkennen kann? Weil sie so selten sind, weil einer auf hunderttausend kommt, sucht man sie nicht in der Volksschule, glaubt man nicht, sie unter den kleinen Janeks und Jędrzejs finden zu können. In den Lebensläufen sind die Kindheitsjahre wie Berge, in denen der Fluß

1. *Dziennik Wileński.*
2. Zitat aus dem Vorwort der ersten Ausgabe des *Dziennik Wileński*, einer wissenschaftlichen Monatsschrift, die in den Jahren 1805-1806 und 1815-1830 erschien.
3. Jan Śniadecki (1756-1830) war Mathematiker, Astronom und Philosoph; Professor an der Universität Krakau, seit 1806 in Wilna (1807-1815 Rektor der Universität).

des Lebens seinen Anfang, seinen Schwung und seine Richtung nimmt: Wie dürfen wir sie geringschätzen?

Wir nehmen die Jahre der Kindheit nicht wahr, und die Jugendjahre tun wir geringschätzig mit Phrasen ab. Eine Anekdote genügt uns für diese Zeit, wir streuen ein paar Einzelheiten ein, beginnen uns aber erst mehr für den Gegenstand unserer Betrachtung zu interessieren, wenn wir uns darüber Gedanken machen, wie viele Geliebte er wohl hatte und von welcher Farbe seine Schlafmütze wohl war. Die befremdliche, ja empörende Ignoranz und Lässigkeit im Umgang mit diesen Dingen entspringt unserer allgemeinen Einstellung zum Kind und zur Jugend.

»Wenn der mächtige Strom der Jugend sich, vom eigenen Übermaß der Gedanken und Gefühle getrübt, ungehemmt ergießt, wer schätzt dann diese Jugend, wer kümmert sich um ihre Energien, die ein Ziel für ihr Tun suchen? Niemand! Die Menschen warten, bis lange Jahre vergehen, ehe sie Arbeit und Verdienste preisen, ehe sie die Wirkung der Kraft preisen, der sie lange gleichgültig oder unwillig gegenüberstanden, weil sie die elementare Potenz fürchteten, die quer zu den ausgetretenen Pfaden steht, und die dem Leben neue Kugellager einzuritzen droht ... Die Menschen warten, bis sie die Hobelspäne preisen können, die von den einst flammenden Gedanken und Gefühlen übriggeblieben sind, bis sie die Gesundheit preisen können, die es dem Menschen erlaubt, noch das Alter der Verkalkung zu erleben.« (Witkiewicz)[1]

Warum blieb Śniadecki – als alles um ihn herum rief: »Mit dem Schwert fürs Vaterland« – beharrlich bei seinem: »Mit dem Buch fürs Vaterland«? – Das Beispiel des Bruders? Er hat sich schließlich zweimal seinem Willen entgegengestellt. Außergewöhnliche Menschen verstehen es, konsequent ihren eigenen Weg zu gehen, und fremde Einflüsterungen finden nur dann Gehör, wenn sie Echo ihres eigenen Wollens sind. Jędrzej wollte Arzt sein – und nur das zählte.

Und noch eine Frage: Warum lehnte er es in drei Fällen ab, Fremden zu dienen, und wieso stufte er die wenig dankbare Tätigkeit fürs Vaterland – höher ein?

Wüßten wir die Antwort auf diese Fragen, dann wüßten wir, wie man sich Väter und Mütter fähiger Schaffender heranzieht, wie man schon im Kindesalter Fähigkeiten und Neigungen erkennt, wie man sie richtig lenkt, wie man dem eigenen Land die besten Individuen erhält und wie man ihnen Patriotismus in opferfreudige Tat und wie man ihnen die Liebe zum soliden Wissen einimpfen kann.

1. Stanisław Witkiewicz (1851-1915), Alt-Philologe. »Wenn der mächtige Strom ...« ist ein Zitat aus seinem Roman *Wojtek Gandara,* im Band *Z tatr* (Aus der Tatra), Lemberg 1907, S. 113.

Śniadeckis Lebenslauf?

Man darf ihn nicht unter dem Blickwinkel dessen betrachten, was er vollbracht hat, sondern im Hinblick darauf – was er hätte vollbringen können.

Im Zeitraum von nur drei Jahren schrieb er die *Anfänge der Chemie*, womit er einen bis dahin nicht vorhandenen polnischen Wortschatz der Chemie schuf. Ein anderer hätte dazu ein ganzes Leben gebraucht.

Innerhalb von vier Jahren schreibt er die *Theorie des organischen Seins*, die in der deutschen Übersetzung als die »erste philosophische Grundlage eines wissenschaftlichen Systems in der Medizin« gepriesen wird.[1]

Aber wie abrupt knickte seine Lebenslinie ein,[2] wie richtete er seine Gesundheit zugrunde, wurde blaß, verlosch, als sein Werk strahlte, weit weg von seinesgleichen!

Einst entging er dem glühenden Vulkan der Revolution in Frankreich – unter Lebensgefahr begibt er sich per Schiff nach Edinburgh, weil er dort vom Meister[3] ein paar neue Wahrheiten erfahren kann. Wo hat ihn der epochale Sturm eingeholt?

Warum hat die Intrige[4] dem Denker nicht erlaubt, sich seiner Arbeit in aller Abgeschiedenheit am Hofe des Königs zu widmen, aus dessen Hand er als junger Mann die höchsten Ehrungen empfangen hatte? Hat man schon damals den gefährlichen Revolutionär des Geistes erkannt, der als schon fast ergrauter Professor der »Gesellschaft der Szubraws«[5] beitrat, um die »Häßlichkeit jener Untugenden und Laster zu vertreiben, die ihrer Natur nach nicht vom Recht verfolgt werden können, die aber für die menschliche Gesellschaft äußerst abträglich und bei uns dennoch seit langem alltäglich sind und, was schlimmer ist, nicht einmal als Vergehen und Fehler angesehen werden.«[6]

Vielleicht findet sich ein Geschichtsschreiber, der die hohe, tragische Figur des Gelehrten in der selbstgewählten »Verbannung«, in der

1. Die dt. Übersetzung erschien 1821. Das Zitat stammt vom deutschen Physiologen Johannes Peter Müller.
2. Jędrzej Śniadecki läßt sich im Alter von 54 Jahren – erschöpft und verbittert – auf einem Landgut in Bołtup bei Oszmian nieder. Doch nach fünf Jahren kehrt er nach Wilna zurück und übernimmt einen Lehrstuhl und eine medizinische Klinik (seine Vorlesungen hält er in lateinischer Sprache).
3. Śniadecki war ein Anhänger der britischen Philosophenschule von Thomas Brown. Auf der Reise von Mailand nach Edinburgh wäre das Schiff, mit dem er reiste, fast im Sturm zerschellt.
4. Ohne seine Erlaubnis hatte ihn sein Bruder Jan für die Aufgaben des königlichen Arztes empfohlen.
5. Szubrawiec = Lump, Galgenstrick; die *Towarzystwo Szubrawców* war in den Jahren 1817-1822 eine Vereinigung fortschrittlicher Wilnaer Intellektueller mit dem satirischen Publikationsorgan »Straßennachrichten«.
6. Zitat aus dem Kodex der Towarzystwo Szubrawców.

Gesellschaft junger Burschen und Schreiberlinge ohne Rang und Namen, aufzeichnet.

Das Vaterland hat ihn der Menschheit entrissen, es hat den Gelehrten zum Lokal-Aktivisten und Sozialreformer gemacht – es hat dabei viel gewonnen, aber es hat sich an ihm vergangen.

Ein scheinbar kleines Detail: Śniadeckis Arbeiten über Platin. Er betrachtet es als einen organischen Körper – das war ein Irrtum. War dieser Rückschlag nicht ein Wendepunkt in seinem Leben, verstand er nicht die Warnungen, die ihm die um ihre Rechte besorgte Wissenschaft erteilte? Man kann nicht ungestraft im stillen Kämmerlein unterrichten, heilen, das wissenschaftliche und gesellschaftliche Leben organisieren, wissenschaftliche Erkenntnisse popularisieren, mit den Gegebenheiten und der Umwelt kämpfen und brillieren, ohne auf die Erschöpfbarkeit der eigenen Kräfte zu achten – und dabei nicht den Kontakt mit den Großen der Welt verlieren. Demütig hörte er auf, nach oben zu bauen und schickte sich an, das mühselige Alltagswerk – des Bauens in die Breite in Angriff zu nehmen.

Ehre seinem Andenken!

Über die *Physische Erziehung von Kindern* sagt einer der Vertreter der jüngeren Generation (Stan Brzozowski):

»Ich halte diese Abhandlung für die wichtigste und für eine bislang von niemandem in unserer pädagogischen Literatur erreichte Arbeit; wenn ich die Möglichkeit hätte zu tun, was ich gerne täte, würde ich diese Schrift in einer solchen Zahl von Exemplaren drucken lassen, wie es Familien in unserer Gesellschaft gibt, die lesen können; und wenn die von Śniadecki aufgestellten Grundsätze in unserer gesamten Gesellschaft angenommen würden, wäre ich sicher, daß sie schon in der nächsten Generation Resultate zeitigen würden, die selbst die kühnsten Erwartungen überträfen.«[1]

Śniadecki kannte den *Emile* – und polemisierte resolut gegen diesen Roman; aber er kannte Locke[2] nicht, dessen Anteil an der Größe Englands wir erst dann werden schätzen können, wenn die Geschichte aufhören wird, sich mit dem Hinschlachten von Menschen in chronologischer Ordnung zu befassen und – zur Geschichte der Vervollkommnung des Menschen wird. John Locke hat den Gentleman erschaffen,[3] Śniadecki wollte den »Ritter«, nicht den des Säbels, sondern den des Geistes.

1. Zitat aus Brzozowski, Stanisław: *Jędrzej Śniadecki. Jego życie i dziela* (Sein Leben und seine Werke), Warszawa 1903, S. 126.
2. Locke, John (1632-1704) gilt als Begründer der Philosophie des englischen Empirismus.
3. In seinen pädagogischen Schriften gibt J. Locke Ratschläge zur »Erziehung eines Gentleman«.

Die *Physische Erziehung der Jugend* wird sicher ihre Kritiker finden. Doch wer sich dieser Arbeit unterziehen will, den erwarten Studien über die Anfänge der Pädiatrie in Europa, über die Pädagogik in Europa und Polen – viele Jahre Arbeit. Es ist noch zu früh, wir sind noch nicht so weit, Śniadeckis Werk richtig einzuschätzen und vor ihm niederzuknien; noch haben wir weder die Zeit noch die Kraft dazu.[1]

Es gibt in der Abhandlung einige wenige Fehler und viel Richtiges. So viel Wahres wie schmerzhaftes Bewußtsein, daß im Verlaufe von Jahrhunderten so wenig neue Wahrheiten erkannt wurden; so viele Fehler wie stolze Befriedigung darüber, daß wir dennoch fortschreiten!

Die ganze Größe Śniadeckis liegt darin, daß er es verstand, die bleibenden und ewigen Wahrheiten herauszustellen, und alles zu verwerfen, was beim damaligen Stand des Wissens und der Einstellung der Gesellschaft zum Kind Vorurteil war. In dieser Hinsicht, meine ich, hat er sogar Locke übertroffen.

Janusz Korczak

Veröffentlicht unter *Słowo wstępne* (Vorwort). In: Śniadecki, Jędrzej: *O fizycznym wychowaniu dzieci* (Über die physische Erziehung von Kindern). Warszawa 1920, S. III-IV. Verlagsgesellschaft Polnisches Buch, Bibliothek des Polnischen Lehrerverbandes der Allgemeinschulen, Nr. 3.

Stefan Żeromski:
Für die Jugend. Eine Auswahl aus den Schriften.[2]

Wenn sich das Problem der Emanzipation des Kindes endgültig herauskristallisiert, nimmt sich sicherlich jemand einer kritischen Beurteilung der Literatur für die Jugend in der Zeit der »Leibeigenschaft – der Sklaverei der Kinder« an, – und er wird die ganze miserable Heuchelei zutage fördern, mit der verschiedene plumpe Schreiber eine platte Moral

1. Die neuesten Auflagen von Jędrzej Śniadeckis Werk *Über die physische Erziehung von Kindern*: 1956 in »Bibliothek der Klassiker der Pädagogik« in Bearbeitung von Wincenty Okoń, der u.a. die pädagogischen Probleme im Werk akzentuiert; 1990 im Verlag der Akademie für physische Erziehung in Krakau, bearbeitet von Maciej Demel.
2. Żeromski, Stefan: *Dla młodzieży. Wybór z pism.* Warszawa-Kraków. Wyd. J. Mortkowicza, nakł. Tow. Wydawniczego w Warszawie, 1922. Erster Band: 136 S. Zweiter Band: 153 S.

oder die billigsten Wahrheiten eines trivialen Wissens in das Gewissen und den Verstand der jungen Menschen hineinschmuggelten. Dann wird verständlich werden, warum Bücher für einige wenige die Quelle reinsten Vergnügens, für die Allgemeinheit nur eine lästige Pflicht waren; daß die Jugend ihre (?) Literatur mied und zu den Kraszewskis und Sienkiewiczs überging oder ganz einfach zu den Hintertreppenkrimis.

Zwei Bände: *Stefan Żeromski für die Jugend* – eine Auswahl starker, männlicher, von edlem Herzblut erfüllter – Erzählungen – sind ein Dokument für die Bestätigung der befreienden Tendenzen im Verhältnis zum Kind. Nicht das wurde ausgewählt, was nichts schadet, was nicht »verdirbt«, sondern – das, was der Abhärtung dienen kann und – was die Sehnsucht nach Höhenflügen wecken kann, das, was das naive Märchen von den kindlichen Träumereien umgestaltet in die unerfahrene aber bereits die Pranke des Löwen zeigende Weltsicht der Jugend. Nicht zufällig wurden eben diese Ausschnitte aus *Popiołów* (Zu Schutt und Asche), *Syzyfowych prac* (Sisyphusarbeiten), *Ludzi bezdomnych* (Die Obdachlosen) und *Charitas* gewählt – das beweist Żeromskis kurze Einleitung für die Jugend im ersten Band.

Der Name des Autors schützt vor Mißverständnissen. Das Buch befindet sich in den Händen der Jugend, deren Erzieher das Glück nicht in der schwächlichen Befriedigung der eigenen Launen und Gelüste suchen, sondern im mannhaften Kampf um ein würdiges Morgen.

J. Korczak

Aus: *Książka* (Das Buch), Nr. 1 (Jan. 1922), S. 36f.

Statt einer Einleitung[1]

Daß ich mich hier beteiligen darf, ist eine Ehre für mich.

Ich setze meine Unterschrift unter ein Dokument von historischer Bedeutung.

Das Kind, der Künstler, hat in seiner eigenen Sprache gesprochen.

Dieses Bändchen weist in die Zukunft. – So wird es sein! – Das Kind existiert schon so lange, wie es das Volk gibt, was niemand bis heute bemerkt hat.

1. Einleitung zu dem von Maria (Maryna) Falska herausgegebenen Buch: *Erinnerungen aus der Kindheit der Kinder des »Nasz Dom« in Pruszków.* Vgl. auch *Leonard,* S. 574 im vorliegenden Band.

Die Schule hat das Kind verdeckt.
Es ist ein revolutionäres Bändchen!
Wer es nicht von selbst versteht, dem wird auch eine lange Erklärung – nicht helfen.

*

* *

»Die Erinnerungen« haben die Internatskinder des »Nasz Dom« (in Pruszków) ihrer Erzieherin, Frau Maryna Falska, diktiert.[1]

Janusz Korczak

Aus: *Wspomnienia z maleńkości dzieci »Naszego Domu« w Pruszkowie* (Erinnerungen aus der Kindheit der Kinder des »Nasz Dom« in Pruszków). Herausgegeben von Maria Falska. Verlag *Książka*, Warszawa 1924, S. 3.

Umfrage zu Erziehungsformen

Die Diskussion darüber, welche Erziehungsform die bessere ist, die private oder die kollektive,[2] ist in unseren Kreisen letztens wieder in neuer Schärfe aufgekommen. Die Befürworter der jeweiligen Form verteidigen mit gleicher Sicherheit und Überzeugung ihre Standpunkte.

1. Maria Falska beschreibt in einem *Umriß der Organisation der Erziehungsarbeit in Nasz Dom* die Einrichtung eines »Kalenders«, der die Herausgabe der »Erinnerungen« erst ermöglichte: »*Der Kalender.* Was hat es heute Wichtiges gegeben? Solch eine Frage wird täglich gestellt – am Ende der abendlichen Tagesversammlung. Es erheben sich die Hände derer, die Nachrichten oder Beschreibungen abgeben wollen. Jeder von ihnen gibt erst einmal den Titel an. Zu einer bestimmten Zeit – am nächsten Tag – nach der Rückkehr von der Schule, kommt jeder von ihnen zum Erzieher und diktiert. Wenn er es sich anders überlegt hat, wenn er lieber spielen will, sagt er, daß er umkehren wird. Sie stellen Schulerlebnisse, Spiel- und Reisebeschreibungen, Träume, Tagesgeschehnisse dar. Ihre Beschreibung wird stenographisch festgehalten, es werden keine Fragen gestellt, der Stil wird nicht verändert, und es werden keine Sprachkorrekturen gemacht. Es geht um eine Dokumentation der Sprache der Kinder, ihres Stils und ihrer Wahrnehmung. Der Kalender lehrt sie zu wissen und zu verstehen, was für sie wichtig und interessant ist. Für den Erzieher – bedeutet der Kalender ein wichtiges und interessantes Mittel, die Kinder zu erkennen, sie zu betrachten vom Standpunkt ihrer geistigen Interessen aus. Nach einigen Jahren besitzt man dann sehr viele kostbare Materialien für eine ganze Reihe von Monographien.« In Korczak, Janusz: *Sämtliche Werke*, Bd. 13, S. 557f.
2. Es geht um Formen der Fürsorge für Sorgenkinder (Waisen, Vernachlässigte u.a.).

Um mehr Klarheit und Objektivität in diese Frage hineinzubringen, hat sich die Redaktion an eine Reihe Gelehrter, Pädagogen, Erzieher usw. gewandt. Die Antworten werden im Rahmen unseres Journals veröffentlicht.

Wir geben die Antworten weiter, die bisher gekommen sind.

Dr. J. Korczak:

Ich kann bloß mit einer Vermutung antworten.

Ich finde, bei dem niedrigen Kulturniveau und wegen des Fehlens gesellschaftlicher Kontrolle ist es besser, in Heimen zu erziehen.[1] Es stellt sich aber die Frage, in welchen, da der jetzige Zustand der Heime uns überhaupt nicht zufriedenstellen kann. Ich wäre eher bereit, die Kinder innerhalb der armen Bevölkerung und ohne Kontrolle zu verstreuen, als sie zusammen unter den gegenwärtigen Bedingungen in die Heime zu geben. Die Heime, in denen Kinder hungern, muß man schließen und die Betreuer zur rechtlichen Verantwortung ziehen.

Aus: *Dos Kind* (Das Kind), Nr. 1 (Jan. 1924), S. 13.

Befragung zur Sexualerziehung bei Kindern. Die Antwort Dr. J. Korczaks

Die Frage nach der Sexualerziehung bei Kindern ist eines der kompliziertesten und schwierigsten Probleme, mit denen wir sowohl im Internat wie auch in der privaten Familie konfrontiert werden.

Die Frage nach der Sexualität ist eines der wichtigeren Momente im Leben eines Kindes; wird diese Frage nicht ausreichend ernsthaft und angemessen durch die Erzieher eingeschätzt, so kann dies zu tragischen Folgen für die Kinder führen.

Daher erachten wir es als wesentlich, die Meinungen von Professoren, Ärzten, Pädagogen und Erziehern in dieser Angelegenheit zu hören. Die folgenden Fragen wurden versandt:

1. Sollte man den Kindern Angelegenheiten der Sexualität erklären und ab welchem Alter?
2. Ist es zulässig, daß Jungen zusammen mit Mädchen erzogen werden und ab welchem Alter?

1. Korczak wollte solche Heime/Internate zu Erziehungskliniken machen; vgl. seine Beiträge *Das Internat* (*Sämtliche Werke*, Bd. 4, S. 143ff) oder *Arzt im Internat* (*Sämtliche Werke*, Bd. 8, S. 239ff). Sogar für straffällige Kinder forderte er »offene« Erziehungsanstalten statt repressiver Strafanstalten.

Die Antworten werden in unserer Zeitschrift veröffentlicht. Hier drukken wir schon erhaltene Antworten ab:

Dr. J. Korczak:

1. Kinder aus einem armen Umfeld sind schon zu gut über diese Dinge aufgeklärt. Sie wissen es, sehen es und machen es, leider, den Eltern nach. Und denen, die es nicht wissen – muß man es erklären. Aber wie? In welchem Umfang erklären, wie vor einer Gefahr bewahren, so daß der Schaden nicht größer ist als der Nutzen? Dies bleibt eine Frage.[1]

2. In Internaten, die schlecht organisiert sind und ohne Verständnis für diese Angelegenheit geführt werden, droht den Kindern eine gleichgroße Gefahr, egal ob es dort nur Jungen oder nur Mädchen gibt.

In Internaten, die sinnvoll aufgeteilt sind und sehr vorsichtig durch erfahrene und fähige Menschen geführt werden, können Jungen und Mädchen gefahrlos zusammen erzogen werden.

Aus: *Dos Kind* (Das Kind), Nr. 1 (Jan. 1924), S. 21.

Über die »Kettenglieder der Kinder«

Der größte Kinderfreund in Polen, ein profunder Kenner der Kinderpsychologie, ein bedeutender Schriftsteller, Autor einer Reihe bekannter Romane, Herr Janusz Korczak, hat uns untenstehende Bemerkungen zu der großartigen Selbsthilfeaktion zugeschickt, welche jüdische Kinder entwickelt haben, indem sie Kettenglieder in der »Hilfskette der Leser von *Nasz Przegląd*« gebildet haben.

*

Wie konnte sich die Spendenkette der Kinder derart ausbreiten, daß sie auf die letzte Seite verwiesen wurde?

»Sie haben Zeit – sie haben keine Sorgen – sie finden das lustig – sie wollen ihren Namen in der Zeitung sehen – übrigens spenden sie nicht selbst.«

Ich befürchte, daß die Erwachsenen – im Gefühl ihrer Überlegenheit das Kind herabsetzend – das Phänomen derart erklären möchten.

1. Korczak hat einige Male zu Fragen der Sexualerziehung Stellung bezogen, so z.B. in *Fragen ohne Antworten* oder *Der Verein »Das Kreide-Dreieck«*, im vorliegenden Band S. 276ff und 585ff.

Nein.

Das Kind empfindet tiefer, stärker, lebhafter. Und sein Wissen ist nicht geringer als unseres. Es hat Tränen gesehen, jemandes hilfloses Händeringen, es hat einen Seufzer bemerkt. Es hat ein Gespräch belauscht und es mit einer Reihe von Bildern belebt. Die Armen! – Sie haben nichts. Wir verstehen nur, das Kind aber fühlt und sieht. Eine Schuld – ein Wechsel – eine Steuer – das tut ihm weh, das scheucht es auf, das erregt es und macht es frieren. Ein Kamerad hat die Schule verlassen. Eine Freundin geht nicht mit aufs Land. Die Mama ist gereizt, der Vater hat nicht gelächelt.

Das Kind weiß die Dinge anders als wir – nicht weniger und nicht schlechter.

Nicht die Eltern, die Kinder spenden. –

Da legen sie ihre kleinen Ersparnisse an und leisten einen großen Verzicht: Kino, Fußball, Zirkus, Haarschleifen, Kuchen. Und es macht sie traurig, daß sie nicht mehr, nur so viel geben können.

Wenn ich zwischen den Zeilen der Spenden von Erwachsenen Gesten der Ermüdung und Ungeduld sehe, so tönt in jedem Glied der Kinderkette eine Melodie, ein Lied guter Gefühle.

Wir sind nicht gewöhnt, gegenüber Kindern zu erröten. Übrigens ist es nicht unsere Schuld, daß wir schlechter sind. Es ist schon viel, wenn dich das Leben nicht böse macht, sondern nur boshaft und (?). Atme auf, Leser.

Janusz Korczak

PS. Ich spende fünf Złoty und fordere Herrn Jerachmil Weingarten auf, dieselbe Summe zu spenden.

Aus: *Nasz Przegląd* (Unsere Rundschau), Nr. 116 (27.4.1926), S. 2. Der Artikel erschien unter der Überschrift »Hilfsfonds der Leser von *Unsere Rundschau* – Janusz Korczak«.

Unterstützen wir die Aktion Waisenbetreuung! Aufruf an die jüdische Gesellschaft

Der Verband der Vereine für die Betreuung jüdischer Waisen, dessen Tätigkeit sich über ein Gebiet von 319 Städten in der Republik Polen erstreckt und die Betreuung von 14 500 Waisen umfaßt, erlebt gegenwärtig eine kolossale Krise. Das Amerikanische Verteilungskomitee (J.D.C.), das bisher den wichtigsten finanziellen Grundstock des Verbands stellte, verminderte ab 1. Januar dieses Jahres in bedeutendem Maß seine Subvention und, was schlimmer ist – es gibt keinerlei Zusagen für die Zukunft. Dagegen sind die Unterstützungen der Regierung und der kommunalen Verbände noch unerheblich und stellen nur einen geringfügigen Teil des allgemeinen Budgets dar, das für die mit dem Unterhalt der obengenannten Anzahl von Waisen verbundenen Ausgaben notwendig ist.

Die Tätigkeit des Verbandes und seiner Zentrale sowie der örtlichen Komitees ist überaus schwierig und verzweigt:

4423 Waisen haben ihren Unterhalt in 111 Institutionen, 9978 Waisen werden außerhalb der Anstalten betreut.

Alle Kinder erhalten eine allgemeine Schulbildung und fast 5000 von ihnen werden in verschiedenen Berufen ausgebildet und stehen in naher Zukunft in den Reihen der produktiven Mitglieder der Gesellschaft.

Zu all diesen Aufgaben kommen noch viele andere Fürsorgepflichten wie Kleidung, Schuhwerk, medizinische Hilfe etc.

Wer von uns kennt nicht die Bemühungen des Verbandes, seine riesige Arbeit und seine Erfolge?

Sein Ziel ist es doch, das einsamste der Kinder auf ein produktives Leben vorzubereiten.

Sein Werk ist doch die Erziehung und Verselbständigung dieser Kinder!

Wir haben ja schon spürbare Erfolge seiner Arbeit und seiner Bemühungen, denn 2103 dieser Waisen sind bereits selbständig und verdienen den eigenen Unterhalt mit nützlicher Arbeit. Nimmt uns der Verband, indem er diese Waisen selbständig macht, nicht die große Verantwortung für ihr Schicksal und ihre Zukunft ab, und vergrößert er nicht damit die Zahl der in unserer Gesellschaft nützlichen Individuen?

Und wenn sich eine so nutzbringende Institution gegenwärtig in finanziellen Schwierigkeiten befindet und ihr Bestehen in Frage gestellt ist, ist es da nicht unsere Pflicht, all unsere Kräfte anzuspannen, um die Mittel für die weitere Betreuung der Waisen aufzubringen?

Wir rufen deshalb die ganze jüdische Gesellschaft zu aktiver finanzieller und moralischer Unterstützung des Verbandes und seiner Zweigniederlassungen auf – ganz besonders während der *Woche der Waisen*, die im März dieses Jahres auf dem ganzen Gebiet der Republik vom Verband proklamiert worden ist.

Wir rufen alle auf, sich als Mitglieder bei den lokalen Waisenvereinen einzuschreiben.

Wir rufen die Stadträte, die Mitglieder der Sejmiki sowie die Mitglieder der jüdischen Kahale auf, von den erwähnten Institutionen entsprechende Summen für die Betreuung der Waisen energisch einzufordern.

Unterstützt alle wie ein Mann die verantwortungsvolle Aktion für die Betreuung der Waisenkinder!!

Prof. Dr. M. Balaban, Abgeordn. H. Farbstein, Abg. S. Feldman, Dr. H. Goldszmit (Janusz Korczak), Abg. J. Grynbaum, Rabbiner Ch. Grodzieński, Abg. A. Hartglas, Abg. A. Lewinson, Abg. Melcerowa, Senator Rabbiner I. Rubinsztein, Dr. C. Szabad, Senator R. Szereszowski, Prof. Dr. M. Schorr, Abg. Dr. I. Szypper, Abg. O. Thon, Senator A. Truskier, Abg. W. Wiślicki, Abg. I. Wygodzki, Dr. M. Zylberfarb.

Aus: *Nasz Przegląd* (Unsere Rundschau), Nr. 58 (27.2.1927), S. 10.

Die Perle des Leidens[1]

Als ich die schönste Kurzfassung der »Weltgeschichte« von H. G. Wellsa (Lwów 1924, Buchhandlung Altenberg) las – beschloß ich, noch einmal die Geschichte der Juden (Balaban, 3 Bände) zu lesen. Mit dem Ziel, das Geschick des jüdischen Kindes im Verlauf der Jahrhunderte wieder einmal in meiner Vorstellung vor Augen zu haben.

Immer aufmerksamer blätterte ich die Seiten um. Je stärker das Leid der Jahrhunderte zu mir sprach, desto hartnäckiger fragte ich mich: Was hat damals das Kind gedacht und gefühlt und was geschah mit ihm?

Jedes historische Verbrechen hat das Kind unmittelbar getroffen, es wurde als das schwächste und am wenigsten widerstandsfähige Glied getötet oder mittelbar betroffen, indem seine Eltern getötet oder ins Verderben gestürzt wurden.

Ich wiederhole: Ich beschloß, das Kind zu suchen. Völlig unerwartet fand ich das Waisenkind.

Ja – in Panik – im Winter und in kalten Nächten flohen sie oder wurden vertrieben. In den Nächten wurden sie beraubt und ermordet. Sie hatten Gefängnis und Pogrome zu erwarten. Sie schlugen sich durch die Wälder, ertranken in Sümpfen und Flüssen.

Und überall waren, ähnlich wie heute, auch hilflose, zarte, empfindliche Kinder dabei.

1. Dieser Artikel erschien am 13. März 1927 in der Tageszeitung *Unsere Rundschau* auf einer Seite mit der Überschrift »Woche der Waisen« neben drei weiteren Artikeln über Waisenfürsorge (von A. Lednicki, J. Szypers und J. Baudeins de Courtenay).

Was häufte sich in der Seele an, die den Körper nicht verließ, die überlebte?

Der vergangene Krieg hat einige persönliche Erlebnisse beigesteuert:

Als in Galizien eine Gruppe gefangener Juden durch die Straßen lief und Kinder ihnen durch den Kordon der Soldaten hindurch Brot reichten. – Kinder, weil die Erwachsenen Angst hatten.

Als in der Nacht eine halbirre Jüdin durch ein Städtchen laufen wollte (es war den Zivilpersonen strengstens verboten, das Haus zu verlassen), weil sie meinte, es brenne in der Ferne gerade das Gebäude, in das man am Tag vorher ihren Mann eingesperrt hatte. »Die Moskowiter haben die Hütte der Arrestanten angezündet!« schrie sie. Zwei Kinder hielten sich an der Schürze fest. Ich erinnere mich nicht an ihren Blick.

Als in Pommern hinter den verriegelten Türen eines Gehöfts hervor immer wieder Kinder mit Krügen zum Brunnen nach Wasser liefen. – Man glaubte, daß sogar ein Kosak einem Kind nichts Böses antun wird.

Mit diesen drei Augenblicken erleuchtete ich wie mit einer Laterne das Dunkel der Zukunft. Das Licht der Laterne hatte eine rote Farbe.

Zweitausend Jahre hindurch wußte der Vater nicht, ob er Kinder aufziehen könnte, er glaubte nicht, daß er es schaffen würde. Wenige waren es, denen das Schicksal erlaubte, unter der Obhut einer Mutter heranzuwachsen und selbst zu erleben, daß ihnen ein Kind heranwuchs. Sie beeilten sich, dreizehnjährig verheirateten sie sie. Wenn es Waisen werden, sollen sie doch zu zweit sein ...

Daher wohl der Glaube, daß ein Ehepaar aus zwei Waisen auf dem Friedhof die Pest überlebt? (Eben – Waisen und ausgerechnet auf dem Friedhof.)

Ich wiederhole noch einmal:

Die Absicht war, das Kind zu finden, und immer wieder traf ich auf Gruppen und Massen von Waisenkindern.

Und ich verstand, warum sich das Verhältnis des Juden zum Waisenkind so gestaltet hat.

Im Leiden wurde diese Perle geboren. Sie soll nicht abhanden kommen, nicht verlorengehen.

Das Kleinod, errungen durch die Qual von Jahrhunderten, darf man nicht verkaufen.

Janusz Korczak

Aus: *Nasz Przegląd* (Unsere Rundschau), Nr. 72 (13.3.1927), S. 6.

Leonard

(Aus der Erziehungsanstalt »Nasz Dom« in Pruszków)[1]

Zahlreiche Narben im Gesicht von Leonard verraten eine heftige Natur, eine stürmische Vergangenheit.

Die Plebiszite, d.h. die Abstimmungen der Kinder[2], sprechen von einer ablehnenden Haltung der Kinderschar gegenüber Leonard (Plus heißt:

1. Es handelt sich um eine kurze Vorbemerkung Korczaks zu den Erinnerungen des Zöglings Leonard, die ergänzt waren mit im Nasz Dom gesammeltem Faktenmaterial, das die Zeitschrift *Szkoła Specjalna* (Sonderschule) 1927 in Nr. 1, S. 33-42 und Nr. 2, S. 86-99, veröffentlichte. Vorangestellt war eine *Anmerkung der Redaktion*: »Wir nutzen die Liebenswürdigkeit von Dr. Korczak und Frau M. Falska und bringen hier die Aufzeichnungen eines der Zöglinge der Erziehungsanstalt ›Nasz Dom‹ in Pruszków sowie einige Bemerkungen zu seinem Leben in der Gemeinschaft. Der Stil und alle Ausdrücke Leonards wurden unverändert gelassen. Leonard, ein Warschauer, war zur Zeit dieser Notizen 9 Jahre alt. Die Mutter, eine Arbeiterin in der Zigarettenfabrik, befaßte sich in ihrer arbeitsfreien Zeit mit Wahrsagerei. Sie hing sehr an ihrem Sohn und nahm ihn, nachdem sie eine feste Anstellung hatte, wieder zu sich – sie brachte ihn in einer der Allgemeinschulen Warschaus unter.«

   Leonards umfangreichen »Bekenntnisse« beziehen sich auf die ersten Monate des Aufenthalts in Nasz Dom (unterschiedliche Spiele und sein Verhalten dabei) sowie auf spätere Streitfälle und Vorkommnisse, aber auch auf sog. »Danksagungen«. Die Notizen enden mit folgenden Sätzen der Redaktion (S. 98-99 – hier gekürzt): »Frau M. Falska machte folgende Anmerkungen über Leonard: Es ist unklar – wieso das Verhältnis zwischen ihm und der Gruppe voller Abneigung bleibt; die Plebiszite verändern sich nicht, obwohl, wie eine Tabelle der Streitfälle verdeutlicht, es immer weniger Vergehen und Streitigkeiten gab. – Leonard ist in einer schmutzigen Atmosphäre aufgewachsen – im Hof und auf der Straße. Er schlägt ›auf die Zähne‹, ›nicht auf den Mund, sondern auf die Schnauze‹, äfft nach, beschimpft, flucht, schmäht, beleidigt. Er sagt die Wahrheit, lügt nicht. Redet sich nicht raus. Sein ›Ja‹ fällt wie eine Herausforderung. Wenn er schweigt, antwortet er nicht – er spricht mit stolzer Verachtung. Die Gemeinschaft – stößt ihn ab. Er ist allein. ›Ich spielte allein. Alleine. Ein wildes Pferd. Ich lief um die Pumpe herum. Dann habe ich gesungen. Ich sang. Ich sang für mich. Dann habe ich Purzelbäume geschlagen. (...)‹ Die heitere Atmosphäre des Zusammenlebens der anderen Kinder fängt an zu fruchten: Nach drei Monaten Aufenthalt hatte er 54 Streitfälle; nach vier 50; nach fünf 45; nach sechs 32 (...), nach neun 7 – dann kleinere Schwankungen (...) Er schlägt nicht mehr, flucht nicht, beschimpft wenig, nur manchmal platzt aus ihm noch ein ›Rotzjunge‹ heraus. – Dennoch – er bleibt ein Fremder – ›Stawia‹ [Trotzkopf] nennen ihn die Kinder ...« »Damit beenden wir«, schreibt die Redaktion, »die interessanten Notizen über die Erlebnisse eines Einzelgänger-Kindes. Es ist ein Material, das vielleicht von einem Fachpädagogen, vielleicht – von einem Psychoanalytiker bearbeitet werden kann.«
2. Die Erziehungshilfen Plebiszite, (Streit-)Fälle, Kalender, Danksagung werden im *Umriß der Organisation der Erziehungsarbeit in Nasz Dom*, *Sämtliche Werke*, Bd. 13, S. 557ff, beschrieben.

Ich mag ihn, ich bin zufrieden, daß er bei uns ist. Minus bedeutet: Ich hätte lieber, er wäre nicht hier. Null: Er ist mir gleichgültig). Die Selbstverwaltung bezeichnete Leonard als »anstrengenden Ankömmling«. Man stimmte einer Änderung dieser Bezeichnung – seiner Rehabilitierung, nicht zu (viertes Plebiszit: nur 5 Plus, 37 Minus). Sogar nach dem Austritt verzeiht ihm die Gemeinschaft nicht; nur ungern erinnert sie sich an ihn (er hat sie zu sehr geärgert).

Die (Streit-)Fälle – das sind die täglich in ein Buch eingetragenen Anklagen und Vergehen.

Der Kalender – das sind Geständnisse, Einfälle, Beschreibungen von Spielen und Erlebnissen. Unter dem Diktat der Kinder schreibt sie die Leiterin des Internats – Frau M. Falska, wörtlich auf.[1]

Der Dank, von den Kindern ausgesprochen, wird ebenfalls täglich im sog. Dankesbuch aufgezeichnet.

Das so festgehaltene Faktenmaterial erlaubt, die Handlungen der Kinder mit der Arbeit ihrer Gedanken, Gefühle und Bestrebungen in Verbindung zu bringen. Es schafft die Möglichkeit, einzelnen Kindern aus der Gemeinschaft umfassende Monographien zu widmen. Auf diesem Weg kann man eine große Anzahl von kasuistischen Vorkommnissen sammeln, um schließlich zu einer ausführlichen Pathologie und Therapie des Charakters zu gelangen.

J. Korczak

Plebiszite Leonards

		+	–	o
1. Pleb.:	nach einem Monat Aufenthalt und dem Erhalt von 20 Zusatzpunkten h 3 wegen Drangsalierens	13	31	6
2. Pleb.:	nach 3 Monaten Aufenthalt – (10 Zusatzpunkte h 3 für Drangsalieren)	13	34	5
3. Pleb.:	nach 8 Monaten Aufenthalt – (10 Zusatzpunkte h 3 für Drangsalieren)	7	37	6

Aus: *Szkoła Specjalna* (Sonderschule), Nr. 1 (Okt./Nov. 1927), S. 33.

1. Die auf diese Weise gesammelten *Erinnerungen aus der Kindheit der Kinder des »Nasz Dom« in Pruszków* wurden in Form einer Broschüre von Maria Falska herausgegeben. Korczak leitete das 1924 erschienene Buch mit »Statt einer Einleitung« ein (im vorliegenden Bd., S. 566f).

Wer nimmt sich des Straßenkindes an, das dem Unglück und der Kriminalität anheim fällt?

(Umfrage der *Abendrundschau*)

Ein Problem unserer Zeit, das auf den Nägeln brennt, ist die Frage einer gebührenden Organisation der Betreuung Minderjähriger. Der Krieg und seine Folgen haben bewirkt, daß in allen Ländern Europas eine ganze Armee unbeaufsichtigter Kinder entstanden ist. Gegenwärtig geht es um ihre Demobilisierung. Unsere Nachbarn haben sich schon daran gemacht, die riesige Armee minderjähriger Märtyrer aufzulösen – Polen kann und darf nicht der letzte sein. Die hilflosen Wesen, die zu zukünftigen Staatsbürgern heranwachsen sollen, müssen vor der Gosse und dem Gefängnis bewahrt werden, und wir müssen diesen Schutz organisieren. Aus dem Gefühl der Dringlichkeit dieser Angelegenheit heraus beginnt *Przegląd Wieczorny* (Abendrundschau) am heutigen Tag mit einer Umfrage; wir räumen all denen in unseren Spalten einen Platz ein, deren Meinung in die Waagschale fallen kann, wo immer gegenwärtig über das Schicksal von »Niemandskindern« entschieden wird, die verwahrlost und verlassen sind und von üblen Individuen ausgenützt werden.

Heute erteilen wir Dr. Janusz Korczak das Wort, dem bekannten Betreuer und Erzieher der Kleinen [...]

Was sagt Dr. Janusz Korczak?

Bei uns hat die soziale Fürsorge das Leben des Menschen noch nicht in dem Maße ergriffen wie im Ausland, und darin muß man die Ursache für die Kriminalität unter den Kindern suchen. Im Westen leidet nur derjenige Hunger und Not, der außergewöhnlich benachteiligt ist. Bei uns bedrückt das Elend ganze Scharen redlicher Familien, sei es aus Gründen völliger Arbeitslosigkeit, sei es wegen lächerlich niedriger Verdienste. Die Atmosphäre in diesen Familien ist mörderisch für die Kinder. Not, Hunger und der absolute Mangel an Betreuung – das sind die Ursachen für die Kriminalität der Minderjährigen.

Man muß betonen, daß es gegenwärtig bereits ein wenig besser ist; Kino, Radio und die Krankenkasse üben nämlich einen heilsamen Einfluß auf die Kinder aus. Der Tätigkeitsbereich dieser Organe ist jedoch zu klein.

Zum Beispiel existiert noch eine Masse von Arbeitern, die nicht in der Krankenkasse organisiert sind und deren Kinder von dieser sozialen Fürsorge ausgeschlossen sind. Bei den derzeitigen Verhältnissen kommt es oft zu dem tragischen Paradox, daß das Kind, das eine kriminelle Tat begeht, im Gefängnis eine bessere Betreuung und bessere Beköstigung findet als im elterlichen Haus.

Die staatlichen Stellen sind nicht zufrieden mit dem Stand der Dinge in den Waisenhäusern, in denen moralisch intakte Kinder unterkommen, und mit um so größerer Vorsicht und Zurückhaltung verhalten sie sich Anstalten gegenüber, deren Ziel es ist, Kinder zu betreuen, die ich nicht kriminell, sondern eher »schwer erziehbar« nennen würde.

Der Staat würde gern eine größere Summe für die Betreuung dieser Kinder auswerfen in dem Bewußtsein, daß er sich auf diese Weise in der Zukunft ein Mehrfaches an höheren Kosten im Gefängniswesen ersparen würde; es fehlt ihm jedoch die Garantie, daß das Geld Erfolg zeitigt. So muß man sicherlich die Zurückhaltung der Staatsstellen interpretieren, die sie sich bei der Finanzierung der Betreuung »schwer erziehbarer Kinder« auferlegen. Diese Zurückhaltung sollte verschwinden. Man darf jedoch nicht alles ausschließlich auf den Staat abwälzen. Ich finde, daß bei der Betreuung der Kinder im allgemeinen und der verwahrlosten im besonderen ein Zusammenwirken von Staat, Selbstverwaltungen und Gesellschaft unabdingbar ist.

Um beim gegenwärtigen Stand der Kinderfürsorge Veränderungen durchzuführen, muß man einige einschneidende Schritte unternehmen.

Bei uns herrscht Schulpflicht, und es gibt auch ein Lehrprogramm auf westeuropäischem Niveau, aber die Bedingungen, unter denen die Jugend lebt, erinnern an Zentralafrika, und sie sind die Ursache der Degeneration. In diesem Bereich muß man vor allem eine Reform der Verhältnisse einleiten.

Außerdem muß das Schulwesen mehr entwickelt werden, so daß die gesetzliche Schulpflicht nicht toter Gesetzesbuchstabe bleibt, sondern realisiert werden kann. Gegenwärtig besuchen Tausende von Kindern nicht die Schule, obwohl alle dies tun sollten. Man muß die Zahl der Schulen vergrößern und das Lehrpersonal entsprechend bezahlen, so daß es sich ganz und gar der Lehre und der Betreuung der Kinder widmen kann.

Für die Durchführung einer entsprechenden Betreuung der Kinder muß man ebenfalls einen Auskunfts- und Kontrolldienst organisieren, mit dem natürlich die Eltern und die Schule zusammenarbeiten würden. Zu diesem Zweck müßte man die Kinder vor allem mit ärztlicher Betreuung im Sinne der Diagnose versehen. Das heißt, man müßte ein Netz von Diagnosekliniken schaffen, in denen die Kinder untersucht würden und anschließend, je nach den wahrgenommenen psychischen oder physischen Schäden, in Gruppen gefaßt und in entsprechende Anstalten im ganzen Land verteilt würden.

In der Hauptstadt sollte eine vorbildliche Anstalt für »schwer erziehbare« Kinder entstehen, nach deren Muster ähnliche Anstalten im ganzen Land organisiert werden sollten.

Für die Versorgung dieser Institutionen mit den entsprechenden Lehrkräften müßte man spezielle Lehranstalten für Erzieher gründen. Die heutigen Kurse im Pädagogischen Institut sind nicht ausreichend.

Ich bin der Ansicht, daß die Minderjährigengerichte ohne entsprechende Kammern für den Erhalt und die Organisation der Fürsorge kein hinlängliches Mittel für die Verhütung der Kriminalität unter Kindern sind.

Der richterliche Zuspruch, der an einen minderjährigen Kriminellen gerichtet ist und nicht durch systematische pädagogische Einflußnahme gestützt wird, hat keinen Erfolg. Die Gerichte für Minderjährige können nur helfen als wissenschaftliche Beobachtungsstationen der Kriminalität und des Anwachsens oder Verschwindens dieser Erscheinung unter Kindern.

Trotz der alarmierenden Nachrichten, daß die Kriminalität unter Minderjährigen zunimmt, bin ich eher optimistisch als pessimistisch; und ich bin geneigt, zu behaupten, daß nicht die Kriminalität zugenommen hat, sondern daß sich die Aufmerksamkeit der Gesellschaft verstärkt hat, was natürlich eine sorgfältigere Wahrnehmung der Ausgaben und einen scheinbaren Anstieg der Kinder-Kriminalität bewirkt hat.

Außerdem wendet man heute nicht mehr die Methoden der früheren »pristawów« (Polizeivorsteher) an, die ohne Skrupel die Minderjährigen aburteilten; dabei dachten sie nicht an eine Registrierung dieser Vorfälle, die auf diese Weise der Kontrolle entzogen wurden; deshalb schien es so, als gäbe es sie nicht.

Aus: *Przegląd Wieczorny* (Abendrundschau), Nr. 67 (21. 11.1927), Nr. 2.

Naivität oder böser Wille?

Das Buch von Herrn Piotr Zygmunt Dąbrowski *Die Lehre vom Kind*, von dem weiter unten die Rede sein wird, tauchte im Frühjahr des vergangenen Jahres in den Regalen der Buchhandlungen auf. Das Kapitel III dieses Buches trägt den Titel »Soziale Verhältnisse und die psychische Entwicklung des Kindes«. Es vertieft die allgemeine Überzeugung, daß die Arbeit mit armen Kindern undankbar und schwer ist – ein schlechteres Material. Korczak tritt dieser Überzeugung ganz entschieden entgegen.

Wir sind sehr froh, daß wir dieses Problem, das für das Allgemeinschulwesen so wichtig ist, durch die Ausführungen eines Autors vom Rang Janusz Korczaks beleuchten können. Wie aktuell aber das durch ihn zur Sprache gebrachte Thema ist, möge die Tatsache zeigen, daß das Buch Dąbrowskis – das erste und bisher einzige Handbuch dieser Art in Polen, das zum Gebrauch der Lehrerseminare und der Lehrer an Allgemeinschulen bestimmt ist – für polnische Verhältnisse in einer Rekordzeit verbreitet wurde (es ist schon seit ein paar Monaten vergriffen, und bald soll eine Neuausgabe erscheinen); es hat sich also in den Händen von Tausenden von Lehrern für Arbeiterkinder bzw. Lehramtskandidaten befunden.

(J.R.)

*

Ich kenne Herrn Piotr Zygmunt Dąbrowski[1] nicht. Der scharfe Ton meines Auftretens ist also ausschließlich von der Sorge diktiert, das die zukünftigen Erzieher der Arbeiterkinder durch das leichtsinnige und sinnlose Kapitel des Handbuches vergiftet werden könnten; des zudem ersten und einzigen Handbuchs »zum Gebrauch der Lehrerseminare und Allgemeinschullehrer«. Die vorsichtige Einleitung stimmt einen dem Buch gegenüber eher versöhnlich; der bedeutende Verlag (Ksiażnica Atlas) suggeriert die Annahme, daß jemand das Buch durchgesehen und kritisch begutachtet hat, ehe es zum Druck gegeben wurde. Das dritte Kapitel jedoch, »Soziale Verhältnisse und die psychische Entwicklung des Kindes«, vergiftet naiv und bösartig das Verhältnis des Erziehers zum Kind, verzerrt und entartet es; es rechtfertigt die Untüchtigkeit oder Gewissenlosigkeit und Brutalität des Lehrers, es kann einem die Arbeit verleiden. Das ist ein Unrecht, das um so stärker ins Gewicht fällt, weil in einer Reihe von Fächern, die zum Programm der Seminare gehören, eben die »Lehre vom Kind« ein Verständnis seines wahren Wertes vermitteln sowie Schüler und Lehrer einander näherbringen und ihr gegenseitiges Verhältnis veredeln soll.

Auf zwei Seiten bringt Herr Dąbrowski kurz und knapp harte Anschuldigungen gegen die arme Familie vor.

»Das Leben der ärmeren Menschen dreht sich meist um eine Sorge: den Lebensunterhalt. Gefesselt von der Sorge um die alltäglichen materiellen Umstände, haben sie keine Zeit, sich mit den Kindern zu befassen. Die beschränkten materiellen Mittel erlauben es nicht, die geistigen Bedürfnisse des Kindes zu befriedigen. Das monotone, einförmige Leben dieses Milieus bietet dem Kind keine Möglichkeit, seine Intelligenz zu entwickeln.«

Etwas weiter:

»Die armen Eltern stehen im allgemeinen in jeder Hinsicht – physisch, geistig und moralisch – tiefer als die reicheren. Natürlich gibt es sowohl hier als auch dort Ausnahmen. Im Resultat können die armen Eltern, die nicht die moralischen Voraussetzungen haben, selbst nicht entsprechend auf die Kinder Einfluß nehmen; infolgedessen wird der physische, geistige und moralische Abstieg der ärmeren Klassen durch die Kinder weitergetragen, dauert an oder verstärkt sich sogar.

Infolge der Verschlechterung des physischen Zustandes erweist sich der einzelne als weniger intelligent, er beweist weniger Aufmerksamkeit und

1. P. Z. Dąbrowski war experimenteller Psychologe und Autor des Pädologie-Lehrbuchs *Nauka o dziecku* (Die Lehre vom Kind). Zur Pädologie vgl. S. 260, Anm. 1.

Gedächtnis, er bedenkt weniger, er opfert beständig die Zukunft dem Augenblick, maßlos befriedigt er unmittelbar seine Bedürfnisse, er erliegt dem Einfluß des schlechten Beispiels, er ist vergnügungssüchtig und treibt Mißbrauch mit Alkohol, und er verschleudert an einem Tag den Verdienst einer ganzen Woche. Er versteht nicht zu sparen, versteht nichts von hygienischen Bedürfnissen und ernährt sich falsch.«

Soviel von ihm selbst. Platt, einseitig, falsch und überheblich. Aber der Gipfel ist, daß er sich auf eine unbestrittene, ausgewiesene ausländische Autorität beruft, auf Binet.

»Die armen Klassen, sagt Binet, weisen nicht nur Zeichen einer physischen Degeneration auf, die physische ist von der geistigen und moralischen Degeneration begleitet. Überall sind die Kinder verelendeter und armer Eltern weniger intelligent als die Kinder wohlhabender Eltern.«

Wo Herr Dąbrowski diesen Satz herausgezogen hat und ob er ihn wortgetreu übersetzt hat – weiß ich nicht. Aber er hat ihn weder auf fünf noch auf elf Eltern und Kinder der Gesamtheit von armen Eltern und Kindern angewandt. Er hat vergessen oder wollte sich nicht daran erinnern, daß es bei solch harten Urteilen nicht erlaubt ist, sich auf fremde Länder und fremde Menschen zu berufen; daß das Dorf, das Städtchen, die Stadt, die Industriebezirke, die Agrarbereiche, der Boden, die Traditionen, ein ganzes Geflecht von individuellen Bedingungen darüber entscheidet, ob und in welchem Ausmaß das menschliche Material schlechter oder besser ist. Und die Degeneration sollte man entweder gar nicht erwähnen oder nur sehr vorsichtig und objektiv.

Die unwiderrufliche Besiegelung einer Sache durch die Autorität eines einzigen Namens ist unerhört riskant. Wie Nałkowski so schön in seiner Polemik mit Doktor Gawroński sinngemäß gesagt hat: Virchow war unbestritten ein berühmter Anatom und Pathologe, aber er konnte sich in der Vererbungslehre nicht auskennen, und selbst wenn er sich auskannte, so konnte, neben vielen richtigen Ansichten, diese eine gerade nicht durchdacht sein.

Ich bemühe mich, ein Moment der Verteidigung Herrn Dąbrowskis am Ende des fatalen Kapitels zu finden.

»Die Schule muß in diesen Fällen das Haus ersetzen und ihm die Arbeit abnehmen; sie wird von der Sorge geleitet, der Gesellschaft gesunde und in jeder Hinsicht normal entwickelte Bürger zu liefern. Das sind die Aufgaben des Lehrers. Er muß seine Aufmerksamkeit darauf lenken und bedenken, daß die Kinder ärmerer Klassen in jeder Hinsicht schlechter entwickelt sind und daß infolgedessen ihre entsprechende Entwicklung größere Sorgfalt, mehr Arbeit und Geduld erfordert; und er muß daran denken, daß die Schule diesen Kindern den positiven Einfluß des familiären Milieus, der ihnen fehlt, ersetzen muß.«

Mit anderen Worten, dem Lehrer wird folgender Gedanke suggeriert: Diese physisch, geistig und moralisch verelendeten Kinder erfordern mehr sorgfältige Arbeit und Selbstüberwindung von Seiten des Lehrers. Eine solche Samariter-Einstellung wäre seelengut, aber völlig naiv. Eine zu gewaltige Bemühung und ein zweifelhafter Effekt.

Der Lehrer steht vor der Aufgabe, das Programm so umzuarbeiten, daß er die ererbte und soziale Degeneration verhindert. Das ist natürlich eine Phrase, ein hochtrabendes Geschwätz, eine Deklamation am grünen Tisch. Mit dem Lineal auf die Finger, eins hinter die Ohren, auf den Schädel, um im schulischen Viehstall das Rindvieh im Zaum zu halten!

Die Sache des Kindes bietet sich nicht in allzu lockenden Farben dar, weder in der armen noch in der reichen Familie. Die Verlogenheit bei der Beleuchtung des Problems beruht auf dem Vergleich einer außergewöhnlich wertvollen reichen Familie mit einer unmoralischen, armen Trinkerfamilie. Ich werde mich bemühen, die Fakten umgekehrt – ebenso tendenziös – darzustellen.

Das Leben der reichen Familie dreht sich um die einzige Sorge, sich obenauf zu halten, mehr zu erreichen, Karriere zu machen, den Maßstab über den status quo hinaus zu sichern. Und von dieser Sorge beherrscht, haben die Eltern keine Zeit, sich mit den Kindern zu befassen und übergeben sie fremden, bezahlten, oft gewissenlosen Erziehern. Übermäßige materielle Mittel erlauben die Befriedigung jeglicher Launen. Ein Übermaß verwöhnt und macht träge. Das vielfältige, glänzende Leben des Milieus zeitigt eine Oberflächlichkeit des Denkens, es erlaubt keine Konzentration, das Wesen der Dinge wird durch Schein, Trug, falschen Glanz usw. ersetzt.

Die moralische Atmosphäre ist saumäßig. Egoismus, Gleichgültigkeit gegenüber sozialen Problemen, Abkapselung im engen Kreis materieller Genüsse; dabei Arthrose, Diabetes und alle anderen Degenerationskrankheiten, die der Sphäre der reichen Leute eigen sind.

Die arme Familie hat meist ein bescheidenes Budget zur Verfügung, im übrigen ist sie abgehärtet in Verzicht und Unbequemlichkeiten, sie zittert nicht so vor jeder Veränderung des materiellen Standes, sie ist ausgeglichen im Gefühl ihrer Stärke.

Was hat mehr Wert – die zahlreichen und oberflächlichen Vorstellungen von künstlich aufgezogenen Kindern oder die kleinere Zahl der dafür redlichen und durchdachten Wahrnehmungen? Die Frage zur Bedeutung von Übermaß oder Mangel ist nicht im geringsten gelöst.

Vorläufig lasse ich es bei dieser flüchtigen Bemerkung bewenden, ich entziehe mich jedoch nicht einer gründlichen Diskussion dieses Themas.

Janusz Korczak

Aus: *Robotnik* (Der Arbeiter), Rubrik *Matka i Dziecko* (Mutter und Kind), Nr. 31 (31.1.1928), S. 3.

Kinder – vergöttert und Kinder der Armut

Die Rechte der Kinder angesichts des § 475 des Strafgesetzbuches und des § 135 der Strafprozeßordnung[1]

Der in unserer Zeitung unter diesem Titel abgedruckte Artikel, verfaßt von dem talentierten Romanschriftsteller St. Mar, hat großes Interesse unter all denen erweckt, denen das Schicksal des benachteiligten Kindes aus den niederen sozialen Schichten am Herzen liegt.

Herr St. Mar fordert in diesem Artikel, daß jede Gewalttat (im speziellen Sinne des Gesetzes verstanden), die an einem Kind begangen wird, so behandelt werden muß wie ein Verbrechen, dessen Verfolgung in keinem Fall niedergeschlagen werden darf.

Der zu dieser Frage von uns abgedruckte Brief von Prof. E. Rappaport, Präsidiumsmitglied und Sekretär der allgemeinen Kodifizierungskommission, nennt die von St. Mar angesprochene Angelegenheit »ein zu Recht zur Sprache gebrachtes Problem« und sichert zu, daß es »ohne Zweifel gewissenhaft durch die Kodifizierungskommission in ihrer Arbeit, die gegenwärtig im Gange ist, gelöst werden wird. Von den vielen Briefen, die wir weiterhin zu dieser interessanten Frage bekommen, erteilen wir Herrn J. Korczak das Wort, dem berühmten Autor vieler wertvoller Romane, deren Held das Straßenkind ist, und vor allem einem Menschen, von dem man freiweg sagen kann, daß er sein ganzes Leben aufopfernd dem Kinderelend gewidmet hat.

Sehr geehrter Herr Redakteur!

Mit Freuden würde ich an der Diskussion teilnehmen, wenn ich nur einen Funken Glauben daran hätte, daß sie ihren Zweck erfüllt. Leider schützt unter den heutigen Bedingungen kein Paragraph des Gesetzbuches das Kind vor der brutalen Gewalt der Erwachsenen.

Es prügeln die Eltern, die Arbeitgeber, die Erzieher, die Lehrer, die Priester und die Melamdim[2]. Geschlagen und mißhandelt werden die

1. Im § 475 des *Strafgesetzbuches* (k.k. = kodeks karny) im Kapitel XXIII *Über Körperverletzung und Personengewalt* heißt es: »Jemand, der sich wegen vorsätzlicher Prügel oder anderer Gewalttaten, die die Unversehrtheit des Körpers verletzen, schuldig gemacht hat, – ist für diese an einer Person verübten Gewalt mit einer Gefängnisstrafe zu bestrafen.« Absatz 1 besagt: »Stoßen und Schlagen beinhalten alle Eigenschaften der an einer Person verübten Gewalttat.« § 476 besagt, daß der Schuldige dafür »mit einer Gefängnisstrafe von 1 bis 3 Jahren zu bestrafen ist.«
   § 135 der *Strafprozeßordnung* (u.p.k. = ustawa postepowania karnego), unter der Überschrift *Urteile in Abwesenheit angeordnet*, besagt: »Wenn der Kläger ohne rechtfertigende Gründe nicht zum Termin erscheint, weist das Gericht die Klage ab, oder es prüft die Strafsache in Abwesenheit des Klägers.« In der Auslegung ist u.a. die Möglichkeit vorgesehen, »den Fall durch Einigung einzustellen.«
2. Plural von Melamed: Lehrer in jüd. Elementarschulen.

Kinder von der erwachsenen Generation, leider auch von der jungen Generation der Erzieher und von den Jugendlichen. Wer stärker ist, hat Recht. Mit den Fäusten wird abgerechnet.

Letzthin habe ich von einem Arzt gehört, der einem Internat im Falle eines chronischen Bettnässers die Anwendung der Prügelstrafe empfohlen hat.

Angeblich ist die Fachzeitschrift der Lehrer machtlos und kann das Problem der Prügelstrafe aus Angst, ihre Popularität zu verlieren, nicht ansprechen.

Meine Forderungen reichen weiter.

Außer schlechthin groben Auseinandersetzungen existiert noch eine ganze lange Reihe mittlerer Abstufungen. Rippenstöße, Gezerre und Geschubse für Kinder sind ganz allgemein und werden überhaupt nicht wahrgenommen.

Eine zärtliche Mutter zieht das Kind, wenn sie auf der Straße geht, hinter sich her und denkt nicht daran, ihren Gang den winzigen Schritten des Kleinen anzupassen. Wenn sie in die Trambahn steigt oder aussteigt, nimmt sie es an einer Hand und zieht es rauf oder runter wie einen Kalkbottich an der Schnur.

Man ist entsetzt, wenn man die langen Register von Krawallen Betrunkener liest. Das sind Vater, Mutter, Onkel, älterer Bruder. Zeugen sind immer die Kinder, und dann heißt man sie, die Älteren achten.

Man schlägt Kinder, weil sie ungehorsam und quecksilbrig sind, weil sie nicht ruhig in den von Ausdünstungen vergifteten, überfüllten Klassenräumen sitzen können, weil die Eltern keine eigene Wohnung haben, weil eine Einschränkung, eine Ausweisung oder Steuern drohen, weil es traurig ist oder weil es lustig ist, weil die Einschreibung teuer ist, weil in der Schule Kreiden oder Sportkleidung verlangt werden, weil das Kind um Brot bittet oder umgekehrt – nicht essen will, weil es schläfrig ist oder umgekehrt, weil es nicht 12 Stunden am Tag schlafen kann, weil es heimlich Wasser getrunken hat, als es Durst hatte.

Die einen prügeln nur, andere küssen und schlagen abwechselnd. Sie schlagen es selbst oder schieben absichtlich diese »Pflicht« dem Nachbarn zu; denn warum werden Eltern aus irgendwelchen Gründen in die Schule zitiert, wenn nicht wegen der Forderung nach dem väterlichen Riemen.

Ein großer Teil des Landes wurde in einer Schule völliger Rechtlosigkeit[1] erzogen, ein nicht kleinerer – in der brutalen Schule äußerer Ordnung[2] unter einem voreingenommenen, mißtrauischen und böswilligen Auge. Das rächt sich in erster Linie grausam an den Schwachen und Hilflosen.

1. Russischer Teil des dreigeteilten Polen.
2. Preußischer Teil des dreigeteilten Polen.

Nicht übermütig, sondern erbittert und rebellisch sind die Kinder und die Jugendlichen. Wir nennen diese Zeit gefährlich. Die humanitäre und heuchlerische Phrase von Freiheit und Sanftmut gelangte bis in die Welt der Kinder. Es ist zu spät, den Kindern heute zu verbergen, daß das Gesetz Prügel verbietet. Sie wissen es. Sie reagieren auf ihre Weise – mit Verschwörung, Mißachtung, böswilligem Schabernack und mit der Suche nach Schwächeren als sie selbst sind, um ihre eigenen Kräfte auszuprobieren.

Ich ende mit einem Vorwurf an die Presse. Sogar in dem Teil, der an Sensationen Gefallen findet – wird nur selten und im Kleindruck von Fällen berichtet, in denen Kindern Unrecht geschieht, oder sogar Verbrechen an ihnen verübt werden.

Ich verfolge die Sache des Kindes zu aufmerksam, um nicht eine pessimistische Meinung zu vertreten, und leider ist sie begründet.

Hochachtungsvoll
Janusz Korczak.

Aus: *Kurier Poranny* (Morgenkurier), Nr. 288 (16.10.1928), S. 4.

Vorwort[1]

Ein wertvolles Dokument, ungewöhnlich wertvoll. Über die psychologischen Skizzen *Im Kindergarten* könnte man einen ansehnlichen Band schreiben. Die kleinen Beobachtungen könnten Themen zu einer Reihe von Vorträgen liefern.

In ihnen liegt die Freude verborgen, daß man auf seinem Weg Kindern begegnet ist. Die Freude, daß sie »süße Schnäbelchen« haben, »dunkle Augen«, »lange Wimpern«, ja sogar »große, klare Tränen«. Die Freude, daß es sie gibt, daß sie »die Begabung, sich an der Bewegung, an der Sonne, am Leben zu erfreuen, ins Leben hineintragen«, oder daß »sie die Trauer und Wehmut kommender Enttäuschungen« haben.

Ja – Vierjährige.

Die Autorin hat es schon entdeckt: Da ist der Träumer, der Kecke, ein aggressives Kind und ein stilles, und ein ängstliches. Sie hat auch schon den Ernst entdeckt: Beim Einfädeln der Nadel, beim Kampf ums Brot, bei einer schöpferischen Bemühung. Die junge Erzieherin kann noch staunen.

1. Vorwort zu »psychologischen Skizzen« in der Broschüre *Im Kindergarten*.

Und sie freut sich, daß sie in diesem exotischen, erst neu entdeckten, niemandem vorher bekannten Reich, herrscht. So hat sich Maeterlinck[1] gefreut, als er der Biene begegnete.

Janusz Korczak

Aus: Maryńska, Ala: *W przedszkolu* (Im Kindergarten). Warszawa 1929. *Biblioteczka Wychowawcza »Dziecka i Matki«* (Kleine pädagogische Bibliothek »Kind und Mutter«), Nr. 6, S. 3.

Der Verein »Das Kreide-Dreieck«[2]

Ich antworte auf drei Fragen – Anregungen, die im Schlußartikel der Nr. 11-12 von *Życie Dziecka* (Kinderleben) vom vergangenen Jahr gemacht wurden.

1) Soll man die Broschüre, welche das sexual-politische Seminar der pädagogischen Fakultät in Berlin herausgegeben hat, ins Polnische übersetzen?

2) Würde ich das Vorwort dazu schreiben?

3) Soll man nicht über »diese Dinge« ein eigenes Buches schreiben?

Die beiden ersten Fragen beantworte ich mit: »Nein.«

Wenn das Kind wirklich etwas beschäftigt, möchte es das wissen, sehen, selbst ausprobieren. Die Erzählung von einem Fahrrad, die Zeichnung eines Fahrrads, seine pedantisch genaue Betrachtung von allen Seiten und die Prüfung der Räder, der Pedale und des Lenkers. Schließlich: »Ich selbst.« – Fahrrad, Motorrad, Auto, Flugzeug oder Puppe, Geschirrschrank und Speisekammer und Nähmaschine. – Endlich

1. Maurice Maeterlinck (1862-1949), belgischer Schriftsteller, Lyriker und Dramatiker, bedeutendster Vertreter des Symbolismus; auch Verfasser naturphilosophischer Schriften wie *Das Leben der Bienen* (1901, poln. Ausg. 1903) und *Intelligenz der Blumen* (1907, poln. Ausg. 1922); 1911 erhielt er den Nobelpreis für Literatur.
2. Broschüre der pädagogischen Abteilung des Sexualpädagogischen Seminars in Berlin mit dem Titel *Der Verein »Das Kreide-Dreieck« erforscht die Geheimnisse der Erwachsenen.* Berlin 1932 (Verlag für Sexualpolitik). Eine Gruppe von Berliner Kindern aus dem Arbeitermilieu schließt sich zum geheimen Verein »Das Kreide-Dreieck« zusammen und bemüht sich um sexuelle Aufklärung, die ihnen ihre Eltern bisher verweigert haben. Sie finden schließlich ein sozialistisch aktives Ehepaar, das ihnen die im Kreis der übrigen Eltern nicht gebilligte Aufklärung über die biologischen Zusammenhänge von Zeugung und Geburt vermittelt.

der Blumentopf, der Kanarienvogel im Käfig, das eigene Beet, der Taubenschlag, das Briefmarkenalbum. Es ist interessant, wenn das Küken aus dem Ei kriecht, wenn die Katze, die Hündin – Junge kriegen, wenn es ein Füllen, ein Kälbchen gibt. Sie werden ungeduldig, wenn die Rosenknospen und die Augen der Kätzchen zu lange geschlossen bleiben.

Mitleid erwecken Kinder, die nur etwas hören und auf dem Bild sehen, verschlafen, blasiert ...

Der Autor der Erzählung sagt:

»In dieser Nacht konnte Lotte nur sehr wenig schlafen«, und damit verrät er eine intellektuell-bürgerliche Arbeit, zum Gebrauch im proletarischen Milieu bestimmt. Täuschung, Lüge, mangelnde Kenntnis des Milieus, – oder es ist in Deutschland anders.

In der Sphäre der Intelligenz ist es möglich, daß ein Kind, das mit Schlaf überfüttert ist, nicht schläft, weil es die Frage, wie die Menschen zur Welt kommen, so quält – ich habe Mitleid mit ihm. – Aber ein Kind in einer Einzimmerwohnung erwägt diese Angelegenheit, die nicht die wichtigste ist, ab und zu – und nur bei Tag.

Ein Gespräch:

»Paß auf, Liesel, ich weiß was ... das ist ein großes Geheimnis.«

Liesel wartet auf Einzelheiten, aber Lotte »macht sich wichtig«[1].

Die reinste Wahrheit. Sowohl die aus dem Salon als auch die vom Hof lieben Geheimnisse. Und ein Geheimnis kann ein Jux sein, ein Rätsel, eine Überraschung, ein Klatsch.

»Ich weiß etwas, was du nicht weißt. Ich kann etwas, was du nicht kannst.« Gehört, heimlich beobachtet, belauscht. Ein Kunststück, ein Geheimnis. Ich sag dir's, aber nicht weitersagen.

Nicht alle in Wirklichkeit, sondern diese Lebhaften, Lauten – die den Ton angeben, vielleicht sogar eine Minderheit, aber sie vor allem stechen ins Auge.

Ein Geheimnis vertreibt Lotte den Schlaf aus den Augen – jene Kinder aber haben nicht immer einen sorglosen Schlaf, es stört sie das Quieksen des Kindes in der Wiege, das Geboxe des Bettnachbarn (Streit um die Bettdecke), – Zahnweh, die Krankheit der Mutter, der betrunkene Vater, der krachmachende Untermieter, die Wanzen, die stickige Luft ...

Vielleicht irre ich mich, aber es sieht so aus, als ob der Autor der Erzählung sich darüber ärgere, daß der Lehrer in der Schule vom Herzen, vom Magen, und von der Lunge erzählt. – Ich teile seine Unzufriedenheit, wenn der Lehrer so spricht, wie es der Autor tut. Das Herz und das Blut, ihre Arbeit und ihr Kampf, ihr großes Geheimnis und ihre Heldenhaftigkeit im Kampf mit der Krankheit und ihre Sorge um das Wohlbefinden des Menschen ... Das Kind verletzt sich, es blutet und sieht Blut, es beobachtet den schmerzenden Finger und dessen

1. In der poln. Vorlage in Deutsch.

Heilung ... Das ist *wichtig und aktuell*. Wenn ein Kind das Leben der Zelle, der Gewebe und der Organe nachlässig und verächtlich behandelt und wartet nach einer schlaflosen Nacht nur und ausschließlich darauf – muß man über seine Zukunft beunruhigt sein.

Der Autor läßt uns vermuten, daß eine besorgte und verständige Mutter ihre und fremde Kinder aufklärt. Und sie vermag über die Geburt eines Kindes nicht mehr zu sagen oder will nicht mehr sagen, als daß es weh tut, »aber wenn das Kind geboren ist, vergißt man den Schmerz schnell.« – Ich habe kein Kind geboren, aber ich habe einige Geburten gesehen, ich weiß nicht, was Tiere fühlen, aber eine Frau fühlt ein wenig anders und mehr, als – daß es schon nicht mehr weh tut.

»Ein wenig Flüssigkeit, in der viele winzige Fädchen herumschwimmen.«[1] – Nur so viel, daß es eine feuchte und warme Flüssigkeit ist? – Also nicht das große Geheimnis des Lebens, des Todes, der Vererbung – Georg Mendel und Morgan? Also ist das Kind entweder zu dumm, um sich zu wundern und nachzudenken, oder ist es eine Grobheit, die nicht würdig ist des Heiligtums des wahren Wissens, das nicht aus der Gosse stammt?

Das eben ist eine »Schweinerei«[2], und die Mutter klärt das Kind »in häßlicher Weise«[3] auf; der ganze Unterschied liegt darin, daß sie laut und klar ausspricht, was der Kamerad vom Hof – leise in den Ecken flüstert.

Es ist besser, daß es die Mutter ist, aber auch schlechter. – Wenn das Kind nicht will, dann glaubt es dort einfach nichts oder glaubt es nur teilweise, macht sich langsam vertraut damit, zögert die Antwort hinaus, nimmt auf, was es will, hier aber – ist es wie vor den Kopf gestoßen.

Ich wundere mich nicht, daß die Kinder nach diesem Gespräch »nachdenklich und müde« waren. Ein bißchen zu viel und zu wenig und nicht ihrem Gefühl entsprechend.

Denn warum ist es so und nicht anders?

Unverfroren und mit völliger Gewißheit verkündet der Autor, daß die Onanie bei Kindern[4] »nichts Schlimmes ist – es ist vollkommen normal.« – Freilich nicht die Onanie, sondern nur, »sie greifen hin und reiben ein wenig.«[5] – Wenn der Mathematiker Russel in einem Buch für Erwachsene dies naiv erwähnt,[6] kann man Zweifel haben, aber wenn

1. In der poln. Vorlage in Deutsch.
2. In der poln. Vorlage in Deutsch.
3. In der poln. Vorlage in Deutsch.
4. Zur Onanie vgl. Korczaks Aufsatz *Beobachtung eines Falls*, in: *Sämtliche Werke*, Bd. 8, S. 279ff.
5. In der poln. Vorlage in Deutsch.
6. Russel, Bertrand Arthur William (1872-1970), engl. Mathematiker und Philosoph, Autor populärer Essays, z.B. *On Education* (1926, poln. Übersetzung 1932), wo er in Kapitel XII, »Geschlechtserziehung«, auf das Problem der Masturbation bei Kindern eingeht und feststellt, daß »das kindliche Onanieren – wenn man es

eine ernsthafte Institution auf solch »gekürzte« Weise eine solche »Wahrheit« unter Kindern in Umlauf setzt – kann man sich nur wundern.

Ich ahne es: Überempfindliche, intelligente Mütter erschrecken sich und die Kinder mit den Folgen der »schlechten Gewohnheit«, wenn sie ein unschuldiges Abirren der Hände am Körper entdecken, also treibt ein Keil den anderen. Eine unsichere Methode: Überzeugt, daß »das« natürlich ist, werden sie vielleicht den Arzt beunruhigt fragen, was das heißt, daß ihr Kind noch nicht onaniert; aber die Erzählung »Dreieck« ist für Mütter und Kinder des Proletariats bestimmt.

Vielleicht ist es in Deutschland anders, aber bei uns hat ein zwölfjähriger Junge noch keine Pollution, und die Mädchen werden im allgemeinen später reif als es die Broschüre will.

Auch deshalb, mit oder ohne Vorwort, eignet es sich nicht zur Übersetzung.

Eine andere Sache ist es, ob Hygiene unter Berücksichtigung der sexuellen Probleme nötig ist. Und hier antworte ich auf die dritte Frage: Warum schreibe ich kein Buch darüber?

Ich habe vor einigen Jahren ein kleines Buch geschrieben: *Lebensregeln*. Das war ein Versuch, ich wartete auf ein Echo; die Antwort – Schweigen. Dort gab es ein Kapitel mit dem Titel: »Gesundheit«. Ich wundere mich nicht: Auf dem Markt findet das, was nicht modern und knallig ist – kein Gehör. Was jedoch soll der Mensch, der sich nicht anpassen kann, tun? – Er muß schweigen, obwohl das schwieriger und belastender ist als – das Wort ergreifen. – Ich habe nicht die Qualifikation eines »Spezialisten« der kindlichen Sexualität, so viel weiß ich aber, daß der Sozialdarwinismus und die Sexualzoologie ein Irrweg sind, schädlich, ein Unrecht und eine große Gefahr. Man darf das Kind nicht herumbugsieren, weder nach links noch nach rechts.

Am Ende der trübsinnigen Überlegungen ein heiteres Bild.

Vier Kinder unterhalten sich:

»Mich hat der Storch gebracht.«

»Mich hat die Mama im Krautkopf gefunden.«

»Mich hat sie im Bauch getragen.«

»Und ich war ein Äffchen und nachher erst ein richtiges Kind.«

»Jetzt kommt schon, wir spielen was.«

Janusz Korczak

Aus: *Życie Dziecka* (Kinderleben), Nr. 2 (Febr. 1934), S. 41-44.

sich selbst überläßt – soweit man weiß, keine schlechten Nebenwirkungen für die Gesundheit hat und auch keinen festzustellenden schlechten Einfluß auf den Charakter«. Er warnt auch vor falschen Methoden (unvernünftigen Verboten) zu seiner »Bekämpfung«.

Über die Friedenspfeife*

Der durch seinen Ernst und sein Maß imponierende Artikel von J. Balicka[1] ersetzt mir gewissermaßen eine eigene Antwort. Ein Vorbehalt: Die Autoren der Erzählung *Das Dreieck* sind nicht die gleichen Wahrheitssucher wie es Kinder sind. Kinder wollen nur wissen, jene aber wissen und kennen – sie kennen das Proletariat und das Kind – und die pädagogischen und sexuellen Probleme. Eine klare und einfache Sache; die Instruktion ist unterschrieben, die Resolution abgesegnet, der Korporal hat gesagt: »Links herum und aufstehen!«, aber die Katechetin lehrt: »Hinlegen – rechts herum!«[2]

Sie, das pädagogische Kommissariat des Amts für Sexualfragen, wissen es genau und haben keine Zweifel – und das eben ist der Anlaß für meinen Zorn. Wenn ich Frau Ryngmanowa beleidigt habe, so bitte ich um Verzeihung; ich werde so viele Friedenspfeifen rauchen, wie sie befiehlt. Darum geht es nicht.

Aber

1) Was tun, damit gesunde, gescheite und moralische Eltern zahlreiche Kinder haben könnten?

2) Was tun, damit sie die Vorbedingungen, Mittel und Zeit für die Erziehung der Nachkommenschaft haben werden.

3) Damit das Kind nicht eine Belastung und zu nichts nütze wäre, damit man es nicht geringschätzen und schlecht behandeln wird? Damit man seine Betreuung und die Sorge um das Kind nicht lügenhaft vortäuschen wird?

Die Sexualerziehung der Kinder (nicht der Jugendlichen) – das ist:

1) Nicht die Hände ringen, nicht Klapse geben und »Bä« sagen, wenn sich das Kind naß macht, besudelt, schneuzt, dreckig macht – ein Kleidchen zerreißt oder ein Glas zerbricht.

2) Nicht überfüttern (weder mit Kalorien noch mit Vitaminen).

* Stellungnahme zum Artikel von Ryngmanowa, Janina: *Kompromiß im Leben und die Verantwortung gegenüber dem Kind.* Nr. 4, *Życie Dziecka* 1934. Die Autorin setzt sich in diesem Artikel kritisch mit Korczaks Position zu *Der Verein »Das Kreide-Dreieck« erforscht die Geheimnisse der Erwachsenen* (vgl. den vorangehenden Artikel) auseinander und schließt ihre Ausführungen mit dem Vorschlag, eine Friedenspfeife zu rauchen.

1. Dr. J. Balicka hatte sich zu dem Versuch der sexuellen Aufklärung mit Hilfe des deutschen Büchleins *Der Verein »Das Kreide-Dreieck«* ablehnend geäußert. In ihrem Artikel *Ein gefährliches pädagogisches Experiment (Życie Dziecka* 1934, S. 115-119) begründet sie ihre Position. Dagegen vertrat Janina Ryngmanowa eine eher vermittelnde Position und machte dies mit der Metapher Friedenspfeife deutlich.

2. Ironische Anspielung auf unkritische, dogmatische Positionen.

3) Nicht das Trinken verbieten (Wasser), wenn das Kind Durst hat.

4) Nicht das Zubettgehen und den Schlaf aufzwingen, nicht überheizen.

5) Nicht die Bewegung und das Spiel auf einem großen und interessanten Terrain verbieten.

Mit vernünftigen und ausgeglichenen Eltern gesunder Kinder, die dazu in der Lage sind – verständigen wir uns. (A. Russel hatte noch nicht einmal eine Schule, als er über Erziehung schrieb, und seine eigenen Kinder brachten das halbe Jahr am Meer zu.)[1]

Was tun, damit sich nicht vermehren: die Deppen, Psychopathen, Degenerierte. Wie können wir diese Eltern erreichen, sie überzeugen oder zwingen. Ja, das sind bedrohliche Probleme und verzweifelte Versuche, die von der medizinisch-hygienischen und eugenischen Presse besprochen werden.

Den Wert und die Würde des Menschen hoch halten: »Fädchen, die in einer Flüssigkeit schwimmen«[2] – die düstere Angelegenheit der Degeneration, die helle Hoffnung der Regeneration.

Das Dreieck schadet gesunden Kindern nicht: Es ist langweilig, schwierig, überflüssig, dumm und fremdartig, der Mutter eines schwachen (Kindes) im Käfig sagt es: Alles ist in Ordnung, wenn es nur mit der Hand geschieht oder im Präservativ.

Dr. Dąbrowski in der *Szkoła specjalna*[3], wie übrigens auch Psychiater und Neuropathologen – können und sollten vor *Übertreibung* bei der Behandlung von Onanie warnen; aber ein Physiologe ist keine Autorität in Fragen der Erziehung, und auf ein Privatgespräch darf man sich nicht berufen. Wenn ich im intimen Kreis sagen würde: »Die Schule verdummt und demoralisiert anstatt zu bilden und zu erziehen«, oder »Die Sommerkolonien und der Sport verbreiten die Tuberkulose anstatt die Gesundheit zu unterstützen«, – so wäre ich nicht gerade dankbar dafür, wenn jemand diese Sätze als meine Ansicht über die Schule und den Sport zitieren würde.

Janusz Korczak

Aus: *Życie Dziecka* (Kinderleben), Nr. 5 (Mai 1934), S. 137f.

1. Zu Russel vgl. S. 587, Anm. 6. Sein Buch *On Education* erschien 1926, erst 1927-1932 leitete er zusammen mit seiner Frau Dora eine fortschrittliche antiautoritäre Schule in Beacon Hill.
2. Diese Wendung hatte Korczak im Artikel über das »Kreide-Dreieck« in Deutsch zitiert.
3. Dąbrowski, Kazimierz (1902-1980), Psychiater und Psychologe, Initiator der Bewegung für Psychische Hygiene, schrieb in der Zeitschrift *Sonderschule*, mit der auch Korczak über Jahre hinweg zusammenarbeitete, Artikel über kindliche Nervosität und kindliches Onanieren und deren Beeinflussung durch die schulische und die außerschulische Umwelt.

Über eine neue Idee bei der Erziehung der Jugend[1]

»Wollte ich ein Dichter sein«, fing der Redner an »würde ich sagen, der Tempel, wo ich dem Kind vermählt wurde, war das *Dorf*.

Zum ersten Mal kam ich vor vierzig Jahren mit dem jüdischen Kind in einer Ferienkolonie in Berührung.[2] Damals kannte ich die jüdische Sprache überhaupt nicht. Ich verstand z.B. nicht, warum sich die jüdischen Kinder samstags nicht mit Seife waschen wollten. Was mich schon damals verwundert hat, war die Tatsache, daß das jüdische Kind entgegen der allgemeinen Meinung weder Angst vor Wasser noch vor dem Hund hat. Die Kinder gingen von selbst in die Hundehütte hinein und spielten gerne mit dem bösen Brysio.

Später begann ich, ihren Liedern zu lauschen. Sie waren traurig und tragisch.[3] Die Kinder sangen von den Opfern des Kischinjower Pogroms[4]. Dann summten sie wiederum das ›fröhlichere Lied‹ *Ojfn Pripetschik*[5] vor sich hin.

Ich ließ mich auf ein Gespräch mit den jüngsten Ferienkolonieteilnehmern ein. Und da erfuhr ich sensationelle Dinge. Das jüdische Kind kannte das Dorf nicht. Pferde waren in den Augen der Kinder »klitzekleine Pferdchen« (fehlende Perspektive). Es wurde darum gestritten, ob Kartoffeln über oder unter der Erde wachsen. Die Kinder kannten keine Schmetterlinge, sie kannten keinen Regenbogen. Die Trennung vom Land bewirkte, daß das jüdische Kind keine Ahnung

1. Unter diesem Titel erschien in der Zeitschrift *Ster* (Das Steuer), einer jüdischen Wochenschrift für Politik und Kultur, ein Artikel von Natan Jacobi, in dem der folgende Redebeitrag Korczaks wiedergegeben wird. Jacobi berichtet über eine Lehrerkonferenz jüdischer Schulen, in der der Schriftsteller Natan Bystrycki aus Jerusalem dafür eintrat, die zionistische Idee der Gründung eines jüdischen Staates (Eretz Israel) auch in jüdischen Schulen der Diaspora zu verbreiten, aber »ohne gekünstelte Propaganda«. Jacobi schreibt: »Anschließend ergriff Dr. Janusz Korczak, ein hervorragender Pädagoge und subtiler Kenner der kindlichen Seele, das Wort.«
2. Das war 1904 in der Kolonie »Michałówka«. Vgl. *Sämtliche Werke*, Bd. 10, S. 311ff.
3. Vgl. *Sämtliche Werke*, Bd. 10, S. 38.
4. Kischinjow: Verwaltungszentrum Bessarabiens; 1903 auf traurige Weise durch ein Judenpogrom berühmt geworden.
5. (jidd.): Im Ofen; eines der bekanntesten jiddischen Lieder, das als Kinderlied gilt, aber in vielen Lebenslagen (mit Originaltext oder umgedichtet) gesungen wird, und zum Durchhalten in schweren Verfolgungssituationen Kraft verleiht. Umdichtungen wurden sowohl in den Holocaust-Ghettos als auch unter sowjetischer Unterdrückung gesungen. Autor des Ursprungsliedes: Marek M. Warszawski (1840-1907). Jiddische und deutsche Fassung in Frankl, Hai und Topsy: *Wenn der Rabbi singt. Jiddische Lieder.* Gütersloh 1996, S. 82f.

von der Schönheit der Natur hatte, wo doch die Güte der Natur und die ländliche Stille die besten und schönsten Gefühle in der menschlichen Seele freisetzen.

Zum zweiten Mal begegnete ich einem würdigen Kind. Es geschah im Spital. Man brachte ein Mädchen, das sich beim Kochen des Breis für ihr jüngeres Brüderchen lebensgefährlich verbrannt hatte. Ich beruhigte die kleine Patientin, sagte, daß es vorbeigehen, daß es besser werden würde. Und sie antwortete darauf: »Nein, mein Herr, das wird nicht vorbeigehen, ich werde sterben ... Sagen sie nur der Mama und dem Papa nicht, daß ich mich verbrannt habe, als ich Brei für mein Brüderchen gekocht habe.«[1]

Ein anderer Fall. Ein Zeitungsjunge, der von seinem Konkurrenten getreten wurde, erlitt einen Leberriß. Im Spitalbett bat er flehentlich, daß sich seine zerstrittenen Eltern vor seinem Tod vertragen mögen.

Und jetzt einiges über schlechte Kinder. Wenn in einem Internat die ›Raubtiere‹ zuvorderst stehen, schämt sich der Gute seiner Güte. Ein Brutaler, der sich an die Spitze einer naiven Gruppe stellt, wird die ganze Versammlung demoralisieren. Nehmen wir mal den Betrügertyp. Der wird niemals um etwas bitten, er nimmt es sich selbst – stiehlt es. Wer verursacht die größte Unordnung während der Pause in der Schule? Diese gedankenlosen ›Rindviecher‹, die die Gruppe in den Zustand unzurechnungsfähiger Raserei versetzen.

Vergleichen wir einmal Kinder aus verschiedenen Umfeldern: die einen aus der Stadt, die anderen vom Land. Die Stadtkinder haben Angst vor Banditen, und für die Landkinder ist die größte Angst – das Feuer.

Wir leben jetzt in einer Periode der Lüge, des Drecks und des Blutes.[2] Unter solchen Umständen wird die Arbeit des Erziehers schwer. Das an 400 Millionen wehrloser Chinesen verübte Verbrechen ist Lüge, Dreck und Blut![3] Gibt es denn keine Möglichkeit, den Weltbrand zu löschen?

1. Dieses Erlebnis hatte Korczak schon vor 30 Jahren auf einer Mütterversammlung erzählt; *Über die Erziehung der Kinder*, im vorliegenden Band S. 150ff.
2. Anspielung auf das sich wieder verschlechternde Lebensklima in Polen (wie in anderen Ländern) in jenen Jahren. In derselben Zeit – am 30. Dezember 1937 – schrieb Korczak in einem Brief an Józef Arnon (ehemaliger Burse-Bewohner, der 1932 nach Palästina ausgewandert war): »Es ist so schwer, so unwahrscheinlich schwer. Ihr Jungen wartet: Die Geschichte rollt rasch voran; übrigens, lange kann es so nicht weitergehen. Das Böse ist noch nicht auf dem Grund angelangt; die nächsten fünf, vielleicht zehn Jahre – das sind Gewitter und Überschwemmungen; ihr werdet das Morgenrot der neuen Ordnung schauen [...] manchmal scheint mir, ich würde gerade in einem Brief jene Zauberformel finden, mit der sich ein Haus für die so unbehauste Menschheit erbauen ließe.« In: *Sämtliche Werke*, Bd. 15.
3. Zur damaligen Zeit litt China unter permanentem revolutionärem Aufruhr, der durch die japanische Aggression noch gesteigert wurde.

Wie unglücklich ist doch die deutsche und italienische Jugend in totalitären Systemen. Wer denkt über die Tragödie von internationalem Ausmaß nach? Kehren wir zum jüdischen Kind zurück.

Wenden wir unseren Blick nach Palästina. Dieses Land hat schon seine Geschichte und Legende. Es brachte die Zivilisation und nahm die Verantwortung für zweitausend Jahre auf sich. Dort im wiedergeborenen Land entstand die Notwendigkeit, große Taten für das Wohl der ganzen Menschheit zu vollbringen. Und daher hat Palästina eine große, historische Mission zu erfüllen. Wir sollten die neue Wirklichkeit nicht verneinen. Wir sollten aber daran denken, daß es zum Menschsein mehr bedarf als ein Jude zu sein« – schloß Dr. Janusz Korczak seine interessanten Ausführungen. (Natan Jacobi)

Aus: *Ster* (Das Steuer), Nr. 34 (5.12.1937), S. 6.

Beim Alten Doktor

[Ein Interview von Jan Piotrowski mit Janusz Korczak]

Alt ... hm. So würde ich nicht sagen. Vor allem, wenn er seinen »Vorkriegs«-Spitzbart abrasiert hätte. Seine Haare sind nur ganz, ganz leicht silbern »bestäubt«. Nur ein paar graue Fäden. Aber ich weiß selbst nicht, wie es kommt – obwohl ich schon fast weißhaarig bin (Pfeffer und Salz, wie die Franzosen sagen würden) – wenn ich in die großen, verständigen, tiefgründigen Augen des Alten Doktors schaue, habe ich manchmal das sonderbare Gefühl, in die Augen meines Vaters zu blicken.

Tatsächlich liegt etwas Väterliches in den Worten, Gedanken und im Tonfall des Alten Doktors. Etwas von väterlicher Besorgtheit, sogar von väterlicher Beunruhigung. Wenn er zu Kindern spricht, dann ein wenig wie zu Erwachsenen; keinesfalls aber wird er es wagen, ihre kleinen Nöte (die vielleicht gerade die großen und wichtigen sind) geringzuschätzen. Wenn er sich jedoch mit den Erwachsenen unterhält, redet er ein bißchen wie mit Kindern.

Jedenfalls konnte ich mir den Alten Doktor nicht anders vorstellen, als umgeben von heranwachsenden Söhnen und Töchtern oder sogar von einer so wunderbaren kleinen Kinderschar, die mit rosigen Händchen das Väterchen am Spitzbart zaust.

Nichts davon! Meine Phantasie wurde Lügen gestraft. Der Alte Doktor hatte weder eine Frau noch eigene Kinder. Wohl schon vor langer Zeit, noch zur Zeit des »Moskowiters«, hatte er es so beschlossen. »Um keine Moskauer Sklaven in die Welt zu setzen ...« Liegt vielleicht gerade in diesem nicht gelebten väterlichen Instinkt der Ursprung seines durch und durch väterlichen Verhältnisses zu Kindern und Erwachsenen?

Nicht sofort und nur mit Mühe gelangte ich zum Alten Doktor. Als er auf meinen Brief hin in der Redaktion anrief und ich ihm ein Treffen vorschlug, wurde er mißtrauisch und sträubte sich. Wozu und warum – das interessiert doch niemanden. Als ich dann endlich aufdringlich genug war, seinen Widerstand zu brechen und mich im Vorzimmer der Wohnung befand, in der er ein kleines, bescheidenes Zimmer gemietet hatte, beruhigte ich ihn gleich beim Eintreten: »Sehen Sie – ich lasse meine Galoschen hier draußen ...« Er kniff die kurzsichtigen Augen zusammen und suchte den Boden ab. Nirgends waren Galoschen. Er verstand – und lachte.

Wir nahmen beim Schreibtisch (vielleicht war es auch nur ein gewöhnlicher Tisch?) auf den »Wiener« Sesselchen Platz und begannen unser Gespräch zum Thema Radio.

»In Ihren Plaudereien, Herr Doktor, fällt die so seltene und sehr kostbare Unmittelbarkeit auf, mit der Sie sich an den Hörer wenden. Sehen Sie ihn vor sich, wenn Sie zu ihm sprechen? Und haben Sie ein Bild vom Hörer?«

Und wieder überrascht und verblüfft er mich.

»Nein, ich sehe ihn nicht. Ich bemühe mich sogar, ihn nicht zu sehen, wenn ich ins Mikrophon spreche. Mir würde doch das Wort im Hals steckenbleiben, wenn ich plötzlich diese riesige, millionenfache Masse von Zuhörern vor mir sehen würde. Also spreche ich nur zu mir selbst. Oder ich denke – manchmal – an eine bestimmte Person oder an einen Brief, den ich von einem bestimmten Hörer bekommen habe.«

»Pa – millionenfache Masse von Hörern! Das ist ein Mißverständnis, Herr Doktor. Es ist wahr, daß uns gleichzeitig eine Million oder sogar einige Millionen von Zuhörern lauschen, aber sie hören uns nicht als eine geschlossene Menschenmenge zu. Wenn wir vor dem Mikrophon stehen, haben wir eine Million einzelner Hörer vor uns. Und das ist ein großer Unterschied.«

Der Alte Doktor schüttelt ein wenig zweifelnd den Kopf.

»Jeder Redner hat eine andere Einstellung zu dieser Sache. Mich persönlich stört das Bewußtsein, daß mir jemand zuhört oder mich belauscht. Und mir entspricht dieses kleine, leere Vortragszimmer im Studio, dessen Farblosigkeit andere Vortragende so beklagen, voll und ganz. Es drängt mir nichts auf und droht mir mit nichts.«

»Aber – wenn Sie sich auf Ihre Plaudereien vorbereiten?«

»Oh ja, dann denke ich natürlich an die Radiohörer. Ich bemühe mich sehr, die Reichweite meiner Arbeit möglichst zu vergrößern. Manche Sendung habe ich mehrmals überarbeitet, um sie zu verdichten, damit es darin kein ›leeres Geschwätz‹ gibt. Oft suche ich lange nach einem passenden Ausdruck, der einige Minuten des Drumherumredens ersetzen könnte. Jeder Redner hat unterschiedliche Hörer. Den

Feinfühligen genügt eine Anspielung, und schon können sie selbst fortfahren und den Gedanken zu Ende spinnen. Öfter kommt es aber vor, daß sie etwas völlig anderes hören, als das, was man ihnen sagt. Zum Beispiel erhielt ich einmal einen Brief, in dem mir jemand vorwirft, daß ich in der Plauderei für Kinder den Ausdruck ›smarkacz‹ (Rotznase) benutzt habe. Aber genau diesen Ausdruck hasse ich geradezu und verwende ihn nie – nicht einmal ... bei Erwachsenen. Jener Hörer ist ganz einfach diesem Wort irgendwo anders öfter begegnet und hat es dann mir angehängt.«

Der Alte Doktor nickt nachsichtig und fügt nach einer Weile hinzu:

»Eine große Bedeutung haben nicht nur die Worte selbst, sondern auch der Ton, in dem sie gesagt werden. Der Hörer läßt sich oft vom Instinkt leiten, ähnlich wie wir das in der Welt der Tiere oder bei kleinen Kindern beobachten. Sagen Sie zum Beispiel einmal einem Hund in sanftem, warmem Ton: ›Elender Hund, böser Hund, ich bin wütend auf dich‹ – und der Hund wird sich sicher freuen und mit dem Schwanz wedeln. Dagegen, wenn er hört: ›Lieber Hund, guter Hund, braver Hund‹ in einem ärgerlichen und barschen Ton, dann zieht er den Schwanz ein. Und dasselbe gilt für den Säugling. Man kann ihn zum Schlafen und zum Weinen bringen mit ein und demselben Lied, je nach Stimme und Modulation.«

»Was sollte, Ihrer Ansicht nach, der Rundfunk dem Hörer am meisten vermitteln?«

»Die Skala der Hörer ist sehr umfangreich. Man braucht also alle Arten von Rundfunksendungen. Und natürlich – unterschiedliche Redner. Mich interessieren am meisten Fragen der Erziehung. Die Zukunft des Radios? Eine glänzende. Ich bin davon überzeugt, daß es uns einst gelingen wird, unmittelbar in die Vergangenheit zurückzugreifen und die wundervollsten Begebenheiten herauszufischen. Der Rundfunk hat uns fast zum Greifen nahegebracht, daß nichts untergeht, daß alles überdauert und unsterblich ist, daß jeder Schritt des Menschen das Gewicht der Erdkugel verändert. Ebensowenig können unsere Gedanken verloren gehen, kein einziger, um so weniger die erhabensten. Ich las einmal etwas darüber in der Antenne, ich habe den Artikel sogar ausgeschnitten ... Ich bin zutiefst überzeugt, daß wir uns an der Schwelle zu einem sehr interessanten Zeitabschnitt befinden, an dessen Anfang unter anderem das Radio steht. Ich glaube nicht, daß es jemanden von der Einsamkeit befreien kann. Der Rundfunk kann höchstens die junge Generation beeinflussen. Er wird jedoch nie, weder den Kindern noch den Erwachsenen, das Buch ersetzen können. Das Radio bringt andere Werte zum Vorschein. Ich habe mir oft überlegt, ob es nötig ist, den

Leuten den Kopf mit Nachrichten aus aller Welt vollzustopfen. Und ich kam zu einem positiven Schluß. Jeder Mensch soll dank Radio die Möglichkeit bekommen, über den Horizont seines kleinen Hühnerstalls hinauszuschauen!«

Und der Alte Doktor denkt nach. Nach einer Weile:

»Aber es ist trotzdem eine ungeheure, eine schreckliche Verantwortung – wenn sich die Stimme des Rundfunks in alle Häuser, in das intimste Leben, in die Seele und das Herz des Menschen hineinstiehlt ...«

Stary Prelegent [Jan Piotrowski]
(Der alte Vortragende [Jan Piotrowski])

Aus: *Antena* (Antenne), Nr. 20 (15.5.1938), S. 6.

Brief an die Redaktion[1]

Lieber Junge!

Vielleicht kann ich Deinem Wunsch entsprechen, indem ich kurz in der Zeitung antworte.

In einer Reportage unter dem Titel »Ruhe in Warschau« kränkte Dich folgende Bemerkung:

»Nur mit den Jüngeren gibt es Schwierigkeiten, überall sind sie in Scharen. Jedes Wort geben sie von Mund zu Mund weiter.«

Du hast sicher Recht, daß der Autor der Bemerkung an Jungen in Deinem Alter dachte. Es ist wahr. Ihr seid eben so viele, wie im Verlauf der letzten Jahre geboren wurden. Also ist der Groll, wenn man von »Scharen« spricht – unbegründet.

Mit Recht vermutest du aber, daß sich in diesem Ausspruch der bösartige Hinweis verbirgt, daß ihr euch lästig unter den Erwachsenen herumtreibt und sie bei ihren ernsten Gedanken und Sorgen stört.

Du fragst: »Was sollen wir tun?«

1. Bei dem Brief an die Redaktion handelt es sich um einen Leserbrief Korczaks, mit dem er auf den Brief eines unbekannten Jungen antwortet, der sich über die Berichterstattung der *Nasz Przegląd* (Unsere Rundschau) am 2.9.1939 beschwert hatte, in der die Ordnung der Erwachsenen bei einer öffentlichen Veranstaltung zum Kriegsausbruch am 1. September 1939 gelobt, die der Kinder aber kritisiert worden war. Der Junge erbat eine Stellungnahme Korczaks.

Ich kann den Eltern nicht raten, wie sie vorgehen sollen. Ich möchte das Problem nicht verschärfen, also antworte ich auf die anderen Fragen nicht. Ich sage Dir nur, wie es im »Dom Sierot« ist, nach dem Du dich erkundigst.

1. Die erste Tätigkeit des Personals nach der Rückkehr der Kinder vom Land war, ihnen Bücher und Spielzeug herauszugeben.[1] Neben dem Vorrat an Lebensmitteln ist ein Vorrat an Büchern und Spielzeug unsere – erste Verpflichtung.

2. Am Samstag besuchten die Kinder ihre Familien; es sind Spaziergänge vorgesehen, sogar mit den Jüngsten unter der Obhut der Jugendlichen.

3. Wir verlangen keine »trübsinnigen Mienen.« Sie haben selbst eine angemessene Haltung angenommen. Optimismus, Heiterkeit, stille Fröhlichkeit, freiwillige Mitarbeit bei allen Vorhaben.[2]

Man muß imstande sein, Kräfte zu schöpfen und sich in eurer klaren Atmosphäre zu erholen, lieber Junge.

Halb im Spaß nennst Du die »einzige sichere Kapitalanlage«: Mit den Armen teilen. Das ist eine zutreffende Bemerkung: Die Spalte mit den Spenden für soziale Zwecke entspricht nicht dem Ernst der gegenwärtigen Lage.

Am Schluß muß ich zu meiner eigenen Verteidigung sagen, daß ich nicht aufmerksam genug gelesen habe und so das Detail, das Dich so bewegt hat, übersehen hatte; deshalb antworte ich erst jetzt.

Ich drücke Dir mit aufrichtiger Achtung die Hand.

Janusz Korczak

Aus: *Nasz Przegląd* (Unsere Rundschau), Nr. 248 (4.9.1939), S. 9.

1. Die Kinder waren in der Sommerkolonie gewesen und – trotz Kriegsunruhen – im Waisenhaus zur Normalität zurückgekehrt.
2. Über das Verhalten der Kinder des Dom Sierot zu Beginn des Krieges berichtet Aleksander Lewin in Anlehnung an Fela Tetelbaum, »daß bereits in den ersten Kriegstagen eine genaue Pflichtenverteilung im Waisenhaus vorgenommen wurde. Jedes Kind machte sich im Rahmen seiner eigenen Möglichkeiten nützlich. Die Jungen schleppten Wasser herbei, manchmal von weitabgelegenen Stellen. An Wasser mußte radikal gespart, es mußte rationiert werden, denn die Kanalisation funktionierte kaum noch und war an vielen Stellen beschädigt. Die Mädchen stellten Eimer mit trockenem Sand bereit, die zum Löschen eventueller Brände benötigt wurden. Das Wasser wurde, wie Fela erzählt, gleichsam auf der Goldwaage abgewogen. Jeder erhielt einen kleinen Behälter mit der Wasserration des Tages, und diese Menge mußte für das Waschen von Gesicht und Händen und das Zähneputzen ausreichen«. Lewin, Aleksander: *So war es wirklich.* A.a.O, S. 31.

Einleitung[1]

Es sollte eine Bibliothek mit Notizen von Sommerkolonie-Erziehern geben. Vorträge können die bestehende Lücke nicht ausfüllen: Nicht wie es sein sollte, sondern wie es ist.

Die Jugendlichen könnten anhand dieser nicht schwierigen Literatur Aufgaben und Schwierigkeiten kennenlernen.

Denn es steht nicht allzu gut.

Die einen geben sich der Hoffnung hin, sie könnten sich erholen und sind dann enttäuscht – sie geben sich die Schuld, weil es nicht gelungen ist, oder aber – ganz einfältig – sie geben den Kindern die Schuld. Andere wiederum wollen die Vorbilder der Pfadfinderlager nachahmen. Neben ihrer Enttäuschung schaden sie sich und den Kindern. Noch andere sind einzig und allein auf passive Erfüllung von Anweisungen der Leitung eingestellt, sie steuern keine eigene, bunte Initiative bei, empfinden Überdruß; schade um den guten Willen.

Wenn es dem Autor dieser Notizen gelänge, einen Verleger zu finden – wäre dieses Buch vielleicht der Anfang einer solchen Bibliothek. Es lohnt sich!

Die wenigen Wochen des Aufenthalts auf dem Lande sind für viele Tausende von Kindern die einzige Zeit sorgloser Freude in ihrem Leben.

J. Korczak

Manuskript aus dem Nachlaß von Józef Arnon (Halpern); jetzt im Korczak-Archiv, Israel.

1. Zum geplanten Buch von Józef Halpern: *Notizen eines Erziehers – Sommerkolonie.* Vorgesehener Herausgeber: Gesellschaft für Sommerkolonien, Warschau.

Kommentar

Zu diesem Band

Korczak hat nicht nur in Buchveröffentlichungen, sondern auch in einer Vielzahl von Essays und Stellungnahmen die unterschiedlichsten Erziehungsfragen thematisiert. Diese Artikel aus zweiundvierzig Jahren pädagogischer Reflexion haben wir im vorliegenden Band zusammengefaßt und nach acht Themenkomplexen geordnet:

1. Frühe Texte über Kinder und Erziehung
2. Schule und Erziehung
3. Das Waisenhaus als Erziehungsklinik. Zum Warschauer Erziehungsmodell
4. Theorie und Praxis der Erziehung
5. Zuneigung und Abneigung in Kindergruppen. Soziometrische Experimente
6. Aus dem Erziehungsalltag. Aus jiddischen und hebräischen Zeitschriften
7. Die Burse und ich. Aus dem *Wochenblatt der Burse*
8. Stellungnahmen und Rezensionen

Die Texte des Bandes belegen zum einen, daß Henryk Goldszmit/Janusz Korczak sich schon früh (1898) der Sache des Kindes als einem »heiligen Unternehmen« (S. 17) verschrieb, daß er ein neues Bild vom Kind entwickelte (1899: »Kinder werden nicht erst Menschen, sie sind es bereits«), die Schule als nationalistisch-kapitalistische Institution geißelte (1905, S. 161), zum Kampf für die Rechte der Kinder aufrief (1907; S. 154) und zeitlebens für die Emanzipation von Kindern als dem ältesten Proletariat der Welt kämpfte.

Die Beiträge zeigen zum anderen Korczaks breites Themenspektrum und seine Aufgeschlossenheit für Problemstellungen unterschiedlicher Erziehergruppen. Während er in der Öffentlichkeit bisher vor allem als Waisenhauserzieher und »Vater fremder Kinder« (Piotrowski) gesehen wurde, zeigt Band 9 nun einen Korczak, der sich als »Erzieher der Erzieher« (Lewin) profiliert und alle gesellschaftlich Verantwortlichen für den Umgang mit Kindern und Jugendlichen sensibilisieren will. Dazu wendet er sich schwerpunktmäßig an Leser aus acht Praxisfeldern. Seine Adressaten sind:

- Eltern und andere aufgeschlossene Gesellschaftsgruppen,
- Lehrer und Schulorganisatoren,
- Heim- und Internatserzieher,
- Sozial- und Sonderpädagogen sowie alle, denen das Theorie-Praxis-Problem wichtig ist,
- Erzieher von Kindergruppen,
- Leser jiddischer und hebräischer Zeitschriften,

- Praktikanten, die sich auf eine erzieherische Tätigkeit vorbereiten,
- Rezipienten öffentlicher Medien.

Die Entwicklung und zunehmende Differenziertheit seiner Reflexionen veranschaulicht die folgende chronologische Zusammenstellung markanter Textauszüge zu wichtigen Themen aus vier Jahrzehnten.

Die anschließenden Quellennachweise verweisen auf ein weites innovatives pädagogisches und gesellschaftliches Netzwerk, in dem Korczak über Jahrzehnte wirkte und in dem er in mehreren Organen prägende Akzente setzte.

Problematisierte Themen in chronologischer Folge

Erziehung (1898)

»Das Kind ist nach Meinung der Pädagogen weder gut noch schlecht, seine Seele ist ein fruchtbares Feld, das der Saat harrt. Säet gesunde Saatkörner aus!

Aufgabe der Erziehung ist:
1. Herzensbildung.
2. Geistesbildung.
3. Alles mit höflichen Formen verbinden.

Aufgabe der Erziehung ist:
1. Die positiven angeborenen Charaktereigenschaften des Kindes entwickeln.
2. Die negativen dämpfen.
3. Die erworbenen Eigenschaften ausbilden.

Ziel der Erziehung ist:
1. Aus dem Kind einen nützlichen, edelmütigen Menschen machen.
2. Einen Glücklichen.

Wie das zu bewerkstelligen ist, führe ich stufenweise aus: Indem ich das ABC der Erziehung nicht so sehr lehren als vielmehr zu diesem heiligen Unternehmen ermuntern möchte.« (S. 16f)

Kinder (1899, 1900)

»Kinder werden nicht erst Menschen, sie sind es bereits, ja sie sind Menschen und keine Puppen; man kann an ihren Verstand appellieren, sie antworten uns, sprechen wir zu ihren Herzen, fühlen sie uns. Kinder sind Menschen, in ihren Seelen sind Keime aller Gedanken und Gefühle, die wir haben, angelegt. Deshalb muß man diese Keime entwickeln, ihr Wachstum einfühlsam lenken.« (S. 50)

»Die Kinder sind die halbe Menschheit.« (S. 69)

»Und das Kind braucht den Glanz des Glücks und die Wärme der Liebe. Gewährt ihm eine helle Kindheit, und gebt ihm einen Vorrat an Lachen für das ganze lange und dornige Leben. Die Kinder sollen lachen, sie sollen fröhlich sein.« (S. 76)

Reifezeit (1900)

»Die Zeit der Reifung der Jugend [...] ist für den Forscher und Psychologen so interessant wie die Erscheinungsformen einer blühenden Knospe für den Botaniker und wie für den Zoologen die Verwandlung einer Raupe zum Schmetterling – was sage ich, sie ist noch viel interessanter, denn diese Wandlung in der geistigen Sphäre findet nicht nach Lehrbuch und Atlas statt, sondern in tausend Verwandlungen, Brechungen, Biegungen, Spiegelungen und Tönungen.« (S. 130f)

Schule (1901)

»Es ist wohl für niemanden mehr ein Geheimnis, daß die gegenwärtige Schule eine durch und durch nationalistisch-kapitalistische Institution ist, daß ihre erste und vornehmste Verpflichtung darin besteht, klerikale Zentristen und chauvinistische Patrioten zu erziehen.« (S. 161)

»Die Schule sollte eine Schmiede der heiligsten Grundsätze sein; durch die Schule sollte all das vermittelt werden, was das Leben bereithält, durch sie sollten die Schüler lernen, lautstark für die Menschenrechte einzutreten, mutig und rücksichtslos anzuprangern, was verderbt ist.« (S. 164)

Waisenhauseröffnung (1913)

»Wem unser Programm zu erhaben erscheint,
der soll daran denken, daß man stark aufsteigen und
hoch emporfliegen muß, – um dann langsam sinkend,
dennoch viel Weg zurückzulegen.

Wem unser Programm vielleicht zu phantastisch erscheint,
der soll daran denken, daß ein eiserner Motor
allein nicht genügt, um in der Höhe zu schweben,
sondern auch – Flügel nötig sind.« (S. 199)

ERZIEHUNGSALLTAG (1919)

»Bestimmte Erziehungsthemen werden gerne und von vielen diskutiert, andere dagegen – werden peinlichst gemieden. Es ist angenehmer zu hören, wie es sein sollte, als zu offenbaren, wie es wirklich ist, besonders dann, wenn man aus Mangel an leicht anwendbaren Rezepten gezwungen ist, nicht sonderlich rühmlich zu handeln.« (S. 175)

»Ich bin der Meinung, man sollte keine Patentrezepte verabreichen. Man sollte besser die Erziehungspraktiker fragen, wie sie zurechtkommen. Wir wissen, wie es sein sollte, wir müssen wissen, wie es ist.« (S. 177)

»Ich kenne die unzulänglichen Bedingungen und die eigenen Mängel. Ich rufe mir die Erinnerungen einer nicht immer engelsgleichen Kindheit ins Gedächtnis zurück.« (S. 179)

LEBENSLÄUFE (1920)

»In den Lebensläufen sind die Kindheitsjahre wie Berge, in denen der Fluß des Lebens seinen Anfang, seinen Schwung und seine Richtung nimmt: Wie dürfen wir sie geringschätzen? Wir nehmen die Jahre der Kindheit nicht wahr, und die Jugendjahre tun wir geringschätzig mit Phrasen ab. Eine Anekdote genügt uns für diese Zeit, wir streuen ein paar Einzelheiten ein, beginnen uns aber erst mehr für den Gegenstand unserer Betrachtung zu interessieren, wenn wir uns darüber Gedanken machen, wie viele Geliebte er wohl hatte und von welcher Farbe seine Schlafmütze wohl war. Die befremdliche, ja empörende Ignoranz und Lässigkeit im Umgang mit diesen Dingen entspringt unserer allgemeinen Einstellung zum Kind und zur Jugend.« (S. 561f)

LEIBEIGENSCHAFT DER KINDER (1922)

»Wenn sich das Problem der Emanzipation des Kindes endgültig herauskristallisiert, nimmt sich sicherlich jemand einer kritischen Beurteilung der Literatur für die Jugend in der Zeit der ›Leibeigenschaft – der Sklaverei der Kinder‹ an, – und er wird die ganze miserable Heuchelei zutage fördern, mit der verschiedene plumpe Schreiber eine platte Moral oder die billigsten Wahrheiten eines trivialen Wissens in das Gewissen und den Verstand der jungen Menschen hineinschmuggelten.« (S. 565f)

PRINZIPIEN DES WAISENHAUSPROGRAMMS (1923)

»Wir wollen eine Kindergesellschaft auf den Prinzipien der Gerechtigkeit, der Brüderlichkeit, der gleichen Rechte und Pflichten aufbauen. [...] Disziplin möchten wir durch Ordnung ersetzen, Zwang durch die freiwillige Anpassung des Individuums an die gemeinschaftlichen Lebensnormen, die seelenlose Moral möchten wir in ein freudiges Streben nach Vervollkommnung und Selbstbeherrschung verwandeln. [...] Wir wollen das Kind nicht kneten und ummodeln, sondern wir wollen es verstehen und uns mit ihm verständigen, Hilfe leisten bei der Aufrichtung seiner geknechteten, bettlerhaft gewordenen Seele, bei der Beseitigung des Schmutzes, welcher von der Erwachsenengesellschaft ausgehend auch die Kinder durchdrungen hat und sie beherrscht. Man hat die Kinder demoralisiert, indem man sie mit Ideen und Idealen fütterte, auf deren Realisierung sie Jahrzehnte warten sollen. [...] Wir beginnen unsere Arbeit mit den Internaten, denn während wir den Geist der Erwachsenen und Alten kennen, erwarten wir eine Antwort darauf, welches die Werte und Bedürfnisse des heranwachsenden, reifenden menschlichen Geistes sind. An die erste Stelle setzen wir das Kennenlernen. Wir müssen vorsichtig und behutsam handeln, uns wachsam in Zusammenarbeit mit den Kindern bilden und erziehen.« (S. 207f)

STRAFEN (1923)

»Je mehr Freiheit das Kind hat, um so weniger muß man Strafen anwenden. Je mehr Belohnungen, um so weniger Strafen. Je höher das intellektuelle und kulturelle Niveau des Personals ist, um so weniger Strafen gibt es, um so gerechter, verständnisvoller, also milder, sind die Strafen.« (S. 305)

»Am wenigsten Strafen wird es da geben, wo in einer physisch und moralisch gesunden Gesellschaft das Kind günstige Entwicklungs- und Lebensbedingungen hat, wo das Umfeld ein breites Terrain für Energie, Initiative und schöpferisches Tun bietet, wo das Kind ein gesichertes Recht auf Bewegung hat, auf Nahrung, Wärme, Arbeit, forschende Tätigkeit, Vergnügen und auf einen Freudenschrei. Wo ein Personal, das mit seinen Arbeitsbedingungen zufrieden ist, organisieren kann und will, beraten, helfen und in Übereinstimmung mit den Kindern führen.« (S. 306)

KINDER UND SCHULE (1924, 1925)

»Das Kind existiert schon so lange, wie es das Volk gibt, was niemand bis heute bemerkt hat. Die Schule hat das Kind verdeckt.« (S. 566f)

»Die Schulkinder sind geistige Arbeiter. Sie lösen Aufgaben, enträtseln die Geschichte, prüfen die Ergebnisse der Entdeckungen, werden in das Geheimnis des kapriziösen Aufbaus der menschlichen Sprache eingeweiht – umfassen mit ihren Gedanken und ihrer Ergriffenheit Länder, Völker – Welten. [...] Die Kinder, eine vielköpfige gesellschaftliche Klasse, haben eine ganze Reihe beruflicher Probleme und eigener Belange, haben Schwierigkeiten im Leben, haben Bedürfnisse, Wünsche, Zweifel.« (S. 183)

Theorie und Praxis (1925)

»Dank der Theorie weiß ich, dank der Praxis fühle ich. Die Theorie bereichert den Intellekt, die Praxis verleiht dem Gefühl Farbe, trainiert den Willen. Ich weiß – bedeutet nicht: Ich handle im Sinne dessen, was ich weiß. Fremde Anschauungen anderer Menschen müssen sich im eigenen, lebendigen Ich den Weg bahnen.« (S. 239)

»Ich schätze die Fakten ohne Illusion ein und denke – es sei am wichtigsten, daß der Erzieher in der Lage sein sollte: Jedem in jedem Fall völlig zu verzeihen. Alles verstehen – heißt alles entschuldigen. Der Erzieher, gezwungen zu murren, zu nörgeln, zu schreien, zu schimpfen, zu drohen, zu strafen – muß in sich und für sich jede Übertretung, Verfehlung und Schuld des Kindes nachsichtig beurteilen. Es hat sich aus Unwissenheit schuldig gemacht; weil es nicht überlegt hat; weil es der Versuchung erlegen ist, der Überredung; weil es einen Versuch machen wollte; weil es nicht anders konnte. Selbst dort, wo böser Wille im Spiel ist, tragen diejenigen Verantwortung, die den bösen Willen geweckt haben.« (S. 240)

»Trauer – nicht Ärger, Mitgefühl – nicht Rachsucht. Schämst du dich nicht, daß du dich tatsächlich ärgerst? Schau, wie klein es ist, wie winzig, schwach, ungeschickt. Nicht, was aus ihm wird, sondern, was es heute ist. Am Anbeginn ein paar freudige Schreie, himmelblaues Lächeln. Es weiß, es ahnt das Gewicht seiner Benachteiligung. Möge es sie doch vergessen, möge es sich erholen. Wie eine starke moralische Triebkraft in seinem dreckigen Leben wird die Erinnerung an diesen, manchmal nur einzigen Menschen sein, der ihm wohlgesonnen war, in dem es sich nicht getäuscht hat. Er hat es kennengelernt, er hat's gewußt, und trotzdem blieb er wohlwollend. Er – der Erzieher. Man muß glauben, daß ein Kind nicht schmutzig sein kann, sondern nur beschmutzt.« (S. 241)

»Wer zwischen Theorie und Praxis eine Diskrepanz sieht, der ist gefühlsmäßig nicht auf das Niveau der modernen Theorie gelangt, der muß nicht noch mehr aus Büchern und Buchstaben lernen, sondern aus dem Leben, dem fehlt es nicht an Rezepten, sondern an der mit großer Mühe zu erringenden moralischen Kraft, die Wahrheit zu empfinden, sich mit der Wahrheit der Theorie zu verbrüdern.« (S. 242)

Kinder (1926)

»Eins ist sicher: Das Kind braucht ein weites Terrain, um seine Energie zu entladen, und eine Werkstatt für seine Initiative. Die Schule in der Stadt ist am Ersticken. Der Hof und der Rekreationsraum genügen nicht mehr. Auch nicht die Handarbeitsstunde im Klassenzimmer, nicht die Gymnastik im Korridor, nicht das Singen in einem stickigen Saal und das Zeichnen ohne Horizont.« (S. 186)

»Und es kommt vor: Daß es gelingt, das Kind so zu unterdrücken und zur Verzweiflung zu bringen, daß es tatsächlich mit einem unerhörten Aufwand an Kräften und zum großen Schaden für sich selbst – resigniert. Öfter ist es so, daß es, voller Wut auf die Schule und die Eltern – im Gefühl seiner Rechte und seiner Berechtigung – sich allem und allen aus Bosheit, zum Trotz, störrisch und feindlich entgegenstellt.« (S. 187)

»Das Kind empfindet tiefer, stärker, lebhafter. Und sein Wissen ist nicht geringer als unseres. Es hat Tränen gesehen, jemandes hilfloses Händeringen, es hat einen Seufzer bemerkt. Es hat ein Gespräch belauscht und es mit einer Reihe von Bildern belebt. Die Armen! – Sie haben nichts. Wir verstehen nur, das Kind aber fühlt und sieht. Eine Schuld – ein Wechsel – eine Steuer – das tut ihm weh, das scheucht es auf, das erregt es und macht es frieren. Ein Kamerad hat die Schule verlassen. Eine Freundin geht nicht mit aufs Land. Die Mama ist gereizt, der Vater hat nicht gelächelt. Das Kind weiß die Dinge anders als wir – nicht weniger und nicht schlechter. [...] Wir sind nicht gewöhnt, gegenüber Kindern zu erröten.« (S. 570)

SCHULPFLICHT (1927)

»Bei uns herrscht Schulpflicht, und es gibt auch ein Lehrprogramm auf westeuropäischem Niveau, aber die Bedingungen, unter denen die Jugend lebt, erinnern an Zentralafrika, und sie sind die Ursache der Degeneration. In diesem Bereich muß man vor allem eine Reform der Verhältnisse einleiten. Außerdem muß das Schulwesen mehr entwickelt werden, so daß die gesetzliche Schulpflicht nicht toter Gesetzesbuchstabe bleibt, sondern realisiert werden kann. Gegenwärtig besuchen Tausende von Kindern nicht die Schule, obwohl alle dies tun sollten. Man muß die Zahl der Schulen vergrößern und das Lehrpersonal entsprechend bezahlen, so daß es sich ganz und gar der Lehre und der Betreuung der Kinder widmen kann.« (S. 577)

ERZIEHUNG ALS EXPERIMENT (1928, 1929)

»Wir suchen neue Methoden der Erziehung. Die Auseinandersetzung zwischen den Generationen der alten und neuen Grundsätze wird um so schärfer, je heftiger die einen verharren wollen, Altes bewahren, zu spät kommen, die anderen – leichtsinnig stürmen und vorauseilen wollen. Die Kämpfe können aufreizend und fruchtlos sein oder schöpferisch, abhängig davon, ob sich die bekämpfenden Seiten mit einer ausreichenden Anzahl von Beweisen bewaffnen, die ihre Behauptungen stützen oder nicht. Wer Fakten zusammenträgt und Dokumente sammelt, der gewinnt das Material zu einer objektiven Diskussion, die nicht gefühlsbetonten Regungen unterliegt. Die kleinen Phänomene nicht geringschätzen, sie erforschen.« (S. 210)

»[...] in der Erziehung ist alles Experiment – ein Versuch. Ich versuche es mit Milde und mit Strenge, ich versuche zu ermutigen und zu verhüten, ich versuche zu beschleunigen und zu verzögern, ich versuche zu untertreiben und zu übertreiben – wir denken nicht daran, das Programm der Versuche zugunsten eines despotischen Dogmas aufzugeben. – Der Versuch muß vorsichtig und besonnen sein, man darf keine Gefahr eingehen – und unser ganzes Erziehungssystem ist ein solcher Versuch.« (S. 519)

»Die Methode der Beobachtung und des Nachdenkens über das Kind. Der Erzieher als Naturwissenschaftler (Arzt), als Soziologe, als Ethnologe.« (S. 274)

Das Verhältnis von Erwachsenen zu Kindern (1930?)

»Das Verhältnis der sogenannten reifen Leute zu Jugendlichen ist, milde gesagt, nicht loyal. [...] ›In den wesentlichen Fragen sind wir uns selbst überlassen, müssen wir selbst zurechtkommen, uns selbst schützen und verteidigen; eure Fürsorge ist trügerisch, eure Aktivität – lächerlich. Wir tun, was wir wollen, ihr gebt nur vor, daß ihr auf uns aufpaßt.‹ [...] Es ist nicht die Schuld der Erwachsenen, daß sie nichts wissen und nichts können, ihre Schuld liegt darin, daß sie diese Tatsache vor den Kindern verbergen. Im Angesicht des Alls, seiner Geheimnisse und ehernen Gesetze, sind wir wie die Kinder, gleich hilflos, bekümmert und unwichtig.« (S. 528)

Das Verhältnis von Kindern zu Kindern (1937)

»Was verbindet die Gruppe, was bewirkt das Gegenteil? An welchen positiven und negativen Erlebnissen haben die Kinder Anteil? Welche Werte bewirken Wohlwollen, welche Eigenschaften und welche Fehler rufen Abneigung hervor? Was überwiegt? Ist der Mensch dem Menschen ein Wolf oder ein Bruder? Egoismus oder Altruismus? Kann man die geheimnisvolle Welt der Gefühle durchdringen und sie durch eine Zahl erhellen? [...] Seit mehreren Jahren stimmen die Kinder zweier Waisenhäuser mit Karten (+, –, o) darüber ab, wen sie mögen und wen nicht, bzw. wem sie gleichgültig gegenüberstehen. Es gibt da eine Statistik, und es werden gewisse Schlüsse gezogen. Sie würden viele Bände füllen. Das ist heute in der Psychologie noch nicht aktuell; man untersucht da erst den leichter zu beurteilenden, aber für ein Zusammenleben weniger wichtigen Intellekt.« (S. 373)

»Die Organisation unseres Kindergartens gibt den Kindern die uneingeschränkte Freiheit, ihre Meinung zu äußern. Es hat sich eine Tradition der Aufrichtigkeit und des absoluten Rechts auf Zuneigung und

Abneigung ausgebildet. Nur unter solchen Bedingungen kann das Vergleichsmaterial von Wert sein. Verblüffend deckungsgleiche Ergebnisse (!) habe ich in zwei weit auseinanderliegenden Kindergärten erzielt. [...] Die Pluspunkte überwiegen: Es gibt weniger Menschenfeinde als Menschenfreunde. Abneigung ist oft eine Ungeduldsreaktion auf Zusammengepferchtsein, auf Beengtsein, auf lästige Zwangssituationen (Mahlzeiten, Mittagsruhe, Aufstellen in Zweierreihen).« (S. 375)

Grundlagen des Erziehens (1937)

»Wer Kinder nicht liebt, kann sie nicht erziehen.
Wer sich mit sich selbst beschäftigt,
für den interessieren sich Kinder nicht.
Und der, für den sich Kinder nicht interessieren,
ist nicht geeignet, sie zu erziehen.« (S. 433)

»Alle Tränen sind salzig. Wer das begreift, kann Kinder erziehen, wer das nicht begreift, dem gelingt es nicht, sie zu erziehen.« (S. 435)

»Grundstein der Waisenfürsorge und der Erziehung ist der Glaube an den Wert und die Würde des Menschen und der Menschheit.« (S. 231)

Kindheit in Fesseln (1937)

»Unseren Kindern erlauben wir nicht, entsprechend ihrem eigenen Willen und Verstand zu leben. Man bereitet sie die ganze Zeit auf das künftige Leben vor, wenn sie erwachsen sein werden. Und in der Zwischenzeit werden sie gefesselt und begrenzt in ihrem Recht. Das alles angeblich im Namen der Erziehung und des Schutzes. In Wirklichkeit aber zu unserem eigenen Nutzen und Wohlbefinden. Unsere Kinder werden im Geist heuchlerischer Freundschaftsvorbilder erzogen. Vor unseren Kindern verstecken wir unsere Fehler und Mängel. Kinder müssen die Zähne zusammenbeißen und schweigen. Jeder Widerspruch und Protest, sogar in der leichtesten Form, wird von uns brutal erstickt. Einerseits wird von ihnen Fröhlichkeit, andererseits Ernst verlangt, einmal Naivität, das andere Mal Klugheit, zeitweise Initiative, Energie, Unterhaltung, Spiel, Hoffnung und noch viele andere Sachen, die unsere Schwächen kompensieren und nicht ihre Bedürfnisse befriedigen sollen. Das alles und vieles andere bewirkt, daß das Kind danach strebt, erwachsen zu werden: Wachsen, sich befreien, die Ketten abwerfen, unabhängig werden, bei sich selbst sein. Sie warten und träumen – endlich das Ende des Sklavenlebens, endlich die erträumte Freiheit.« (S. 442)

INTERESSANTE FORSCHUNGSLEKTÜRE (1938)

»Ich habe interessante Bücher gelesen. Jetzt lese ich interessante Kinder. Sag nicht: ›Ich weiß schon.‹ Ich lese einmal, zweimal, dreimal und zehnmal das gleiche Kind, und ich weiß immer noch nicht viel, weil ein Kind über eine eigene Welt verfügt, eine große Welt, die schon lange existiert und die noch lange bleiben wird. Ich weiß ein wenig, was war und was ist. Und wie wird es weitergehen?« (S. 473)

KOMPLEXITÄT VON GRUPPEN (1938)

»In der Sommerkolonie bin ich zum ersten Mal einer Kindergruppe begegnet. [...] Dort ist es mir bewußt geworden, daß 100 nicht einfach das Doppelte von 50 ist. Das ist etwas ganz anderes. Wenn man nur mit wenigen Kindern zu tun hat, dann ist es nicht schwer, die Fäden des gegenseitigen Einflusses zwischen den Kindern einerseits und den Kindern und Erziehern andererseits zu finden. Aber die Bande, die eine größere Gruppe von Kindern verbinden sowie ihre Beziehungen untereinander, und das als Grundlage der Beziehung zum Erzieher, sind viel verwickelter und fordern Anstrengung und Wachsamkeit des Erziehers. Ich habe erfahren, daß eine Gruppe Stärke bedeutet: Sie hat hundert Händepaare, hundert Fußpaare, hundert Augenpaare. Das Wichtigste sind die Augen. Die Augen werden alles untersuchen, alles durchschauen. Sie werden das Wertvolle beim Erzieher bemerken, sie können den Erzieher aber auch verspotten. Der Erzieher kann 50 Jahre alt sein und die Knirpse 10-12 Jahre. Dennoch hat jeder von ihnen seine eigene Erfahrung. Auch wenn der Erzieher über eine 50jährige Erfahrung verfügt, verfügen 100 zehnjährige Knirpse über 1000jährige Erfahrung. Der Erzieher darf sich also nicht als der Weiseste betrachten und den Kindern nicht zu stark seinen Willen aufzwingen.« (S. 460f)

»Ein Kind hat eine eigene große und wichtige Welt. Zwei Kinder – haben drei große Welten. Drei Kinder – das ist nicht eins plus eins plus eins. Das ist viel mehr: das erste und das zweite Kind, das erste und das dritte Kind, das zweite und das dritte und alle drei zusammen. Sieben große Welten. Abneigung, Freundschaft, Schlägerei, Güte, Freude, Trauer. Rechne selbst aus, über wie viele Welten 10, 20, 30 Kinder verfügen. Viele Welten und schwierige Welten. Alleine, ohne die Hilfe des Kindes, kannst du sie nicht erfassen.« (S. 470)

MACHT DER MEDIEN (1938, 1939)

»Mich interessieren am meisten Fragen der Erziehung. Die Zukunft des Radios? Eine glänzende. Ich bin davon überzeugt, daß es uns einst gelingen wird, unmittelbar in die Vergangenheit zurückzugreifen und die wundervollsten Begebenheiten herauszufischen. Der Rundfunk hat uns fast zum Greifen nahegebracht, daß nichts untergeht, daß alles überdauert und unsterblich ist, daß jeder Schritt des Menschen das Gewicht der Erdkugel verändert. Ebensowenig können unsere Gedanken verloren gehen, kein einziger, um so weniger die erhabensten.« (S. 595)

Praxis und Theorie (1940)

»Ein Lehrer muß wissend sein; allerdings ist sein Wissen – so schwach und zufällig es auch sein mag – lediglich der Beginn. Nichtwissen ist keine Schande, schändlich ist nur, sein Unwissen zu verbergen, Ausflüchte zu machen und zu fälschen. Das Kind ist ein Verbraucher, der zu fordern versteht, und ein Kritiker, der streng sein kann. – [...] Mir ist wichtig, daß man das Buch nicht nur auf der Basis von Symbolen oder Phrasen mit der Arbeit [...] verbindet. Es sind keine zwei sich ausschließenden Grundsätze: entweder das Papier oder das Leben; das Gedruckte bedrückt, aber das Tun – ist die Seele des Gesetzes/die Seele der Theorie.« (S. 483)

Quellennachweise

Band 9 der *Sämtlichen Werke* enthält Beiträge aus Zeitungen, Zeitschriften, Jahres- und Denkschriften sowie Vorworte aus Büchern, die zu Lebzeiten Korczaks publiziert wurden und so als Drucke erhalten geblieben sind. Eine (poln.) handschriftliche Version Korczaks liegt nur von dem Artikel *Dies und das über das Kind* vor, der später in der hebräisch-sprachigen Zeitschrift *Dwarim Mibifnim* in Ejn Harod veröffentlicht wurde. Der Vortrag *Zur Eröffnung des Dom Sierot* ist als Broschüre erhalten geblieben. Außerdem enthält Band 9 eine stenographisch festgehaltene Äußerung Korczaks von einer Jubiläumsveranstaltung (S. 218ff), eine aus der Erinnerung wiedergegebene Korczaksche Erzählung (S. 433f), einen Protokollauszug von einer Mitgliederversammlung (S. 206ff), ferner eine Vortragsnachschrift mit der Überschrift *Wir und die Kinder,* die in hebräischer Veröffentlichung vorliegt (S. 426ff), ein Vorwort-Manuskript zu einem geplanten Buch von Halpern (S. 598) sowie die Abschriften von Korczak-Artikeln für das *Wochenblatt der Burse*, die eine Bursistin aufbewahrt hatte (Kapitel 7).

Die Übersetzungen ins Deutsche erfolgten auf der Grundlage der polnischen bzw. jiddischen und hebräischen Texte, die den nachstehenden Periodika, Büchern und anderen Quellen entnommen sind.[1] Einige der polnischen Vorlagen sind veröffentlicht in der Werkausgabe Janusz Korczak. DZIEŁA (Werke), Band 3*, Warszawa 1994, die übrigen werden in den z.Zt. vorbereiteten Bänden 11, 13 und 14 der poln. Werkausgabe erscheinen.

Die deutschen Herausgeber haben die Artikel zunächst nach Inhalts- und Publikationsschwerpunkten, innerhalb dieser dann nach Erscheinungsdaten geordnet. Die genauen bibliographischen Angaben – einschließlich der verwendeten Kryptonyme bzw. Pseudonyme – stehen jeweils unter den Artikeln.

Es folgt eine Beschreibung der Publikationsorgane und Schriften, denen die Texte des Bandes entnommen wurden:

Antena (Antenne). Die Zeitschrift entstand in Fortsetzung der illustrierten Wochenschrift *Radio* (1926-1934). Die erste Nummer der *Antena* erschien am 7. Oktober 1934, die letzte wenige Tage vor Kriegsbeginn

1. Einige Essays lagen bereits in deutscher Übersetzung vor, publiziert in Janusz Korczak: *Verteidigt die Kinder*, Gütersloh 1978; Janusz Korczak: *Von Kindern und anderen Vorbildern*, Gütersloh 1979; *Janusz Korczak – Pädagogik der Achtung*, Heinsberg 1987; Janusz Korczak: *Von der Grammatik und andere pädagogische Texte*, Heinsberg 1991. Für Bd. 9 wurden die vorliegenden Übersetzungen geprüft und überarbeitet.

am 26. August 1939. Ende der dreißiger Jahre hatte *Antena* eine Auflage von 35000 Exemplaren, bei ca. einer Million eingetragenen Empfangsgeräten im Jahre 1939.[1] Mit der Radiozeitschrift arbeiteten herausragende Schriftsteller, Publizisten, Historiker, Literaturtheoretiker und -kritiker, Musik- und Theaterkritiker, Radioautoren und Regisseure zusammen.[2] Der erste, reich illustrierte Teil der Zeitschrift (16 Kolumnen) enthielt umfangreiche Rezensionen und Besprechungen wichtiger Radiosendungen, literarische Texte, Beiträge zur Popularisierung der Radiotechnik sowie kurze Notizen über Autoren und Akteure. Der zweite, größere Teil (32 Kolumnen) beinhaltete das detaillierte Wochenprogramm aller polnischen Sender und eine Auswahl aus den interessantesten Programmen einiger ausländischer Rundfunksender. Korczaks Beitrag: 1938; S. 593ff im vorliegenden Band.

Czytelnia dla Wszystkich (Leihbibliothek für alle). Die einprägsame Adresse *dla Wszystkich* (für alle) stammt wohl von Mieczysław Brzeziński (1858-1911), der im Zusammenhang mit der Bildungsdiskussion in Polen geschrieben hatte: »Es gibt keine Bildung für untere Gesellschaftsschichten, sondern nur eine Bildung für alle.«[3]

Die *Czytelnia* eiferte für die alten Tugenden, trat ein für Arbeitsamkeit, Sparsamkeit, Ehrlichkeit, für katholische Gläubigkeit und Moral.

Zu den Mitarbeitern der *Czytelnia* gehörten zum großen Teil junge Leute. Bereits bekannte Autoren waren die Brüder Leon[4] und Henryk Rygier, Ludwik Stanisław Liciński[5] und Tadeusz Kończyc, der als einziger Korzcaks *Dzieci ulicy* (Kinder der Straße) rezensiert hatte.[6] Korczaks Beiträge: 1898-1901; S. 15-68 und S. 539-556 im vorliegenden Band.

Dawar Mibifnim (Wort von Innen). Eine Zeitschrift des Kibbuz Ejn Harod, Palästina, in hebräischer Sprache von der Kibbuzvereinigung Kibbuz Hameuchad herausgegeben. Korczaks Beitrag: 1934; S. 426-432 im vorliegenden Band.

1. Vgl. Paczkowski, Andrzej: *Prasa polska w latach 1918-1939* (Die polnische Presse in den Jahren 1918-1939). Warszawa 1980, S. 285.
2. Dazu gehörten: Karol Irzykowski, Kornel Makuszyński, Melchior Wańkowicz, Karol Stromenger, Roman Fajans, Tadeusz Łopalewski, Leon Schiller, Tadeusz Byrski, Konrad Górski, Stanisław Wasylewski, Zdzisław Jachimecki.
3. In: *Głos* (Die Stimme). Warszawa 1887, Nr. 13. Seit 1882 war Brzeziński Mitarbeiter des Warschauer Volksbildungskreises (*Koła Oświaty Ludowej*).
4. Leon Rygier (1875-1948) war ein Jugendfreund Korczaks.
5. Ludwik Stanisław Liciński (1874-1908), seit Jugendtagen mit Korczak befreundet.
6. Kończyc, Tadeusz (1880-1943). Rezension in: Korczak, Janusz: *Sämtliche Werke*. Bd. 1. Bearb. von Friedhelm Beiner und Erich Dauzenroth. Gütersloh 1996, S. 427.

Diecko (Das Kind). Die polnisch-sprachige Version der Zeitschrift *Dos Kind*, herausgegeben von der Zentralen Organisation jüdischer Kinderfürsorge (Centos). Korczaks Beiträge: 1932; S. 190-192 und S. 331f im vorliegenden Band.

Diecko i Matka (Kind und Mutter). Eine Zweiwochenschrift, die der Gesundheit und Erziehung von Kindern bis zum siebten Lebensjahr gewidmet war. Sie wurde ab 1926 in Warschau von der Verlagsgesellschaft *Bluszcz* (Efeu) herausgegeben. Die Verlagsgesellschaft war mit der ältesten Frauenzeitschrift in Europa, mit der Wochenschrift *Bluszcz* verbunden, die in den Jahren 1865 bis 1939 erschien. Korczaks Beiträge: 1938; S. 358-369 im vorliegenden Band.

Dos Elente Kind (Das einsame Kind). Erstes jiddisch-sprachliches Sammelheft anläßlich der »Woche der Waisen«. Die Woche der Waisen wurde von der »Vereinigung der Gesellschaften für jüdische Kinderfürsorge in der Republik Polen« veranlaßt. Herausgeber des Sammelheftes: Zentrale Organisation jüdischer Kinderfürsorge (Centos), Warszawa 1925. Korczaks Beitrag: 1925; S. 421f im vorliegenden Band.

Dos Kind (Das Kind). Eine Monatsschrift, die sich der Erziehung und Kinderfürsorge widmete. Sie erschien ab 1924 in jiddischer Sprache in Warschau, herausgegeben von der Zentralen Organisation jüdischer Kinderfürsorge (Centos). Ab 1932 erschien parallel dazu die polnischsprachige Version *Dziecko*. Korczak schrieb in den Jahren 1924-1938 relativ kontinuierlich für diese Zeitschrift. Neben Originalbeiträgen brachte *Dos Kind* auch viele Übersetzungen von bereits in anderen Organen in polnisch erschienen Korczak-Artikeln. In der Regel wurden die Beiträge von A. Perec ins Jiddische übersetzt und bearbeitet. Die polnischen Originale der *Dos Kind*-Artikel sind nicht erhalten geblieben. Korczaks Beiträge: 1924, 1934, 1936-1938; S. 413-425, S. 435-447, S. 457-460, S. 463-467 und S. 567-569 im vorliegenden Band.

Gazeta Polska (Polnische Zeitung). Eine Warschauer Tageszeitung, »die sich sämtlichen Erscheinungen des gesellschaftlichen Lebens widmete«. Redigiert und herausgegeben von Adam Skawarczyński (1886-1934), Politik-Theoretiker und Anhänger Pilsudskis (vgl. A. Skwarczyński: *Gedanken über das neue Polen.* Warszawa 1931). Korczaks Beitrag: 1919; S. 557-559 im vorliegenden Band.

Gazeta Żydowska (Jüdische Zeitung). Die einzige öffentliche jüdische Schrift in polnischer Sprache im okkupierten Generalgouvernement, als Tageszeitung ab 1940 in Krakau herausgegeben. Korczaks Beitrag: 1942; S. 234f im vorliegenden Band.

Głos (Die Stimme). Eine wissenschaftlich-literarisch-gesellschaftspolitische Wochenschrift mit radikal-sozialer Zielsetzung. Sie wurde in den Jahren 1900 bis 1905 unter der Leitung von Jan Władysław Dawid herausgegeben. Korczaks Beiträge: 1904-1905; S. 136-145, S. 159-164 und S. 556 im vorliegenden Band.

Głos Nauczycielski (Lehrerstimme). Eine Zweiwochenschrift, 1917 als Organ des Polnischen Lehrerverbandes der Allgemeinschulen ins Leben gerufen, 1930 – nach zahlreichen Fusionen verschiedener Lehrerorganisationen – als Organ des Polnischen Lehrerverbandes (ZNP) weitergeführt, sie existiert als Wochenschrift bis heute. Die Redaktion der *Lehrerstimme* wurde und wird von angesehenen, verdienten Persönlichkeiten geleitet. Korczaks Beiträge: 1919; S. 175-179 im vorliegenden Band.

Hachinuch Hameschutaf (Gemeinschaftserziehung). Hier erschien 1978 (in Iwrith) ein Bericht mit dem Titel *Der Einfluß Janusz Korczaks und Stefa Wilczyńskas auf die Kinder im Kibbuz.* Darin wird eine Korczak-Erzählung wiedergegeben, wahrscheinlich aus dem Jahr 1934 stammend; S. 433-435 im vorliegenden Band.

Hechaluc Hacair (Der junge Pionier). Die Monatsschrift gehörte zu der Organisation »Hechaluc Hacair«, die sich um die Ausbildung zukünftiger Landwirte für die Kibbuz-Bewegung kümmerte und ihre Mitglieder auf die Emigration nach Palästina vorbereitete. Die Schrift war hauptsächlich für die Leiter von Jugendgruppen bestimmt, die in dieser Organisation arbeiteten; herausgegeben wurde sie vom Sekretariat der Hechaluc-Hacair-Abteilung in Polen. Obwohl als Monatsschrift konzipiert, kam sie sehr unregelmäßig heraus, in den Jahren 1927-1939 erschienen 36 Hefte. 1939 wurde sie von der Organisation Frajhajt (jidd.: Freiheit) übernommen. Sie erschien in Warschau in drei Sprachen. Einer der Redakteure war Icchak Perlis; ein fester Mitarbeiter war der Poet Berl Pomeranc. Beide übersetzten Korczak-Texte ins Hebräische. Korczaks Beiträge: 1938; S. 470-475 im vorliegenden Band.

Kalendarz Robotniczy PPS (Arbeiterkalender der PPS). Warschau 1923. Korczaks Beitrag S. 304f im vorliegenden Band.

Książka (Das Buch). Eine von der Bibliographischen Anstalt Warschau herausgegebene angesehene Monatsschrift für Literaturkritik und -bibliographie. Korczaks Beitrag: 1922; S. 565f im vorliegenden Band.

Kurier Polski (Polnischer Kurier). Eine seit 1898 erscheinende Tageszeitung. Sie brachte im Jahr 1925 anläßlich einer Sejmdebatte über die Schulreform eine spezielle Beilage mit dem Titel *Schulausgabe*, in der besonders auf Korczaks Artikel über die Schülerpresse hingewiesen wurde. Korczaks Beitrag: S. 182-185 im vorliegenden Band.

Kurier Poranny (Morgenkurier). Eine der führenden Warschauer Tageszeitungen, seit 1877 herausgegeben. Viele bekannte Schriftsteller und Kritiker arbeiteten mit dem *Morgenkurier* zusammen. Korczaks Beitrag: 1928; S. 582-584 im vorliegenden Band.

Mibifnim (Von Innen). Eine Zeitschrift des Kibbuz Ejn Harod, die in hebräischer Sprache von der Kibbuzvereinigung »Kibbuz Hameu-chad« herausgegeben wurde. Korczaks Beiträge: 1939, 1940; S. 476-484 im vorliegenden Band.

Miesięctnik Żydowski (Jüdische Monatsschrift). Eine Zeitschrift, die sich »wissenschaftlichen und gesellschaftlichen Fragestellungen sowie der Geschichte der Juden in Polen« widmete. Sie wurde von 1930 bis 1935 im Namen der Gesellschaft »Menorah« herausgegeben. Korczaks Beitrag: 1933; S. 348-354 im vorliegenden Band.

Nasz Przegląd (Unsere Rundschau). Eine große Warschauer Tageszeitung der jüdischen Bevölkerung Polens. Sie erschien ab 1923 in polnischer Sprache. Korczak war durch langjährige Zusammenarbeit mit der Zeitung verbunden. Sie ermöglichte auch die Realisation von Korczaks Projekt einer öffentlichen Zeitung von und für Kinder. Die *Mały Przegląd* (Kleine Rundschau) erschien von 1926 bis 1939 als wöchentliche Beilage zu *Nasz Przegląd* (vgl. *Sämtliche Werke*, Bd. 14). Korczaks Beiträge in *Nasz Przegląd:* 1926, 1927, 1933, 1937, 1939; S. 211-214, S. 227-230, S. 569-573 und 596f im vorliegenden Band.

Nowe Tory (Neue Bahnen). Eine pädagogische Monatsschrift, ab 1906 in Warschau herausgegeben. Korczaks Beitrag: 1910; S. 172-174 im vorliegenden Band.

Opieka nad Dzieckiem (Kinderfürsorge). Eine Zweimonatsschrift, die ab 1923 von der pädiatrischen Abteilung des Polnisch-Amerikanischen Kinderhilfskomitees herausgegeben wurde. Korczaks Beiträge: 1923 und 1925; S. 305-313 im vorliegenden Band.

Pamiętnik Państwowego Institutu Nauczycielskiego (Denkschrift des Staatlichen Lehrerinstituts). Das Staatliche Lehrerinstitut wurde 1930 von Maria Grzegorzewska in Zusammenarbeit mit dem Ministerium für Glaubensbekenntnis und öffentliche Bildung gegründet. Maria Grzegorzewska leitete das Institut gleichzeitig mit dem Institut für Sonderpädagogik. Im Staatlichen Lehrerinstitut konnten sich Allgemeinschullehrer in einem zweijährigen Kurs weiterbilden. Korczaks Beitrag in der Denkschrift, die 1934 von Władysław Radwan redigiert wurde: S. 193-196 im vorliegenden Band.

Pion (Das Lot). Eine populäre literarisch-gesellschaftliche Wochenschrift, die in Warschau 1933 bis 1937 von der Gesellschaft für Kultur und Bildung von 1937 bis 1939 von der Verlagsgesellschaft »Droga« (Der Weg) herausgegeben wurde. Alle zwei Wochen erschien eine interessante Kolumne, in der sich bekannte Kritiker und Schriftsteller zu den Radiosendungen äußerten. Ab Nr. 19 von 1935 enthielt die Zeitschrift eine ständige Radio-Kolumne. Korczaks Beitrag: 1935; S. 343-347 im vorliegenden Band.

Polski Archiwum Psychologii (Polnisches Archiv für Psychologie). Eine Vierteljahresschrift, 1926 von Józefa Joteyko gegründet. Eine der bedeutendsten Periodika der wissenschaftlichen Psychologie. Nach dem Tod von Joteyko wurde sie von führenden Psychologen, u.a. Maria Grzegorzewska, redigiert. Nach dem Krieg wird sie unter dem Namen *Pädagogische Psychologie* weitergeführt. Ada Poznańskas und Korczaks Beitrag: 1934; S. 377-405 im vorliegenden Band.

Praca Szkolna (Schularbeit). Eine Monatsbeilage zu *Głos Nauczycielski* (Lehrerstimme) (siehe S. 602). Korczaks Beiträge: 1927, 1929; S. 318-331 im vorliegenden Band.

Przedszkole (Vorschule). Ein seit 1933 herausgegebenes Organ der Abteilung Vorschule des Polnischen Lehrerverbandes. Korczaks Beitrag: 1935; S. 354-357 im vorliegenden Band.

Przegląd Pedagogiczny (Pädagogische Rundschau). Eine 1882 bis 1905 in Warschau erscheinende Zweiwochenschrift zu Problemen der häuslichen und schulischen Erziehung. In der Zeit der zaristischen Unterdrückung war sie ein wichtiges Verbindungsglied der polnisch-pädagogischen Intelligenz. Korczaks Beiträge: 1900-1902; S. 124-135 und S. 555f im vorliegenden Band.

Przegląd Społeczny (Soziale Rundschau). In Warschau 1906 herausgegebene Nachfolgezeitschrift der *Głos* (siehe S. 601). Korczaks Beitrag: 1906; S. 146-149 im vorliegenden Band.

Przegląd Wieczorny (Abendrundschau). Eine seit 1922 in Warschau erscheinende Tageszeitung. Korczaks Beitrag: 1927, S. 577-578 im vorliegenden Band.

Radiofon Polski (Polnischer Rundfunk). Eine der Popularisierung des Rundfunks gewidmete Wochenschrift, die ab 1925 in Warschau erschien. Im Mai 1926 rief der Polnische Rundfunk eine Sendereihe für Kinder und Jugendliche ins Leben. Korczaks Beitrag erschien im Dezember desselben Jahres; S. 335-339 im vorliegenden Band.

Robotnik (Der Arbeiter). Ein »Zentralorgan der Polnischen Sozialistischen Partei (PPS)«; es erschien als Tageblatt in Warschau, zunächst (ab 1894) illegal, ab 1919 legal. Korczaks Beiträge: 1919, 1928; S. 203-205 und S. 578-581 im vorliegenden Band.

Rocznik Pedagogiczny (Pädagogisches Jahrbuch). Das Jahrbuch wurde 1881 von dem bekannten Mathematiker und Pädagogen Samuel Dieckstein ins Leben gerufen. Nach einer längeren Pause wurde 1921 die Veröffentlichung vom Polnischen Buchverlag des Lehrerverbandes Höherer Schulen wiederaufgenommen. Das *Pädagogische Jahrbuch* sollte »von Jahr zu Jahr die Errungenschaften im Bereich der Erziehung und des Unterrichts in Polen und ferner ausländische Strömungen darstellen.« Korczaks Beitrag: 1923; S. 180-183 im vorliegenden Band.

Społeczeństwo (Gesellschaft). *Tygodnik naukowo-literacki, społeczny i polityczny* (Wissenschaftlich-literarische, gesellschaftlich-politische Wochenzeitung). Das 1907 gegründete Blatt stand in der Fortsetzung der Zeitschriften *Głos* (Die Stimme) und *Przegląd Społeczny* (Gesellschaftliche Rundschau) und wurde von 1907-1910 von Jadwiga und Jan Władysław Dawid (1859-1914) herausgegeben. Korczaks Beitrag: 1907; S. 164-170 im vorliegenden Band.

Sprawozdanie Towarzystwa »Pamoc dla Sierot« (Bericht der Gesellschaft »Hilfe für Waisen«)
- Warszawa 1934. Korczaks Beitrag S. 223 im vorliegenden Band.
- Warszawa 1935. Korczaks Beitrag S. 224-226 im vorliegenden Band.
- Warszawa 1937. Korczaks Beitrag S. 230f im vorliegenden Band.
- Warszawa 1938. Korczaks Beiträge S. 231-234 im vorliegenden Band.

Ster (Das Steuer). Eine jüdische Wochenschrift für Politik und Kultur, die in polnischer Sprache ab 1937 in Warschau herausgegeben wurde. Korczaks Beitrag: 1937; S. 591-593 im vorliegenden Band.

Szkoła i Życie (Schule und Leben). Eine Beilage der Zeitung *Nasz Przegląd* (siehe S. 603). Korczaks Beitrag: 1926; S. 186-188 im vorliegenden Band.

Szkoła Specjalna (Sonderschule). Eine Vierteljahresschrift, ab 1924 in Warschau von der Abteilung Sonderschulwesen des Polnischen Lehrerverbandes herausgegeben. Leitende Redakteurin war Maria Grzegorzewska (1888-1967), die gleichzeitig das Staatliche Institut für Sonderpädagogik leitete. Korczak arbeitete sowohl mit der Zeitschrift als auch mit M. Grzegorzewska eng zusammen. In der Zwischenkriegszeit publizierte er in der *Sonderschule* einundzwanzig Artikel, in denen er sich nicht nur als ein »Erzieher von Kindern«, sondern vor allem als ein »Erzieher der Erzieher« (Aleksander Lewin) zeigt. Korczaks Beiträge: 1925-1939; S. 239-303 und S. 574-575 im vorliegenden Band.

Śniadecki, Jędrzej: O fizycznim wychuwaniu dzieci (Über die physische Erziehung von Kindern). Warszawa 1920; darin ein *Vorwort* von Korczak; S. 559-565 im vorliegenden Band.

Świat (Die Welt). »Eine illustrierte Wochenschrift, dem gesellschaftlichen Leben, der Literatur und der Kunst gewidmet.« Sie erschien 1906-1939 in Warschau und war sehr populär. Zu den Mitarbeitern gehörten u.a.: Zofia Nałkowska (1884-1954), Andrzej Strug (1871-1937) und Władysław Reymont (1867-1925). Korczaks Beitrag: 1909; S. 170-172 im vorliegenden Band.

Świat Książki (Welt der Bücher). Eine seit 1928 erscheinende Monatsschrift, herausgegeben und redigiert von Jakub Mortkowicz, dem bekannten Verleger von Korczaks Schriften. Korczaks Artikel eröffnete eine Sondernummer, die sich den Büchern für Kinder und Jugendliche widmete. Die Redaktion wollte für diese Bücher eine Anerkennung im Bereich der allgemeinen Literatur erkämpfen. Korczaks Beitrag: 1929; S. 339-342 im vorliegenden Band.

Świt (Morgenrot). »Eine Wochenschrift für Politik, Gesellschaft, Ökonomie und Kultur.« 1906-1907 in Kiew erschienen. Eine progressive, mit der sozialistischen Bewegung verbundene Schrift. Korczaks Beitrag: 1907; S. 150-154 im vorliegenden Band.

Towarzystwo »Nasz Dom« (Gesellschaft »Unser Haus«). Warszawa 1923; darin ein längeres Korczak-Zitat von der Mitglieder- und Wahlversammlung vom 21. Oktober 1923; S. 206-208 im vorliegenden Band.

Towarzystwo »Pomoc dla Sierot« (Gesellschaft »Hilfe für Waisen«). Eigenständige Veröffentlichung von Korczaks Vortrag *Zur Eröffnung des Dom Sierot*, Warszawa 1913; S. 199-203 im vorliegenden Band.

Undzer Frajhajt (Unsere Freiheit). Eine Zeitschrift der Jugendorganisation Frajhajt, die in Warschau in jiddischer Sprache erschien. Korczaks Beitrag: 1938; S. 460-463 im vorliegenden Band.

Unzer Kind (Unser Kind). Eine in Warschau (ab 1931?) in jiddischer Sprache von der zentralen Vereinigung der jüdischen Waisenfürsorge herausgegebene Monatsschrift. Sie war die Fortsetzung der Zeitschrift

Dos Szuchoze Kind (Das Kind ohne Fürsorge). Korczaks Beitrag: 1932; S. 423f im vorliegenden Band.

Wędrowiec (Der Wanderer). Illustrierte literarische Wochenschrift, 1863-1906 in Warschau erschienen. Die Zeitschrift veröffentlichte Werke und Artikel vieler bekannter Autoren wie Stanisław Witkiewicz, Teodor Tomasz Jeż, Bołesław Prus. Korczaks Beiträge: 1900-1901; S. 69-123 im vorliegenden Band.

Wszechświat (Das Universum). Eine naturwissenschaftliche Zweiwochenschrift, bis 1914 in Warschau erschienen. Korczaks Beitrag: 1900; S. 92-94 im vorliegenden Band.

Wychowanie Przedszkolne (Vorschulerziehung). Ein ab 1925 als Monatsschrift, ab 1933 als Zweimonatsschrift erscheinendes Organ der Gesellschaft für Vorschulerziehung (seit 1907 eingetragener Verein). Die Redakteurin war die verdiente Vorschulexpertin Maria Weryho-Radziwiňowicz. Korczaks Beiträge: 1926 und 1933; S. 313-317 und S. 373-376 im vorliegenden Band.

Wychowawca (Erzieher). Eine Vierteljahresschrift der Gewerkschaft der Erzieher, die von bekannten Förderern der Kinderfürsorge redigiert wurde, u.a. von Stanisław Papuziński (1903-1982). Sie erschien zunächst in Pruszków, seit 1928 in Warschau. Korczaks Beitrag: 1931; S. 188-190 im vorliegenden Band.

Zakład Wychowawczy »Nasz Dom«. Szkic informacyjny (Die Erziehungsanstalt »Nasz Dom«. Eine Informationsskizze), bearb. von Maria Rogowska-Falska. Warszawa 1928; darin eine *Einführung* von Korczak; S. 209-211 im vorliegenden Band.

Życie Diecka (Kinderleben). Monatsschrift für Kinder- und Jugendfürsorge. Fortsetzung von *Opieki nad Dzieckiem* (Kinderfürsorge), ab 1932 vom Polnischen Komitee für Kinderfürsorge herausgegeben. Korczaks Beiträge: 1932 und 1934; S. 333-335 und S. 589-590 im vorliegenden Band.

XXV lat działalności Towarzystwa »Pomoc dla Sierot«. 1908-1933 (25 Jahre Tätigkeit der Gesellschaft »Hilfe für Waisen«. 1908-1933). Warszawa 1933; darin zwei Beiträge Korczaks; S. 215-217 und S. 220-222.

Anlagen

Anlage 1: Literaturverzeichnis

Biographien (dt.)

Baumgarten-Tramer, Franziska: Janusz Korczak – der polnische Pestalozzi. Düsseldorf 1965.

Biewend, Edith: Lieben ohne Illusion. Leben und Werk des Janusz Korczak. Heilbronn 1974.

Dauzenroth, Erich: Ein Leben für Kinder. Janusz Korczak. Leben und Werk. 4., durchgesehene Aufl. Gütersloh 2001.

Janusz Korczak in der Erinnerung von Zeitzeugen. Mitarbeiter, Kinder und Freunde berichten. Hg. und bearb. von Friedhelm Beiner und Silvia Ungermann. Ergänzungsband zu Janusz Korczak: Sämtliche Werke. Gütersloh 1999.

Jaworski, Marek: Janusz Korczak. Aufopferungsvolle Liebe zum Kind. Leipzig 1979.

Kurz, Carl Heinz: Die polnische Klage. Stationen im Leben des Janusz Korczak. Frankfurt/M. 1975.

Lewin, Aleksander: So war es wirklich. Die letzten Lebensjahre und das Vermächtnis Janusz Korczaks. Hg. von Friedhelm Beiner, bearb. von Silvia Ungermann. Ergänzungsband zu Janusz Korczak: Sämtliche Werke. Gütersloh 1998.

Lifton, Betty Jean: Der König der Kinder. Das Leben von Janusz Korczak. Stuttgart 1990. Auch Heyne Sachbuch 19/378. München 1995.

Mortkowicz-Olczakowa, Hanna: Janusz Korczak. Arzt und Pädagoge. Weimar 1961.

Pelz, Monika: »Nicht mich will ich retten!« Die Lebensgeschichte des Janusz Korczak. Weinheim/Basel 1985.

Pelzer, Wolfgang: Janusz Korczak. Reinbek bei Hamburg 1987.

Szlązakowa, Alicja: Janusz Korczak. Warszawa 1978.

Bibliographien

Beiner, Friedhelm/Dauzenroth, Erich/Lax, Elisabeth (Hgg.): Janusz Korczak Bibliographie – Quellen und Literatur (dt.) 1943-1987. Heinsberg 1987.

Beiner, Friedhelm/Ungermann, Silvia: Janusz Korczak. Bibliographie. Quellen und Literatur (dt.) 1988-1995. In: Korczak-Bulletin, Spezial I/1995. Gießen/Wuppertal 1995.

Krause, Joanna: Chronologie Sämtlicher Werke. In: Beiner, Friedhelm/Dauzenroth, Erich (Hg.): Janusz Korczak. Sämtliche Werke. Band 1, Gütersloh 1996, S. 489-549.

Lewin, Aleksander u.a.: Janusz Korczak Bibliografia 1896-1942. Heinsberg 1985.

Lewin, Aleksander u.a.: Janusz Korczak, Bibliografia publikacji Janusza Korczaka i o Januszu Korczaku w Polsce 1943-1987. Heinsberg 1988.

Polnische Geschichte

Davis, Norman: Im Herzen Europas. Geschichte Polens. München 2000.

Feldman, W.: Geschichte der politischen Ideen in Polen seit dessen Teilungen (1795-1914). Osnabrück 1964 (Neudruck der Ausgabe 1917).

Halecki, Oskar: Geschichte Polens. Frankfurt a.M. 1963.
Hoensch, Jörg K.: Geschichte Polens. Stuttgart, 3., neubearb. und erw. Aufl. 1998.
Jaworski, Rudolf u.a.: Eine kleine Geschichte Polens. Frankfurt 2000.
Krzemiński, Adam: Polen im 20. Jahrhundert. Ein historischer Essay. München 1993.
Osteuropa-Handbuch. Polen. In Zusammenarbeit mit zahlreichen Fachgelehrten hg. von Werner Markert. Köln/Graz 1959.
Polen – Ein geschichtliches Panorama. Warszawa 1983.
Roos, Hans: Geschichte der Polnischen Nation 1918-1985. Von der Staatsgründung im Ersten Weltkrieg bis zur Gegenwart. Fortgeführt von Manfred Alexander. Stuttgart/Berlin/Köln/Mainz, 4., überarb. und erw. Aufl. 1986.
Sakowska, Ruta: Die zweite Etappe ist der Tod. NS-Ausrottungspolitik gegen die polnischen Juden, gesehen mit den Augen der Opfer. Ein historischer Essay und ausgewählte Dokumente aus dem Ringelblum-Archiv 1941-1943. Aus dem Polnischen und Jiddischen von Jochen August. Berlin 1993.
Sakowska, Ruta: Menschen im Ghetto. Die jüdische Bevölkerung im besetzten Warschau 1939-1943. Aus dem Polnischen von Ruth Henning. Osnabrück, 2. Aufl. 1999.

Zur Pädagogik Korczaks

Agentur Dieck (Hg.): Janusz Korczak. Heinsberg 1991.
Beiner, Friedhelm (Hg.): Janusz Korczak. Zeugnisse einer lebendigen Pädagogik. Vierzig Jahre nach seinem Tod (Erstes Wuppertaler Korczak-Kolloquium). Heinsberg 1982.
Beiner, Friedhelm (Hg.): Korczak-Forschung und -Rezeption. Zweites Wuppertaler Korczak-Kolloquium. Wuppertal (Uni-Druck) o.J.
Beiner, Friedhelm (Hg.): Janusz Korczak – Pädagogik der Achtung (Drittes Wuppertaler Korczak-Kolloquium). Heinsberg 1987.
Börsenverein des Deutschen Buchhandels e.V. (Hg.): Janusz Korczak. Frankfurt 1972.
Brendler, Konrad/Ungermann, Silvia (Hg.): Janusz Korczak in Theorie und Praxis. Aktuelle Beiträge zur internationalen Interpretation und Rezeption. Gütersloh 2004.
Kirchner, Michael: Von Angesicht zu Angesicht. Janusz Korczak und das Kind. Heinsberg 1997.
Kluge, Karl-J./Plum, Helga/Schnell, Irmtraud: Eine kindgerechte Umwelt schaffen. Das pädgogische System von Janusz Korczak und seine Bedeutung für Sondererziehung und Rehabilitation. München 1981.
Kunz, Lothar (Hg.): Einführung in die Korczak-Pädagogik. Weinheim/Basel 1994.
Langhanky, Michael: Die Pädagogik von Janusz Korczak. Neuwied/Kriftel/Berlin 1994.
Öhlschläger, Rainer (Hg.): Von Korczak lernen heißt ... Rottenburg-Stuttgart 1999.
Radtke, Uwe: Janusz Korczak als Pädagoge. Zum Recht des Kindes auf Achtung. Marburg 2000.
Schild, Jörg: »Pädagoge sein heißt, selbst wieder Kind werden«. Janusz Korczak und seine Waisenhauserziehung. München 1982.
Tschöpe-Scheffler, Sigrid/Kaminski, Winfred (Hg.): Janusz Korczak und die Kinderrechte – gestern, heute, morgen. Eitorf 2002.
Ungermann, Silvia: Die Pädagogik Janusz Korczaks. Theoretische Grundlagen und praktische Verwirklichung 1896-1942. In Vorb.

Anlage 2: Namenregister

Anlage 3: Polnische Aussprache

Das polnische Alphabet hat neben den lateinischen Buchstaben noch die Sonderformen:

Ą ą, Ć ć, Ę ę, Ł ł, Ń ń, Ó ó, Ś ś, Ź ź, Ż ż.

Zur Aussprache geben wir nur diejenigen polnischen Buchstaben an, die anders als im Deutschen ausgesprochen werden:

Buchstabe	Aussprache mit Deutung	
ą	on, om	nasalierter Vokal, ausgesprochen wie im Wort Kompagnon
c	z	
cz	tsch	
ć	zj	weich ausgesprochen
dz	I ds	ausgesprochen wie ein Laut
	II d-s	2 Laute, getrennt ausgesprochen in Wörtern, die mit den Vorsilben **nad-, od-, pod, przed-** beginnen
dź	dsj	ausgesprochen wie ein Laut
dż	I dg	wie im Wort *Bridge*
	II d-g	2 Laute, getrennt ausgesprochen in Wörtern, die mit den Vorsilben **nad-, od-, pod, przed-** beginnen
e	ä	
ei	äi	
ę	en	nasalierter Vokal, ausgesprochen wie die französische Buchstabengruppe *-in*, z.B. in den Wörtern *fin, vin*
h	ch	
i	j	vor einem Vokal
ie	jä	
ł	u	Konsonant, ausgesprochen wie in: *laufen, Taube, Laube*
ń	gn	wie in den Wörtern: *Kognak, Kompagnon*
ó	u	
rz	I g	wie in den Wörtern: *Gendarm, Passagier*
	II sch	nach lautlosen Konsonanten
	III r-s	2 Laute, getrennt gesprochen, z.B. im Wort marznąć
s	ß	
sp	ßp	
st	ßt	
sz	sch	
ś	ßj	weich ausgesprochen
y	i	wie in den Wörtern: *Fisch, Tisch*
z	s	zwischen 2 Vokalen, wie in den Wörtern: *Rasen, Besen, gewesen*
ź	sj	weich ausgesprochen
ż		siehe **rz** I

Bemerkung. Konsonanten, die vor einem »i« stehen, werden weich ausgesprochen; in diesem Falle wird das »i« nur dann artikuliert, wenn ihm kein anderer Vokal folgt.

Betonung. Die Betonung der mehrsilbigen polnischen Wörter liegt grundsätzlich auf der vorletzten Silbe, z.B. papier**o**sy, sadown**i**ctwo. Andere Betonungen kommen selten vor. Es handelt sich hierbei meistens um Wörter fremder Herkunft, z.B. matem**a**tyka, t**e**chnika, Am**e**ryka, **ori**entalistyka.

Anlage 4: Abbildungsnachweise

S. 6:	Korczak-Archiv Warschau
S. 155:	Öffentliche Bibliothek der Stadt Warschau
S. 156:	Janusz Korczak. Dzieła, Bd. 4, Warschau 1998, S. 187
S. 198:	Korczak-Archiv Warschau
S. 236:	Korczak-Archiv Warschau
S. 370:	Kibbuz Ejn Harod, Israel
S. 408:	Korczak-Archiv Warschau
S. 486:	Kibbuz Ejn Harod, Israel
S. 536:	Korczakianum Warschau
S. 538:	Korczakianum Warschau

Biogramm: Janusz Korczak

1878 (1879?)	Am 22.7. als Henryk Goldszmit in Warschau geboren. Sohn des Advokaten Jozef Goldszmit und seiner Ehefrau Cecylia, geb. Gębicka.
1896	Erste humoristische und satirische Texte in der Zeitschrift *Kolce* (Stacheln).
1898	Mitarbeiter an vielen Warschauer Zeitungen und Zeitschriften unterschiedlicher Couleur, u.a. etwa 200 Beiträge in der Wochenschrift für die polnische Familie *Czytelnia dla Wszystkich* (Leihbibliothek für alle).
1898-1905	Studium der Medizin an der Kaiserlichen Universität in Warschau. Diplom: 23.3.1905.
1901	»Roman« *Kinder der Straße* (Dzieci ulicy).
1902	Autor fast sämtlicher Feuilletons in der satirischen Zeitschrift *Kolce* (Stacheln).
1904	Zusammenarbeit mit der Zeitschrift *Głos* (Die Stimme).
1904/07/08	Ärztliche und pädagogische Betreuung bedürftiger Kinder in den Sommerkolonien.
1905-1912	Arzt im *Berson-Bauman-Kinder-Spital* in Warschau (mit Unterbrechungen).
1905/06	Militärarzt im russisch-japanischen Krieg (Juni 1905 bis März 1906).
1906	»Roman« *Kind des Salons* (Dziecko salonu).
1907/08	Mehrmonatiger wissenschaftlicher Aufenthalt in Berlin, u.a. im *Kaiser und Kaiserin-Friedrich-Kinderkrankenhaus.*
1909/1910	Erste Kinderbücher über Erlebnisse in Sommerkolonien.
1910	Besuch von Krankenanstalten in Paris.
1911	Studienaufenthalt in London.
1912	Übernahme des Waisenhauses *Dom Sierot* für jüdische Kinder in der Warschauer Krochmalna 92.
Ab 1913	Berichte und Geschichten aus dem *Dom Sierot* erscheinen in der öffentlichen Zeitschrift *W Słońcu.*
1914/18	Teilnahme am I. Weltkrieg als Militärarzt in der russischen Armee.
1919	Arzt in der polnischen Armee im polnisch-sowjetischen Krieg, Seuchenlazarett in Łódź.
1919	Erster Teil der Tetralogie *Wie liebt man ein Kind* (Jak kochać dziecko).
Nov. 1919	Zusammen mit Maryna Falska: Leitung des Waisenhauses *Nasz Dom* (Unser Haus) für polnische Kinder in Pruszków (später in Bielany).

Ab 1920 Berichte und Geschichten aus dem *Nasz Dom* erscheinen in *W Słońcu.*

1921 *Über die Schulzeitung* (O gazetce szkolney).

1922 *Allein mit Gott* (Sam na sam z Bogiem).

1923 *König Maciuś der Erste* (Król Maciuś Pierwszy), *König Maciuś auf der einsamen Insel* (Król Maciuś na wyspie bezludnej).

1923 Eröffnung der Burse im Dom Sierot: Erziehung künftiger Erzieher. Ab 1924: *Wochenblatt der Burse.*

1926 Gründung der Zeitschrift von Kindern für Kinder *Kleine Rundschau* (Mały Przegląd), Wochenbeilage der Zeitung *Unsere Rundschau* (Nasz Przegląd).

1927 In Berlin, Verlag Rudolf Mosse, erscheint in Esperanto die Sammlung *Bonbumoraj Rakontoj* (Fröhliche Geschichten).

1929 *Das Recht des Kindes auf Achtung* (Prawo dziecka do szacunku).

1930/31 Radio-Feuilletons im Polnischen Rundfunk.

1931 Uraufführung der Humoreske *Senat der Verrückten* (Senat szaleńców) im Warschauer Theater *Ateneum.*

Ab 1934 *Plaudereien des Alten Doktors* im Polnischen Rundfunk.

1934 Erste Reise nach Palästina.

1935 *Der Bankrott des kleinen Jack* (Bankructwo małego Dżeka) erscheint in deutscher Übersetzung im Verlag Williams & Co., Berlin.

1936 Zweite Reise nach Palästina.

1937 Auszeichnung mit dem *Goldenen Lorbeer* der Polnischen Akademie der Literatur (PAL).

1938 *Ein hartnäckiger Junge. Das Leben des Louis Pasteur* (Uparty chlopiec. Życie Ludwika Pasteura).

1939 *Fröhliche Pädagogik* (Pedagogika żartobliwa).

1940 Räumung des Waisenhauses in der Krochmalna 92 und Übersiedlung ins Ghetto Warschau.

1942 *Tagebuch* (Pamiętnik). Ermordung Korczaks und seiner Kinder im Vernichtungslager Treblinka in den ersten Augusttagen (5. oder 6.8.).

1972 Janusz Korczak erhält posthum den *Friedenspreis des Deutschen Buchhandels.*

1977 Gründung der *Deutschen Korczak-Gesellschaft e.V.* in Gießen.

1978 Gründung der *Internationalen Janusz-Korczak-Gesellschaft* mit Sitz in Warschau.

1996 Der erste Band der auf 16 Bände angelegten *Sämtlichen Werke* von Janusz Korczak erscheint im Gütersloher Verlagshaus. Abschluß der Edition voraussichtlich 2005.

Janusz Korczak im Taschenbuch

Erich Dauzenroth

Ein Leben für Kinder

Janusz Korczak, Leben und Werk.
5., völlig neu bearbeitete Auflage.
96 Seiten mit 18 Fotos und 8 Abbildungen. Kt.
[3-579-01042-5] GTB 1042

Dieses Buch ist mehr als eine Biografie: Ein Korczak für heute wird sichtbar. Erich Dauzenroth schildert das Leben des »Pestalozzi aus Warschau«, bezieht Gespräche und Korrespondenzen mit ehemaligen Mitarbeitern und Zöglingen des »Doktors« ein und dokumentiert lückenlos den Gang Korczaks mit seinen Zöglingen vom Warschauer Getto an die Pforten der Hölle von Treblinka. Ein Standardwerk über Janusz Korczak.

Janusz Korczak

Verteidigt die Kinder!

Neubearbeitet und herausgegeben von Erich Dauzenroth.
6., völlig neu bearbeitete Auflage.
158 Seiten. Kt.
[3-579-01020-4] GTB 1020

Der Korczak-Klassiker mit neuen Übersetzungen auf dem aktuellen Stand der Korczak-Forschung.

»Das Buch ist gut zu lesen: Die Geschichten sind kurz, lebendig, bildkräftig. Vieles ist unvollständige Sprache, Fragment – aber in allen Texten ist wesentlicher Impuls. Vieles ist geeignet, in Gesprächskreisen, Schul- und Heimkonferenzen vorgelesen und (vielleicht) in der Beziehung zu heute diskutiert zu werden.«
Süddeutsche Zeitung

Janusz Korczak

Das Recht des Kindes auf Achtung / Fröhliche Pädagogik

Herausgegeben und bearbeitet von Friedhelm Beiner.
159 Seiten. Kt.
[3-579-00940-0] GTB 940

»Laßt uns Achtung haben, wenn nicht Demut, vor der hellen, klaren, unbefleckten, heiligen Kindheit.« Mit diesem Appell endet die Schrift *»Das Recht des Kindes auf Achtung«*, die das pädagogische Credo Janusz Korczaks zusammenfasst. Sie gilt neben der *»Fröhlichen Pädagogik«* als wichtigstes pädagogisches Werk Korczaks. Ein eindrucksvolles Plädoyer für die Kinder, ein unentbehrliches Buch für Eltern und Pädagogen!